中国检察官文联年鉴

2015

《中国检察官文联年鉴》编委会

团结出版社

图书在版编目（CIP）数据

中国检察官文联年鉴．2015 /《中国检察官文联年鉴》编委会编．-- 北京：
团结出版社，2016.10
ISBN 978-7-5126-4513-4

Ⅰ．①中… Ⅱ．①中… Ⅲ．①[illegible]官－工作－中国－2015－年鉴
Ⅳ．①D926.3-54

中国版本图书馆 CIP 数据核字（2016）第 236560 号

中国检察官文联年鉴（2015）

《中国检察官文联年鉴》编委会

出版：团结出版社
地址：北京市东城区东皇城根南街 84 号　　邮编：100006
网址：http://www.tjpress.com
电话：（010）65228880　65244790
经销：新华书店
印刷：恒美印务（广州）有限公司
装订：恒美印务（广州）有限公司
开本：889mm×1194mm　16 开
印张：38.5 印张
字数：931　千字
版次：2016 年 10 月第一版　2016 年 10 月第一次印刷
书号：ISBN 978-7-5126-4513-4
定价：380.00 元

《中国检察官文联年鉴》（2015）
编　辑　部

《中国检察官文联年鉴》（2015）
理事单位名单

崔明生　陕西省检察官文联主席，中国检察官文联常委，陕西省政府参事，陕西省人民检察院原党组副书记、常务副检察长

高继明　甘肃省检察官文联主席，中国检察官文联常委，甘肃省人民检察院党组副书记、副检察长

戴　军　青海省检察官文联主席，中国检察官文联常委，青海省人民检察院党组成员、政治部主任

汪　敬　宁夏回族自治区检察官文联主席，中国检察官文联常委，宁夏回族自治区人民检察院党组副书记、常务副检察长

马愿军　新疆生产建设兵团检察官文联主席，中国检察官文联常委，新疆生产建设兵团人民检察院原党组成员、副检察长

委　员：

陈晓颖　河北省检察官文联主席，中国检察官文联常委，河北省人民检察院党组副书记、常务副检察长

王满春　山西省检察官文联主席，中国检察官文联常委，山西省人大常委会委员、法工委主任，山西省人民检察院原党组副书记、常务副检察长

韦亚力（女）　内蒙古检察官文联主席，中国检察官文联常委，内蒙古自治区人民检察院党组副书记、常务副检察长

闫建成　辽宁省检察官文联主席，中国检察官文联常委，辽宁省人民检察院党组副书记、常务副检察长

陈凤超　吉林省检察官文联主席，中国检察官文联常委，吉林省人民检察院党组副书记、常务副检察长

车承军　黑龙江省检察官文联主席，中国检察官文联常委，黑龙江省人民检察院党组副书记、副检察长

金连山　浙江省检察官文联主席，浙江省人民检察院政治部主任

陈怀安　安徽省检察官文联主席，中国检察官文联常委，安徽省政协常委、提案委副主任，安徽省人民检察院原党组副书记、常务副检察长

郑京水　福建省检察官文联主席，中国检察官文联常委，国家检察官学院福建分院常务副院长

张国臣　河南省检察官文联主席，中国检察官文联党委，河南省人民检察院党组副书记、常务副检察长

徐汉明　湖北省检察官文联主席，中国检察官文联常委，湖北省政协社法委主任，湖北省人民检察院原党组副书记、常务副检察长

陈海波　湖南省检察官文联主席、湖南省人民检察院副厅级巡视员

陈　武　广东省检察官文联主席，中国检察官文联常委，广东省人民检察院党组副书记、常务副检察长

蒙永山　广西壮族自治区检察官文联主席，广西壮族自治区人民检察院副检察长

彭忠学　海南省检察官文联主席，海南省人民检察院党组副书记、常务副检察长

刘红立　四川省检察官文联主席、四川省人民检察院党组成员、政治部主任

叶亚玲（女）　贵州省检察官文联主席，中国检察官文联党委，贵州省人民检察院党组成员、副检察长

肖　卓　云南省检察官文联主席，中国检察官文联常委，云南省人民检察院党组副书记、常务副检察长

占　堆（藏族）　西藏自治区检察官文联主席，中国检察官文联常委，西藏自治区人民检察院党组成员、副检察长

《中国检察官文联年鉴》
编辑委员会

编辑说明

编纂《年鉴》目的

《年鉴》的编纂工作具较强的历史性、现实性，能及时总结、记载中国检察文化艺术工作开展情况，留下珍贵史料；为中国检察官文联今后各项工作的开展提供重要参考；为中国检察官文联各直属专业协会、各地区检察官文联之间提供相互交流、学习借鉴的平台，提升服务检察队伍建设和检察中心工作的能力。

编纂工作要求

紧密联系检察工作实际，全面系统记述2014年度（2014年1月1日–2014年12月31日）检察文化艺术工作发展情况，集中展示检察文化理论研究、检察文化艺术创作和检察文化艺术活动成果。

检察文化理论研究突出反映在检察文化的基本内涵、功能作用、发展规律等基础性问题研究方面取得的新成果；检察文化艺术创作重点收录为实现"两个一百年"奋斗目标和实现中华民族伟大复兴的"中国梦"等富有时代气息、主题鲜明、内涵深刻的优秀检察文化艺术作品；检察文化艺术活动体现各级检察机关和广大基层干警组织开展的既弘扬时代主旋律、扩大检察机关影响力，又形式活泼、内容丰富、寓教于乐的各种文化艺术活动。

坚持实事求是的原则，力求内容真实、数据准确、资料翔实，使《年鉴》成为各检察机关开展检察文化理论研究、检察文化艺术创作和检察文化艺术活动的工具书和参考书。

编纂工作组织领导

《年鉴》编纂工作由中国检察官文联主办，中国检察官文联直属专业协会、各省级检察官文联协办。

中国检察官文联主席、副主席、秘书长，各省级检察官文联主席和军事检察院相关领导（中国检察官文联常委）担任《年鉴》的编辑委员会委员。

各省级检察官文联秘书长担任组稿负责人。

《年鉴》编辑部设在中国检察文艺网，中国检察官文联秘书处、中国检察文艺网相关人员担任编辑部成员。

目录

中国检察官文联年鉴

CONTENTS

特　载

中国检察官文学艺术联合会

文　件

讲　话

综　述

文化理论研究

文化艺术创作

文化艺术活动

中国检察官文学艺术联合会团体会员

基层文化采风

特　载

TEZAI

[在文艺工作座谈会上的讲话]

（2014年10月15日）

习近平

今天，这里群英荟萃、少长咸集，既有德高望重的老作家、老艺术家，也有崭露头角的文艺新秀，有些同志过去就很熟悉，有些是初次见面。见到大家很高兴。

文艺事业是党和人民的重要事业，文艺战线是党和人民的重要战线。长期以来，广大文艺工作者致力于文艺创作、表演、研究、传播，在各自领域辛勤耕耘、服务人民，取得了显著成绩，作出了重要贡献。在大家共同努力下，我国文艺园地百花竞放、硕果累累，呈现出繁荣发展的生动景象。借此机会，我向大家表示衷心的感谢，向全国文艺工作者致以诚挚的问候！

今天召开这个座谈会，我早有考虑，直到现在才有机会，主要是想听听大家的意见和建议，同大家一起分析现状、交流思想，共商我国文艺繁荣发展大计。刚才，几位同志的发言都很好，有思想，有见地，听了很受启发。下面，我讲5个问题，同大家一起讨论。

第一个问题：实现中华民族伟大复兴需要中华文化繁荣兴盛

为什么要高度重视文艺和文艺工作？这个问题，首先要放在我国和世界发展大势中来审视。我说过，实现中华民族伟大复兴，是近代以来中国人民最伟大的梦想。今天，我们比历史上任何时期都更接近中华民族伟大复兴的目标，比历史上任何时期都更有信心、有能力实现这个目标。而实现这个目标，必须高度重视和充分发挥文艺和文艺工作者的重要作用。

文化是民族生存和发展的重要力量。人类社会每一次跃进，人类文明每一次升华，无不伴随着文化的历史性进步。中华民族有着5000多年的文明史，近代以前中国一直是世界强国之一。在几千年的历史流变中，中华民族从来不是一帆风顺的，遇到了无数艰难困苦，但我们都挺过来、走过来了，其中一个很重要的原因就是世世代代的中华儿女培育和发展了独具特色、博大精深的中华文化，为中华民族克服困难、生生不息提供了强大精神支撑。

德国哲学家雅斯贝尔斯在《历史的起源与目标》一书中写道，公元前800年至公元前200年是人类文明的“轴心时代”，是人类文明精神的重大突破时期，当时古代希腊、古代中国、古代印度等文明都产生了伟大的思想家，他们提出的思想原则塑造了不同文化传统，并一直影响着人类生活。这段话讲得很深刻，很有洞察力。古往今来，中华民族之所以在世界有地位、有影响，不是靠穷兵黩武，不是靠对外扩张，而是靠中华文化的强大感召力和吸引力。我们的先人早就认识到“远人不服，则修文德以来之”的道理。阐释中华民族禀赋、中华民族特点、中华民族精神，以德服人、以文化人是其中很重要的一个方面。

历史和现实都表明，人类文明是由世界各国各民族共同创造的。我出访所到之处，最陶醉的是各国各民族人民创造的文明成果。世界文明瑰宝比比皆是，这里我举几个国家、几个民族的例子。古希腊产生了对人类文明影响深远的神话、寓言、雕塑、建筑艺术，埃斯库罗斯、索福克勒斯、欧里庇得斯、阿里斯托芬的悲剧和喜剧是希腊艺术的经典之作。俄罗斯有普希金、果戈理、莱蒙托夫、屠格涅夫、陀思妥耶夫斯基、涅克拉索夫、车尔尼雪夫斯基、托尔斯泰、契诃夫、高尔基、肖洛霍夫、柴可夫斯基、里姆斯基－科萨科夫、拉赫玛尼诺夫、列宾等大师。法国有拉伯雷、拉封丹、莫里哀、司汤达、巴尔扎克、雨果、大仲马、小仲马、莫泊桑、罗曼·罗兰、萨特、加缪、米勒、马奈、德加、塞尚、莫奈、罗丹、柏辽兹、比才、德彪西等大师。英国有乔叟、弥尔顿、拜伦、雪莱、济慈、狄更斯、哈代、萧伯纳、透纳等大师。德国有莱辛、歌德、席勒、海涅、巴赫、贝多芬、舒曼、瓦格纳、勃拉姆斯等大师。美国有霍桑、朗费罗、斯托夫人、惠特曼、马克·吐温、德莱赛、杰克·伦敦、海明威等大师。我最近访问了印度，印度人民也是具有非凡文艺创造活力的，大约公元前1000年前后就形成了《梨俱吠陀》、《阿达婆吠陀》、《娑摩吠陀》、《夜柔吠陀》四种本集，法显、玄奘取经时，印度的诗歌、舞蹈、绘画、宗教建筑和雕塑就达到了很高的水平，泰戈尔更是产生了世界性的影响。我国就更多了，从老子、孔子、庄子、孟子、屈原、王羲之、李白、杜甫、苏轼、辛弃疾、关汉卿、曹雪芹，到“鲁郭茅巴老曹”(鲁迅、郭沫若、茅盾、巴金、老舍、曹禺)，到聂耳、冼星海、梅兰芳、齐白石、徐悲鸿，从诗经、楚辞到汉赋、唐诗、宋词、元曲以及明清小说，从《格萨尔王传》、《玛纳斯》到《江格尔》史诗，从五四时期新文化运动、新中国成立到改革开放的今天，产生了灿若星辰的文艺大师，留下了浩如烟海的文艺精品，不仅为中华民族提供了丰厚滋养，而且为世界文明贡献了华彩篇章。

历史和现实都证明，中华民族有着强大的文化创造力。每到重大历史关头，文化都能感国运之变化、立时代之潮头、发时代之先声，为亿万人民、为伟大祖国鼓与呼。中华文化既坚守本根又不断与时俱进，使中华民族保持了坚定的民族自信和强大的修复能力，培育了共同的情感和价值、共同的理想和精神。

没有中华文化繁荣兴盛，就没有中华民族伟大复兴。一个民族的复兴需要强大的物质力量，也需要强大的精神力量。没有先进文化的积极引领，没有人民精神世界的极大丰富，没有民族精神力量的不断增强，一个国家、一个民族不可能屹立于世界民族之林。

文艺是时代前进的号角，最能代表一个时代的风貌，最能引领一个时代的风气。“文变染乎世情，兴废系乎时序。”在欧洲文艺复兴运动中，但丁、彼特拉克、薄伽丘、达·芬奇、拉斐尔、米开朗琪罗、蒙田、塞万提斯、莎士比亚等文艺巨人，发出了新时代的啼声，开启了人们的心灵。在谈到文艺复兴运动时，恩格斯说，这“是一个需要巨人而且产生了巨人——在思维能力、热情和性格方面，在多才多艺和学识渊博方面的巨人的时代”。在我国发展史上，包括文艺在内的文化发展同样与中华民族发展紧紧联系在一起。先秦时期，我国出现了百家争鸣的兴盛局面，开创了我国古代文化的一个鼎盛期。20世纪初，在五四新文化运动中，发端于文艺领域的创新风潮对社会变革产生了重大影响，成为全民族思想解放运动的重要引擎。

现在，全党全国各族人民正按照党的十八大确立的奋斗目标和党的十八届三中全会提出的改革任务，一步一步把中国特色社会主义事业向前推进。实现“两个一百年”奋斗目标、实现中华民族伟大复兴的中国梦是长期而艰巨的伟大事业。伟大事业需要伟大精神。实现这个伟大事业，文艺的作用不可替代，文艺工作者大有可为。广大文艺工作者要从这样的高度认识文艺的地位和作用，认识自己所担负的历史使命和责任。

鲁迅先生说，要改造国人的精神世界，首推文艺。举精神之旗、立精神支柱、建精神家园，都离不开文艺。当高楼大厦在我国大地上遍地林立时，中华民族精神的大厦也应该巍然耸立。我国作家艺术家应该成为时代风气的先觉者、先行者、先倡者，通过更多有筋骨、有道德、有温度的文艺作品，书写和记录人民的伟大实践、时代的进步要求，彰显信仰之美、崇高之美，弘扬中国精神、凝聚中国力量，鼓舞全国各族人民朝气蓬勃迈向未来。

第二个问题：创作无愧于时代的优秀作品

“文章合为时而著，歌诗合为事而作。”衡量一个时代的文艺成就最终要看作品。推动文艺繁荣发展，最根本的是要创作生产出无愧于我们这个伟大民族、伟大时代的优秀作品。没有优秀作品，其他事情搞得再热闹、再花哨，那也只是表面文章，是不能真正深入人民精神世界的，是不能触及人的灵魂、引起人民思想共鸣的。文艺工作者应该牢记，创作是自己的中心任务，作品是自己的立身之本，要静下心来、精益求精搞创作，把最好的精神食粮奉献给人民。

优秀文艺作品反映着一个国家、一个民族的文化创造能力和水平。吸引、引导、启迪人们必须有好的作品，推动中华文化走出去也必须有好的作品。所以，我们必须把创作生产优秀作品作为文艺工作的中心环节，努力创作生产更多传播当代中国价值观念、体现中华文化精神、反映中国人审美追求，思想性、艺术性、观赏性有机统一的优秀作品，形成“龙文百斛鼎，笔力可独扛”之势。优秀作品并不拘于一格、不形于一态、不定于一尊，既要有阳春白雪、也要有下里巴人，既要顶天立地、也要铺天盖地。只要有正能量、有感染力，能够温润心灵、启迪心智，传得开、留得下，为人民群众所喜爱，这就是优秀作品。

文艺深深融入人民生活，事业和生活、顺境和逆境、梦想和期望、爱和恨、存在和死亡，人类生活的一切方面，都可以在文艺作品中找到启迪。文艺对年轻人吸引力最大，影响也最大。我年轻时读了不少文学作品，涉猎了当时能找到的各种书籍，不仅其中许多精彩章节、隽永文字至今记忆犹新，而且从中悟出了不少生活真谛。文艺也是不同国家和民族相互了解和沟通的最好方式。去年3月，我访问俄罗斯，在同俄罗斯汉学家座谈时就说到，我读过很多俄罗斯作家的作品，如年轻时读了车尔尼雪夫斯基的《怎么办？》后，在我心中引起了很大的震动。今年3月访问法国期间，我谈了法国文艺对我的影响，因为我们党老一代领导人中很多到法国求过学，所以我年轻时对法国文艺抱有浓厚兴趣。在德国，我讲了自己读《浮士德》的故事。那时候，我在陕北农村插队，听说一个知青有《浮士德》这本书，就走了30里路去借这本书，后来他又走了30里路来取回这本书。我为什么要对外国人讲这些？就是因为文艺是世界语言，谈文艺，其实就是谈社会、谈人生，最容易相互理解、沟通心灵。

改革开放以来，我国文艺创作迎来了新的春天，产生了大量脍炙人口的优秀作品。同时，也不能否认，在文艺创作方面，也存在着有数量缺质量、有“高原”缺“高峰”的现象，存在着抄袭模仿、千篇一律的问题，存在着机械化生产、快餐式消费的问题。在有些作品中，有的调侃崇高、扭曲经典、颠覆历史，丑化人民群众和英雄人物；有的是非不分、善恶不辨、以丑为美，过度渲染社会阴暗面；有的搜奇猎艳、一味媚俗、低级趣味，把作品当作追逐利益的“摇钱树”，当作感官刺激的“摇头丸”；有的胡编乱写、粗制滥造、牵强附会，制造了一些文化“垃圾”；有的追求奢华、过度包装、炫富摆阔，形式大于内容；还有的热衷于所谓“为艺术而艺术”，只写一己悲欢、杯水风波，脱离大众、脱离现实。凡此种种都警示我们，文艺不能在市场经济大潮中迷失方向，不能在为什么人的问题上发生偏差，否则文艺就没有生命力。

我同几位艺术家交谈过，问当前文艺最突出的问题是什么，他们不约而同地说了两个字：浮躁。一些人觉得，为一部作品反复打磨，不能及时兑换成实用价值，或者说不能及时兑换成人民币，不值得，也不划算。这样的态度，不仅会误导创作，而且会使低俗作品大行其道，造成劣币驱逐良币现象。人类文艺发展史表明，急功近利，竭泽而渔，粗制滥造，不仅是对文艺的一种伤害，也是对社会精神生活的一种伤害。低俗不是通俗，欲望不代表希望，单纯感官娱乐不等于精神快乐。文艺要赢得人民认可，花拳绣腿不行，投机取巧不行，沽名钓誉不行，自我炒作不行，“大花轿，人抬人”也不行。

精品之所以“精”，就在于其思想精深、艺术精湛、制作精良。“充实之谓美，充实而有光辉之谓大。”古往今来，文艺巨制无不是厚积薄发的结晶，文艺魅力无不是内在充实的显现。凡是传世之作、千古名篇，必然是笃定恒心、倾注心血的作品。福楼拜说，写《包法利夫人》“有一页就写了5天”，“客店这一节也许得写3个月”。曹雪芹写《红楼梦》“披阅十载，增删五次”。正是有了这种孜孜以求、精益求精的精神，好的文艺作品才能打造出来。

“取法于上，仅得为中；取法于中，故为其下。”有容乃大、无欲则刚，淡泊明志、宁静致远。大凡伟大的作家艺术家，都有一个渐进、渐悟、渐成的过程。文艺工作者要志存高远，就要有“望尽天涯路”的追求，耐得住“昨夜西风凋碧树”的清冷和“独上高楼”的寂寞，即便是“衣带渐宽”也“终不悔”，即便是“人憔悴”也心甘情愿，最后达到“众里寻他千百度”，“蓦然回首，那人却在，灯火阑珊处”的领悟。

“诗文随世运，无日不趋新。”创新是文艺的生命。文艺创作中出现的一些问题，同创新能力不足很有关系。刘勰在《文心雕龙》中就多处讲到，作家诗人要随着时代生活创新，以自己的艺术个性进行创新。唐代书法家李邕说：“似我者俗，学我者死。”宋代诗人黄庭坚说：“随人作计终后人，自成一家始逼真。”文艺创作是观念和手段相结合、内容和形式相融合的深度创新，是各种艺术要素和技术要素的集成，是胸怀和创意的对接。要把创新精神贯穿文艺创作生产全过程，增强文艺原创能力。要坚持百花齐放、百家争鸣的方针，发扬学术民主、艺术民主，营造积极健康、宽松和谐的氛围，提倡不同观点和学派充分讨论，提倡体裁、题材、形式、手段充分发展，推动观念、内容、风格、流派切磋互鉴。我国少数民族能歌善舞，长期以来形成了多姿多彩的文艺成果，这是我国文艺的瑰宝，要保护好、发展好，让它们在祖国文艺百花园中绽放出更加绚丽的光彩。

繁荣文艺创作、推动文艺创新，必须有大批德艺双馨的文艺名家。要把文艺队伍建设摆在更加突出的重要位置，努力造就一批有影响的各领域文艺领军人物，建设一支宏大的文艺人才队伍。文艺是给人以价值引导、精神引领、审美启迪的，艺术家自身的思想水平、业务水平、道德水平是根本。文艺工作者要自觉坚守艺术理想，不断提高学养、涵养、修养，加强思想积累、知识储备、文化修养、艺术训练，努力做到“笼天地于形内，挫万物于笔端”。除了要有好的专业素养之外，还要有高尚的人格修为，有“铁肩担道义”的社会责任感。在发展社会主义市场经济条件下，还要处理好义利关系，认真严肃地考虑作品的社会效果，讲品位，重艺德，为历史存正气，为世人弘美德，为自身留清名，努力以高尚的职业操守、良好的社会形象、文质兼美的优秀作品赢得人民喜爱和欢迎。

互联网技术和新媒体改变了文艺形态，催生了一大批新的文艺类型，也带来文艺观念和文艺实践的深刻变化。由于文字数码化、书籍图像化、阅读网络化等发展，文艺乃至社会文化面临着重大变革。要适应形势发展，抓好网络文艺创作生产，加强正面引导力度。近些年来，民营文化工作室、民营文化经纪机构、网络文艺社群等新的文艺组织大量涌现，网络作家、签约作家、自由撰稿人、独立制片人、独立演员歌手、自由美术工作者等新的文艺群体十分活跃。这些人中很有可能产生文艺名家，古今中外很多文艺名家都是从社会和人民中产生的。我们要扩大工作覆盖面，延伸联系手臂，用全新的眼光看待他们，用全新的政策和方法团结、吸引他们，引导他们成为繁荣社会主义文艺的有生力量。

第三个问题：坚持以人民为中心的创作导向

社会主义文艺，从本质上讲，就是人民的文艺。毛泽东同志在延安文艺座谈会上指出：“为什么人的问题，是一个根本的问题，原则的问题。”邓小平同志说：“我们的文艺属于人民”，“人民是文艺工作者的母亲”。江泽民同志要求广大文艺工作者“在人民的历史创造中进行艺术的创造，在人民的进步中造就艺术的进步”。胡锦涛同志强调：“只有把人民放在心中最高位置，永远同人民在一起，坚持以人民为中心的创作导向，艺术之树才能常青。”

人民既是历史的创造者、也是历史的见证者，既是历史的“剧中人”、也是历史的“剧作者”。文艺要反映好人民心声，就要坚持为人民服务、为社会主义服务这个根本方向。这是党对文艺战线提出的一项基本要求，也是决定我国文艺事业前途命运的关键。只有牢固树立马克思主义文艺观，真正做到了以人民为中心，文艺才能发挥最大正能量。以人民为中心，就是要把满足人民精神文化需求作为文艺和文艺工作的出发点和落脚点，把人民作为文艺表现的主体，把人民作为文艺审美的鉴赏家和评判者，把为人民服务作为文艺工作者的天职。

第一，人民需要文艺。人民的需求是多方面的。满足人民日益增长的物质需求，必须抓好经济社会建设，增加社会的物质财富。满足人民日益增长的精神文化需求，必须抓好文化建设，增加社会的精神文化财富。物质需求是第一位的，吃上饭是最主要的，所以说“民以食为天”。但是，这并不是说人民对精神文化生活的需求就是可有可无的，人类社会与动物界的最大区别就是人是有精神需求的，人民对精神文化生活的需求时时刻刻都存在。

随着人民生活水平不断提高，人民对包括文艺作品在内的文化产品的质量、品位、风格等的要求也更高了。文学、戏剧、电影、电视、音乐、舞蹈、美术、摄影、书法、曲艺、杂技以及民间文艺、群众文艺等各领域都要跟上时代发展、把握人民需求，以充沛的激情、生动的笔触、优美的旋律、感人的形象创作生产出人民喜闻乐见的优秀作品，让人民精神文化生活不断迈上新台阶。

还有，国际社会对中国的关注度越来越高，

他们想了解中国，想知道中国人的世界观、人生观、价值观，想知道中国人对自然、对世界、对历史、对未来的看法，想知道中国人的喜怒哀乐，想知道中国历史传承、风俗习惯、民族特性，等等。这些光靠正规的新闻发布、官方介绍是远远不够的，靠外国民众来中国亲自了解、亲身感受是很有限的。而文艺是最好的交流方式，在这方面可以发挥不可替代的作用，一部小说，一篇散文，一首诗，一幅画，一张照片，一部电影，一部电视剧，一曲音乐，都能给外国人了解中国提供一个独特的视角，都能以各自的魅力去吸引人、感染人、打动人。京剧、民乐、书法、国画等都是我国文化瑰宝，都是外国人了解中国的重要途径。文艺工作者要讲好中国故事、传播好中国声音、阐发中国精神、展现中国风貌，让外国民众通过欣赏中国作家艺术家的作品来深化对中国的认识、增进对中国的了解。要向世界宣传推介我国优秀文化艺术，让国外民众在审美过程中感受魅力，加深对中华文化的认识和理解。

第二，文艺需要人民。人民是文艺创作的源头活水，一旦离开人民，文艺就会变成无根的浮萍、无病的呻吟、无魂的躯壳。列宁说："艺术是属于人民的。它必须在广大劳动群众的底层有其最深厚的根基。它必须为这些群众所了解和爱好。它必须结合这些群众的感情、思想和意志，并提高他们。它必须在群众中间唤起艺术家，并使他们得到发展。"人民生活中本来就存在着文学艺术原料的矿藏，人民生活是一切文学艺术取之不尽、用之不竭的创作源泉。

人民的需要是文艺存在的根本价值所在。能不能搞出优秀作品，最根本的决定于是否能为人民抒写、为人民抒情、为人民抒怀。一切轰动当时、传之后世的文艺作品，反映的都是时代要求和人民心声。我国久传不息的名篇佳作都充满着对人民命运的悲悯、对人民悲欢的关切，以精湛的艺术彰显了深厚的人民情怀。《古诗源》收集的反映远古狩猎活动的《弹歌》，《诗经》中反映农夫艰辛劳作的《七月》、反映士兵征战生活的《采薇》、反映青年爱情生活的《关雎》，探索宇宙奥秘的《天问》，反映游牧生活的《敕勒歌》，歌颂女性英姿的《木兰诗》等，都是从人民生活中产生的。屈原的"长太息以掩涕兮，哀民生之多艰"，杜甫的"安得广厦千万间，大庇天下寒士俱欢颜"、"朱门酒肉臭，路有冻死骨"，李绅的"谁知盘中餐，粒粒皆辛苦"，郑板桥的"些小吾曹州县吏，一枝一叶总关情"，等等，也都是深刻反映人民心声的作品和佳句。世界上最早的文学作品《吉尔伽美什》史诗，反映了两河流域上古人民探求自然规律和生死奥秘的心境和情感。《荷马史诗》赞美了人民勇敢、正义、无私、勤劳等品质。《神曲》、《十日谈》、《巨人传》等作品的主要内容是反对中世纪的禁欲主义、蒙昧主义，反映人民对精神解放的热切期待。因此，文艺只有植根现实生活、紧跟时代潮流，才能发展繁荣；只有顺应人民意愿、反映人民关切，才能充满活力。

人民不是抽象的符号，而是一个一个具体的人，有血有肉，有情感，有爱恨，有梦想，也有内心的冲突和挣扎。不能以自己的个人感受代替人民的感受，而是要虚心向人民学习、向生活学习，从人民的伟大实践和丰富多彩的生活中汲取营养，不断进行生活和艺术的积累，不断进行美的发现和美的创造。要始终把人民的冷暖、人民的幸福放在心中，把人民的喜怒哀乐倾注在自己的笔端，讴歌奋斗人生，刻画最美人物，坚定人们对美好生活的憧憬和信心。

说到这里，我就想起了一件事情。1982年，我到河北正定县去工作前夕，一些熟人来为我送行，其中就有八一厂的作家、编剧王愿坚。他对我说，你到农村去，要像柳青那样，深入到农民群众中去，同农民群众打成一片。柳青为了深入农民生活，1952 年曾经任陕西长安县县委副书记，后来辞去了县委副书记职务、保留常委职务，并定居在那儿的皇甫村，蹲点 14 年，集中精力创作《创业史》。因为他对陕西关中农民生活有深入了解，所以笔下的人物才那样栩栩如生。柳青熟知乡亲们的喜怒哀乐，中央出台一项涉及农村农民的政策，他脑子里立即就能想象出农民群众是高兴还是不高兴。

第三，文艺要热爱人民。有没有感情，对谁有感情，决定着文艺创作的命运。如果不爱人民，那就谈不上为人民创作。鲁迅就对人民充满了热爱，表露他这一心迹最有名的诗句就是“横眉冷对千夫指，俯首甘为孺子牛”。我在河北正定工作时结识的作家贾大山，也是一位热爱人民的作家。他去世后，我写了一篇文章悼念他。他给我印象最深的就是忧国忧民情怀，“处江湖之远则忧其君”。文艺工作者要想有成就，就必须自觉与人民同呼吸、共命运、心连心，欢乐着人民的欢乐，忧患着人民的忧患，做人民的孺子牛。这是唯一正确的道路，也是作家艺术家最大的幸福。

热爱人民不是一句口号，要有深刻的理性认识和具体的实践行动。对人民，要爱得真挚、爱得彻底、爱得持久，就要深深懂得人民是历史创造者的道理，深入群众、深入生活，诚心诚意做人民的小学生。我讲要深入生活，有些同志人是下去了，但只是走马观花、蜻蜓点水，并没有带着心，并没有动真情。要解决好“为了谁、依靠谁、我是谁”这个问题，拆除“心”的围墙，不仅要“身入”，更要“心入”、“情入”。

文艺的一切创新，归根到底都直接或间接来源于人民。“世事洞明皆学问，人情练达即文章。”艺术可以放飞想象的翅膀，但一定要脚踩坚实的大地。文艺创作方法有一百条、一千条，但最根本、最关键、最牢靠的办法是扎根人民、扎根生活。曹雪芹如果没对当时的社会生活做过全景式的观察和显微镜式的剖析，就不可能完成《红楼梦》这种百科全书式巨著的写作。鲁迅如果不熟悉辛亥革命前后底层民众的处境和心情，就不可能塑造出祥林嫂、闰土、阿 Q、孔乙己等那些栩栩如生的人物。

关在象牙塔里不会有持久的文艺灵感和创作激情。有一位苏联诗人形容作家坐在屋里挖空心思写不出东西的窘态是“把手指甲都绞出了水来”。我们要走进生活深处，在人民中体悟生活本质、吃透生活底蕴。只有把生活咀嚼透了，完全消化了，才能变成深刻的情节和动人的形象，创作出来的作品才能激荡人心。正所谓“闭门觅句非诗法，只是征行自有诗”。一切创作技巧和手段最终都是为内容服务的，都是为了更鲜明、更独特、更透彻地说人说事说理。背离了这个原则，技巧和手段就毫无价值了，甚至还会产生负面效应。

当然，生活中并非到处都是莺歌燕舞、花团锦簇，社会上还有许多不如人意之处、还存在一些丑恶现象。对这些现象不是不要反映，而是要解决好如何反映的问题。古人云，“乐而不淫，哀而不伤”，“发乎情，止乎礼义”。文艺创作如果只是单纯记述现状、原始展示丑恶，而没有对光明的歌颂、对理想的抒发、对道德的引导，就不能鼓舞人民前进。应该用现实主义精神和浪漫主义情怀观照现实生活，用光明驱散黑暗，用美善战胜丑恶，让人们看到美好、看到希望、看到梦想就在前方。

一部好的作品，应该是经得起人民评价、专家评价、市场检验的作品，应该是把社会效益放在首位，同时也应该是社会效益和经济效益相统一的作品。在发展社会主义市场经济的条件下，许多文化产品要通过市场实现价值，当然不能完全不考虑经济效益。然而，同社会效益相比，经济效益是第二位的，当两个效益、两种价值发生矛盾时，经济效益要服从社会效益，市场价值要服从社会价值。文艺不能当市场的奴隶，不要沾满了铜臭气。优秀的文艺作品，最好是既能在思想上、艺术上取得成功，又能在市场上受到欢迎。要坚守文艺的审美理想、保持文艺的独立价值，合理设置反映市场接受程度的发行量、收视率、点击率、票房收入等量化指标，既不能忽视和否定这些指标，又不能把这些指标绝对化，被市场牵着鼻子走。

有的同志说，天是世界的天，地是中国的地，只有眼睛向着人类最先进的方面注目，同时真诚直面当下中国人的生存现实，我们才能为人类提供中国经验，我们的文艺才能为世界贡献特殊的声响和色彩。说的是有道理的。中华民族5000多年的文明进步，近代以来中国人民争取民族独立、人民解放的浴血斗争，中国共产党领导人民进行的革命、建设、改革的伟大历程，古老中国的深刻变化和13亿中国人民极为丰富的生产生活，为文艺创作提供了极为肥沃的土壤，值得写的东西太多了。只要我们与人民同在，就一定能从祖国大地母亲那里获得无穷的力量。

第四个问题：中国精神是社会主义文艺的灵魂

这段时间，我集中强调了培育和践行社会主义核心价值观问题。今年2月，中央政治局专门就培育和弘扬社会主义核心价值观进行集体学习，我作了讲话，对全社会提了要求。五四青年节，我到北京大学去，对大学师生讲了这个问题。5月底，我在上海考察工作时，对领导干部弘扬和践行社会主义核心价值观提了要求。六一儿童节前夕，我在北京海淀区民族小学同师生们座谈时讲了这个问题。6月上旬，我在两院院士大会上对院士们也提了这方面要求。9月教师节前一天，我到北京师范大学同师生座谈，再次强调了这个问题。今天，我也要对文艺界提出这方面要求，因为文艺在培育和弘扬社会主义核心价值观方面具有独特作用。

每个时代都有每个时代的精神。我曾经讲过，实现中国梦必须走中国道路、弘扬中国精神、凝聚中国力量。核心价值观是一个民族赖以维系的精神纽带，是一个国家共同的思想道德基础。如果没有共同的核心价值观，一个民族、一个国家就会魂无定所、行无依归。为什么中华民族能够在几千年的历史长河中生生不息、薪火相传、顽强发展呢？很重要的一个原因就是中华民族有一脉相承的精神追求、精神特质、精神脉络。

改革开放以来，我国经济发展很快，人民生活水平提高也很快。同时，我国社会正处在思想大活跃、观念大碰撞、文化大交融的时代，出现了不少问题。其中比较突出的一个问题就是一些人价值观缺失，观念没有善恶，行为没有底线，什么违反党纪国法的事情都敢干，什么缺德的勾当都敢做，没有国家观念、集体观念、家庭观念，不讲对错，不问是非，不知美丑，不辨香臭，浑浑噩噩，穷奢极欲。现在社会上出现的种种问题病根都在这里。这方面的问题如果得不到有效解决，改革开放和社会主义现代化建设就难以顺利推进。

我们始终强调，两个文明都搞好才是中国特色社会主义。邓小平同志早就告诫我们：风气如果坏下去，经济搞成功又有什么意义？会在另一方面变质！因此，我们要在全社会大力弘扬和践行社会主义核心价值观，使之像空气一样无处不在、无时不有，成为全体人民的共同价值追求，成为我们生而为中国人的独特精神支柱，成为百姓日用而不觉的行为准则。要号召全社会行动起来，通过教育引导、舆论宣传、文化熏陶、实践养成、制度保障等，使社会主义核心价值观内化为人们的精神追求、外化为人们的自觉行动。

文艺是铸造灵魂的工程，文艺工作者是灵魂的工程师。好的文艺作品就应该像蓝天上的阳光、春季里的清风一样，能够启迪思想、温润心灵、陶冶人生，能够扫除颓废萎靡之风。“凡作传世之文者，必先有可以传世之心。”广大文艺工作者要高扬社会主义核心价值观的旗帜，充分认识肩上的责任，把社会主义核心价值观生动活泼、活灵活现地体现在文艺创作之中，用栩栩如生的作品形象告诉人们什么是应该肯定和赞扬的，什么是必须反对和否定的，做到春风化雨、润物无声。同时，文艺界知名人士很多，社会影响力不小，大家不仅要在文艺创作上追求卓越，而且要在思想道德修养上追求卓越，更应身体力行践行社会主义核心价值观，努力做到言为士则、行为世范。

在社会主义核心价值观中，最深层、最根本、最永恒的是爱国主义。爱国主义是常写常新的主题。拥有家国情怀的作品，最能感召中华儿女团结奋斗。范仲淹的“先天下之忧而忧，后天下之乐而乐”，陆游的“王师北定中原日，家祭无忘告乃翁”、“位卑未敢忘忧国”、“夜阑卧听风吹雨，铁马冰河入梦来”，文天祥的“人生自古谁无死，留取丹心照汗青”，林则徐的“苟利国家生死以，岂因祸福避趋之”，岳飞的《满江红》，方志敏的《可爱的中国》，等等，都以全部热情为祖国放歌抒怀。我们当代文艺更要把爱国主义作为文艺创作的主旋律，引导人民树立和坚持正确的历史观、民族观、国家观、文化观，增强做中国人的骨气和底气。

追求真善美是文艺的永恒价值。艺术的最高境界就是让人动心，让人们的灵魂经受洗礼，让人们发现自然的美、生活的美、心灵的美。一首短短的《游子吟》之所以流传千年，就在于它生动讴歌了伟大的母爱。苏东坡称赞韩愈“文起八代之衰，而道济天下之溺”，讲的是从司马迁之后到韩愈，算起来文章衰弱了八代。韩愈的文章起来了，凭什么呢？就是“道”，就是文以载道。我们要通过文艺作品传递真善美，传递向上向善的价值观，引导人们增强道德判断力和道德荣誉感，向往和追求讲道德、尊道德、守道德的生活。只要中华民族一代接着一代追求真善美的道德境界，我们的民族就永远健康向上、永远充满希望。

文艺创作不仅要有当代生活的底蕴，而且要有文化传统的血脉。“求木之长者，必固其根本；欲流之远者，必浚其泉源。”中华优秀传统文化是中华民族的精神命脉，是涵养社会主义核心价值观的重要源泉，也是我们在世界文化激荡中站稳脚跟的坚实根基。增强文化自觉和文化自信，是坚定道路自信、理论自信、制度自信的题中应有之义。如果“以洋为尊”、“以洋为美”、“唯洋是从”，把作品在国外获奖作为最高追求，跟在别人后面亦步亦趋、东施效颦，热衷于“去思想化”、“去价值化”、“去历史化”、“去中国化”、“去主流化”那一套，绝对是没有前途的！事实上，外国人也跑到我们这里寻找素材、寻找灵感，好莱坞拍摄的《功夫熊猫》、《花木兰》等影片不就是取材于我们的文化资源吗？

中华民族在长期实践中培育和形成了独特的思想理念和道德规范，有崇仁爱、重民本、守诚信、讲辩证、尚和合、求大同等思想，有自强不息、敬业乐群、扶正扬善、扶危济困、见义勇为、孝老爱亲等传统美德。中华优秀传统文化中很多思想理念和道德规范，不论过去还是现在，都有其永不褪色的价值。我们要结合新的时代条件传承和弘扬中华优秀传统文化，传承和弘扬中华美学精神。中华美学讲求托物言志、寓理于情，讲求言简意赅、凝练节制，讲求形神兼备、意境深远，强调知、情、意、行相统一。我们要坚守中华文化立场、传承中华文化基因，展现中华审美风范。

传承中华文化，绝不是简单复古，也不是盲目排外，而是古为今用、洋为中用，辩证取舍、推陈出新，摒弃消极因素，继承积极思想，“以古人之规矩，开自己之生面”，实现中华文化的创造性转化和创新性发展。

当然，我们强调弘扬社会主义核心价值观，继承和发扬中华民族优秀传统文化，坚持和弘扬中国精神，并不排斥学习借鉴世界优秀文化成果。我们社会主义文艺要繁荣发展起来，必须认真学习借鉴世界各国人民创造的优秀文艺。只有坚持洋为中用、开拓创新，做到中西合璧、融会贯通，我国文艺才能更好发展繁荣起来。其实，现代以来，我国文艺和世界文艺的交流互鉴就一直在进行着。白话文、芭蕾舞、管弦乐、油画、电影、话剧、现代小说、现代诗歌等都是借鉴国外又进行民族创造的成果。鲁迅等进步作家当年就大量翻译介绍国外进步文学作品。新中国成立后，我们学习借鉴苏联文艺，如普列汉诺夫的艺术理论、斯坦尼斯拉夫斯基表演体系，苏联的芭蕾舞、电影等，苏联著名舞蹈家乌兰诺娃以及一些苏联著名演员、导演当年都来过中国访问。这种学习借鉴对建国初期我国社会主义文艺发展起到了促进作用。改革开放之后，我国文艺对世界文艺的学习借鉴就更广泛了。现在，情况也一样，很多艺术形式是国外兴起的，如说唱表演、街舞等，但只要人民群众喜欢，我们就要用，并赋予其健康向上的内容。

当今世界是开放的世界，艺术也要在国际市场上竞争，没有竞争就没有生命力。比如电影领域，经过市场竞争，国外影片并没有把我们的国产影片打垮，反而刺激了国产影片提高质量和水平，在市场竞争中发展起来了，具有了更强的竞争力。

第五个问题：加强和改进党对文艺工作的领导

党的领导是社会主义文艺发展的根本保证。党的根本宗旨是全心全意为人民服务，文艺的根本宗旨也是为人民创作。把握了这个立足点，党和文艺的关系就能得到正确处理，就能准确把握党性和人民性的关系、政治立场和创作自由的关系。

加强和改进党对文艺工作的领导，要把握住两条：一是要紧紧依靠广大文艺工作者，二是要尊重和遵循文艺规律。各级党委要从建设社会主义文化强国的高度，增强文化自觉和文化自信，把文艺工作纳入重要议事日程，贯彻好党的文艺方针政策，把握文艺发展正确方向。要选好配强文艺单位领导班子，把那些德才兼备、能同文艺工作者打成一片的干部放到文艺工作领导岗位上来。要尊重文艺工作者的创作个性和创造性劳动，政治上充分信任，创作上热情支持，营造有利于文艺创作的良好环境。要诚心诚意同文艺工作者交朋友，关心他们的工作和生活，倾听他们心声和心愿。要重视文艺阵地建设和管理，坚持守土有责，绝不给有害的文艺作品提供传播渠道。各级宣传文化部门要在党委领导下，切实加强对文艺工作的指导和扶持，加强对文艺工作者的引导和团结，为推动文艺繁荣发展作出积极贡献。文联、作协要充分发挥优势，加强行业服务、行业管理、行业自律，真正成为文艺工作者之家。

现在，文艺工作的对象、方式、手段、机制出现了许多新情况、新特点，文艺创作生产的格局、人民群众的审美要求发生了很大变化，文艺产品传播方式和群众接受欣赏习惯发生了很大变化。对传统文艺创作生产和传播，我们有一套相对成熟的体制机制和管理措施，而对新的文艺形态，我们还缺乏有效的管理方式方法。这方面，我们必须跟上节拍，下功夫研究解决。要通过深化改革、完善政策、健全体制，形成不断出精品、出人才的生动局面。

要高度重视和切实加强文艺评论工作。文

艺批评是文艺创作的一面镜子、一剂良药，是引导创作、多出精品、提高审美、引领风尚的重要力量。文艺批评要的就是批评，不能都是表扬甚至庸俗吹捧、阿谀奉承，不能套用西方理论来剪裁中国人的审美，更不能用简单的商业标准取代艺术标准，把文艺作品完全等同于普通商品，信奉“红包厚度等于评论高度”。文艺批评褒贬甄别功能弱化，缺乏战斗力、说服力，不利于文艺健康发展。

真理越辩越明。一点批评精神都没有，都是表扬和自我表扬、吹捧和自我吹捧、造势和自我造势相结合，那就不是文艺批评了！金无足赤、人无完人，天下哪有十全十美的东西呢？良药苦口利于病，忠言逆耳利于行。有了真正的批评，我们的文艺作品才能越来越好。文艺批评就要褒优贬劣、激浊扬清，像鲁迅所说的那样，批评家要做“剜烂苹果”的工作，“把烂的剜掉，把好的留下来吃”。不能因为彼此是朋友，低头不见抬头见，抹不开面子，就不敢批评。作家艺术家要敢于面对批评自己作品短处的批评家，以敬重之心待之，乐于接受批评。要以马克思主义文艺理论为指导，继承创新中国古代文艺批评理论优秀遗产，批判借鉴现代西方文艺理论，打磨好批评这把“利器”，把好文艺批评的方向盘，运用历史的、人民的、艺术的、美学的观点评判和鉴赏作品，在艺术质量和水平上敢于实事求是，对各种不良文艺作品、现象、思潮敢于表明态度，在大是大非问题上敢于表明立场，倡导说真话、讲道理，营造开展文艺批评的良好氛围。

同志们！“等闲识得东风面，万紫千红总是春。”党中央对文艺工作和文艺工作者寄予厚望。希望文艺战线和广大文艺工作者不辜负时代召唤、不辜负人民期待，创造出更好更多的文艺精品，为推动文化大发展大繁荣、建设社会主义文化强国作出新的更大的贡献！

中国检察官文学艺术联合会

ZHONGGUOJIANCHAGUANWENXUEYISHULIANHEHUI

文 件

[关于认真学习贯彻习近平总书记在文艺工作座谈会上的重要讲话精神，努力做好检察官文联工作的通知]

中检文联〔2014〕15号

各省、自治区、直辖市检察官文联，新疆生产建设兵团检察官文联，中国检察官文联各直属专业协会：

为深入学习贯彻习近平总书记在文艺工作座谈会上的重要讲话精神，努力做好检察官文联工作，现就有关事项通知如下：

一、深入学习领会习近平总书记在文艺工作座谈会上的重要讲话精神，把思想和行动统一到讲话精神上来，以更加饱满的政治热情和敢于担当的时代精神，努力做好检察文化艺术工作

10月15日，中央召开了文艺工作座谈会，习近平总书记发表重要讲话。讲话站在民族复兴的历史高度，站在中华文化的深厚土壤之上，从人类文明的国际视角，以党和人民的鲜明立场，深刻分析了文艺在社会主义现代化事业中的重要地位作用，精辟阐述了文艺“以人民为中心”的根本方向，明确提出了文艺弘扬“中国精神”的历史使命，深刻论述了关系当前文艺发展迫切需要解决好的重大理论和现实问题，提出了很多新思想、新论断、新观点。讲话情真意切、语重心长，思想深邃、论述深刻，旗帜鲜明、内涵丰富，充分体现了新一届党中央对文艺工作的高度重视、对文艺工作者的亲切关怀，对文艺事业繁荣发展的殷切期望。讲话充满了辩证唯物主义和历史唯物主义精神，闪耀着马克思主义文艺观的真理光辉，彰显了我们党关于新时期文艺事业的立场、观点和方法，极具思想性、针对性、战略性、创新性，在新的时代条件下为文艺工作划定了基本遵循、为文艺工作者标注了价值航标，是我们学习马克思主义文艺理论的最新最好教材，是中国特色社会主义文艺事业的科学指南，是指导我们不断开创文艺工作新局面的行动纲领。

学习领会习近平总书记在文艺工作座谈会上的重要讲话精神，要着重把握以下几个方面的内容：一是要深刻领会习近平总书记关于实现中华民族伟大复兴中国梦需要中华文化兴盛的重要论述，深刻领会文艺工作的重要作用和文艺工作者的历史责任；二是要深刻领会习近平同志关于坚持以人民为中心的创作导向的重要论述，准确把握文艺与人民、文艺与生活、文艺与市场的关系，与人民同呼吸、共命运、心连心，坚守文艺的审美理想，保持文艺的独特价值，不做市场的奴隶，不沾染铜臭气；三是要深刻领会习近平总书记关于创作无愧于时代的优秀作品的重要论述，牢记创作是文艺工作者的中心任务、作品是文艺工作者的立身之本，精益求精、锐意创新，处理好义利关系，努力成为德艺双馨的文艺名家，不断创作出思想精深、艺术精湛、制作精良，无愧于我们伟大民族的精品力作；四是要深刻领会习近平同志关于中国精神是社会主义文艺的灵魂的重要论述，充分认识文艺在培育和践行社会主义核心价值观的独特作用，积极传承优秀传统文化的血脉，追求真善美、弘扬正能量；五是要深刻领会习近平同志关于加强和改进党对文艺工作领导的重要论述，尊重和遵循文艺规律，切实加强文艺评论工作，充分发挥文艺团体的优势，形成不断出精品出人才的局面。

认真学习贯彻习近平总书记在文艺工作座谈会上的重要讲话精神，对于激励和引导全国文艺工作者，全身心地投入到实现中华民族伟大复兴中国梦的宏伟事业中去，具有重大而深远的意义。各级检察官文联要以高度的政治责任感和历史使命感，把学习、领会、贯彻、落实好习近平总书记在文艺工作座谈会上的重要讲话精神摆在重要位置，作为当前和今后一个时期的重大政治任务切实抓紧抓好。

二、紧密联系实际，以习近平总书记重要讲话精神为指导，努力开创检察官文联工作新局面

作为我国检察文化建设一支重要力量的各级检察官文联，要按照高检院党组的部署和中国文联的要求，在高检院和各级检察院党组的坚强领导下，认真学习、深刻把握、全面落实习近平总书记重要讲话精神，紧密联系检察官文联工作的实际，统一思想，坚定信心，以更加有效的措施，努力开创检察官文联工作新局面。

一是要进一步深化认识，努力提高做好检察官文联工作的自觉和自信。要组织广大检察文化艺术工作者和爱好者原原本本研读习近平总书记的重要讲话，深刻领会、准确把握其精神实质。通过学习，要始终坚持社会主义先进文化前进方向，树立高度的文化自觉和文化自信，努力推动检察文艺工作深入有效地开展。要不断加深对讲话提出的新思想、新观点、新论断、新部署的理解，切实把思想和行动统一到习近平总书记重要讲话精神上来，坚定不移地走中国特色社会主义文化发展道路。

二是要始终坚持正确的工作方向，为加强检察队伍建设、推动检察事业繁荣发展凝聚正能量。要紧紧围绕党和国家工作大局、围绕检察中心工作，开展检察官文联各项工作。要坚持用社会主义核心价值观引领检察官文联工作并将其贯穿始终，大力培育和弘扬“忠诚、为民、公正、廉洁”的政法干警核心价值观。要认真贯彻党的文艺方针、路线、政策，始终坚持“二为”方向、“双百”方针和“三贴近”原则。要坚持立足检察实际、面向检察基层、眼睛向内、重心向下、以我为主，着力突出检察官主体地位，积极发挥检察官文联职能作用，充分运用各种文化艺术形式和载体，为检察抒写，为检察放歌，为广大检察人员提供更多更好的精神文化产品，凝聚检察精神，弘扬检察形象，努力服务党和国家工作大局，服务检察中心工作，服务检察基层，服务广大人民群众。

三是要坚持以创作为中心，认真落实“三位一体”的工作布局。要按照检察文化理论研究、检察文化艺术创作、检察文化艺术活动“三位一体”的工作总体布局，推动检察文化艺术工作协调、可持续发展。要把文艺创作放在更加突出的位置，深入开展反映检察工作发展，蕴含检察价值追求，富有思想性、艺术性和观赏性，具有检察特色和检察风格的文艺创作活动。要坚持立足执法办案的生动实践，把检察文化艺术创作融入到检察工作和队伍建设的方方面面，努力反映检察工作和检察生活，不断丰富广大检察人员的精神世界，努力建设全体检察人员的共有精神家园。

四是要坚持不懈地抓好检察文化艺术人才队伍建设，努力提高检察文化艺术队伍素质。要在善于发现人才、培养人才、凝聚人才、使用人才上下功夫，着力造就一支热爱祖国、热爱人民、热爱检察事业、德艺双馨、开拓进取的检察文化艺术队伍，为检察文化艺术事业的繁荣发展提供人力支撑。

五是要切实加强检察官文联自身建设，努力提高自身工作能力和水平。要按照习近平总书记重要讲话精神的要求，认真抓好检察官文联的思想政治建设、业务能力建设、党的建设和廉政建设，认真贯彻中央八项规定等一系列要求，加强党风廉政建设责任制，完善各项工作规章制度，强化自律，严格管理。要自觉接受各级检察院党组的领导和政治部门的指导，接受行业管理部门的监督，不断提高自身的素质和水平。

三、切实加强组织引导，把学习贯彻习近平总书记重要讲话精神不断引向深入

各级检察官文联要充分认识学习贯彻习近平总书记在文艺工作座谈会上的重要讲话精神重大而深远的意义，充分认识检察官文联在新时期检察文化建设中的光荣使命和历史责任，努力把习近平总书记重要讲话精神学习好、贯彻好、落实好。要认真作好学习安排，营造浓厚的学习氛围。要采取集中学习、个人自学、重点讨论、专题研讨、交流体会等各种形式，原原本本、深入系统地学习讲话，做到全员覆盖、学深学透。要结合检察官文联系统目前正在开展的“对检察官文联成立以来工作进行认真总结”活动，通过深入学习习近平总书记重要讲话精神，不断提高做好检察官文联工作的能力和水平，推动检察官文联各项工作不断创新发展，为繁荣检察文艺事业、推动检察队伍建设和检察工作科学发展，实现“两个一百年”奋斗目标、实现中华民族伟大复兴的中国梦作出新的贡献。

各地学习情况请及时向中国检察官文联秘书处通报。

中国检察官文学艺术联合会
2014 年 10 月 21 日

讲　话

[在第三届中国检察官文化论坛上的讲话]

（2014 年 7 月 24 日）

中国检察官文联主席　张耕

同志们：

经过大家的共同努力，第三届中国检察官文化论坛开得很好。根据安排，我对这次论坛作简要总结，并就如何深化检察文化理论研究讲几点意见：

一、论坛的主要收获

这次论坛以“检察基层文化建设的理论与实践”为主题，旨在通过深入学习贯彻党的十八大、十八届三中全会和习近平总书记系列重要讲话精神，认真落实高检院《关于深入贯彻落实党的十八大精神进一步加强检察文化建设的决定》要求，对基层检察文化建设从理论和实践的结合上进行总结和概括，这对于配合全国检察机关以“为民、务实、清廉”为主要内容的党的群众路线教育实践活动深入开展，繁荣检察文化，推动检察工作科学发展具有重要意义。

高检院党组对这次论坛十分重视。院党组成员、政治部主任王少峰同志出席论坛并讲话。为了这次论坛的顺利举办，内蒙古自治区、呼和浩特市两级检察院和检察官文联进行了精心筹划，做了大量工作，付出了辛勤劳动。我谨代表中国检察官文联和与会同志向他们致以崇高的敬意和衷心的感谢！

短短的一天时间，与会同志深入学习党的十八大、十八届三中全会和习近平总书记系列重要讲话精神，认真听取了专家讲座，围绕论坛主题进行了深入交流讨论，取得了明显成果。主要有四点：

一是进一步加深了对党的十八大和十八届三中全会关于加强文化建设精神的理解。党的十八大把文化建设提到了新的高度，对扎实推进社会主义文化强国建设作出新的重大部署。党的十八届三中全会明确指出，建设社会主义文化强国，增强国家文化软实力，必须坚持社会主义先进文化前进方向，坚持中国特色社会主义文化发展道路，培育和践行社会主义核心价值观，进一步深化文化体制改革，推动社会主义文化大发展大繁荣。对于这些重要论述，大家表示，一定要深入学习，深刻领会，认真落实。

二是进一步增强了加强检察文化理论研究的自觉性。通过交流，与会同志对开展检察文化理论研究的重要性和必要性有了更加深刻的理解。大家表示，一定要以高度的文化自信和理论自觉，深深扎根于检察文化建设实践，遵循文化发展规律，深化检察文化理论研究，不断为检察文化的发展繁荣提供理论支撑。

三是进一步增强了做好检察文化理论研究工作的信心。三年来，通过举办三届检察官文化论坛，全系统参与检察文化理论研究的积极性越来越高，征集、选送论文的数量越来越多，质量越来越好，涌现出了一批理论素养较高、有一定学术水准的研究人才，从而进一步增强了做好检察文化理论研究工作的信心和决心。大家表示，一定要以更大的热情和求实精神开展检察文化理论研究，努力提高研究水平，为检察队伍建设、推动检察工作科学发展作出新的贡献。

四是交流了成果，密切了联系。通过论坛这个平台，大家不仅在理论研究上深入探讨，相互交流，还在思想上进一步增进了解，加深友谊，为深入开展检察文化理论研究凝聚了力量、营造了氛围。

二、进一步加强检察文化理论研究的意见

(一)坚持把检察文化理论研究放在检察官文联工作的重要位置。这主要基于三个方面的考虑：第一，理论的基本功能决定了要高度重视理论研究工作。理论是实践的先导。理论研究的基本功能在于总结新经验，创造新理念，完善新机制，指导新实践。检察官文联作为检察文化建设的重要力量，无论工作理念、工作方向，还是工作实践，都离不开理论的指引。因此，要把检察文化理论研究工作作为一项长期的战略任务抓紧、抓好。第二，适应新形势需要，要更加注重理论研究工作。党的十八大以来，党中央对哲学社会科学研究高度重视，提出要深入实施中国特色社会主义理论研究和建设工程，建设哲学社会科学创新体系。同时，强调文化艺术活动要讲求实效。按照中央的要求，我们应本着勤俭节约和少而精的原则，大大减少全国性文化艺术活动，相对集中地把人力和资金投入到检察文化理论研究方面。第三，检察文化理论研究的基础比较好。通过举办三届检察官文化论坛，全系统对开展检察文化理论研究重要性的认识逐步提高，重视程度日益增强。据不完全统计，三届论坛共征集论文两千余篇，经专家评审，评出一等奖10篇，二等奖24篇，三等奖47篇，优秀论文188篇。这些都为深入开展检察文化理论研究创造了条件、奠定了基础。

（二）以办好检察官文化论坛为抓手，推进检察文化理论研究深入开展。三届中国检察官文化论坛的实践证明，举办文化论坛是深化检察文化理论研究的重要抓手。论坛已经成为检察官文联工作的重要品牌，已经列入了高检院年度工作规划，成为例行的文化理论研究平台。

从实践看，三届论坛都办得很成功，给我们留下了许多重要的思考和启示：一是检察文化理论研究必须坚持以中国特色社会主义理论体系为指导，坚持社会主义先进文化的前进方向。二是必须找准服务大局、服务中心的结合点。要紧紧围绕党和国家工作大局，紧贴检察中心工作，紧紧抓住检察文化建设中的重大问题，既注重基础性理论研究，又注重应用性理论研究，努力构建中国特色社会主义检察文化理论体系。三是必须突出广大检察人员的主体地位。要动员检察人员广泛参与检察文化理论研究，尊重他们的创新精神，调动他们的积极性。四是必须建立公开、公平、公正的评审、激励机制。通过单位推荐、专家审评，评出获奖论文，并予以奖励。五是必须建立论坛轮值机制。从明年开始，论坛实行轮值机制，即在当届论坛结束时，确定下一届论坛的主办和承办单位，以保证论坛依次、有序地举行。主办单位除承担论坛的各项筹备工作外，还要就论坛的主题和举办日期提出建议。中国检察官文联根据主办单位和各省级检察官文联的建议，综合研究，确定论坛的主题和举办日期。根据一些省级检察官文联的建议，这一机制先从副主席单位开始实行，经充分协商后，确定明年第四届论坛的主办和承办单位。

（三）以组织编写《中国检察文化理论研究文库》为载体，把检察文化理论研究工作不断引向深入。为推进检察文化理论研究工作，中国检察官文联决定组织编写《中国检察文化理论研究文库》，用几年时间，以集体攻关的形式，组织检察系统有较深学术造诣的检察官和相关专业人员，从不同角度和侧面，系统研究检察文化建设实践中的一系列基本理论问题，逐步形成中国特色社会主义检察文化理论体系，为检察队伍建设和检察工作的科学发展提供精神动力和理论支撑。

《中国检察文化理论研究文库》的第一期工程共设立10个研究课题，形成10本专著，约300万字。这些课题分别是检察文化初论、检察文化核心价值观、检察职业理念、检察职业精神、检察职业道德、检察职业行为、检察职业形象、中国检察文化史、检察文化比较、检察文化发展规律等。目前，由曹建明检察长作序的《检察文化初论》已由中国检察出版社出版，这本专著对检察文化的基本理论问题进行了探讨，为进一步深入研究奠定了基础。

今年3月，中国检察官文联就《中国检察文化理论研究文库》的编写工作发出通知，对课题的申报、认领、评审、结题、奖励等方面提出了明确要求。贵州、湖南、山东、甘肃、山西、河北、陕西、辽宁、海南、吉林、广东、四川、江苏、广西、湖北等15个省级检察官文联先后提交了课题申报报告。经专家评审，有11个单位成为9个课题的研究单位。目前，这项工程的立项工作已经结束，进入了前期研究阶段。

这是一项宏大而艰巨的系统工程，也是一项十分有意义的工作。各省级检察官文联和筹备组织要高度重视、切实抓好。要组织好文库编写和课题研究力量。既要组织好检察系统的理论研究力量，又要善于借助相关部门、高等院校、科研机构的理论研究力量，充分发挥他们的作用。特别是承担第一期研究任务的检察官文联，一定要一把手亲自抓，既要参与课题研究，又要抓好各项具体研究工作的落实，要努力推进、严格管理，确保按时、按质量要求完成课题的研究任务。

（四）进一步加强检察文化理论人才队伍建设。繁荣检察文化理论研究，人才是关键。要以检察机关的业务专家这支队伍为基础，逐步建立、壮大检察文化理论研究队伍。要加强与高等院校、科研机构和相关部门的联系，积极借助他们的研究力量。对检察文化理论研究队伍要加强培养，热情关心，大力支持，放手使用。要采取各种有效方式，加强培训；要给他们提供各种展示才华、交流成果的机会和平台；要从研究时间、研究资金、成果转化和奖励等方面给予关心和支持，努力造就一支政治坚定、思想敏锐、理论功底深厚、研究视野宽广的检察文化理论研究人才队伍。

（五）切实加强对检察文化理论研究工作的领导。各级检察官文联和筹备组织要把检察文化理论研究工作放在更加突出的位置，纳入重要议事日程。各级检察官文联的领导要做检察文化理论研究的领路人和实践者。要对检察文化理论研究作出规划，明确任务、落实措施。要从人力、经费等方面予以支持。要建立课题申报、评审立项、成果评价等机制，确保检察文化理论研究的各项任务落到实处。

理论研究永远处于工作实践的前沿，深化检察文化理论研究未有穷期。我们要深入学习贯彻党的十八大、十八届三中全会和习近平总书记系列重要讲话精神，坚持社会主义先进文化前进方向，以改革创新为动力，充分发挥检察官文联的职能作用，紧贴检察工作实际，进一步加强检察文化理论研究，为推动检察工作科学发展、建设社会主义法治国家和文化强国作出应有的贡献。

[在第三届中国检察官文化论坛上的讲话]

（2014年7月24日）

最高人民检察院党组成员、政治部主任　王少峰

各位领导、同志们：

第三届中国检察官文化论坛今天开幕了。首先，请允许我代表高检院党组和曹建明检察长向莅临论坛的专家学者表示热烈的欢迎！向荣获第三届中国检察官文化论坛征文活动优秀组织奖单位和受到表彰的论文作者表示热烈的祝贺！向高度重视并为筹备这次论坛付出辛勤劳动的内蒙古自治区、呼和浩特市各位领导、各有关部门和检察机关的同志们致以诚挚的谢意！向长期以来关心和支持检察文化发展的社会各界朋友表示衷心的感谢！

这次论坛紧紧围绕深入学习贯彻党的十八大、十八届三中全会和习近平总书记系列重要讲话精神，以“检察基层文化建设的理论与实践”为主题，总结交流基层检察机关开展文化建设的实践经验与理论成果，对于推进检察文化理论研究，繁荣发展检察文化，进一步深化党的群众路线教育实践活动，促进检察队伍建设和检察工作科学发展具有重要意义。

文化是民族的血脉和灵魂，检察文化作为社会主义先进文化的重要组成部分，是检察事业不断发展的重要力量源泉，是全体检察人员的精神家园。作为推动检察文化繁荣发展的重要力量，中国检察官文联成立三年来，始终按照高检院党组要求，认真发挥职能作用，紧紧围绕检察中心工作，以提高检察队伍素质、提升检察形象和执法公信力为目标，坚持检察文化理论研究、检察文化艺术创作、检察文化艺术活动协调推进、共同发展，发现、培养和凝聚了一批检察文化艺术人才，打造了一批富有检察特色的文化艺术作品和文化艺术品牌，广泛宣传了检察工作，大力弘扬了检察精神，切实提升了检察人员综合素养，为推动检察文化繁荣发展和检察事业不断进步作出了积极贡献。

当前，在文化不断发展繁荣的时代背景下，检察文化建设迎来了发展的黄金期和机遇期，新的形势对检察文化建设和做好检察官文联工作提出了新的更高的要求。我们一定要认清形势、增强信心、扎实工作、开拓创新，努力开创检察官文联工作新局面。

一要坚持以党的十八大、十八届三中全会和习近平总书记系列重要讲话精神为指导，进一步增强政治使命感和责任感。党的十八大报告指出，全面建成小康社会，实现中华民族伟大复兴，必须推动社会主义文化大发展大繁荣，兴起社会主义文化建设新高潮，提高国家文化软实力，发挥文化引领风尚、教育人民、服务社会、推动发展的作用。十八届三中全会强调，

要紧紧围绕建设社会主义核心价值体系、社会主义文化强国深化文化体制改革，推动社会主义文化大发展大繁荣。习近平总书记深刻指出，提高国家文化软实力，关系我国在世界文化格局中的定位，关系我国国际地位和国际影响力，关系“两个一百年”奋斗目标和中华民族伟大复兴中国梦的实现。我们一定要从政治、全局和战略高度，充分认识加强检察文化建设的重要意义，把思想认识统一到中央关于坚定走中国特色社会主义文化发展道路、建设社会主义文化强国的决策部署上来，不断增强政治使命感和责任感，进一步提高文化自觉和文化自信，积极投身社会主义文化建设，切实推动检察文化繁荣发展。

二要坚持以社会主义核心价值体系和核心价值观为引领，确保检察文化建设的正确方向。社会主义核心价值体系和核心价值观，凝结着社会主义先进文化的精髓，是中国特色社会主义道路、理论体系和制度的价值表达，是当代中国的兴国之魂、中华民族的精神之钙。没有社会主义核心价值体系、核心价值观的引领和支撑，我们就会丧失根本、迷失方向。检察机关作为国家法律监督机关，是我们党治国理政的重要力量，要把培育和践行社会主义核心价值体系和核心价值观作为凝魂聚气、强基固本的战略工程，把社会主义核心价值体系和核心价值观的要求贯穿到各项检察文化工作中，认真贯彻党的文艺路线、方针、政策，始终坚持“二为”方向、“双百”方针和“三贴近”原则，积极发挥检察官文联职能作用，使核心价值观内化为检察人员精神追求，外化为自觉行动，不断夯实检察事业发展进步的思想文化根基。

三要坚持突出检察人员的主体地位，不断满足广大检察人员的精神文化需求。要始终坚持以人民为中心的创作导向，立足执法办案的生动实践，围绕党和国家工作大局，服务检察中心工作，服务基层和广大检察人员，把检察文化工作融入到检察工作和队伍建设的方方面面。要突出检察人员的主体地位，坚持眼睛向内、重心向下、以我为主，努力为检察抒写，为检察放歌，为社会提供更多更好的精神文化产品。要因地制宜，依托和挖掘地方文化、历史等丰富资源，深入开展反映检察工作发展，蕴含检察价值追求，富有思想性、艺术性和观赏性，具有检察特色和检察风格的文化艺术创作和文化艺术活动，不断丰富广大检察人员的精神世界，努力建设全体检察人员的共有精神家园。

四要坚持把握规律创新载体，努力提高新媒体时代检察文化建设科学化水平。创新是文化的本质特征。要积极探索和准确把握检察工作特点和文化建设规律，重点在理论创新、手段创新、机制创新和基层工作创新上下功夫，善于运用战略思维、开放视野、发展观点谋划和推进检察文化建设，使检察文化建设更加体现时代性、把握规律性、富于创造性。要不断创新文化建设内容和载体，充分运用各类文化形式和传播手段，艺术地反映检察工作、宣传检察职能、讲述检察故事、传播检察声音，展示检察形象。特别要加快熟悉、更好掌握新媒体时代的特点、规律，充分运用新媒体手段和平台，进一步增强检察文化表现力感染力，提升检察文化社会影响力。

五要坚持高标准严要求，切实加强检察官文联自身建设。检察官文联在加强检察队伍建设、繁荣发展检察文化事业中肩负重要职责。检察官文联和各专业协会要高度重视自身建设，以即将召开的一届三次全委会为新起点，坚持用中国化的马克思主义文艺理论武装头脑，不断提高政治理论素养，强化党风廉政建设，改进思想工作作风，推动规范化建设，创新组织形式，不断夯实工作基础，增强工作活力。各级检察院党组要重视检察官文联在繁荣发展检察文化中的重要地位和作用，加强对检察官文联的领导，及时帮助解决实际困难，从各方面支持检察官文联的工作。各级检察政工部门作为主管检察文化建设的职能部门，要把支持检察官文联开展工作摆到更加重要位置，纳入整体工作安排,切实做到与检察文化工作同部署、同落实、同检查，确保检察官文联更好地开展工作、发挥作用，共同推动检察文化建设蓬勃发展。

同志们，文化长盛，则事业长兴。检察文化建设是一项充满希望、常抓常新的事业，责任重大，大有可为。让我们按照中央和高检院党组的部署要求，振奋精神，求实创新，进一步加强检察官文联工作，开创检察文化建设新局面，为推动检察事业科学发展提供更加强大的精神动力和文化支持！

最后，预祝本次论坛圆满成功！祝大家身体健康、工作顺利、阖家幸福！

[在中国检察官文学艺术联合会第一届委员会第三次全体会议上的讲话]

（2014 年 7 月 25 日）

中国检察官文联主席　张耕

同志们：

这次会议圆满完成了各项议程，开得很好，取得了重要成果。突出的一点是增补了中国检察官文联委员、常委、副主席，加强了领导力量。高检院党组成员、政治部主任王少峰同志当选为中国检察官文联副主席，这对中国检察官文联的工作无疑是有力地加强。王少峰同志政治坚定，年富力强，作风扎实，经验丰富，对检察官文联工作一直十分关心，他曾积极参与了中国检察官文联的筹建工作，付出了大量心血，让我们对他的当选表示热烈的祝贺！李如林同志由于职务变动，他主动提出不再担任中国检察官文联副主席职务。他对检察官文联工作怀有深厚的感情，在任职期间，积极努力，富于激情，提出了许多好思路、好办法，付出了大量心血，作出了重要贡献，不断推动检察官文联工作深入开展，让我们对李如林同志表示崇高的敬意！高检院党组和曹建明检察长对这次会议十分重视，各省（区市）检察机关和检察官文联大力支持，内蒙古自治区、呼和浩特市两级检察院和检察官文联精心组织、周到安排，与会同志共同努力，这是会议取得成功的根本原因。在此，我代表中国检察官文联对大家表示衷心的感谢！借这个机会，我就如何进一步推动检察官文联工作深入开展讲几点意见。

一、认真总结三年工作，在新的起点上，努力开创检察官文联工作新局面

中国检察官文联从 2011 年 6 月成立至今，已整整三年了。三年来，中国检察官文联在高检院党组的坚强领导和政治部的有力指导下，依靠各级检察官文联的共同努力，明确了工作方向，坚定了工作理念，厘清了工作思路，取得了可喜成果。回顾三年，可以说是沐浴春风，乘风踏浪，困难不少，步履坚实。三年的工作实践值得认真总结，三年的成功经验值得倍加珍惜，三年的不足和问题需要尽力解决。

只有善于总结过去，才能更好把握未来。为进一步推动检察官文联工作深入发展，我们需要在全国检察官文联系统对三年来的工作进行一次扎扎实实的“回头看”，来一次系统地总结。这次会议后，大体用半年左右的时间抓好这项工作。通过总结，进一步振奋精神，明确方向，坚定信心，克服困难，努力开创检察官文联工作新局面。

这次总结要以党的十八大、十八届三中全会和习近平总书记系列重要讲话精神为指导，认真学习党的十八大和十八届三中全会关于文化改革、文化发展、文化创新方面的新思想、新论断、新要求，深入落实高检院关于文化建设的重要部署，将改革精神贯穿于检察官文联工作的全过程，通过创新，推动检察官文联工作深入开展。

在总结内容上，我着重强调三点：一是对检察官文联工作理念进行总结。要认真总结三年来检察官文联在工作理念上的新探索、新成果。比如关于检察官文联的定位、检察官文联工作的总体目标、总体要求和总体布局、检察官文联同其他部门的关系等等。既要肯定正确的理念，也要研究需要创新的理念，还要摒弃陈旧的、不妥的，甚至是错误的理念。二是对检察文化艺术创作进行总结。要认真总结三年来检察文化艺术创作面临的新形势，积累的新经验，取得的新成果。比如，检察文化艺术创作要坚持的方向、基本原则、基本规律，检察文化艺术作品的基本特征、基本要求，检察文化艺术作品的政治性、艺术性、法律性之间的关系，建立和完善检察文化艺术作品评审、奖励机制等等。三是对检察文化载体进行总结。要认真总结三年来检察官文联在检察文化载体上的新经验、新探索、新成果。比如打造检察文化艺术品牌、搭建检察文化艺术交流平台、举办形式多样的检察文化艺术活动、建立检察文化艺术新媒体传播渠道等等。

通过以上三方面的总结，进一步明确检察官文联在推进检察文化理论研究、检察文化艺术创作、检察文化艺术活动三项工作中，哪些指导思想、工作理念、工作部署、工作原则、工作要求是正确而富有成效，需要继续坚持的；哪些是不全面、不完整，需要进一步完善的；哪些是不妥当、不正确，需要坚决纠正的；哪些是陈旧落后，需要进一步改进创新的。通过总结，使各级检察官文联保持清醒头脑，既看到成绩，增强信心，又看到问题，增强危机感，珍惜过去，面向未来，以更加饱满的热情，求实的态度，扎扎实实地把检察官文联的各项工作推向深入，取得更好的成效。

为了搞好这次总结，中国检察官文联秘书处要抓紧制定工作方案，作出部署。各省级检察官文联要结合实际，做好安排，抓好落实。明年 2 月底之前各省级检察官文联要向中国检察官文联提交总结工作情况的报告。

二、坚持重心下移，面向基层，努力服务于基层检察文化建设

基层检察文化建设是整个检察文化建设的基石，也是检察官文联工作的根基和主要服务对象。各级检察官文联要按照高检院党组和曹建明检察长的要求，坚持重心下移，努力做好基层检察文化服务工作。

在这方面，我着重强调四点：一是要坚持检察文化艺术活动“少而精，实而好”的原则。所谓“少”，就是检察文化艺术活动不宜搞得太多太大，不要片面追求轰动效应，而要坚持从实际出发，量力而行，不搞则已，搞就搞好。所谓“精”，就是检察文化艺术活动的质量要高，为广大检察人员和人民群众喜闻乐见。所谓“实”，就是检察文化艺术活动的内容要实实在在，不哗众取宠，不人为造势。所谓“好”，就是要取得好的效果。要运用文化艺术形式，彰显检察精神，树立检察形象。二是要认真实施“文化惠检”工程。组织开展“检察文化基层行”志愿服务活动，建立检察文艺志愿者队伍，深入老少边穷地区检察院进行慰问，帮助他们拓展文化建设阵地，完善文化基础设施，让基层检察人员共享检察文化建设的成果。为此，中国检察官文联已成立文艺志愿者服务中心，和秘书处联络部合署办公，一套人马两块牌子。今年拟选择 10 个基层检察院作为帮扶对象。各级检察官文联也要因地制宜，抓实抓好这项工作。三是要继续举办好“以物喻检”文化活动。“以物喻检”文化活动是检察官文联开展文化艺术活动的创举，已经成为有影响的品牌。中国检察官文联和各级检察官文联开展的形式多样、内容各异的“以物喻检”活动，已经取得了良好的效果，为检察机关和检察人员所认可，为社会群众所欢迎。要认真总结这方面的经验，进一步创新形式，丰富内涵，以物的品格诠释检察精神，展示检察风采，激励检察队伍。同时，要防止将这一活动泛化，要注重活动的内涵，不能搞得太多太滥。四是要继续组织好“迎新春、送文化”活动。这也是检察官文联的一个工作品牌，深受检察官的喜爱。要认真办好明年春节前的第四届“迎新春、送文化”活动，完善形式，创新内容，扩大影响，以写春联、送春联等文艺形式送去新春的慰问和祝福，以凝聚检力，激励斗志，促进发展。

三、坚持以人为本，进一步加强检察文化艺术人才队伍建设

加强文化艺术人才队伍建设，是推动检察文化艺术事业繁荣发展的根本保障。检察官文联一定要把检察文化艺术人才队伍建设摆在重要位置，在善于发现、凝聚、培养、使用人才上狠下工夫。一是要彻底摸清检察文化艺术人才的底数。从前年开始，中国检察官文联就强调要摸清检察系统文化艺术人才的底数，但从目前上报的情况看，除军事检察院外，32 个省级检察官文联和筹备组织中还有 10 省区的情况没有上报。这里，我再次强调，到今年 12 月底前一定要把检察系统文化艺术人才的底数搞清楚，每一个省（区市）范围内究竟有多少检察文化艺术人才，分门别类各有多少，其中有多少是全国和省一级文化艺术团体的成员。只有弄清了这个底数，我们才能有针对性地培训提高这支队伍，组织使用好这支队伍。二是要加强培训，注重培养人才。三年来，中国检察官文联通过培训、实地采风、组织笔会和各种各样的文化艺术活动，锻炼提高检察文化艺术人才的素质，还选派部分检察文化艺术人才参与中国文联组织的各种专项培训。这些都取得了很好的效果，要进一步采取措施，做好检察文化艺术人才的培训提高工作。三是要注重实践锻炼。通过组织开展形式多样、内容丰富的各种文化艺术活动，为检察文化艺术人才提供创作条件和展示才华的机会，充分发挥他们的聪明才智和艺术特长，不断提高他们的艺术创作水平。四是要抓紧建立检察文化艺术人才库。在摸清底数的基础上，争取明年上半年中国检察官文联建立起检察文化艺术人才库。各省级检察官文联也要抓紧做好这项工作，尽快和中国检察官文联检察文化艺术人才库实现联网。五是要充分发挥专业协会在检察文化艺术人才队伍建设中的重要作用。要利用专业协会这个平台和优势，采取比赛、展览、采风、评奖等方式和分门别类地开展各种专业培训，不断提升检察文化艺术人才的业务水平。

四、进一步加强检察官文联自身建设，不断增强检察官文联的工作生机与活力

不断加强自身建设，始终是确保检察官文联充满生机和活力的动力源泉，一定要常抓不懈，抓紧抓好。为此：一要加强学习。要牢固树立终身学习理念，深入学习马列主义、毛泽东思想、中国特色社会主义理论、党的十八大、十八届三中全会和习近平总书记系列重要讲话精神，认真学习中央、高检院关于文化工作的部署要求，广泛学习政治、经济、法律、文化、艺术等各领域知识，熟悉检察文化基本理论，不断提高做好检察官文联工作的能力和水平，努力成为推进检察文化艺术事业发展的行家里手。二要加强规范化建设。按照精简、高效、规范、科学的原则，完善检察官文联各项工作规章和工作机制，努力提高检察官文联的工作效率和水平。从已经成立的省级检察官文联的情况看，省级检察官文联的办事机构基本都和省级检察院政治部的相关部门合署办公，省级检察官文联主席由省级检察院检察长或常务副检察长兼任，政治部主任一般兼任检察官文联副主席，检察官文联秘书长一般由政治部相关负责同志兼任。这种机制和格局从运行情况看，是符合实际、切合工作要求、有利于工作开展的。要对这种机制和格局进一步完善，以推动检察官文联工作顺利开展。三要加强廉政建设。要认真贯彻中央八项规定和落实党风廉政建设“两个责任”等一系列要求，深入开展党风党纪教育，认真落实党风廉政建设责任制，完善制度，严格纪律，加强监督，严防不廉洁问题发生。四要坚持勤俭节约，艰苦奋斗。检察官文联作为非营利性社会团体，既无编制，又无经费。因此，各项工作一定要精打细算，厉行节约。要最大限度地压缩开支，提倡艰苦奋斗、无私奉献精神。高检院党组对中国检察官文联的工作给予了大力支持，从去年开始，每年以向社会组织购买公共文化服务的方式拨付一定资金用于检察文化艺术活动的开展。各省也可以从实际出发，在资金、人力等方面给检察官文联以积极的支持。五要加强专业协会建设。中国检察官文联5个直属专业协会和各省级检察官文联直属专业协会都已陆续成立。这是检察官文联开展各项专业文化艺术活动的组织者、推动者和实践者，他们的地位和作用十分重要，一定要高度重视专业协会的建设。要按照本次会议通过的两个规定要求，切实搞好检察官文联直属专业协会建设，加强对专业协会工作的领导，加强规范化管理，充分发挥专业协会的职能作用，为专业协会工作顺利开展创造条件、提供支持。六要加强信息化建设。要以信息化建设为抓手，努力创新和拓展检察官文联工作载体和工作手段，积极运用数字网络化技术，通过宣传推介、展示交流、互动服务等手段，结合会刊、网站，抓紧建设检察文化艺术资源数据库和检察文化艺术人才数据库，努力构建“网上检察文艺之家”。

同志们，党的十八大、十八届三中全会为全面深化改革发展、推动社会主义现代化建设、实现中华民族的伟大复兴吹响了前进的号角。我们一定要在高检院党组和各级检察院党组的领导下，深入学习贯彻党的十八大、十八届三中全会和习近平总书记系列重要讲话精神，按照“服务大局，围绕中心，面向基层，稳步发展”的检察官文联工作总体要求，坚持检察文化理论研究、检察文化艺术创作、检察文化艺术活动“三位一体”的总体工作布局，进一步做好各项工作，努力服务于党和国家的工作大局、服务于检察机关的中心工作、服务于检察队伍建设、服务于广大人民群众，奋力开拓，勇于创新，不断开创检察官文联工作新局面，为提升检察队伍文化素质、推动检察工作科学发展，促进社会主义文化大发展大繁荣，建设社会主义法治国家和文化强国，实现中华民族伟大复兴的中国梦作出新的、应有的贡献。

［综　述］

2014年，在高检院党组的坚强领导下，在高检院政治部的有力指导下，在中国文联的业务指导和民政部的监督管理下，中国检察官文联和各直属专业协会、各团体会员单位全面贯彻党的十八大和十八届三中、四中全会精神，深入学习习近平总书记系列重要讲话精神，特别是习近平总书记在文艺工作座谈会上的重要讲话精神，充分发挥检察官文联的职能作用，各项工作取得新进展，为提升检察文化软实力，加强检察队伍建设，推动检察工作发展作出了积极贡献。

【会议与活动】

举办“清风正气”书画创作活动

1月12日，由中国检察官文学艺术联合会、中国书法家协会主办，中国美术家协会、荣宝斋画院支持，北京早春文化艺术传播有限公司承办的“清风正气”2014中国书画名家迎新春联谊创作会在北京琉璃厂荣宝斋大厦举行。活动以书法、绘画等艺术表现形式，把检察文化、廉政文化与传统艺术形式相结合，扬正气、保清廉、促和谐，营造了浓厚的廉政文化氛围。

中国检察官文联主席张耕，中国书协分党组书记、驻会副主席赵长青，中国书协原副主席刘艺出席了本次活动。赵长青副主席致辞，中国检察官文联秘书长杨明主持了本次活动。

中国国家博物馆副馆长陈履生，荣宝斋画院常务副院长唐辉，著名旅美画家、中国美术家协会会员郑百重等十余名书画名家，检察系统内书法爱好者、首期高检院机关干部职工书法艺术讲习班部分学员参加了此次活动。

赴河南、广西调研检察文化建设和检察官文联工作

4月、5月期间，中国检察官文联主席张耕一行先后赴成立检察官文联最早的河南省和成立检察官文联较晚的广西壮族自治区调研检察文化建设和检察官文联工作。

在河南，张耕一行先后在省检察院、洛阳市检察院、信阳市检察院、南阳市检察院、平顶山市检察院就检察官文联的工作进行了座谈，同时参观了新县河南检察博物馆。在广西，张耕一行先后在自治区检察院、南宁市检察院、钦州市检察院、北海市检察院就检察官文联的工作进行了座谈，并实地考察了南宁市良庆区检察院、北海市海城区检察院等基层院的检察文化建设情况。

张耕充分肯定河南省和广西壮族自治区检察官文联的工作和取得的成果。他强调，河南省院、广西区院领导对检察文化和检察官文联工作高度重视，完善了机构，制定了规划，落实了经费，为各项工作的开展打下了很好的基础。两地检察官文联的工作方向明确，服务检察的观念突出，各项文化艺术活动都和检察工

作结合得很紧密，着力突出检察官主体地位，坚持“检察官写、写检察官”，最大限度地让检察官积极参与检察文化艺术创作和检察文化艺术活动，通过举办各项文化艺术活动，弘扬了检察精神，提升了检察形象，扩大了检察机关的社会影响。

张耕强调，成立中国检察官文联是高检院党组深入学习贯彻党中央建设社会主义文化强国重大战略部署、促进检察文化建设、推动检察工作科学发展的重要举措。实践证明，检察官文联对于推动检察队伍建设、促进检察工作科学发展有着重要的积极作用。各级检察官文联和筹备组织要以实践和践行社会主义核心价值观为根本任务，深入学习贯彻党的十八大和十八届三中全会精神，学习落实习近平总书记系列重要讲话精神，认真贯彻高检院《关于深入贯彻落实党的十八大精神进一步加强检察文化建设的决定》要求，进一步推动检察官文联工作深入开展，更好地服务检察队伍建设和检察工作发展。要十分明确，检察官文联工作是检察文化建设中的一部分，是运用包括文学、书法、绘画、影视、摄影、音乐、舞蹈、体育等文化艺术形式服务于检察队伍和检察工作。检察官文联的工作一定要在同级检察院党组的领导下，在政治部门的指导下开展。要努力推动检察官文联工作和检察工作相融合，把检察官文联工作的出发点和落脚点始终放在提升检察队伍文化素养的基点上来，以实现“以文化人”的目标。要进一步加强检察官文联建设，使之成为推动检察文化建设、弘扬检察精神、倡导法治文化、传承中华文化的重要阵地，成为展示检察队伍良好形象、宣传检察文化建设成果、交流检察文化建设经验的重要平台，成为发现、凝聚、培养、提升检察队伍文化艺术人才的学校，成为联系文艺界、社会各界和人民群众的重要桥梁。要按照高检院党组和曹建明检察长的要求，重心下移、面向基层，充分发挥基层检察机关和检察官文联的积极性，把文化艺术活动向基层推进，使之与检察官更贴近，使检察官文联工作得到更多的理解、关心和支持。

“书画名家走基层送文化”活动启动

5月14日，按照中国文联关于集中开展“惠民、为民、乐民”文艺志愿服务主题活动的要求，中国检察官文联书画协会组织的文艺志愿服务—“书画名家走基层送文化”活动拉开序幕。

中国检察官文联书画协会副会长、中国书法家协会会员、中国美术家协会会员邓晓岗走进重庆市检察院，为重庆检察机关书画爱好者作了一场主题为“书法之法”的艺术讲座。

中国检察官文联一届三次全委会

7月25日，中国检察官文学艺术联合会第一届委员会第三次全体会议在内蒙古自治区呼和浩特市召开。

会议选举增补了中国检察官文联第一届委员会委员、常委、副主席，最高人民检察院党组成员、政治部主任王少峰当选为中国检察官文联第一届委员会副主席。会议听取了中国检察官文联一届二次全委会以来工作情况的报告；审议通过了《中国检察官文学艺术联合会直属专业协会管理细则》和《中国检察官文学艺术联合会会员发展和管理办法》；6个省级检察官文联在会上作了工作经验交流。会议部署了中国检察官文联当前和今后一个时期的工作。

中国检察官文联主席张耕在会议结束时讲话。他强调，各级检察官文联和筹备组织要深入学习贯彻党的十八大、十八届三中全会和习近平总书记系列重要讲话精神，按照“服务大局，围绕中心，面向基层，稳步发展”的检察官文联工作总体要求，坚持检察文化理论研究、检察文化艺术创作、检察文化艺术活动“三位一体”的总体工作布局，进一步做好各项工作，努力服务于党和国家的工作大局、服务于检察机关的中心工作、服务于检察队伍建设、服务于广大人民群众，奋力开拓，勇于创新，不断开创检察官文联工作新局面。要在全国检察官文联系统进行一次扎扎实实的“回头看”，系统总结检察官文联成立以来的工作，在新的起点上，进一步振奋精神，明确方向，坚定信心，克服困难，以更加饱满的热情，求实的态度，扎扎实实地把检察官文联的各项工作推向深入。要加强检察文化理论研究，逐步建立中国特色社会主义检察文化理论体系。要坚持重心下移，面向基层，努力服务于基层检察文化建设，按照高检院党组和曹建明检察长的要求，努力做好基层检察文化服务工作。要坚持检察文化艺术活动“少而精，实而好”的原则，认真实施“文化惠检”工程，组织开展“检察文化基层行”志愿服务活动；继续举办好“以物喻检”文化活动，进一步创新形式，丰富内涵，以物的品格诠释检察精神，展示检察风采，激励检察队伍；继续组织好“迎新春、送文化”活动，以凝聚检力，激励斗志，促进发展。要坚持以人为本，进一步加强检察文化艺术人才队伍建设。要把检察文化艺术人才队伍建设摆在重要位置，在善于发现、凝聚、培养、使用人才上狠下工夫。要进一步加强检察官文联自身建设，不断增强检察官文联的工作生机与活力。要加强学习，加强规范化建设，加强廉政建设，坚持勤俭节约，艰苦奋斗，提倡无私奉献精神。要高度重视检察官文联各直属专业协会建设，加强对专业协会工作的领导，加强规范化管理。要加强信息化建设，积极运用数字网络化技术，抓紧建设检察文化艺术资源数据库和检察文化艺术人才数据库，努力构建“网上检察文艺之家”。

中国检察官文联副主席、最高人民检察院政治部副主任胡尹庐主持了会议。

中国检察官文联书画协会召开工作座谈会

8 月 30 日，中国检察官文联书画协会在京召开工作座谈会，中国检察官文联主席张耕出席座谈会并作重要讲话，书画协会会长张本才部署了书画协会工作，书画协会秘书长覃匡龙主持了座谈会。

张耕主席对书画协会按照中国检察官文联一届三次全委会要求，认真研究部署工作给予充分肯定。他指出，中国检察官文联各专业协会都要认真按照中国检察官文联一届三次全委会要求，按照中国检察官文联“服务大局，围绕中心，面向基层，稳步发展”的总体要求开展工作。服务大局，就是一定要围绕党和国家的大局开展工作。围绕中心，就是一定要围绕检察机关的中心工作，用检察官文联的工作来促进检察队伍建设，推进察工作。面向基层，就是要把工作的重心转到基层，按照“少而精，实而好”的原则开展活动。各专业协会要把检察系统的文化艺术爱好者组织起来，具体到书画协会要把检察系统内书画艺术爱好者组织起来，要使检察文化建设有深厚的群众基础。我们不是只为少数人服务的，而是要面向整个检察系统，把整个系统的检察文化氛围带动起来，要为我们整个检察队伍服务、检察工作服务。我们的检察官大多数在基层，所以我们的工作重心要面向基层。稳步发展，就是各专业协会的工作一定要实事求是，从实际出发，量力而行。他要求，专业协会要按照检察官文联“三位一体”的工作思路开展工作。书画协会要重视检察文化理论研究，要研究中国检察文化艺术，具体到绘画和书法究竟有什么特点，与传统的书画艺术是什么关系，应怎样发展，应怎样表现出自己特色，应怎样为检察工作服务、为检察队伍建设服务、为检察官的精神需求服务。文化艺术创作上，书画协会要不断创作出跟检察工作密切相关的精品之作。文化艺术活动是检察官文联工作的载体，书画协会要抓好载体、抓好媒体、抓好培训。他强调，书画协会一定要认真抓队伍。要抓好会员的发展和培养，要尽快摸清全国检察书画人才底数。特别是，要摸清具有省级以上书协、美协会员资格的人员底数，摸清非常喜爱书画艺术，希望自己在这方面有发展、有进步的人员底数。要培养出检察系统的一部分尖子人才，在全国叫得响的书画家，要给他们创造学习成长的机会。他要求，书画协会要认真抓好规范化建设。一是协会要处理好几个关系。首先，要处理好与高检院党组和政治部的关系，协会是中国检察官文联的直属专业协会，要在同级检察院党组的领导下，在政治部门的指导下开展工作。协会的重要工作部署、重大活动一定要向党组、向政治部报告。其次，要处理好与中国检察官文联的关系。按照章程的规定，不管哪个协会都是中国检察官文联的直属专业协会，既然是直属专业协会，协会的所有活动安排、所有部署都要及时与中国检察官文联沟通，要形成一个整体。再次，要处理好与同级书协、美协的关系，书画协会要尽快申请成为中国书协、中国美协的团体会员，自觉接受他们的业务指导。二是要抓协会的制度建设。三是要高度重视廉政建设。协会刚刚成立，从一开始就要规范起来，始终沿着正确的方向前进，使协会在推进检察官文联建设、推进检察文化建设、推进检察工作中积极贡献力量。

座谈会上，张本才会长部署了书画协会工作，他要求书画协会要认真按照中国检察官文联一届三次全委会精神和张耕主席讲话精神，遵循检察文化理论研究、检察文化艺术创作和检察文化艺术活动“三位一体”的工作思路积极开展工作。当前，书画协会要突出抓好两项工作，一是抓好活动，二是抓好媒体。通过“少而精，实而好”的活动，凝聚书画艺术人才，扩大书画协会的影响力。通过发挥新媒体的优势，做好新媒体与传统媒体的融合，提高书画艺术爱好者的水平，提升书画协会的工作水平。覃匡龙秘书长传达了中国检察官文联一届三次全委会精神，总结了书画协会成立以来工作开展情况，并就下步工作提出了建议。与会人员围绕学习贯彻中国检察官文联一届三次全委会精神，就如何开展好书画协会工作进行了发言，对书画协会工作开展积极献言献策。中国检察官文联书画协会会长办公会成员，以及在京理事以上人员参加了座谈会。

参加西藏自治区检察官文联成立大会暨检察文化援藏活动

10月9日，西藏自治区检察官文联成立暨检察文化援藏会议在拉萨举行。中国检察官文联主席张耕，西藏自治区党委副书记、常务副主席、党委政法委书记邓小刚，自治区检察院检察长张培中出席会议并讲话。

张耕对西藏自治区检察官文联成立表示祝贺。他指出，西藏自治区检察官文联的成立，实现了全国32个省级检察系统文联组织的全覆盖。就如何做好检察官文联工作，他强调，要始终坚持理论武装，不断提高做好检察官文联工作的自觉和自信；要始终坚持正确方向，努力为加强检察队伍建设、推动检察工作科学发展凝聚正能量；要始终坚持创新思维，创新检察文化理论研究、检察文化艺术创作和检察文化艺术活动，不断开创检察官文联工作新局面；始终坚持以人为本，切实加强检察文化艺术人才队伍建设；要始终坚持强基固本，切实加强检察官文联自身建设，使检察文化工作成为推动检察工作的强大动力。

会议选举张培中为西藏自治区检察官文联第一届委员会名誉主席，自治区检察院常务副检察长占堆为主席。

期间，中国检察官文联组织的部分检察文化艺术人才深入到自治区院和部分基层院开展了检察文化援藏活动。

专题学习贯彻“增强党性、严守纪律、廉洁从政”专题教育活动精神

7月22日，中国检察官文学艺术联合会秘书处召开专题学习会，认真学习贯彻高检院党组成员、政治部主任、机关党委书记王少峰在最高检机关“增强党性、严守纪律、廉洁从政”专题教育活动动员大会上的重要讲话精神，并结合高检院机关专题教育活动方案和检察官文联工作实际，就秘书处如何开展专题教育活动作了安排部署。杨明同志主持了专题学习会。

杨明强调，要严格按照中央和高检院部署的要求，结合今年下半年开展的“对检察官文联成立以来的工作进行认真总结”活动，对照方案要求，以饱满的精神、良好的作风、扎实的工作，落实措施，切实把这次专题教育活动抓紧、抓好、抓出实效，努力达到“在思想上、政治上和行动上始终同以习近平同志为总书记的党中央保持高度一致，营造良好的从政环境和政治生态，努力建设风清气正的检察机关和为民务实清廉的检察队伍”的总体目标要求，不断为推动检察队伍建设和检察工作科学发展作贡献。

首届全国检察机关预防职务犯罪摄影作品展在平遥开展

9月20日，以“关心您　保护您　帮助您”为主题的首届全国检察机关预防职务犯罪摄影作品展启动仪式在平遥文庙举行。

本次活动由最高人民检察院职务犯罪预防厅、山西省人民检察院、中国检察官文联和中国检察官文联摄影协会共同举办。中共山西省晋中市委书记张璞致欢迎词，最高人民检察院职务犯罪预防厅厅长宋寒松讲话，山西省人民检察院党组书记、检察长杨司宣布首届全国检察机关预防职务犯罪摄影作品展开幕，中国检察官文联主席张耕出席开幕仪式。启动仪式由山西省人民检察院党组副书记、副检察长荣彰主持。

本次活动自2014年6月20日组委会向全国检察干警和摄影爱好者开始征稿，截止2014年8月10日征稿结束，共收到全国32个省、市、自治区、直辖市、新疆建设兵团检察机关报送的作品926幅（组）。8月23日经过组委会邀请的中国摄影家协会副主席、山西摄影家协会主席王悦等专家评委反复评选，共评出特等奖10幅，一等奖15幅，二等奖21幅，三等奖26幅，优秀奖32幅，来自广东省东莞市检察院的《任重道远》等104幅摄影作品入选获奖；还通过群众投票的方式在展出作品中评出30幅“群众最喜爱的摄影作品奖”。而且所有获奖作品，都获得由2014年平遥国际摄影大赛组委会和首届全国检察机关预防职务犯罪摄影作品展组委会共同颁发的证书。

本次参展作品主题鲜明，体裁多样，突出反映了全国检察机关开展预防职务犯罪的工作情况，并具有促进廉政文化建设，弘扬主旋律，传递正能量的作用。

中国检察官文联摄影协会举行摄影培训班开班仪式

9月28日上午，中国检察官文联摄影协会摄影培训班在高检院机关多媒体会议室开班。来自高检机关及直属事业单位40多名学员参加。

学习党的十八届四中全会精神

10月24日，中国检察官文学艺术联合会秘书处召开专题学习会，组织全体人员学习党的十八届四中全会精神。中国检察官文联秘书长杨明主持学习会。

中国检察官文联主席张耕出席专题学习会，传达了曹建明检察长24日上午在高检院机关干部大会上的重要讲话精神，并就检察官文联如何学习贯彻党的十八届四中全会精神提出了要求。张耕指出，党的十八届四中全会在我们党的历史上第一次以全会形式就全面推进依法治国作出了专门决定，在新中国法治建设史上具有里程碑意义。这是我们党在新的历史条件下对社会主义法治建设历史经验的科学总结，深刻回答了“建设什么样的法治国家，怎样建设法治国家”一系列重大理论和实践问题，为坚持走中国特色社会主义法治道路提供了基本遵循，指明了前进方向，是指导中国特色社会主义法治建设的行动纲领。

张耕强调，一要高度重视党的十八届四中全会精神的学习贯彻。要充分认识四中全会的重大历史意义，原原本本、逐字逐句地深入学习和领会《中共中央关于全面推进依法治国若干重大问题的决定》，切实把认真学习贯彻四中全会精神作为检察官文联当前和今后一个时期的重大政治任务抓紧抓好。二要坚定不移地走中国特色社会主义法治道路，坚持将检察官文联各项工作自觉融入到中国特色社会主义法治建设的宏大工程中去，保持检察官文联工作的正确方向。三要充分发挥检察官文联的职能作用，运用各种文艺形式和载体，为检察抒写，为检察放歌，弘扬社会主义法治精神，传承社会主义法治文化和中华民族优秀的传统文化，学习和借鉴世界先进文化，为推进社会主义法治中国建设作出应有的贡献。四要坚持不懈地抓好检察文化艺术人才队伍建设，努力为繁荣发展社会主义检察文化和法治文化提供有力的人才支持。五是要切实加强检察官文联自身建设，注重落实党风廉政建设责任制，努力提高自身工作能力和水平，不断增强做好检察官文联工作的自觉和自信，努力开创检察官文联工作新局面，为繁荣检察文艺事业、推动检察队伍建设和检察工作科学发展，推进法治中国建设，实现“两个一百年”奋斗目标和中华民族伟大复兴的中国梦作出新的贡献。

学习贯彻习近平总书记在文艺工作座谈会上的重要讲话精神

10月20日，中国检察官文学艺术联合会秘书处召开学习贯彻习近平总书记在文艺工作座谈会上的重要讲话精神专题会。杨明同志主持专题学习会。会议传达了文艺工作座谈会主要精神，与会同志结合学习进行了深入讨论，交流了学习体会。中国检察官文联主席张耕主席会议并讲话。

张耕就学习贯彻习近平总书记在文艺工作座谈会上的重要讲话精神提出明确要求。他强调，各级检察官文联要以高度的政治责任感和历史使命感，把学习、领会、贯彻、落实好习近平总书记在文艺工作座谈会上的重要讲话精神摆在重要位置，作为当前和今后一个时期的重大政治任务切实抓紧抓好。他指出，各级检察官文联要按照高检院党组的部署和中国文联的要求，在高检院和各级检察院党组的坚强领导下，认真学习、深刻把握、全面落实习近平总书记重要讲话精神，紧密联系检察官文联工作的实际，统一思想，坚定信心，以更加有效的措施，努力开创检察官文联工作新局面。一是要进一步深化认识，努力提高做好检察官文联工作的自觉和自信。二是要始终坚持正确的工作方向，为加强检察队伍建设、推动检察事业繁荣发展凝聚正能量。要坚持立足检察实际、面向检察基层，着力突出检察官主体地位，充分运用各种文艺形式和载体，为检察抒写，为检察放歌。三是要坚持以创作为中心，认真落实检察文化理论研究、检察文化艺术创作、检察文化艺术活动“三位一体”的工作布局。要坚持把文艺创作放在更加突出的位置，深入开展反映检察工作发展，蕴含检察价值追求，富有思想性、艺术性和观赏性，具有检察特色和检察风格的文艺创作活动。四是要坚持不懈地抓好检察文化艺术人才队伍建设，努力提高检察文化艺术队伍素质。五是要切实加强检察官文联自身建设,努力提高自身工作能力和水平。

会议研究了贯彻落实意见，决定向全国检察官文联系统下发学习通知，要求各级检察官文联要通过深入学习习近平总书记重要讲话精神，不断提高做好检察官文联工作的能力和水平，推动检察官文联各项工作不断创新发展。

检察影视创作专题研讨活动在山东德州举行

10月17日至18日，中国检察官文联影视协会在山东省德州市举办“检察影视创作专题研讨”活动，中国检察官文学艺术联合会主席张耕出席会议并讲话。研讨会邀请了中国文联原副主席仲呈祥，中国人民大学法学院教授何家弘围绕“影视文化理论”、“法治与文学”等主题作了专题讲座。

开展“重走长征路　共筑中国梦”全国检察文化基层行活动

按照最高人民检察院党组的要求和中国文联的部署，由中国检察官文联组织的“重走长征路,共筑中国梦”全国检察文化基层行活动，于11月11日在江西省瑞金市启动，11月23日在陕西省延安市结束。中国检察官文联主席张耕,江西省检察院党组书记、检察长刘铁流,江西省检察官文联主席曾页九，中国检察官文联副主席、音乐舞蹈协会会长、北京市检察院第一分院党组书记、检察长高保京，贵州省检察院党组副书记、常务副检察长何冀，陕西省检察院党组成员、副检察长吕萍和当地党政领导先后出席启动仪式、参加了全国检察文化基层行的相关活动。

此次活动，旨在学习贯彻党的十八届四中全会精神和习近平总书记在文艺工作座谈会上的重要讲话精神，纪念红军长征出发80周年，弘扬长征精神和检察精神，激励检察干警努力践行社会主义核心价值观，推动检察文化繁荣发展。来自9省市区检察机关的10名检察人员组成的检察文化小分队，走进基层检察院和干警家中，表演文艺节目，赠送检察文化书籍和书画作品。

此次活动历时15天，从长征的出发点江西省赣州市出发，途径长征的转折点贵州省遵义市，到达长征的胜利会师点陕西省延安市。10名检察文化小分队成员乘坐70多个小时的火车、汽车，辗转奔波5000余公里，走进三省三市的6个基层院，走进干警家中，送去了“文化的盛宴”。

在基层检察院会议室、食堂、干警家中，检察文化基层行小分队举行了26场次演出，用真情歌唱，倾情演绎，赢得了基层检察干警和检察家属的热烈欢迎。独舞《一位检察官的父亲》用舞蹈语言讲述了全国模范检察官、年仅39岁就牺牲在反贪战线上的重庆检察官龚勇的故事，小品《反贪局长》在风趣幽默中让检察干警受到了公正、廉洁的教育，歌曲《检察路上》《在北京的金山上》引起了检察干警的热情参与，现场气氛十分热烈。86岁高龄的瑞金市检察院退休检察官黄日著听到年轻检察干警演唱《情深谊长》《母亲》时，被感动得三次落下了眼泪。

活动中，中国检察官文联还向所到检察院赠送了图书、春联、美术作品等。每到一处，均与当地检察干警一起向烈士纪念碑敬献花篮，凭吊长征遗址，缅怀老一辈革命烈士，接受革命传统教育。

举办“中国梦·检察魂”全国检察机关书画摄影作品展

11月19日至24日，由中国检察官文联与中国文联、中国文学艺术基金会共同主办的“中国梦·检察魂”全国检察机关书画摄影作品展于在京举行。

中国文联党组书记、副主席赵实出席开幕式。最高人民检察院党组成员、政治部主任、中国检察官文联副主席王少峰宣布展览开幕。

中国检察官文联主席张耕致辞。他指出，检察文化是中国特色社会主义文化的重要组成部分，是凝聚检察力量、振奋检察精神、推动检察工作发展的重要力量，是全体检察人员的共同精神家园。要以这次展览为契机，深入学习贯彻党的十八届四中全会精神和习近平总书记在文艺工作座谈会上的重要讲话，以更为广阔的视野和高度的文化自觉与自信，全面推进检察文化繁荣发展，为推动中国特色社会主义检察事业发展，实现“两个一百年”奋斗目标、实现中华民族伟大复兴的“中国梦”作出应有的贡献。

中国文联党组成员、副主席、书记处书记李前光致辞时指出，“中国梦·检察魂”全国检察机关书画摄影作品展是一项重要艺术展示活动，象征着检察文化的发展繁荣，体现了中国书画摄影艺术在检察机关普遍的广泛性和群众性。希望中国检察官文联充分发挥其在加强检察文化建设中的重要作用，团结带领广大检察文化艺术工作者和爱好者，深入开展检察文化理论研究，积极推进检察文化艺术创作和检察文化艺术活动，努力创作出体现检察特色、弘扬检察精神、塑造检察品格、展示检察风采的精品力作，把更多优秀的精神食粮奉献给检察人员、奉献给广大人民群众。

这次活动得到全国各级检察机关的大力支持，32个省级检察官文联积极参与。此次展出的160余副作品，是从各地检察官文联报送的1100余副作品中筛选出来的。展出的作品以“中国梦”为主题，体裁多样，视角开阔，检察特色突出，所有作品都出于检察人员之手。这些作品多角度反映了检察机关文化建设的成果，热情抒写了检察机关践行依法治国理念的实践，诠释了检察干警热爱祖国、热爱人民、崇尚法治、清正廉洁的真挚情怀。展出作品数量多、种类丰富、艺术水平较高，多数作品的质量都较往年有较大提高，反映了检察艺术人才的整体水平。

活动还邀请中国文联、中国文学艺术基金会、最高人民法院公安部、国家新闻出版广电总局等部门的相关领导和部分省级检察官文联领导出席。

期间，最高人民法院党组副书记、副院长江必新专程参观了展览。组委会还组织了高检院机关老干部和北京市检察机关参观专场。

中国检察官文联文学协会召开第一次理事会

11月26日，中国检察官文学艺术联合会文学协会第一次理事会在河南省郑州市召开。中国检察官文联主席张耕出席会议并讲话。

张耕强调，要深入学习贯彻党的十八届四中全会精神和习近平总书记在文艺工作座谈会上的重要讲话，始终坚持文学艺术创作的正确方向，坚持“二为”方向、“双百”方针和“三贴近”原则，坚持服务于党和国家的工作大局，服务于检察机关的中心工作，坚持以检察官为主体，坚持面向基层，面向人民群众；始终坚持运用法治思维搞好文学艺术创作，立足检察，面向法治，多出精品力作；始终坚持文学艺术形式同其他艺术形式的紧密结合、转化和传播，充分发挥检察文学作品的感染力和社会影响力；始终坚持抓好文学艺术人才队伍建设，努力造就一支德艺双馨的文学艺术队伍；始终坚持用法治精神加强协会的自身建设。

大会听取了文学协会秘书处所作的文学协会工作情况报告，并进行了审议。大会聘请陆天明、施战军等著名作家、学者为文学协会顾问。会议期间，还举行了中国检察官文联文学协会创作基地、管城区检察官文联和方圆诗社创作联络点揭牌仪式及其他活动。

本次会议由中国检察官文联文学协会主

办，方圆杂志社、检察日报社文艺副刊部协办，郑州市检察官文联、管城区检察官文联承办。

【研讨与研究】

组织编写《检察文化理论研究文库》

3月17日，中国检察官文联印发《关于编写〈检察文化理论研究文库〉系列丛书的通知》，对《检察文化理论研究文库》系列丛书编写工作提出明确要求。《检察文化理论研究文库》是由中国检察官文联牵头组织的一项检察文化理论研究系统工程，以集体合作的形式，组织检察系统有较深学术造诣的检察官和相关专业人员，从不同的角度和侧面，系统研究和论述检察文化建设实践中的一系列基本理论问题，侧重于检察文化核心价值、检察职业理念、检察职业道德、检察职业精神、检察职业行为、检察职业形象、检察文化史、检察文化比较、检察文化发展规律等方面的研究，为检察队伍建设和检察工作的科学发展提供精神动力和理论支撑。通知还对课题研究的质量标准、评审程序、课题申报、经费保障、管理做了具体规定。

《检察文化初论》正式出版

5月，《检察文化理论研究文库》的第一个课题成果《检察文化初论》由中国检察出版社出版发行。

第三届中国检察官文化论坛

7月24日，由中国检察官文学艺术联合会、国家检察官学院、最高人民检察院检察理论研究所和内蒙古自治区检察官文学艺术联合会共同举办，呼和浩特市检察官文学艺术联合会承办的第三届中国检察官文化论坛在内蒙古自治区呼和浩特市举行。本届论坛旨在深入学习贯彻党的十八大、十八届三中全会精神，深入学习习近平总书记系列重要讲话，认真落实高检院《关于深入贯彻落实党的十八大精神，进一步加强检察文化建设的决定》要求，以“检察基层文化建设的理论与实践”为主题，从理论层面总结基层检察机关加强文化建设的经验，配合全国检察机关开展的以“为民、务实、清廉”为主要内容的党的群众路线教育实践活动，进一步繁荣检察文化，加强检察队伍建设，推动检察工作科学发展。

最高人民检察院党组成员、政治部主任王少峰出席论坛开幕式并讲话；中国检察官文学艺术联合会主席，最高人民检察院原党组副书记、常务副检察长张耕主持论坛开幕式并作总结讲话；内蒙古自治区人民检察院党组书记、检察长，内蒙古自治区检察官文联名誉主席马永胜出席论坛开幕式并致辞；中国文联国内联络部主任刘尚军代表中国文联在论坛开幕式上致辞。山东省人大常委会原党组副书记、副主任、山东省人民检察院原党组书记、检察长、山东省检察官文联主席国家森，江西省人民检察院原党组书记、检察长、江西省检察官文联主席曾页九出席论坛开幕式。

王少峰强调，新的形势对检察文化建设和做好检察官文联工作提出了新的更高的要求，要坚持以党的十八大、十八届三中全会和习近平总书记系列重要讲话精神为指导，从政治、全局和战略高度，充分认识加强检察文化建设的重要意义，把思想认识统一到中央关于坚定走中国特色社会主义文化发展道路、建设社会主义文化强国的决策部署上来，进一步提高文化自觉和文化自信，积极投身社会主义文化建设，切实推动检察文化繁荣发展。要坚持以社会主义核心价值体系和核心价值观为引领，确保检察文化建设的正确方向。要把培育和践行社会主义核心价值体系和核心价值观作为检察机关凝魂聚气、强基固本的战略工程，把社会主义核心价值体系和核心价值观的要求贯穿到各项检察文化工作中，使核心价值观内化为检察人员精神追求，外化为自觉行动，不断夯实检察事业发展进步的思想文化根基。要坚持突出检察人员的主体地位，不断满足广大检察人员的精神文化需求。要始终坚持以人民为中心的创作导向，立足执法办案的生动实践，围绕党和国家工作大局，服务检察中心工作，服务基层和广大检察人员，把检察文化工作融入到检察工作和队伍建设的方方面面。要坚持眼睛向内、重心向下、以我为主，努力为检察抒写，为检察放歌，为社会提供更多更好的精神文化产品，努力建设全体检察人员的共有精神家园。要坚持把握规律创新载体，努力提高新媒体时代检察文化建设科学化水平。重点在理论创新、手段创新、机制创新和基层工作创新上下功夫，充分运用各类文化形式和传播手段，艺术地反映检察工作，讲述检察故事，展示检察形象。特别要加快熟悉、更好掌握新媒体时代的特点、规律，充分运用新媒体手段和平台，进一步增强检察文化表现力感染力，提升检察文化社会影响力。要坚持高标准严要求，切实加强检察官文联自身建设。检察官文联和各专业协会要高度重视自身建设，坚持用中国化的马克思主义文艺理论武装头脑，不断提高政治理论素养，强化党风廉政建设，改进思想工作作风，推动规范化建设，创新组织形式，不断夯实工作基础，增强工作活力。各级检察院党组要重视检察官文联在繁荣发展检察文化中的重要地位和作用，加强对检察官文联的领导，及时帮助解决实际困难，从各方面支持检察官文联的工作。各级检察政工部门作为主管检察文化建设的职能部门，要把支持检察官文联开展工作摆到更加重要位置，纳入整体工作安排，切实做到与检察文化工作同部署、同落实、同检查，确保检察官文联更好地开展工作、发挥作用，共同推动检察文化建设蓬勃发展。

刘尚军致辞指出，中国检察官文联是广大检察文化艺术工作者自己的温馨和谐之家，在团结广大检察文化艺术工作者，凝聚检察文化艺术力量，繁荣和发展检察文化艺术事业，服务检察队伍建设，推动检察工作发展中担负着重大责任。近年来，中国检察官文联紧密结合检察文化建设实践，围绕关系检察文化深入发展的重大问题，深入推进检察文化理论研究，连续两届成功举办中国检察官文化论坛，打造了一个有很好社会影响力的检察文化品牌，这是检察文化艺术战线继承发扬党的文艺工作优良传统、贯彻落实党的十八大精神的重要举措，对于推进检察文化理论研究的深入开展，繁荣检察文化艺术创作，加强检察文化建设，推动检察队伍建设和检察工作科学发展具有重要意义。他强调，中国检察官文联一定要深入学习贯彻落实党的十八大、十八届三中全会和习近平总书记系列重要讲话精神，始终坚持“为人民服务、为社会主义服务”的方向，坚持“百花齐放、百家争鸣”的方针，深入贯彻“贴近实际、贴近生活、贴近群众”的原则，坚持以人民为中心的工作导向，以培育和践行社会主义核心价值观为根本任务，紧紧抓住历史机遇，开拓创新，奋发有为，充分发挥检察官文联在加强检察文化建设中的重要作用，团结带领广大检察文化艺术工作者和爱好者，深入开展检察文化理论研究，积极推进检察文化艺术创作和检察文化艺术活动，努力创作出体现检察特色、弘扬检察精神、塑造检察品格、展示检察风采的精品力作，把更多优秀的精神食粮奉献给检察人员、奉献给广大人民群众，真正把检察官文联办成展现检察机关、检察人员良好形象和展示检察机关执法公信力的重要窗口与平台，努力建设全体检察人员的共有精神家园，为促进检察事业科学发展、推动社会主义文化大发展大繁荣，实现中华民族伟大复兴的中国梦作出新的更大贡献。

张耕在论坛结束时讲话强调，要深入学习贯彻党的十八大、十八届三中全会和习近平总书记系列重要讲话精神，坚持社会主义先进文化前进方向，以改革创新为动力，充分发挥检察官文联的职能作用，紧贴检察工作实际，进一步加强检察文化理论研究，努力为繁荣检察文化、推动检察工作科学发展提供理论支撑。要坚持把检察文化理论研究放在检察官文联工作的重要位置，把检察文化理论研究工作作为一项长期的战略任务抓紧、抓好。要以办好检察官文化论坛为抓手，推进检察文化理论研究深入开展。检察文化理论研究必须坚持以中国特色社会主义理论体系为指导，努力服务于党和国家的工作大局、服务于检察中心工作；要突出广大检察人员的主体地位，尊重他们的创新精神；要建立公开、公平、公正的评审、激励机制；要建立论坛轮值机制，保证论坛依次、有序地举行。要以组织编写《中国检察文化理论研究文库》为载体，把检察文化理论研究工作不断引向深入。要进一步加强检察文化理论人才队伍建设，努力造就一支政治坚定、思想敏锐、理论功底深厚、研究视野宽广的检察文化理论研究人才队伍。要切实加强对检察文化理论研究工作的领导。各级检察官文联和筹备组织要把检察文化理论研究工作放在更加突出的位置，纳入重要议事日程。要对检察文化理论研究作出规划，明确任务、落实措施。要从人力、经费等方面予以支持。要建立课题申报、评审立项、成果评价等机制，确保检察文化理论研究的各项任务落到实处。

论坛上，中国文化软实力研究中心主任，原中宣部理论局副局长、全国哲学社会科学规划办公室主任、博士生导师张国祚教授作了题为《社会主义核心价值体系和核心价值观若干问题》的专题讲座。为办好本届，中国检察官文联组织开展了论文征集活动，共收到各级检察机关和检察官文联推荐论文222篇，评出一等奖论文5篇、二等奖论文10篇、三等奖论文20篇，优秀论文68篇。35篇获奖论文和12个组织工作先进单位在论坛上受到表彰，12位检察人员在论坛上进行了交流发言。

高检院有关部门的负责同志；中国检察官文联第一届委员会副主席、常委、委员和部分获奖论文作者、组织工作先进单位代表参加了这次论坛。

召开《中国检察文化理论研究文库》课题研究工作座谈会

2014年9月28日，中国检察官文联在贵州省贵阳市召开《中国检察文化理论研究文库》课题研究工作座谈会。会议通报了课题研究工作进展情况，与会代表对课题研究中的相关问题与专家进行了面对面交流，会议对如何进一步抓好文库建设和课题研究工作作了安排部署。

中国检察官文联主席张耕出席座谈会并讲话。他强调，要把《中国检察文化理论研究文库》建设作为检察官文联工作的一项长期性战略目标抓好抓实。要以组织编写《中国检察文化理论研究文库》为载体，系统研究检察文化建设实践中的一系列基本理论问题，逐步形成中国特色社会主义检察文化理论体系，为检察队伍建设和检察工作的科学发展提供精神动力和理论支撑。他就如何进一步抓好文库建设和课题研究工作提出要求，一要明确课题研究定位，注意把握好理论性、实践性、系统性和创新性的有机统一。二要切实加强对课题研究的专业指导。中国检察官文联和各省级检察官文联要在科学确立课题研究大纲的基础上，通过成立课题专家组，扎实抓好对各项课题研究的检查和指导。三要认真做好课题研究的整体协调推进工作，确保文库建设如期顺利完成。四要通过在中国检察文艺网开设互动专栏、在会刊及其他学术性刊物上设置专题等有效形式，进一步加强各项课题研究间的互动交流。五要注重课题研究成果的推广、转化与应用，确保成果能有效推动检察队伍建设和检察工作发展。

【获奖情况】

上海检察官合唱团获第 11 届全国声乐比赛第六名和伴奏奖近日，由中国检察官文联音乐舞蹈协会、上海市检察官文联共同组织，上海检察官合唱团在哈尔滨举办的第 11 届全国声乐比赛合唱组中取得第六名和伴奏奖的好成绩。

河北省承德市检察官戴俊卿获第 13 届华鼎奖最佳编剧 近日，热播电视剧《打狗棍》原创编剧、中国检察官文联文学协会常务理事、河北省承德市检察官文联主席戴俊卿荣获第 13 届华鼎奖最佳编剧。

15 幅（组）检察官摄影作品入展全国产（行）业文联摄影精品展 9 月 12 日，由中国文联主办的以“情系中国梦——庆祝新中国成立 65 周年”为主题的全国产（行）业文联摄影精品展览在广东省深圳市大亚湾核电基地揭幕。15 幅（组）检察官摄影作品获奖，其中 4 幅（组）被评为“最佳作品奖”、11 幅（组）被评为“优秀作品奖”；中国检察官文联荣获优秀组织奖。

5 位检察官书法作品入展全国产（行）业文联书法精品展 9 月 27 日，由中国文联主办、中国书协和济宁市委宣传部协办的主办“情系中国梦——庆祝新中国成立 65 周年全国产（行）业文联书法精品展览”在山东济宁开幕，陈怀安、赵继明、王耕耘、李寿山、许刚等 5 位检察官书法作品获优秀奖并入展；中国检察官文联获得优秀组织奖。

《十二公民》罗马电影节夺冠 10 月 25 日，由中国检察官文联、辽宁省检察官文联、北京市检察官文联共同拍摄，北京聚本文化传媒有限公司出品、改编自美国经典电影《十二怒汉》的电影《十二公民》在第九届罗马国际电影节上摘得最高奖项“马可·奥雷利奥”奖，成为罗马国际电影节史上第一部拿下最高奖项的中国影片。

【检察文化艺术创作】

《作家笔下的最美检察官》出版 《作家笔下的最美检察官》一书近日由中国检察出版社出版，该书系“寻找最美检察官”活动结束后，由检察日报社组织 10 余名作家，深入 10 位“最美检察官”工作和生活所在地，采写出的 10 篇纪实文学作品合集，讴歌了以“最美检察官”为代表的当代检察官的大爱至美。

山东广饶检察官出版诗集 近日，山东省东营市广饶县检察院检察官徐增池的诗集《刻痕》由北京团结出版社正式出版发行，该书汇集了作者近十年来创作的 160 余篇诗歌，内容丰富，题材广泛，体现了作者热爱生活、热爱检察的高尚情怀。

检察题材电影《无法证明》开机 5 月 15 日，由最高人民检察院影视中心、广西壮族自治区检察院、江西省铅山县政府、北京飞天魅影文化传播有限公司联合摄制的检察题材电影《无法证明》开机座谈会在江西省铅山县举行。诺贝尔文学奖得主、著名作家莫言为该片题写片名。

上海检察官杨康健参加“和谐亚洲”国际和平艺术家绘画作品展 5 月 19 日，上海市检察官杨康健应邀参加在上海中华艺术宫主办的“和谐亚洲”国际和平艺术家绘画作品展开幕式，其作品中国画《水秀鱼欢》与来自世界各地的中外艺术家的 150 余件绘画作品同场展出。该展览是为配合亚洲相互协作与信任措施会议第四次峰会举办的大型国际人文交流活动。

《如山，若水》书写法治文学新篇 2014

年5月6日，由江苏省扬州市文联、扬州市检察官文联、扬州晚报联合主办的“梅静法治文学创作座谈会”举行，广陵区检察院女检察官梅静介绍了她的长篇新作《如山，若水》以及创作体会，与会专家学者进行了点评。

“中国梦——我的检察官故事”征文活动启动 近日，由中国检察官文学艺术联合会、中国散文学会主办，中国检察文艺网、中国检察官文联《检魂》会刊承办的“中国梦——我的检察官故事”文学作品征集活动正式启动。

检察题材电影《破局》公映 检察题材情感悬疑电影《破局》于7月11日在全国各大院线上映。电影《破局》由湖北省检察官协会和中国电影股份有限公司等单位联合摄制，影片将视角对准社会高度关注的房地产市场，从拆迁等民生问题切入，对新一轮党风廉政建设和反腐败斗争进行了直观诠释，对检察官与贪腐分子的智勇较量进行了艺术再现。

电影《人民检察官》开机 7月19日，电影《人民检察官》在山东省菏泽市举行开机仪式。《人民检察官》是以全国模范检察官、菏泽市人民检察院副检察长兼牡丹区检察院检察长张敬艳为人物原型创作的，电影讲述了检察长张为民从事检察工作28年，执法为民、服务百姓的感人事迹。

中国检察官文联启动第四届“迎新春、送文化”春联征集评选活动 日前，中国检察官文联启动第四届“迎新春、送文化”春联征集评选工作，要求应征作品应围绕“恪守法治精神，坚守职业良知，永葆清廉本色”主题，讴歌检察英模和检察事业，弘扬检察精神，激励检察人员，凝聚检察力量。

电影《青春检察官》开拍 由最高人民检察院影视中心、山东省检察院、淄博市委宣传部和淄博市检察院联合拍摄的电影《青春检察官》于12月20日在淄博举行开机仪式，电影以淄博市基层青年检察官为生活原型，反映新一代基层检察官成长的故事。电影《青春检察官》编剧为该院干警李家玉、葛思绪。

【文联建设】

海南省检察官文联组织“庆五一·迎五四”体育竞技活动

4月24日至5月6日，为丰富机关干警业余文化生活，提升干警积极向上的生活情趣，营造机关团结奋进的良好氛围，推动各项检察工作的深入开展，海南省检察官文联积极协助省院机关工会在双节期间组织开展了“庆五一·迎五四”体育竞技活动。海南省院党组书记、检察长贾志鸿给予关心和支持，批拨经费修缮和完善现有篮球场、乒乓球室等体育活动场地，购置篮球队队服、比赛器具等。省院党组副书记、副检察长、省检察官文联主席彭忠学高度重视，多次听取工作汇报，亲自带领相关部门负责人实地考察比赛场地，提出完善相关比赛场地设施的具体要求。省院行装处积极配合、全力以赴，提供一部比赛备用车辆，为体育竞技活动的顺利开展提供有力保障。

“爱岗敬业、崇尚劳模”，是“五一”精神所在，“爱国、进步、民主、科学”，是“五四”精神内核。省院机关“庆五一·迎五四”体育竞技活动，积极倡导“强身健体、重在参与、赛出风格；爱岗敬业、团结奋进、创新发展”的活动宗旨，得到了广大干警的积极响应，踊跃参与，省院陈马林副检察长、马天友副巡视员及一些部门负责人都积极参加了竞技活动。篮球赛共组织“省院自侦部门、法警总队联队”、“省院公诉、行装部门联队”、“省院其他部门联队”、“珠江物业联队”四支球队、共43

人参加；羽毛球赛共39人参赛，其中女干警17人；乒乓球比赛共31人参赛，其中女干警8人，全院80多名干警分别参加了篮球、羽毛球、乒乓球三类赛事七个项目的比赛，在机关干警中形成了健康向上的良好氛围。

5月4日下午，省院男子篮球队到一分院组织了一场联谊赛，省院陈马林副检察长作为主力队员之一参加了比赛，一分院高海燕检察长及其他班子成员到场观摩比赛，为双方球队鼓劲助威，整场比赛在和谐、友爱、欢快的气氛中激烈进行，给干警们留下了很深的印象。

海南省检察官文联
开展检察文学创作与书画摄影采风活动

2014年3月14日至15日，海南省检察官文联在儋州、昌江开展一次“以红棉花品格意喻检察精神”为主题的检察文学创作与书画摄影采风活动。海南省检察官文联副主席陈运宇、省检察官文联检察文学创作协会会长刘建、省检察官文联摄影影视协会会长张燕云、省检察官文联秘书长邢卫，以及来自海口地区各级院和二分院、儋州市院、洋浦区院、昌江县院、东方市院、白沙县院部分检察文化艺术爱好者近30人参加了活动。

3月14日下午，部分检察文化艺术爱好者集合在儋州东坡书院，陈运宇副主席主持了简短的采风活动启动仪式，他指出，省院党组副书记、副检察长、省检察官文联主席彭忠学对这次采风活动给予高度重视，提出了三点要求：一是活动组织要有序，内容安排要实；二是要注重成效，要有所收获，出好作品；三是后勤保障要按章办事，工作到位，确保安全。这次采风活动围绕“以红棉花品格意喻检察精神”主题，安排参观儋州东坡书院和观赏昌化江畔木棉红。儋州东坡书院是北宋一代文宗苏东坡被贬海南时的居住地，是全国重点文物保护单位，文化气息浓厚；昌江是海南木棉花生长相对比较集中的地方，木棉花被人们誉为英雄花，素有“天下己任、坚韧不拔、造福百姓、清正廉洁”的精神品格，与检察精神内涵相通、密切相连。他希望通过开展实地采风活动，达到丰富实践体验，增进学习交流，激发创作灵感，催出好作品的目的。仪式结束后，东坡书院讲解员引领采风队伍参观了东坡书院的载酒亭、载酒堂、书院大殿及两侧耳房等，大家一边听解说，一边浏览书院展出的许多书稿墨迹、楹联碑刻及文物史料，寻访北宋一代文宗苏东坡谪居儋州、传播中原文化、亲民爱民的踪迹，欣赏大文豪的诗词墨宝，尽享东坡书院文化之熏陶。15日早上，采风队伍从儋州赶往昌江霸王岭山脚下的七叉镇进行实地采风，在观赏昌化江畔木棉红的同时，感受木棉花“愿为飞絮衣天下”的精神品格。

目前，这次采风活动已陆续征集到这次采风活动的摄影作品50多幅，文学及书画作品也在创作中。

四川省检察官文联
举办“文学创作与鉴赏”培训班

为纪念毛泽东同志《在延安文艺座谈会上的讲话》发表72周年，提高检察文学爱好人员的创作与鉴赏水平，促进检察文化繁荣发展，四川省检察院政治部、省检察官文联近日在国家检察官学院四川分院举办一期“文学创作与鉴赏”培训班。

省检察院政治部主任、省检察官文联副主席刘红立主持开班仪式。省检察院副检察长、省检察官文联主席郭彦就如何做好新时期检察文学艺术创作工作指出，要肯定成绩，查找差距，增强做好新时期检察文学艺术创作工作的责任感和使命感；要加强检察文化艺术创作培训和引导，推动检察文学创作多出成果、多出精品，努力开创全省检察文学艺术创作的新局面。省文联副主席李兵和省作协副主席、《星星》诗刊总编梁平在讲话中表示，希望省检察官文联在新的历史时期，坚持以人为本，发挥行业优势，不断提高检察文学爱好者的创作能力和水平，在出作品上下功夫、见成效，并利用好这个新生平台，围绕大局、面向社会，服务民众，为繁荣全省文化建设做出贡献。

全省三级检察院从事检察文化工作的同志和检察文学创作骨干、文学爱好者共70余人参加了为期3天的培训。检察日报社、省文联、省作协、《四川文学》、《星星诗刊》等省内外专家应邀莅临授课，分别就“检察人物的文学表现问题”、“人生与创作”、“文学创作与鉴赏”、“诗歌创作与鉴赏”、“散文创作与鉴赏”等专题进行讲授，专家们以生动的语言，经典的案例、累积的经验、高昂的激情，把文学创作的理念与技能传递给受训学员，并对学员自创作品给予辅导点评。

河南省检察官文联
举办“迎七一·铸检魂”书法笔会

2014年6月30日下午，河南省检察官文联举办“迎七一·铸检魂”书法笔会。省检察官文联主席、省院党组副书记、常务副检察长张国臣，副主席、党组成员、副检察长田效录，党组成员、政治部主任阎兴振出席笔会。

笔会上，省院领导张国臣、田效录和副巡视员许书欣、省院原纪检组组长许春亭等书法爱好者，与我省书协副主席吴行、谢安钧等5名书法家一起现场挥毫创作作品40余幅。无论是年过半百的书法名家，还是有年富力强的中青年书法家，大家激情满怀，现场即席挥毫泼墨，以篆书、隶书，楷书、行草等形式多样的表现手法，尽情抒发对党和检察事业的无限深情，件件作品体现“迎七一·铸检魂”的主题，展现出检察官执法为民的情怀，体现了强化法律监督、维护公平正义的精神。

庆祝建国65周年书画摄影展　9月23日、9月24日、9月29日，甘肃、四川、山东检察官文联分别在兰州、仁寿、济南举办庆祝建国65周年书画摄影展，反映了全省广大检察干警对文化艺术的不懈追求和积极进取、昂扬向上的精神风貌。

吉林举办首届“检察印象”摄影展　近日，由吉林省检察官文联组织的该省检察机关首届“检察印象”摄影展在白山市检察院拉开帷幕。影展共有500余幅图片展出，作品均出自该省检察官摄影爱好者之手，从不同角度反映了近年来吉林检察工作的创新和发展。

福建省检察官文联　11月21日至22日，福建省检察官文联、省检察院宣传处组织全省28名有书画特长的检察干警，在检察官学院开展书法、绘画创作活动，为省院机关建设“两室一厅一走廊”提供了135幅优秀作品。

上海市检察官文联　2014年10月30日下午，上海市检察官文联举行“检察之光”主题征文大赛颁奖赠书仪式暨文学创作讲座。中国作家协会会员、著名作家李动应邀作了《如何写好身边的人和事》的文学创作讲座。

江西省检察官文联举办全省检察职业良知研讨暨第二届“迎新春、送文化”活动

2014年12月1日至2日，江西省检察官文联举办全省检察职业良知研讨暨第二届“迎新春、送文化”活动。最高人民检察院咨询委员、省检察官文联主席曾页九，省检察院党组

副书记、副检察长、省检察官文联副主席李智出席并讲话。省检察院党组成员、政治部主任、省检察官文联副主席张勇玲通报全省检察机关检察职业良知征文活动获奖作品，并作了省检察官文联2014年度工作报告。省检察院检委会专职委员、省检察官文联常委蔡田、孙牯昌，省检察官文联副主席王漪清出席，上饶市检察院检察长黄严宏致辞。

为深入学习贯彻习近平总书记系列重要讲话精神和对检察工作重要指示精神，不断巩固扩大深化党的群众路线教育实践活动成果，扎实推进全省检察机关“增强党性、严守纪律、廉洁从政”专题教育活动，今年9月，省检察官文联精心策划组织了以“检察职业良知”为主题的全省首次检察文化理论研讨征文活动，共征集论文155篇。经认真评审，38篇论文获奖，吉安市人民检察院等4个单位获组织工作先进单位。省委党校、江西财经大学、四川大学的专家学者与获奖代表一道，围绕检察职业良知的理论和实践问题，进行了深入交流研讨。

在“迎新春、送文化”活动中，省检察官文联组织了5位书法家，为基层检察干警现场书写春联和书法作品，将新春祝福与检察文化送到基层检察干警身边。

曾页九就做好当前和今后的检察官文联工作，提出三点要求。一是要用习近平总书记在文艺工作座谈会上的重要讲话精神统一思想。习近平总书记在中央召开的文艺工作座谈会上就加强文化艺术工作提出了一系列新思想、新论断、新举措，要求坚持以人民为中心的创作导向。要把思想统一到总书记的重要讲话精神上来，以全省检察人员为服务对象，凸显检察官的文化主体地位，紧紧抓住这个主体和中心来开展工作，不断满足全省检察人员日益增长的文化需求。二是抓好全省检察文化理论研究、检察文化艺术创作和检察文化艺术活动。检察文化理论研究、检察文化艺术创作和检察文化艺术活动是省检察官文联业务工作的总要求，要在服务检察工作大局的前提下，把检察文化理论研究作为指导性、方向性的工作来抓，为全省检察文化建设提供思想支撑。要发动检察人员多创作贴近检察工作实际的优秀作品，繁荣检察文化创作。要加强规划，开展更具广泛性的检察文化艺术活动。三是要大力培养检察文化艺术人才，建立检察文化艺术人才库，挖掘、培养、扶持一批检察文化建设理论的研究者，一批推动检察文化建设的组织者，一批积极投身检察文化的践行者，创造让他们充分发挥聪明才智、脱颖而出的有利成长环境，使他们创作一批深刻体现检察工作规律、把握时代特征要求、符合大众审美需求的精品力作，丰富全省广大检察人员的精神生活，提升广大检察人员的精神理念。

（据江西省检察官文联材料）

海南、辽宁两省检察官文联
共同举办“检察职业行为研究”学术研讨会

2014年12月2日，“检察职业行为研究”学术研讨会在海南省海口市召开，中国检察官文联、海南省检察官文联和辽宁省检察官文联的相关专家学者齐聚一堂，共同探讨检察人员如何在新形势下加强检察职业行为，主动顺应党的十八届四中全会的新要求和司法体制改革的新期待。

会议交流了《检察职业行为规律初探》、《从公诉人角度探讨检察职业行为的规范性》、《浅议检察官职业保障与职业行为伦理抉择的关系》等6篇优秀论文，各个专家从不同的角度进行了点评和阐释。

根据中国检察官文联关于组织编撰《中国检察文化理论研究文库》的部署要求，海南省

检察官文联申报了“检察职业行为研究”课题，经专家组评审论证，该课题已获批立项并由海南省检察官文联牵头，会同辽宁省检察官文联共同承担该课题的研究工作。

为拓宽思路、集思广益，推动课题研究工作有效实施，海南省检察官文联联合海南省检察官协会在全省检察机关开展“检察职业行为研究”论文征集评选活动，面向全省检察干警征集“检察职业行为研究”论文，共征集论文67篇，在一定程度上为课题组开展研究工作提供了很好的思想启发和智力支持。经专家组评审，从中评选出优秀获奖论文12篇。

吉林省检察机关“迎新春”摄影作品展开幕　12月22日下午，由吉林省检察官文联摄影协会主办的“印象检察·吉林省检察机关迎新春摄影作品展”在省检察院拉开帷幕，活动得到全省各级检察机关的大力支持，参展作品达400余幅，全部都是从全省检察干警投稿中认真遴选出来的。

福建省检察官文联举办“讲亲和、立公信”文学创作笔会　12月4日至5日，福建省检察官文联在上杭举办“讲亲和、立公信”文学创作笔会，总结了省检察官文联文学协会的工作，研究部署了明年工作和文学协会加入省作家协会事宜，审议通过了申请加入文学协会的新会员，为“讲亲和、立公信”文学创作征文优秀作品的作者颁奖，到古田会议会址开展了文学创作采风活动。

河北承德举办“检察风采——孙权书画展”　近日，河北省承德市检察院、承德市检察官文联联合举办了“检察风采——孙权书画展”，孙权为中国检察官文联书画协会理事、承德市检察官文联秘书长。

一、深入学习贯彻党的十八大、十八届三中、四中全会精神和习近平总书记系列重要讲话精神，统一思想，提高认识

围绕学习贯彻党的十八大、十八届三中、四中全会精神和习近平总书记系列重要讲话精神这条主线，中国检察官文联紧密结合实际，认真制定了贯彻落实意见和具体学习计划，在加深理解、把握实质、提高认识、统一思想上下功夫，同时与进一步学习贯彻中央政法工作会议、全国检察长会议和中国文联九届六次全委会精神紧密结合起来，采取专题辅导、交流学习、理论研讨等方式，相继召开部分省（市区）委员、常委座谈会、秘书处党支部会、秘书处全体人员会进行学习贯彻，在中国检察文艺网开辟学习专栏，在内部刊物《文联工作情况》上及时反映学习情况，举办学习专栏，深入宣传和深刻领会党的十八大、十八届三中、四中全会和习近平总书记提出的重大理论观点、重大战略思想、重大工作部署并认真贯彻落实到检察官文联的各项工作中去。特别是习近平总书记主持召开文艺工作座谈会并发表重要讲话后，我们迅速组织传达学习会议精神，及时向全国检察官文联系统下发了学习通知，把学习贯彻习近平总书记在文艺工作座谈会上的重要讲话精神不断引向深入。深入学习贯彻中共中央办公厅《关于培育和践行社会主义核心价值观的意见》，坚持用社会主义核心价值观、政法干警核心价值观、正确的发展理念和执法理念引领检察官文联工作，深化认识，不断增强做好检察官文联工作的责任感。认真学习党中央、高检院关于加强文化建设的一系列要求部署，深入了解当前检察官文联工作面临的形势和挑战，了解广大检察人员日益增长的文化需求，坚持眼睛向内、重心下移、以我为主、因地制宜，突出检察人员主体地位，进一步增强做好检察官文联工作的自觉性。同时，按照高检院党组和中国文联的部署，深入开展了党的群众路线教育实践活动、“增强党性、严守纪律、廉洁从政”专题教育活动和“深入生活、扎根人民”主题实践活动，坚定走中国特色社会主义文化发展道路的信念，增强为民服务的责任意识，增强社会主义核心价值追求的自觉性，进一步把学习贯彻党的十八大、十八届三中、四中全会精神和习近平总书记系列重要讲话精神引向深入。

由中国检察官文联、江西省检察官文联和国家新闻出版广电总局电影卫星频道节目制作中心联合拍摄的检察题材电影《危局始末》于2014年5月20日在CHC家庭影院频道首播；由中国检察官文联、中国检察出版社、北京市检察院、北京市延庆区检察院联合摄制的37集反腐题材电视连续剧《守望正义》于2014年5月入选国家新闻出版广电总局“中国梦”优秀电视剧并上榜7月至10月推荐播出参考电视剧目；2014年7月，中国检察官文联在北京召开了话剧剧本《皓月当空》研讨会，该剧本由中国检察官文联委托中国戏剧文学学会会员、中国检察官文联文学协会常务理事、重庆市万州区检察院干警李勇创作完成，来自中国话剧艺术研究会、重庆市话剧团等单位的专家对剧本给予高度肯定，该剧于12月初在首个国家宪法日来临之际在重庆成功公演，并获第六届国际奥林匹克戏剧展演奖；为培育和践行政法干警核心价值观，深入推进“中国梦”为主题的文艺创作活动，按照中宣部、中国文联和高检院政治部要求，2014年7月至10月，中国检察官文联联合中国散文学会共同开展了“中国梦——我的检察官故事”主题征文活动，120篇优秀作品入围，通过“检察官写，写检察官”，以纪实文学等文艺形式讲述富有浓郁时代精神、鲜明检察特色、鲜活检察生活气息的故事，展示检察人员的寻梦理想和追梦过程；由中国检察官文联、辽宁省检察官文联、北京市检察官文联共同拍摄，改编自美国经典电影《十二怒汉》的电影《十二公民》于2014年10月25日在第九届罗马国际电影节上摘得最高奖项“马可·奥雷利奥”奖，成为罗马国际电影节史上第一部获得最高奖项的中国影片，该片目前已经国家新闻出版广电总局电影局审核通过，计划于2015年3月院线播出。

地方各级检察官文联也积极推动检察文化艺术创作，先后组织创作了一批有较高艺术水准、体现检察职业特色、传递正能量、展示检察形象，为广大检察人员和人民群众所喜爱的优秀文艺作品。重庆市检察官文联举办了全市检察机关书画、摄影比赛和微电影、检察故事创作活动，引导干警围绕检察工作、检察生活创作多彩的文化作品；海南省检察官文联先后开展了以“红棉花品格意喻检察精神”为主题的检察文学创作与书画摄影采风活动和第二届“红棉杯”检察文学创作评选活动；福建省检察官文联先后组织开展了书法、绘画创作活动和“讲亲和、立公信”文学创作征文活动；安徽省检察官文联开展了以“中国梦·检察情”为主题的文学、书画、摄影等文艺创作活动；河南省检察官文联举办了全省检察机关“公正执法”书法、绘画、摄影创作活动和“迎七一筑检魂”书法创作笔会，由河南省检察官文联副主席余秀华原著、编剧的电视剧《正义的承诺》在河南卫视成功首播；由湖北省检察官文联、湖北省检察官协会和中国电影股份有限公司联合摄制的检察题材电影《破局》于21014年7月在全国各大院线上映；甘肃省检察官文联与省检察官协会联合举办了检察职业良知、“学习·工作·生活”感悟主题征文活动；由宁夏回族自治区吴忠市检察官文联组织创作并选送、红寺堡区检察院干警杨迎春作词的歌曲《有一个梦叫中国梦》获得中国大众音乐协会主办的2014“建国杯”第四届全国大型音乐展演活动作词类银奖。由宁夏回族自治区检察官文联会员、贺兰县检察院回族干警苏小桃创作的散文《蜂题三则》荣获由中华伏羲文化研究会文创委、北京鲁迅博物馆、散文世界杂志社联合举办的第三届“散文世界杯”全国散文奖评选活动三等奖，并成为《散文世界》杂志签约作家；由广西壮族自治区检察官文联副主席朱晓华创作的检察题材电影《无法证明》由高检院影视中心和自治区检察官文联联合开拍；由山东省检察官文联组织拍摄的检察题材电影《人民检察官》、《青春检察官》先后开拍；内蒙古自治区检察官文联推荐的检察官赵如意的作品《雪原狂飙》参评2014年挪威艺术国际摄影展并获得金奖。

中国检察官文联于2014年9月至12月举办了第四届“迎新春、送文化”春联征集活动，广大检察人员和社会各界楹联爱好者踊跃参与、认真创作，共征集春联作品4752副，其中社会各界358副，检察系统4394副，占征集春联作品总数的93%，经中国楹联学会专家认真评审，共评定获奖作品497副，其中一等奖9副（检察官作品8副）、二等奖18副（检察官作品16副）、三等奖30副（检察官作品26副），优秀奖140副（检察官作品123副），提名作品300副（检察官作品294副）。这些获奖作品围绕“恪守法治精神，坚守职业良知，永葆清廉本色”主题，紧扣时代脉搏，贴近检察工作、贴近检察生活、贴近检察人员和广大群众，通俗易懂，鼓舞人心，富含新春佳节气息，多层面、多视角地弘扬了检察精神和法治精神，具有很强的感染力，抒发了对检察事业的热爱和对建设社会主义法治国家的坚定信心。

中国检察官文联组织上海市检察官合唱团参加了文化部主办的第11届全国声乐比赛，取得第六名的好成绩，并获伴奏奖和组织奖；组织内蒙古自治区检察官文联创作的舞蹈节目《顶碗》参加全国产（行）业文联舞蹈精品展演，获得优秀节目奖；推荐检察官书法、美术、摄影作品先后入展由中国文联主办的以“情系中国梦——庆祝新中国成立65周年”为主题的全国产（行）业文联精品展，并获组织奖。

在中国检察官文联支持和推动下，地方各级检察官文联结合本地实际，开展了形式多样的检察文化艺术活动，先后举办了各具地方特色的创作采风、笔会、展览、汇演、比赛、检察文化下乡等活动，都取得了良好效果。如北京市检察官文联广泛开展了群众性检察文化活动，举办了全市检察机关硬笔书法比赛、微小说创作比赛和第六届检察风采摄影比赛；福建省检察官文联举办了“写春联、送祝福”活动；陕西省检察官文联举办了“迎新春、送春联、寄温暖”文化活动；上海市检察官文联举办了“上海检察机关迎春书画摄影汇报展”；内蒙古自治区检察官文联开展了检察官进社区写春联活动；吉林省检察官文联先后举办了首届“检察印象”摄影展和“检察印象·吉林省检察机关迎新春摄影作品展”；江西省检察官文联组织了“迎新春、送文化”活动；重庆市检察官文联先后举办了全市检察机关以“山水喻检”为主题的书画比赛、以“与检察同行”为主题的摄影比赛、以“情系民生、守护正义”为主题的微电影创作展评和检察故事征集活动；四川省检察官文联先后举办以“阳光检察·微力聚焦”为主题的微影视、微写作、微公益广告创作评比活动和全省检察机关庆祝建国65周年书画摄影作品展；山东省检察官文联先后举办了“中国梦·检察情”书画笔会活动和庆祝建国65周年书画摄影作品展；甘肃省检察官文联先后举办全省检察机关迎新春文艺汇演、“送文化到基层、精神大餐助双联”活动和“中国梦·检察情”全省检察机关庆祝建国65周年书画摄影作品展；海南省检察官文联先后开展了检察文学创作与书画摄影采风活动和“庆五一·迎五四”体育竞技活动；辽宁省检察官文联举办了首届全省检察机关书法、美术、摄影展评活动；浙江省检察官文联举办了第三届全省检察机关书画摄影作品展评活动。

二、注重加强检察官文联自身建设和检察文化艺术人才队伍建设，努力提高检察官文联的工作能力和水平

中国检察官文联坚持把自身建设放在重要位置。认真按照检察机关的规章制度严格要求、严格管理，通过学习、培训、教育，使检察官文联的工作人员牢固树立政治意识、大局意识、服务意识，培育敬业精神和奉献精神，努力提高做好检察官文联工作的能力和水平。检察官文联的重要工作安排和重大文化艺术活动都及时向高检院党组报告，自觉接受政治部的工作指导。切实加强检察官文联党的建设、作风建设和廉政建设，注重抓好规范化建设，完善制度，严格纪律，加强管理。积极拓展、创新工作平台和载体。对中国检察文艺网进行了改版，编辑出版了中国检察官文联年鉴和中国检察官文联会刊《检魂》杂志，努力为检察官文联工作顺利开展创造条件。

中国检察官文联把指导推动地方各级检察官文联建设作为一项基础性工作来抓。截止2014年10月，全国32个省级检察官文联全部成立，中国检察官文联文学、书画、摄影、音乐舞蹈和影视五个直属专业协会已有效开展工作。地市级检察官文联成立也进一步提速，河南、江苏、吉林、河北、甘肃、重庆等省（市区）地市级检察官文联已全部成立，部分县级检察官文联也先后成立。这些组织的建立有效整合了检察文化艺术资源，活跃了基层检察文化艺术创作和检察文化艺术活动，为繁荣和发展检察文化艺术事业奠定了基础。

中国检察官文联始终把检察文化艺术人才队伍建设放在重要位置。在继续对各地检察文化艺术人才进行调查摸底的基础上，抓紧建设检察文化艺术人才资源数据库。同时，通过组织、强化培训，着力在提升检察人员文化艺术素质上下功夫。中国检察官文联与高检院机关党委联合举办了为期一年的首期高检院机关干部职工书法艺术讲习班和摄影艺术培训班，共举办专题讲座25次，参训90余人次，收到了良好效果。中国检察官文联各直属专业协会、各地检察官文联结合各自的工作实际，也组织了各具特色、针对性强的专题艺术培训、讲座，提升了文化艺术素养，取得了良好效果。如中国检察官文联影视、文学、摄影协会先后邀请专家、学者举办了《欧美法治题材影视作品》、《影视文化理论》、《法治与文学》、《摄影艺术基础》等专题讲座，传授了相关专业知识。一些省级检察官文联也先后邀请相关专家学者举办了文化艺术专题讲座。

[文化理论研究]

【检察基层文化的三维构建】

——以文化结构“三层次”理论为视角

段继涛　上海市徐汇区人民检察院

摘要　近年来，我国检察基层文化建设取得显著成就，但对检察基层文化的理论研究却略显不足。本文从我国检察基层文化的现状出发，结合文化结构“三层次”理论对当代检察基层文化的内涵外延、主体结构、价值功能、构建路径进行了研究和探讨，试图厘清检察物质、制度、精神文化三者之间的逻辑关系，以期为检察基层文化建设和理论研究提供一些新的思路。

关键词　检察　基层　文化结构　三层次理论

文化是一个国家和民族进步的灵魂，包含着一个民族最深层次的精神追求和行为准则。检察文化作为社会主义法律文化的一个分支，在推进法治建设、实现公平正义方面起着引领、保障的重大作用，检察文化本身的研究也越来越受到学界的关注和重视。目前学者多是从实务方面对检察文化的基本内涵、范畴、溯源、方法、建设等方面进行研究，缺乏科学、系统的理论支撑，尤其是对检察基层文化建设背后的深层次文化结构问题着墨不多，在一定程度上影响了检察文化从自发到自觉发展的过程，也为该项事业的践行者提供了进一步思考、总结和完善的空间。

一、检察基层文化内涵之厘定

从语义结构上可以看出，检察基层文化是由“检察”、“基层”和“文化”三词组合而成，“检察”和“基层”作为“文化”的定语，共同规制着“文化”的范围和平台。其中，“基层”与“检察”相连，特指区、县检察院和一些特殊的派出院，近年来方兴未艾的社区、乡镇检察室作为检察机关的内设机构应包含在内。而“检察”又与“文化”契合，预示着我们要在中国特色社会主义检察制度的语境下探讨检察基层文化的内涵。“文化”作为这一词组的核心词语，将检察基层文化最终落脚到检察群体活动的模式以及给予这些模式重要性的符号化结构。

文化现象本身的复杂性和多样性决定了文化概念的多义性，检察文化也不例外。近年来学者针对检察文化概念提出诸多定义，基本上是从检察文化的主体、内容、形式、范围等方面进行描述性概括。学界在这些方面均有不同程度的争议，其中在检察文化的主体方面，存在检察机关说、检察官说、全体检察人员说、检察机关及检察机关全体工作人员说等几种主张。笔者认为，检察文化的主体应该认定为检察机关和全体检察工作人员。检察机关说只见机关不见人,忽略了检察工作人员的主体地位。检察官说和全体检察人员说排除了检察机关，割裂了整体和个体之间的关系。检察官说还把不具备检察法律职称的检察工作人员排除在外，陷入了以偏概全的误区。而检察机关和检察机关全体工作人员说，看到了检察文化既是一种具有机关特质的文化，也是反映检察人员职业特征的文化，两者具有内在的一致性，又各有侧重，检察机关是抽象的决策者、组织者，检察人员是具体的执行者、实践者，共同推动着检察文化的持续健康发展。

在检察文化的内容上，一些学者从实务角度出发把检察文化当作一个“筐”，将检察文化等同于检察工作。一些学者明确检察文化只是检察工作的一个部分，将其分为物质文化、制度文化、行为文化、精神文化等方面。一些学者主张从精神成果意义上理解检察文化概念，把物质、制度和行为都理解为检察文化的载体或者表现形式。这些对检察文化内容上的分歧，实际上反映的是对检察文化结构功能上的认识差异。

在文化结构层次理论的发展进程中，无论是儒家教义中的“正人心、做制度、制器物”，还是共产主义先驱马克思强调的“物质生产、社会关系以及原理、观念和范畴”，抑或著名历史学家钱穆提出的“物质的、社会的、精神的”三个阶层，当代哲学家庞朴主张的“物质层次、心物层次、心理层次”，不约而同的均将文化结构划分为物质、制度、精神三个层次。在这三个层次中，以物化形态表现出来的物质文化为表层文化，以规范制度方式表现出来的制度文化为中层文化，以观念、意识形态表现出来的精神文化为内层文化。物质文化是制度文化与精神文化发展的基础和外在表现形式，制度文化是文化发展到一定阶段的必然结果，影响着物质文化和精神文化发展的质量和方向，精神文化是物质文化和制度文化发展的源泉和灵魂，三个层次是一个相互依赖、相互促进、共同发展的有机体。至于一些学者提出的行为文化,笔者认为可以归纳到精神文化一层之中，因为行为作为人类适应环境变化的一种主要的手段，其基本语义是指受思想支配而表现出来的外表活动，本质上反映的还是文化主体思想意识形态的变化。

依据文化结构三层次理论，可以将检察文化划分为物质文化、制度文化以及精神文化三个层次。其中，检察物质文化为表层文化，是指服务检察机关良性运行的而构筑和制作的物质实体，包括建筑、器物、服饰、文化设施等。检察制度文化为中层文化，是反映检察文化内涵、体现法治精神的检察机关准则、章程、规范、法律的总称。检察精神文化为内层文化，是指检察机关及其工作人员在履职过程中形成的具有检察职业内涵的意识形态和价值观念，包含渗透和反映到行为之中的职业精神、思维模式、法治理念等方面。物质文化是检察文化建设的物质载体和外在表现，制度文化确立了全体检察人员共同遵守的行为规范，精神文化通过作用与外在行为，在检察机关和人员内部产生巨大的推动力，指引着检察事业的发展方向。

在上述分析的基础上，笔者尝试着对检察基层文化作一个描述性定义：检察基层文化是在中国特色社会主义法律文化支配下，在基层检察机关全体工作人员履职过程中形成的，与检察制度相关的思想观念、行为方式、制度规范和物质表现的总和。

二、检察基层文化功能之分析

如上所述，检察文化内部存在着相互交织

的物质、制度和精神等三个层次，分别在个体、群体和社会等方面起着不同的作用。

1. 检察物质文化：彰显司法文明

检察文化建设的物质载体是法治理念的一种外在物质表现，是检察无形文化在有形文化上的展现。基层检察机关是处于面对和服务群众的第一线和最前沿，其外在载体最易为群众接触和熟悉。规范的办案场所、庄严的警车警具、专门的器物装饰、深刻的宣传作品，都可以用来表达司法理念，彰显法律神圣。这些物化载体一方面可以让检察工作人员拥有一个良好的办公环境，潜移默化着影响着价值取向和行为方式。另一方面，通过检察开放日、廉政教育、执法活动等渠道对区域内社会群众产生影响和辐射，在社会上树立检察机关忠诚、公正、清廉、文明的正面形象，提升检察机关的执法公信力。

2. 检察制度文化：整合主体行为

检察制度文化通过制度的建立完善，能够将全体检察工作人员的思想意识统一起来，进而全面发挥检察机关的法律职能。首先是价值整合。检察工作人员入职前在价值观方面存有差异是一种正常现象，但经过检察制度的归拢和梳理，必然在工作和生活中形成大体一致的观念。一个检察制度文化肯定的事物与行为，必定是绝大多数检察工作人员所追求的，一个被检察制度文化否定的事物与行为，则必然要求检察人员所鄙弃。其次是规范整合，对检察工作人员个体而言，检察文化是以一种强制性的行为准则来对行为进行硬性规制，使其在精神理念上确立一种内在的自我控制标准，准确理解法规中“应当”和“禁止”的范围，进而自觉地使自己的言行与检察宗旨保持一致。再次是结构整合。检察机关是一个多元结构的系统，由众多不同职能的内设部门、不同身份的工作人员组成，每一个部门和个体都具有自己的价值，但这种价值的体现，必须和其他部分的功能联结起来才能实现。正是由于统一规范的检察规章制度的存在，使检察机关的结构成为一个功能互补、协调运转的体系，从而对整个检察工作的运行发挥作用。

3. 检察精神文化：引领发展方向

检察精神文化所蕴含的价值理念能够在大方向上影响检察工作人员的集体及个体行为。首先是导向功能。文化具有很强的导向作用，基层检察文化通过正确价值观念和共同信念的确立，可以使检察工作人员在公平正义的高度上理解检察事业的监督性质和为民宗旨，进而指导个体行为朝着正确方向发展。同时将部分异质的检察人员的价值和行为取向引导到正确的轨道上来，跟随检察精神文化所倡导的价值观念来摆正自己的位置和做出合适的行为。其次是凝聚功能。良好的检察文化会使检察工作人员产生强烈的归属感、自豪感，促进个体与个体、个体与全体之间的感性联系和良性互动，在世界观、方法论等方面形成共同的价值取向，将检察工作人员和检察机关捏合成一个团结协作、荣辱与共的有机整体。再次是激励功能。检察文化尊重人在历史活动中主体地位，以正确的导向满足检察工作人员对实现自身价值的心理需求，使之在内心深处自觉产生为检察事业拼搏终生的奉献精神，以一种朝气蓬勃、开拓进取的创造热情发挥每个人潜在的职业能力，将停留在精神层面的检察文化真正转化为全体检察人员共同的奋斗目标、物化表现和外在行为。

三、检察基层文化路径之构建

1. 营造物质文化，突显检察属性。基础检察机关是承担检察文化建设的主要载体，要在保障基层检察机关资源保障的基础上丰富检察物质文化。第一，塑造环境文化。“久居芝兰之室不觉其香，久居鲍鱼之肆不闻其臭”，环境文化具有极强的渗透力，会对工作人员的价值取向和行为方式有着潜移默化的影响。可以灵活运用各类载体，将格言警句、摄影书画、先进事迹、花草绿化延伸到检察机关的办公室、会议室、荣誉室、大厅、走廊、院落等各个地段，营造一个庄重、优美、和谐的办公环境。第二，结合地域特色。我国国土辽阔、民族众多，各地在长期的发展过程中形成独特的地域文化，将这些文化的积极部分融进基层检察文化的建设之中，一方面可以加快当地民众对检察机关的认识和熟悉进程，另一方面可以促进检察工作人员深入了解当地的风土人情，更好的体现执法为民的检察工作主题。三是树立符号形象。检察机关的符号标志一般包括统一的检察机关建筑风格、统一的象征标志、统一的制式服装。笔者认为，由于历史和现实的原因，统一检察机关的建筑风格并不现实。检察标志主要体现在办公大楼外部悬挂的国徽和检察官胸前佩戴的检徽，国徽仅仅表明了检察机关的国家属性，检徽又与国徽过于相近，很难在社会大众中形成有效的区分度，可以考虑设计一种蕴含检察宗旨的雕像或者壁画，增强民众对检察工作的识别度和信任感。而当代检察制服由较早的军警式制服进化到西服，反映了司法理念的嬗变和检察文化的进步，却在弱化了军事色彩的同时，失去了部分检察特色。尤其是在出庭行使公诉权的场合，与法官的法袍和律师的律袍相比，一身深色西服佩戴一枚小检徽也显得过于含蓄。笔者认为，可以在现有服装制式的基础上，增设检察执法标志，并设计专门用于出庭公诉的检察服装，既便于群众监督，又能体现职业特色。

2. 完善制度文化，规范群体行为。制度建设是实现检察机关执法规范化、管理科学化、队伍专业化的基本手段，也是推进检察制度文化建设的重要保障。第一，注重健全内容。制度文化建设主要包括领导体制、组织机构、规章细则等内容。探索完善检察文化建设的领导机制、工作机制和管理机制，加强对检察文化建设的领导和协调。建立检察文化研究和经费保障机制，结合地域特色因地制宜地开展检察文化活动。健全检察文化建设的考核和激励机制，对优秀检察文化成果进行奖励和推广。二是注重执行落实。制度的生命力在于执行，首先发挥领导干部、先进典型的表率作用，带头践行检察文化规章制度，在全体检察人员投身检察文化建设方面树立标杆。其次发挥政工、宣传、党团组织的职能作用，在开展思想政治工作的同时，让每位检察人员感受到高品味、高质量的检察文化。三是注重督促总结。有效的监督制是推动检察文化建设顺利进行的重要保障，特别是对外化的物质文化和行为文化有着可量化的督促作用。建立相应的考核评价机制，对模范推行检察文化建设的基层院要及时总结推广经验，对有一定差距的单位也要及时给予督促和帮助，在机关内部形成有令必行、违令必究的良好风气。

3. 提炼精神文化，丰富展现载体。检察精神文化是检察文化建设的核心内容，是检察物质文化和检察制度文化建设的基石。首先要提炼核心价值。与检察物质文化和制度文化已经取得明显效果相比，检察精神文化最核心、最本质的价值理念还需在更高层次上进一步升华。提炼过程应在社会主义核心价值观、社会主义法治理念、政法核心价值观的语境下进行，将“忠诚、公正、清廉、文明”的检察职业道德、“立检为公、执法为民”的检察宗旨融汇其中，最终以公平正义作为检察精神文化建设的核心内容，成为全体检察工作人员的指导思想和精神支柱。其次要内化文化理念。按照马克思主义认识论的观点，物质第一性，精神第二性，物质可以变成精神，精神可以变成物质。检察精神文化也具有同样能动性和创造力，公正的检察精神文化对于检察权的正确行使具有自我调节的潜在功能，是规范、约束检察人员执法行为的内在机制，左右着检察群体的价值目标取向。检察精神文化正是通过教育、培训、活动等形式，塑造检察人员忠诚、公正、清廉、文明的精神，提高检察工作人员的办案技能和执法水平，增强检察人员的使命感和荣誉感，打造一支政治坚定、纪律严明、业务高效、作风优良的检察队伍。再次是创新表现形式。在文化结构“三层次”理论中，检察行为文化可以看作是检察精神文化的外在表象和综合反映，此类检察文化载体的建设可以在遵循核心价值理念的基础上，广泛借助各类形式活泼、寓教于乐的征文活动、演讲竞赛、书画摄影、文艺汇演载体，组织成立各类文体协会、文艺团体和兴趣小组，通过检察开放日、文化沙龙、电视报刊、警示教育等载体，使检察人员将纸面的检察文化内化于心、外化于形，展现检察机关、检察队伍的良好形象，增进人民群众对检察工作的理解和支持。

【试论人情文化对检察文化的冲击与应对】

郭石宝　海南省人民检察院

内容摘要　人情规范与检察职业精神的根本对立，决定了人情文化与检察文化的冲突不可回避，因而人情文化强大的生命力和无所不在的影响力亦在客观上导致检察人员坚守检察职业精神的心理防线承受着巨大压力。特别是对于长期工作和生活在小县城的基层检察人员而言，个人活动空间狭小、社会关系错综复杂、社交圈子交叉重叠等客观因素，增加了“人情压力”的强度，亦即增加了“徇情枉法”的风险。从司法实践来看，“迈不过人情坎”是检察人员违法违纪的主要原因之一。如何正确认识和应对人情文化对检察文化的冲击，已经成为检察基层文化建设中亟待直面的课题。

关键词　检察文化　检察职业精神　人情文化　人情规范

当前，基于检察机关在我国司法体系中的特殊身份和地位，司法实践中，“把功夫花在检察院”已经成为相当一部分民众试图干预司法时普遍持有的想法，以至于在这场人情与法治的激烈博弈当中，检察机关已然处于人情浪潮冲击的最前沿。随着越来越多的人情因素的介入，检察人员在执法办案中承受着越来越大的压力。从检察系统内部公布的检察人员违法违纪案例来看，“迈不过人情坎”已经成为检察人员违法违纪的主要原因之一。本文通过对人情文化以及人情文化与检察文化之间的冲突进行剖析，提出检察文化建设中消解人情文化冲击的对策，以期对进一步强化检察基层文化建设有所启示。

一、传统文化视角下的人情与人情文化

我国社会正处于从传统社会向现代社会的深刻变革阶段，一些传统文化、传统观念在这场剧烈的社会变革中逐渐被改变或淡化，但是，人情因素对我国社会生活乃至政治、经济、文化领域的影响力始终没有出现弱化的迹象。当下，老百姓找工作、看病、小孩上学等，首先想到找熟人、托关系；官员想在官场中平步青云，首先想到找靠山、拉帮派；商人之间做生意，首先想到混圈子、攀交情……所有的这些在国人看来都是自然而然的事情，可以说，从草根生活到国家管理，人情的影响力已经渗透于整个社会生态的方方面面。

试图揭开“人情魔力”的面纱，就不得不从人情的定义说起。关于“人情是什么”的问题，有关学者已多有论述。法学名家俞荣根教授指出，在中国传统文化中，“人情”有时说的是私情，但是，在“天理”、“国法”、“人情”这一序列关系中，“人情”的主要含义是“民情”、“民心”。社会学家金耀基先生认为，人情存在三重含义：一是指宽泛意义上的人之常情，如喜、怒、哀、惧、爱、恶、欲等个人情绪反

应；二是礼尚往来中的交换资源；三是指中国社会中人与人相处的“忠恕之道”。台湾大学心理学教授黄光国先生认为，人情在中国文化中存在三种含义：第一，人情是指个人遭遇不同的生活情境时产生的情绪反应；第二，人情是指人与人进行社会交易时用于馈赠的一种资源；第三，人情是指社会中人与人相处的社会规范。应该说，学者们从不同的视角比较全面地概括了人情概念的内涵和外延，如果说有所疏漏的话，那就是——都没有从文化层面揭示人情的内涵，或者说，都忽略了人情的文化属性。在我国的社会语境中，人情已然是一种文化形态。

之所以说人情是一种文化，不仅仅是因为人情完全具备了文化所特有的地域性、传承性和延续性等基本属性，还因为，从历史上看，人情文化的形成和发展具有厚重的政治、经济和文化渊源。首先，封建宗法制度奠定了人情文化形成的政治基础。在我国古代封闭的社会体系中，以血缘关系为纽带的家族团体在社会结构中占有特殊地位，整个社会的秩序不是依靠契约来维持，而是依靠严酷的宗法制度。由于这种宗法制度有利于实现国家控制和社会管理，在封建社会中得到历代帝王的青睐，从而在政治层面获得确认和强化。基于封建宗法制度对血缘关系的依赖，人情关系在整个社会层面得到普遍认同。其次，传统小农经济促成了人情文化形成的社会基础。从历史上看，传统小农经济在相当长的历史时期内一直是我国社会的主要经济形态。在自给自足的小农经济模式下，人们以家庭为单位封闭地生产和生活，社会生产不需要复杂的分工和广泛的协作，简单的商品交换也仅仅在固定、熟悉的社会个体之间进行。社会生活的封闭性和生产关系的简单化，使得人们对以家人、族人、乡人为基础的“地缘圈子”以及维系社会交易的人情关系高度依赖。再次，儒家道德伦理中的仁义观念是人情规则的思想渊源。人情文化中的一项基本规则是——个体需要通过维护人情网络内其他成员的利益赢得道德认可，以维系其在人情网络内的地位。这一人情规则与儒家道德伦理所奉行的“长幼有别、尊卑有别、亲疏有别、远近有别”的基本原则如出一辙。具体而言，对危难之中的亲友不施予援手，是为不仁；不分亲疏远近，在利益冲突中不维护亲友的利益，亦为不义。这种仁义观念恰恰就是人情规则的基本内涵。所以说，儒家道德伦理观念正是人情规则的思想基础。

客观而言，人情文化历经千年而传承至今，自有其内在合理性。事实上，在现代社会中，人情文化并不尽如人们所批判的那样一无是处，它在维系社会稳定、促进社会和谐方面同样发挥着积极的作用，至少它所蕴含的仁义、和谐、互助等观念，尽管过于狭隘，其核心思想却与和谐社会的价值理念存在契合。例如，人情文化所提倡的互助理念，虽然仅限于“圈子之内”的互助，但是，倘若将这个“圈子”的范围无限放大，完全有可能在整个社会层面形成对互助理念的认同。因此，从某种意义上讲，只有在对公权形成干扰的情境下，人情文化对社会的影响才是负面的。

概言之，只有正确把握人情的文化属性，而不是简单地将人情视为一种负面的社会现象，才能深刻地理解人情具有强大生命力和影响力的根源所在，才能客观地评价人情在维系社会关系稳定中的特殊作用，才能正确地认识消解人情因素之负面影响的复杂性、长期性和艰巨性。

二、人情文化与检察文化的冲突

中国传统文化与西方传统文化的一个重要的区别，就是前者“重情”，而后者“尚法”。家国一体背景下的“情义无价”观念与契约社会语境下的法律至上理念的对立，决定了人情文化与法治文化相互冲突的必然性。正因为如此，在法治语境下，所有对人情文化的价值评价基本上都是负面，尽管，人情文化的消极性并不在于它本身，而在于人情规则对法治原则的冲击与僭越。由于检察文化是法治文化的重要分支，这就意味着人情文化与检察文化的冲突亦是不可避免。从文化冲突的核心层面看，人情文化与检察文化的冲突体现为人情规范与检察职业精神的对立。这种对立主要体现为三个方面：

第一，狭隘的忠诚观念与检察职业忠诚观的对立。古语云，“中心为忠……推至天地位，万物育，其本亦不过尽己心而为忠。”换言之，为了维护某种价值追求，而忠实履行义务，甚至不惜牺牲私利，是忠诚的应有之义。传统的忠诚观念与儒家“三纲五常”的道德伦理密切关联，所谓的忠诚，基本上等同于对“三纲五常”的遵从。人情规范下的忠诚观念，亦是继承了这种传统忠诚观念的狭隘性，忠诚仅仅体现于“对‘人情圈子’的忠信”。而在检察文化语境中，忠诚是检察职业精神的基石。所谓忠诚，就是忠于党和国家，忠于人民，忠于宪法和法律，以及忠于检察事业。从宏观层面看，忠于党和国家，要求检察人员服从领导，廉洁自律；忠于人民，要求检察人员心系百姓，服务人民；忠于宪法和法律，要求检察人员崇尚法治，捍卫法律；忠于检察事业，要求检察人员恪尽职守，无私奉献。从微观层面看，检察职业精神中的“忠诚”，要求检察人员在具体执法办案过程中，坚持以案件事实为依据，以法律规定为准绳，坚决抵御权势、人情、利益等因素干扰，真正做到严格执法、公正司法，切实维护社会公平正义。可见，虽然人情规范和检察职业精神中都强调“忠诚”，但两者绝非同一层次的概念，认同了人情文化语境下狭隘的忠诚观念，就意味着对检察职业忠诚观的背叛。

第二，“亲疏有别”观念与检察职业价值理念的对立。社会学家费孝通先生曾经指出，我国传统的人伦结构就是从自己推出去的和自己发生社会关系的那一群人里所发生的一轮轮波纹的差序。费先生提出的“差序格局”理论生动地描述了我国人情社会中“亲疏有别”的差序观念：“人情圈子”之中的一轮轮波纹是存在差序的，越靠近中心，人情关系越密切；越远离中心，人情关系越疏远。概言之，在人情文化语境下，不存在所谓的“公正”和“平等”，不仅“圈内人”与“圈外人”之间存在差别待遇，即便是不同的“圈内人”之间，亦存在亲疏之别。但是，在检察文化语境中，公正是检察职业精神的基本宗旨。检察机关作为国家的法律监督机关，肩负着确保宪法和法律统一正确实施、维护司法公正的神圣使命，维护公正是每一个检察人员义不容辞的职责与担当。维护公正的检察职业价值理念，要求检察人员必须树立正确的执法观，依法、正确独立行使检察权，坚持法律面前人人平等，平等地对待每一个当事人，包括至亲挚友在内的任何人都不能享有法律规定之外的特权。可见，根植于人情文化之中的“亲疏有别”观念与检察职业精神所倡导的公正价值理念完全格格不入，检察人员如果带着“亲疏有别”观念执法办案，则司法公正将无从谈起。

第三，“礼尚往来”规则与检察职业基本操守的对立。古语云，“太上贵德，其次务施报，礼尚往来，往而不来，非礼也；来而不往，亦非礼也。”从词义上看，礼尚往来是指在礼节上注重有来有往，借指用对方对待自己的态度和方式去对待对方。在人情社会中，礼尚往来却有着特别的含义，它强调的是付出与回报之间的“对等”关系：一方面，自己为他人付出，则他人应当回报；另一方面，他人已经为自己付出，则自己必须回报。但是，在检察文化语境中，清廉是检察职业精神的基本操守。检察机关作为国家法律监督机关，同时身处打击腐败犯罪的第一线，保持清廉本色是检察职业精神的应有之义。具体而言，清正廉洁的职业操守要求检察人员要保持物质上和精神上的廉洁，自觉抵御拜金主义和享乐主义的侵蚀，正确对待和运用手中的权力，依法、合理地处理公职与私利之间的关系，划清本职工作与人情往来的界限。只有这样，才能维护检察职业的清廉形象，进而提升司法公信，树立司法权威，维护司法尊严。可见，人情文化语境下的“礼尚往来”规则与检察职业精神中所要求的清廉职业操守是相互排斥的，倘若检察人员也热衷于“礼尚往来”，则清廉底线将不攻自破。

当然，人情规范与检察职业精神的冲突，并不仅仅体现为观念的对立和价值的背离，有关司法规范中的具体规定以及司法实践中的鲜活案例，更加直观地折射出两种文化规范的冲突。在司法规范层面，《检察官职业行为基本规范（试行）》和《检察官职业道德基本准则（试行）》中均明确规定：检察官在履职中应当自觉抵制人情因素。从司法实践来看，最高人民检察院通报的检察人员违法违纪典型案例中，有多起案例都是由于检察官在面临“人情与法律的抉择”时“择情而弃法”，进而迷失方向、走向堕落，人情文化对检察队伍建设的冲击力不可忽视。

三、检察文化建设中消解人情文化冲击的基本对策

人情文化强大的生命力和无所不在的影响力，决定了完全阻隔人情文化对检察文化的冲击绝非易事。司法实践中，检察人员因为办理“人情案”而违法违纪的现象屡禁不止，就是最好的例证。特别是对长期工作和生活在小县城的基层检察人员而言，个人活动空间狭小、社会关系错综复杂、社交圈子交叉重叠等客观因素，导致他们在执法办案中不可避免地面临更大的“人情压力”。正因为如此，如何消解人情文化冲击，已经是当前检察基层文化建设中亟待解决的问题。或许，也可以从制度构建、思想教育、从优待检和社会宣传等方面探寻有效对策。

首先，通过完善制度设置消解人情文化的渗透力。邓小平同志曾经指出，“制度好可以使坏人无法任意横行，制度不好可使好人无法充分做好事，甚至会走向反面。{5}从司法实践来看，人情文化规范之所以能够轻易地渗透到检察执法办案当中，很大程度上是由于工作制度不健全。因此，在检察文化建设中抑制人情文化的渗透力，必须在制度构建上下功夫，打造严密的执法办案制度体系。通过建立健全办案回避制度、执法公开制度、案件监管制度、说情报告制度、责任追究制度等工作制度，将检察执法办案的全过程置于全方位的制度规制之下，让那些思想上有所松动的检察人员，即便想办“人情案”也无从下手。毫无疑问，在制度设置层面构建起严密的“防火墙”，是消解人情文化渗透的最关键一环。

其次，通过强化思想教育消解人情文化的感染力。人情文化与检察文化的冲突，反映在思想层面，就是人情价值观与检察职业价值观在检察人员的思想领域是一种此消彼长的关系。因此，试图让检察职业价值观牢牢控制检察人员的“思想高地”，就必须采取行之有效的方式强化对检察人员的思想教育。第一，要增强思想教育的现实性和针对性，把抵制人情文化作为一项专门的教育工作来抓，让检察人员深刻认识到人情文化之于检察事业的现实危害性。第二，要增强思想教育的贴切性和实效性，用大量真实、具体的办理“人情案”违法违纪案例，让检察人员充分认识到“人情”的雷区就在身边，稍有不慎就会“身败名裂”。

第三，要延伸思想教育的时间和空间，把对检察人员的思想教育延伸到“八小时之外”，让检察人员时刻保持对“人情”的高度警惕。通过强化思想教育，巩固检察职业精神在检察人员思想领域的主导地位，最大限度地阻滞人情文化的感染。

再次，通过落实从优待检消解人情文化的腐蚀力。从司法实践来看，一些检察人员走上腐败犯罪的道路，大多经历了“接受吃请—收受礼品—收受钱财”的过程，所谓的“礼尚往来”正是腐蚀检察队伍的“麻醉剂”和“腐化剂”。当前，检察人员薪资收入不高、工作压力大、生活压力大是一个普遍的现实，这一点恰恰就是检察人员理想信念松动的最薄弱环节。一些检察人员耐得住一时的清贫，却耐不住长期的清贫，理想信念的动摇不是一夜之间突然形成的，“遥遥无期的清贫”才是压倒理想信念的最后一根稻草。因此，从根本上说，只有切实落实从优待检政策，通过建立健全检察官薪资晋升、医疗保障、廉政保证金等各项制度，不断提高检察人员的物质待遇，才能最大限度地对抗人情文化的腐蚀。

最后，通过加大社会宣传消解人情文化的影响力。从实践来看，检察人员在执法办案中陷于公职与私情之间艰难抉择的伦理困境，多因“大义灭亲”通常得不到亲友的理解和支持。在当前的社会环境下，“平时都对人情关系影响社会公正加以指责，自己遇事时又四处托人情找关系”已经成为基本的社会心态。这种“自相矛盾”的社会心态，亦为通过加强舆论宣传而争取民众对抵制人情干扰的支持提供了可能。通过加强社会宣传消解人情影响，就是要摒弃“家丑不可外扬”的观念，将检察人员违法违纪典型案例大张旗鼓地在公共媒体上公布，要让“人情关系是检察人员不可触碰的高压线”成为“人人皆知”的常识，要让“找谁说情就是害谁”的观念深入人心，从争取包括检察人员的亲朋好友在内的广大群众对检察机关公正严格执法的理解和支持，最大限度地消减人情文化透过特定的社会个体对检察人员进而对检察执法工作的影响。

四、结束语

正如清代学者钱泳所言，“情有公私之别、有正邪之分。情而公，情而正，则至贤也。情而私，情而邪，则禽兽矣。”尽管人情文化已经成为我国法治建设进程中重要的阻滞因素之一，但是，站在客观的立场，对人情文化予以全盘否定也是缺乏理性的，并且，在当前的社会环境下完全消除人情文化的影响根本就是不可能的。在检察基层文化建设过程中，我们既要充分认识人情文化之于检察文化建设的严重危害性，更要深刻认识人情文化与检察文化相互冲突的天然性和长期性。既然现阶段不具备完全消除人情文化影响的主客观条件，与其纠结于此，不如退而求其次，尽最大的可能来防范和消解人情文化对检察文化的冲击。

【论检察职业特色文化的构建培植】

阚乃忠 江苏省南京铁路运输检察院

提要 文化决定着检察行为，有什么样的文化，就会有什么样的检察工作状态。检察职业特色文化所具有的强大精神力量和精神资源，能引领并决定检察人员的理想信念、价值取向和精神智慧，能升华并固化为检察人员的人文素养、道德操守和核心价值观，增强政治责任感、使命感和对检察工作及自身工作的自豪感。基层检察文化建设必须立足自身实际，着眼全面深化改革和法律监督工作大局，以理性、务实的精神构建培植检察职业特色文化，使之成为凝魂聚气、强基固本的基础工程，成为推动检察工作发展、争先创优的重要抓手。

关键词 检察文化 职业特色

文化是民族的生命力、创造力和凝聚力，是一个民族之灵魂。“国有魂，则国存；国无魂，则国将从此亡矣”，要使民族振兴，必将复兴其文化，这是历史的经验。党的十七届六中全会把发展社会主义文化定为国策，十八大进一步提出了文化发展的总路线，十八届三中全会又吹响了进一步深化文化体制改革的号角，这一切都标志着我国已经进入文化发展的新时代。

习近平总书记在2013年12月30日主持中央政治局第十二次集体学习时强调，提高国家文化软实力，关系“两个一百年”奋斗目标和中华民族伟大复兴中国梦的实现。要弘扬社会主义先进文化，深化文化体制改革，推动社会主义文化大发展大繁荣，增强全民族文化创造活力，不断丰富人民精神世界、增强人民精神力量，不断增强文化整体实力和竞争力，朝着建设社会主义文化强国的目标不断前进。习近平总书记在2014年2月24日主持中央政治局第十三次集体学习时再次强调，博大精深的中华优秀传统文化是我们在世界文化激荡中站稳脚跟的根基。中华文化源远流长，积淀着中华民族最深沉的精神追求，代表着中华民族独特的精神标识，为中华民族生生不息、发展壮大的丰厚滋养。习总书记的一系列重要讲话，深邃精辟的概括了当今时代发展中华文化的重要性和紧迫性。检察机关作为国家的法律监督机关，在推动社会主义文化大发展大繁荣的新时代，如何构建培植具有检察职业特色的文化，增强基层检察机关文化创造活力，用先进文化培育职业精神、提升法律素养、规范执法行为、塑造良好形象、陶冶高尚情操，推进检察事业科学发展至关重要。本文拟就检察职业特色文化的构建培植谈些想法。

一、厘清内涵：构建培植检察职业特色文化之源泉

检察文化是融注在检察人员心底的法治意识、法治原则、法治精神及其价值追求，是检察机关的组织、制度、设施所具有的文化内涵，

是检察人员在检察工作和日常生活中的行为方式，是有关检察的法律语言、法治文学艺术作品和法律文书中所反映和体现的法治内涵及其精神。

检察文化是以检察人员为主体、不同于其他职业群体的文化凝聚，是在特定的检察实践活动中，由其特有的司法特性、执法理念、行为规范、价值观念等在全体成员中潜移默化而形成的文化。其具有丰富的内涵：

——检察文化反映检察人员的价值取向。检察文化意在创设一种理念，这种理念是检察机关主流精神与时代要求相结合的产物。理念文化是检察文化的精髓和灵魂，它决定和支配着检察人员的价值取向。构建培植检察职业特色文化，就是围绕检察职业特性，通过文化熏陶、实践养成，汲取中华优秀传统文化的思想精华和道德精髓，深入挖掘和阐发中华优秀传统文化讲仁爱、重民本、守诚信、崇正义、尚和合、求大同的时代价值，深化检察人员的正确人生理念、崇高思想境界和法治信仰追求，促使检察人员的思想理念和核心价值观趋向融会贯通，内化为精神追求，外化为自觉行动，使检察文化成为涵养社会主义核心价值观、坚定道路自信、理论自信、制度自信和坚守职业良知、法治底线的重要源泉。

——检察文化反映检察人员的道德规范。中华传统美德是中华文化精髓，蕴含着丰富的思想道德资源。检察职业道德是检察人员在司法实践和生活中形成的一种约定俗成，普遍认同而又应当自觉遵守的行为规范。它既是对检察人员在职业活动中行为的要求，又是检察职业身份对社会所负的道德责任与义务。构建培植检察职业特色文化，就是围绕检察职业特性，通过文化熏陶、实践养成，积极引导检察人员讲道德、尊道德、守道德，追求高尚的道德理想，提升公正司法、清正廉洁的职业道德操守，树立惩恶扬善、执法如山、公平如度、清廉如水的浩然正气，使全体检察人员都能够自觉地追求、信仰和实践这些符合先进文化前进方向的道德规范，在执法办案各个环节设置隔离墙、通上高压线，以优良的道德操守和职业良知保障公正廉洁执法。

——检察文化反映以人为本的思想理念。文化建设最重要的着眼点是人，是人精神境界的丰富、文化需求的满足，是为了更好地促进人的发展。构建培植检察职业特色文化，就是围绕检察职业特性，通过文化熏陶、实践养成，把检察人员的价值开发和利用摆上重要位置，通过先进文化的引导、凝聚、协调、教育功能，培育人与人、人与环境、人与社会和谐的关系，营造出宽松和谐的人际环境和想做事、做实事、干好事的良好氛围，使每个检察人员的自身价值与团队群体的整体价值融合统一，达到检察文化与检察中心工作同频共振、协调并进，在良性互动中推进检察事业的改革和发展。

——检察文化反映检察人员的时代风貌。检察文化会对社会产生一定的辐射作用，可以增进社会公众对检察机关的了解，产生亲和力，是保障检察职能充分发挥的精神财富。构建培植检察职业特色文化，就是围绕检察职业特性，通过鲜活生动、形式多样的“塑形”活动，展现检察人员弘扬党的优良传统作风，坚守法治精神高地，坚持党的事业至上、人民利益至上、宪法法律至上，永葆忠于党、忠于国家、忠于人民、忠于法律的政治本色，塑造检察机关公正执法、执法为民的良好形象，增强检察工作的亲和力、感染力和影响力，凝聚推动检察事业科学发展的正能量。

二、凸显功效：构建培植检察职业特色文化之根本

检察文化是社会主义文化重要组成部分的现代法律文化中不可或缺的成分。如果说文化是民族的血脉、人民的精神家园，那么检察文化就是检察事业的血脉、检察人员的精神家园。构建培植检察职业特色文化，对于打造一支信念坚定、执法为民、敢于担当、清正廉洁的检察队伍，提高检察人员的政治站位、思想站位、工作站位和法治精神、职业操守，提升检察机关法律监督能力和执法公信力，促进检察事业科学发展，可以说具有独特的功效。

——检察文化具有灵魂导向功效。检察文化通过对检察人员思想理念、宗旨意识、价值取向、道德操守、职业良知的引导，能够促使检察人员站在更高的层次上认知检察工作的宗旨，准确把握当今时代检察工作发展新趋势，增强政治意识、大局意识、责任意识，找准履行法律监督职能与积极服务保障全面深化改革的切入点，切实肩负起维护社会大局稳定、促进社会公平正义、保障人民安居乐业的神圣使命，在推动检察事业科学发展的历史进程中，实现检察人员自身价值与检察官群体价值的融合统一。

——检察文化具有团队凝聚功效。检察文化成为全体检察人员的共同行为准则后，便会在检察机关内部产生一种强大的向心力，成为增强检察团队的凝聚力和提振检察人员精气神的粘合剂。检察文化通过对检察人员的认识、期望、信念等各个方面的整合沟通，能够增强检察人员对所在单位、所在岗位的认同感、使命感和归属感，形成一个团结协作、荣辱与共的有机整体，去追求共同的目标和价值。

——检察文化具有行为约束功效。检察文化对检察人员的思想、心理和行为具有规范作用，这种规范源于检察机关内部弥漫的文化氛围、行为准则、道德规范等无形的精神力量，能够对检察人员的行为进行约束，自觉地实践养成一种和谐的群体意识和规范的执法行为，形成良好的团队作风和群体意识，不断提升检察人员自尊、自爱、自重、自律的自我防控能力和“立检为公、执法为民”的清正廉洁形象。

——检察文化具有精神激励功效。检察文化把管理人、尊重人、关心人、理解人、温暖人的严管厚爱作为中心内容，崇尚以人为本，会在检察人员内心产生一种高昂情绪和奋发进取精神。它不是靠外在的推动，而是一种内在的引导；它不是被动消极地满足人们对实现自身价值的心理需求，而是通过文化熏陶、实践养成，使每个检察人员的内心深处自觉产生为检察事业奋力拼搏、无私奉献的愿望。

——检察文化具有优化形象功效。优秀的检察文化通过检察人员司法实践活动和公正执法行为，能将其所蕴含的法治意识、法治原则、法治精神及其价值追求，融入整个社会主义文化的大发展，扩展到工作以外的公共生活和业余生活中，增加社会公众对检察机关的履职能力、执法行为、服务质量的认知、信赖和赞许，以法律监督工作的感染力、影响力，凝聚推动检察事业发展的正能量，不断提升检察工作的亲和力、影响力和公信力。

三、夯实根基：构建培植检察职业特色文化之内核

基层检察机关作为整个检察组织体系中的最基本单元和履行法律监督职能的最前沿阵地，它所具有的基础性、广泛性和具体性，决定了它是承担检察文化建设的主要载体。构建培植检察职业特色文化，就必须夯实其根基，本着检察职业特色文化建设的功能、价值来选择检察职业特色文化内容的塑造，着力构建培植一种切合实际、健康向上、内涵丰富、具有鲜明时代特征和检察职业特色的文化。

——着力构建培植价值取向、职业精神的“价值文化”。核心价值观是文化软实力的灵魂、文化软实力建设的重点，是决定文化性质和方向的最深层次因素。社会主义核心价值观和“忠诚、公正、清廉、文明”的检察职业道德，深刻揭示了检察干警必须遵循的最根本、最核心的价值观念，充分体现了党和人民对检察队伍的根本要求。构建培植检察职业特色文化，就必须以核心价值观为根基、以检察职业道德为载体，充分发挥文化独特的精神感召力、思想影响力和内心驱动力，引导检察人员把“维护社会大局稳定、促进社会公平正义、保障人民安居乐业”作为检察工作的价值追求，坚守忠诚的政治本色和执法为民理念，忠实履行法律监督职责，严格执法、公正司法，以实际行动维护社会公平正义，顺应人民群众对司法公正、权益保障的期待，让人民群众切实感受到公平正义就在身边。

——着力构建培植崇尚学习、精通业务的“知识文化”。随着司法改革的不断深入和法律监督职能的不断拓展，检察人员的知识更新、知识积累、知识储备尤为迫切。渊博的学识、精通的法律、专业的知识是检察人员履行法律监督职能的重要保障。构建培植检察职业特色文化，就必须以“建设学习型检察院，培育复合型检察官”为着力点，以综合素质教育为核心，以知识更新为重点，以在职参加社会教育和本单位学习为主渠道，以组织岗位培训为重要措施，以自学为主要形式，努力营造全员学习、自觉学习、终身学习和人人成才的良好氛围。积极引导检察人员把学习作为一种追求、一种习惯、一种常态，形成一种比学习、比知识，争当学习模范的勤学思进风气，不断提升用新观念研究新情况，用新思路完成新任务，用新办法解决新问题，用新举措开创新局面的能力。同时，要推行一种“学而能者上、平而庸者下”的用人机制和激励机制，使更多的人才源源不断的脱颖而出、茁壮成长，让检察人员在检察工作中的主体地位得到确立。

——构建培植和谐共进、甘于奉献的“团队文化”。群体同心、和谐共进的团队精神，是实现检察工作目标的助推器。构建培植检察职业特色文化，就必须从三个层面打造“团队文化”。一方面要加强领导班子建设，要求班子成员率先垂范、严于律己、以身作则、公平处事、公正待人，以其威信、威望和人格魅力令人折服，形成向心力；另一方面要注重激发检察人员的活力和潜力，在思想心态上高度整合，在实践行动上默契配合，相互尊重、肝胆相照，相互宽容、同舟共济，相互依存、荣辱与共，真正发挥出1+1 > 2的增值效应；再一方面要倡导增强集体荣誉感和归属感，强化“院兴我荣、院衰我耻”的观念，把强烈的责任感和共同的使命感作为“团队文化”的支柱，保障政令、检令畅通，以精诚团结、群体携手的团队风貌实现检察工作的共同目标。

——构建培植客观公正、清廉严明的“道德文化”。道德文化是检察文化的重要组成部分，客观公正、清廉严明是检察职业的道德底线，突破这条底线就意味着失去职业道德。构建培植检察职业特色文化，就必须把促进公正廉洁执法作为检察文化建设的基本要求，大力营造“营血卫气、怯邪扶正、保证肌体健康”的氛围，增强检察人员抵御风险、拒腐防变的能力，做到自身正、自身净、自身硬；积极培育干警公正、廉洁、诚实、敬业等高尚品格和友善、豁达、克己、奉公等人文精神，从灵魂深处萌生追求公平正义的动机，达到以检察文化滋养职业道德，以职业道德深化检察文化。

——构建培植丰富多彩、充满生机的“环境文化”。环境文化建设是繁荣检察职业特色文化的一种重要方式，它在提升检察人员综合素质，自律八小时以外行为，增强检察队伍向心力和凝聚力等方面有着不可忽视的作用。构建培植检察职业特色文化，就必须结合检察机关自身文化底蕴和文化资源的实际，积极营造具有职业特色和人文气息的文化环境，通过形式活泼、寓教于乐、喜闻乐见的书画摄影、文学创作、文艺表演、球类棋牌等丰富多彩的文体活动,陶冶干警品德情操,培养干警兴趣爱好，催唤使命意识，塑造检察形象，让检察人员的自主、自立、自治能力得到充分发挥，让检察人员的自我价值得到充分展示。

四、结语

中国学术界尊之为“一代宗师”的现代历史学家、国学大师钱穆先生曾经说过：“一切问题，由文化问题产生；一切问题，由文化问题解决。”文化是司法的内在动力，法律的实施受人们的心态、意识、观念、情感、行为趋向的影响，文化一旦形成，就根植于人们的心中。同时，文化决定着检察行为，有什么样的文化，就会有什么样的检察工作状态。从文化的视野来观察检察工作，用法治的理念来构建检察文化，是法治时代的必然要求。一个有着深厚文化素养的组织，其追求的一定是更好的发展、更新的业绩和更高的目标。检察职业特色文化所具有的强大精神力量和精神资源，能引领并决定检察人员的理想信念、价值取向和精神智慧，能升华并固化为检察人员的人文素养、道德操守和核心价值观，增强历史责任感、使命感和对检察工作及自身工作的自豪感。因此，基层检察机关文化建设，必须立足自身实际，着眼全面深化改革和法律监督工作大局，以理性、务实的精神构建培植检察职业特色文化，使之成为凝魂聚气、强基固本的基础工程，成为推动检察工作科学发展、争先创优的重要抓手。

【吸取汉唐文化精华　探索文化育检新路】

——西安市未央区人民检察院文化建设初探

李亚军　陕西省西安市未央区人民检察院

基层检察院是一个自在的检察文化的综合体。文化建设，就是以文化母体为基础，面向新的实践，不断吸纳融合其他优秀文化因素，实现对文化母体的改造和完善的过程。因此，基层检察文化建设可以从寻找合适的文化基因、对优秀文化进行检察嫁接、新的检察文化力的释放三个环节着力。本文结合西安市未央区人民检察院的文化建设实践对此进行探讨。

一、郁郁乎文哉：寻找优秀的文化基因

文化有根，它不是某种突兀的东西，不是主观臆断或纯粹的理论建构，而是社会实践的产物。检察文化来自并反映着人类检察活动的实践。检察活动以及与检察活动相关联的人类其他活动所积累的一切物质和精神成果，都可以为新的检察实践所借鉴、吸收，它们是检察文化的土壤和养料。

（一）中国特色的检察制度文化。检察文化建设，是中国现行检察制度背景下的文化建设。中国特色的国家政体及其理论、司法体系架构和社会主义法治理念，是中国特色检察制度的基础。人民检察制度80年来探索和固定下来的检察工作理念、制度机制、检察人职业道德、执法办案方式，如坚持党的领导、忠实履行法律监督使命、接受人大监督、坚持法治原则、维护公平正义等，是检察文化在精神层面的核心要素，是检察文化的根，需要在实践中坚持、发展和完善。

（二）时代的主流文化。检察文化建设，从属于追求中华民族伟大复兴的中国梦这一实践背景下的、社会主义的文化建设。当代中国，改革开放是时代的主流，以改革开放为核心的时代精神是社会主义文化的鲜明特征。检察事业是党和国家事业的重要组成部分，因此，检察文化建设要从改革开放的实践、从检察工作体制机制改革的实践中汲取最鲜活、最丰富的养料。

（三）优秀的传统文化。检察文化建设，是对中华传统文化扬弃和发展的过程。中华文明绵延五千年，成就了丰厚的传统文化，闪耀着人类改造自然、改造社会、改造自我的智慧光芒。传统文化“礼法合一”、“德主刑辅”、“仁政爱民”、“法不阿贵”等思想政治理念、规则、意识，是社会主义法治文明建设的宝贵财富。中国古代的御使监察制度，在权力制衡、监督司法权、监督官吏等方面，为中国检察制度的建立提供了文化渊源。这些都是检察文化割舍不断的“昨天”，需要传承和发扬。

（四）特色的地域文化。检察文化建设，

要立足并融合特色的地域文化以增强活力。基层检察工作在相对清晰的地域范围展开，区域的人文道德状况、群体的法律意识和认知水平、群众的公共参与意识、交往习惯等文化因素，无形中构建着区域的司法、执法环境，在证据搜集认定、执法的公信力、矛盾化解等方面影响着检察活动的组织及效果。检察活动既受地域文化的制约，又在无形中被其支撑。可见，地域文化是检察活动的文化土壤，需要充分地尊重、合理地吸纳，以促进检察工作与区域环境相适应、相协调。

（五）外域检察文化和其他领域的优秀文化

检察文化建设，应吸收一切有利于检察事业发展的优秀文化成果。检察制度史告诉我们，不同法域、不同历史时期的检察文化，大都包含着国家对法律实施活动及官员公务行为进行监督的一般规律性。各国检察制度是在互相借鉴与本土化的过程中不断发展，并最终形成各自的文化传统的，积极借鉴外域检察文化，才能兼容并蓄、完善自我。其他领域的优秀文化成果，如现代企业的人本管理、绩效考核等企业文化，信息时代引发的新传媒文化，为检察业务管理、人才队伍建设、宣传舆论工作带来了新的理念与方法，是检察文化自我完善的“他山之石”，需要借鉴吸收。

二、择善而从之：优秀文化的检察实践嫁接

嫁接是指对优秀文化的甄别、吸纳与融合。其过程，就是寻找检察工作与其他优秀文化的契合点，在精神、制度、行为或环境设施等层面因势利导、无缝对接，使检察文化母体逐渐萌发新的枝叶。下面，以未央区检察院融合地域文化的做法为例，予以探讨。

（一）未央地域文化的基本面

未央区地处西安城北。基于未央发展的历史阶段，我们大致勾勒其区域文化的三个基本方面：一是作为千年封建帝都沉淀下来的汉唐盛世文化；二是自唐末西安城市中心东移，未央地区源远流长的城郊农耕文化；三是新中国成立，尤其是改革开放以来所形成的改革文化。其中，特点最鲜明、影响最深远的当属汉唐盛世文化。

历史上，未央是古都西安的核心区。西安作为举世闻名的世界四大古都、中华文化的重要发祥地之一，历史上在此建都的十三个封建王朝，其中十一个都城处在今天的未央辖区，周镐京、秦阿房宫、隋大兴城、汉长安城、唐大明宫等遗址遍布。以未央区域为地理中心的古代西安，长期作为国家的政治、经济和文化中心，经历自周至唐以来盛世文明的洗礼，中华历史的大一统、大创造、大繁荣，塑造出大气磅礴的城市品格和文化风韵。未央是汉唐盛世文化的集大成区域，彰显着开放包容的胸怀气度、自强不息的奋斗精神、以民为本的执政理念、崇礼尚学的人文品格、勇于创新的开拓胆魄、诚信规范的规则意识、任人唯贤的用人理念。

（二）对盛世文化的吸纳与融合

近年来，通过参加区委开设的“未央文化讲堂”等各类文化宣讲活动，团队读书交流《大秦帝国》、《贞观政要》等书籍，赴汉长安城遗址区调研并派驻检察室，特别是全员下基层“一社区（村）一检察官”活动，团队全面把握未央区情、区史，增强了对盛世文化的理解和认同，自觉不自觉地将检察工作放在这一文化环境中去思考，在发展定位、思路方法、制度建设、行为修养上，为盛世文化所侵染。

精神文化方面。汉唐盛世，历代明君心系社稷、励精图治，成就大业，司法迁忍辱写《史记》、张骞出生入死开拓丝绸之路，太宗从谏如流、广纳贤才。院班子组织调研，借鉴圣明君主的大局思维、深谋远虑的人才战略和士大夫忠于职守精神，认真思考未央检察工作的方向与思路，集集体智慧提出未央区检察院“为未央科学发展服务、为检察事业献身、为干警成长创造条件”的三个价值取向，进一步明确了团队的发展共识。如围绕着“为未央科学发展服务”，先后开展了“促拆迁、保回迁、筑和谐”专项法律监督活动，服务保障“百村城改”计划；针对辖区大型国有企业多的实际，先后制定了服务国有企业发展“八项措施”、反贪执法办案“四项机制”，促进查办案件与保障发展的有机统一；在汉长安城遗址区设立派驻检察室，以查办拆迁过程中的职务犯罪、对拆迁工作人员开展预防警示教育、化解拆迁过程中的矛盾纠纷为切入点，为丝绸之路“申遗”工作提供司法保障，《检察日报》以“古遗址上的检察剪影”为题对该做法和经验作了整版报道。在发展定位上，取秦之志在千里、“横扫六合”，唐之“万国来朝”、开放包容的气度，深刻领会市、区委对未央建设西安国际化大都市中心区的发展定位，在此基础上提出“未央检察工作要与未央区域发展相适应、相协调”的发展目标，抬高发展标杆，激发干警勇于创新、争创一流的热情。全院整体工作连年位列全市前茅，连续十年被区委评为目标考核优秀等次，被评为“全省先进基层检察院”。

制度文化方面。周公制《礼》，是中国历史上的第一部政典，传承不衰；都城与未央一河之隔的秦王朝“书同文、车同轨”，统一文字、货币和度量衡，最早推行标准化和规范化；唐律体例完善、结构严谨，承前启后，影响深远。未央区检察院传承盛世建章立制的治理策略，将其贯穿到规范化检察院建设实践中来。通过确立“执法规范提升年”，开展“抓规范、创品牌、争一流”活动，以争创全国文明接待室等活动为载体，坚持不懈地推进执法规范化、管理规范化建设。近三年来，先后修改制定执法办案制度流程40余项，及时汇编《反贪执法办案规范》等工作手册。修改后刑诉法颁布以来，围绕贯彻未成年人刑事诉讼特别程序，联合西北政法大学刑事法律科学研究中心开展课题研究，探索未成年人刑事检察“6+1”工作机制，制定了一整套的执法办案规范流程，工作经验在全国未成年人刑事检察工作会议上作了大会交流，其中，《未成年人关护体系运行办法》被高检院公诉厅转发。在院务管理、信息化建设、后勤保障等方面大力推行制度和规范化建设，修改完善各类制度20余项。如围绕人才队伍建设，出台《加强检察人才队伍建设的决定》，先后建立班子帮带、科长助理、青年干警多岗位锻炼、干警列席党组会、检校合作等制度，提升队伍建设水平。

行为文化方面。秉承盛世文化重伦理倡道德、重和谐求统一、重理性求教养、崇礼治重名誉的人文精神，先后开展我最讨厌的行为、我最有成就感的一件事、我最喜欢的人生格言等征集活动，从正反两方面引导干警增强对提升文明素养的认同。先后召开雷锋精神座谈会，开展政法干警核心价值观大家谈、向院内先进典型学习、赴具有社会责任感的民营企业感受企业文化等活动，将汉唐盛世的人文精神转化为文明从检意识和践行检察职业道德增的自觉性。举办清风论坛，邀请著名作家陈忠实共同探讨廉政问题，并录制为节目在陕西省电视台播放。以开展全省文明单位标兵争创活动为载体，通过组织军事训练、拓展训练，磨练团队意志和协作精神，举办“春之歌”元宵联欢会、“阳光杯”运动会等体验性、参与性的活动，丰富干警文化生活、培养健康的生活情趣。院班子率先垂范，从接待文明用语、建立环境卫生责任制、不乱丢垃圾、公共区域禁烟等小节做起，培育干警文明行为习惯。行为文化涵养着团队的文明素质，未央区检察院先后被省委、省政府授予省级文明单位标兵，被高检院授予“全国文明接待室”等荣誉称号，先后涌现出全国最美青年检察官宣传人选、全国最美检察官候选人、全国妇女创先争优先进个人、全省人民满意的政法干警等标兵人物。

三、学而时习之：检察文化力的厚积薄发

检察文化建设是知行合一的过程，在知与行互相促进、循环往复中推动检察工作科学发展。未央区检察院以团队读书活动为载体，大力加强学习型检察院建设，通过提升团队综合素质推动工作发展，在由内而外的过程中，实现了文化育检的润物无声。

（一）以团队读书积淀文化厚度

文化即以文化人，重在培育和提升检察队伍的思想境界、意志情操、知识经验与良好作风。

2007 年，未央区检察院开始团队读书的探索。团队读书经历了三个阶段，最初是“业余读书”，通过提倡读书营造崇尚学习的氛围；第二阶段是“读书工作化”，将个人读书与集体交流相结合，通过读书交流分享体会、启发工作；第三阶段是“工作读书化”，读书学习成了集体自觉，围绕工作目标阅读、研讨、调研，让检察工作融入学习过程。至今，团队读书活动不间断开展了八年，开展全院范围的现场读书交流活动 40 余人次，以读书交流为基础，带动了未央检察讲坛、业务竞赛、业务研讨、课题研究、高端讲座等多种形式的团队学习，编印形成了《奋进的足迹》、《为自己喝彩》等多种学习成果。基本建立了以党组中心组、检委会、科室、青年检察官研究会等多层次的团队学习组织体系，以定量阅读、定期交流、检查督促、总结考核等主要内容的制度体系，以及以图书馆建设为主体的保障体系。

团队读书不断增加着检察队伍的人文气质，积淀着单位的文化力量。近年来，未央区检察院读书交流活动逐步走向社会扩大了影响，先后在西安市图书馆、西安经济技术开发区国税局开展了多次读书交流；西安市图书馆受启发在未央区检察院设立其首个分馆，商子雍等文化学者到院举办讲座，书画家来院开展廉政书画活动；多名干警长期业余研习书画，小有名气，一名干警业余时间搞文学创作，已出版三部长篇小说，被称为“西部实力派作家”。随着团队读书活动的深入，文化氛围越来越浓厚，2011 年，承办了西安市建设学习型党组织第五次经验交流会，陕西省委讲师团、西安市委党校纷纷前来调研团队学习的做法。目前，该院正在积极筹备检察官文联。

（二）立足实践释放检察文化力

文化具有潜移默化的作用。团队学习不仅提升了检察队伍的综合素养，而且释放出强大的凝聚力、创新力，提升着单位的发展境界。

检察文化释放凝聚力。团队读书营造了崇尚学习的氛围，干警知识、能力、贡献、人格的影响力逐步增强，机关内部的行政命令色彩有所淡化，促进了互敬互信的角色关系的形成和以德服人、以能服人、公道正派、协作共事的团队作风的养成。近年来，院班子组织调研，先后制定了两个“检察工作五年发展规划”推动科学民主决策，全院思想、思路空前统一，干事创业的热情高涨。近年来，面对案件三年翻番、人员严重短缺的实际，通过简易程序集中公诉审理、干警“1+1”帮急、人员板块化调配等手段，加强内部配合，充分挖掘潜力，院领导坐镇侦查一线，多名干警带病、带伤办案，全面完成各项工作任务，人均办理刑事案件量位居全市第一。

检察文化激发创新力。团队读书培养了勤于思考、善于总结的能力，在交流、研讨、论辩中，碰撞出思想的火花，激发创新的灵感。创意的涌动凸显了干警的主体地位和科室的职能作用，传统的“上推下动”工作运行模式逐渐转变为下提上肯的工作模式，推动着工作理念转变和方式方法创新，多项工作形成品牌效应。基于科室和干警的创意，牵头建立了辖区7家单位共同参与的刑事特困未成年人救助机制，工作经验被中央政法委《长安》刊发；不断探索检企合作方式，探索形成了预防职务犯罪“未央—长庆模式”，2012年10月，该工作模式正式在全省大型国有企业推广应用；探索新媒体环境下的检察宣传工作，在陕西省率先开通官方微博“@未央检察”，目前拥有15万粉丝，先后评为全国十大检察机构微博、全国十大检察影响力微博和陕西省优秀政务微博。

检察文化引领高境界。团队读书学习全面拓展了视野、开阔了心胸，队伍的责任意识、大局意识、服务意识明显增强。近年来，未央区检察院立足执法办案，积极延伸检察职能触角，以大预防观念为切入点深度参与社会治安综合治理工作，针对辖区高发类犯罪、校园安全隐忧等问题，通过课题研究、检察建议在全区启动了打击黑网吧专项治理活动，开展了“校园安全金点子”征集活动，编印《居民安全防范提示》、《中小学生预防不法侵害手册》、《外来务工人员预防犯罪读本》等系列宣传资料十余种，免费向群众发放近30万册。针对未成年人犯罪问题，探索刑事检察环节未成年人社会化关护机制，做法被中央综治办、团中央、中国法学会评为“未成年人健康成长法治保障”制度创新优秀案例。探索涉罪女性帮教工作，联合区妇联、万昱集团设立“姐妹驿站”对涉罪女性进行帮教，被授予“全国维护妇女儿童权益先进集体”、“全国青少年维权岗”等荣誉和称号。

【全媒体时代检察文化建设路径之考察】

——以基层检察文化建设的具体实践为研究视角

王向明　张云霄　北京市朝阳区人民检察院

摘要　全媒体是信息、通讯及网络技术条件下各种媒介实现深度融合的结果，其特点为：全方位融合、成系统组织和高程度开放。全媒体深刻影响了检察文化建设的发展态势：第一，全媒体传播渠道的“多元化”引领了检察文化传播的路径选择；第二，全媒体传播过程的“梯次化”影响到检察文化受众的主观感受；第三，全媒体传播主体的“大众化”扩展了检察文化主体的所属范围；第四，全媒体传播内容的“碎片化”促使着检察文化体系的重新塑造；第五，全媒体传播目的的“复杂化”考验着检察文化建设的实际成效。在全媒体时代背景下，进一步完善基层检察文化建设路径应从以下四方面着手：第一，将深化检察理念文化建设作为完善的核心；第二，将注重检察行为文化建设作为完善的重点；第三，将加强检察制度文化建设作为完善的基础；第四，将丰富检察物质文化建设作为完善的保障。

关键词　全媒体时代　基层检察文化　建设路径

一、关于“全媒体时代”的背景解读

“媒介是社会发展的基本动力，也是区分不同社会形态的标准，每一种新媒介的产生与运用，都宣告了我们进入了一个新时代。”伴随着新旧媒体的不断发展和融合，我国已进入了所谓的“全媒体时代”。全媒体实质上是采用文字、图像、动画、声音和视频等多种媒体表现手段传播媒介信息，使报纸、杂志、电视、广播等传统媒体与网络、微博、微信、手机等新媒体互相融合，进而形成的一种全新传播形态。其表现为三个主要特点：一是全方位融合，即全媒体不是跨媒体时代的媒体间简单连接，而是强调各种媒体介质的融合，其可以将传播形式、传播技术以及传播手段进行全方位地整合；二是成系统组织，即全媒体强调对新旧媒体进行有序组合和积极融合，并通过统一平台和载体，实现“一次性无缝采集”所有信息，并对各种信息资源的统一发布；三是高程度开放，即全媒体传播的最终形态应该是所有人对所有人的传播，真正实现了“内容数字化、渠道网络化、形式多样化和操作人性化”。总之，全媒体能够用更加经济和高效的视角来看待媒体间的综合应用，以求实现投入最小、传播最优、效果最大。可以毫不夸张的讲，全媒体的到来，已经深深影响到我国社会生活的方方面面，并改变着社会公众的生活方式，这当然包括我国检察机关的检察文化建设。在全媒体时代背景

下如何进一步完善检察文化建设路径，更好地推动检察文化建设，成为摆在检察机关尤其是基层检察机关面前一道紧迫而又重大的课题。

二、全媒体时代背景下检察文化发展的新态势

文化作为一种显性的社会现象和一种潜在的社会准则，关键在于传播，离开了传播，文化就会逐渐失去其影响力、生长力乃至生命力，对于检察文化建设而言，同样如此。全媒体作为一项全新的现代化的媒体传播技术和平台，正以前所未有的广度和深度影响并改变了我国检察文化尤其是基层检察文化建设的发展态势，其主要表现为：

（一）全媒体传播渠道的“多元化”引领了检察文化传播的路径选择

全媒体不仅包括诸如报纸、杂志、电台、电视台等传统媒体，而且包括诸如网络、手机、微信、微博等大量新兴媒体，并且日益呈现出新旧媒体交叉传播趋势，口语、文字、图像、音频、视频等形式在新旧媒体及融合媒体上进行全天候、全方位、无缝隙、多维度、立体化的互动传播，从而导致传播渠道呈现出“多元化”的发展特点，而这极大地拓宽和延伸了检察文化传播的路径，致使检察文化传播路径已经不再表现为传统的、单一的、小范围的特点，而是朝着现代的、多样的、大领域、多层次的方向发展，更加强调内容的多样性、形式的灵活性以及渠道广泛性。以笔者所在基层检察院“检察微博”的应用为例，该院在北京地区率先开通的官方微博，并设检察文化专栏，设置研讨专区，积极向社会公众传播先进、健康、积极的检察文化，在运行仅 4 个月，“粉丝”数目已经突破 20 万人。

（二）全媒体传播过程的“梯次化”影响到检察文化受众的主观感受

在全媒体时代，信息传播源越来越趋向于新媒体，以微博传播为例，有人曾经做过一形象的比喻：“在微博里拥有 10 万“粉丝”，相当于一个新闻网站；拥有 100 万“粉丝”，相当于一份全国性报纸；拥有 1 亿“粉丝”，相当于一个国家级电视台。”一则新信息、新事物或者新现象首先是借助新媒体予以发布并迅速传播，接着在形成一定的舆论规模效应之后，传统媒体对此信息做出比较深刻和细致的剖析和分享。而这样的传播过程将深刻地影响到检察文化受众主体的主观感受渐变，主要表现为“梯次化”这一规律性的变化和发展，即检察文化受众主体将会随着检察文化传播的不断深入，表现出对检察文化从感性体会到理性信仰、从零碎感知到系统领悟、从行为接受到内心确认，最终对检察文化底蕴和精神做到内化于心、外化于行，形成所谓的“检察文化共同体”。正如有学者而言：“聚集成群的人，他们的感情和思想全部转到同一方向，他们自觉的个性消失了，形成了一种集体心理。”以笔者所在单位办理的 2013 年冀某涉嫌首都机场爆炸案以及 2014 年办理的“秦火火”涉嫌寻衅滋事案为例，该院第一时间向社会公众发布了提起公诉的微博，并附有“释理说法”的部分，短短一天阅读量达到 200 万次，评论转发量达近千次。

（三）全媒体传播主体的“大众化”扩展了检察文化主体的所属范围

在全媒体时代，尤其是伴随着信息传媒技术的异军突起，信息传播的广度和深度得到前所未有的发展，“人人都是‘麦克风’、处处都有传播者”的局面已经形成，以我国网民发展规模为例，从 2003 年—2013 年 7 月底，在近十年间，我国的网民总数从 0.68 亿人增长至 5.91 亿，其中我国网民规模从 0.17 亿人增长到已经达 4.64 亿，增长了近 28 倍，截至 2013 年 7 月第，我国互联网普及率为 44.1%，网民中使用手机上网的人群占比提升至 78.5%。在这

样的情形下，社会公众已经不仅仅是单纯的信息接受者，而且日益成为信息制造者、发布者、传播者。此时，社会话语权正在从社会的精英阶层转向社会公众的手中，人们可以随时随地、随心所欲地借助全媒体所提供现代传播技术来表达自己的思想、情感和意愿，当然包括对我国检察文化的感知和理解。因此，检察机关应该认识到对于检察文化的建设主体同样如此，检察文化主体不再是所谓的“少数检察工作人员”，而应该为“大多数社会草根阶层”，因为社会公众正在积极利用全媒体技术并以前所未有的规模和速度来创造以及分享属于自己理想中的“快餐式”检察文化，他们对于检察文化建设的话语权、参与权以及影响力都正在逐步加强。

（四）全媒体传播内容的“碎片化”促使着检察文化体系的重新塑造

全媒体极大满足了社会公众不断细分的传播需求，并且以前所未有的互动、实时和快捷方式闯入社会公众感官世界。对于同一问题或者现象，由于个人所站角度、价值观念和利益需求不尽相同，社会公正成为了千千万万个“二次信息制造者和传播者”，“数字化传媒改变了以往媒体信息受控严格的局面，使信息的传播流通更为自由”。因此，检察文化体系已经不再处于一种封闭的状态，而是呈现出开放式的发展态势，不同的理念、不同的观点和不同的认知既重塑着检察文化体系结构，促使检察文化体系结构由“一元化”向“多元化”方向转变；又极大地丰富着检察文化体系内容，从而使得检察文化呈现出更趋全面、更加大众、更具特色的发展趋势。

（五）全媒体传播目的的“复杂化”考验着检察文化建设的实际成效

在全媒体时代，社会公众可以更好地借助传统媒体和新兴媒体这一“混搭手段”，依法维护自身对于包括检察文化建设在内的一系列公共事务的知情权、监督权和参与权，但是同时也出现了诸如“网络暴力”、“网络陷阱”等不良甚至违法犯罪现象，从而导致传播目的越来越复杂。因此，检察机关应当认识到检察文化建设并非一帆风顺，检察文化的建设环境更加脆弱，也更为复杂，检察文化建设很可能受到来自各方的“杂音”。正所谓“明者因时而变，知者随事而制”，在这种情况之下，检察机关不仅需要坚守检察文化建设的底线，而且更加需要悉心地培育检察文化建设所需要的良好的媒体环境，努力排除检察文化建设过程中遇到的困难和阻碍，方能进一步促使检察文化建设取得实效。

三、全媒体时代检察文化建设路径之完善

在全媒体时代背景，检察机关尤其基层检察机关应当在认清检察文化发展新态势的基础上，找准当前检察文化建设与全媒体时代的具体契合点，树立“善待媒体”、“善联媒体”、“善用媒体”的新思路和新理念，将媒体和社会公众纳入到检察文化建设的体系中来，不断促使封闭型、自我型、传统型的“一元化检察文化建设路径模式”向开放型、协作型、网络型的“多元化检察文化建设路径模式”的转变，进一步完善检察文化建设之发展路径，从而更好地培育检察思维、打造检察理念、塑造检察信仰、提升检察品味和形成检察公信。本文着重以基层检察文化建设相关研究为视角，提出如下完善构想：

（一）完善的核心：深化检察理念文化建设

“检察文化的内在蕴藉体现于检察机关及其人员的思想、价值和情感模式”，而这正是检察理念文化最重要的内容，检察理念文化所追求的目标就是形成共同的检察工作思维、公平正义追求、崇尚法治信仰，而这些都属于意识形态的范畴，更加具有长期性、内在性、稳

定性和系统性。深化检察理念文化建设要求在全媒体时代背景之下检察人员率先自身培养和巩固高品质的检察理念文化底蕴，率先做到对中国特色社会主义检察文化自觉、文化自醒和文化自信，牢固树立“监督的权力观”、“神圣的地位观”和“淡泊的名利观”以及“为民的政绩观”。

具体来讲：一是加强检察职业道德建设，即积极通过全媒体传播平台展示一个个先进个人事迹,向全体检察人员和社会公众树立“忠诚、公正、清廉、文明”的检察官职业道德社会形象；二是加强检察职业执法理念建设，即积极通过全媒体传播平台讲述一件件成功案例，向全体检察人员和社会公众展现“理性、平和、文明、规范”的执法理念；三是注重形成检察公共文化模式，即积极通过全媒体传播平台展示一场场文化活动，比如谱写检察官之歌、设计检察标识、拍摄检察题材的文艺影视作品等等，不断加强检察人员的职业认同感、自豪感和归属感。

（二）完善的重点：注重检察行为文化建设

“检察文化产生于检察工作实践，同时由服务于检察工作实践”。检察机关以“强化法律监督、维护公平正义”为主题，依法开展各项检察办案业务工作，其不仅具有惩治犯罪功能，而且具有预防犯罪功能、警示教育功能以及人权保障功能。因此，在全媒体时代，检察机关不应只是“埋头办案”，而是应进一步做到“跳出检察看检察，跳出办案看办案”，注重将“检察行为文化”引入到“检察办案业务工作”中，进一步加强检察文化建设。

检察人员应注重培养“全媒体”的媒体意识和素养，在执法办案工作中，注重善于借助全媒体的广阔平台，改变以往“封闭式”办案模式，促成“开放式”办案模式。检察人员应适时通过媒体，向社会公众展示检察机关在执法办案中不仅注重运用刑事法律的强制力来惩治和规范涉案人员的外在行为，而且注重通过展示检察人员依法规范行使检察权的执法行为，向涉案人员来展示检察行为文化所蕴含的法治力量和法治价值魅力，“让人民群众在每起案件中都感受到公平正义”的检察行为文化精神，不断积累检察行为文化的“正能量”。在此基础上，检察人员应通过利用自己具有的法律优势和特长，将检察行为文化的外延予以适当拓展，可以考虑通过在办案业务中，借助全媒体技术，及时宣讲检察机关的职责，采取“以案说法”的方式，鼓励和引导社会公众通过运用法律武器，依法、理性和文明表达自己的法律意愿和诉求，促使“我的行为我做主，我的行为我负责”的法治社会公民责任意识养成。

（三）完善的基础：加强检察制度文化建设

检察制度文化本身作为检察文化的重要组成部分，主要以法律、规章和制度等理论成果的形式表现出来。检察制度文化建设不仅有力促进了检察文化的形成和发展，而且反过来为检察文化的其他成果提供了坚实保障，邓小平同志就曾明确指出：“克服特权现象，要解决思想问题，也要解决制度问题……制度好可以使坏人无法任意横行，制度不好可以使好人无法做事，甚至走向反面……制度问题更带有根本性、全局性、稳定性和长期性。”因此，在全媒体时代背景之下，检察机关可以借鉴国外检察机关与媒体之间合作的做法——建立“检察之友”机制来推动检察制度文化建设。

结合我国国情，笔者认为，可从以下两方面进行着手：一方面，通过加强法律实施调查研究，为党委和政府进一步完善检察制度文化建设建言献策，即检察人员应注重发挥自身的法律优势，并且结合全媒体所提供的舆论分析情况，通过加强对类案的整理、分析和总结，找出带有行业性、规律性、制度性和根本性的问题，形成有关制度文化建设的情况反映或者调查报告，引起各级党委和政府的重视；另一方面，通过开展法治宣传教育，为检察制度文化建设创造良好的社会氛围，这就需要检察人员改变以往“单兵作战”的思路，通过积极加强与各类媒体的通力合作，联合对辖区内重点领域、行业和单位开展检察业务宣传，既应注重发挥传统媒体的优势，系统宣讲法律常识，又应注重发挥新媒体的优势，引导社会公众从检察工作视角看问题，促使他们从内心深处树立对检察文化的尊重和信赖，从而为检察制度文化建设提供广泛的群众基础，不断增强检察文化的创造性和内生性。

（四）完善的保障：丰富检察物质文化建设

检察文化建设并不是抽象的、虚无的、泛化的，而必须具有鲜活的、显著的、可感知的物质表现形式，检察物质文化其实就是检察文化建设的一项重要物质化成果。在全媒体时代背景下，检察机关进一步丰富检察物质文化建设，不仅揭示检察机关法律监督的内在属性，而且促使社会公众由对涉及检察物质形态的尊重和崇拜产生对检察文化的理解和信赖，具体来讲：检察机关应通过积极利用全媒体多元化的传播渠道和形式，适时进行典型案例讲解剖析、检察办案相关进展情况、发布检察文化最新资讯等，进一步提高社会公众对于检察文化的参与率和支持率。

具体而言：一方面，检察机关应通过加强与传统媒体的沟通、协调和合作，以“检察文化专栏”、“检察文化专谈”、“检察文化论坛”、“检察文化聊吧”等形式，将自身所拥有的检察文化资源呈规模化、系统化和长效化的方式传播出去，从而在深度上不断增强检察文化建设的传播力；另一方面，检察机关应注重加强自身检察网站和检务微博的建设，建立本部门与其他网站及媒体的链接和关注，突破检察网站和检务微博“信息孤岛”的困境，通过积极、自觉、规范运用新媒体，采取“微观察”、“微直播”、“微讨论”等方式将所拥有的检察文化资源呈碎片化、精细化、微小化地方式传播出去，从而广度上不断扩展检察文化的传播面和受众面，进一步促使检察文化建设的传播方式朝着动态化、立体化以及高效化的方向发展。

结　语

全媒体时代给予检察文化建设尤其是基层检察文化建设的启示在于：社会在发展，文化在进步，检察文化既是一种客观存在的社会现象，又是一种不断深化的文化形态。检察文化建设路径的完善既要根植于法治社会建设之中，不断汲取法治社会前进的“养料”，又要服务于社会，努力促进社会公平正义的价值目标实现；与此同时，检察文化建设路径的完善既要找准文化传播的普遍规律和发展模式，又要注意充分挖掘和培育自身的潜质和特色，唯有如此，我国检察文化才能根深叶茂，绿树常青，饱有特色和内涵，保持生机和活力。

［文化艺术创作］

【怒放的生命】

游小琴　北京市人民检察院第一分院

想了很久，给本文取个什么名，最后决定用了这个歌名。在检察机关工作13年来，我直接或间接地体验了太多的奋斗、艰难、挫折、拼博、超越和感动。我的成长经历可以说是一个经典的样本，折射出在国家法治建设不断进步和检察机关实施人才强检战略的时代大环境下，一个检察官个体命运的发展轨迹。经常被问到的一句话就是检察院的工作累不累，我的回答是我的工作就没有不累的时候。有时难免会感叹，为什么我的日子老是过得如此"艰难"，经常不得不白天黑夜的工作和学习。而事实上，我是满怀感恩之心，度过了那些"艰难"的日子，并在今天怀念那些日子。

"怒放的生命"是一首摇滚歌曲，歌曲的开始是这样的："曾经多少次跌倒在路上，曾经多少次折断过翅膀，如今我已不再感到彷徨，我想超越这平凡的生活，我想要怒放的生命。"我是一个需要热情和感动的人，也喜欢在自己的经历中体验出一些"浪漫"的色彩。我曾经和父亲开玩笑，我说我迄今为止的检察官经历，不好说一定是成功，也不好说一定是失败，但是应该可以说是很摇滚。

一个来自重庆的平民女孩，没有任何"拼爹"的背景，因为希望到北京看马拉松比赛这样一个有些可笑的理由，选择来到北京上大学。研究生毕业时幸运地被东城检察院收入麾下，不由得感叹，年幼时无比向往的天安门广场，居然成了自己的辖区。但这仅仅是个开始，哪会想到很多不可思议的事情，之后会发生在我的身上。

我经常都会有一种紧迫感和压力感，感慨自己为什么会如此的幸运，真怕自己懈怠了，辜负了帮助指导我的诸多领导和朋友。不敢说自己的工作水平一定是高，但在学习培训方面，我想很难有比我受过更好训练的公诉人了。

在当时东城院领导的关心和公诉一处处长邹开红（第二届"全国十佳公诉人"第一名）的指导下，我的公诉业务水平在较短的时间内得到了长足的进步。2005年10月，我在北京市检察机关第二届检察业务技能竞赛中，荣获"北京市十佳公诉人"的荣誉称号，并获得"最佳辩手"和"优秀论文"两个单项奖。

2006年11月，经北京市人民检察院党组研究决定，我作为北京的三名选手之一，参加最高人民检察院举办的第三届"全国十佳公诉人暨全国优秀公诉人"评选活动。比赛前，北京市院为我们三名选手进行了为期80天的集中培训。以前哪敢想象，自己能受到北京市诸多经验丰富的优秀检察官毫无保留的传授，还能受到陈兴良、张明楷等最顶尖法学家面对面、近距离的指导，还能向最高人民法院的大法官请教对司法实务的理解，这些都是北京市不可比拟的优势。最后，我在比赛中入围“全国十佳公诉人”，并荣获“优秀论文”单项奖。

我想多用些笔墨介绍我之后在美国天普大学（Temple University）留学的经历，因为这不仅是我个人独特的经历，也展现了检察机关在人才培养方面的开放和进步。

2007 年 5 月，北京市检察机关将我推荐给最高人民检察院，作为参加美国天普大学在清华大学举办的法学硕士班的考生。我顺利通过了 1：2 淘汰性的入学考试，于当年 7 月进入该班学习。学习一共 15 个月，分 5 个学期，其中第四个学期是 2008 年夏天到天普大学在美国费城的校区学习。在访美学习期间，我偶然在校报看到一篇介绍罗马尼亚一位女法官在天普大学博士毕业的消息，我心想既然罗马尼亚的女法官可以，中国的女检察官为什么就不可以读美国的博士呢。

感谢东城院已故娄云生检察长的真诚鼓励和大力支持！是他鼓励我申请去美国读博，是他亲自在我的推荐书上署名。永远难忘，当我拿着录取通知书去见他时，我还仔细思索了怎么跟他谈，怎么争取他下一步的支持。我走进娄检的办公室，把录取通知书递过去，说：“娄检，我被录取了。”他说：“真的吗，那真是太好了！”我立刻不可遏制地泪如雨下，哭得一塌糊涂，想好的话一句都没说出，也不想说了。娄检递来纸巾盒，问我为什么哭得这么厉害，我说您太真诚了，我真的很感动。

2009 年 8 月到 2010 年 7 月，在美国驻校读博期间，我没有去任何地方旅游，没有踏出学校所在的费城一步。我的任务不是来干别的，就是来读书的。有一次，学校以每天 150 美金的薪水请我陪同一个访学团去华盛顿一周，都被我断然拒绝。

不挣钱自然要过紧一些的日子，我和一位访问学者、一位商学院的学生合租一处三室一厅房间，自己倒没觉得住得差，哪知差点把别人催得泪下。那是 2010 年 5 月，徐航和金铁（与我同一届的全国十佳公诉人）在访美期间来费城看我，徐航当时倒没说什么，回国后到处说当她看到我的简陋小屋时，眼泪都差点掉下来了。

感谢恩师爱德华·奥尔本（Edward Ohlbaum）教授的接纳和培养！我非常有幸能师从于他。他的教研方向是证据法、刑事诉讼法和律师出庭技能。他是美国一位非常著名的教授，尤其是在律师出庭技能（Trial Advocacy）的教学方面，有着很高的威望。参加过清华天普班学习的检察官们，都上过他的课，知道我在“著名”前加上“非常”二字，绝对名副其实。美国每年会评出一位律师出庭技能领域的荣誉教授（Honorable Professor），他在 1996 年就获得了此项殊荣。天普大学法学院在美国排名 50 名左右，但是他作为项目主任的律师出庭技能课程，在过去的 20 年中超过半数时间排名全美第一，从未跌出过前三。

我就读的法学博士项目 SJD（Juridical Science Doctor），只用在导师指导下进行专题研究和论文写作，不必上课。但是在我的请求下，导师为我作出了超乎我想象的课程安排，且一律免费。我不仅上他主讲的证据法课程，还同时参加基础出庭技能（为二年级学生开）和高级出庭技能（为三年级学生开）两门课。后两门课的性质，用咱们当前熟悉的话语来讲，就是小班“实训”课，分别由一名公共辩护律师和一名法官担任教师，他们都是下班后晚上来上课。我一方面是插班生，另一方面发现自己在两个班上都是唯一的母语非英语学生。但本人必竟是有相当工作经验的公诉人了，这是同学们不能比的，再加上自己的努力和勤奋，我在两个班上都很快得到了同学们的尊重。最难忘的是，高级出庭技能课中，有一项使用示证软件配合发表法庭辩论意见的课程。当我做完展示，全班同学自发地给了我热烈的掌声，我是唯一得到同学掌声的人。而且主讲这门课的法官老师，没有象对其他同学那样，点评我哪儿做得不对，在同学们热烈掌声的影响下，他只说了一句话："好了，大家都看到了，她给我们展示了应该怎么去做，这就是标准。"下课后他当晚就给我的导师发去邮件表扬我。这是很有意思的一件事情，一位中国的检察官到美国法学院的课堂上去给别人当了标准。

2010年6月底快离校前，发生了一件特别有纪念意义的事情，我为来访的检察机关领导担任了翻译。那天中午，我在法学院门口偶遇教务老师，她告诉我下午有个中国来的法学访问团，好象是从北京来的，建议我去看看，或许有我认识的人。于是下午我就去了，结果一个认识的人都没有，来的是高检院政治部李如林主任带队的政工领导考察团，当时刚到北京市院政治部履职的张幸民主任也在其中，我都是第一次见。当天下午的活动是一位FBI资深探员前来介绍FBI与检察官办公室的合作情况。我跟中国翻译说，今天下午让我来吧，来的都是我的领导，也算是我向领导做个学习汇报吧。临别前李如林主任对张幸民主任说，现在北京都能派检察官到美国留学读博士了，真是反映了我们国家司法理念的进步和对人才培养的重视。

去美国读博，特别是师从奥尔本教授，使我对当事人主义对抗式庭审的出庭技巧和相关的证据法，有了较为深刻的理解，也切实锻炼了相应的技能，促进了我回国后的工作，使我自信并敢于创新。

2010年7月，结束一年住校学习回到北京，我就被市检察院抽调，为北京备战第四届全国公诉人业务竞赛担任教练。我把在美国学习的训练方法运用到公诉人的辩论实务中，帮助北京所有的三位选手在准备20分钟的即兴辩论项目中，都做到了完全脱稿。在10月份的比赛中，北京两位选手入围全国十佳，一位选手入围全国优秀。紧接着，我又被市院抽调，担任北京队参加首届全国优秀公诉人电视辩论大赛的教练，北京队在12月份的比赛中，夺得了冠军。

近两年来，北京市检察机关的培训开始转型，更为注重实务加实战的"双实模式"实训。我在参加最高人民检察院组织的公诉实训师资培训班时，在参加实训课时发现，由于在课堂上没有事先对我国庭审的证据规则有一个统一的认识，学员在参加模拟庭审或是点评时，更多的是从证据的证明力方面去考虑，而缺乏对庭审规则的宏观把握和运用。对比在美国所学，我在自己担任授课老师的讯问或询问的实训课上，大胆地在课堂上一开始时就提出这样一个概念："我国庭审是没有证据规则的，公诉人最重要的是在没有规则的情况下把握好分寸。"并且，在课堂进行中，当学员提出疑难问题时，我适当地介绍美国律师在庭审时的做法，供学员参考，很多问题就这样豁然开朗了。

2011年我竞聘到北京市检察院第一分院工作后，各级领导继续关心和支持我的学业。我一边工作办案，一边写博士论文。最后，政治部批准给我一个月的假，到美国完成了论文答辩，取得了学位。

我论文研究的主题是"无辜者的有罪供述"，毕业后一直想把论文译成中文，再充实些内容写本书，但因公诉二处从去年开始办案压力陡增，一直未能启动写作。另外，我还想就中国公诉人如何吸收当事人主义庭审技巧的合理成分，进行较为深入的研究，出一定的成果。

在这里我把这两个计划说出来，也是希望能得到领导和同事们的监督。

今年五一节后，我又被市院抽调，为北京备战第五届全国公诉人业务竞赛担任教练。一个下级院的公诉人，能两次被市院抽调担任全国业务竞赛的教练,我视之为一项珍贵的荣誉，只能是全力以赴做好工作。与司法考试那样的资格性考试不同，公诉业务竞赛是竞争性的考试，要取胜就需要全情投入，忘我付出。不光选手要如此，教练和陪练也不能有丝毫懈怠。这些充满了紧张和挑战的日子,同时也是快乐、充实、难忘而富有意义的日子。而且，最重要的是，“这不是一个人的战斗”，这是生命的怒放。

【一把伞里的检民情】

胡晓青　安徽省金寨县人民检察院

7 月 21 日，星期一早八点钟，我像往常一样端坐在写着“金寨县人民检察院案件管理中心”的透明玻璃窗前，迎接着新一天忙碌工作的开始,等待着第一个需要我服务对象的到来。

打开工作日志本，正埋头查看今天必须要做的事情，忽然敲窗户玻璃的声音响起，是一个有点熟悉的老人的声音：“哎，姑娘，噢，不对，检察官同志，我来还你的伞——”我下意识地抬起头，看向透明玻璃窗前的老人。那是一张虽然苍老但慈祥和蔼、笑容淳朴的脸，满头满鬓的白发,洗得泛白的宽大青灰布上衣，深灰色的土布裤子，粘了泥巴的布鞋，虽然与习惯了花花绿绿时装的现代世界有点不搭调，但却让人倍感舒服。可能年龄有些大的缘故，他哆嗦着手从怀里掏出一把伞向我递来的动作有些迟缓。

我一下子想起来了，他是昨天下午来上访的一位老人,从怀里掏出的伞正是我送给他的。我赶紧小步跑出了服务大厅,来到老人的跟前，问道：“老人家，您这一大早的怎么又来了，昨天的事情不是解决了吗？这几天预报有台风这种天气您行动多不方便啊！”

“姑娘，谢谢你，我就是来还你伞的，这几天天气变化大，你们用伞的地方多——”老人微笑着说道。

“啊，您一大早赶来，就为还这伞啊！这伞，我不是昨天告诉您是送您的吗，我自己还有一把,您怎么还是给送回来了啊！”我稍显“埋怨”地向老人诉说。

“姑娘，谢谢你好心，让我老头子没挨雨，我借的就是我借的，不能让你送，你留着再给其它着急的人用，我自己也有，你看这不也带着了。”老人说到这句时，便固执地把伞塞进我的手里，头也不回地颤巍巍地向门外走去。

手里握着这把有些旧却沉甸甸的伞，看着渐行渐远的老人背影，脑海蓦然浮现许多年前学习过的一篇《谁是最可爱的人》，只觉鼻腔瞬间发酸，那一刻我真正理解了这篇文章背后的触动和情感。

我未曾想到，一把如此不起眼的旧伞，一个举手之劳，一份恻隐之心，换来的是群众如此沉甸甸的情意。曾经我也认同过“世风不古，百姓不再淳朴”的说法。2011 年，我刚从大学毕业，一入检察大门就被分到了反贪局，由于是县级基层检察院，加上是山区县，办案过程中经常要下乡与群众打交道。那年夏天，我第一次配合反贪干警小王到村子去调查核实证据，正值麦收时节，烈阳高照，天气很热，我和小王早早地就出发了，到了要去的村部已是上午十点。从田地里赶回来的村支书“热情”地接待了我们，并按我们提供的村民名单逐个打电话前来配合调查取证。陆陆续续有村民过来，但在询问过程中，我明显感觉到他们对我们的抵触，记得一个头发上顶着麦秸草的中年男人进到屋里看到我们时，甚至嘴里骂骂咧咧的嘟囔着什么，虽然声音很小，但我们还是听到了。整个调查取证结束后，村支书和小王感叹现在百姓变叼了，民风不淳朴了。经过一天的调查与询问，当时我也颇感认同。

几天以后，我又协助干警老朱下乡调查证据。老朱40多岁，是局里的老反贪，院里出了名的办案能手。一上班，就被通知下午六点出发，我禁不住问："那不下班了吗？"

"老百姓在你上班的时候要忙农活啊，一年收成就指望这个月。下午六点出发，到达地点大约八点，刚好干完农活吃完饭的时间，不耽误他们事，你不耽误人家的大事，人家才会不怠慢你的事，小姑娘，可不要认为自己是为国家办案，就觉得自己办案是大事啊，要换位思考，为群众想啊，这样才能获得群众理解和支持，他们才愿意跟你掏心窝子说实话，才能办成案！"老朱自信地说道。

那一刻，我怔住了，瞬间我明白了，为何我和小王那天的取证那样堵心，根本原因在于我们，是我们辜负了"人民检察"这四个字，办案没有带上"为民之心"，正如冯友兰先生在《人生的境界》一文中所讲，"不同的人可能做相同的事，但是各人的觉解程度不同，所做的事对于他们也就各有不同的意义"，觉解境界不同，自然效果不同。

从那以后，我开始反思，如何带着一个更高的"人民检察"情怀，去践行我每一天的工作，尤其是和群众打交道时候，更要带着一颗真诚的心，把简单、甚至有时重复琐碎的工作努力做好。

"不违农时"，从古至今为政者都注意践行。虽然，当今已不是当时的农业社会，但是我国仍是农业大国，农民仍是最广大的人民群体。当今我国正在大力弘扬中国梦，有时不禁自问中国梦是什么？本质就应该是我们的国家和民族的奋斗目标，体现的是一种理想。理想需要践行才能实现，无疑，最广大的人民群众是实现中国梦的主体，是创造者，必须依靠人民群众来实现，必须不断为人民群众造福和谋利益。中国梦的源泉在于人民，根本归宿也在于人民。人民检察，在"中国梦"这艘游轮上，站岗巡航的同时，如果能怀着一种更高、更饱满的为民情怀和觉解，带上一颗更有温度的心，从我们每一个检察人做起，从身边每一项检察工作做起，从"借一把伞"这样的举手之劳小事开始，以人为本，主动释放体谅和信任，相信检民之情会良性循环，更加顺畅和谐。

【“检”气如兰】

张振　辽宁省丹东市振安区人民检察院

2011年春天，大学刚毕业的我，通过了辽宁省公务员招考，被丹东市振安区人民检察院录取了。上班当天就分配了办公室，我和同一批的王晓晨一个屋，我忙完活坐在办公室里，突然觉得这办公室里边很空旷，除了办公桌和档案柜以外，什么都没有，屋里显得色调太单一，于是我和王晓晨商量，去花市买点花草把办公室装饰一下。王晓晨是本地人，下班的时候我们去了附近的一家花市。

我和王晓晨听着老板的介绍，看着屋里艳丽的各色花卉，却不知道应该买什么，因为我和他都对花不太熟悉，老板介绍了几个之后，我们都不太满意，老板就叫我们自己选，我俩边聊天边选着，忽然在花店的一个角落里，我发现了一株植物，没有任何的杂色，颜色是那么的翠绿，纤细的枝条，就那样蓬着，每一根枝条都井井有序、错落有致，我一下子就被它吸引住了。后来我问老板，老板说这是一株兰花，我说就要它了。王晓晨看我买了一盆兰花，他没跟我选一样的，他买了盆金虎，也就是仙人球，满身都是金色的刺，我俩付完钱就兴冲冲地把两盆花搬到办公室里摆放好了，摆放完之后，我俩看着现在的办公室，有了植物的点缀，心情真是舒畅。

任何事物都是有新鲜感的，工作也不例外，虽然当时觉得能考上检察院，在检察院工作自我感觉挺不错的，但是每当有一堆工作压在身上的时候，每当遇到难题的时候，感觉真的很累。

过年回家，参加同学聚会，听到同学们有的毕业之后做生意，有的考上了电业局、税务局等事业单位，有的考上了政府部门，大家在一起聊起工作待遇的问题，有的刚工作的工资就是3000多元钱，等到转正了之后，会多出将近一倍左右，聊到最后，只有我的工资最少。聊完工资又聊了一下职级待遇的问题，最后也发现，只有我们检察院这个工作职级是最难解决的，检察院的编制少，比不上政府、事业单位等其他部门。这次聚会对我触动挺大，我忽然怀疑了我当初的选择是不是错了，工作不就为了多赚钱，不就是为了更快地解决职级待遇往上走吗？

带着失望、懊悔的心情我又回到了工作岗位。人在烦的时候爱抽烟，好像这烟雾能把所有的烦恼都吐出去一样。抽着抽着，发现烟灰缸之前被我打碎了，还没买新的，就随手往桌上的那盆兰花的花盆里弹了一下烟灰，这时我才发现，这盆兰花由于放假我回家这几日没浇水，花盆的土都干裂了，枝条几乎枯萎了，我赶忙去打水浇花，心想都干成这样了，这花肯定缓不过来，就随手把它摆在屋子里档案柜的角落里，任它自生自灭去。

又过了几天，我因为对工作产生了厌烦情

绪，在一次加班时跟我们科长吵了一架，科长看我情绪激动就让我回屋里呆一会。我把门重重地关上，无力地坐在椅子上，点了一根烟，木讷地抽着。忽然，我闻到了空气中有一股淡淡的、幽幽的清香，虽然有烟的味道，但是这清香真的很沁人心脾，于是我把烟掐了，去寻找这幽香的来源。蓦地，我发现前些日子被我遗弃在柜子角落里的那盆兰花开花了，开出了淡淡的小白花，在墨绿色枝条的顶头，显得那么的一尘不染，那么的清新雅丽。它就静静地在角落里开放着，像个仙子一样飘逸。我忽然又觉得有点不可思议，这盆兰花因为缺水都被我遗弃在了档案柜的角落，怎么可能又长的这么娇嫩，居然还开花了。

我想起了上学时候学到的那首诗，“我爱幽兰异众芳,不将颜色媚春阳,西风寒露深林下，任是无人也自香”。想到这，我一下自嘲起来，自己连一盆花都不如，兰花不凭借自己的颜色来对春天的阳光献媚争宠、在寒风凛冽的深林之中、即使无人欣赏也能够自己散发芬芳，即使身处逆境也能独守本性，而我却因为工作的压力，工资待遇不如别人，就想要换工作，想要逃避，真是太不应该了。

第二天上班，我老早就等在科长办公室门口，找她主动承认错误，科长说，行啊你小子，怎么一晚上就想开了，我看你从春节回来就工作态度不积极，情绪低落的，怎么着，谁开导你了么？我说是一盆花。说完我就回办公室写材料去了。走出门的时候，我还听到科长念叨着。

跟这盆花相处的时间长了，后来我又发现这兰花某种特质也正和我们的检察官很像。

淡薄。兰花不与百花争艳，不与花魁争宠，而是默默地与翠竹为伴，与荷花神缘，远离污浊。单位的同事们给我的第一印象就是很团结，每个同事都相处得非常融洽。你会看到，吃完午饭，同事们结伴出去散步，或者几个人泡一壶茶，坐在办公室里抽着烟品茶。

静雅。兰花没有牡丹之艳，没有玫瑰之俗，有的是素雅大方，有的是清丽婀娜，别样的美丽，它以它独有的品格生长在万物之间。如果你看过我们检察官的制服你就会发现，我们制服没有花哨的颜色，没有繁琐的设计，我们的制服简洁、大气、素雅，别致。

忠诚。兰花即使身处寒风凛冽之中，即使环境恶劣，也能够忠于自己的信念，只要时机成熟，就能孕育出美丽的花朵。我们的检察官，永远都不会忘记自己的入职宣誓，永远都会记得自己的职责是忠诚、奉献、爱岗敬业，维护社会和谐稳定、促进公平、正义。

“桃李不言下自成蹊”，我们的检察官们就像兰花一样，淡薄名利，静雅清丽，忠于信念。

【三十年的检察梦】

周常志 最高人民检察院铁路运输检察厅

2014年是我人生值得纪念的一年——从事检察职业30年。

30年前的今天，我怀揣着梦想，告别燕园、未名湖和博雅塔，走进了位于北河沿大街一所不起眼的小院——那就是共和国检察机关的办公地点。

我对检察机关的了解，除了源自各国司法制度方面的资料外，更多的是通过电影和文学作品中的人物形象，才对检察官有了一个感性的认识：嫉恶如仇、刚正不阿、执法如山，是正义的代表和化身。电影《追捕》、《警察局长的自白》中检察官的形象，在我脑海中挥之不去。基于对中国法制史的了解，我从中国历史和戏剧中的"包青天"身上，更多看到的也是他履行检察官追究犯罪的职责和作用的一面，而不是作为法官秉公裁断的一面。所以，临毕业之际，在最高法院和最高检察院两者之间，我坚定地选择了后者。从那时起，我就立志投身于所敬仰的检察事业。我对检察职业的选择，不过是我的理想被赋予了职业化的内容。对这一职业化理想，我在毕业纪念册上引用"疏而不漏"进行了表述，以期与同学们共勉。根据我对"疏而不漏"的理解，从事法律的职业，应该始终保有那么一种"恻隐之心"，法网以防漏为要，不宜编织的太密太严，人为地制造犯罪。"疏而不漏"，则公在其中。多年后，多次出国培训的经历，让我看到了高度法治化的国家，其法治状况正是对"疏而不漏"的生动写照。

30年的检察职业生涯告诉我，要做到这一点是极其不容易的。一般人都有"大要案"情节，以"大要案"为经典，殊不知"大要案"未必是公平正义的风口浪尖。无论什么样的案件，只有当公平正义受到威胁和破坏并且需要你坚持到底时，才成为对执法者的真正考验。在这方面，我未必做的很好，但是，经过了多少次的彻夜不眠，又经过了多少次的内心挣扎，我坚信我始终是在朝着那个方向努力的。

30年的检察职业生涯还告诉我，不是所有学习了法律的人都适合从事法律的职业——包括那些已经处在高位，却并不信仰法律，也不懂得维护法律尊严的人。只有如此，我们才能解释为什么现实中执法者自己破坏法律秩序的现象随处可见。

回想起上个世纪八十年代，国家还处在改革开放和经济转型的初期，极不完善的法律远远跟不上整个改革开放的步伐，即使是最善良的人，也经常看不清是非的界限在哪里——与此同时，也有人为了一己私利而故意混淆是非。在这样的现实条件下处理各种法律问题，对从事检察职业的人来讲，更是一种巨大的考验。记得有一天，一本案卷摆到了我的面前：某地一名经商的人士被控非法经营犯罪。奇怪的是，他开头承认指控的全部事实，但末尾就是拒不认罪。他说，在他开始经营这笔业务之前，正赶上法院开展法制宣传活动，他特意去进行了咨询。一名法官现场给予了解答，说他属于合法经营。后来，他还不放心，又去法院咨询了一名副院长，得到的是同样的答复。他不明白，他就是按照法官的意见去做的，怎么会被指控为犯罪呢？我始而感到困惑，继而又感到不平：依常理，追究犯罪，首先要查明犯意，可是，我看不出被告人的犯意是什么。在集体讨论中，有人说法官是个人行为，谈的是个人意见，不应该为被告人承担或开脱责任。我认为，明明是法院组织的法制宣传活动，怎么能说是个人行为呢？如果法官不用为自己发表的意见负责，那这样的法制宣传又有什么意义？古人云："民以吏为师"。从案件本身出发，我认为无论被告人的行为是否违法，都不应该由他来承担违法的后果。他努力想做一个守法的公民，就应该得到社会的认可和鼓励。或许，将本案违法的后果视为转型中的社会应该付出的代价会更为合适。我总结出一条是：执法者对自己的职责和使命要有一个正确的认识，要有所为、有所不为，对自己的判断结论要有足够的信心，要清楚地知道自己的为和不为是在维护或反对什么。

我还记得，90年代审查过一起因为久病在床的母亲无钱医治而贪污的案件：被告人贪污几万元，全部用于母亲的治疗，没有一分钱用来改善自己和妻儿的生活。他将贪污的每一笔钱都记了帐，说是将来要归还国家。案件之所以层层请示，是因为有一种意见坚持要网开一面，而反对的意见也很激烈。在这里，性善的人看到的是善，性恶的人看到的是恶。但是，由被告人的行为，我既看到了恶，也看到了善。我认为，执法者不应该在国法和天理人情之间制造对立，而应该在两者间找到一个过渡的桥梁。对类似案件的请示，我认为下级有未尽职责之嫌，它表明下级执法机构的执法者不具有或者正在丧失独立判断的能力，同时，也是在推卸责任——这在一定程度上正逐步演变成为阻碍中国司法进步的力量。司法的公正需要独立的判断，需要不偏不倚，需要程序公开。

回忆是零星的，但至今保存完整的仍是不变的检察之梦。30年的检察职业生涯带给我的惊喜是：公平正义不再只是一个人的一种思想或梦想，它正日渐成为执法者的一种实际行动，更是国家实现法治的一种局面。

每个人的梦想都是中国梦的组成部分。"只有每个人都为美好梦想而奋斗，才能汇聚起实现中国梦的磅礴力量"（习近平总书记《在同各界优秀青年代表座谈时的讲话》）。

【青春无悔铸检魂】

——记全国检察官先进个人魏红玲

杨晓明　湖北省大悟县县委宣传部

（一）

漆黑的夜里，她在雨中行走，任凭雨水洗涤一日的疲惫。回顾公诉对象在法庭上的各种表情，疑惑、愁闷、痛苦、哀求、解脱……哪一种会是快乐的呢？

29年的法检生涯，让她了解到太多人的痛苦与罪孽、幸福与渴望。她深知，作为一名检察官肩头的责任。

法槌声声，敲响的是社会的公平与正义。循循善诱，调解出的则是一个和谐的社会法制环境。

魏红玲，一位普通的女检察官，她用自己的青春托起了法律公正的天秤。

（二）

身患绝症，唯一的女儿又在车祸中罹难，谁能想到她竟是这样一个多灾多难的人？她的脸上会写满忧伤了吗？她拼命工作是为了转移对生活苦难的注意力吗？

同事方春菲发自肺腑地说："每天一上班，看到她的笑脸，我觉得生活中的一切困难，一切挫折，根本就不算什么。"执着工作，用微笑面对生活，这就是魏红玲。

每天在办公室加班到深夜，直到院保安来催促她下班回家时，她才发现不知不觉中已经到了11点……多年的坚持，魏红玲换来了累累硕果。2009年被湖北省检察院授予"先进检察官"称号。2010年2月24日，在全国检察机关第七次先进集体和先进个人评选表彰活动中，荣立个人一等功。多年来，她用柔弱的双肩担负着公平和正义的神圣职责，展示出新时期巾帼检察官的风采。

（三）

魏红玲的座右铭：人可以平凡，但不能平庸。

为了践行这句话，她一心扑在工作上，甚至常常把案子拿回家里做。"一到晚上，家里的电脑就会被她霸占。"丈夫的抱怨饱含着对妻子的心疼。

长期超负荷的工作使她的身体亮起了"红灯"。2007年，魏红玲被查出患有宫颈癌，接受了子宫切除手术。医生嘱咐她一定要在家休息3个月。然而，术后不到1个月，她就回到了工作岗位上。因为她放心不下手头的工作！

然而，谁都没有想到，身患癌症仅仅是魏红玲不幸的开始。2008年3月2日，更为沉重的打击接踵而至：她上大学的女儿在车祸中遇难。

面对家庭的灾难，魏红玲在同事的安慰下，只是轻轻地叹了口气："这一切都是命吧！"

作为母亲，孩子离开人世，这份悲恸多么痛彻心扉。每当回家看着女儿空落的房间，忆起娇小可爱的女儿，一家人围坐一起吃饭时，她心里便涌出一阕又一阕揪心的痛，这个时候她才会掩面而泣。

女儿去世前，魏红玲回大悟不久，女儿给她打电话："妈妈，您就抽个时间给我买件棉袄送过来吧。"由于工作忙，分身乏术的魏红玲只能让女儿自己去买一件。"那时我真是太傻了！怎么就没想到这是女儿想我的借口啊！"

回忆往事，魏红玲泣不成声。就在那个周末，女儿思亲心切，乘车回家，却不幸遇难。在此后的一个月里，魏红玲饱受煎熬，她的内心经过剧烈的思想斗争，还是劝说自己：忘却痛苦，生活的磨难是对自己的考验！

此后，魏红玲发誓不再承办交通肇事案件。因为，女儿的去世成了她心中挥之不去的痛。然而，没过多久，她便自毁誓言。"我觉得自己有义务提醒肇事者交通事故的危害。"从此，魏红玲的肩上又多了份说教的责任。

青竹沐雨枝愈翠，杜鹃泣血花更红。

她将伤心和泪水留给自己，把微笑和快乐献给他人。怀着对检察事业的热爱，一个更加执着、热心，更加光彩照人的检察官形象如夏花一般绚烂。

2008年9月，大悟县查获建县以来首例组织、领导、参加黑社会性质组织案件。"这个案子太复杂，涉及的人又多，最好不要接。"当公安机关把这个涉案数十人,涉及聚众斗殴、寻衅滋事、敲诈勒索、抢劫等多项罪名的案件交到魏红玲手里时，一些朋友好心劝她。

魏红玲却说："不把危害社会的犯罪嫌疑人绳之以法，我们的工作就失去了意义！"她不仅没有退缩，反而更加坚定地认为越是这样的案子，她就越应该接。

案件错综复杂，卷宗堆积如山，审查批准逮捕的难度可想而知！然而，仅仅用了5天，她就完成了长达3万余字的《审查逮捕案件意见书》，并作出了批准逮捕9名犯罪嫌疑人、追捕2人、不捕1人的意见。当检察长拍着桌子说她"好样的"时，连续奋战5天5夜的魏红玲已经累得精疲力竭了。

由于手握审查批捕、立案监督等重权，魏红玲常常面临"案件一沾手，说情人即上门"的情况。有一次，魏红玲刚接手一件案子，一位老朋友便找上门来："他是我的亲戚，能不能关照一下？"魏红玲知道，只要在审查逮捕意见中稍带倾向,案件就会出现不一样的结果。但是为了心中对正义的坚守，她只能对不起自己的老友。

（四）

2014年7月28日，魏红玲带领工作组成员到大悟县丰店镇对犯罪嫌疑人谈某进行社会调查。初步了解案情：2014年6月14日18时许，1998年出生的犯罪嫌疑人谈某到同学家玩，发现同学母亲的钱包放在房间的床上，趁无人之机将钱包内现金1030元盗走用于购买手机等物品。大悟县公安局立案侦查后以涉嫌盗窃罪移送大悟县人民检察院审查起诉。

魏红玲接到这个案子后，立即找到谈某的家人、谈某之前所就读的学校及居住地村委会进行走访，听取被害人的意见，对谈某有无违法记录、学习教育和在校表现等情况进行社会调查，多角度、全方位了解谈某的家庭环境、成长过程、社交情况和帮教条件。在调查走访中魏红玲发现，谈某的父母离异，父亲长年在外打工，谈某和继母一起生活，缺少管教，在校期间有吸烟、小偷小摸、以大欺小等不良习惯。谈某的父亲表示希望司法机关对谈某严惩，甚至要求将谈某收监，以期其能改邪归正走上正途。

魏红玲了解这些后，向谈某父亲讲解附条

件不起诉制度。在魏红玲的协调下，派出所民警、谈某的父亲和村委会干部均承诺愿意落实帮教措施,配合检察机关对谈某进行监督考察，谈某也表示一定改过自新，并定期向检察机关汇报思想和行动，争取到法律的宽大处理。

大悟县检察院检察长田俊明对魏红玲的评价是：她在审查各类刑事案件时，对案件中的任何疑点都要反复认真思量，从不轻易放过任何蛛丝马迹，并且善于从细微之处入手查微析疑，发现问题。特别是面对疑难案件，她经常能理论联系实际，作出精辟独到的分析，是我们检察院里刑检工作的“行家里手”。

（五）

“她大部分时间是在单位度过，有时中午、夜晚、节假日还在加班，日复一日、年复一年。”魏红玲丈夫说。繁重的工作使她忘记了自我，病魔也悄悄吞噬着她的健康。但是，她从未放弃对事业的热诚，她忘我工作着，并以优异成绩赢得群众的认可。

“是魏检察官救了我们的孩子！我的孩子才迷途知返，顺利毕业，并参加了工作。”一位家长十分感激魏红玲。

那是 2009 年 8 月，魏红玲承办了一件未成年人涉嫌抢劫案。两名犯罪嫌疑人事先预谋，并以出去玩为由邀上张某和金某。在随后发生的抢劫的士司机的行为中，张某和金某并未参与，也未参与分赃。在案件讨论中，魏红玲与同事就是否对张某和金某实施批捕产生了分歧。

本着人文关怀的原则，魏红玲坚持着自己的意见，最终说服了领导，对两名未成年人执行不予批捕的决定。

魏红玲说：“法律是无情的，做一名检察官却不能无情！我是一名检察官，同时也是一位母亲。对未成年人犯罪案件，要多些爱心、多些关怀、多些理性，要坚持在办案中做到依法办案、宽严有度。”

针对当前未成年人犯罪案件呈结伙型、暴力型、低龄型趋势，她认真分析未成年人生理、心理特征及犯罪成因，办案中有情操作、以情感人，用女性的温婉柔情关爱着每一个未成年犯罪嫌疑人,得到了每名嫌疑人的尊敬和信任。同时耐心细致地进行启发疏导和法制教育，使他们从内心认罪服法，如实供述实情，获得酌定从轻情节，鼓起重新做人的勇气和信心，让严肃的执法充满人文关怀。

几十年如一日，魏红玲用青春和汗水谱写了一曲激越的检察之歌。

【放下行囊就是家乡】

郭兵　江苏省徐州市人民检察院

郭兵是江苏省检察机关第三批业务交流援藏干部，也是徐州检察机关援藏的第一人。在“扎西德勒”的祝福声中，郭兵从拉萨市检察院同志手中接过哈达，开始了为期半年的业务交流援藏之行。

缺氧不能缺精神

根据拉萨市检察院的安排，郭兵被任命为研究室副主任，同时负责办理部分侦查监督和公诉案件。

来藏旅游的人会感觉“西藏除了缺氧之外，什么也不缺”。但对于要长时间在西藏生活的援藏干部来说，就另当别论了。身强力壮的郭兵也被呼吸困难、高原性高血压所困扰。不能快走，上楼梯要缓缓而行。面对拉萨市人民检察院庄重简朴的四层办公楼似乎也有高不可攀之感。有几次马路上的人行横道绿灯亮起，十几秒的时间郭兵竟走不过去，任车辆擦身而过。拉萨紫外线强，很快他就有了黑红的脸膛和干裂的嘴唇。

在西藏，郭兵听到最多的一句话就是“缺氧不缺精神、艰苦不降标准”。只有特殊的环境，没有特殊的干部。很快，郭兵就在降压药和防晒霜的帮助下适应了高原环境。哪知按下葫芦浮起了瓢，他的右眼又被诊断出因眼底缺氧紫外线辐射，患上了早老性黄斑变性，视力骤降，视物模糊。可郭兵却把拉萨市人民医院的诊断结论和建议回内地治疗的证明悄悄收了起来。

拉萨市检察院研究室是大综合部门，下设检委会办公室、人民监督员办公室、检察宣传办公室、案件考评办公室、法律政策研究和院刊《清水源》杂志社、人大政协联络办公室。

白天在办公室处理事务，晚上就在宿舍写材料形成经验，对内指导工作、对外宣传成绩。郭兵记不清有多少次夜里被缺氧憋醒，实在睡不着就在脑中琢磨草稿和翌日的规划。

在研究室同志们共同努力下，他们围绕“检察机关执法规范推进年”、“政法机关队伍素质建设年”两大专项活动，编发撰写了大量简报，数十篇报道被各类报刊采用；倾力打造拉萨两级检察机关干警集聚智慧、交流思想的平台，完成了两期《清水源》的出版，初步形成了特色办刊风格。

传理念、增友谊

近几年，随着拉萨经济的发展，经济犯罪案件多发。一些案件涉及到藏族农牧民的切身利益，由此引发的上访事件随之增多。在广泛调研的基础上，结合在徐州办理此类案件的经验，郭兵在列席检委会时提出了“先民事、后刑事”的思路，有效地减轻了办理此类案件的维稳压力，这在一起合同诈骗案中就得以体现。

2013 年初，拉萨市检察院受理了一起合同诈骗案，犯罪嫌疑人罗某借承建“某某铁路”

标段为幌子，在当地诈骗巨额“机械进场费、施工保证金”，受骗群众200余人。当地政府机关大门数次被堵，大批受害人要求罗某赔偿损失。

拉萨市检察院联合公安、法院、司法部门成立专案组,分别负责部分受害人的安抚工作。郭兵和一行的其他同志一起加入专案组及时主动上门或电话向受害群众通报案件进展和赃款追缴情况，赢得了受害群众的理解。

业务援助是中心，人才培养是关键。拉萨市两级检察院因其特殊的地理位置形成了这样的局面:部分干警包挂驻村入户,部分坚守岗位，还有部分因为健康的原因被强制休假。

人难聚齐，传统的上大课培训效果并不理想。郭兵结合当地实际，提出利用网上业务学习考试系统开展岗位竞赛练兵的建议。由于很多参赛选手都是业务骨干，这种培训竞赛无形中凸显了对他们的重点培训。半年内，郭兵先后担任了侦监、公诉等五项业务条线技能竞赛和全市检察机关书记员技能竞赛的出题和赛后讲评工作。

此外，郭兵还跑遍了拉萨检察机关七县一区，实地了解当地干警的培训需求。采取和当地干警结对子的方式，先后选调帮助对象来拉萨市检察院研究室工作，手把手传帮带，允分发挥巡讲和业务交流的最大效益。

放下行囊就是家乡

有人说，背起包袱总是过客，放下行囊就到了家乡。虽然离家4千公里，但郭兵和当地同胞的真心交流沟通，在异域他乡找到了家的感觉。

拉萨市检察院办公和住房条件都很紧张，为了迎接援藏干部的到来，他们腾出了两套一居室房子给郭兵等人居住，虽然只有十几平方米，但打扫的十分整洁。郭兵买来锅碗瓢盆和同行的其他同志做起了家乡饭，平淡的生活也增添了些许忙碌的乐趣。可是每到夜深人静的时候，他却要定时和妻子通个电话。他只能为妻子做这么一点点事儿了，只有这时候忙碌了一天的妻子才会向他诉说辛劳。因为在电话的那一头，有他对自己那个远在江苏徐州的小家无限的愧疚。

2013年5月间，正值他在拉萨工作期间，年近80岁的岳母突发脑中风。那是一天凌晨，瘦弱的妻子和女儿硬是把老人从五楼的家中连背带拖地弄下来，站在马路边等待救护车。事后爱人在电话里说道：在等待救护车的那20多分钟时间里，我从来没有像那天那样感到你郭兵在我们这个家庭里这么重要，也从来没有像那天那样恨你。你为什么要去离我们娘儿俩那么远的地方？经过抢救，老人脱离了危险，但却瘫痪在床，就这样，家中双方四位老人自此就有两个瘫痪在床生活不能自理。爱人为此要向所在单位请半年的事假，要全天伺候家中瘫痪在床的两位年近80岁的老人。女儿即将参加高考，搬到了学校住校，在抽空给郭兵打来的电话中却是“鼓励”：爸爸，你管好自己，我快18岁了能自己照顾自己。不久后，女儿以江苏省排名优异的成绩考入南京大学。为人夫，为人父，为人子的亲情都是难以割舍的。

同在一个办公室的次仁央宗经常和郭兵探讨理论调研业务问题，这位藏族姑娘选择了用最淳朴的方式予以回报。她会在下班时告诉郭兵，“明天早上不要买早饭，我从家里带来。”第二天一早，次仁央宗提着大号的保温瓶坐公交车赶到办公室，带着母亲早上四五点钟做好的酥油茶和亲手团好的糌粑，与郭兵等同志共进早餐。那一刻，郭兵从心里感受到：天下没有远方，高原已是故乡。

一天晚饭后，郭兵来到拉萨院不远处的街心公园。渐次聚拢的人们和着藏族音乐跳起锅庄舞。人群中，郭兵瞥见了菜市场卖菜的四川大哥俩口子，看到了检察院一对同事夫妇。在他们的盛情邀请下，从此人群中多了一位舞步有些笨拙的江苏汉子。歌舞声中，郭兵体会了藏民族薪火相传的热情奔放，体会了人生简单而真实的快乐。一次下乡，因为路况实在太差，实在颠簸难耐，在路边停车休息时，看到不远处牧场有放牧的藏族小姑娘赶着羊群走来，小姑娘身上衣着单薄，郭兵把随身带的备用换洗的厚实外衣披在她身上。虽然衣不合体、虽然言语不通，但小姑娘黑红的脸上的笑颜、走出很远了仍不停转身向他回望的情形，让郭兵久久难忘。不久后，拉萨市院号召全院干警捐助贫病藏族家庭，郭兵积极参加奉献了爱心。

半年的交流很快就过去了。告别前的最后一个下午，郭兵坚持送走了研究室的4位同事。环顾那间只有15平米的办公室里，5张年代不同高低错落的桌子和混搭的各色椅凳、靠墙的2个书柜中几百本图书、桌上即将交付印刷的新一期《清水源》样刊，郭兵拿起了抹布逐一擦拭陈旧的办公桌椅，想为相处了188天的同事们最后做点什么……

【原来可以这样】

马神标　海南省玉指山市人民检察院

带着书生味，裹着青嫩色，步入社会，就职检察院，开始监督看守所的工作。正要入所瞬间，那份欲揭开神秘面纱的新奇，那种将大展工作宏图的激情，哪能一个“爽”字了得。

记得那一次次“鸟语花香”

在在押人员的眼里，驻所检察官有时是“父母”，能够切实维护其合法权益，彼此在鸟语花香的氛围下书写“父母照顾子女”的故事。

所有的聚焦点都注在在押人员刘某某的身上，但医院的“白”，却让大家既担心又期盼，担心到连呼吸都没有了，如果这时一枚银针掉地上估计也能听得见；期盼又促使大家对“白”的向往，哪怕现在还有一线希望对于人家都是早晨的太阳。“医生……我的……儿……，没……事……吧？”一句话打断了我的思绪。“他患急性病毒性乙肝，晚送来一点后果不堪设想，不过现在他已经脱离生命危险了。”顺声看去，刚从急救室出来的医生正说着。当我们再次来到医院准备押送刘某某回看守所的时候，从死亡边缘被拉回来的刘某某已经痊愈，他及其家属看到我们来，感谢的言语不绝于耳。

有时和犯人王某某谈话时，总感觉她心不在焉，眼神总往墙外的那个方向望，问起，她也言语不支。有一天，巡视监仓时，她问我：“我可以请几天假回家看小孩吗？”问其原因，她就一口气接着说：“我和我老公都被抓进来了，家公又身患残疾，家婆又患有乳腺癌，加上我爸妈早已经离婚，各自成立家庭，小孩只有家公婆照顾，我不知道我的小孩现在过得怎么样。”细细地倾听完后，我将情况向领导汇报，领导认为可以对犯人王某某启动羁押必要性审查程序。随着认真的审查和仔细的核实，证实王某某确有其事，而且她所犯的贩毒罪，有可能判三年以下有期徒刑，加上系从犯，根据相关法律规定，我院向法院发出一份《变更强制措施函》，建议法院对犯人王某某变更强制措施，得到了法院的采纳和回复，对其取保候审。王某某出所那天箭步如飞，一副迫不及待的样子，一溜烟的功夫，已不见人影。我知道她急着要回家看小孩。

诸如此类的事情，让我在“郁闷、快乐、努力”中熟成。

不忘那一件件“披荆斩棘”

在在押人员的眼里，驻所检察官有时是“猫”，能够嗅出和抓住其违法乱纪之事，彼此在“披荆斩棘”中玩着“猫抓老鼠”的游戏。

“清仓”是监所管理的一项重要工作，是搜查出违禁品的一种方法，规范管理秩序，确保监所安全；“反清仓”是在押人员上有政策下有对策的伎俩，企图规避监管，满足不法要求。在“清仓”与“反清仓”的反复较量中，刚丌始时，我们都一无所获，在押人员还开玩笑跟我们说他们是文明监仓，遵纪守法。在后来的日子里，我无意间浏览监控视频，发现在押人员在有一次清仓后，有的人从垃圾筐里拿出打火机，有的人从马桶底下拿出用塑料包好的香烟，有的从书本缝间拿出人民币，有的在墙壁缝里拿出铁片……掌握了在押人员藏匿违禁品的操作手段后，当我们再次清仓时，结果可想而知了。

在押人员韩某某低着头，默默无语，生怕我看的样子，我感觉很奇怪，平时他看见我都是嘻嘻哈哈地说“检察官好！”的，今天怎么啦。在他微微抬头的那瞬间，我好像看见了他的眼睛肿了，为了证实，我叫他正视着我，看着他肿青、淤血的右眼眶，我脑子下意识蹦出两个字“打架”，我故意拉开嗓子说：“你眼睛怎么了？”在押人员韩某某颤了一下，支支吾吾地说：“摔到铁门上碰到的。”接着，我又问：“是不是打架了？”“没有、没有。”韩某某一个劲地举起手摇摆。我走下了巡仓走廊，和民警将韩某某带到谈话室，经过晓之以理、动之以情的一番教育，韩某某一边用手指着眼睛一边跟我说：“我老受我们监仓的老大陈某某欺负，今天因为洗衣服不干净的事情他又打我了，打得我受不了，我也动手打他了，结果被他打得更重，眼睛都被打得肿的看不到东西了。”接着，他继续说：“打了一次架，人家就不敢小看我了，在监仓里如果是软蛋，那就有洗不完的衣服，洗不完的碗。”了解情况、查看监控弄清真相确如此后，揪出了“牢头狱霸”陈某某，对其禁闭七天，并对韩某某进行教育，都让他们认识到自己的错误。经过整顿，看守所又恢复了往昔的平静与和谐。

监所工作中不是没有美，而是缺少发现美的慧眼。不要一叶障目，就放倒整片树林；不要浅尝辄止，就妄自菲薄。一旦换个角度，切身感受，自己慢慢就找到工作的方向。那种灵光一闪的恍然，仿佛喝蜂蜜一样，甜到工作，暖了心里，此时真想大吼一声“工作原来可以这样来”。

【似水年华】

——怀念春江和强子

杨宁　宁夏回族自治区灵武市人民检察院

我曾驻足黄河岸边，看那欢歌笑语的浪花，看那平静无语的涓涓细水，看那汹涌澎湃的湍湍急流，心中猜想，它们从哪里来，又要到哪里去？大海是它们唯一的目标吗？

一年又一年，多少个日夜，多少个旭日东升的时候，我和我的战友一道，在检察工作的风风雨雨里孜孜寻觅着。忽然有一天，当我再也不能看到他们熟悉的笑脸时，才终于明白了：一滴水、一朵浪花，永远也不可能独自走入大海。只有融与一体，有了共同的目标，它们才能分享理想实现那一刻的欢欣与鼓舞。

那一年冬天，迟迟不下一场雪，裹着沙尘的西伯里亚寒风隔三差五地将干燥、冰冷的塞北大地劫掠一番，人人都猫在屋子里懒得出门。在反贪局，强子和我在同一个办案组，因为一个关键的证人怎么也找不到，案子无法侦结。临近春节的一个周末，我和强子赌了一口气，决定趁风高月黑天寒地冻人心了懒的时候，摸黑到证人家去“守株待兔”。强子说：“邪了门了，我就不信他不回家。”春江当时是反贪局局长，我们出门前，他正在办公室加班，望见我和强子包的严严实实的一身装束，笑着说：“臃的象个吃胖了的田鼠，怎么骑车子啊？要不，我用三轮送送你们。”我俩说：“算了，惯了，没事。”

冬天的北方，下午六点多一点天就黑的摸不着路了，幸亏行人稀少。强子在前，我在后，他知道我的眼神不好。路上，我们之间偶尔“高谈阔论”一两句，总是在大声叫喊中进行的，有时还防不住被风叼走一句。我俩都是罗马队的球谜，话题也总离不开足球，大风中，时不时传来他“罗马”或者“拉齐奥”什么的。将近十几公里的乡村土路走了一个小时，因为以前来过几次，进了庄子，我俩就直奔证人家。强子反应快、悟性好，好远就望见证人家厨房的炊烟，嗅见风里飘来的肉香，拍了我一下说：“有戏，宁哥！”

像往常一样，敲门后，先是狗叫声，后来是一个孩子的问人声，最后是女主人的声音，一问一答都是隔着一道不太严实的木板门进行的。门外，我和强子使劲地跺着冻得生疼的双脚，门内，听见女主人一句接一句的“不知道”，再到后来，就只听见证人家那条狗很不耐烦的“汪汪”声，好象生怕忽略了它。半个小时过去了，任你怎么的敲，怎样的喊，门里面就是没有人搭腔，我说：“强子，要不咱们先回吧！”强子执拗地说：“我敢和你打赌，人就在家里！”

“敲门敲门再敲门！”我们俩同时喊。

于是，又是一阵敲门声，狗叫声。也许苍天不负有心人！这次，证人家的街门终于开了，我俩惊奇地看见站在我们面前的人正是我们“朝思夜想”、千呼万唤始出来的“证人”！强子兴奋得像个孩子似的张开双臂扑了过去……

问完笔录，已经深夜11点多了，我俩顿时象卸下了千斤重负，伸展双腿，舒舒服服地躺在暖烘烘的土炕上。证人一边打发妻子搞点吃的，一边问我：“咋没见门口有车？你们俩人是咋来的？”强子笑答：“别抬举我们了，我们院总共才有一辆跑三天歇一天的‘北京212’，连检察长下乡有时都坐‘双环’（自行车）”。“哦，哪能像电影上的检察院呢。”证人也笑了起来。

肚子饿了，走的路好象也长了，任怎么使劲踏，那辆“双环”就是不往前窜。那一晚睡的真香！第二天，强子伤心地对我说：“罗马输了。”我说：“我俩赢了。”强子笑了，我也笑了，因为案件圆满侦结了。

冬去春来，万物复苏的季节，县上组织机关干部参加一年一度的春季农田基本建设——清沟挖渠义务劳动时，强子鼻孔突然流血不止，后来送到了银川诊断为白血病。我去看了他几次，每次看见强子那张苍白腊黄端庄郑重的脸，都不知道说什么好。最后一次见强子时，发现他手里纂着一张面值2元的彩票，心里酸楚楚的，强子艰难地笑了笑说：“中不了奖算是给残疾人献了爱心，万一冷不丁的中了大奖呢？”我说：“中了奖你想干啥？”强子很快从病床上欠起身子，兴奋地说：“我要到北京或者上海或者能治好我的病的地方去，治好了病，咱哥俩还在一起办案。”我强忍住眼眶里的泪水，几分钟我们都没说话。临走前，强子喃喃地说；“治好我的病要花二十几万，那可是个天文数字啊！想想看，我们全院四十多号人十年的业务经费！该能办多少事啊？”

春江有个“地球人都知道”的外号——罗锅子。虽然这个不雅的外号得名于他有些弯曲的后背，但是，在人们的心目中，这幅“罗锅”一样的脊梁，比一些身材伟岸者能承受更多的重负，这也许就是心理学上所描述的人体外表与心理状态的反差吧！当然，春江就是春江，如果真要比拟的话，我倒认为，其实他就是生活在我们这个时代的刘罗锅——正直中透着善良，精细中不乏勇猛，危险时敢于铤身而出，用他那并非坚实的身躯为战友挡住暴风骤雨……

那年，在开展打击假冒商标违法犯罪的专项活动中，我院立案侦查了一起假酒案，我和春江同在一组，负责追逃追赃。一次，办案组一行几人在春江的带领下星夜驱车奔赴临汾，到达预定地点后，按计划，由我和春江化妆成生意人，先将制贩假酒的犯罪嫌疑人引出家门，然后在半路上实施抓捕。哪知，这家伙做贼心虚，出门后并不按我们设计的路线走，却硬要请我们去喝一杯。“盛情难却”下，我俩只好跟着他七拐八折地钻进一家小餐馆。这时，远远跟在我们身后的一名干警因不知情况，也随后跟了进来，但却忘记下身应该换掉那条豆绿色的检察服裤子，正是这一细节露出了我们的破绽，犯罪嫌疑人发现在我们身边突然多了“一条绿裤子”，本能的警觉促使他迅速做出逃跑的举动，但被春江和我死死堵住去路。见情形不妙，这家伙冲进厨房抄起两把菜刀直向我俩砍来，在千钧一发之际，我和春扛几乎同时拔出了手枪对天鸣警。

我们一气呵成的连惯动作和一副“岿然不动”的气势镇住了这个亡命徒。直到在春江厉声喝斥下，犯罪嫌疑人才放下手中的凶器。然而，就在我掏出手铐完成了第一个动作的时候，餐馆门口已围来了近百十号人。虽然我们事先就有思想准备，这个村子里几乎家家都在制贩假酒，人人皆有“唇亡齿寒”的互助意识，稍有不慎，将“有去无回”，但没有料到的是事态发展的如此之快。

几分钟内，人群象一个不断“裂变的气团”，越变越大。春江和我及另几名干警在人群中被推来操去，四面八方的拳头和棍棒像冰苞一样砸了下来，我们拼命将带着手铐的犯罪嫌疑人从人群中往外拉。但是一切的努力都无济于事。终于，“裂变的气团”围住了我们却卷走了犯罪嫌疑人。为了避免事态扩大，春江指挥全体撤出，但人群中一些声嘶力竭的声音在高呼，“打死那两个开枪的”，“不能让他们轻松地走了”。当大部分干警都已经撤回车上时，我猛然发现，春江和另一位大个子同事象一堵安全的铁闸死死地堵在车门口，他那幅弓着的脊梁正承受着无数个拳头和棍棒的敲打……

办案回来后，我特别留意在春江的背后端量了一下，发现这幅“罗锅”一样的脊梁竟然是那么的宽阔，那么的厚实。

现实中，感受一个人的真诚与高尚，往往就这么的简单。其实它不需要什么华丽的包装，也不需要你去刻意搜寻。在我和我的同事、战友中，经常可以感受到这样的“情义”，有时或许就是一句发自肺腑的话语、一个自然而又本能的动作，或者就像“罗锅子”一样在暴风雨来临时为你挡住风雨的后背。

如今，在一个春寒料峭的时刻，我年青的战友强子，双眼中饱含着无限眷恋和寄托，默默离我远去，凝视着他的背影，泪水模糊了我的视线……一次次，在视觉的云天雾海中，强子留给我的总是那大步大步向前走去的身影和孩子一样灿烂的笑容。这年强子 35 岁。

两年前，春江在一场大病未愈的状况下来院里上班，晕倒在办公桌上再也没有醒来……

我们为他开了一个小型的追悼会。在黄河岸边将化成一缕缕清风霞云的春江撒入了奔腾不息的黄河水中。春江虽然走了，但是那一刻，我坚信我们的事业，我们的检察官队伍，必定会像那奔腾不息的江河水，而春江和强子就像是这江河之中的一朵浪花，与我们凝聚在一起，向着共同的方向，继续着我们共同的理想！

【用新媒体传播正能量】

——一名青年检察官的追梦故事

赵国栋　陕西省黄龙县人民检察院

来自大山回归大山

我出生在陕西省富平县一个贫困的山区家庭，父母都是老实巴交的农民，守着三亩薄田过着日出而耕、日落而息的日子。所以上学那时我有一个梦想，就是考上大学，用知识改变命运，改变家庭贫困的生活。

通过努力学习，终于如愿以偿，我考上了大学，带着东拼西凑来的300元钱，20岁的我背着铺盖独自一人，跨入了榆林学院的大门。在办理了学费缓缴手续后，我首先要做就是如何解决好生活问题。于是，就在别人吃饭的时候，我在学校餐厅帮忙收拾碗筷，这样每天三餐吃饭不要钱，一月餐厅还给我150元的补助。作为班长兼团支书，当我发现班里还有和我一样贫困的两名学生时，我就给餐厅的老板说了声，于是3个人一同在餐厅里干了起来。

本科毕业时，由于我通过了国家司法考试，取得了法律职业资格A证，加上公文写的比较好，多家用人单位邀我加入，但我毅然选择回到家乡，走进大山，在富平县塔北村任“大学生村官”。塔北村地处偏远山区，条件相当艰苦，但困难并没有打倒我，我积极与村上的“两委会”领导班子一起探讨如何使塔北村的村民走上富裕的道路。根据当地实际，塔北村成立了“土鸡蛋生产销售合作社”，实行土鸡蛋“分户生产，统一销售，装箱优化，专人负责”。同时我还与村委会鼓励村上的村民发展林果业，种植核桃，进行规模化种植，邀请农林专家来本村进行专门的指导。

在做好农村工作的同时，我利用晚上挑灯奋战，准备圆自己的硕士梦。最终我考取了定向西部基层检察院的政法干警招录培养体制改革下的法律硕士。在考前选择岗位时，我又一次选择了地处偏远山区的延安市黄龙检察院。于是我进入西北政法大学，开始了研究生生活。面对再次学习，我倍加珍惜，潜心钻研法学知识，目前已累计发表学术论文32篇，并积极参加各类学术交流活动。同时，我还积极参加各类志愿服务活动，利用微博、微信、电话等方式，为参加大学生村官、公务员等考试的考生免费提供答疑解惑300多人次，义务为社会各界提供法律咨询。只有1.65米个头的我，已累计献血3000多毫升。

抢险救灾微博募捐

2013年7月，黄龙县由于强降雨遭受灾情，多处桥梁道路冲垮。我跟随冯海龙检察长多次到达受灾村庄。一次到灾区给乡镇和村干部宣讲法律责任并实地查看受灾情况后，回到检察院已是晚上8点，检察长就与我探讨如何利用社会力量救助受灾群众。我想到自己前段时间被授予“我们身边的陕西好青年”，并且建立了QQ群，于是产生了想通过网络通报灾情、获得援助的想法。但是又想到此项工作的开展会不会给其他有关部门带来工作不便，对检察机关产生不好的影响，我把这一想法也告诉了冯检察长，他说：“放心去做，只要是为老百姓谋利益的事情，没人会阻拦，而且救灾应该是咱们全社会的任务，习近平总书记提出的当前政法工作人任务中就有维护社会稳定和保障人民安居乐业，咱们做这事情就是在践行总书记的部署！”检察长的鼓励一下子坚定了我的信心，当晚，我连夜起草了《黄龙县灾区情况通报》，并在QQ群、新浪微博上发布。凌晨3点，便有企业家提出愿意无偿援助黄龙灾区。

随后，我又给自己的微博博友中多名有影响力的大V发短信，请他们关注并转发微博。随后，我的微博被大量转发，有企业家开始主动打电话联系我。每收到一批物资，我都认真登记，确保每一批物资及时转送群众手中，并在QQ空间、新浪微博上及时发布物资的接收及发放情况，接收群众的监督，打造阳光公益。在几天时间内，我为仅有不到5万人的黄龙县募集援助物资总价值20多万元。

热心公益传递爱心

在做好救灾公益后，我开始充分利用微博、微信等各种方式开始开展公益活动。2013年11月底，我从《华商报》得知西安文理学院的曹力父子得病后，我又借助于新浪微公益平台，发起了“我们身边的陕西好青年为西安文理曹力父子呼吁募捐”救助活动，该活动自2013年12月1日启动到12月13日截止，募得善款50000元，这个募集钱的速度在新浪微公益开通以来居陕西第一，在全国也处在前列，这是公益人士通过新浪微公益在陕西的第一个成功范例。此种微公益救助方式也得到了共青团陕西省委书记李豫琦同志的认可。为了及时募集到资金，我给多位爱心企业家打电话、微博私信、发短信联系，并在微博上及时和团省委的各位领导们互动，听取他们的指导意见。此次募集的5万元在2013年12月25日被团省委书记李豫琦及团省委其他领导一起送到了曹力父子手中。

在微公益平台上募捐的同时，我利用周末在小寨进行演讲，为曹力父子募集资金，路过有的人就在质疑此事，说是骗子，经过耐心地与别人交流，告诉并让大家现场核实，最终为曹力的父亲成功地做了脑瘤手术。

有两个日子，特别特殊，一个是2013年12月31日，一个2013年的除夕节，这两天我都在帮助别人。2013年12月31日，我通过新浪微公益平台又发起了为延安黄龙县的留守中小学生们捐赠压岁钱活动，同时在微博上公开了自己的联系方式和通讯地址，接收爱心人士委托转达给中小学生的书本、文具等，我采取线上线下互动，募集资金8026元，爱心人士委托转交的爱心书包50个，价值200元的文具，厂家提供的新羽绒服12件，爱心手套12双、新图书1箱等爱心物资。

2013年除夕节，我接到三个求助电话，都是别人打电话让帮一帮富平县一个患病的高中女孩，但是这一天对我们家来说，是非常难熬的，因为我的弟弟就是在除夕节晚上离开人世的，当时已经17岁。后来每个除夕节及春节对我们家来说，不吃饺子，什么也不干，这天我们还要去扫墓祭奠。我当时很不愿意去帮助他们，但是我的母亲说，儿子，你去做吧，不要再让其他家里人因为没钱治疗而和咱们一样。于是我就发起了“富平县花季少女患病需救助”公益项目，春节家里没网，我就天天用手机发短信，同时给企业家们打电话，帮其筹集到资金12870元。

在我的影响下，我的多名微博好友开始关注陕西微公益，我指导陕西多位博友在新浪微公益平台开始发起公益项目，使得陕西的微公益犹如星星之火，呈燎原之势，团省委副书记段小龙同志称我为“热心公益的检察官”。

关注民生微博讨薪

2014年春节前的一天下午5点钟，我接到一位农民工的电话，说他们的百名工友讨薪数日未果，于是我首先核实了事情的真实性，并在微博上发起了为农民工讨薪的微博，为其讨薪呼吁。同时我通过电话与相关部门联系，当时农民工打工所在的煤矿中就有老板说，通过法院起诉，让法院判吧，判多少我们就给工人付多少。我也是农民的儿子，我想通过法律程序是正确的，但是法律的精神在于追求“天理国法人情”三者的统一，也就是我们现在提到的“政治效果、法律效果、社会效果”的统一，但眼下农民要回家过年，孩子要买新衣服，老婆要置办年货，你说让他们回去咋办？在我和他们讲法律讲政策的情况下，我和在山西省劳动保障监察总队取得了联系，在山西省劳动保障监察总队及时关注下，当晚12时许，百名农民工的上百万工资就被发放完毕。这时一位农民工就打来电话向我致谢，说很满意，我问他全部发完了没，他说每人就有300多的劳保金没发，算了吧，大头都要了。于是，我又拿起电话，我说，挖煤的农民工是用生命在换钱，所以一分钱都不能少！必须给他们发！经过沟通，最后农民工又领到了这300多元。

随后，我又通过微博和电话帮助农民工进行讨薪法律政策咨询，帮助农民工维权。我的电话18792689969目前已经成为维权热线。

目前，我又开始做“青少年权益保护”和“关爱未成年工作普法”工作。

从一名大学生到大学生村官，从青年志愿者到检察队伍的一员，这几年的工作和社会实践，让我先后获得中国大学生自强之星标兵（全国仅10名）、中国大学生年度人物入围奖、中国大学生自强之星提名奖、全国高校励志成长成才优秀典型、我们身边的陕西好青年，2014年入选“中国好人榜”——我们身边的助人为乐类“中国好人”、身边的中国平安使者，第12届陕西省五四青年奖章提名奖获得者等。

作为一名检察官，我一直在坚守着自己的良心和责任！

【逐梦而行】

——我的检察官之路

代长亮　浙江省建德市人民检察院

我是一个背负着梦想的行者，
在路上，
追逐着我的梦，
我的检察梦。

——题记

曾几何时，也为武侠而痴，忠肝义胆、惩恶扬善的正能量在内心积淀，正义的种子在心底生根发芽，直到有一天，我彻底被银幕上公诉人的睿智、雄辩与公正所折服，于是，我把对检察官的崇拜编织成梦想，放在心底，默默地坚守着。从此，开始了我的寻梦之路。

我背着家人在高考志愿里选择了法学专业；

为了进一步研习法律，我选择了考研……

之后，我又选择了司考和公考……

这一路，逐梦而行。

如今，身为检察官的我，肩负着“强化法律监督，维护公平正义”的使命，坚守着“忠诚、公正、清廉、文明”的誓言，我清楚地知道，这是梦想的终点也是梦想的起点。

那是一个高考落寞的年代。那一年，碎了一地的诺言，一切的不甘还未成为流年，在我那或许还略显稚嫩的脸上却有着那样坚定的眼神。那一年，我毅然选择了法学专业。

那是一个考研火爆的年代。那一年，我大三；那一年，为了给梦想之路铺下更为牢固的基石，我选择了考研，开始为曾经的承诺继续奋斗，为梦想而继续拼搏。

有了理论知识的积淀，只是为梦想的成就打开一扇门，而通过司考和公考才是走进这扇门的通行证。

有了信念有了梦，就有了冲刺的力量，也有了坚持。正是这份坚持成就了我的那段岁月。

一年之计在于春。春寒料峭的清晨，是谁在别人仍然酣睡之时悄悄起身简单洗漱后便搂着书轻轻出了门？是谁最先在湖边的小径上、石椅旁用读书声打破了校园的宁静、惊醒了湖里鱼儿？又是谁在阳光撒满湖面的时候，又在校园广播的“催促”下才收起书本去餐厅买着一成不变的早餐带进自习室？是那个，追梦的人……

一个平淡、宁静的开始，一个坚定的信念，一个美丽的梦，面朝“湖水”，春暖花开。

那个炎热的夏，那个单调而又充实的暑假。

承诺在楼顶闷热但却安静的自习室里回荡，梦想在头顶的吊扇里旋转，时光随着书页的翻转而流逝，信仰，在额头的汗水滑落间浸入心扉……黑板上那不知谁写的励志语渐渐模糊，却早已刻进了每个人的心里；那扇门，寂寞地一开一合，却无人在意；周围还是一样的轻读声、翻书声、写字声，仿佛正在演奏着一首进行曲。

正午的烈日，炙烤着自习室，却熔不化那颗早已炽热的心。不必说那早已坐的发烫座椅和那被汗水浸湿了的书页，不必说那透过玻璃窗照射进来的刺眼阳光，也不必说那趴在桌上十几分钟都能睡出满头大汗的午休……一丝凉风从后门溜进来，顷刻间，一切便都成了浮云；洗手间的一捧清凉，一个神清气爽奋斗不息的下午……

微风多了些许凉意，吹黄了片片梧桐树叶。

熄了自习室的灯，已近半夜时分，走在那条熟悉的道路上，疲惫了一天的身心此刻才会归于一种宁静。“疏影横斜水清浅，暗香浮动月黄昏。”那是一种难得的惬意；春华秋实，那份享受更是来自于秋天收获的喜悦。然而，享受只能是短暂的，无奈还要在楼管关门的一刹那冲进寝楼……

冬日阳光的余晖细数着距离考试剩下的分分秒秒。

在浩瀚的知识面前，忽然感觉到自己那么的渺小、那么的微弱，面对一摞摞厚厚的书，面对那寒夜里几近绝望的情绪；面对别人的悠闲快乐，面对同路人的离去，面对未卜的前程，脑海里突然一片空白；也会怀疑，也会彷徨，也会抱怨；但想起远方梦想的召唤，还有那曾经信誓旦旦的承诺，那日复一日的努力，我又有什么理由不坚持下去呢？是啊，既然选择了远方，便要风雨兼程！即使失败，也应该做泰戈尔笔下的那只“天空虽不留下痕迹，但我已飞过”的鸟儿。

寒风凛冽，夜里醒来的时候，翻开的书仍在膝头……

苦心人，天不负；有志者，事竟成。

收到检察院录用通知的那一刻，泪水在心底奔流。

花儿开的灿烂，不是为了凋谢而是为了结出华硕的果实。所以，更不能蹉跎了检察官的生活岁月。在追梦的路上，我只是迈开了检察梦的第一步，接下来是为做一名合格的检察官而努力，而社会和谐、公正法治，实现伟大“中国梦”才是这检察梦的归宿。所以，这里，又是一个崭新的起点，一个美丽的开始。我的人生的最终的梦想，不是在这里起航，而是在这里驶向远方。

【春风化雨】

宋巧惠　天津市宝坻区人民检察院

郑美在检察院的大门口整整徘徊了半个多小时，连抱在怀里的小女儿都耐不住性子似的用稚嫩的小手拽扯着她的衣领，身子前倾着扑向门内。她幽幽地叹了口气，一边轻抚着女儿的后背，一边自言自语道，“乖，宝宝乖。”

一辆警车从门内疾驶而出，郑美清晰地看到车内坐着一男一女两名检察官，制服齐整，面带威严，她的心不禁又咯噔了一下，刚想迈向大门的脚旋即又落在了原地。迟疑片刻，她还是转身向自己安身的旅店走去。

郑美前脚迈进自己的房间，旅店的老板娘后脚就跟了进来。她放下暖瓶热情地对郑美说，“妹子，你要的开水。要是还缺啥，尽管言语，带着这么小的孩子出门，不容易！到我这儿住下，你呀就到家了，有事知会一声就行。”

“大姐，您认识检察院的人吗？”

“我们这里儿的检察院吗？还真不认识，你摊上官司了？”

郑美点了点头说，“之前，我在这里儿打工，因为被别人误会让人打伤了，才不得已回了老家。现在这案子到了检察院，因为药费的问题一直没解决，他们通知我可以附带民事诉讼。我懂啥诉讼呀，可又不甘心自己被打还花钱，就从黑龙江赶过来想找找看。药费的钱虽然只有两千多，但我家里条件差，父母年纪大，身体还不好，多少也能解决些问题。

“这官司的事，还真不好说。不过，既然来了，你就直接找办案的人呗。”

“不瞒大姐，刚才我抱着孩子去了，可没敢进门。我担心咱没认识人，人家凭啥听咱说话？还有，我瞧着那楼里进进出出的穿着制服的人，都严肃的很，怕他们三言两语就把我打发出来。”

“那你先歇会儿，想想咋把自己的事说明白。回头要是有啥我能帮忙的，你别客气。”

2 点 30 分，郑美再次来到检察院的大门口。这次她没有丝毫的犹豫，径直走到保安室，说明自己的来意。保安认真进行了登记，客气地请她稍候片刻，便打电话联系，之后告诉她去五楼的未检科找女检察官张楠。到了五楼楼梯口，她一眼看见张检察官已经在迎候着她，还没等她开口，“你是郑美吧？”的悦耳声音已经回响在她的耳畔。郑美有些不知所措，一时竟忘了自己该如何开口招呼这位干练的女检察官。

“没想到你来的这么快，快进屋，先凉快凉快。”

郑美心里忽然挺恨自己的，事先准备好的套近乎的话不知为啥，一句也说不出口了。

她抱着女儿，机械地跟着张检察官往屋内走。

一张椭圆形的会议桌，十来把米色的折叠椅，十几平方的房间整整齐齐。白色的墙上挂着一幅山水画，色调简洁。张检察官拿来一瓶矿泉水放在郑美面前，并递给女儿一个手摇鼓。

“歇口气，有啥话咱们慢慢唠。你看，小宝贝多乖！”女儿确实没有眼生，随着检察官的话音，摇着小鼓，兴奋地手舞足蹈起来。

郑美忽然感觉到自己的喉头有点发紧，她觉得像是到了自己的家一般。也就是一瞬间，她被自己冒出的这种感觉吓了一跳，她尴尬地冲张楠挤出一丝笑容，说，“给您添麻烦了。”

“哪里话，这是我们的工作。之所以给你发通知，是因为之前的那起吕某聚众斗殴案，你是被害人，当时你的医药费没有解决。按照刑诉法的规定，现在你有权利提起附带民事诉讼，来给自己维权。”

“张检察官，我没啥文化，也不太懂您说的诉讼，您能给我详细说说吗？”

郑美没有想到，张检察官会如此温和地给她讲解附民诉讼的程序；她更没想到，张检察官能那么耐心地听着自己断断续续讲出的所有请求。当郑美试探着问道，能不能快些结案，让自己早点拿到赔偿款时，她察觉到张检察官眼神里的一丝犹豫。张检察官告诉郑美案件刚到审查起诉阶段，提起诉讼是有严格的办案程序和时限的，需要经过法院审理才会做出最后的判决。但她答应郑美会帮她想想办法，并认真记下她的联系方式。

郑美走出检察院的大门时，心情显得格外的好。

当清晨的第一缕阳光爬上窗子，郑美的手机铃声也叮叮咚咚响起来。她迷迷糊糊按下接听键，一个清脆的女中音马上传了过来。

“郑美吗？我是张楠，你的药费赔偿问题有眉目了，今天上午你来检察院吧，我们当面谈。”郑美觉得自己在做梦，直到电话被挂断，她都没从惊喜中缓过神儿来。

第二天早晨8点，郑美抱着女儿第三次来到检察院的大门口。门口的保安主动跟她打了招呼，并让她在保安室稍等一会儿，因为张检察官去医院前嘱咐他们替她接待一下这对母女。从保安的口中，郑美才知道，张检察官三个月前才做的乳腺癌手术，现在还在术后放疗的过程中，每天下午都要跑医院。但昨天为了她的事，张检察官不仅没去治疗，还加班到很晚。

郑美愕然了。在她的潜意识中，为工作不顾惜自己，真心实意替老百姓排忧解难的好干部都是电视里演给老百姓看的。

原来，看见郑美母女离开的背影，作为案件承办人的张楠心情久久没能平静。按常理，把附民问题跟受害人讲解清楚，自己的责任也算尽到了，可看到郑美眼下的生活状况她不由得就为她盘算起经济账。如果通过诉讼拿到赔偿款，最快也要在宝坻等上一个来月，或者再次往返宝坻与黑龙江之间，相对她的经济状况而言，无论哪种选择，都会有一笔不小的开支，一共2000多元的医药费最终能拿回家的恐怕也就所剩无几了。对于贫困的家庭来说，这2000多元或许就是生活的希望。“一定要帮她促成民事和解，让她尽快拿到赔偿款返乡。”

打定主意后，张楠马上向主管领导汇报了相关情况，并说出了自己的想法。请示领导同意后，她放下案头的工作，主动打电话联系嫌疑人吕某等人的家属，一方面详细介绍了郑美和家人现在生活的状况，一方面动之以情地为吕某的家属分析赔偿问题和在审判过程中的利害关系，希望家属出面达成民事和解。因为负主要责任的嫌疑人吕某没钱赔偿，其他几位嫌疑人家属都拒绝了张楠的提议。电话沟通无效，张楠没有气馁，下班后自己主动上门给几位嫌疑人家属做工作。张楠一心一意为案件当事人着想的举动，最终得到了这几位家属的理解，也使得民事和解协议顺利达成。

“你的好，我一辈子也忘不了！”郑美见到张楠的时候，一句话才出口便泪流满面。她从赔偿款里拿出200元，硬塞到张楠的口袋里，说，“张检察官，我也不会说啥，这点钱你买点水果，让我表表心意吧。”张楠一边替郑美擦去泪水，一边微笑着把钱放到郑美手里，说：“心意我收下，但钱不可以。

“我会告诉身边的朋友和家人，天津检察官心系百姓的情。”郑美登上返乡的列车时，打给张楠的电话里，再三讲的只剩下这句话。

【看得见的正义就是“中国梦”】

——一个检察官执法办案的三个难忘瞬间

王伟　河北省赤城县人民检察院

老曹，花名册里的姓名叫曹建雄，现任河北省赤城县检察院党组成员、政治处主任兼公诉科科长，不多见的政工、办案都过硬的“双料”好手。不过，大家都爱叫他老曹，主要是没有架子、热心肠儿。熟悉他的人都知道，这位从偏僻乡村走出来的山里娃，最能体会普通老百姓的苦衷，尤其对来自底层的山里人总有一种天然的亲切感。

于是，也就有了下面的文字。

一次特殊的出庭公诉

出了县城，汽车一路向西行驶在颠簸不平的山路上。随着手机信号一点点减弱，柏油路也在进入炮梁乡后变得越来越模糊。由于太偏僻，林间的沙土路上根本看不到车辆行驶的痕迹。河床无水，警车在乱石堆积的干河床里就像惊涛骇浪里的小船，战战兢兢向大山深处驶去。突然，前面的山坡上出现几撮密集的民房，金家庄村到了。

这天赤城县炮梁乡突然变得很热闹。案情很简单，赤城县炮梁乡金家庄村民郝祥在自己家的西院里偷偷种植“大烟”（罂粟），经公安机关现场勘查，面积为29.58平方米，通过逐棵清点，地里罂粟共计572株，犯罪嫌疑人郝某对所犯事实供认不讳。案发后，郝某因身体有病被取保候审。

到被告人所在地开庭，源于这起案件承办人老曹的深思熟虑。在审查案卷过程中，老曹通过走访，得知郝某已经73岁，体衰多病，家中老伴和两个儿子都是聋哑人，而且都是精神病患者，家中生活非常困难。综合这些情况，为扩大教育面，老曹建议县人民法院到被告人所在地开庭。最终，经检察机关依法提起公诉，县人民法院判决被告人郝某犯非法种植毒品原植物罪，判处管制一年，并处罚金1000元。

出庭公诉中，公诉人老曹结合这起案件，向旁听的村民深入浅出地讲解了相关法律和处罚依据。明确指出，近年来居住在偏僻农村的个别老年人，法律意识淡薄，依仗自己年纪大、身体有病，糊涂认为即使犯了法，判决后年老多病也不能收监，于是便心存侥幸玩起“灯下黑”游戏。一切看起来都那么“天衣无缝”，却不知这种错误做法是非常危险的，千万别抱任何幻想。

两条未删除的短信

在老曹的手机里，一直有两条短信舍不得删除。

一条是个被害人家长发来的，短信内容很简单，说：“谢谢曹科长，谢谢你对孩子们的尊重……”接触久了，同事们都知道隐藏在这位转业军人冷峻的外表下，始终有着一颗温暖的心。那还是他刚担任公诉科科长期间办理的案子，是一起发生在某乡镇小学代课老师涉嫌奸淫幼女案。犯罪嫌疑人宋某某利用代课的机会，先后对4名未成年女学生实施了奸淫、猥亵，作案后仓惶逃跑。5年后，宋某某被公安机关缉拿归案。

公安机关移送审查起诉时，案卷中仅有4名被害幼女的陈述和犯罪嫌疑人的供述，虽然供证基本一致，但4名被害幼女在案发时最大也只有9岁，其所陈述的材料均是案发时询问的，内容较为粗略，又没有其他证据予以佐证。在此情况下，如果伧促提起公诉，则显得十分勉强，无疑会影响打击犯罪的最佳法律效果。为了不影响被害人及其家庭正常的生活和学习，老曹特意选择了双休日，专门指定女干警承办此案。同时要求办案人换去检察服，安排在会客室像在家中聊天一样，轻声细语地展开了询问。慢慢地，被害幼女消除了害怕、羞耻和抵触心理，哭诉了当时的受害经过。记完笔录，一个堂堂七尺男儿的眼中竟盈满了泪水。送被害人离开时，老曹留下自己的电话号码，表示有什么困难可以随时找他。一名家长握住老曹的手久久不愿松开。

还有一条是个毕业大学生发来的。那曾是一名失足少年，短信说：“也许曹叔叔想不起我是谁了，但我永远记得你的宽恕和恩情，我会加倍努力，一定不会让你失望的……”

说起这件事，老曹记忆犹新。那是办理一起6名未成年人涉嫌盗窃案的时候，针对被传唤的涉案人崔某父亲一直说是为了能够使其早日入学，故在上户口时将崔某的出生时间提前了一年的说法，当时是承办人的老曹主动联系公安民警奔赴其户籍所在地派出所、村委会、原居住地、接生医院等单位逐一进行了详细的调查取证，终于寻觅到了崔某母亲确实于1994年10月15日在县医院的分娩证明，夯实了其作案时年龄不满16周岁的证据材料，并据此建议公安机关责令崔某和另外两名不满16周岁的涉案人家长加以管教。

重返校园后，又开始了他们新的人生。不久，孩子的母亲特地赶到赤城县检察院，送来一面锦旗，盛赞检察机关青少年维权岗是“维权典范，护法楷模”。

其实，法律是温暖的！

一直舍不得删除这两条短信，是因为这是执法办案最好的注脚和评价。我，真的非常珍惜短信背后所承载的那份沉甸甸的信任。

一提到这件事儿，老曹很坦然地如是说。

[文化艺术活动]

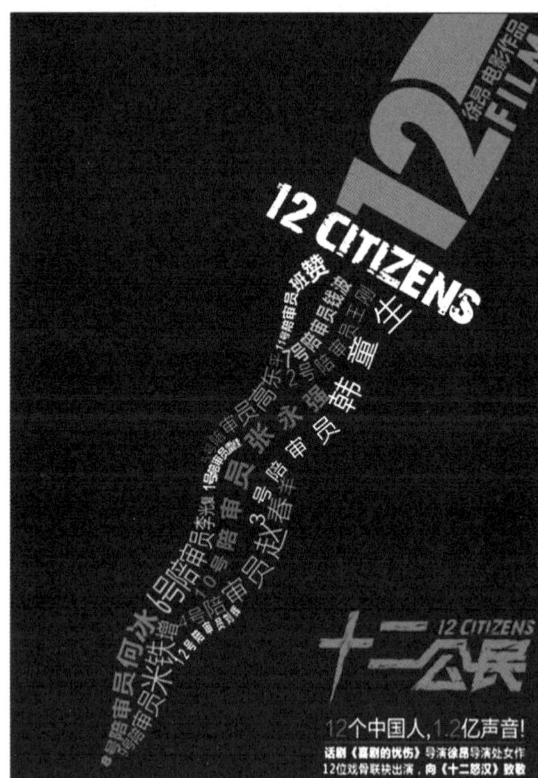

1. 1月12日，“清风正气”2014中国书画名家迎新春联谊创作会在京举行。
2. 7月24日至25日，中国检察官文化论坛暨中国检察官文联一届三次全委会在内蒙举行。
3. 9月20日，首届全国检察机关预防职务犯罪摄影作品展在平遥举行。
4. 10月9日，西藏自治区检察官文联成立暨检察文化援藏会议在拉萨举行。
5. 10月25日，电影《十二公民》在第九届罗马国际电影节上摘得最高奖项“马可·奥雷利奥”奖。

1	2
3	5
4	

6　7
8　9
10

6. 11 月 11 日，“重走长征路，共筑中国梦”全国检察文化基层行活动在江西瑞金启动。

7. 11 月 19 日至 24 日，“中国梦·检察魂”全国检察机关书画摄影作品展于在京举行。

8. 12 月 2 日，话剧《皓月当空》在重庆成功公演，并获第六届国际奥林匹克戏剧展演奖。

9. 12 月，37 集反腐题材电视连续剧《守望正义》，被国家新闻出版广电总局评为 2014 年度优秀电视剧暨剧本专项资金扶持项目。

10. 上海检察官合唱团在第 11 届全国声乐比赛合唱组中获第六名和伴奏奖。

中国检察官文学艺术联合会团体会员

ZHONGGUOJIANCHAGUANWENXUEYISHULIANHEHUITUANTIHUIYUAN

北京市检察官文学艺术联合会

[综　述]

2014 年，北京市检察官文联以深入开展党的群众路线教育实践活动为主线，以学习贯彻习近平总书记系列重要讲话精神、培育和践行社会主义核心价值观为重点，紧紧围绕全市检察机关政治工作要点，充分发挥检察文化的传播、凝聚和引领作用，开展了丰富多彩的文化创建活动，为检察工作科学发展提供了思想保证、精神动力和智力支持。

【巩固党的群众路线教育实践活动成果，以执法为民为主题开展检察文化活动】

北京市检察官文联立足首都实际，适应时代发展要求和北京政治文化氛围浓郁的特点，充分发挥检察官文联在文化建设中的引领、示范、组织、协调的作用，为加强检察人员的思想政治教育做出了贡献。

2014 年，北京市检察官文联和市检察院政治部以践行党的群众路线和社会主义核心价值观为主题，举办了全市检察机关硬笔书法比赛、微小说创作比赛和第六届检察风采摄影比赛，每项比赛参赛作品都达到了 300 个以上，1000 余人次检察人员参加了这三项文化活动，许多单位领导班子成员亲自带头参加。北京市检察官文联把获奖作品在内外网、《北京检察》杂志和部分新闻媒体刊登。为了把为民、务实、清廉的要求落到实处，北京市检察机关在 2014 年 4 月份开展了爱民月活动，在 4 月和 12 月开展了两次检察开放日活动。北京市检察官文联组织北京市检察机关优秀文化作品进行集中展示，检察文艺人才通过情景剧、歌舞等形式深入社区、农村、工厂、学校开展文化活动和普法宣传，切实为人民群众办实事。

【着力培育和践行社会主义核心价值观，树立检察机关的良好形象】

进一步培育和践行社会主义核心价值观，把社会主义核心价值观融入检察文化建设的全过程，进一步牢固树立社会主义法治理念，认真贯彻落实中央关于依法治国的具体要求，使社会主义法治理念在检察人员中内化于心、外践于行。

充分发挥检察官文联的组织协调作用，结合检察人员本职工作，在检察岗位上开展结合身边人、身边事的检察文化活动。北京市检察官文联积极参加“我身边的榜样”宣传活动，大力宣传全国模范检察院昌平院、全国模范检察官隗永贵等先进集体和先进个人。在朝阳院召开现场会，开展向朝阳院法警大队学习的活动。制作拍摄了反映隗永贵先进事迹的电视专题片《护航青春》和反映赵鹏同志先进事迹的电视专题片《青春咏叹调》。抓好基础型典型宣传，从发生在干警身边的普通人普通事当中寻找亮点，在内外网开设“我身边的榜样”专栏，充分发挥身边榜样的辐射带动作用，鼓舞干警争当先进，营造“比学赶帮超”的良好工作氛围；抓好重点型典型宣传，积极宣传有一定荣誉基础的优秀干警，作为向社会开展广泛宣传的后备人员；抓好荣誉型典型宣传，对获得全市政法系统或全国检察系统重大荣誉称号的人员，通过举行新闻发布会、进行网络访谈、拍摄专题片等形式开展重点宣传，积极组织全国检察机关第八次“双先”表彰的获奖单位和个人以及“首都政法先锋”代表等到正义网开展系列访谈，现场回答网民的提问，在社会上树立检察官亲民爱民的良好形象。

【广泛开展群众性文化活动，培育检察人员的文化素养和职业道德】

充分发挥基层文化社团作用，开展深受检察人员欢迎、参与面广、效果较好的文化活动，进一步丰富检察文化建设的方式和途径。北京市检察官文联继续深入开展检察文化社团活动，依托已经成立的各类检察文化社团，在基层检察人员中长期开展经常性的文化体育活动。充分发挥检察文化在传播精神、弘扬理念、引领风尚、规范行为、塑造形象方面的作用，有效推动检察队伍建设。

为贯彻中央八项规定和厉行节约、反对浪费的要求，北京市检察官文联注重广泛开展群众性的文化活动，不再举行大型文艺演出和文化活动，积极鼓励检察人员参与人民群众喜闻乐见的文化活动。北京市检察官文联以检察文化社团为基础，挖掘和培养一批检察文化人才，建立健全检察文化工作者队伍，推动群众性文化活动蓬勃开展。进一步鼓励检察文艺创作，采用征稿、采风、笔会等形式，广泛开展作家基层行、文化论坛等活动，推动检察文学和艺术作品的创作。北京市检察官文联积极推动北京市各基层检察院成立形式多样的检察文化社团，通过基层党组织广泛开展基层文化社团活动。2014 年组织 2 次优秀书画家博友深入基层院开展笔会交流活动，使基层检察人员亲身感受文化氛围，提升文化素养。组织检察人员参加每年的春联征集活动，在中国检察官文联和首都文明办举行的春联征集活动中都获得了组织奖。

【健全完善北京市检察官文联建设，积极组织参加中国检察官文联各项活动】

充分发挥检察官文联的作用，用制度机制将检察文化成果固定下来，使先进的检察职业品格在检察机关发扬光大，有效提升检察文化建设水平。建立健全检察官文联工作长效机制，健全检察文化培训制度、文化成果展示制度，检察文化考核评价制度等。充分发挥检察文联、文化研究会和检察文化社团的作用，采取有效措施争取各方面的支持，逐步提高对检察文化建设的投入。

加强北京市检察官文联的组织建设和制度建设，做好检察文联年鉴的编辑工作。积极组织参加中国检察官文联组织的春联征集、检察官文化论坛、“中国梦·检察魂”摄影比赛和“中国梦——我的检察官故事”征文活动，推荐优秀作品参加全国行业文联摄影精品展览，选送的两幅作品获得最佳作品奖和优秀作品奖。选派文艺人才参加重走长征路、文艺下基层活动，受到一致好评。协助中国检察官文联拍摄电影《十二公民》，树立了新时期检察官的良好形象。2014 年 11 月，朝阳区检察院承办了中国检察官文联召开的检察文艺创作现场会，朝阳院在会上介绍了加强检察文化建设的经验。2014 年以来，北京市检察官文联积极组织参加中国文联、中国检察官文联组织开展的各项文化活动 15 次，组织 60 名检察官和服务人员参加中国文联等地举办的参观展览活动，有 80 多人次在书画摄影、春联征集、文化征文等活动中获奖。

在今后的工作中，北京市检察官文联将深入贯彻党的十八大和十八届三中、四中全会精神，立足首都实际，体现北京特色，继续发挥检察官文联的作用，在检察工作实践中坚持不懈地推进检察文化建设，为首都检察工作科学发展做出新的更大的贡献。

[文化理论研究]

【深化司法体制改革　培育检察职业精神】

李盼盼

近年来，以加快建设公正高效权威的社会主义司法制度，更好促进社会公平正义为目标的司法体制改革深入推进。建立符合职业特点的司法人员管理制度作为改革的重要内容被予以广泛关注。而司法人员管理制度改革的根本目的是赋予检察官与其职业特点相匹配的职权地位和办案责任。首先，从职业特点看，检察官作为“国家法律的守护人”，行使职务犯罪侦查、侦查监督及审查起诉等重要职能，需要在其职业精神的引领下，将其精通的法学专业知识运用于实践。其次，从职业风险看，当前我国正处于社会矛盾凸显期，矛盾的对抗性、敏感性增强，司法人员特别是检察官的职业风险增大。检察队伍的专业化、职业化建设呼唤着检察文化建设的推动力量，以期在深化司法改革的时代背景下强化司法人员办案责任，促进检察人员依法、规范、廉洁执法。最后，新时期，人类社会完全迈步于全媒体时代，媒介已如空气一般将个体裹挟其中，各种纷繁复杂的信息借助微信、微博等新媒体可能造成具有误导性的大众传媒文化。检察人员作为媒体受众之一难免在媒体风暴中盲从、迷失甚至价值观错位。检察文化对于引导检察人员行为的导向功能，对整合检察团队履行职责使命的凝聚功能，对强化检察人员的制度意识、责任态度和执法办案标准的约束功能以及对检察人员理想、信念、价值目标的激励功能的发挥空间极其凸显。

检察文化建设要以深化司法体制改革的目标和任务为观念引导

检察文化作为法律文化的分支，是支配检察官日常行为和实践活动的价值标准、审美观念、思维方式和群体趋向。检察文化是中国特色社会主义检察事业发展的思想保障和精神源泉，检察文化的繁荣关系到检察工作的有序推进和检察事业的长远发展。近年来，检察文化的发展面临着良好的机遇条件。党的十七大以来，社会主义文化的大发展大繁荣得到有力推动，检察文化作为一种重要的发展前景，其重要性不言而喻。实践中，各级检察机关对检察文化的内涵进行深入挖掘，对检察文化的载体进行广泛尝试，对检察文化的建构采取多种有益的探索，检察文化呈现出蓬勃发展之势。

党的十八届三中全会以来，习近平总书记强调，促进社会公平正义是政法工作的核心价值追求。同时指出：司法体制改革是政治体制改革的重要组成部分，对推进国家治理体系和治理能力现代化具有十分重要的意义，强调要加强领导、协力推动、务求实效，加快建设公正高效权威的社会主义司法制度。这些重要论述，鲜明指出了深化司法体制改革的重大意义，也为检察文化建设指明了方向、目标和工作要求。那就是，要服务于深化司法体制改革这个总任务。深化司法体制改革，呼唤着检察官依法独立行使检察权，迫切需要实现检察管理机制的改革完善和检察官坚守公平正义的检察职业道德的培育。

检察文化建设的实践检视与概念重构

2010年，高检院颁布了《关于加强检察文化建设的意见》中指出："检察文化是检察机关在长期法律监督实践和管理活动中逐渐形成的与中国特色社会主义检察制度相关的思想观念、职业精神、道德规范、行为方式以及相关载体和物质表现的总和。"如果对检察文化进行解构，应当包含检察物质文化，即与检察工作相关的物质载体，如办公设施、检察制服等标志性符号；检察制度文化，即检察权运行贯穿始终的制度规范、组织体系；检察精神文化，即检察官的职业道德、价值追求、职业信仰及其所秉持的公平正义等现代法治理念；检察行为文化，即检察官的举止行为，如检察礼仪等。检察文化内涵的多层次和包容性既为基层检察机关的制度创新和机制建设提供了广阔的实践空间，但不容忽视的是，基层检察文化建设存在一些不容小觑的误区，亟待解决。

一是检察文化建设的"空洞化"。检察文化的价值在于对检察工作和检察官首创精神的引领与鼓舞。如果检察文化偏离精神实质"择木而栖"，势必误入"处处体现检察文化"但"处处皆无检察文化"的藩篱。检察文化区别于诸如法院文化、行政文化的最大区别，在于它与检察权相伴相行，以检察官为服务主体。检察权的产生源于防止"法官之擅断"与"警察国之恣意"，兼具司法性与行政性。因此检察权的行使既有"上命下从"检察一体之行政性，又有中立、主体参与、程序正当等司法性。因此，检察文化的内涵特征不应迷失在法院文化或行政文化的各自视域中，而应以体现检察权本质为其归属。

二是检察文化建设中检察官的"工具化"。任何时候，检察文化都以检察官为主体，而非其他。在哲学概念中，工具与目的相对应，客体与主体相对应。假使主次颠倒，必将本末倒置。基层检察文化实践中，以检察文化建设为口号，往往抹杀了检察官的主体地位，检察文化的载体或活动不是服务于检察官的职业活动，不是为了发挥检察文化的引领、凝聚、激发作用，反而为检察官的职业活动带来不便，甚至抑制了检察官主观能动性的发挥。这与检察文化的根本目标相背离。在以人为本原则的指引下，检察文化应以激发人、凝聚人、助推人为目的，紧紧围绕服务检察队伍建设，促进检察工作科学发展为核心，实现文化育检、检察官传承、体现文化精神的双向互动。

三是检察文化建设的"功利化"。文化建设作为基层院建设考评的指标之一，成为一项任务或考核项。文化建设的功利主义倾向导致了文化建设的浅层化、同质化、短期化。文化建设偏离了原有的核心价值追求，而是疲于奔命于追求政绩、急功近利、讲求形式、不求实效。"罗马城不是一天建成的"，这句话用于文化建设再合适不过。文化的循循善诱、耳濡目染、循序渐进，使其在功利双手的打造下，愈发收效甚微。正如失去了精神性的艺术很难归入杰出的范畴一般，失去了精神实质的文化建设，在当下可能如一场轰轰烈烈的活动，待活动散场，恐怕精神实质难以留驻心间。更严重的是，当我们对功利性文化建设的追求到达一定程度后，在内心对非功利性文化建设的渴求会渐行渐远，这是对文化实质与意义的背离。

四是检察文化建设的"内卷化"。检察文化作为一种文化现象，理应遵循文化发展的循序渐进性，随着主体对检察理论的深入认识和实践的不断发展而从自发走向自觉。近年来，虽然检察文化载体由单一到多样，检察文化作品由有限到繁荣，检察文化特色由统一性到地域性，检察文化理念由封闭性到开放性。但检察文化的理论研究却暴露出一定的局限性，基层检察机关的检察实践却多半游离于检察文体活动的层面，纵深化不够，检察文化的社会影响力更多的体现为几点口号，几句宣言，在文化市场上尤其是新媒体舆论阵地上的导向和引领作用仍有欠缺。幸运的是，新时期深化司法改革的总任务为检察文化的蝶变提供了良好的进化条件，即司法改革更加强调以检察官或检察人员作为检察文化繁荣和发展的主体，以促进检察人员自觉做社会主义道德的示范者、诚信风尚的引领者、社会公平正义的守护者为目的，以培育检察职业精神为核心，以适应新媒体时代信息传播特点的思维来创新检察文化工作方式，丰富检察文化建设载体。

司法改革指引下制度性检察文化与价值性检察文化的二维建构

检察文化作为文化概念的分支，其构成要素检察物质文化、制度文化、精神文化的发展程度不尽相同。基于上述原因，对检察物质文化的重视是检察文化建设初期的特征之一。新时期，司法改革的付诸实践，有赖于对制度文化和价值文化（精神文化）的积极探索和显著进步。当前，应将制度性检察文化与价值性检察文化作为检察文化建设的动力源泉、有效途径和主要保证。

制度性检察文化

制度性检察文化一方面构成了检察官群体的行为和规范，另一方面也制约或主导了检察官精神文化和检察机关物质文化的变迁。正如“文化的真正要素有它相当的永久性，普遍性，及独立性的，是人类活动有组织的体系，就是我们所谓的社会制度。”“社会制度是构成文化的真正组合成分。”制度性检察文化主要包括检察院的管理体制和检察官的管理方式，是与价值性检察文化是适应的规范制度。“文化所包含的的制度是一种制度化的文化，它以制度为载体，重在对群体观念、行为的指引。将其纳入文化应有之义是为了不把已经制度化的文化排除在文化定义之外，从而有利于文化转化为制度，具有制度执行力优势，以强化文化的功能效果。”制度性检察文化的功能是构建检察官行为的制度规范，通过一系列符合检察权运行规律并富有理性的制度设计，实现检察官之职能并于物质文化和精神文化之间充分发挥桥梁纽带作用。

一方面，制度性检察文化应体现检察官司法裁判官之公正角色。公正，作为各项法律原则之原则的，在我国，检察机关作为法律监督机关，具有超越于诉讼职能之上的法律监督职能；同时，检察机关作为“实现客观法意旨并追求真实与正义的司法官署”，具有与法官相当的诉讼裁判权（尽管这一权力多表现为程序性请求权，而非实体性终局性权力），如通过不起诉制度得以终止一案件的诉讼进程，而产生实体性法律后果。因此，有必要依据公止这一根本的法治理念，设置对检察官有罪判决之一味追求的制度藩篱，解决检察官因“一身二任”而导致的“角色冲突”，避免检察权行使的“当事人主义化”倾向。

另一方面，制度性检察文化应有助于建构检察官的法律理性。“司法权威以理性为内在本质。”“理性乃是人用智识理解和应对现实的（有限）能力。有理性的人有可能以客观和超然的方式看待世界和判断他人。他对事实、人和事物所作的评价，并不是基于他本人的那些未经分析的冲动、前见或成见，而是基于他对所有有助于形成深思熟虑之判断的证据所作的开放性的和审慎明断的评价。他不会关注因辨识事实真相而会给他个人的物质利益所造成的后果。”法律理性主导着检察官查明案件事实，进行法律选择及做出裁判结论的过程。尤其是在刑事诉讼法修改实施以后，检察官被赋予更多的职能和权力，如何权衡和取舍诸如刑事和解与“花钱买刑”，罪刑法定与微罪不诉，严厉打击犯罪与羁押必要性审查等问题，以合乎司法理性的睿智和审慎保证裁判结论的正当性和确定性，是制度性检察文化建构的出发点。

价值性检察文化

如果说制度性检察文化为检察事业打造了坚不可摧的航船，那么价值性检察文化则是检察官策舟前行的风帆和引领前行的灯塔。价值性检察文化作为检察机关的“上层建筑”，凝聚了检察官群体的伦理品质、价值选择、职业精神和态度倾向。检察官与律师、行政官的差别不仅体现在所管辖和处理的事务方面，更体现在行使权力和处事时所持有的思维方式和态度，由内而外所散发的职业操守和道德水准。

检察官职业伦理

“文化的最主要功能是化人，教化人、塑造人、熏陶人。”“文化的最深层次是价值观，这是文化的核心，与一定时期群体共同的理想、信念密切相关。”检察官作为一类特殊群体，与必须具备专门的法律知识技能一样，需要秉持特殊的道德规范和行为准则，在遵守大众普通道德规范的前提下，形成法律职业者和法律监督者应有的价值观，实现责任担当，维护职业荣誉，防止行为失范，权力异化。“法律职业除了要加强其职业技能专长即业务能力之外，需要有相应的职业伦理来匹配，需要通过职业伦理来保障其职业技术理性中的道义性成份发挥到最高程度；还需要通过职业伦理来抑制其职业技术理性中的非道德性成份，克服其职业病，使之控制在最低程度。”近年来，检察官职业伦理的建设实践取得了长足的发展。最高检于2002年颁布了《检察官职业规范》，2009年9月颁布了《检察官职业道德基本准则(试行)》，确认了“忠诚、公正、清廉、文明”检察官正确履职的八字箴言，各地检察机关开展了多种以“恪守检察职业道德、促进公正廉洁执法”为主题的实践活动，如道德专题讲座、道德讲堂、文化长廊、检察官协会，湖北省检察官协会还率先成立了检察官职业道德委员会。以案件评查机制、检务督察制度、执法过错责任追究制度为代表的一系列制度规范设定了一条执法伦理的“警戒线”。

现阶段需要强调的是，一方面，检察官职业伦理应更好的体现在以正确的执法理念贯彻落实修改后刑诉法。牢固树立人权意识、程序意识，以职业理性和道德操守防止不依法及时告知犯罪嫌疑人、被告人权利，对律师合法的会见犯罪嫌疑人和阅卷的申请设置障碍或进行拖延办理，杜绝刑讯逼供以及隐匿、伪造证据的情形。另一方面，要以积极、正面的方式展示检察官的职业精神和职业形象。当下，以微博、微信为代表的新媒体监督力量的风起云涌，使检察官及其办理的案件时刻成为舆论关注的焦点甚至公共事件的“导火索”。检察官个体的道德成熟和人格完善，有助于司法以正面、积极的态度回应社会关切，契合公众期望，捍卫职业荣誉。

司法人文关怀

“法律的事业，并非只是仅要智力，无需心灵的事业。恰恰相反，由于它通常所遭际和面对的是人类的麻烦与苦难，因而是一个需要同情与悲悯的所在。正像医生的天职在于解除病痛，救死扶伤，需要同情与悲悯一样。”以检察权实现公平正义的检察官，若不惠顾人文关怀和精神，将价值选择和秩序追求寄托于法律的冰冷与无情，必将是检察制度走向其初衷之对立，成为对抗压制人性，扼杀束缚人权的国家暴力机制。人文关怀并非要求检察官超越法定权限和程序，而是在条文之下的变通空间之内，去理解刑事政策，探究立法目的，实现法律效果与社会效果的统一。诚然，我国检察官的自由裁量权不如英美法系国家那么大，基层检察官的办案压力已使办案时限显得捉襟见肘，人文实践正体现于新法条的若干个第一次。如，修改后刑诉法规定了刑事和解程序，借鉴了恢复性司法的价值追求，以恢复社会关系为目的，变单纯的惩罚性为国家追诉权对私权利的有限让渡。通过犯罪嫌疑人的真心悔过或经济赔偿，获得被害人的真诚谅解，被犯罪所伤害的社会关系能在一定程度上恢复自始状态；同时，国家机关不再追求刑事责任或予以从轻处罚。这一程序的启动和最终效果的达成需要检察官付出多于普通案件办理程序更多的智慧与汗水。和解协议的达成、真实意愿的审查、赔偿金的到位与否都需要检察官以人文关怀为出发点，可能需要担当更大的职业风险，甚至个案效果并不一定尽如人意，但这一无形的文化力量历经时间积累将会释放出颇具意义的正态能效。

强化司法判决说理，发挥文化阐释功能

语言是思维的工具，而文化则是思维的产物。语言是传播文化的桥梁和纽带，也是文化创新与传承的媒介。如果说物质文化、制度文化展现的是显性的文化特征，那么语言所体现的便是隐形的文化意蕴。美国语言学家萨丕尔以“言语是一种非本能性的、获得的、文化的功能”来阐释“语言不能离开文化而存在”。同样，检察官的法言法语反映了文本文化，展现了检察文化的内涵、价值与态度。法律语言的美好与否取决于其缔造者的匠心程度。法律语言的文化阐释功能突出体现在法律文书的说理过程中。

一篇优秀的法律文书不仅要发挥实施法律、定纷止争、实现当事人法律责任的基本功能，更能以法言法语的文字功能传达法治文化的精髓。一篇法律文书如何从生冷的格式文本上升为优秀的法治讲演，法治的思维方式与叙案说理的技巧是其关键所在。实现法律语言遣词造句的精准与运用的娴熟是新形势下检察官的职业追求。尤其对公诉检察官而言，庭审时，控辩双方思想交流的方式体现为语言表达的方式，所谓“事实善于雄辩”，起诉书案件事实的叙述将在庭审中构建法律事实的最初轮廓。更为重要的是，案件事实的叙述体现了承办人的思维方式。法治思维是规则思维和程序思维，蕴含法治最基本的公平、正义、自由、权利等价值观念。同时“法治思维是理性思维，是讲究逻辑推理、修辞论辩和解释技术的思维方式”。用简洁明了的语言对案件事实、证据情况予以交代，体现了检察官办案的客观公正。此外，从法制宣传教育意义出发，起诉书担当着“寓教于诉”的重要角色。庭审时，旁听群众尤其是被告人家属甚至在释法说理详尽毫无瑕疵的情况下，依然愤懑难平，更何况连据以指控的起诉书事实撰写都有如“蜻蜓点水”，若真如此，司法的公信力，案件当事人的服判息诉以及检察官的职业价值恐怕都将与我们渐行渐远。

“文化如水，滋润万物，悄然无声；文化如香，沁透人心，柔而有力；文化之力，绵延不绝，不容偏颇。”新时期，在深化司法体制改革背景下，以培育检察职业精神为核心的检察文化建设将为检察事业的发展提供源源不断的动力源泉。以制度性检察文化为载体，提高检察官主体地位，促进公正廉洁执法；以价值性检察文化为依托，弘扬检察精神，坚定法律新信仰，检察文化必将更好的适应法治时代的要求，为检察事业的发展营造不断优化的“场效应”。

[中美法律文化比较研究]

孙春雨

德国著名法学家萨维尼（Friedrich Carl von Savigny）认为，法律决不是那种应当由立法者以专断刻意的方式制定的东西。法律乃是“那些内在地、默默地起作用的力量”的产物。它深深地植根于一个民族的历史之中，其真正的源泉乃是普遍的信念、习惯和“民族的共同意识”。每个民族都逐渐形成了一些传统和习惯，而通过对这些传统和习惯的不断运用，它们逐渐地变成了法律规则。只有对这些传统和习惯进行认真的研究，人们才能发现法律的真正内容。

美国著名大法官霍姆斯（Oliver Wendell Holmes）曾形象比喻：法律是一面魔镜，从这面镜子里，我们不仅能看到我们自己的生活，而且能看到我们的前人的生活。“对法律的理性研究，……在很大程度上，是对历史的研究。”

法律文化就其实质来讲是一种精神财富，它不仅表现为法律心理、法律意识、法律思想体系等内隐性的观念形态，也表现为人类在漫长的法律文明进步过程中所创造的法律、法律制度、法律组织机构、法律设施等外显性的制度化形态。一个国家的法律文化由一系列相互关联的因素构成，如人们对法及法律现象的看法，法在社会生活中的地位，法的表现形式，法的结构，解决争端的主要方式，国家机构之间的关系，法律技术水平，法律意识的特点，等等。每个社会的法律都浸润着文化的精神，体现着文化的价值，表征着文化的意象，反映着文化的气质，而文化则为法律提供信仰的基础和意义的源泉。

美国是世界上法律文化、诉讼文化较为发达的国家，比较研究中美两国的法律文化、诉讼文化，有助于客观认识两国法律制度的优短劣长，更有助于理性审视我们的缺陷和不足，增强我们的法律文化软实力。

基督教对美国法律的影响

在美国，法律与宗教均是维系社会的基本手段，其中，宗教对法律的影响不仅触及制度层面，而且深至价值层面。宗教不仅支配着民情，而且把它的影响扩及人们的资质。宗教观念在美国法律形成时期的作用常常是决定性的，如果不考虑宗教，我们就无从全面认识美国法律史。

十七世纪中期，康涅狄格州的立法者们，先从制定刑法开始，在制定刑法时，从《圣经》里找来一些条文。这部刑法的开头说：“凡信仰上帝以外的神的，处以死刑。”接着，有十条到十二条是逐字从《申命记》、《出埃及记》和《利未记》抄来的同类性质的条文。

美国学者伯尔曼在论及法律与宗教的关系时，认为它们都具有仪式、传统、权威和普遍性的特征。其中，在具有基督教文化底蕴的美国，《圣经》对其诉讼文化一直起着举足轻重的作用。对此，龙宗智教授曾作出精妙的概括：“《圣经》就是一部诉讼法教科书。”具体而言，《圣经》对美国诉讼文化的影响主要体现在以下五个方面：

关于罪与犯罪人 罪的词源可追溯于《圣经》中的“原罪（Sin）”。根据《圣经》中《创世记》第3章记载，人类始祖亚当、夏娃违反上帝禁令，偷吃善恶树上的“禁果”，于是便获罪在身，被逐出伊甸园。从此，他们及其后代便注定有罪。根据原罪论，由悖逆神的原罪与本罪构成了人的罪性，必须通过信仰上帝而获得救赎。基督教神学法学家提出了世俗法律代表上帝正义惩罚人的本罪的观点，以强化世俗法律惩罚犯罪的权威性与必然性。

关于法律誓词 《圣经》认为，“上帝是全知全能的，在上帝面前撒谎逃不过末日审判”。为此，许多国家规定了面向上帝的法律誓词。如英国的“盎格鲁－萨克逊法律”中就有如下的规定，索赔被盗财物案中原告的誓词：“我在上帝面前宣誓指控他就是盗窃我财物的人。这既不是出于仇恨、妒忌或其他非法目的，也不是基于不实所言或信念。”被告人的誓词：“我在上帝面前宣誓，对于他对我的指控，我在行为和意图上都是无罪的。”助誓人的誓词：“我在上帝面前宣誓，他的证词是清白和真实的。”

关于陪审团 陪审团制度在英美法系被称为“人民的梦中情人”，它之所以产生，许多学者归之于限制法官司法权力和强调公众程序参与权利。事实上，该制度最初源自《圣经》的《利未记》第19章：“按照公义审判你的邻舍。”而且，陪审团在西方裁定事实问题的诉讼职能，不少人认为是对全知全能上帝忠实负责的表现。

关于法官的义务 《圣经》认为：“诉讼是一枚苦果子。”因此，法官应当迅速审判，拖延不决只会给诉讼这枚苦果染上酸味。审判针对人间的暴行与欺诈而设，是社会公义的阀门，《圣经》中反复强调法官的义务：“审判的时候，不可看人的外貌；听讼不可分贵贱，不可惧怕人，因为审判是属乎上帝的。”《利未记》第19章第15节说：“你们施行审判，不可行不义，不可偏袒穷人，也不可重看有势力的人，只要按照公义审判你的邻居。”其中蕴涵了相同的案件应作出相同的判决、不能因人而异和法官平等适用法律的原则。美国法庭每次开庭前，都会以这样的祈祷开始：“愿上帝保佑美利坚合众国和这个光荣的法庭。”在其首席大法官座位上方的石头上，刻着《圣经》中的十条诫命。它表示法官要有敬畏上帝的心，不能苟徇私情，枉法裁判。

关于证据规则 《圣经》记载：美丽善良的姑娘苏姗娜遭人诬陷，一个名叫但以理的青年在上帝的启迪下，凭借正义和智慧解脱了苏姗娜，并使恶人受到应有的惩罚。在该案中，男主角不是简单地凭一种信念为无辜的女主角辩护，而是坚持上帝“切不可将无辜者处死”的启迪并采用将两名证人分别询问具体情节的方法，最终使诬陷者漏洞百出。后来，这在英美证据学上逐渐发展为交叉询问法则、矛盾规则，并对英美法系当事人主义诉讼模式产生了深刻的影响。

在当今的美国，每10个人中就有9个人自称相信上帝，有8个人认为宗教对他们的生活非常重要，有7个人属于某个宗教组织，有大约6个人每天祈祷，有一半以上的人认为上帝是美国民主的道德引导力量，有4个人每周去教堂，有30多万座教堂寺庙遍及美国城乡，可见，宗教在美国社会中所发挥的作用。

美国有不胜枚举的教派。各教派在对它们所应崇敬的创世主的礼拜仪式上虽有不同，但在人与人之间的义务上却意见一致。因此，各教派虽以各自的方式去崇敬上帝，但都以上帝的名义去宣讲同一道德。对于一个人来说，教派对他可能十分重要，但对于整个社会来说却并非如此。社会对来世既无所惧，又无所望。对于社会来说，最重要的不是全体公民信奉什么教派，而是全体公民信奉宗教。在美国，主权者必须表示信奉宗教，所以伪装信教的现象也普遍存在。但是，美国仍然是基督教到处都对人们的灵魂发生强大的实在影响的国度，而且再没有什么东西能够表明它比宗教更有利于人和合乎人性，因为这个国家在宗教的影响下，已是最文明和最自由的国家。

佛教、天道神学、儒家思想对中国法律的影响

早在西汉时期，华夏本土就与外域文化形成了密切的交流关系。西汉末年，东汉之初，南亚的印度佛教开始传入中国。但是，汉魏之际，佛教并未在中国盛行，且官方亦禁止汉人出家信佛。然而到魏晋南北朝时期，佛教日渐兴盛起来。在这一过程中，中国本土文化与佛教文化也曾发生过激烈的冲突，甚至出现北魏世祖太武帝因信道教兼恶佛徒不法而诛戮佛徒的事件。即便如此，到了隋唐时代，佛教文化还是大兴于中国。佛教经籍的系统化整理，佛教寺庙的大规模兴建，佛教宗派的分殊林立，高僧佛徒的经教授业，使佛教在中国的流传呈现出极盛的态势。然而，虽然佛教文化在古代中国得到广泛的传扬，但并未能从根本上撼动中国本土文化的根基。佛教的传入，在一定程度上使社会关系较先前更为复杂。中国的固有法律势必要做出相应的反应。统治者试图运用法律机制调控与佛教活动有关的行为与关系。诸如，确定僧徒的法律地位，惩治“私入道”的行为，惩罚盗毁佛教神像的犯罪行为，打击诬告僧徒的行为，规范僧徒的伦常行为，惩办僧徒的各种犯罪行为，等等。而信奉佛教者，亦努力化解儒家文化与佛家文化之间的冲突，申言佛教与礼制相间无妨，以便证明佛教教义与儒家的伦理纲常信条并无相悖。因而，在中国古代法律文化的自主演进过程中，佛教文化的传入，实际上是一个历史的“插曲”，并未打断中国法律自主发展的进程。

至于欧洲传教士在十九世纪以前中国的传教活动，虽然带来了西欧的文明与法律文化，但也并未对中国的礼制文明产生根本性的冲击。虽然早在唐代，西欧中世纪的宗教文化就开始传入中国，但西方文化真正进入中国，乃是十六世纪中叶的事情。随着近代资本主义的海外贸易和殖民扩张，欧洲耶稣会向东方及中国派出了大批传教士，宣扬天主教的传统教义，以便对抗欧洲的宗教改革运动，维护欧洲大陆的封建专制制度。为了能够使天主教教义被中国人接受，这些传教士在把西方的宗教哲学著作译成中文的同时，还着力介绍西方的科学技术，其中最为重要的人物当是意大利人利玛窦(Matteo Ricci)。尽管到了康熙年代，传教士在中国的传教事业进入全面复兴时期，但是这些耶稣会士所表达的教义文化终究与中国本土世俗性的传统文化相去甚远，实难耦合，中国大众百姓对这些舶来的教义亦缺乏足够的热忱。所以，从“礼仪之争”的发生到雍正年间的禁教，充分表明来华耶稣会士的传教活动对中国社会与文化发展的影响力是相当有限的。由于这些来华传教士是欧洲耶稣会在远东的使者，而耶稣会乃是欧洲宗教反改革运动的封建教会，因而传教士所传播的“西学”并不是文艺复兴以来的近代欧洲思想与文化，他们对近代启蒙思想家所主张的“天赋人权”学说毫无兴趣，而热衷于中世纪欧洲的“君权神授”论。因此，这一时期传教士的政治主张亦不可能影响中国政治法律制度的发展走向。

古代中国法律受宗教的影响主要体现在以下几个方面：

法权渊源　远在炎黄时代，部落首领已自称太阳、天，进入阶级社会以后，历代君主、帝王或假借天帝之口或自称为天子，人间的首领、帝王被神化。虽然“法自君出”，但皇帝乃是“口含天

宪”，仍是将君主制定的法律说成是上天的意旨，以便利用人们对天神的敬仰与崇拜，达到愚昧人民，维护其统治的目的。皇帝拥有的立法权，也是“奉天承运”。所以，法自君出、君承天命，归根结底仍是君权神授。

法律内容 从宏观看，中国奴隶制法由礼和刑两部分组成，封建社会自汉代起在法律思想上主张“德主刑辅”，隋唐时法律“一准乎礼”，礼由习惯演变成国家法律的重要组成部分并作为一个法制传统历代沿袭。德、礼是宗教的衍生之物，于是，宗教因法律而具有社会性，法律因宗教而获得神圣性，二者相辅相成，共同构成古代中国的法律体系。表现在具体的法律内容中，宗教性则随处可见：（1）法制的指导思想：商时的统治者是借助“天意”实行“天罚”，殷时发展到假借鬼神进行“神判”，有意识地把惩罚和刑杀披上宗教神话色彩。周及其后各朝代则都不同程度地以德治、礼教为指导；（2）罪名：天帝是最高统治者，所以不敬天是最严重的犯罪。

司法程序 首先，体现在案件的审理裁决方式上。为了假托神意，古时的定罪判刑常用占卜的方式进行。后来虽出现了一些比较客观的审判原则（五听制度、证据制度等），但在案件难以解决时，法官仍寄托于神明裁判，认为“人各有报，天网恢恢”。其次，体现在行刑上。西周时已从敬天的基本观点出发，一般在秋冬执行死刑，以应天道。东汉董仲舒创“天人感应”与“阴阳五行说”，认为天子所施德教、刑罚都源于天意，因而“王者生杀、宜顺时气”。德教刑教皆应符合天道：春夏万物生长繁茂，主阳；秋冬凋零收藏，主阴，所谓“春生夏长秋收冬藏”。所以“春调，秋荣，冬雪，夏有霜雪，此皆气之贼也。”而“德教主阳，刑杀属阴”，如“刑德易节次则贼气速至，贼气速至则国多灾殃”。或秋冬行德，春夏行刑是大的“易节失次”；或庆赏不当、刑罚枉滥是小的“易节失次”，都会产生“贼气”而干扰四时运行引起灾难。所以在行刑时，汉律以“冬月行重刑，迂春则赦若（或）赎”，即秋冬行刑，春秋行赦，重罪判死刑，都要等到秋冬季节进行，以与天时运行相符。以后各朝大多与此相似。明清时的秋审、热审、朝审制度也是受此理论影响。此外，古代统治者往往认为水、旱、饥、蝗等自然灾害是由于冤狱激怒上天而受惩罚，所以皇帝除主持祭祀鬼神外，还常要求官吏查访冤案；历代统治者为求上天降福免受灾祸，还常常对囚犯减免刑罚或进行大赦。对神对天的敬仰崇拜已经影响到古代的刑罚制度。

就影响而言，儒家思想对中国法律影响最大，也最深，可谓中国法律的儒家化传统。儒家化是指中国传统法律受儒家思想影响和支配的发展过程。这一过程开始于汉代，延续至明清时期。汉初，统治者鉴于秦朝奉行法家思想而失利的教训，在比较儒、道、法、阴阳等学派的思想之后，于汉武帝时期决定以儒家思想作为治国的正统思想。儒家思想正统地位的确立，很快反映到法制实践中。首先是儒家尊崇的经典被各级官吏引用去处理案件，即史书中所谓“引经决狱”。接着是东汉的律学家引用儒家经典解释法律，即历史上所说“引经注律”。随后是立法者直接把儒家奉行的道德准则、政治准则纳入法律之中，即史学界所称“以礼入法”。“以礼入法”的活动至唐代已基本上完成。“以礼入法”的完成标志着中国古代法律儒家化传统的形成。这一传统的形成，具体反映在法律条文上，就是法律全面规定了维护等级制度和家族制度方面的内容，确立了尊卑、贵贱、长幼、亲疏同罪不同罚的原则。凡官僚贵族犯罪，可依法享有减轻处罚和免除处罚的特权。定罪量刑时，卑犯尊从重，尊犯卑从轻。法典中专门规定了依亲疏关系定罪量刑的丧服制度，依服制定罪的制度是中国传统法律与西方传统法律的一个重大区别。儒家化传统的形成，不仅对中国古代立法产生了很大的影响，而且对中国古代司法也产生了深刻的影响。正如宋朝理学家朱熹所说："凡有狱讼，必先论其尊卑、上下、长幼、亲疏之分，而后听其曲直之辞。"儒家思想的另一个影响就是形成我国的轻讼传统。

受法家思想的影响，中国具有深远的重刑传统。重刑传统包含三种含义：（1）在法律观念上，人们把刑与法等而视之，甚至以刑的观念代替法的观念，把法律只看作是一种禁暴止邪的工具。（2）在立法上，历代法典都以刑法为主体，民事行为也以刑罚手段制裁。（3）在司法上，大量使用酷刑和死刑，重刑传统在中国历史上由来已久。早在夏商时期，人们就把刑罚与战场上的杀戮相提并论。即古书上所说："大刑用甲兵。"后世称之为：兵刑合一。惩罚部族内部的非法行为用"中刑"，"中刑用刀锯"。一般的训戒用"薄刑"，"薄刑用鞭扑"。重刑传统的形成与法家学派重视刑法治国的思想有直接的关系。法家认为：刑、赏是治国最有效的两种方式。二者相比，刑比赏更为重要，更为有效。所以法家主张治国要刑多赏少，甚至主张要"刑九赏一"。秦朝统治者奉行法家思想，专任刑罚，促成了中国历史上重刑传统的形成。汉承秦制，立法上仍然以刑法为主体。以刑为主的立法传统一直延续至清末。由于儒家化之后的法律没有真正改变重刑的传统，所以有学者认为汉唐至明清的法律是"外儒内法"，理论上提倡的是儒家主张的礼治、德治，实践中则实行法家的重刑主义。

中美法律文化之差异

在美国，法律对社会生活始终发挥着关键作用，法律和社会之间存在着一种异常密切的联系。几个世纪前，托克维尔就法律和法律职业在美国社会生活中的基本地位评论说："在美国，几乎所有政治问题迟早都要变成司法问题。因此，所有的党派在它们的日常论战中，都要借用司法的概念和语言。大部分公务人员都是或曾经是法学家，所以他们把自己固有的习惯和思想方法都应用到公务活动中去。陪审制度更把这一切推广到一切阶级。因此，司法的语言差不多成了普通语言；法学家精神本来产生于学校和法院，但已逐渐走出学校和法院的大墙，扩展到整个社会，深入到最低阶层，使全体人民都沾染上了司法官的部分习性和爱好。在美国，法学家形成一个并不足惧但难于察觉的权力。这个权力没有自己的旗帜，能够极其灵活地迎合时代的要求，不加抵抗地顺应社会的一切运动。但是，这个权力却扩展到整个社会，深入到社会上的每一个阶级，在暗中推动社会，默默地影响社会，最后按自己的意愿塑造社会。"

美国社会始终体现了法治主义，突出律师和法官的作用；在人民中，依法办事成为普遍的风尚。用一位英国评论家的话说："合众国的人民，与现存的任何其他民族相比，更充分地受到了法律意识的熏陶。"法律职业在美国享有崇高的地位，在 56 名《独立宣言》的签字人中，25 人是律师；在联邦制宪会议的 55 名成员中，31 人是律师；在第一届国会上，29 名参议员中的 10 人以及 56 名众议员中的 17 人是律师。诚如戴维·达德利·费尔德所断言的那样，"法律职业的社会地位是一个民族文明的标志。"

在美国没有为数众多的人视法律为天生的敌人，对法律表示害怕和怀疑，因而经常聚集起来闹事的现象。相反，你却不可能不发觉所有的阶级都对国家的现行法律表示巨大的信任，以一种爱父母的情感对待现行法律。欧洲人常把公职人员视为政权的代表，而美国人则认为公职人员的工作是行使公民的权利。因此可以说，在美国决不是人服从人，而是人服从正义或法律。

美国和大陆法系国家在法律观念上有许多不同之处。其中最主要的差异反映在程序法上。大陆法系国家的法律深受大学学究的影响，重视原则和反映原则的实体法。中国在法制近代化和现代化过程中，适应中央集权的传统习惯思维，自然地加入了大陆法系的行列，因而也受到其司法观念的影响，重实体法，重结果，而轻程序。而普通法是从法律实践中摸索、发展起来的，更重视正当程序、过程公正。在大陆法系国家的人士眼中，实体法才是法律；在英美人士眼中，实体法和程序法都是法律，而且一样重要。这两个法不可分割：只有按部就班地遵循程序，方方面面公平合理，才能取得公正的解决方法。没有正确的程序，不可能有正确的解决方法。大陆法系的司法人员则认为法官必须掌握公正的解决方法，如果法官知道公正的解决方法，他不应该过分地注意程序的细节而忽略了公正的解决方法。在美国人眼里，程序高于结果。

"法律的正当程序"表达了美国司法的基本观念,这一理念有两个内容:一是实质性的正当程序，一是程序性的正当程序。实质性的正当程序是针对立法而言的，要求立法机关制定法的程序具有正当性；程序性的正当程序是针对法律的执行机关而言的，要求执行法律的机关必须严格地遵行具有实质正当性的法律或者其行为符合程序正当的要求。"程序性的正当程序"是对行政机关和司法机关的限制，旨在消除那些能够影响一个公民人身和财产权利的司法和行政活动中的专横和不公平的程序。这一理念本身要求审判和听证应当及时并且为被控告的人提供足够的不利于他或者有利于他的资讯，在中立的法官和陪审团面前拥有提供有利于自己的证据的机会、在依合法取得的证据证明有罪之前应被推定为无罪、判决应建立在业已提供的证据的基础之上等要求也包含在"正当程序"的理念中。一部具有实质正当性的法律如果在刑事司法活动中得不到认真的遵行，或者司法机关在刑事司法活动中采取的措施不具有实质的正当性，都不能实现司法公正。

"法律至上原则"、"遵循先例原则"、"陪审团审判原则"是英美法系三大富有特色的法律制度。一旦宪法对权力进行限制或者对其行使规定了一定程序，那么普通法院将拒绝执行超越这些限制的任何行为。普通法院的这一态度在法理上称为"法律至上原则"。遵照先例原则和法律至上原则后面有相同的精神。先例原则意味着讼事将依据从过去的司法经验中归纳出来的原则来裁判，而不是按君主意志武断地确立规则推导出的原理来裁判。换言之，理性而非武断的意志是判决的最终基础。法律至上原则能够推导出相同的观念。它是这样一个原则，君王及其所有代理机关都必须依照法律原则，而不是依照武断的意志行事，更不得以任性替代理性不依事实行事。陪审制度则既可能是贵族性质的，又可能是民主性质的，这要随陪审员所在的阶级而定。但是，只要它不把这项工作的实际领导权交给统治者，而使其掌握在被统治者或一部分被统治者手里，它始终可以保持共和性质。实行陪审制度，就可把人民本身，或至少把一部分公民提到法官的地位。这实质上就是陪审制度把领导社会的权力置于人民或这一部分公民之手。

中华民族经历了五千多年漫长的发展历程，形成了独树一帜的传统法律文化。其独特性表现在：（1）强调家国本位、义务本位；推崇家族、国家的利益，认为家族、国家利益是个人利益之本，远远优先于个人利益，个人应为家族、国家的利益而充分履行自己的义务。（2）讲究等级差别，维护特权；我国传统法律的一个主要特点是"礼法结合"。而"礼"最鲜明的特征便是"正名分"，即确立名分等级界限。（3）实行司法与行政不分，司法权隶属于行政权。（4）追求和谐，反对争讼。（5）重"人情"，人缘、地缘关系发达；为了达到和谐的社会目标，我国古代社会倡导"与人无争"，并且要建立良好的人际关系。又由于传统社会是宗族社会，它所形成的以血缘为纽带的聚族而居和世代毗邻的地域关系，使得社会成员如同生活在一个大家庭中，人际关系融洽是生产和生活顺利进行的重要前提。于是，古代社会的人们处在君臣、父子、夫妇、兄弟、乡邻等关系网络中，为人处事无不受这个网络的约束。重人情、讲关系的习俗便世代沿袭下来。

传统法律文化对立法、司法的影响具体体现在：第一，受家国本位、义务本位价值观的影响，我国的诉讼目的偏向于惩治违法犯罪行为，维护社会整体利益，而对个人尤其是被告人的权利保障不力。第二，等级特权思想仍然存在于不少人尤其是实权人物的观念里。等级特权思想使法律面前人人平等、司法独立、司法公正等法律原则遭到了严重破坏。第三，司法、行政不分，行政权力过于膨胀的传统使我国司法带有浓厚的行政色彩。第四，受息讼观念的影响，我国诉讼制度解决纠纷、保障法律实施的功效得不到充分发挥。第五，因为重人情、重关系，证人不愿出庭作证，以免得罪他人，破坏良好的人际关系，所以证人的出庭率极低，作证质量也不高；因为重人情、重关系，很多情况下，打官司成了“打关系”，没有关系也要找关系、拉关系，所以司法不公、司法腐败现象比较严重；因为重地缘关系，地方保护主义盛行，使得异地取证、异地执行难上加难。

在《论法的精神》一书中，孟德斯鸠反复强调，中国(古代)政体的性质是专制主义，“中国是一个专制的国家，它的原则是恐怖。在最初的那些朝代，疆域没有这么辽阔，政府的专制精神也许稍为差些；但是今天的情况却正相反”。中国的皇帝往往以“天子”而自居，像“天”一样的统治者，以“天”为典范，并且从中获取威权的巨大动力。为了维护专制君主的权威，中国的法律规定，任何人对皇帝不敬就要处以死刑；但是，由于法律没有明确规定什么叫不敬，所以任何事情都可拿来作借口去剥夺任何人的生命，甚至灭绝整个家族。在中国，“人们曾经想使法律和专制主义并行，但是任何东西和专制主义联系起来，便失掉了自己的力量。中国的专制主义，在祸患无穷的压力之下，曾经愿意给自己带上锁链，但却徒劳无益；它用自己的锁链武装了自己，而变得更为凶暴”。

中美诉讼文化之差异

追求“无讼”与实现“正义”　中国的诉讼文化的价值取向是“无讼”，一方面，普通民众养成了厌讼、息讼的生活习惯和思维定势，另一方面，劝讼、止讼、息讼也成为中国历代官府的重要使命和断案宗旨。而西方传统诉讼文化中诉讼的价值取向在于通过适用法律实现正义。特别是资产阶级革命胜利后，法治国的理念逐渐深入人心，诉讼作为人民实现正义的方法和手段也逐渐被广泛认可，上至政权更迭、官员选举，下至财产纠纷、交通肇事等，人们都愿意通过诉讼的方式加以解决，以此求得一个“说法”。

“程序化”和“非程序化”　中国古代法典中，不仅“民刑不分”，而且实体法与程序法不分，由此导致了人们诉讼程序观的淡薄及司法实践中对程序的肆意违反和粗暴践踏。主要表现在：首先，是受儒家“非讼”思想的影响，认为诉讼是不道德的行为，自然越少越好；其次，表现为中国古代诉讼程序的非体系化、单一化，实体与程序不分、刑诉与民诉不分；再次，表现在中国古代诉讼实践中从未形成相对独立的法律职业阶层；最后，表现为中国古代诉讼运作的非程序化。而西方从古希腊、古罗马开始，人们对发生的纠纷愿意求助于诉讼，客观上导致对程序的重视及程序立法的发达化；长期以来，西方社会中独立的法律职业阶层已经形成并得以延续；西方古代诉讼运作很早就有了程序化、正规化的特点。

伦理性和宗教性 中国传统诉讼文化具有强烈的伦理色彩，主要表现在：一是在观念上视“诉讼”为一种恶、一种不道德、不光彩的行为；二是法典的伦理化；三是诉讼实践的伦理化。而西方传统诉讼文化深深打上宗教性的烙印，表现在诉讼实践中诸如法官应当依“理性”和“良心”断案、证人宣誓制度等带有浓厚宗教色彩。

封闭性与开放性 中国传统诉讼文化的主流思想和核心内容皆生自本土，形成了自己独特的术语、概念、命题、内容及观念体系，其产生和发展具有内发的渐进特点，受外界的冲击和影响较少。而西方传统诉讼文化是在国家与国家之间、地区与地区之间不断交流与融合中形成的，其发生和发展是各种思想观念激烈碰撞、相互扬弃的产物，具有较强的外源诱发性特点。因此，西方法系是一个庞大的多源的组合性法律体系、是一个保持对外和对内相互交流与联系并能实现自我更新的法律体系、是一个不断发展的体系。

在中国封建时代，“无讼”作为一种传统法律观和诉讼价值观，之所以能够对官吏和民众发挥实际的指导作用，一是儒家“重义轻利”、“礼之用，和为贵”、追求“和谐”观的影响。善良百姓一旦涉讼，被官府传唤，便被邻里所小视。这就使人们不愿轻易走进衙门。二是地方官吏的政绩和形象的特殊要求。古代地方官兼行政、司法于一身，地方治理的好坏，直接关系到他们的政绩与升迁。而一个地方的百姓诉讼浩繁、争讼不断，正是地方官治民无方、德教不彰所至。三是封建诉讼制度的黑暗。百姓一走进衙门就身不由己了，“阎王难见，小鬼难缠”，处处需打点，节节需疏通，其结果是为了一纸判状而倾家荡产。加之当事人和证人常常被关到班房里候审，家里人忙不迭送茶送饭，一个不大的官司常常耗时一年半载。由于诉讼而花费的金钱远远超过诉讼获胜的价值。这一切都使人们望而生畏。四是自给自足自然经济的庇护。封建社会的经济形式是自给自足的自然经济，人们在封闭的农村生活，交换很不发达。因此，产生争讼的机会也不多。这实际上是“无讼”的天然土壤。“无讼”观压抑人们正当权利观念。一般而言，当自己的正当权利被他人非法侵害时，应当勇敢地走进公堂，用法律来维护自己的正当权利。但是，当这种正当行为代价太高时，人们有理由望而却步。

我国有学者将中国民众的诉讼心理概括为：（1）惧诉心理。在中国，由于纠问式诉讼长期盛行，诉讼过程中拷讯证人的情况屡见不鲜，因此民众有惧诉心理。（2）耻诉心理。首先，我国民众有“和合”传统，凡事“以和为贵，以礼为先”，“以无讼为荣，以讼争为耻”，即使迫不得已遇到纠纷，亦希望通过个人和解、族内调解解决，而不愿到“官府大堂”通过庭审方式终结纠纷，更谈不上为他人诉讼出庭作证。因为，在一般人看来，出庭作证是“过堂”，是“受审”，是极不光彩的事情。对于被传唤作证既恐惧又疑虑，惟恐被别人误解为疑犯。其次，封建的等级特权观念对侦查人员的影响亦根深蒂固。自西周开始，我国就有“刑不上大夫，礼不下庶人”之说。认为“刑”是针对普通民众的，做官者的行为应由“礼”来规范。另外，自礼法产生以后，统治阶级即享有不出庭之权，若遇诉讼，由其部属或亲戚代理出庭。据《周礼·秋官·小司寇》记载：“凡命夫命妇不躬坐狱讼”。原因是“治狱之吏，皆有严威，恐狱吏亵尊，故不使命夫命妇亲坐，若取辞之时，不得不坐，当使其属或其子代坐也”。春秋战国及汉、唐各代基本沿袭西周的做法。到元代，最终将“命夫命妇”的此项特权制度化、法律化，统治阶级为维护其所谓的体面尊严，作为诉讼当事人，尚不出庭，由他人代为进行，更何谈为他人诉讼而出庭作证。此种思想促使刑事案件的侦查人员认为：在大庭广众之下接受被告方质询实乃是降低身份、有失体面之事，对于法律要求其出庭作证存在本能的反感心理。（3）厌诉心理。在西方，早在古罗马时期，对程序正义就比较重视，其“证讼制度”在今天的大陆法系发展为“一事不再理”，英美法系演变为“禁止双重危险”。而在我国历来就有重实体、轻程序之传统，为发现实体真实，程序价值可以忽略不计，法庭审判可以周而复始地进行，证人一旦陷入诉讼即难以脱身。封建时期存在着三复奏、五复奏制度，朝审、会审制度，录囚制度。案件经初审后，若存在疑问，可以逐级上奏朝廷，有时甚至出现“朝廷不能决，再广征于国人”的情况，致使案件的终结遥遥无期，刑事诉讼的程序价值荡然无存。而今，依据现行刑事诉讼法规定，情况虽有好转，但问题依然存在。此种审判方式虽有利于发现实体真实，但对程序价值的损害甚为彰显。

受我国传统法律文化的影响，人们的证据意识比较淡薄，归纳起来，主要有四个方面的原因：一为熟人社会。我国自古以来社会流动缓慢，社会变迁迟滞，人与人之间的交往相对固定，社交圈狭窄，使大多数人生活在以血缘关系为纽带，以家族同姓为根基的“熟人社会”里。在熟人社会中普遍存在人情优位，人们不免养成一种态度暧昧、不太计较、不很认真的习惯。因此，签字画押，不但多余，而且显得见外。二为厌讼心理。在古代，绝大部分人认为诉讼是万不得已的事情，能避免就尽量避免。三为秉信道德约束。儒家文化讲究“君子一言，驷马难追”、“一言九鼎”，而忽视民事、商事交往中的契约关系。这种君子协定和内心的道德约束在古人的言行中确实起过对“背信弃义”的制约作用，但这种制约多是内在的，而且因缺乏必要的证据支持而显得十分脆弱。最后，从中国古代的证据制度来看，它是以“人证”为中心的，审案者往往在司法实践中“以五声听狱讼”和“钩距问案”等“人证”调查方法而忽视物证的收集、保存和运用，这也无疑会削弱人们的证据意识，尤其是对待物证的态度。相形之下，西方法治社会则是以法律形式合理性为特征。西方的社会发展，尽管也曾存在熟人社会阶段，但是随着商品经济的发展，城市化步伐加快，逐渐过渡到陌生人社会并形成了“泛权利”的社会关系和陌生人社会规则：基于商品交易关系，人们的利害休戚相关，所以必须定纷止争、各得其所；由于人们之间相互不知底细，所以要事先说清道明、明码实价；基于人性恶的先验判断，人容易出尔反尔，甚至逃之夭夭，所以要立字为据，甚至提供担保。这些因素培养并促进了人们对收集、保存和使用证据的意识。

清末司法改革改变了中国传统的刑事司法制度和立法司法理念，主要表现在：一是确立了以司法独立原则为核心的近代化刑事司法体制。在建立以大理院为最高审级的法院机构的同时，建立了检察机关和警察部门，其中法院负责审判，检察机关负责侦查和起诉，警察部门辅助检察机关进行侦查。这种司法体制完全是一种近代化的做法，它在中华民国成立后，依然被沿袭下来。中华人民共和国成立后，废除了国民党的“六法全书”，清末以来建立起来的所谓旧司法体制也被废除；同时，在总结解放区司法经验的基础上，引进了前苏联的刑事司法体制。但是，这种崭新的司法体制，其基本的结构框架并未超出清末司法改革时建立的司法体制的范围。从另一方面看，如果没有当年清末司法改革以及后来民国时期的经验为基础，引进前苏联的司法体制，将很难在中国大地上生根发芽。二是确立了以控审分离为核心的近代化刑事诉讼程序。清末司法改革确定的诉讼模式，在当时并没有达到较为完善的地步，如辩护制度中尚缺乏专门的律师辩护，但这种基本框架，却经过中华民国一直到中华人民共和国被沿用下来。三是初步确立了以自由心证原则为核心的近代化证据制度。

基本确立了以证据裁判、直接言词和自由心证为原则的证据制度，削弱了被告人口供在诉讼中的中心地位。中华人民共和国成立后，除了证据裁判原则（但对证据的资格问题则缺乏规定）依然得以执行之外，直接言词原则的执行受到了削弱，自由心证原则则被戴上资产阶级的“帽子”而被抛弃。四是引进了以人权保障为核心的近代化司法理念。如审判公开、允许被告人为自己辩护等。

培养造就现代法律文化和诉讼文化

公丕祥教授认为，包括诉讼文化在内的中国法制现代化的过程是一个传统法律文化与西方法律文化的冲突过程，也是传统法律文化迎接挑战、扬弃自身，进而实现创造性转换的过程。在这个过程中，如何正确对待西方诉讼文化的问题便显得尤为突出了。在诉讼文化的建构上，“全盘西化论”与“移植论”既不可能，也不可取。诉讼文化，作为文化的一部分，从本质上讲，是深深镶嵌于特定区域的历史传统与人文土壤中的意识复合体，它“融化于血液里，渗透在行动中”，既无法彻底根除、消灭，也不能被完全仿制、复印，自然也说不上全面移植了。文化具有较强的民族性、排他性，“当一种外来文化传入时，区域文化的封闭体系就会产生一种排他性，因而发生文化冲突”。这种情况不仅会发生于不同历史传统的国家之间，而且在有相同历史传统的国家之间也屡见不鲜。前者如二十世纪中期，具有大陆法系传统的日本在大量引进移植英美国家的诉讼制度时，便受到传统诉讼文化的强烈排斥与抵制，以至一位日本法学教授在自己的著作中写到：“有时，人们厌恶法律”，与此同时立法确立的一些制度远不如英美国家那样充分发挥作用。后者如十八世纪资产阶级革命胜利后的法国，为了倡扬民主，反对司法专横，特意从有着类似文化传统的英国引进陪审团制度，但由于水土不服，很快便不了了之，这也与诉讼文化的排斥性不无关系。中国是一个有着数千年封建历史的大国，又没有经历过真正资本主义社会的洗礼，其传统诉讼文化既与西方国家传统诉讼文化有着巨大的差异，同时从整体上看也与以西方为源头的现代诉讼文化格格不入，这种国情就决定了我们在对待西方文化时不能全盘移植。否则难免会陷入梁治平先生所述的尴尬境地：“旧的业遭破坏，新的却无以产生。”

英国学者格林顿等人也认为，如果不经过“本土化”的过程，法律便不可能被移植，他们指出，“必须记住法律是特定民族的历史、文化、社会的价值和一般意识与观念的集中体现，任何两个国家的法律制度都不可能完全一样，法律是一种文化的表现形式，如果不经过某种本土化的过程，它便不可能轻易地从一种文化移植到另一种文化。”

笔者认为，在中国的本土文化尚不能自发产生先进的法律文化和诉讼文化的情况下，要真正实现我国法律文化和诉讼文化的现代化，又不至于走弯路和迷失方向，那么只能去借鉴西方的先进法律文化，而借鉴西方的法律文化又不能不考虑我国的民情，也不能不考虑国民的承受能力和接受能力。

托克维尔认为，法律只要不以民情为基础，就总要处于不稳定的状态。民情是一个民族的唯一的坚强耐久的力量。民情不仅指通常所说的心理习惯方面的东西，而且包括人们拥有的各种见解和社会上流行的不同观点，以及人们的生活习惯所遵循的全部思想。托克维尔把这个词理解为一个民族的整个道德和精神面貌。托克维尔进而认为，（十九世纪时）墨西哥所处的地理位置，其有利性不亚于美国，而且墨西哥还采用了与美国相同的法律，但墨西哥没有促使自己建立民主政府的民情。

只有美国人特有的民情，才是使全体美国人能够维护民主制度的独特因素。英裔美国人在各州建立的民主制度之所以在细节和发展程度上有所不同，也正是这个因素所使然。毫无疑问，自然环境、法制、民情这三大原因都对调整和指导美国的民主制度有所贡献。但是，按贡献对它们进行分级是：自然环境不如法制，而法制又不如民情。

就法律文化和诉讼文化而言，我国的民情就是我国长期专制历史传统以来形成的“官本位”思想、“等级特权”的思想、“权大于法”的思想、追求“和谐，无诉”的思想、“惧诉”、“耻诉”“厌诉”的心理等等。要清除这些法治现代化的障碍，就必须在立法和司法中潜移默化人民的思想，让人民懂得什么是“罪刑法定”、什么是“罪刑相适应”、什么是“无罪推定”、什么是“疑罪从无”、什么是“正当程序”、什么是“避免双重危险”、什么是“不得强迫自证其罪”、什么是“排除合理怀疑”、什么是“刑罚个别化”……以及如何认真对待自己的权利、如何实现程序公正和实体公正等等。笔者深信，“有什么样的国民，就有什么样的政府”，“有什么样的政府，就有什么样的法律”，如果我们的国民已经发展成为具有现代法律意识和诉讼意识的国民，那么，在经历一定时期的“本土化”后，相信我们自然会产生先进的法律制度来，自然也一定能实现我国定罪量刑机制的现代化，而不至于走历史上墨西哥那样的弯路。

总之，笔者坚信：对过去来说，法律是文明的一种产物；对现在来说，法律是维系文明的一种工具；对未来来说，法律是增进文明的一种工具。“法律随着民族的成长而成长，随着民族的强大而强大，最后随着民族个性的消亡而消亡。”

[试析“三位一体”检察文化建设格局的构建]

王燕鹏　王凯　北京市人民检察院第一分院

党的十八大指出，文化是民族的血脉，是人民的精神家园，充分阐释了文化对于一个民族和国家的重要性。对于检察机关和检察官而言，检察文化的重要性也是不言而喻，对此，无论是理论界还是实务界，都给予认可。但是，如同“文化”一词的概念众说纷纭一样，检察文化的具体内涵、外延，仍然属于理论和实务界重点研究并富含争议的课题，尚未形成统一的认识，进一步引发了关于如何加强检察文化建设的不同讨论视角。本文旨在通过理论分析和实践总结相结合的方式，从检察职业文化、检察机关文化和检察特色文化三方面，对检察文化的内涵和外延进行界定，期以能够为检察文化建设的理论和实践提供一些思路和借鉴。

检察文化的基本内涵

正如林林总总的文化现象一样，“文化”一词的概念，感情认识比理性认识来得容易得多。我们很容易区别具体的文化现象，却难以明说文化的具体概念。在文化的概念界定上，较为经典的概念，当推爱德华·B·泰勒(Edward Burnett Tylor)和莱文·A·怀特(Levin Alvin White)的论述。泰勒指出，“所谓文化或文明，在其广泛的民族学的意义上来说，是知识、信仰、艺术、道德、法律、习惯及其他人作为社会成员而获得的所有能力和习性的复合的总体。”怀特认为，文化是“依赖于符号的使用而产生的现象的综合—行为(各种类型的行为)，物体(工具，由工具制成的产品)，观念(信仰、知识)和感情(态度、价值)。细究可以发现，前者比后者更加包罗万象，后者比前者更加层次分明。本文探讨的“文化”概念，正是基于上述两种定义，既强调文化内涵的广泛性，也注重区分内涵的层次性。

“检察文化”的概念评述

目前对检察文化概念的具体表述中，有的将文化的概念略作变动，直接套用为检察文化，如，根据上述怀特提出的文化的心理要素、行为要素、物质要素三个层次，将检察文化定义为由检察精神文化、检察行为文化、检察物质文化三要素所构成。有的将法律文化的概念进一步细分进而引出检察文化，如提出“检察文化是法律文化的组成部分。检察文化首先是文化，其次是法律文化，要放在法律文化的大背景下来研究检察文化。”可以看出，检察文化的概念同样纷繁，不一而足。但归纳这些观点，主要是从检察文化与文化、法律文化的从属关系的认定上得出的，即“文化 > 法律文化 > 检察文化”这样一个基本结论。

中国检察官文联主席、原最高人民检察院常务副检察长张耕2007年11月在全国检察机关文化建设巡礼上指出，“检察文化是中国特色社会主义先进文化的组成部分，是检察机关履行法律监督职能过程中衍生的法律文化，伴随着中国特色检察事业的发展而不断丰富完善。检察文化建设涵盖检察思想政治建设、执法理念建设、行为规范建设、职业道德建设、职业形象建设等等。”最高人民检察院《关于加强检察文化建设的意见》中也明确，检察文化是检察机关在长期法律监督实践和管理活动中逐步形成的与中国特色社会主义检察制度相关的思想观念、职业精神、道德规范、行为方式以及相关载体和物质表现的总和。考虑到目前检察文化概念的官方认定具有普遍意义，同时，与“文化”的通行概念存在较为清晰的内在联系，本文采取如是观点作为进一步论述检察文化的基本出发点。

“三位一体”检察文化体系的引出

在明确检察文化基本内涵的基础上，有必要对检察文化的外延进行探讨。笔者认为，检察文化的划分，可分为两个层次：首先，进行一般性和特殊性的划分，即一般性检察文化和特殊性检察文化，笔者将后者称之为检察特色文化。其次，再对一般性检察文化进行第二次细分，区分出不同检察文化主体，即检察人员和检察机关，分别对应检察职业文化和检察机关文化。基于上述考量，本文将检察文化分为“检察职业文化、检察机关文化、检察特色文化”三个方面。下面，笔者通过几组概念的对比，力图更加直观地展现和界定这三个方面的基本内容：

检察职业文化区别于企业职业文化 在社会职业文化中，企业文化占据着重要地位。而优秀的企业文化，甚至会超出企业范围之外，深刻影响到社会的发展。企业文化本身包含很多内容，作为企业文化的分支，企业职业文化具有一定的代表性，因此这里侧重选择其中涉及职业文化的部分作为对比：从职责内容看，检察人员的职责属于法定职责，企业职员的职责属于月底给职责；从职业追求看，检察人员追求的是法治、公平、正义等方面内容，企业职员本质上是逐利。这两方面的显著区别，奠定了检察职业文化与企业职业文化在具体内容和目标价值上的明显差异。

检察机关文化区别于其他团队文化 从广义角度来看，任何一个组织的文化或许都能纳入团队文化的范畴。检察机关文化自然也属于团队文化。但检察机关与其他组织之间的区别，也会折射到检察机关文化与其他团队文化的关系上来。具体来说，检察机关首先是机关，机关和其他团队，在事务管理、人事管理等方面存在不同；其次，检察机关又不同于其他党政机关，作为国家法律监督机关，具有职责刚性较强、自由裁量范围较小等特性。上述这些不同之处，就决定了检察机关文化与其他团队文化在内部氛围和外部环境方面的迥异。

检察特色文化区别于一般性检察文化 做出这个区分的出发点是要明确检察文化是一般性与特殊性的内在统一。虽然检察官和检察官之间，检察机关和检察机关之间都大同小异，但这并不意味着不同地域、不同层次的检察文化之间就应该是千篇一律。恰恰相反，如果说检察文化是由检察官和检察机关主导下产生，那么在检察文化的后续发展中，也必然会受到来自检察官和检察机关外部的各种因素的影响，最为典型的例证就是具有地方特色的检察文化的产生。因此，正是由于这些不同因素的介入，实现了检察特色文化与一般性检察文化之间的分流。

“三位一体”检察文化体系的进一步论述和阐释

笔者认为，从实际操作层面而言，“检察职业文化、检察机关文化、检察特色文化”三位一体的检察文化格局的形成，主要应依托两条路径：一是顺势而为，即按照检察文化建设的内在规律相应地开展工作；二是精心培育，即积极探索符合基层实际、突出自身特色的检察文化建设模式。统一性和多样性并存，是不断加大检察文化建设的应有之义。检察文化建设，一方面，应当紧紧围绕检察人员、检察机关的法律职责要求和法律监督属性，完成必备的规定动作，这是检察文化建设的内在规律；另一方面，也应当处理好不同检察机关、不同地域检察机关各自独有的传承和创新之间的关系，这就需要特定的检察人员和检察机关的不懈求索。

检察职业文化　所谓检察职业文化，就是以检察人员的法定职责、执法理念、职业道德、执法行为等为主要内容的文化分支。检察职业文化在检察文化的整体格局中，突出的是其主体性。这里的主体性应该从两个方面理解：一方面，检察职业文化本身，具有主体地位。也就是说，检察职业文化虽然隶属于检察文化的大框架下，但检察职业文化具有一定的独立性。这种独立性的来源则很明晰，就是检察职业的独立性。因而，检察职业文化在整个检察文化体系中，占据着龙头地位，并能够从检察文化的体系中适当分离，却并不因此而丧失自身的存在价值和完整性。在这方面，检察机关文化和检察特色文化的主体地位则明显不及检察职业文化。检察机关文化，究其根源，仍然需要具体的检察人员依据职责去创造、去发展，因此，检察机关文化必然难以超越检察职业文化而独立存在；检察特色文化，则完全依赖于特定的检察人员和特定的检察机关，也难言独立性。另一方面，检察职业文化根植于检察人员这个主体，也因此可以从主体性来加以界定。通过对检察职业文化主体性的两个方面的把握，可以进而深刻理解，检察职业文化建设对检察文化建设整体水平的带动和牵引作用。换言之，检察职业文化的主体性地位，从其自身来看，是整个检察文化体系的动力火车头；从其根植的对象看，是整个检察文化体系的造血干细胞。

检察机关文化　检察机关文化是“检察机关在对机关的人和事进行管理的过程中形成的管理文化”。检察机关文化在检察文化的整体格局中，突出的是其组织性。主要可以从对内和对外两个方面来把握：检察机关文化的对内方面，指的就是检察机关内部的各项规章制度、组织人事纪律、监督制约机制等内部的管理及其制度，还包括营造风清气正的机关环境以及“尊重老同志、培养年轻同志”等团结和谐的机关氛围，这些都是通常意义上检察机关文化所具备的基本内容。检察机关文化的对外方面，则首先要求从整体的角度看待检察机关，其次要积极树立起检察机关良好的整体形象。之所以强调检察机关文化的重要性，既是考虑到检察机关作为一个整体，在检察文化建设中的主体位置；也是由于检察机关自身作为一个组织，必然有其特定的组织文化。同时，如上所述，组织文化进而可以细分为组织内部文化、组织外部文化。检察机关文化的内外两个方面，彼此之间属于相辅相成的关系。简言之，检察机关文化反映出的检察机关内部人和事的管理成效，会促进树立检察机关良好的社会形象；而检察机关文化反映出的检察机关外部的良好社会形象，也同样能够强化检察机关的文化自觉和自信，有助于进一步优化内部的管理。

检察特色文化　检察特色文化指的是不同检察机关所呈现出的立足自身实际基础上的具有明显独特性的检察文化。如前所述，检察文化的培育，不排斥甚至是鼓励创造性行为。千篇一律的文化是没有生命力的。尊重和保持文化的多样性，具体到检察文化体系中，就是检察特色文化的形成。应当认为，检察文化的丰富多彩和蓬勃朝气，在较大程度上取决于检察特色文化的建设成效。只有检察特色文化的层出不穷，才会有检察文化的高潮迭起。检察特色文化，突出的是其自主性。而在自主性的含义下，就意味着检察特色文化必然是和特定的检察人员和检察机关捆绑在一起的。检察特色文化自主性的来源，主要有三个方面：一是历史的传承。文化是一脉相承的，检察特色文化同样如此。二是当下的实践。立足于自身实际的源源不断的鲜活经验，是检察特色文化的经受住时间考验的重要保障。三是未来的创造。检察特色文化的发展要想不定格在过去，放眼未来就是必须坚持的方向。检察特色文化的特色可以进一步细分为工作特色、地域特色、历史特色等等。这些不同类别的特色文化，不要求全都具备，只需其一就可以认定为是检察特色文化的组成部分。

加强检察文化建设的几点思考

根据“检察职业文化、检察机关文化、检察特色文化”的格局，就加强检察文化建设，提出以下几点看法：

加强检察职业文化建设 总体思路是要依据检察职业的内在要求来构建。如果将检察职业视作为一种特殊身份，那么它至少应当有以下一些内在要求：政治性、法律性、公共性。所谓政治性，指的是从事检察职业的检察人员，应当具备较高的思想政治水平，在思想和行动上能够同党和国家的方针政策时刻保持一致，这就要求检察人员牢固树立大局意识。因此，强化大局意识的树立，主动将检察工作纳入到党和国家工作大局中来谋划和推进，确保执法办案的政治效果，是加强检察职业文化首先需要做的。所谓法律性，指的是检察职业是一种法律职业，检察人员就是法律工作者。因此，提升严格规范执法的水平，真正树立起法治理念和法律权威，是检察人员责无旁贷的使命。这需要检察人员在从事执法办案过程中，能够坚持以事实为根据、以法律为准绳，真正将这种要求内化于心、外化于性，确保执法办案活动的法律效果。所谓公共性，指的是检察人员通过执法办案等活动，与社会上的其他组织、民众有着深入地接触，检察人员的行为对社会能够产生较为直接的影响，这就要求检察人员在履职过程中，应当充分考虑社会受众的诉求和反应。因此，检察职业文化应该注重在检察职业与社会的良性互动上有所作为，确保执法办案活动的社会效果。

加强检察机关文化建设 总体思路是要依据检察机关的基本性质来构建。检察机关文化本质上是一种管理文化，直接来源于检察机关内外部的管理实践，并受到检察机关基本性质的深刻影响。我国宪法对检察机关性质的定位是国家法律监督机关。首先，法律监督意味着检察机关的司法属性。因此，在检察机关文化建设中，应当突出司法这个属性，促进完善体现公正司法的一系列体制机制。如在推进主任检察官改革过程中，一个重点课题就是要实现在履行法律监督职责过程中去行政化，而相应的制度设计和配套措施，是否能够真正落地，很大程度上取决于检察机关文化能否有效吸收并促进传统的行政审批式管理到依法独立行使检察权理念的转变。一方面，检察机关文化建设应当及时转变观念，实现与时俱进；另一方面，检察机关文化也应当具备前瞻性，通过检察机关软实力的提升促进主任检察官改革的有序推进。其次，法律监督意味着提升执法公信力、树立检察机关良好社会形象等课题。这些课题的共同特点就是更加凸显检察机关在对外交往方面的相关规则，也就同样需要通过检察机关文化的构建来营造良好的对外形象和交往氛围。

加强检察特色文化建设 总体思路是要依据检察工作的实践特色来构建。检察特色文化建设，深深根植于不同检察机关、不同检察人员的的辛勤劳作之上。相较而言，检察职业文化、检察机关文化的建设上，不同检察机关之间的差别并不十分明显，这两种检察文化共性成分更多一些；而检察特色文化则恰恰相反，个性成分占据着主导地位。因此，检察特色文化建设成效，直接反映了特定检察机关、特定检察人员的独特气质，是一个辨识度较高的检察文化分支。在强化检察特色文化建设时，应当着重处理好几对关系：一是文化传承和文化创新的关系。传承的是检察特色文化的历史积淀，创新的是检察特色文化的现实发展。二是工作实践与深入挖掘的关系。检察特色文化虽来源于检察工作，但两者并不等同，从检察工作实践到检察特色文化的形成仍然需要提炼和升华。三是保持特色与加强交流的关系。检察特色文化的形成不是闭门造车，需要在对外交流中汲取养分，并做到与自身特色的有机结合，从而实现本土化。四是地域特色与工作特色的关系。无论是地域特色，还是工作特色，都是检察特色文化的重要来源，两者之间可以彼此影响、相互融入。

党的十八大和十八届三中全会以来，我国法治建设力度持续加大、司法改革步伐不断加快，检察机关面临许多新的课题。笔者认为，“检察职业文化、检察机关文化、检察特色文化”三位一体检察文化建设格局，有助于使检察文化建设的节奏顺应检察改革的实际需求和检察工作的实践规律，能够在正确把握机遇、有效应对挑战，促进检察机关软实力提升等方面发挥出积极的成效。

[当前基层检察文化建设存在的问题及解决路径]

吴敏　王楠　北京市人民检察院第一分院

为了顺应形势发展的需要，最高人民检察院于2010年出台了《关于加强检察文化建设的意见》，并于2011年相继完成了《关于进一步加强检察文化建设的调研报告》，检察文化建设不断被提升到新的高度，其重要性和必要性可见一斑。与此同时，近几年来，理论界在检察文化的内涵、范畴以及检察文化建设的目标、途径等研究上多有进展，地方各级检察机关也突出强化检察文化建设，在实践中不断摸索规律、展示成果。虽然受到了学界和实务界前所未有的重视，并越来越深入到检察工作的各个领域，但检察文化建设在发展中呈现出的问题也日益凸显，阻碍了功能的发挥，特别是在基层的检察文化建设中，渗透性不强，动力性不足，检察特色不鲜明等现象客观存在，是我们始终无法回避的现实问题。

渗透性不强

检察文化从内容上看是检察物质文化、检察制度文化、检察行为文化和检察理念文化的总和。而检察理念文化是检察文化的核心与灵魂，是文化建设的最深层次。它做为文化结构的主导，保证其他三层面文化建设的方向，并在一定条件下促进和带动其他文化的变化和发展。检察理念文化是指检察机关及其工作人员在履行法律监督、日常工作管理和对外交往过程中形成的独具检察职业内涵的意识形态和价值观念，它是价值理念、职业精神、思维模式、行为方式、群体精神等意识形态的总和。

由于属于意识形态和精神领域的范畴，相对于物质、制度、行为层面的建设，理念文化建设的难度最大，使得基层检察院在这方面的投入和产出总不尽人意，主要表现在：一是内容上以偏概全。即把理念文化建设等同于思想政治教育工作中的主题教育活动，每年根据上级要求，把不同主题的教育活动纳入到文化建设领域，按部就班，以活动结束之日为理念文化建设终了之时，致使理念文化建设呈断裂状态，缺乏延续性。二是方法上存在偏差。笔者认为这是基层检察院在理念文化建设中存在的普遍问题，即只设定目标，告知检察人员应该接受什么样的价值观念和职业精神，却没有进一步明晰和提出实现目标的途径和方法，致使理念文化建设浮在表面，流于形式，检察人员无法真正形成价值共识。三是理论上界定模糊。由于目前对检察文化没有形成统一且权威的概念，使得文化建设界线不明，一些工作开展起来随意性较强，只要需要就都标上文化的标识，没有系统性，不成章法，其结果是铺开摊子却深入不下去。

构成这些问题主要是由于检察理念文化自身特性造成的：一是它存在于内表现于外，与人的内心活动紧密相联，具有主观性和自发性，在现实中确实不好掌控和操作；二是由于意识层面的认知不是人脑中固有的，它受制于社会存在发展的影响和制约，其形成需要经历不同阶段，具有反复性和长期性；三是意识形态是在长期的社会实践中、在潜移默化的学习熏陶中逐渐形成的，就像是一只无形的手影响着人们的行为，带有隐蔽性，也就容易被忽略。如果不深刻把握这些特性，抓住问题的主要矛盾，理念文化建设中的缺陷就无法得到改进，其应有的引导和凝聚功能也无从发挥。

动力性不足

检察文化建设做为一项重要工作，一直与基层检察院的现实状态息息相关。一方面，他是一个信息载体，通过各项文化建设，传达着一个单位的思想理念和价值倾向，体现着单位认可和提倡的行为准则，映射着单位预期的发展方向，让检察人员可以清晰地看到提倡什么、反对什么，从而影响人们的行动和决策。更重要的是，检察文化建设还应是一个助推器，它能够通过促进检察人员个体的不断进步,从而推动整个单位的向前发展。心理学研究表明,人类的大部分行为是通过观察学习，借鉴、模仿他人的行为反应来完成的。在检察文化建设无所不在的环境中，人们有意无意地相互模仿和学习、继承和发展，从而在各自的价值立场之间达成理论共识和感情认同，正所谓“同气相求，同声相和”，检察文化建设把人心凝聚到一起，当检察人员真正把集体的目标作为个人发展的目标时，才能最大限度地发挥个人作用力带动单位不断前进。

虽然检察文化建设对基层检察院有着润物无声的深远影响，但在人们价值选择呈多元化趋势发展，特别是个体意识不断觉醒的今天，人们对文化建设的审视不再盲从，而是更加强了理性思考，具备了自己独到的视角和眼光。这让一贯强化群体意识的检察文化建设难免陷入尴尬境地。主要表现在：一是认为检察文化建设是单位的事情，是部门的事情，与己无关，这种想法导致的直接后果是检察人员自觉自愿的参与度大打折扣，工作难以落实。二是认为检察文化建设的具体内容与个体情况相差比较大，个人利益无法得到满足，从而表现出态度冷漠，不以认可的情绪。三是认为检察文化建设的现实意义仅在于是一种文体活动或娱乐手段，对个体综合素质的提升和发展实用价值不高，于是轻视甚至忽略了这项建设的重要性。

以上现象是社会发展的必然，并不能构成放弃检察文化建设的理由，但这些认识的确使得本应充满生机的检察文化建设陷入软弱无力的状态。究其原因，是没有充分站在“人”的立场来考虑问题。文化本身就是通过人们在长期交往中自然形成的，具有持久生命力的思想和行为的总和，很大程度上是依靠人们的“习惯成自然”和社会约定俗成、自发互动来加以施行的，没有人的参与，文化无法形成也无法延续。而文化对人的反作用力也表现在服务人的发展上。现代心理学研究证明，人不仅是有血有肉有思想的“社会人”，更是有利益需求的“经济人”，他们更加关心自己现实的利益和命运，更加高度关注与自己根本利益直接相关的事件和因素。在消费时代，每个人内心其实都渴望有物质以外的归属感和寄托，但如果检察文化建设只着重体现服务社会和检察事业的价值而忽略了人的因素，陷入被动也就在常理之中了。所以，要让检察文化建设走出困境，就必须转换视角，抓住最深层的存在——现实的个人。

检察特色不鲜明

检察文化是在行使检察权过程中形成的，离开检察职能的行使谈检察文化建设犹如无本之木。在目前的检察实践中，检察权的内涵包括了诉讼和审判监督、刑事公诉、职务犯罪侦查与预防三个方面，进行检察文化建设必须紧密围绕这些职能展开，才能突出“检察”本色，并与其他职业文化区别开来 。正如最高检常务副检察长胡泽君同志指出的：“检察文化建设是以服务和推进检察事业科学发展为根本，以提高检察队伍素质和执法公信力为目标”，检察文化归根到底是为检察工作服务的，偏离了这一点，检察文化建设就将迷失方向，失去重心，只有把生动的检察实践作为文化发展不竭的动力源泉，才能不断开辟检察文化建设的新局面。

现实中对检察文化建设要突出职能定位的理解还有诸多不足，主要表现在：一是把检察文化等同于检察机关文化，缩小了检察文化的范围。检察文化的形式、内容、载体多限于机关文体活动，与检察实践联系不够紧密，与业务建设呈分离态势，有时不但没有真正渗透到检察工作中去，还给人以多此一举，占用业务工作时间的错觉。二是检察机关独有的特色还不突出。比如检察制服做为检察物质文化的具体表现，与许多其他职业的工作服几乎一样，体现不出检察职业的特殊性和庄严性；检察理念文化中职业道德、职业精神的培育还比较薄弱，检察人员欠缺职业自豪感荣誉感。三是检察文化的辐射效应有限。虽然每年最高检以及各级检察机关都积极开展“检察开放日”、“举报宣传周”等有利于服务民众，提升形象，展示业绩的对外宣传活动，但由于检察机关自身的职能特性使得公众对检察机关的认知度相比法院、公安等与民众联系更紧密的部门确实还有差距。

存在以上问题主要是由于：一是检察文化理论研究不足。近年国内公开发表的有关检察文化的研究文章，多局限于基础设施建设的成就、开展文体活动的效果、教育培训情况、装备配置等概要性陈述，真正理论分析研究的很少，缺乏对检察文化从不同视角、多层面分析和特色研究，使检察文化建设缺乏坚实的理论支撑。二是功利主义思想的干扰。由于检察实践对检察文化的影响以及检察文化建设对检察职能的渗透和辐射都需要以时间为积淀，没有立竿见影的效果，在既定时间内为了体现文化建设成果，只能以偏概全，以点带面，选择辨识度高，带有明显文化色彩的工作来完成。

初步解决路径

检察文化建设是检察事业不可或缺的重要组成部分，必须要积极探索和正确把握发展规律，充分发挥其服务保障功能。

一是必须形成检察文化建设的长效机制。在一些现实工作中，“长效机制”一词被使用的频率很高，但也经常形式大于内容，最终成为一句空话，而对于检察文化建设来说，建立长效机制的必要性不容置疑。检察文化的特性决定了这项工作不可能一蹴而就，特别是检察理念文化部分，由于涉及价值观等精神层面，不能听命于本能，需要有意引导和灌输，日积月累方能见效。所以检察文化建设必须要有一个系统的前期规划，并配以完备的保障制度，才能有条不紊，循序渐进。规划方面要力求具体，避免空话套话，对于物质文化和制度文化这种可操作性强的层面可以直接设定时间、内容、方式等细节，而对于理念文化和行为文化虽然比较抽象，但也要根据制定现实情况和工作实际，明确提出短、中、长期目标以及要达到的效果，并尽量做到详细列举完成目标的方式方法。制度方面要突出强调流程管理，做到能够适时监控工作进展和达标状况，对突发问题有应急方案，对方向偏离有校正举措，对已完成的目标有追踪监测，能够在现实条件发生变化时顺势而变，对未能完成的工作有分析评判，能够及时找出症结提升执行力。

二是可以借鉴中国传统文化探寻检察文化建设的方式方法。检察文化建设最核心也是难度最大的问题莫过于解决人的理想信念。一是儒家思想认为，信仰的问题，主要是一个如何在日常生活中做人的问题。如果一个人通过修身和践履，体验到了人生的价值和意义，找到了安身立命之本，这样的人就是有信仰的人。由此可以得到启发，检察文化建设的目标定得再高也要回落到原地，即与个体的发展相结合，当检察人员意识到文化建设提倡的理念并不是为了应和别人或社会需要，而是能够满足自身精神的需求，促进身心的健康成长，那么他们的抵触情绪就会减少，接受程度大大提高。所以基层检察机关不防把视野由远拉近，由高放低，把社会主义核心价值观的建立做为一个终极目标，而先从培养检察人员的“德”入手，阐明做一个有“德”的人的意义所在。古人云：“德者，得也。”当检察人员的心灵得到了收益和滋养时，迈向更高层精神追求的积极性和可能性才能更大。二是传统文化指出，信仰要通过修身过程来建立。信仰并无绝对的有或无，多数人都处在从无到有的中间地带。这也提示我们，任何先进理念和科学价值观的最终形成都是一个自内而外的过程，不能把他们单纯地当作一个外在目标去追逐，必须把孕育和培养当作一个永无止境的动态过程来对待。这就要求我们对于“德”，不仅要时日月年地反复学习和探讨，更要通过实践训练来获得，比如业务部门可以树立些有利于修为的规矩，在每次行使检察职权之前，先对一些职业要求和价值规范进行温习，在每一次业务工作结束后，不仅提炼取得的成绩和存在的问题，还要回顾和反思这些行为是否符合一定的价值标准，这样天长日久，当规矩成为习惯，习惯成为自然时，意识已经随之发生了潜移默化的转变。

三是应该发挥先进典型的示范作用促进检察文化建设。挖掘和树立先进典型不仅是检察文化建设的内容之一，也同时是检察文化建设成果最直观的反映。一方面检察文化建设是一项将多种因素综合考虑和匹配的系统化工程，人们常常对他的实施过程和结果带有模糊认识，通过先进典型宣传，可以更生动有力地向人们展示其精华，用个人的亲身实践来向人们证明检察文化建设的各项功效。另一方面，先进典型必然带有检察特色，能让人们轻易将检察文化与其他文化区分开来，体现职业性。但树立先进典型必须把握三个原则：一是要更新任务观。先进典型毕竟只是极少数人的荣誉，对于大多数人来说，对先进典型的学习，是一个查找不足，重新塑造自我，完善自我和超越自我的过程。只有结合个体发展实际，才能促进检察人员对先进典型的关注度，从而加深对检察文化建设的认同。二是要创造好条件。要树立“人皆可以为尧舜”的思想，建立公平竞争的机制，创造成才的机会，让检察人员能看到发展与进步的希望，得到人皆可成才的鼓舞，这样检察人员才能更加自愿地参与文化建设并享受其成果，而不再是一个驻足的旁观者。三是要确定方向性。先进典型工作必须与检察文化建设保持一致的目标。也就是要反映相应的价值观，突出所提倡的职业行为，展示良好的检察形象等，这样才能相得益彰，相互促进。

四是可以“分门别类”，细化检察文化建设责任部门。对于大多数基层检察机关来说，检察文化建设的责任统一划归政治部门，其中以宣传部门或机关党办为主。这种划归方式是历史传承，也与这些部门的职能相吻合和对应，有一定的合理性。但从当前的现实状况来看，一方面检察文化建设本应与业务工作保持紧密性联系，可政工部门客观上是无法全程掌控业务部门的动向与日常工作的，造成实践上总是滞后，文化的衍生与繁荣受到阻碍；另一方面，检察文化建设是一项需要人力物力投入的工作，政工部门在本身工作量任务量逐年增加，而部门规格、人员编制等硬件条件却无法提升的形势下，实际上不可能把每项工作都做得尽善尽美，他们不得不按照轻重缓急分配资源，从而把文化这种长期性工作放在次要地位上。所以如果没有条件成立一个部门专职进行检察文化建设的话，就应将这项工作的责任再进一步分工。政工部门主要落实理念文化建设和全局工作的统筹管理。而物质文化、制度文化、行为文化建设的权限和责任可以分配给行政装备、机关服务、纪检监察以及各业务部门，并用监督和考核机制加以规范。

五是应该进一步扩大检察实践的对外宣传力度。检察文化建设衍生于检察实践，其成果也必落在执法办案的过程中。如何将文化落实在检察工作上，除了开展一系列有目的性的活动外，还可以通过加强和扩大法治宣传，来向社会传播和展示检察机关的理念和精神。其实检察工作领域历来是舆论关注的焦点，孟建柱同志在 2013 年全国政法工作会上提出了“五个能力”其中就有要加强新媒体时代舆论引导的能力，只有正确地引导舆论，才能有效地弘扬检察文化，营造法治氛围，最大限度传递和增加正能量。这里也要注意几点：一是应通过建立开放顺畅的信息沟通渠道，强化信息公开。比如在办理一些重大复杂，但又被媒体炒作得沸沸扬扬的案件时，应及时召开媒体通气会，针对案件事实、争议焦点以及法律适用发布权威信息，有效引导舆论，准确地回应社会关切，扩大检察宣传的覆盖面和受众面。二是应深化网络媒体引导机制来拓展宣传广度和深度。比如可以通过开通官方微博以及检察官实名微博，为检察机关对话公众，宣扬检察职能开辟新的渠道。可以汇编“微案例”，在网上解答质疑，化解民怨，安抚情绪，同时有效促进法律知识的普及和检察文化的传播。三是应注重普法宣传。比如通过组织检察人员给报刊撰写评论文章、做客电台、电视台、门户网站栏目，与大家分享相关司法实务与社会热点问题，从而提升公众对检察机关、对一些社会常识以及法律法规的认知度，为检察事业创造良好舆论环境。

[检察文化建设评价体系研究]

郑锴　孙莉婷　李小倩　北京市朝阳区检察院

梳理近年检察文化建设理论和各地实践发展脉络，检察文化建设大致经历了两个阶段，即文化建设的起步阶段和发展阶段。起步阶段，对文化建设的概念内涵、价值功能等基本达成统一认识；发展阶段，一些检察机关从实践层面出发，将文化建设的内容划分为精神文化、制度文化、物质文化等几个部分，各部分相互影响、协调运转，以实现对文化建设的全面管理。可以说前两个阶段分别解决了检察文化“是什么”和“做什么”的问题，有宏观的目标，但缺乏微观体系考量，不利于及时发现实践中存在的问题，易导致文化建设成效减弱。笔者认为，要实现检察文化建设的跨越式发展，需要在以往发展思路的基础上进行突破，构建细致、全面、系统的考核评价体系，运用检察文化建设评价体系对检察文化进行相对客观的评价并指导实践。

一、检察文化建设评价体系概述

检察文化建设评价体系设立评价因子对文化建设进行分类评价和综合评价，旨在构建一个层次分明、要素齐全、科学均衡的由指标要素构成的完整系统，以实现检察文化建设内容的指标化，从而最大限度地发挥检察文化建设的价值功能。

检察文化建设评价体系的概念，是检察文化建设发展到一定阶段的产物，是推动检察文化建设实现未来长远发展的重要保障，它的提出和构建，将推动检察文化建设进入纵深化、细化发展时期。检察文化评价体系通过对检察文化建设过程和结果的有效控制、评价和反馈，以期提高不断提高检察管理工作水平。

二、检察文化建设评价体系提出的背景

近年来，随着我国文化强国战略的兴起，文化建设的突出作用越来越得到重视，各级检察机关高度重视检察文化发展，检察文化建设呈现蓬勃发展的良好态势。当检察文化建设经过前期积累、拥有一定基础、发展得较为成熟之后，对文化建设的成效也经常通过考核、评优评选等展开评估，且各种评判和考核越来越趋于科学和细致。构建一个要素全面、目标明确、项目广泛、程序规范的检察文化考核评价体系，对检察文化建设的未来发展影响至关重要。

三、构建检察文化建设评价体系的意义

（一）是检察文化建设进一步发展的需要

纵观我国检察文化建设的发展历程，在检察制度及检察机关产生和发展的大背景中，文化建设工作很长时间里只占据非主流的位置。只是作为检察机关的特色和亮点来发展，没有上升到制度规

范层面。十七届六中全会以来，在文化强国战略的大背景下，检察文化从上到下均得到了蓬勃发展，越来越需要系统化、规范化和标准化的考评体系和指标出台，以指引文化建设的发展方向。同时，也应看到，检察文化建设虽取得了一定的成果，但尚有很大的发展空间，各地区区域发展还很不均衡，因此建立科学完善的评价体系，会对检察文化建设的进一步发展起到指引和促进作用。

（二）是建立完整的检察考评体系的需要

完整的考核考评体系是由一组既相互独立、又相互关联并能够较为完整地表达评价要求的考核考评指标所组成的评价系统。目前，高检院自上而下已逐步制定了一套检察考核考评制度，且该体系是开放的。高检院在《关于贯彻落实党的十八大精神进一步加强检察文化建设的决定》中亦提出强化奖惩激励，把文化发展成效纳入检察工作考核体系的要求。文化建设评价体系作为队伍管理考核的一环，如纳入基层检察考评体系中去，将大力推动整体检察考核体系的完善。

（三）是实现检察机关自身科学发展的需要

检察文化评价不仅包括对既有成效的评判，而且应对下一步工作提出方向性的预断。检察文化建设评价体系将各项检察文化建设的职责内容进行明确和规范，以客观、量化的方法明确文化建设的各项具体标准，以考评项目、指标之间的权重设置明确工作导向和重点，将会进一步加强检察机关的凝聚力和向心力，有效调动广大检察干警工作的积极性与主动性，提高检察管理水平和成效，促进检察工作全面、协调、可持续发展。

四、检察文化建设评价体系的目标、原则

（一）检察文化建设评价体系的目标

检察文化建设评价体系是文化建设管理的最直接、最有效手段，构建检察文化建设评价体系的目的是更好地作用和服务于检察文化建设工作，从而发挥检察文化建设的价值功能，促进检察管理水平和整个检察工作。通过对文化建设事前、事中、事后进行全方位的考量而施加督促和影响，检察文化建设评价体系将实现对文化建设的诊断和监督，找准文化建设的立足点和落脚点，明晰自身文化现状、引领文化建设方向、指导和规范文化建设过程。

（二）检察文化建设评价体系的基本原则

检察文化建设涉及的内容十分广泛，对它的评价是一个较为复杂的课题，为使对检察文化建设进行的评价更加客观、准确，首先需要科学确定检察文化建设评价的原则。

1. 全面性与系统性原则

检察文化是一个庞杂的系统，是由检察机关内部相互联系、相互依赖、相互作用的不同层次、不同部分结合而成的有机整体，检察文化的各个构成要素，既有相对的独立性，又以一个严密有序的结合体出现，其中任何一种因素发生变化都将引起其他因素发生连锁反应，进而影响整个检察文化系统的变化。故检察文化指标体系应尽可能全面，反映检察文化各方面的情形。此外，检察文化指标评价旨在将检察工作目标内化为检察机关统一的价值系统，通过价值系统的深化运动来带动具体目标的实现。

2. 可比性与可操作性原则

检察文化建设评价应包含横向可比与纵向可比，横向可比要求指标体系在不同检察机关、检察

部门的统一性，纵向可比要求评价指标在不同时期保持相对一贯性。另一方面，构建合理的评价指标体系是进行科学评价的前提，要设计出具体可行的指标要素，通过严格的优选方法和程序，避免对同一评价对象给出相去甚远的评价标准，从构建原则出发，提出构建方法，给出指标体系建立的程序。

3. 定量与定性相结合原则

在设计评价指标时，要尽可能用可统计的量化指标，但检察文化的内涵十分丰富，并非所有评价因素都可以量化、适合量化，有的进行定性描述更合适、更易把握。因此面对许多指标只存在有或无两种情形的情况，在设计检察文化建设评价指标时使用更多的是定性指标，要根据实际需要采取相对模糊的标准进行检察文化建设评价。

4. 动态性与开放性原则

检察工作处于不断的动态之中，根据文化建设总体形势的变化，所需的考核指标也处于不断的调整和变动之中。对于同一评价对象，由于结果所运用的场合、用途不同，需要设置不同的指标因子。同时，随着对评价对象认识的加深和与之相关的核算方法的变化，评价同一对象的指标因子也会随之变化，因此应根据需要更新评价指标体系。由此决定了检察文化建设评价体系应当是开放的，处于不断的除旧布新的过程中。

五、检察文化建设评价体系的内容

在构建检察文化建设评价指标体系时，从便于划分和概念清晰、指标周延等方面考虑，笔者从理念层面、行为层面、保障层面、结果层面四方面，将文化建设工作的衡量指标层层分解，力求使涵盖的项目全面反映文化建设工作的各个方面，并使分解出的指标易于获取和量化。

（一）理念层面

1. 把握政策精神

全面性：对检察文化的内涵是否有全面、准确的认识和理解。

系统性：是否系统学习社会主义特色检察制度理论和机制运行规律。

及时性：是否及时学习传达上级文化建设的相关政策、会议精神。

落实程度：是否在实际工作中深入贯彻落实文化建设政策。

2. 明确发展方向

导向性：检察文化建设是否以社会主义核心价值体系、社会主义法治理念为引领。

务实度；文化建设是否务实，契合检察工作实际。

3. 确定发展目标

愿景：是否形成统一的价值理念和共同愿景，如院训。

目标：是否形成了文化建设发展的长短期目标。

知晓率：上述愿景、目标在单位内部是否被广泛知晓。

4. 突出发展重点

出台文件：检察文化建设是否紧跟检察整体工作形势和趋势，是否出台文化建设阶段性工作重点和要点。

抓住重点：检察文化建设是否具有本单位特色和亮点，有所侧重，在重点项目上形成发展模式和品牌效应。

（二）行为层面

1. 制定工作规划和实施意见

大局意识：是否将文化建设纳入检察工作全局进行安排部署，检察文化建设是否围绕服务全局和保障中心工作进行。

规划性：是否针对检察文化建设专门出台远近规划、实施意见，并不断健全。

落实程度：是否制定切实可行的配套步骤、措施。

机制探索：是否探索目标管理、考核评价和激励保障机制。

2. 深化理论研究

系统性：是否注重对文化基本内涵、基本范畴、基本特征及文化建设与检察事业科学发展的关系等基础理论开展系统研究。

指导作用：是否积极探索文化建设规律，为文化建设和创建活动提供理论支撑和科学指导。

转化度：是否用理论指导实践，并将理论成果转化为实践。

广泛性：是否注重调动检察人员参与文化建设调研积极性。

3. 深入文化实践

（1）一般性文化活动

普及率和参与率：可从检察人员参与文化活动的范围、比重等指标来判断。

认可度和满意度：检察人员参与文化活动是否积极，是否认可和满意。

创新性：文化活动是否注重在形式、内容等方面不断创新。

与实际工作贴合度：开展的文化活动是否与检察工作相关。

（2）文学艺术创作

繁荣度：是否注重更多优秀的、贴近检察实际工作和生活、凝聚检察精神的文艺作品的投入产出

成效性：艺术创作是否弘扬了维护公平正义的检察工作主题，营造了浓厚的检察文化氛围，鼓励检察人员加强文学艺术素养，提高了检察人员的精神风貌。

品牌、影响力：艺术创作是否结合区域特色和优势，打造自身文化品牌，增强文化的感染力和影响力。

（3）文化建设载体平台建设情况

种类：是否开辟了专门用于文化展示的平台，如刊物、展板、网络空间等。

内容：载体、平台是否定期更新内容，内容是否即时反映文化建设情况。

形式：载体、平台的形式是否具有时代感和创新性。

影响：载体、平台是否得到检察人员的认可，影响力如何。

（4）繁荣文化社团

是否建章立制：对于社团的成立、活动频次、人员管理等是否出台相关制度、规范。

活动频率次数：各类社团是否保持了一定的活动频率。

参与度与认可度：检察人员参与社团活动是否积极，认可度如何。

是否转化为品牌：各社团是否有典型活动等转化为文化品牌。

（三）保障层面

1. 组织保障

机构：是否成立领导机构，并确立日常文化建设的督导部门。

机构作用：是否定期召开例会，讨论和决定文化建设议题。

发挥合力：是否能够充分发挥党支部、共青团、工会、女检协等党群组织优势积极开展文化建设活动，形成党、团等机构活动与文化建设共同繁荣的局面。

2. 人才保障

文化人才：是否注重点面结合，挖掘和培养检察文化人才，充分发挥文化骨干人才的带头作用。

文化工作者：是否注重建立检察文化工作者队伍，提高文化建设工作水平。

3. 经费保障

资金设立：是否设立专项、充足的文化建设资金，是否列入预算。

资金使用：各项资金是否及时到位并合理使用。

4. 设施保障

多样性：是否建立多种形式的文化活动场所（如图书馆、健身中心、多功能厅等）。

实用性：文化基础设施是否随文化建设发展而不断更新、完善，满足文化建设工作需求。

（四）结果层面

对于文化建设的结果进行评价，可以分为自我评价和外部评价两部分。

1. 自我评价

（1）干警满意度调查

认知度：检察人员对本单位文化工作的知晓程度如何。

认可度：检察人员对本单位文化工作是否认可。

正面 / 负面评价率：收集的对单位的意见、建议，支持、鼓励为主，还是负面意见多。

（2）内部组织机构的自我评价

内容：本单位文化建设的内容是否紧贴检察工作实际。

形式：本单位文化建设活动形式是否新颖、多样，富有时代感。

示范性：本单位文化建设整体水平如何，在同级机关中横向站位。

薄弱环节：本单位文化建设是否存在薄弱环节，具体体现在哪些方面。

2. 外部评价

（1）获得荣誉情况

荣誉数量：获得荣誉部门 / 人次情况（与同级别单位比较折算权重）。

荣誉级别：获得荣誉层级情况（是否获得全国级、省部级以上荣誉）。

专项荣誉：是否获得过文化建设、精神文明建设（共建）等专项奖励。

（2）业务考评成绩

纵向比较：将本年度成绩与上年度成绩进行比较。

横向比较；将本年度成绩与兄弟单位成绩进行比较。

执法规范化情况：是否依据专门的执法规范化考核办法就检察人员执法情况进行科学评价，结果如何。

（3）群众随机调查问卷

知晓度：对本区域检察工作的了解程度。

满意度：对本区域检察工作的满意程度。

正面/负面评价率：收集的对本区域检察工作的意见、建议以支持、鼓励为主，还是负面意见多。

六、检察文化建设评价体系的运作

（一）检察文化建设评价指标的获取方法

由于检察文化建设评价体系是一个多层次的综合体系，因此，在处理多层次问题上具有不可替代优势的模糊综合评价法，是检察文化建设评价的首选方法。评价指标体系中所选取的不少指标诸如满意度、认可度等具有较强的主观性，这些指标很难用数学方法加以精确描述，这时可以配合使用问卷、座谈等方式取得主观指标的客观数据。

基层检察机关文化建设评价指标的获取，通常有以下几种方法。

1. **自我检测**　对检察文化建设评价指标体系中客观可测（只需回答是或否）的指标因子，按照指标体系逐项进行测量评价。

2. **征求意见**　检察文化建设评价指标体系中有需要征求专家、学者、上级机关及其他特定机构、人员的意见时，通过发送征求意见函或者个别考察等方式获取。

3. **召开座谈会**　在有些指标因子的确定有疑问时，可以召集相关部门和人员，共同探讨和确定。

4. **问卷调查**　在征求检察人员和群众意见时，可进行问卷调查，为保证测量结果的可信度，调查采取不记名方式，并保证问卷回收率，使过程更加可控。

5. **材料审核**　有些文化建设指标可以以书面文件、材料作为印证和支撑，这些需要调集、收取，从文件中得出指标数据。

6. **网络意见征集**　对相关网站报道的文化建设活动的效果，如群众的评论、意见、建议等进行收集，以此作为一种辅助调查手段。

7. **实地考察**　可组织或邀请相关机构负责文化建设的部门进行实地考察，对文化建设的软、硬件设备、设施、文化活动的平台、载体、成果等进行综合评价，并与其他指标的评价结果加以综合运用。

（二）检察文化建设评价体系运用的几点说明

1. 检察文化建设评价体系的运用方法

在评价体系的运用过程中，应综合运用多种评价方法，将综合评价与重点评价、集中评价与日常评价、自评与他评、单项评价与整体评价结合起来，进行多角度、全方位的经常性评价。在文化建设的全过程引入考评体系，既可以使检察文化建设过程和结果更加可控，又可以反过来充分检验评价体系的科学性、合理性，做到两者相互促进和提高。

2. 检察文化建设评价体系的运用重点

检察文化建设评价应当把重点放在自我评价和管理上，根据评价结果，不断调整文化建设的重点和方向，探索符合本单位实际的检察文化建设发展之路。检察文化建设的他评来说，应更多地带有调研、引导性质，在作出评价的同时，对今后开展检察文化建设提出有针对性的建议。

3. 检察文化建设评价体系的运用局限

检察文化建设是一个不断改进、不断完善和不断创新的过程，检察文化评价体系也应根据检察文化的发展方向、发展水平和现实需求而不断进行自我完善、自我调整。由于检察文化建设的复杂性、主观性、动态性与多因性，要将其静态化、简单化、统一化为单纯的客观性标准并非易事，只能根据已有经验确定大致的评价框架，再将现有指标体系运用到实践中探索求证，反复修正完善，循环往复，以求更加科学和合理。

[文化艺术创作]

【一个电话】

“女儿，咱们出国吧！”

“出国好吗？”

“外国的月亮比中国的大。”

“好啊！”

一年后的某天。

女儿和国内的小朋友通完电话后诘问爸爸，

“爸爸，你为什么来这里？”

“外国的月亮……”

“不是！小朋友的妈妈说，你是携款潜逃！”

“胡说！”

爸爸手里的水杯摔成了碎片。

作者：市检二分院党组成员、纪检组长 王志民

【心系群众】

控申大厅，一来访老者情绪激动，向接访的同志嚷嚷个不停，这位同志认真倾听，又面带微笑耐心解释，终于，老者满意了，拉着他的手：“原本担心检察院的门难进，脸难看，可我看你的服务非常好啊！你这样的同志就应该提拔当领导！”这位同志却只是微笑，一旁的书记员忍不住了：“这，这是我们检察长……”

作者：市检三分院宋伟

【390】

“390 万？这老同学真他妈黑！”看着老李发过来一个“390”，胡局长咬着牙把电话打了回去，看看这钱还能不能再商量。“花钱保命吧”局长夫人倒是“明事理”。“完了，这命保不住了”局长拿着手机瘫坐在沙发上“老李刚才说，短信少发一了个字，他是让想我看看刑法第 390 条——给检察官行贿能判多少年！”（铁检分院党组成员、纪检组组长王江）

【和你没完】

ICU 病房外

老王：今晚上还得你受累，我得去值班。

王妻：你心真狠，今除夕，里面是你爸。家还是看守所？做个了断吧！

老王：今特殊，我必须去。

看守所

门卫：有你包裹，说是离婚协议。

老王：啊？

电话响了，传来妻子的声音：打开吃吧，三鲜馅的，不好好吃饭，和你没完！

老王：啊？我扔了……

【当官】

“女婿检察长啦！坐四个轮子的车啦！”走出岳父家，妻子说：“你啊，我就应该揭穿你！”“确实是呀，是四个轮子嘛”老赵呵呵地笑道。“哼，一辆山地，一辆飞鸽，平时骑山地，腰疼的时候骑飞鸽！”“哈哈，车嘛，当然要用到办案一线去嘛。来，媳妇大人，我给您当司机！”“那还不快把飞鸽开过来！”（朝阳院公诉一处副处长徐华玲）

【严厉】

公诉处刘涛的严厉在院里是出了名的，而新来大学生李琳的粗心也是。点儿背的是，恰好刘涛给她当师傅。不消说，字迹不认真被骂，说话不得体被骂，订卷不整齐被骂，还经常加班，小琳叫苦不迭。直到有次无意间听到刘涛跟同事的对话，“现在办案责任终身制，不想小琳以后因为马虎毁了自己。”小林默然。（丰台检察院宣传处　赵丽薇）

【退休】

刚到楼下，老王突然想起昨天已经正式退休了。奇怪的是司机小刘也早早的在楼下等着，手里拿着一个西服礼包。“这是李总送您的，他早就想请您去做法律顾问了。”“先陪我回趟单位吧，有件东西忘拿了。”回到检察院办公室，老王小心取出一套旧检服，背对小刘说：“有些衣服一穿上就是一辈子。”（石景山院 王紫阳）

【同学】

教授:“同学们,最后一堂课了,老师也没什么要说的了,只希望将来你们别站在同一法庭上了。”
十年后,法庭上,检察官和律师对视一眼,微笑:”教授,其实这也没什么不好。“
被告席上,望着同学,教授垂下眼帘:“对不起……”(昌平检察院书记员杜春阳)

【《公诉故宫大盗》(4 张)】

作者:王宪江
单位:北京市人民检察院第二分院

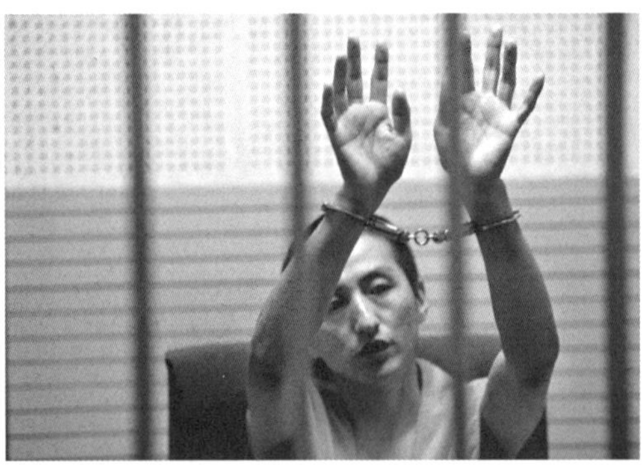

【《法制普及进课堂》】

作者：路昊

单位：北京市石景山区人民检察院

【《从此生死两茫茫》】

作者：王宪江

单位：北京市人民检察院第二分院

【《正义下的悔悟》】

作者：齐小妹

单位：北京市人民检察院第一分院

【《咨询》】

作者：王宪江

单位：北京市人民检察院第二分院

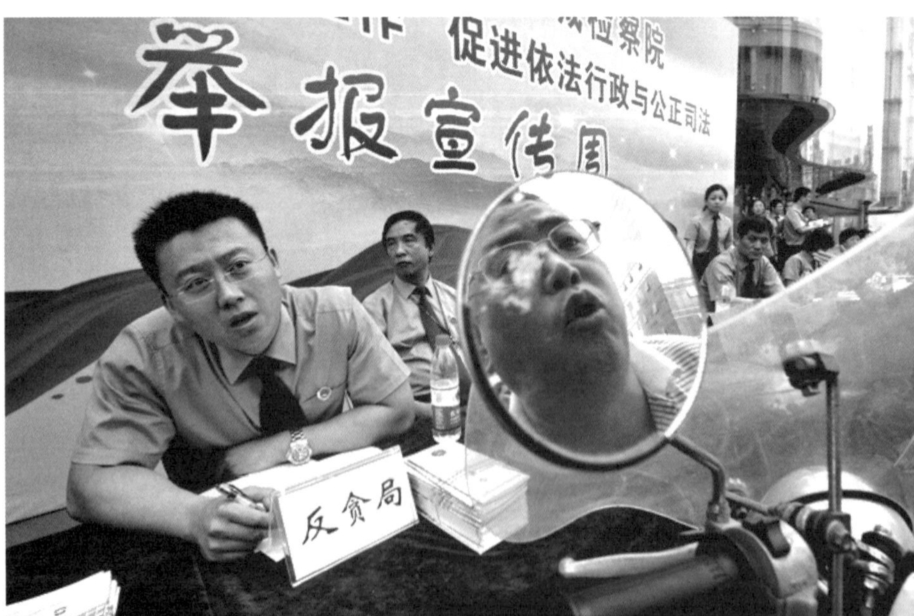

[文化艺术活动]

11 月 19 日，中国检察官文联在朝阳区检察院举行检察文艺创作座谈会。▼

中国检察官文联主席张耕在朝阳区检察院参加活动，为该院创作书法作品。▼

北京市人民检察院党组书记、检察长池强（右二）
在新春联欢会上致辞。▼

北京市人民检察院一分院党组书记、检察长，北京市检察官文联主席高保京（左一）
参加文化体育活动。▼

北京市人民检察院四分院党组书记、检察长，北京市检察官文联副主席张幸民（前排右二）组织检察干警开展军营一日活动。▼

2014年北京市检察官文联举办了硬笔书法、微小说、摄影三项文艺创作比赛。▼

北京市检察院政治部副主任、北京市检察官文联秘书长焦海涛（前非右一）组织硬笔书法展活动。▼

市检一分院邀请全国模范检察官隗永贵开展检察文化沙龙活动。▼

9月5日，北京市检察官文联邀请部分书画家到昌平检察院开展基层行活动。▼

昌平院创作的《昌平关山检察赋》。▼

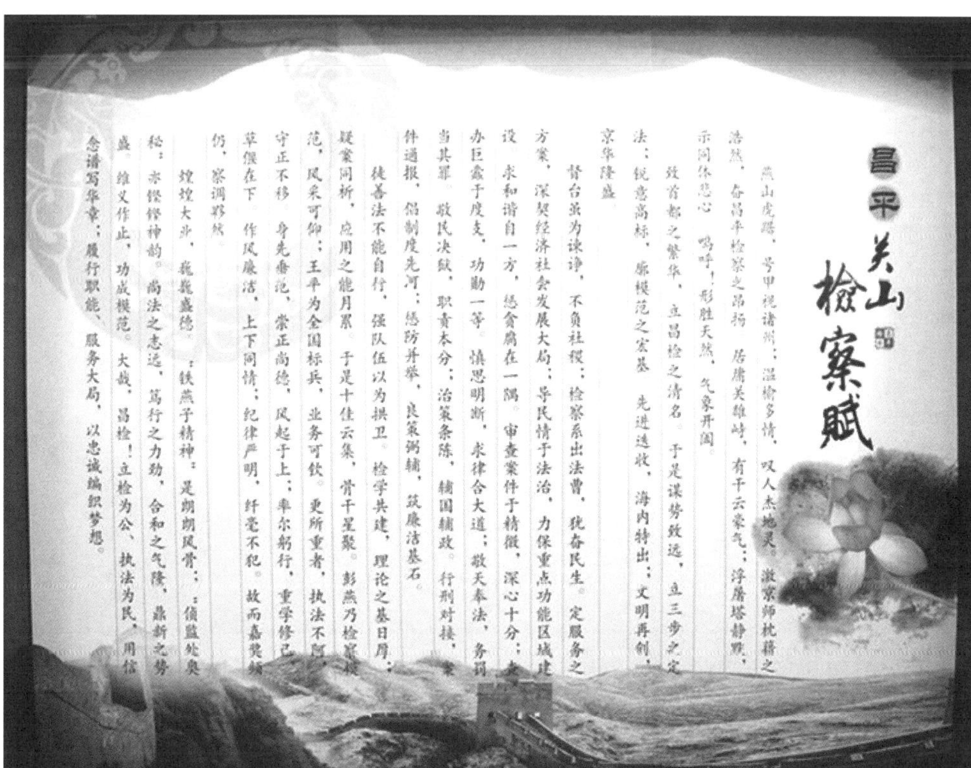

检察干警参观抗日战争纪念馆。▼

检察干警积极参加各项文化体育活动。▼

天津市检察官文学艺术联合会

[文化理论研究]

【梦想照进现实：基层检察文化建设的路径选择——以“中国梦”主题教育活动的开展为视角】

谢关星

文化的生命力，源于其精神内核。这种精神内核往往贯穿于整个文化体系，决定着文化样态的特质，引领着文化发展的方向。文化建设作为特定群体自觉进行的文化创造活动，以特定的精神内核为导向，并以回应社会生活的现实需要为依归。“中国梦”思想是中国特色社会主义先进文化的集中体现和高度概括，主导着社会主义先进文化的类型和发展方向。检察文化建设作为中国先进文化建设的重要组成部分，是一项庞大而又复杂的系统工程，要确保检察文化建设的正确方向，必须坚持“中国梦”思想的导向作用，以社会主义核心价值观和社会主义法治理念为核心，积极推进具有检察机关法律监督职能特点的文化建设。

科学内涵：检察精神文化建设的必然和契合

2012年11月29日，习近平总书记在参观《复兴之路》展览时深情讲到，“实现中华民族伟大复兴，就是中华民族近代以来最伟大的梦想。”在第十二届全国人大第一次会议上，习总书记进一步讲到，“实现中华民族伟大复兴的中国梦，就是要实现国家富强、民族振兴、民族幸福。”实现中华民族伟大复兴的中国梦，凝聚了几代中国人的夙愿，是百年来中华儿女矢志不渝的执着梦想。中国梦的提出道出了千百万中华儿女的集体心声，是中华民族整体意识和奋斗目标的庄严宣告。任何模糊的梦想一旦成为特定群体整体性的思想意识和目标指向，便会激发出无限的渴望和能量。中国梦作为中华民族凝心聚力、团结奋斗的共同理想，具有丰富的意蕴和内涵。它不仅包含着国家经济发展的富强梦，蕴含着民族自强有为的振兴梦，而且也寄托着中国人民安居乐业的幸福梦。

中国梦是对实现中华民族伟大复兴梦想的高度概括，中国梦对社会主义现代化建设具有重要的统领指导作用，是当代中国发展进步的旗帜。梦想是人们在社会实践过程中，对所欲实现目标的追求和向往，是人的意识自我超越的成果。中国梦作为描绘国家未来发展的宏伟愿景，具有强大的价值引领和力量凝聚作用，它将激发全国人民以饱满的热情和昂扬的斗志投身于实现中华民族伟大复兴的历史征程。作为文化深层结构中的中国梦，是检察精神文化的重要价值目标。中国梦富有理想主义元素，在检察精神文化中表现为最强烈的使命感、神圣感和远大志向。

中国梦是检察精神文化的灵魂和精髓，体现着检察精神文化质的规定性，主导着检察精神文化的实质和发展方向，是检察精神文化建设的首要目标和最高境界。推进检察精神文化建设，必然要求坚持中国梦的引领作用，把中国梦作为检察精神文化建设的灵魂和指针，从理想信念、职业宗旨、执法理念及职业道德等多方面着手，紧紧围绕实现中国梦的总体目标，在全体检察干警中加强理想信念教育，使中国梦成为全体检察干警的内在信念和行动追求，确保检察事业朝着实现中国梦的方向健康发展。

推进检察文化建设，要从中国梦的丰富内涵中汲取动力源泉。实现中国梦必须建设法治政府、责任政府、廉洁政府，维护社会公平正义。检察文化建设必须围绕实现中国梦的具体要求，大力弘扬法治文化、监督文化、廉政文化，加强以公平正义为目标的检察干警核心价值体系建设。实现中国梦必须走中国特色社会主义道路，实现中国梦必须从中国的实际出发，不照抄照搬别国经验、模式，要坚持走适合自身特点的道路。中国的检察文化具有自身的基因特点，检察文化建设应当符合中国的国情和文化传统，应当具有中国特色和中国气派。实现中国梦必须弘扬中国精神，中国精神是凝心聚力的兴国之魂、强国之魂。推动检察文化建设，应当将检察精神文化放在首要位置，突出文化建设的精神内涵，防止检察文化建设的表面化和形式化倾向。

现实困境：主题教育活动的片面和不足

自“中国梦”主题教育活动开展以来，各级检察机关紧密结合自身实际，采取扎实有效的措施，深入推动活动开展，取得了很大的成效。但与此同时，由于受到内外部诸多因素的影响，“中国梦”主题教育活动在开展过程中存在一些问题与不足。

认识的偏颇性　“文化是后天习得的，而非与生俱来。它源于个体所处的社会环境，而不是个体的基因。”文化氛围的形成非一朝一夕能够完成，而是实践主体长期积累的结果。推动检察文化建设，应当构建长效机制，坚持不懈地长期搞下去。有些检察院认为检察文化是务虚的东西，不搞检察文化照样能够办案。有些检察院认为检察文化就是思想政治工作，存在业务部门对文化建设不够重视的现象。有些检察院将检察文化建设简单异化为组织文体娱乐活动，认为举办一些文体活动，丰富干警的业余文化生活就是检察文化建设。有些检察院把检察文化建设等同于物质文化建设，只注重外在的检察物质条件建设，而不注重精神方面的建设，特别是检察干警理想信念的培养和塑造，殊不知精神文化建设才是检察文化建设的核心。

活动的形式化　“中国梦”主题教育活动的根本目的在于教育广大检察干警牢固树立理想信念，结合工作实际将“中国梦”内化为自身的“法治梦”、“检察梦”，努力提高执法办案能力，切实增强检察职业的神圣感、使命感，进而推动检察工作科学发展。当前有些检察院将主题教育活动与其他业务工作完全割裂开来，没有将“中国梦”思想与检察干警的职业信仰、执法办案、行为规范等方面紧密结合起来，仅仅是为了活动而搞活动，导致活动过程流于形式，难以保证活动效果。检察文化是在长期的检察实践过程中逐渐形成的，脱离检察实际工作的文化建设无法获得广大干警的认同和接受，注定成为无源之水、无本之木。

载体的一般化 人类生活地域的不同决定了文化类型的差异，只有与社会群体的生活环境及实际需求关联起来，文化发展才能彰显出强大的生命力。“文化的民族性和地域属性决定了检察文化建设必然内蕴国家与社会制度要素与承载民族文化要素。”作为精神文化的“中国梦”思想，其表现的载体及内容也应当根据地域的不同而不同。实践中一些检察院完全不考虑自身的特点和条件，采取照抄照搬的方式，一味模仿先进地区的经验和做法，导致文化活动移植过来后出现水土不服的结果。检察文化具有鲜明的职业文化属性，检察文化建设也应当与文化主体即检察干警的本位角色及实际工作相契合。有些检察院将本院的文化建设与其他国家机关的文化建设相混同，没有抓住检察职业文化的特点，导致文化建设活动趋于一般化，难以体现出文化建设的应有效果。

成果的封闭性 检察文化建设不仅能够发挥规范干警行为、凝聚检察队伍和塑造检察机关形象等作用，而且承载着辐射传播和社会教化功能。检察机关的形象和影响力，不仅体现在检徽、检察制服、办公大楼等外在的器物层面，而且表现于检察干警的言行举止、精神风貌，更是彰显于检察工作所追求的价值理念和目标愿景。检察干警在与社会成员间的互动过程中，通过对法治理念、正义理想、行为规范等价值观念的传播，能够对普通民众产生人文“教化”效应。在现实中，有些检察院不注重贯彻群众路线原则，关起门来搞活动，将各项文化活动局限在检察机关内部，局限于本院检察干警之间，忽略了与人民群众的交往和互动，隔断了向人民群众信息的传达，使检察文化建设的效果大打折扣。

路径选择：检察精神文化的培养和塑造

检察文化，从本质上属于法治文化、监督文化、廉政文化、职业文化。检察文化的属性和特点决定了检察文化建设对“中国梦”思想发挥作用的方向和路径。针对新形势下检察工作面临的新情况、新问题，通过加强检察文化建设，将检察工作与主题教育活动有机结合起来，将“中国梦”思想的科学内涵渗透到检察工作的各个环节和方面，使检察干警牢固树立“检察梦”、“法治梦”、“中国梦”，不断激发全体检察干警的职业认同感、归属感和使命感，切实形成推动检察工作全面发展的强大合力。

强教育，转观念，促成实现公平正义之梦 历史的经验告诉我们，成功的社会治理必然建立在实现公平正义的基础之上，否则，即便是再美好的社会梦想也只能成为水中之花、镜中之月。维护社会的公平正义是实现中国梦的必要前提，中国梦同时也是社会的公平正义之梦。公平正义是人类社会的共同追求，是检察干警核心价值体系的重要组成部分。要始终坚持将思想政治工作融入检察文化建设，加强社会主义法治理念和职业理想教育，将“中国梦”学习纳入干警理论学习计划，通过专题讨论、撰写心得体会、举办演讲比赛等活动，深入开展学习交流，促进转变思想观念，切实提高检察干警的思想觉悟。坚持开展形式多样、内容丰富、贴近实际、为干警喜闻乐见的精神文化活动，通过理论研讨、专家讲座、学术调研等多种形式，使检察干警牢固树立公平正义的价值理念。坚持开门搞活动，广泛征求群众意见建议，努力搭建活动平台，让普通民众了解检察机关，让检察机关文化发展的果实惠及普通民众。在主题教育活动开展过程中，笔者所在的检察院通过与社区开展“中国梦，我们共同的梦”合作共建系列活动，充分发挥各自优势，凝聚双方智慧和力量，使“中国梦”思想在检察干警和社区居民中得以广泛传播。

促学习、提技能，促成实现权力监督之梦 习近平总书记讲到，要加强对权力运行的制约和监督，把权利关进制度的笼子里。任何不受监督制约的权力都存在被滥用的风险。只有以权力监督权力，以权力制约权力，才能保证公权力的良性运作。各国现行有效的权力运作模式无不暗含着对权力行使的深深忧虑，并执着于对权力运作的严密控制。中国梦的实现过程，必将是对现行权力加以监督制约并实现有效控制的过程。检察机关作为法律监督机关，在监督法律实施、维护法律权威的同时，更是对特定的国家权力运作情况进行监督。推进检察文化建设，充分发挥其文化育检作用，为检察机关强化法律监督提供坚实的人才保障。一方面加强检察干警职业道德教育，通过教育培训、座谈交流、典型示范等形式，将“忠诚、公正、清廉、文明”的理念与检察工作紧密结合起来，不断丰富检察职业道德规范的深刻内涵，使之成为全体检察干警的价值追求和道德自觉。另一方面深入开展“争做学习型干警、争创学习型检察院”活动，引导检察干警牢固树立终身学习的理念，通过采取演讲比赛、业务竞赛、检察论坛、庭审观摩等多种形式，不断提高检察干警的业务技能和素质。大力倡导检察调研之风，号召检察干警争做专家型、学者型检察官，在检察机关努力营造浓厚的学习氛围。

抓管理，健制度，促成实现廉洁司法之梦 建设廉洁政治是党和国家一贯坚持的政治主张，也是人民群众强烈关注的重要政治问题。官员清正、政府清廉、政治清明历来是为政者治国理政的奋斗目标，实现中国梦必然包含了对廉洁政治的向往和追求。廉洁司法是廉洁政治的有机组成部分，是维护社会公平正义的必要保障，也是检察文化建设的重要价值目标。通过举办廉政讲座、组织观看廉政展览、播放警示宣传片等形式，大力开展反腐倡廉和警示教育活动，将其作为一项长期性工作抓紧抓好，努力营造“遵章守纪、风清气正”的良好工作氛围。建立健全廉政建设的各项规章制度，将其作为检察机关开展廉政建设的重要抓手，通过制度建设加强对检察机关权力行使的监督与控制，逐步形成用制度管权、按制度办事、靠制度管人的长效机制。推进检察权内部监督机制创新，将其作为促进检察机关公正廉洁执法的关键环节，切实提升检察机关内部监督工作的实效性，不断增强检察机关的司法公信力和良好形象。

树典型，明导向，着力打造素质过硬的检察队伍 任何伟大的事业归根结底都要归结于人的因素，素质过硬的干部队伍将为中国梦的实现提供充分的人力保障。检察文化作为一种职业文化，来源于检察官这一特定群体的文化实践和文化生产活动，同时，又会对该群体的成员产生重要的作用和影响。文化建设的这种文化育人功能主要表现在价值引导、行为规范和驱动激励等方面。通过评选表彰在理想信念、干事创业、勤勉工作等方面成绩明显、示范作用强的优秀检察干警，充分发挥先进典型的引领示范作用。运用简报、报刊、多媒体、微电影等多种形式，教育引导广大检察干警对照先进典型，找准自身差距，明确努力方向，努力营造学先进、赶先进、争做先进的浓厚氛围。加强检察干警行为规范建设，建立和完善规范检察行为的规章制度，强化对检察干警的行为约束和引导，有效推动规章制度的落实，严查检察干警的违法违规行为，切实增强行为规范的确定性和实效性，努力形成有规可依、有规必依、违规必究的良好格局。

[文化艺术创作]

【丹青书检魂　白水鉴民心】

孙学文

海晏河清，四境升平，为天地立心；心系万民，气满乾坤，为生民立命；先贤古仁人欲达之器圆宏愿。

雄关漫道，检徽闪耀，倾诉为民之心。墨落宣张，丹青陈黄，书写公正清廉。愿择嘉木而栖。不怕铁马筒骑，烽火未央。对风月，南燕纷飞，记忆斑驳绿瓦红墙，千载洗铅华，剑胆琴心，血脉喷张。

经年浮酒沉香，老树苍苍，生而为龙狷狂。金声玉色，久而弥彰，酒中落月酿痴狂。看提笔书成。白水鉴，寒木春华花成双。尽思量，以民为根，龙盘云海，万家灯火。回故城，已澎湃四海春光。

金——金声玉色，久而弥彰

世纪交响，大地积淀文明，叱咤满天星火。

阳光下的河西检察院，心念百姓社稷，救世安民。不畏奸佞之污言秽语，豪华落尽真淳始现，以天下为先，泰然坦然养浩然之正气也。

长城和橄榄枝构成的检徽承载着怎样的使命？乃公平正义，安定和谐。

有腐必反，有贪必肃，执法律之利剑，除人间之邪恶。四个月，侦破某银行信贷部部长贪污受贿并利用职权从事经营活动的特大案件；十六小时，破获两名国税机关工作人员渎职犯罪案件。

忠义贤臣心念宇宙苍灵，恩怨荣辱若浮云聚散矣！心心念念，群众心声，掸落罪恶的风雪，担起人间的正义。集中力量，查明某高校辅导员利用职务之便向学生索要钱财的犯罪事实；多省走访，梳理近百账目后铲除新华印刷一厂贪污案件的企业蛀虫。

若把检察官比做法律的斗士，人民利益的斗士，那在金色的阳光下，斗士们将手握法律刀锋，不惧任何艰难险阻，与所有邪恶做殊死较量。

木——以法为据，寒木春华

青铜色的晦暗渐渐退去，枯藤终于长出枝桠。

古语云：良禽择嘉木而栖。

择木而栖，倚木高飞。

何为嘉木？答曰：法。倚法而生，倚法繁盛。

社会在不断发展，人民群众对检察工作期望提高。用制度创新来引领新时期的检察工作，在原有的制度基础上谋划新思路、尝试新做法；用求真务实来打造新时期的检察作风，真抓实干，脚踏实地。

河西区检察院的工作人员们在工作之余，在创新检民沟通新渠道方面大胆探索，利用新媒体形式为群众普及检察知识、提供法律咨询，实现检民零距离。面向社区居民、机关、企业干部开展专场开放活动，促进检民互动。积极化解社会矛盾，尽心提供法律帮助，收到良好的社会反响。

再看庭前，几叶枫凛霜又泛金黄，人民缓歌轻唱，抑抑扬扬。听书声朗朗，那又是谁家三百月光。

寒木不凋，春华吐艳，以法为据，此生不枉。

水——公正清廉，白水鉴心

古语云："吏不畏吾严而畏吾廉，民不服吾能而服吾公；公则民不敢慢，廉则吏不敢欺。公生明廉生威。"

康德说："这世上只有两样东西能引起人们内心深深的震动。一个是我们头顶灿烂的星空，一个是我们心中崇高的道德准则。"

公正清廉便是我们检察官的道德准则。公正是价值追求，要求我们每一项执法活动、每一个执法环节都成为维护社会公平正义的具体实践，作中国特色社会主义事业的建设者、捍卫者和公平正义的守护者；清廉是职业操守，要求我们牢固树立社会主义核心价值观，始终秉持清正廉洁的道德情操，以模范遵守法律、严格依法办案的实际行动赢得群众的理解和支持，维护良好的检察形象。

从严治检，以自身正、自身净、自身硬取信于民。加强班子廉政建设，牢固树立监督者必须接受监督的观念；全方位强化诉讼监督，营造公平公正的法治环境；创新反腐倡廉监督体制，实现连续十四年干警队伍违法违纪"零"记录，获得"基层党风廉政建设示范单位"殊荣。

火——赤子之心，万家灯火

淡看烽烟过，大雁宿长空。江山几多娇，众人论峥嵘。

作为一名检察官，当身负纲常之重，志虑高洁！只有党在心中，才能做到信仰坚定，旗帜鲜明，自觉接受党对检察工作的领导，确保党的路线、方针、政策、在检察事业中不折不扣的贯彻执行。

作为一名检察官，当身牵苍灵之愿，心体光明！只有人民在心中，才能根除特权思想，牢固树立以人为本、执法为民的理念，维护人民的利益。

回报社会，真诚服务。我院为刑满释放人员陈某解决子女入托困难，使其卸下思想包袱；将控申服务延伸至社区，让群众享受检察干警的贴心服务。以派驻检察室为中心，以检察联系点为延伸，以检察工作联络员为触角覆盖全区的民生服务工作网络，解决群众实际困难与问题，还事实以真相，让犯罪嫌疑人心服口服，树立法治的权威；还被害人以公道，让正义得到伸张，传递检察正能量。

土——以民为根，脚踏实地

百舸争流，烟花苍茫，群峰腾跃，长河鞭扬。

走过千年历史，跨越世界文明，中国明晰千古，为英特纳雄耐尔生生不息；母亲仁慈博爱，捍卫着正义与和平。

沧桑巨变，铸就着民族百年的梦想。天津河西区检察官在世纪的征程中，仰望天空，脚踏实地。平凡而又普通的检察官们，认真记录事实，收集证据，办理案件，与扭曲受伤的心灵对话，默默奉献书写着“神圣”。

你看，人才接力，及时沟通。我院筑牢青年干警成才平台，加大青年干警培养力度，为未来奠基。实践中，青年干警以老同志为师、为友，老同志以新同志为亲、为荣，风清气正，素质提升。

就这样，脚踏实地，坚实基础，几十年的春风化雨，几代人的群策群力，河西检察人以高度的政治责任感和历史使命感，惩治腐败，打击犯罪，取得了骄人业绩。

未来，肩负着“强化法律监督，维护公平正义”的神圣使命，河西检察官相约一同艰苦奋进，团结一心，开拓创新，不断超越。在爬满甲骨文的钟鼎之上，读童年灵性的祖国；到布满烽火的长城之上，读青春豪放的祖国；于缀满诗歌与科学的画卷之上，读成熟坚毅的祖国。

忠诚为民，依法监督，务实创新，公正清廉。

内化于心，外化于行。

【赋天津检察精神】

韩增军

忠诚为民

服务和谐保公正，
执法为民铸忠诚。
神圣使命记心间，
检徽闪耀展雄风。

依法监督

心系百姓天下安，
惩凶除恶擎利剑。
不畏强权铸检魂，
秉公执法显忠胆。

务实创新

与时俱进勾画卷，
世纪征程扬风帆。
开拓创新当先锋，
锐意进取谱新篇。

公正清廉

清风明月自清廉，
荷出淤泥亦不染。
廉洁自律做表率，
浩然正气在人间。

【本色】

韩长娜

或许是一份梦想的由缘
或许是一份理念的呼唤
检徽闪烁
法典在握
他们的身影在国旗下
本色彰显

检察官的本色是忠
他们听从人民的呼唤
只为张张笑脸
只为更美更甜
挥动锋利的法剑
守护正义的意愿

检察官的本色是公
他们翱翔法律的山巅
只为份份平安
只为无私承担
执掌正义的天平
守护百姓的笑颜

检察官的本色是新
他们走在变革的浪尖
只为满满答卷
只为跨过险滩

尝试开拓的方向
思考创新的开端

检察官的本色是廉
他们坚定反腐的信念
只为铮铮诺言
只为人民温暖
两袖清风的寂寞
换得朗朗的青天

这是他们心的本色
也是他们一生的颜色
年华早已交给昨天
怎惧那些千难万险
睁圆一双慧眼
恪守法律的威严

【木棉花语　检察情怀】

周妙逸

有一天，
我踏入了一幢庄严的楼，
坐在台阶上，
久久凝望，
凝望那鲜红的国旗，
还有那神圣的徽章。

在灿烂的阳光下，
忽然有种神奇的力量，
将我唤醒，
让我在交错的道路上，
找到了前进的方向。

伸出手，

推开那扇静默的门，
门内的世界，
充满了木棉的花香，
那火红的一簇簇，
是时代的梦想。
灿烂的花瓣，
堆积成熊熊烈火的模样，
我似乎看到，
它燃烧着世间罪恶，
化身公平正义，
涤荡人间沧桑。

遒劲的枝干，
以挺拔的姿态生长，
无谓风雨，
用一份执着与忠诚，
服务人民，
扎根于党。

历经春秋，
我不断寻找，
到底是什么，
塑造了这样的品格？

原来，
在那雪白的硕果中，
隐藏着砥砺自强的高尚，
没有繁华中的张扬，
也没有，
飘零后的哀伤。

伴着缱绻岁月，
那如丝的飞絮，
折射着廉洁的光芒，
蜿蜒出生命的长度，
奏响时代的乐章。

它，
有一个响亮的名字
——天津检察，
用木棉般独特的气质，
绽放法治时代的璀璨光芒！

[征程·梦想·誓言]

邹毓瀚

引子

依稀记得，

年少时的我，心中对法律故事的那种浓厚兴趣，

搜集各种探案小说，如饥似渴的啃食着，随着情节的发展而思考和想象，从中得到智力与心情的愉悦。

融于引人入胜的故事中，

那时的我，对法律还只是模糊的概念，只懂得犯法的人不好，正义终究战胜邪恶，远未理解法律的真谛。

畅游在铺满法律书籍的成长路上，我浸润着、享受着、愉悦着、幸福着……也一路思索着……

也许从潜移默化的环境中，已然注定了我今后的发展轨迹。

征程

清楚记得，

第一次穿上检察制服的我，抚摸着胸前的检徽，看着镜子中的自己，内心在兴奋和喜悦的同时，深深地知道——

忠诚将永驻我的心中、融于我的血液、贯穿我的人生。

融于人民检察事业中，

如今的我，时刻在提醒自己，作为一名检察干警必须遵守公正廉洁的职业操守，

用自己的努力使公平正义的阳光洒满祖国母亲的每一寸土地。

我也清楚的知道，切实履行检察职责，依法行使检察监督权，

这离不开务实创新的工作态度和方式，离不开兢兢业业的奉献精神，更离不开坚定不移的政治信念。

一句话，一种精神，一份责任，

从踏上检察之路的那一刻起，

我已然行进在中国特色社会主义法治建设与发展的征程中，已然也必须将“忠诚为民、依法监督、务实创新、公正清廉”的天津检察精神扎根于心。

这是我在这个征程中职责。

梦想

谁没有梦想？！

梦想属于每一个对生活充满希望的人，属于每一个热爱自己所生活的这片土地的人。

无论是年少还是年长，每一个人都有追逐梦想的资格和权利，

无论是初出茅庐还是饱经沧桑，每一个人都有为梦想奋斗的理由和方式，

而中华民族伟大复兴的中国梦就是我们每一个炎黄子孙心中的渴望。

维护公平正义，为实现中国梦保驾护航，正是天津检察人的职责与使命。

天津检察人始终秉承着天津检察精神 ------

用忠诚为民铸就钢铁意志、用依法监督牢固法律基石，用务实创新提高工作水平，用公正清廉赢得人民信任。

一种精神，一个梦想，一份坚持，

精神与梦想的关系就在于将精神的力量付诸于实践并不断坚持就能为达成梦想夯实基础，天津检察精神正是在用她的方式凝聚强大的检察正能量，为实现我们的中国梦保驾护航。

梦想已待我上路，我不能停下脚步，志同道合的人在为我祝福……

誓言

深深铭记，昔日入党时的铮铮誓言，

深深牢记，作为一名共产党员的使命与责任。

回首历史，是中国共产党带领中国人民实现了独立自主，走向了全面建设小康社会的幸福之路，

对党的热爱，也是源于对这段历史的深刻认知。

如今成为一名检察干警，不仅对法律的理解进一步深入，更对入党誓言有了更深刻的体会。

忠于党、忠于国家、忠于人民、忠于法律，

是我必须坚持的人生和职业信条，也是我——一名天津检察干警的责任和义务。

坚定政治理想，提高党性修养，捍卫法律的尊严，干事创业，积极向上，保驾护航中国梦，是天津检察人对党和人民的庄严承诺，也是天津检察精神的具体体现。

献身与失去的勇气不是每个人都有，但作为一名天津检察干警，作为一名共产党员，却必须要有——

要有献身中国特色社会主义事业建设的奉献精神，要有不计个人得失、为检察工作全面上水平作贡献的原动力，要有无私无畏，发扬和传承天津检察精神的豪情，要有立检为公、执法为民，捍卫党和人民利益的坚定信念。

岁月如梭，时光荏苒，

多年以后，回首过往，青春的灯火若即若离，

而我，将依然守着最初的誓言坚定而立……

天津市人民检察院第二分院摄影作品

【传承】

【公主湖】

【花落莲实】

【镜中游】

[文化艺术活动]

离退休干部迎新春联欢会

1月23日召开，离退休老干部自编自演了合唱、独唱、诗朗诵等节目，欢歌笑语，喜迎新春。张有强专职委员代表于世平检察长参加并讲话，向老同志致以新春祝福，对老同志关心支持检察工作表示感谢。同时就如何进一步做好老干部工作提出要求。一是要提高认识，以对党负责的责任感、对老干部负责的使命感，做好服务工作。二是要在政治上尊重老同志，保证在政治生活中的知情权和参与权。三是要在生活上关心老同志，认真落实好老同志的生活待遇。四是要在精神上关怀老同志，落实走访慰问制度，加强联系沟通。

揭牌、升旗和宣誓仪式

3月21日上午举行。王玉良副检察长主持揭牌仪式，于世平检察长和史建国副检察长为市院新办案及专业技术用房揭牌。史建国副检察长主持升旗和宣誓仪式，于世平检察长带领市院机关全体干部在国旗下庄严宣誓。于世平检察长讲话，指出市院机关新办案及专业技术用房落成启用，是天津检察史上具有里程碑意义的一件大事，标志着天津检察事业进入了一个新的发展时期。强调市院机关入驻新楼之后，办公办案条件极大改善，特别是信息化建设迈上了新的台阶。全院干警要以入驻新大楼为契机，振奋精神，牢记使命，扎实工作，充分发挥市院机关的龙头作用，努力推动全市检察工作全面上水平。市院机关全体干部参加。

天津检察精神征求意见座谈会

5月8日召开，于世平检察长主持，听取与会人员对“天津检察精神”表述语和“三项基本要求”征求意见稿的修改意见，就如何弘扬践行“天津检察精神”、贯彻落实“三项基本要求”进行座谈研讨。于世平检察长对前期讨论活动予以充分肯定，认为做到了参与广泛、研讨深入、基础扎实、成效明显，并就把活动引向深入提出三点要求：一要高度重视，努力抓好检察机关精神层面软件建设，推动各项工作上水平；二要精心提炼，使表述语简洁明了、易记便行、管用有效，为广大干警提供精神动力；三要努力践行，抓好“天津检察精神”和“三项基本要求”的贯彻落实，使之体现在检察工作方方面面。市院专委张有强、韩庆祥，部分区县院检察长、市院部门负责人、各单位政治部（处）负责人、青年干警代表参加座谈。

“天津检察讲坛”2014年第一期讲座

8月8日举行，高象华同志作题为“天津检察精神讨论情况及其内涵解读”的专题讲座，从天津检察精神产生的背景、形成过程、基本内涵、弘扬践行四个方面进行了系统阐述，使广大干警对天津检察精神和“三项基本要求”有了比较深刻全面的了解。检委会专职委员韩庆祥同志主持，要求各单位高度重视，把弘扬践行天津检察精神作为一项重要工作来抓，采取多种形式在全系统努力营造弘扬践行天津检察精神的浓厚氛围；各级领导干部要带头学习、带头宣讲、带头弘扬和实践天津检察精神；广大干警要努力学习，立足本岗，积极践行，切实使天津检察精神内化于心、外践于行，为天津检察工作全面上水平贡献自己的智慧和力量。全市检察系统各级院领导、中层干部和干警 2000 余人参加了讲座。

市院老干部处举办庆“双节”书画展

市院党组成员、政治部主任王文，检委会专职委员张有强到老干部活动中心参观庆国庆节和老年节书画展。王文主任对书画展给予高度评价，老同志通过书法、绘画等艺术形式，抒发对党和祖国的热爱，体现对实现中国梦的一种追求，希望老同志们今后能创作出更多更好的艺术作品。

全市检察机关首届预防职务犯罪专题微电影评比活动在市院成功举办

10 月 10 日举办，部分市人大代表，市院人民监督员、特约检察员代表，市院专家咨询委员代表，天津电视台、天津电影制片厂影视制作专家，市院“服务群众，联系社区”活动联系点——南开区万兴街苏堤路社区的群众代表以及市院各部门负责人作为评委对全市检察机关拍摄制作的 16 部专题微电影进行了评审，评选出 6 部优秀影片。于世平检察长指出，评比活动的参评影片体现了四个方面的特点。一是主题突出，影片紧紧围绕反腐倡廉和预防职务犯罪主题，展现了党和国家有腐必反、有案必办的坚强决心；二是具体生动，影片以检察机关查办的职务犯罪案件为源泉，真实可信，是办理案件的文艺再现，具有较强的感染力；三是展示新貌，影片充分展示了天津市检察机关在严厉打击职务犯罪的同时积极开展预防工作，体现了检察干警执法为民、维护法律尊严的良好业务素质和风貌；四是效果良好，通过微电影评比活动，宣传了党和国家反腐倡廉政策，宣传了国家法律，宣传了社会正能量，是对预防工作的一次新探索，对进一步提高工作水平发挥了良好作用。

天津检察展览馆开馆仪式

10 月 29 日下午举行，于世平检察长、史建国副检察长为天津检察展览馆揭幕，政治部王文主任主持开馆仪式。史建国副检察长为天津检察展览馆开馆致辞，提出要以天津检察展览馆开馆为契机，切实发挥展览馆“四个作用”，即记述天津检察发展的历史传承作用，弘扬天津检察精神的重要阵地作用，传播天津检察文化的载体作用，反腐倡廉、惩防职务犯罪的平台作用。市、分院党组成员、副检察长、检委会专职委员、副巡视员，滨海新区院及所属各院、各区县院、铁检院检察长、政治部（处）主任，市院各部门负责人参加开馆仪式并参观。

与南开大学举行“检校共建”合作协议签字暨基地揭牌仪式

10 月 30 日，于世平检察长、南开大学朱光磊副校长为双方基地互聘教师颁发证书，史建国副检察长、朱光磊副校长代表双方签署协议，并共同为“天津市人民检察院教研培训基地”、“南开大学法学教育实践基地”揭牌，韩庆祥专委主持仪式。于世平检察长对基地的建立表示祝贺，并指出市院与南开大学开展检校共建活动是贯彻落实党的十八届四中全会精神、推进中国特色社会主义法治体系建设、创新法治人才培养机制的具体举措，要充分认识“检校共建”活动的重要意义，把“检校共建”活动的内容落到实处，不断完善教学授课、专题调研、案例研讨、实习锻炼等合作方式，加强工作领导和组织保障，健全沟通协调机制，注重总结工作经验，提升合作水平，为推进法治天津、美丽天津建设作出新贡献。市院有关部门负责人和南开大学部分专家学者参加。

组织开展全市检察文化建设观摩互学活动

市院政治部主任王文、专职检委会委员张有强带队，利用11月5日、6日两天，组织对申报参评“天津市检察文化建设示范院”的和平、河西、河北、津南、北辰、宝坻、塘沽、大港、静海等9个基层院进行检察文化建设“互看、互学、互评”观摩评查，通过听取工作情况介绍、观看PPT短片、实地查看交流等形式，对当前全市检察文化建设情况进行摸底检查，为各单位提供学习交流机会，推动全市检察文化工作蓬勃开展。全市各级检察机关政治部（处）主任参加。

举办庆祝“国家宪法日”暨“检察开放日”活动

12月4日，邀请40位市人大代表参观市院办公楼内紫铜浮雕、展览馆，观看市院宣传片。召开“市人民检察院与市人大代表座谈会”，史建国副检察长主持，介绍今年以来全市检察工作的主要情况。会上，人大代表踊跃发言，充分肯定天津检察工作，就打击犯罪、严惩腐败、队伍建设、宣传法制等问题提出意见和建议。于世平检察长向与会代表表示感谢，从理清工作思路、履行检察职能、深化管理和保障建设等方面认真梳理天津检察工作，并对检察机关贯彻实施宪法提出四点意见：一是忠实履行法律监督职责，保障宪法法律统一正确有效实施；二是带头维护宪法尊严权威，促进形成学习宪法、遵守宪法良好氛围；三是深入推动检务公开改革，不断提高执法司法公信力亲和力；四是自觉接受人大监督，进一步加强和改进代表联络工作。王文主任、田建国副检察长、韩庆祥、王迪专委及各部门主要负责人参加。

【一分检察院】

举办“共建美丽天津，放飞检察梦想”摄影展

一分院青年干警于工作之余走访天津，感触本市的自然风光、风土人情、人文气息及生活特色，通过提供自己拍摄的照片的方式，从不同角度展示天津的历史、人文、城市、经济及检察事业发展等各个方面的精彩瞬间。五四青年节前夕，成功举办“共建美丽天津，放飞检察梦想”摄影展。

过硬检察队伍先进事迹报告会

6月13日举行，学习弘扬先进典型精神，加强过硬检察队伍建设，推动检察工作科学发展。

一等功荣立者、反贪局侦查一处副处长何林，天津市五一劳动奖章获得者、控告申诉检察处副调研员孙宝华，“市级机关青年文明号”侦查监督处“安智办案组”代表、助理检察员朱士阔，“市级机关青年文明号”公诉处“张越办案组”助理检察员张越。分别以《忠于职守，敢于攻坚，做党和人民满意的反贪尖兵》、《用真情拉近百姓感情距离，用真心架起爱民为民桥梁》、《挥洒青春——立足本岗有所作为，奋发进取——志在检察建功立业》、《攻坚克难写忠诚，素质过硬当先锋》为题，从不同的角度和朴实生动的语言，为大家作了一场生动的事迹报告。

举行纪念建党 93 周年电影记录片《永远的焦裕禄》放映会

6 月 30 日，一分院举行电影纪录片《永远的焦裕禄》放映会，纪念中国共产党成立 93 周年。院党组成员、政治部主任闫浩出席，要求全院党员干警以焦裕禄同志为榜样，继承和发扬党的优良传统，始终恪尽职守，密切联系群众，保持奋发有为精神状态，坚守清正廉洁，做一个思想纯洁、信念坚定、亲民爱民、艰苦奋斗、科学求实、迎难而上、无私奉献、道德高尚的共产党员。

男子足球队成功挺进 2014–2015 年市级机关足球比赛决赛

7 月 23 日，一分院男子足球队在天津市市级机关工会和直属机关体育工作协会联合举办的 2014–2015 年市级机关足球比赛中，以三场比赛两胜一平的优异战绩，顺利出线，成功挺进决赛。

组织军转干部庆祝“八一”建军节

7 月 30 日，一分院军转干部分别到天津武警总队第三支队和天津市东丽区人民武装部进行参观学习，重温军旅生涯，感受军队建设成就。一致表示，在今后的工作中，一定要在院党组的正确领导下，进一步弘扬人民军队听党指挥、服务人民、英勇善战的优良传统，坚持对法律的信仰、对检察事业的热爱，立足本职，不负重托，不辱使命，为实现检察梦、法治中国梦而奋力前行。

开通检察综合性微信平台“阳光检务进行时”

9 月 22 日 00 时 00 分，一分院微信平台“阳光检务进行时”正式开通运行。这是一发院充分运用检察职能，服务百姓的一项新的便民举措，也是全市检察系统开通的首个综合性微信服务平台，标志着一分院检务公开工作全面进入“微时代”。

检察官宣誓仪式

12 月 4 日，在首个国家宪法日，一分院举办检察官宣誓仪式。68 名新任和新晋升检察官在院党组书记、检察长张海波领誓下，面向国旗和宪法庄严宣誓，以此表明全院检察干警热爱人民、尊崇宪法和法律的理想信念，也向公众表明公正司法，勇于接受社会监督的坚强决心。

【二分检察院】

开展“博士讲坛”系列活动

7月8月期间我院邀请北京大学、南开大学、武汉大学、中国人民公安大学、吉林大学的5位博士，先后围绕共同犯罪的司法实务问题、刑事诉讼口供规则、“两高”刑事指导案例的文本解读与证据分析、刑事审判检察监督合理模式探析、受贿犯罪司法实务探讨等问题为全院干警进行了系统授课。活动贴近实际，接地气，具有很强的指导性、针对性和实用性，受到了广大干警普遍欢迎。

举办“聚焦美、发现美”主题摄影展

政治部和机关工会在2014年联合举办了一次以“聚焦美、发现美”为主题的摄影展。这次摄影展，得到了院领导、全院干警、退休老同志、调离领导的热烈响应，积极参与者甚众。经过两个多月的精心策划，征集到了近30位同志三百余幅题材丰富的作品。经谨慎取舍、悉心编辑后，最终展出76幅作品。这次摄影展规模较大，是我院2014年年底安排的一项重点文化活动。

开展室内趣味体育比赛活动

国庆节前夕，我院组织开展了室内趣味体育比赛活动。比赛组委会成员尽职尽责，为比赛的筹备和举办付出了大量的劳动。全院干警积极报名，踊跃参与。最终经过半个月激烈的角逐，共产生九个比赛项目的前三名。本次活动，舒缓了全院干警的身心，进一步活跃了我院体育文化氛围，受到干警的一致好评。

开展“走进基层、贴近群众、砥砺品质”主题实践锻炼活动

4月29日，组织青年干警深入静海县独流镇胜利街开展了“走进基层、贴近群众、砥砺品质”主题实践锻炼活动。参观了驻村工作联系点及新农村建设成果，体验了基层一线工作状态，了解了新农村建设中的突出问题，亲身感受了社会主义新农村的崭新面貌和时代气息。

【滨海新区检察院】

开展“慈善一日捐”活动

新区检察院认真落实区委、区政府部署的“携手慈善、共建和谐”为主题的“慈善月”活动，积极履行扶贫济困的慈善宗旨，响应全区“慈善一日捐”活动的号召，认真部署、深入推动，院领导带头，干警职工广泛参与。全院73名干警职工共捐款10200元。

组织党员参观“时代记忆”党史展览

为纪念建党93周年，追忆我党艰苦卓绝的奋斗历史，7月1日新区检察院机关党委组织党员

参观“时代记忆”党史展览。展览展示了中国共产党九十三年的光辉历程，通过参观展览党员同志接受了一次再教育。表示一定要牢记使命，在滨海新区开发开放的伟大事业中做出自己的应有贡献。

设立爱心基金为困难群众献爱心

9月，根据区委组织部关于开展党员干部直接联系服务困难群众活动的要求，充分发挥党员同志在群众工作中的先锋模范带头作用。日前，新区检察院开展了以为困难群众送温暖、献爱心为主题的慈善募捐活动。院领导带头捐款，党员干部、入党积极分子积极参与，此次募捐共筹得爱心善款11000元。新区检察院将对此笔款项设立爱心基金，实行专人管理，保证爱心基金的专款专用。

8月8日，市院举办“天津检察讲坛”2014年第一期讲座。▼

4月8日，于世平检察长（右一）和焦裕禄同志的女儿焦守云（左一）共同为河东区院“焦裕禄勤政为民工作室”揭牌。▼

10月29日下午，市院举行天津检察展览馆暨预防职务犯罪警示教育基地开馆仪式。市院于世平检察长、史建国副检察长为天津检察展览馆揭幕。▼

3月21日上午9时，市院举行新办案及专业技术用房揭牌仪式，于世平检察长和史建国副检察长为市院新办案及专业技术用房揭牌，王玉良副检察长主持揭牌仪式。▼

▼全市检察干警按照市院党组的部署要求，开展“天津检察精神”大讨论活动。

市院老干部处举办庆“双节”书画展，市院党组成员、政治部主任王文，检委会专职委员张有强到老干部活动中心参观庆国庆节和老年节书画展。▼

市院召开离退休干部庆祝“国庆节”、“老年节”联欢会，市院党组成员、政治部主任王文，检委会专职委员张有强，150余名离退休干部参加联欢会。▼

▲天津市检察机关首届预防职务犯罪专题微电影评比活动。

6月30日，市院机关召开新党员入党宣誓大会，市院党组副书记、副检察长史建国出席会议并讲话，市院检委会专职委员张有强主持会议，检委会专职委员韩庆祥、副巡视员段跃华参加。▶

▼天津市院政治部组织开展全市检察文化建设观摩互学活动。

河北省检察官文学艺术联合会

[综　述]

2014 年，河北省检察官文联在中国检察官文联的指导和省院党组的领导下，坚持以科学发展观为指导，认真学习贯彻落实十八大、十八届四中全会精神，紧紧围绕服务检察中心工作，服务检察队伍建设，服务检察事业科学发展，不断加强自身建设，大力实施文化育检工程，充分发挥检察文化教育、规范、约束、导向、凝聚的特殊作用，广泛开展检察文化活动，为推动全省检察事业科学发展提供了坚强的思想保障、强大的精神动力和有力的文化支撑。

【深入学习贯彻落实党的十八大、十八届四中全会精神及习近平总书记在文艺工作座谈会上的重要讲话精神，不断加强检察官文联自身建设】

河北省检察官文联充分认识到加强检察文化建设的重要性和紧迫性，紧密结合检察官文联工作实际，周密部署十八大、十八届四中全会精神和习近平总书记在文艺工作座谈会上的重要讲话精神的学习贯彻。通过学习，省市两级检察官文联及检察文化工作者提高了认识，统一了思想，走中国特色社会主义文化发展道路的信念更加坚定，推动检察文化发展的责任意识更加自觉，服务党和国家工作的大局、服务检察中心的工作更加主动。

河北省检察院党组非常重视检察文联工作，经常专题研究部署文化建设工作，安排开展检察文化活动。童建明检察长多次对检察官文联和检察文化工作作出批示、指示。为规范省检察官文联会员发展，加强对会员管理，推动检察官文联各项工作顺利开展，制定了《河北省检察官文学艺术联合会会员发展和管理办法》。在加强自身建设的同时，继续加强对各市级检察官文联（筹备组织）工作的督导，制定了河北省检察官文联二〇一四年工作要点，及时了解掌握各市检察官文联工作情况，切实帮助协调解决问题。

【大力开展各项检察文化活动，推出一批检察文化精品】

全省各级检察官文联充分发挥检察文化陶冶情操、鼓舞士气、凝聚人心的作用，以贯彻落实十八大、十八届四中全会和习近平总书记系列讲话精神为主题，坚持服务检察中心工作，切实把文化建设融入检察工作方方面面，结合检察工作特点，以重要节日、重大纪念活动为契机，开展了征文、老照片征集、主题演讲、书画摄影展、体育等一系列文化活动。

省检察官文联积极组织开展丰富多彩的文化活动　为贯彻落实十八大、十八届四中全会和习近平总书记系列讲话精神，加强检察文化建设，活跃检察干警文化生活，进一步展示全省检察人员歌颂党、歌颂祖国、歌颂人民、歌颂检察事业的情怀，进一步凝聚力量、鼓舞士气、促进工作，组织开展以“中国梦·检察魂”为主题的全省检察机关书画摄影和文学作品展览活动，共收集作品834副（篇）。为展现全省检察事业不断开创新局面走过的光辉历程，赞颂全省检察工作取得的显著成绩，讴歌广大检察人员的创业精神，省检察官文联在全省检察机关开展了征集“老照片”活动，共征集照片600余张，并从中遴选出200余张编辑、印制了画册《历史的瞬间——河北省检察机关“老照片选辑”》。画册展现了1950年至2001年期间，河北检察事业走过的光辉历程。为切实发挥环境文化对检察干警潜移默化的熏陶作用，结合办公楼新址装修改造，按照简洁、厚重、庄重，大气，内容体现政治、法治、检察、廉政、河北元素的要求，研究制定了新办公楼楼宇文化、河北检察文苑、河北检察院史室建设方案，稳步推进办公楼新址文化建设工作。为配合教育活动开展，在全省检察机关开展了“坚守职业良知 践行执法为民”主题征文比赛活动，评出一等奖1篇、二等奖3篇、三等奖5篇、优秀奖11篇。为纪念“五四”运动95周年，引导广大青年干警传承“五四”精神，增强青年干警凝聚力、责任感和使命感，省院机关组织了以“挥洒青春、献身使命、促进公平正义”为主题的青年干警演讲会。

各市检察官文联（筹备组织）大力开展群众性的检察文化建设活动 石家庄市检察官文联组织了摄影采风活动，举办了“中国梦 检察情”书画摄影展和“立足本职铸检魂，我为党旗添光彩”演讲比赛、“中国梦·检察情”迎国庆诗歌朗诵大赛。承德市检察官文联举办了“检察风采——孙权书画展”，中国检察官文联主席张耕出席开幕式并致辞。张家口市检察官文联组织了“我的一次执法经历”征文比赛报告会，开展了“张家口检察精神”征集活动，组织了乒乓球比赛、书画摄影展和拓展体验活动。秦皇岛市检察官文联组织了全市检察机关“公平正义杯”象棋赛、羽毛球赛和篮球赛，组织参加了秦皇岛市首届国际马拉松比赛。唐山市检察官文联组织了三八国际劳动妇女节“牢记职责为人民，巾帼建功展风采”座谈会、“迎七一”践行群众路线主题交流会。廊坊市检察官文联组织了以“中国梦·检察魂”为主题的大型书画摄影展览。保定市检察官文联开办了“道德讲堂”，组织了先进事迹报告会和“放飞检察情、实现中国梦”主题诗歌朗诵会。沧州市检察官文联组织开展了纪念“国际三八妇女节”系列活动、首届预防职务犯罪书画摄影作品展、“公民道德大讲堂”、“为青春喝彩，为党旗增辉”主题演讲。衡水市检察官文联举办了“迎接马拉松 醉美衡水湖”书法沙龙活动和全市检察机关拔河比赛。邢台市检察官文联组织举办了全市检察机关乒乓球、羽毛球比赛。邯郸市检察官文联组织了“中国梦·检察情”诗歌朗诵会和贯彻落实四中全会精神主题演讲。

积极组织参加高检院政治部、中国检察官文联组织的各项活动 根据中国检察官文联秘书处《关于做好〈中国检察文化年鉴2014〉组稿工作的通知》要求，认真做好有关材料的搜集汇总工作，起草并报送了《中国检察文化年鉴［2014］（河北卷）》。根据高检院政治部《关于组织开展检察文化理论与实务研究征文活动的通知》要求，积极组织了征文活动，共征集文章61篇，经过遴选向高检院政治部推荐56篇。根据中国检察官文联《关于征集第三届检察文化论坛论文的通知》要求，认真开展征文活动，共征集检察文化理论研讨文章46篇，经过遴选向中国检察官文联推荐理论文章10篇，其中4篇论文获奖，省检察官文联获组织奖。根据中国检察官文联《关于开展第三届“迎新春、送文化”春联征集活动的通知》要求，向各市检察官文联和省院机关各内设机构印发通知，积极做好征集工作，并遴选269副作品报送中国检察官文联，其中28副作品获奖，省检察官文联获组织奖。按照中国检察官文联通知要求，积极开展第四届“迎新春、送文化”春联征集评选推荐活动，共征集春联256副，遴选239副作品报送中国检察官文联，其中25副作品获奖，省检察官文联获组织奖。根据中国检察官文联《关于征集“中国梦——我的检察官故事”文学作品的通知》要求，认真开展征集活动，共征集文学作品101篇报送中国检察官文联，我省有11篇获奖。根据高检院政治部《关于开展“全国检察机关首届微电影展播活动”的通知》精神，对拍摄工作进行了安排部署，督导相关市院做好创作拍摄工作，按时向高检察院政治部报送了专题片《郑喜兰：气质若兰、执法如山》、微话剧《担当》、专题片《延伸职能促和谐》、微电影《人间大道》等四部作品，其中《人间大道》获最佳导演提名奖，《郑喜兰：气质若兰、执法如山》获三等奖。根据中国检察官文联要求，向全国检察机关优秀书画摄影展推荐作品13副，有7副作品在《中国梦·检察魂——全国检察机关书画摄影作品展》中展出。

在检察文化作品创作中，我们积极组织、鼓励和支持有创作能力和艺术专长的检察人员，创作思想性、艺术性、观赏性相统一的文学艺术精品，在文艺创作上走精品之路，涌现出一批优秀文化成果。承德市检察官文联主席戴俊卿创作了长篇小说《喋血长城》，以《喋血长城》为蓝本改编拍摄的70集电视剧《打狗棍》，获得电视华鼎奖中国百强电视剧最佳编剧及电视剧满意度调查第一名两项大奖。承德市检察官文联主席戴俊卿还创作了《小重山.中秋夜感赋》，在诗耀中华——第十一届“天籁杯”中华诗词大赛、中华诗词传承成就奖中荣获一等奖。石家庄市检察官文联秘书长赵同生编辑印刷了《“我的梦　山水情”钢笔速写选集》。邢台市检察官文联组织优秀摄影作品参加“多彩非遗——第六届河北省民俗摄影大赛”，获得一等奖1个，优秀奖1个；推荐作品参加“逸品国香”杯全国摄影双月赛，获得优秀奖1个；推荐作品参加第六届中国月季花展摄影大赛，获得优秀奖1个。

【大力加强对检察文化建设理论研究】

为加强检察文化理论研究，推动检察文化大发展大繁荣，更好地为检察工作科学发展提供精神动力和智力支持，积极组织力量开展《检察职业道德研究》课题研究工作，与甘肃省检察官文联共同完成了课题大纲的初稿编写工作。为从理论层面总结交流基层检察机关加强文化建设的经验和创新，繁荣基层检察文化，加强检察队伍建设，推动检察工作，在全省检察机关开展“检察基层文化建设的理论和实践”征文活动。

【积极做好检察文化宣传工作】

为积极宣传检察文化工作，河北省检察官文联进一步安排部署，充分调动检察文化宣传工作积极性，各地积极向新闻媒体踊跃投稿。2014年，向中国检察文化建设网投稿40篇，刊登了24篇，其中重要位置滚动播出5篇。在省院内网刊发文化稿件30余篇，在《河北法制报·检察周刊》刊登检察文化稿件200余篇。另外，石家庄、承德、唐山、廊坊、沧州、衡水等市检察官文联在检察内网开设了检察文化专栏，承德、邯郸、廊坊等市检察官文联分别创办了文化专刊《梅风》、《文苑》、《晨风》，张家口、沧州、衡水、邢台等市检察官文联分别在市院创办的《张垣检察》、《沧州检察》、《检察一线》、《检察视界》内刊中设立检察文化专栏，收到了良好的宣传效果。

[文化理论研究]

河北省各检察官文联（筹备组织）坚持把检察文化理论研究放在重要位置来抓，用科学的理论成果引领检察官文联工作深入开展。为加强检察文化理论研究，推动检察文化大发展大繁荣，更好地为检察工作科学发展提供精神动力和智力支持，积极组织力量开展《检察职业道德研究》课题研究工作，与甘肃省检察官文联共同完成了课题大纲的初稿编写工作。为从理论层面总结交流基层检察机关加强文化建设的经验和创新，繁荣基层检察文化，加强检察队伍建设，推动检察工作，在全省检察机关开展“检察基层文化建设的理论和实践”征文活动。

【新形势下如何加强基层检察机关文化建设】

河北省高碑店市人民检察院　游金

十八大以来，全国范围内开展了党的群众路线教育实践活动，各地区，各部门都在按照“照镜子、正衣冠、洗洗澡、治治病”的总要求，查摆问题，改进作风。检察机关作为国家的法律监督机关，依法行使法律监督职责离不开党的领导和人民群众的支持。基层检察机关作为与人民群众接触最密切，办案数量最多的部门，更应做好党的群众路线教育实践活动。新的形势也使基层检察机关的文化建设具有了新的内容和使命。全新的基层检察文化，应突出“为民、务实、清廉”的主要内容，为我国深化司法体制改革，全面建成小康社会起到重要的促进作用。

一、基层检察机关加强文化建设的迫切性

基层检察机关处于检察工作的第一线，与人民群众接触最多，直接影响到人民群众对检察工作的印象，也事关人民群众合法权利的实现。检察文化是检察机关在长期法律监督实践和管理活动中逐步形成的与中国特色社会主义检察制度相关的思想观念、职业精神、道德规范、行为方式以及相关载体和物质表现得总和。积极健康的检察文化，对于提高检察干警的综合素质，规范权力运行机制，提升检察机关执法公信力具有重要作用。近年来，很多基层检察机关经费紧张，人员流失严重，年龄结构老龄化。加之办案任务繁重，往往忽视了检察文化建设。以至于出现了个别检察干警工作中“慵、懒、散”现象；对待来访群众敷衍塞责，态度粗暴；超标配备办公设施，大操大办婚丧嫁娶；甚至出现了办“关系案”、“人情案”等司法腐败问题。这些问题出现的原因是多方面的，但与基层检察机关文化建设的滞后有着密切的关系。对此，高检院已经出台了《关于深入贯彻落实党的十八大精神进一步加强检察文化建设的决定》，对基层检察机关文化建设提出了新的要求和指导

意见，为基层检察文化创新实践提供了崭新的平台。

二、基层检察机关文化建设的主要内容

为民、务实、清廉不仅是党的群众路线教育实践活动的主要内容，更是新形势下基层检察机关文化建设的主要内容。

1. 为民。就是要坚持以人为本、人民至上。习近平同志在 十二届全国人大一次会议闭幕会上讲到，不断实现好、维护好、发展好最广大人民根本利益，使发展成果更多更公平惠及全体人民，在经济社会不断发展的基础上，朝着共同富裕方向稳步前进。检察机关的权力是人民赋予的，行使检察权归根到底是为了广大人民群众的根本利益。中国检察文化植根于中国文化的大环境中，是社会主义先进文化的组成部分。[加强基层检察机关文化建设的思考 李大] 检察文化的发展和建设离不开人民群众的参与和支持。因此，为是检察文化建设的根本目地。

2. 务实。就是要求真务实、真抓实干，发扬理论联系实际之风。习近平同志在 中央党校开学典礼上讲到，要认识好、解决好各种问题，唯一的途径就是增强我们自己的本领。增强本领就要加强学习，既把学到的知识运用于实践，又在实践中增长解决问题的新本领。检察工作就是要求广大检察干警灵活运用所学的检察理论，依据法律的规定，完成各项检察职能。基层检察机关的办案数量多，涉及面广，事关广大人民群众的切身利益。基层检察机关能否发扬求真务实的精神，提高办案的科学性，事关基层检察文化建设的成败。所以，务实应是检察文化建设的根本方法。

3. 清廉。要自觉遵守党章，严格执行廉政准则，主动接受监督。习近平同志在中纪委十八届二次全会上指出，反腐倡廉建设，必须反对特权思想、特权现象。共产党员永远是劳动人民的普通一员，除了法律和政策规定范围内的个人利益和工作职权外，所有共产党员都不得谋求任何私利和特权。检察机关负有查办职务犯罪，为国家清除各种腐败蛀虫的重要职责。而履行好职责的前提是保持自身的清正廉洁。清廉的检察文化可以使检察干警从主观上约束自己的行为，严守法律的边界。全国88% 的检察院在基层 ,74% 的编制和人员在基层 ,90% 以上的案件办理在基层。基层检察队伍是否廉洁直接影响到人民群众对检察机关的评价。因此，清廉是基层检察文化建设的根本保障。

三、加强基层检察机关文化建设的具体措施

基层检察机关文化建设应分为对内与对外两个方面。对内通过监督机制、教育机制、保障机制，完善基层检察机关基础设施建设，丰富检察干警的法律知识，加强对权力的监督制约，从而进一步深化基层检察机关的文化建设，使检察文化符合时代发展的要求。对外通过宣传机制、矛盾化解机制、信息公开机制，加强法治宣传教育，提高人民群众的法律意识，有效化解各种社会矛盾，使基层检察机关的文化建设成果更好的服务人民群众，促进检察文化建设持久有序开展。

1. 监督机制。第一、要建立全过程、多方位的内部监督体系。通过内部各部门之间的相互制约，促进检察权的规范化行使。应充分发挥侦查监督部门对自侦案件的侦查监督力度；控申部门对自侦部门不立案线索审查，对不批捕，不起诉案件的监督；纪检监察部门对检察干警违反工作纪律的惩治。对重大疑难案件以及造成严重社会影响的案件，一律提交检委会讨论，最大限度保障决策的科学性。第二、要建立与人大政协的联络机制。人大是我国的权力机关，政协具有参政议政职责，两者都对检察机关行使检察权进行监督。基层检察机关要密切与人大政协代表的联系，可不定期的邀请本地区的人大政协代表来本院参观调研，努力向人大政协代表展示检察机关自身建设的最新成果。同时，主动走访人大政协代表，畅通与人大政协机关的联络渠道。对人大代表提出的意见建议，做到认真研究并整改落实。

2. 教育机制。第一、要将学习的制度规范化。基层检察机关要根据自身的队伍现状，制定具体的学习计划。并使之成为一项长期贯彻执行的规章制度。不再是跟风似的学习，也不是突击似的学习。要将学习提到制度建设的高度，从检察队伍建设的全局出发，针对检察干警的具体特点，有针对性的开展学习计划，使学习过程不再流于形式，学习效果最大化。第二、要将学习的方式多样化。基层检察机关不能将授课式教学作为学习的唯一的学习方式，要丰富学习的方式，提高干警的学习热情。应将岗位练兵和实务竞赛相结合，检察干警个人间的友好竞争与业务上的互帮互助相结合。使广大检察干警不仅在课堂上，而且在实际办案中增长业务知识，增强办案水平，将理论知识更好的指导检察实务。通过“以老带新”、“以赛代学”等方式，增进干警间的学习交流，激励干警保持奋发向上的精神风貌，互相取之所长，共同努力提高。第三、要将廉政教育与业务教育并重。基层检察机关要将廉政教育摆在突出位置，在工作中常抓不懈，培养德才兼备的检察干警。不断弘扬“忠诚、公正、清廉、文明”的检察职业道德，做到自省、自警、自励、自强，提高全体干警勤政廉洁的自觉性。通过廉政教育引导广大检察干警把维护社会公平正义作为崇高的职业使命和毕生的价值追求，努力提高基层检察队伍的职业道德水准。

3. 保障机制。第一、要加强物质保障力度。上级机关应加大对基层检察机关尤其是贫困地区基层检察机关经费和物资装备的投入。完善信息化建设，启动办公办案自动化，提高办公设备的科技含量。第二、要建立和完善人才保障机制建设。对于基层检察机关，留住人才是文化建设好坏的关键。应坚持社会公开招录制度，严把进人关。对于招录的优秀法律人才，要予以必要的照顾，给予必要的政策倾斜，特别是对外地人才，要切实解决其所面临的生活困难，免除检察干警的后顾之忧，使之以饱满的热情投入到工作当中。

4. 宣传机制。第一、明确宣传工作责任。实行量化考核，使科室和干警有一个具体的宣传工作目标；同时通过这个工作目标还要建成一个纵横结合、灵活机动、反应迅速的本级宣传网络，形成一个上下联动、内外配合、广泛参与、整体推进的良好的宣传工作格局。通过严格执行考核，做到院领导亲自抓、宣传部门具体抓、业务部门协同抓，形成宣传工作全院一盘棋的体系，营造“大宣传”的工作格局。第二、要加强主题宣传活动。基层检察机关应充分利用每年“举报宣传周”、“法制宣传日”等主题宣传活动，发挥自身优势，组织检察干警深入城市社区、乡镇农村，积极向基层群众宣传国家法律法规，运用法律武器维护自身合法权益的案例技巧。同时，将宣传活动常态化运行，建立检察工作深入社区，农村、企业、学校的长效机制，将普法教育工作做到居民生活当中和生产建设的一线。提高全社会的法制意识，维护司法权威。第三、要创新宣传方式。近年来，网络以其便捷性、低成本和快速性等特点，迅速成为全社会，特别是青少年群体信息传播的主要工具。基层检察机关对这一新变化，应因势利导，建立涉检网络舆情监测体系，制定网络舆情引导工作机制。同时注意加强自身的网络阵地建设，加快门户网站建设，扩大检察宣传的社会影响。

5. 矛盾化解机制。第一、要落实首办责任制度。充分发挥控告申诉部门的窗口作用，按照“分级负责，归口办理”的原则，妥善处理涉检信访问题。同时加强与公安、法院等部门的协调配合。应牢固树立理性、平和、文明、规范的执法理念。对于上访群众，有理的，坚决纠错到位，恢复被损害的公正；对有情绪的，耐心细致地做好教育疏导，解开“心结”，平复情绪；对有困难的，积极协助党委政府，协调配合相关职能部门，通过资金救助、社会救助等办法，切实解决信访群众的实际困难。第二、要落实领导包案制度。基层检察机关对地方党委和上级机关交办的信访案件，以及重大疑难涉检信访案件，实行领导包案，分级管理，归口办理，不推诿扯皮，不上交矛盾，力求案结事了。同时改进工作方法，采取联合接访、公开听证、心理咨询、督查指导等措施，做好信访人及其近亲属的释法说理工作，采取上门回访的方式确保工作效果。第三、要建立风险预警评估机制。各业务科室所承办的案件在做出处理决定前，对是否存在信访隐患的可能性进行风险评估，制定息诉罢访工作预案。努力做好“两个到位”，即查找风险点到位，预警防范措施到位。[实施三访联动，营造和谐稳定环境。宋进朝]

6. 信息公开机制。第一、明确检务公开的范围。要依法向社会公开有关检察机关的性质、地位的法律法规，强制措施、羁押期限、案件管辖和立案标准的规定，检察工作纪律，检察工作程序、国家刑事赔偿制度，检察机关查办职务犯罪取得的成果等内容。这样可以使检察工作能被全社会所知晓，真正让群众客观、公正地对检察工作的好坏做出准确的判断。第二、严格公开程序。基层检察机关应及时向上级机关汇报检务公开的情况，认真落实上级机关提出的指导意见。科学设计检务公开的各个程序环节。使其环环相扣、互相制约，做到有公开、有审批、有反馈、有办理、有检查，保证检察权运行的全过程处于阳光之下。第三、坚决落实保密制度。检务公开不是全部公开，而是以公开为原则，不公开为例外。检察工作中有关涉及国家秘密、商业秘密、个人隐私、未成年人案件、检察委员会讨论的内部情况等，不得对外公开。对严重违反保密规定造成不良影响的，一经发现，严肃查处。

【加强基层检察文化建设之拙见】

河北省满城县人民检察院检察长　何俊乔

胡锦涛同志在十八大报告中指出：“文化是民族的血脉，是人民的精神家园。全面建成小康社会，实现中华民族伟大复兴，必须推动社会主义文化大发展大繁荣，兴起社会主义文化建设新高潮，提高国家文化软实力，发挥文化引领风尚、教育人民、服务社会、推动发展的作用”。检察文化是社会主义文化的重要组成部分，是检察事业的重要精神支撑，是检察工作发展的内在动力，是提高检察队伍法律监督能力、促进检察工作科学发展的重要载体和有效抓手，新世纪、新形势、新任务对检察机关提出了新的更高要求，大力加强检察文化建设，对推进检察事业科学发展意义重大。笔者是一位多年从事基层检察工作的实践者，对如何加强基层检察文化建设谈一点粗浅认识。

一、充分理解检察文化的功能和作用，提高检察文化建设的思想认识

检察文化是一个检察院的灵魂，是一个检察院的形象，更是一个检察院凝聚力的体现。大力推进检察文化建设，就要充分发挥检察文化的功能和作用，努力营造和谐、健康、向上的文化氛围，造就一支政治坚定、业务精通、作风优良、执法公正的高素质精英团队，这也是新时期检察队伍建设的必然要求。

（一）教育和指引

检察文化所崇尚的就是广大检察人员所追求的。检察文化在实践中被创造、发展和流传，它所包含的价值观及执法理念能鼓舞人、影响人、塑造人、培养人、教育人，通过检察理念、价值观念、行为模式的引导，潜移默化的使全体检察人员接受共同的价值观，把思想、行为引导到实现检察事业的目标上来，从而指导检察人员的个人行为以及检察机关的整体行为向着正确的方向发展，这对于建设一支高素质、专业化的检察队伍具有十分重要的意义。

（二）凝聚和激励

检察文化成为全体检察人员的共同行为准则后，就会成为增强团队凝聚力、鼓舞士气的粘合剂，使检察人员产生强烈的归属感、自豪感，形成强烈的使命感、持久的驱动力，成为检察人自我激励的一把标尺，从内心深处自觉产生为检察事业拼搏、奉献的精神，营造一种精神振奋、朝气蓬勃、开拓进取的良好风气，从而紧密团结起来，积极发挥自己的聪明才干。同时，检察文化还能以一种崇高的精神力量满足检察人员的精神需要，激发创造热情，培养职业尊荣感和崇高的使命感，从而为国家、为人民、为社会，为实现自己的人生价值而勤奋工作。

（三）约束和辐射

检察文化对检察人员的思想、心理和行为具有约束和规范作用，这种约束产生于检察机关的文化氛围、行为准则和道德规范，以此约束检察人员的思想和行为，增加自律性。同时检察文化还能通过检察人员的检察实践活动，展示检察机关和检察人员的良好形象，增进社会对检察工作的理解、信任和支持，将其所蕴含的高尚品德及良好的价值观念推广到工作以外的公共生活和业余生活之中，从而促进整个社会大文化的发展。

二、深入进行检察文化的创新和实践，推动检察文化建设全面发展

检察文化是检察机关的灵魂，是检察机关全体成员共同遵守的价值观念、目标方向、制度规范和行为方式的总和。检察文化内容丰富、辐射面广，其核心内容就是“忠诚、为民、公正、廉洁”的政法干警核心价值观，它主导着和支配着检察文化的各个方面。

（一）注重读书学习，提升文化素质

腹有诗书气自华。读书可以陶冶情操，提升个人品味。毛泽东同志说过，“有了学问，好比站在山上，可以看到很远很多东西；没有学问，如在暗沟里走路，摸索不着，那会苦煞人”。高尔基有句名言“书籍是人类进步的阶梯”。胡锦涛在2002年中共中央政治局集体学习时指出，现在社会各个方面的发展日新月异，人民群众的实践创造丰富多彩，不学习、不坚持学习、不刻苦学习，势必会落伍，势必难以胜任我们所肩负的重大职责。温家宝总理说过这样的话，书籍是人类智慧的结晶，读书决定一个人的修养和境界，关系一个民族的素质和力量，影响一个国家的前途和命运。习近平说：各级领导干部要深刻认识现代领导活动与读书学习的密切关系，深刻认识领导干部的读书学习水平在很大程度上决定着工作水平和领导水平，真正把读书学习当成一种生活态度、一种工作责任、一种精神追求，自觉做到爱读书读好书善读书，积极推动学习型政党、学习型社会建设。作家王蒙这样谈自己读书的感受：“读书使我感觉良好，使我进入一个美好文明的世界，我明明觉到了，读书在增长我的知识、见闻、能力。读书就是和朋友切磋谈心，读书也是对自己灵魂的追问”。

学以增智，学以思悟，学以致用。学那些于己、于工作、于社会大有益处的东西。要适应时代要求，必须真正把学习当做一种生活方式、一种精神追求，当做一生永不下课的一堂课，时时学习、终身学习，努力增强新形势下做好检察工作的本领。不断提高职业精神、职业素养、职业操守和履职能力，成为检察工作的行家里手。

（二）优雅着装举止，塑造良好形象

一是衣着打扮

“人配衣裳马配鞍”，鲁迅说过：“服装是无声的语言符号，你穿成什么样子，大概就有那样的性格，表露无疑。得体的穿着，可以展现自我的品味和风格”；郭沫若说：“衣裳是文化的象征，衣裳是思想的形象。从人们对服装的选择可以窥探到他的文化水平和道德修养的底蕴”；莎士比亚写到：“一个人的穿着打扮就是他教养、品味、地位的最真实的写照”。衣着打扮体现着自身的气质形象和内涵品位，反映出一个人的综合素质和思想境界。作为一名检察干警，你的衣着代表的是整个检察机关的形象，要符合自身职业特点，不能率性而为。检察服装体现了检察理念，饱含检察文化，2000 式检察制服从设计上彰显了检察官职业的威严和严谨，衬托出一种凝重氛围，在凝重中体现公正。

着装是一种符号，它对检察官职业自律观念和依法办案思维习惯的形成有着潜移默化的影响。所以，着检察装，既是维护国家法治尊严、树立检察机关形象的需要，相对检察官个人而言，也是便于社会监督、恪守检察职业理念和素养的自我谙示和自我约束的需要，同时也是一种自信心的体现，是合格检察官的自我评价。

陪同国家主席习近平出访的彭丽媛，从俄罗斯之行走出机舱门的惊艳亮相，再到之后的端庄优雅民族风着装，无不彰显魅力。彭丽媛的着装成为习近平主席出访中一道亮丽的风景线，成为展示中国形象的一张新名片，国内外以“有魅力”“气质绝佳”“搭配得体”“魅力攻势”“展示中国软实力”等词语评价彭丽媛的首次亮相。彭丽媛以她的气质、她的谈吐、她的服装展示了我们中国的文化，通过其独特而又闪亮的女性魅力开拓了新的外交风格。作为检察官，检察服一旦上身，就不在是自己，而是代表国家、代表检察，成为公平正义的化身。在工作之余的衣着，可以提倡多元化，或稳重大方，或轻快活泼，勿奇装异服。在任何环境下我们都要牢记自己的身份，在衣着上不攀比、不猎奇，忌过于奢华，宜朴素大方，塑造良好形象，展示检察官魅力。

二是言谈举止

一个人的言谈举止反映了一个人的文化素养和气质内涵，检察官自然也不例外。检察官队伍是由检察官个体组成的，每一名检察官和检察干警的言行，都在塑造着检察队伍的整体形象。作为检察官应该举止优雅稳重，说话文明得体，做事公正无私，言谈举止要时刻符合自己的身份特点。

第一，出庭公诉。出席法庭支持公诉是人民检察院的一项重要职能活动，检察官以国家公诉人身份出席法庭，支持公诉，是检察机关的一个重要窗口，代表着检察机关的形象。出席法庭用语应当严谨、理性、规范，做到举证有序，答辩得体、用语文明、举止威严。这就要求检察官具有较高的理论水平和专业技能，同时还要有较强的语言表达能力和临场应变、逻辑思维能力。

第二，控申接待。控告申诉部门主要职责是接待来访群众，受理举报、控告、刑事诉讼、刑事赔偿案件，也是检察机关的窗口单位。接待用语应当文明、礼貌、亲和、诚恳。做到主动问候，热情周到，细心询问，耐心解释，明确告知权利义务、检察机关的职责范围和取得答复及处理结果的方式、途径，礼貌送别。

三是检察礼仪

检察礼仪是塑造检察机关良好形象的需要，是规范化建设的需要，是现代司法文明的需要。必须紧紧扣住检察官的仪表礼仪、公务礼仪、接待礼仪、生活礼仪，强化干警的职业素养，以良好的精神面貌、规范的行为举止、文明热情的法律服务，树立检察机关的良好形象。

检察干警在执行公务和社交活动中，要遵守各项检察礼仪规范，注重职业礼仪约束，仪表庄重、举止大方、态度公允、用语文明，保持良好的职业操守和风范，维护检察官的良好形象。

（三）恪守职业道德，规范执法行为

道亦为行之理，德亦为人之本。道德就是做人的根本道理。职业道德是内心的法律。加强职业道德建设关键在于提升人生境界、提高修养水平。要注重自我完善。检察人员要通过加强学习、注重社会交往细节、保持良好生活习惯，不断提高思想政治素质、业务技能、交往能力，切实提高履职能力、完善为人品格、树立良好形象。

落实检察官职业道德要求，既要育个体，也要塑团队。良好的职业道德的形成，依赖良好的职业道德氛围。一个健康的集体，能够培养出具有良好职业道德的成员；一批具有良好职业道德的成员，同样能够塑造并提升一个健康的集体。我们要按照检察官职业道德“忠诚、公正、清廉、文明”的基本要求，努力在职业思想、职业信念、职业情感和职业行为等各方面遵循检察职业道德规范，最后达到潜移默化，水滴石穿，逐步形成良好的职业道德修养。

要认真遵守《检察官职业道德基本准则（试行）》，以维护司法公正为落脚点，提升检察文化素养。要从检察官的职业道德素质、人文素养、专业素质、心理素质等方面入手，强化检察官素养能力的提高。要注重培养检察官的人品，重视道德修养建设，培养其自重、自省、自警、自励，勤政为民，廉洁奉公，真正树立全心全意为人民服务的思想。

（四）培树情趣爱好，丰富业余生活

胡锦涛同志提出的“生活正派、情趣健康，讲操守、重品行，注重培养健康的生活情趣，保持高尚的精神追求”，是我们党首次对领导干部生活作风建设提出的基本要求，有着全面而丰富的内涵。情趣，即情志，趣向。生活情趣，通俗地说就是个人日常生活中的兴趣爱好。生活情趣有高雅低俗之分。健康向上的生活情趣，不仅有利于人的身心健康，还能开阔人的眼界，丰富人的知识，焕发人的精神，形成一股无形的、内在的力量，在一定程度上启发着人们最大限度地发挥自己的创造性，为获得事业的成功进行不懈的努力。党员干部只有培养了健康向上的生活情趣，才能在那些腐朽的思想观念、生活作风和行为方式面前，不随波逐流，不盲目欣赏追求，就不会在觥筹交错中浪费光阴，更不会在纸醉金迷中耗费生命。

作为党员干部，一定要培养健康的生活情趣，努力提高自己的思想境界、文化素养和审美品位，做到个人日常生活的所喜、所爱、所乐，追求高雅，淡薄物欲，远离浮躁，拒绝低俗。要积极创造条件，规划建设各种文化设施，适时组织开展干警喜闻乐见的文化活动，在内容和形式上要有思想性、知识性、娱乐性、实践性，兼顾学习与情趣、知识与娱乐、活动与安闲，既丰富干警的业余生活，又提高干警的实践创新能力，还创造出宽松和谐的人际环境。

（五）严明作风纪律，打造精英团队

良好的作风和严明的纪律始终是体现和反映一个单位、部门生机和活力，是凝聚战斗力和保持队伍精神面貌的重要方面。这种优良的作风和严明的纪律对检察机关具有更重要的意义。检察机关担负着保护人民、打击敌人、惩治犯罪、服务经济建设的职责，要正确有效地发挥职能作用，就必须建立一支公正执法、纪律严明、作风过硬的队伍。如果作风散漫，纪律松懈，人们的思想就会涣散，就没有思想统一和行动一致，就不可能有凝聚力和战斗力，就不能充分履行职责，不能保证检察工作任务的顺利完成。

严明的纪律是队伍保持战斗力的前提和保证。要从强化教育、建章立制、严格管理入手，进一步健全和落实检察机关纪律作风建设长效机制，使检察机关纪律作风建设走向制度化、科学化、规范化的轨道。每一名检察干警都要严格执行各项禁令，认真遵守检察官职业道德规范和检察工作纪律。努力践行“忠诚、为民、公正、廉洁”的政法干警核心价值观，切实转变工作作风，深入推进群众路线教育，以打造过硬队伍为目标，更好地践行执法为民宗旨，树一流形象，创一流业绩，建一流团队。

检察文化建设是一个新事物，顺应时代潮流、体现法制精神，同时，检察文化也是一项庞大的系统工程，必须通过长期不懈的努力。加强检察文化建设，需要我们在实践中探索，在探索中完善，在完善中前进，进而来推动检察工作的全面发展。检察机关要紧紧围绕“强化法律监督、维护公平正义”的检察工作主题，扎实开展以“为民、务实、清廉”为主要内容的党的群众路线教育实践活动，深入实施“文化育检”工程，不断创新和丰富检察文化建设的内容和形式，以检察文化建设的成果武装人、引导人、塑造人、教育人、凝聚人，多渠道强化干警职业修养，引导干警自觉追求公正与效率，充分展示检察文化的魅力，提升检察事业创新发展的软实力，推动检察文化建设再上新台阶。

【中国梦语境下的检察廉政文化建设】

河北省昌黎县检察院　刘晓虎

以习近平总书记为核心的新一届党中央首次提出了"中国梦",这为全面建成小康社会,实现中华民族伟大复兴指明了前进方向,提供了发展思路、行动目标与精神力量,具有重大现实意义和深远历史意义。

“法治兴则中国兴，法治强则中国强”，中国梦的实现，需要构建“法治的国家、法治的社会、法治的政府”，法治是中国梦最终实现的支点，是中国梦最终实现的有力保障。检察机关是我国的法律监督机关，承担着预防和惩治贪污腐败、渎职侵权，追诉犯罪，法律监督等职能，是我国法治建设的中坚力量。检察文化建设是"检察梦"的重要组成部分，事关检察机关执法理念的定位、执法方式的选择，是实现"中国梦"的重要推动力量。

一、检察廉政文化的界定

廉政文化是崇尚廉洁、祛恶扬善的一种特殊社会文化，它包涵了廉洁的物质文化、思想文化和制度文化，是检察文化的重要组成部分，是推进检察工作发展的重要思想保障，是实现社会公平正义的根本前提。检察廉政文化的核心价值观是为民、公正、清廉，其中“为民”是本质特征，“公正”是根本保障，“清廉”是内在要求。检察廉政文化建设是围绕廉政这一主题开展的一系列文化教育活动，其目的在于使广大检察人员树立正确的世界观、人生观、价值观和正确的地位观、权力观、利益观，通过潜移默化的作用和影响，增强检察人员的反腐倡廉意识，切实增强防腐拒变的责任感和紧迫感，自觉抵御各种腐朽落后思想观念的侵蚀，营造以廉为荣、以贪为耻的浓厚氛围，为检察机关反腐败工作提供智力支持和思想保证。

二、中国梦的时代特质

中国梦是在我们党长期执政、我国面临重大发展机遇与挑战的时代背景下，提出的，具有深深的时代烙印，饱含鲜明的时代特色。当前，我国正处于可以大有作为的重要战略机遇期，同时处于各种矛盾和挑战的凸显期。执政考验、改革开放考验、市场经济考验、外部环境考验是长期的、复杂的、严峻的，精神懈怠危险、能力不足危险、脱离群众危险、消极腐败危险更加尖锐地摆在全党面前。中国梦就是在这样一个机遇与挑战并存的时代背景下提出并展开的。

中国梦的核心是以人为本，说到底也就是为了使人民生活得更加幸福和美满、更有尊严和价值。实现中国梦，离不开检察机关的保驾护航，构建法治社会、廉洁政府，才能保障“国家富强、民族振兴、人民幸福”的最终实现。

三、中国梦与检察廉政文化建设

检察廉政文化是中国特色社会主义廉政文化的有机组成部分，其根本意义在于通过思想教育、道德教育，通过制度、法律的约束，保障检察权的正确行使。检察机关作为法律的监督机关，对外承担惩治贪污贿赂、渎职侵权的重要职责，对内肩负廉政文化建设重要任务。让最广大的人民群众参与到实现中国梦的伟大实践中来，必须维护好社会的公平正义，必须以法治国家、廉洁政府为前提，必须充分发挥检察机关在法治建设过程中的职责。

（一）传承中国廉政文化，为中国梦的实现奠定文化基础

实现中国梦，必须弘扬中国优秀传统文化，优秀传统文化折射出的民族精神是一个民族屹立于世界民族之林的根本，是一个国家凝聚力与向心力的重要体现。虽然当代中国检察制度初创于新中国成立之初，但古代监察制度就孕育着现代检察制度的部分职能，清正官德、反腐倡廉在几千年的封建社会从未被摒弃，检察廉政文化有其历史性，是中国廉政文化的重要分支。中国梦需要历史的支撑，需要文化的沉淀，构建检察廉政文化，是对中国廉政文化的继承与发展，是对民族精神的认可与发扬。

（二）助力党风廉政建设，为中国梦的实现营造和谐的社会环境

我国惩治腐败的力度不断加大，但是产生腐败的土壤和条件依然存在，其根本原因是在物质、制度、心理的层面上，不同程度地存在着滋生腐败的不良文化，它使人们的价值观念产生错位。权力失去监督就容易产生腐败，权利要靠制度来约束，一些部门由于监管不力，导致贪污受贿、渎职失职，严重侵蚀着党的肌体，损害着党风、政风和民风。因此，要制定和落实廉政文化建设的总体目标和长远规划，全方位、多渠道弘扬廉政思想，增强廉政意识，倡导职业道德，营造廉政文化氛围。廉政文化建设是落实“标本兼治、惩防并举、注重预防”方针的重要举措，也是构建检察机关教育、制度、监督并重的惩治和预防腐败体系的重要内容，为中国梦的实现营造出和谐的社会环境。

（三）打造过硬检察队伍，为中国梦的实现提供坚强保障

检察干警是行使检察权的主体，检察队伍的素质决定着检察机关的履职能力。加强检察廉政文化建设，不仅是深入推进反腐倡廉建设的需要，也是打造过硬检察队伍的需要。大力加强检察廉政文化建设有利于引导干警牢固树立正确的人生观、价值观、地位观、利益观和执法观；有利于增强检察人员反腐倡廉意识，为检察机关的党风廉政建设和反腐败工作提供智力支持和思想保证；有利于打造一支政治坚定、公正清廉、业务精通、作风优良的检察队伍；有利于树立检察机关良好的社会形象，让“忠诚、公正、清廉、文明”的检察形象深入人心，推动检察工作不断健康发展，从而全力保障中国梦的最终实现。

四、以中国梦引领检察廉政文化建设

检察廉政文化作为一种新的理念，它既是时代发展对检察工作的新要求，也是践行中国梦的实践内涵。在检察工作实践中，我们必须要以中国梦、检察梦为引领，多途径、全方位、深层次地加强基层检察院廉政文化建设，营造出浓厚的崇廉尚廉文化氛围，，真正使检察廉政文化建设成为检察事业健康发展、法治中国砥砺前行的助推器。

1. 强化检察廉政文化建设的领导。廉政文化建设是一项长期复杂的系统工程，各项工作千头万绪。要保证基层各项工作任务的完成，就必须高度重视和加强对廉政文化建设的领导，成立相应的管理机构，制定切合实际的建设规划、计划和活动制度，提出符合自身特点的廉政理念，以确保廉政文化建设的连续性，防止出现短期行为和轰动效应。使检察廉政文化建设充满生机活力。

2. 突出检察廉政文化建设的特色。一是内容上突出特色，要紧贴自身工作实际，把职业道德行为规范作为检察廉政文化建设的主题，使廉政文化建设、规范化建设、队伍思想建设有机结合，教育大家立足本职、廉洁从检、遵纪守法。二是方式上突出特色，在继承传统的基础上，采取多种方式，开展个人述廉、干警评廉、明责守廉、勤俭养廉、文艺颂廉、典型倡廉、警示促廉、家庭助廉、社会督廉和创廉政科室局、评廉政标兵等活动，营造浓厚氛围。三是执法上突出特色，引导检察人员严格依法办事、廉洁从检，自觉把廉政理念运用到办案的每个环节，坚持廉洁执法。四是机制上突出特色，建立廉政文化建设考评机制，根据年初目标，加强日常管理和督导，年底进行绩效考评和表彰，激励干警积极参与廉政文化建设，保障廉政文化建设有序开展。

3. 拓展检察廉政文化建设的渠道。通过检察廉政文化进检察、进家庭、进社区，增强检察廉政文化的辐射力、渗透力。进检察，就是把纪检监督员、人大代表、政协委员、企业家、社会各界人

士请进检察机关，把检察工作置于广大人民群众和社会各界的监督之下，从而推动促进检察机关党风廉政建设和反腐败工作。进家庭，就是要通过向检察干警家庭发送廉政建设公开信，赠阅廉政建设材料，发送廉政短信，组织评选助廉贤内助等活动，发挥亲情助廉的积极作用。进社区，就是要组织检察干警深入社区，向群众述职述廉，宣传演讲，开辟固定宣传栏，并积极参加社区组织的各类文体活动，使检察清廉之风吹进社会每个角落。

4. 丰富检察廉政文化建设的载体。一是开展廉政文化宣传。积极运用检察机关内部局域网络和网站，宣传检察机关党风廉政建设、反腐倡廉工作的内容和信息，同时将廉政规定、廉政勤政典型事例等及时在大厅电子显示屏滚动播出，让干警随时观看，接受教育。二是加大廉政文化建设投入。通过建设电子阅览室、图书室，购置廉政文化丛书和廉政教育光盘等形式，不断加大廉政文化建设投入。三是开展反腐倡廉警示教育活动。通过组织干警学习《党员领导干部廉政准则》、观看党风廉政教育电教片、电影，参加反腐倡廉警示教育巡回展等，增强教育效果，提升廉政文化的吸引力和感染力。

【五严并举　管理好检察队伍】

河北省临城县人民检察院检察长 陈志刚

习近平总书记指出，各级领导干部都要树立和发扬好的作风，要严以修身、严以用权、严以律己，谋事要实、创业要实、做人要实。检察机关要坚决贯彻落实“三严三实”要求，在队伍建设工作中严格岗位职责，引导干警严以修身、严以用权、严以律己，努力培养和造就一支高素质的检察队伍。

严格岗位锻炼

让年轻干警在检察业务一线磨砺能力

检察业务能力的提高需要理论联系实际，在不断办理实际案件、解决具体问题中，提高处理问题的实践业务能力。一是让年轻干警在检察业务一线锻炼能力，业务能力不会一蹴而就，也不能急于求成，需要在检察业务一线不断战胜办案困难的挑战和磨砺中，感悟群众疾苦和需求，提高执法水平和化解社会矛盾的能力，从而得到锻炼成长；二是要对年轻干警严格要求和管理，使其厚积薄发，不能急于求成，不能违背其成长规律，严是爱、宽是害；三是要给予年轻干警锻炼能力和施展才华的舞台和空间。培养选拔年轻干部，事关检察事业薪火相传，必须下大气力培养。

严格岗位职责

敢于担当是检察职责的必然要求

“为官避事平生耻”，责任重于泰山，事业任重道远，担当既需要勇气，也需要能力。要教育引导检察干警敢于担当、善于担当、能够担当，以强烈的担当精神和使命感履职尽责，对党忠诚、为党分忧，对检察事业负责，对人民负责。牢固树立法律监督意识和问题导向，在法律监督面前善于发现问题，在矛盾问题面前迎难而上，面对挑战积极作为，有腐必反，有案必查，承担起一名检察人员应有的职责担当。

严以用权

务实廉洁作风是提高业务能力的有效途径

严于用权，廉洁用权，就会心无杂念，只有这样才能有利于自身能力提高，有利于检察事业的发展。对此，要对年轻干警从一开始就加强政治思想工作，养成崇尚和敬畏法律的态度，务实、敬业、勤奋的作风，学习、思考、钻研的习惯。坚持从严教育、从严管理、从严监督，让每一个年轻干警都深刻懂得，当检察干警就必须付出更多辛劳、接受更严格的约束。

严于修身

良好的职业道德是履职尽责的重要保障

检察机关作为法律监督机关，对检察人员就应该更加注重提高思想觉悟、道德品质和职业道德。要引导检察干警不断改造主观世界、加强党性修养、加强品格陶冶，时刻自重自省自警自励，老老实实做人，踏踏实实干事，清清白白为官。要引导检察干警珍重人格、珍爱声誉、珍惜形象，把检察工作当作是终身追求的崇高事业，在正确履行检察职责中感悟幸福和体现自身的价值。

严以律己

依法办案让制度程序管人成为习惯

要引导检察干警牢固树立程序观念和时限意识，坚持以事实为根据，以法律为准绳的原则。要强化制度、机制、程序意识，严格依法办案，按照制度办事，做到制度程序必须严格执行，违反必须严查追究，让制度程序管人成为自觉和习惯。要通过建立完善检务公开长效机制，促使干警自觉树立公正执法意识，激励干警提高办案能力和执法水平，提高办案质量，以促进社会公平正义。

[文化艺术创作]

在检察文化作品创作中，河北省检察官文联积极组织、鼓励和支持有创作能力和艺术专长的检察人员，创作思想性、艺术性、观赏性相统一的文学艺术精品，在文艺创作上走精品之路，涌现出一批优秀文化成果。承德市检察官文联主席戴俊卿创作了长篇小说《喋血长城》，以《喋血长城》为蓝本改编拍摄的70集电视剧《打狗棍》，在中央电视综合频道1台和多家地方卫视播出，获得电视华鼎奖中国百强电视剧最佳编剧及电视剧满意度调查第一名两项大奖。承德市检察官文联主席戴俊卿还创作了《小重山.中秋夜感赋》，在诗耀中华——第十一届“天籁杯”中华诗词大赛、中华诗词传承成就奖中荣获一等奖。石家庄市检察官文联秘书长赵同生编辑印刷了《“我的梦 山水情”钢笔速写选集》。张家口市检察官文联组织优秀摄影作品参加“情系中国梦”摄影展，获得优秀作品奖。邢台市检察官文联组织优秀摄影作品参加“多彩非遗——第六届河北省民俗摄影大赛”，获得一等奖1个，优秀奖1个；推荐作品参加“逸品国香”杯全国摄影双月赛，获得优秀奖1个；推荐作品参加第六届中国月季花展摄影大赛，获得优秀奖1个。

在省级以上其他文化活动中入选、获奖情况

姓名	单位	作品名称	类别	文化活动名称	获奖种类	获奖时间
周喜庆	秦皇岛市北戴河区院反贪局	《我真的很小很小》	文学	2014年全国当代文艺名家高峰论坛暨《中国当代文艺名家代表作典藏》颁奖大会	特等奖	2014.9
赵贺庭	秦皇岛市卢龙县人民检察院	《同乐图》	绘画	全省检察机关文化作品展	优秀奖	2014.12
陈　岩 史明巍 刘立杰	保定市人民检察院	《保定市检察机关加强综合治理维护和谐稳定》	文学	全国政法优秀新闻作品评选	三等奖	2014.10
苏欢欢	保定市南市区人民检察院	《论非法证据排除规则的适用范围》	文学	全国女检察官征文	二等奖	2014.3
崔五杰	邢台市人民检察院	二鬼摔跤	摄影	“多彩非遗——第六届河北省民俗摄影大赛”	一等奖	2014.8
崔五杰	邢台市人民检察院	舞动空竹龙	摄影	“多彩非遗——第六届河北省民俗摄影大赛”	优秀奖	2014.8
崔五杰	邢台人民检察院	英谈村里七大怪	摄影	第十一届《影像中国》全国摄影艺术大展	入选	2014.9

续表

崔五杰	邢台市人民检察院	舞动梦想	摄影	“逸品国香”杯全国摄影双月赛	优秀奖	2014.11
李彦强	邯郸市永年县人民检察院	联手查安全	摄影	“中国梦·法治路”新闻摄影大赛	优秀奖	2014.8
胡高雷	邯郸市永年县人民检察院	普法宣传进校园	摄影	“中国梦·法治路”新闻摄影大赛	优秀奖	2014.8
赵　璧	邯郸市永年县人民检察院	绿化环境美化人生	摄影	“中国梦·法治路”新闻摄影大赛	优秀奖	2014.8
胡高雷	邯郸市永年县人民检察院	妇女维权迎三八	摄影	“中国梦·法治路”新闻摄影大赛	优秀奖	2014.8

[文化艺术活动]

【开展以“中国梦·检察魂”为主题的全省检察机关书画摄影和文学作品展览活动】

◀ 最高人民检察院党组书记、检察长曹建明视察河北检察文苑——全省检察机关书画摄影和文学作品展览。

【开展全省检察机关恢复重建以来“老照片”征集活动】

共征集照片600余张，并从中遴选出200余张编辑、印制了画册《历史的瞬间——河北省检察机关“老照片选辑”》。画册展现了1950年至2001年期间，河北检察事业走过的光辉历程。

【开展“坚守职业良知　践行执法为民”主题征文比赛活动】

评出一等奖1篇、二等奖3篇、三等奖5篇、优秀奖11篇。

【开展以“挥洒青春、献身使命、促进公平正义”为主题的青年干警演讲会】

纪念“五四”运动95周年，引导广大青年干警传承“五四”精神，增强青年干警凝聚力、责任感和使命感。

【开展第三届检察文化论坛论文征集活动】

积极参加中国检察官文联组织的第三届检察文化论坛论文征集活动，共征集检察文化理论研讨文章46篇，经过遴选向中国检察官文联推荐理论文章10篇，其中4篇论文获奖，省检察官文联获组织奖。

【开展第四届“迎新春、送文化”春联征集评选推荐活动】

积极参加中国检察官文联组织的第四届“迎新春、送文化”春联征集评选推荐活动，共征集春联256副，遴选239副作品报送中国检察官文联，其中25副作品获奖，省检察官文联获组织奖。

【开展“中国梦·我的检察官故事”文学作品征集活动】

积极组织参加中国检察官文联举办的“中国梦·我的检察官故事”文学作品征集活动。各市检察官文联（筹备组织）高度重视，精心组织，广大检察人员积极参与，共征集作品101篇，涌现出一批主题鲜明、创意新颖、语言优美、寓意深远、艺术性强的优秀文学作品，11篇获奖。

【参加全国检察机关首届微电影展播活动】

根据高检院政治部通知要求，对拍摄工作进行了安排部署，督导相关市院做好创作拍摄工作，按时向高检察院政治部报送了专题片《郑喜兰》、微话剧《担当》、专题片《延伸职能促和谐》、微电影《人间大道》等四部作品。其中，专题片《郑喜兰：气质若兰，执法如山》获专题片三等奖，《人间大道》获微电影最佳导演提名奖。

【各市检察官文联（筹备组织）开展的活动】

石家庄市检察官文联组织了摄影采风活动，举办了“中国梦·检察情”书画摄影展和“立足本职铸检魂，我为党旗添光彩”演讲比赛、“中国梦·检察情”迎国庆诗歌朗诵大赛。承德市检察官文联举办了“检察风采——孙权书画展”，中国检察官文联主席张耕出席开幕式并致辞。张家口市检察官文联组织了“我的一次执法经历”征文比赛报告会，开展了“张家口检察精神”征集活动，组织了乒乓球比赛和书画摄影展。秦皇岛市检察官文联组织了全市检察机关“公平正义杯”象棋赛、羽毛球赛和篮球赛，组织参加了秦皇岛市首届国际马拉松比赛。唐山市检察官文联组织了三八国际劳动妇女节“牢记职责为人民，巾帼建功展风采”座谈会、“迎七一”践行群众路线主题交流会。廊坊市检察官文联组织了以“中国梦·检察魂”为主题的大型书画摄影展览。保定市检察官文联开办了检察大讲堂，组织了先进事迹报告会和“放飞检察情、实现中国梦”主题诗歌朗诵会。沧州市检察官文联组织开展了纪念“国际三八妇女节”系列活动、首届预防职务犯罪书画摄影作品展、“公民道德大讲堂”、“为青春喝彩，为党旗增辉”主题演讲。衡水市检察官文联举办了“迎接马拉松醉美衡水湖”书法沙龙活动和全市检察机关拔河比赛。邢台市检察官文联组织举办了全市检察机关乒乓球、羽毛球比赛。邯郸市检察官文联组织了“中国梦·检察情”诗歌朗诵会和贯彻落实四中全会精神主题演讲。

▲2014年11月，承德市检察院举办了“检察风采——孙权书画展”。中国检察官文联主席张耕（前排），河北省检察院检委会专职委员、省检察官文联副主席蒋瑞杰（后排左四）等现场指导。

▲中国检察官文联主席张耕出席“检察风采——孙权书画展”开幕式并致辞。

▲河北省检察院组织开展庆“七一”党的知识竞赛活动，号召并引领广大党员立足本职，拼搏创新，充分发挥先锋模范作用，以优异的工作成绩向党的生日献礼。

▲张家口市检察院组织全体检察干警进行拓展体验活动，增强了团队的凝聚力。

◄2014年9月，衡水市检察院代表队参加善行河北主题歌曲传唱暨庆祝新中国成立65周年群众歌咏活动汇演，最终荣获全市团体第三名。

◀马忠田同志“师古法今、探美求真，中国气派、时代精神”画展在河北省辛集市举办，省检察院党组成员、副检察长周庆平（右二）以及省检察院检委会专职委员、省检察官文联副主席蒋瑞杰（左二）出席画展开幕式。

▲保定市检察院开展了“道德讲堂”活动，全体干警通过聆听道德知识、学习道德模范、交流学习感悟，达到省心修身、律己慎独、知荣明耻、提高修养的效果。

▲沧州市检察院举办了首届沧州市预防职务犯罪摄影展，进一步促进廉政文化建设，扩大检察机关预防职务犯罪工作的社会影响。图为获奖作品《在共和国的旗帜下》。

◀2014 年 12 月，邢台市检察机关开展了乒乓球、羽毛球比赛，进一步增强了全市检察干警的凝聚力，激发了干警勇于争先的拼搏精神。

内蒙古自治区检察官文学艺术联合会

[综　述]

2014 年，内蒙古检察官文联在建设进程中，突出民族特色、地区特色，团结和凝聚检察文艺爱好者，开展文化艺术活动，提升检察文化软实力，为加强检察队伍建设、推动检察工作发展作出了积极贡献。

【讲“内蒙古故事”、“检察故事”，在筑造“中国梦”、“检察梦”的进程中文化育检、以文化人】

为了准确定位内蒙古检察文化建设特点，切实增强文化建设的针对性和实效性，使检察文化理念和成果真正打动人心、促进工作，2014 年，内蒙古检察官文联突出“阐释法治精神，讲述检察故事，传播检察声音”主题，开展了“内蒙古检察精神”的论文征集活动，共征集论文近百篇。为进一步挖掘检察文化建设实践心得，推进检察文化理论研究，继续开展了内蒙古法律研讨、廉政文化等征文活动，收集论文近千余篇，20 余篇论文获奖，30 余篇论文入选论文集，为检察文化建设工作提供了智力支持。

在打造独具特色的文化理论研究样本的同时，各级文联组织注重文化理论研究的可持续性与可借鉴性。呼和浩特市检察官文联出版了《检察文艺》；呼伦贝尔市检察官文联建立了以《检察文化视点》为中心，逐步向《法治经纬》、《呼伦贝尔政法》等媒体期刊辐射的投稿平台；赤峰市检察官文联推出了以“和谐、凝聚、厚德、明法”为理念的会刊《龙乡检韵》……在检察人员的笔下，文化不再是高高在上的空中阁楼，而是可触、可摸、可感、可引领工作的助推器。

【以创新精神不断深化检察文化艺术创作，在检察工作中渗透文化元素与人文关怀】

在检察文艺创作中，内蒙古检察官文联坚持“三个围绕”，即，围绕服务检察中心工作搞好创作、围绕地区民族特色和区域特色搞好创作、围绕重大先进典型搞好创作，秉持“写检察”、“检察人写”的原创精神，组织创作了一批有较高艺术水准、体现检察职业特色、展示检察形象的优秀文艺作品。

内蒙古检察官文联直属的艺术团 2014 年成立之初，即组建了创作组，依托三句半、数来宝、快板等多种艺术形式，盘点检察事、讴歌正能量。在全区检察机关网上文艺作品展上，检察人员原创的 300 余幅（个）文艺表演、书法、美术、摄影作品来源于基层检察，独具鲜明的地域和民族特点，深受大家喜爱。一大批原创精品在全区乃至全国受到广泛关注。呼和浩特市检察院检察长王汉武创作的歌曲《心愿》，由著名歌手韩磊原唱，道出了检察人的“检察梦”。赛罕区检察院原创的《顶碗》作为中国检察官文联推荐的节目在全国产（行）业文联舞蹈精品展演中获得优秀节目奖。据统计，仅2014年，内蒙古检察系统就有30余人次在各类原创作品大赛中获奖。

以全国模范检察官张章宝为原型创作的话剧《乡村检察官》在全区6个盟市巡回演出，广播连续剧《乡村检察官》在中央人民广播电台播出，电影《乡村检察官》在全国展映……张章宝热持续的同时，孟志春、李秀丽、张承英等先进人物也被挖掘并树立起来。更多的检察人员写身边人，赞身边事，如讴歌张承英的大型配乐诗朗诵《夜已深》、以全区最美基层检察官于胜利为原型的电视纪实短剧《为人民服务》等。多种文艺手法展现检察典型风采，既推动了典型的培树工作，又使他们的检察理念、生活态度生动地入心入脑。

【探索和搭建文化建设载体，以新的艺术形式开创检察文化建设新局面】

只有不断拓展形式、创新载体，才能开创检察文化建设生动活泼持续发展的新局面。内蒙古检察官文联借助高检院、自治区相关部门文化活动平台，坚持“少而精、实而好”的原则，有针对性地开展文艺活动；更多的院将文化蕴含于钢筋水泥中，办公楼内院史馆、艺术馆、体育馆等场馆各展风采，内外网上“检察之星”、“光影墨香”、“文化论坛”等栏目交相辉映。

盟市检察官文联在文化建设过程中注重搭建独具本土特色的文化平台。赤峰市检察官文联举行了读书会，通辽市检察官文联开展了“传统·家风”征文，阿拉善盟检察官文联在美丽神奇的巴丹吉林镇举办独具蒙古族传统项目的运动会等等，这些新颖别致的活动提升了干警文化素养，强化了队伍建设，也搭建了检民共建的桥梁。

更多的文化建设载体被挖掘出来。微电影、微博、微信、微公益广告等成就了检察文化建设的“微精彩”。2014年，内蒙古检察院7部作品在全国检察机关首届预防职务犯罪专题微电影评比中获奖；内蒙古检察官方微博共有30多万网友关注，获评腾讯“西北政务奖”；官方微信订阅数9850人，在人民网舆情监测室、检察日报新媒体等全国政务微信影响力排行榜始终名列前茅。“风采”、“睛彩”、“光影”、“墨香”等栏目成为先进典型、书画摄影等原创作品的自留地。

更多的检察文化品牌为工作锦上添花。乌兰察布市集宁区院的“亚平工作室”，利用干警书画特长传播检察文化；锡林浩特市院的“心理疏导室”，依托老检察官的专业优势将心理咨询应用于涉法涉检信访工作；阿拉善盟检察分院的“驼乡检察讲堂”为检察生活注入新活力。基层首创的文化品牌，彰显了独特魅力，成为检察文化发展的不竭动力。

【注重加强检察文化艺术人才培养，以上带下，以点带面，突显文艺人才的引领作用】

检察人员是法律监督的主体，也是检察文化的主要创造者、承载者和实践者。内蒙古检察官文联在实践中既注重检察文艺人才的发现和培养，努力实现文化艺术水平纵向的提高，又注重检察文化建设参与者的广泛性，力求检察文化建设效应的横向拓展。多次获得国内外摄影大奖原赵如意成为内蒙古检察官文联顾问，经常在内蒙古检察文化群中指导摄影爱好者；擅长书法的阿盟检察分院检察长张作厚即当示范员又当辅导员，短短几个月，人数不多的检察院几乎人人有作品，个个成“书家”……这些检察名家以身示范，积极引导，带动更多检察人投入到了文艺活动中。

为了形成检察文艺人才不断涌现的生动局面，文联在文化活动中不断挖掘和培养检察文艺人才，及时将近千位检察文艺人才统计造册，纳入组织管理和培养的人才库，并通过论坛、讨论、研讨会，请知名文艺家讲课、组织笔会、展览、演出、培训等形式，使文艺人才在各类活动中展示才华、经受锻炼、汲取营养，不断提高文化艺术能力和专业水平。2014 年的科尔沁文化周期间，通辽市院和科尔沁区院参加大合唱的人数分别达到全院干警的 70% 和 80%。群众的广泛参与使检察文化的引领、整合和凝聚作用得到充分发挥。

[文化理论研究]

【打造内蒙古特色基层检察文化探析】

韦亚力　内蒙古自治区人民检察院常务副检察长，内蒙古检察官文联主席

文化是民族的血脉，是人民的精神家园。党的十八的明确提出“全面建成小康社会，实现中华民族伟大复兴，必须推动社会主义文化大发展大繁荣，兴起社会主义文化建设新高潮，提高国家文化软实力，发挥文化引领风尚、教育人民、服务社会、推动发展的作用。”检察文化是社会主义文化的重要组成部分，是检察人员在长期的检察实践中形成的共同的价值标准、思维模式、审美观念和群众趋向，体现了检察机关的软实力。在推进社会主义文化建设的大潮中，检察机关强化法律监督、建设过硬检察队伍，必须重视检察文化建设。基层检察院是检察系统的主力军，担负着人民赋予的法律监督重任，因而检察文化建设的基础在基层、重点在基层，做好基层检察文化建设是检察事业的重要支撑和内在动力。

内蒙古自治区人民检察院检察长马永胜曾表示：“我们建设内蒙古检察文化，就要立足和扎根社会主义核心价值观、政法干警核心价值观和检察职业精神，充分吸纳草原文化的精髓，深入总结提炼富有时代气息、具有草原特色、检察人员普遍认同的检察文化精神，构建检察人员共同的价值追求和行动指南。”其论述诠释了基层检察文化建设的方向，即打造具有草原特色、时代特色、民族特色与法律人文特色的内蒙古检察文化。

基层检察文化建设是一项长期复杂的系统工程，既要严格按照文化建设规律办事，又要充分考虑文化建设与资源条件的关系。在此背景下，基层检察院如何厘清思路，依托当地独特的地域、历史和民俗特点，积极寻求与检察文化建设的契合点，进一步深入开展、纵深推进检察文化建设工作，是内蒙古检察文化建设需要突破的理论瓶颈和实践难点，是贯彻习总书记“守望相助”、“守好内蒙古少数民族美好的精神家园”的时代要求也是切实践行党的群众路线、切实改进工作作风的应有之义。

厘清内蒙古特色基层检察文化建设现状

2011年，为了落实党的十七届六中全会对推动社会主义文化大发展大繁荣作出的新部署，内蒙古检察院下发了《关于加强检察文化建设的意见》，使全区检察文化建设有了纲领性文件。几年来，基层检察院紧紧围绕检察中心工作，以提高检察队伍素质和提升执法公信力为目标，文化育检，以文化人，文化建设工作呈现蓬勃之势。

1. 立足检察工作全局，探索民族地区文化建设之路

检察文化是社会主义文化的重要组成部分，是检察事业不断发展的力量源泉。基层检察院作为

检察体系中的基础单位，它所具有的广泛性和工作的具体性、繁杂性，决定了它是承担检察文化建设的主要载体。检察文化建设离开基层，将成为无源之水，无本之木。内蒙古检察院立足于检察工作全局，从提升检察文化软实力、促进检察工作科学发展的高度，服务基层，夯实基础，积极探索民族地区文化建设之路。2012 年 8 月召开的内蒙古第十六次检察工作会议提出了加强“理念、能力、机制”建设；群众路线教育实践活动中，启动了“规范化建设启动年”、“检察信息化建设推进年”和“检察队伍建设强化年”活动。这些工作既抓住了基层工作的重点，又和检察文化建设一脉相承、不可分割。几年来，立足检察文化、面向法治文化，传承民族文化，放眼世界文化，基层检察院在自治区院的引领下，紧贴检察中心工作，运用各种文艺形式，宣传检察工作，弘扬检察精神，展示检察业绩和检察机关良好形象，真正将检察文化植入到了广大干警心中。

2. 扎根内蒙古这片沃土，打造独具地方特色的检察精神

作为边疆少数民族地区，内蒙古历史悠久，早在春秋战国时期就形成了游牧民族文化；作为我国东西部跨度最大省份，内蒙古毗邻黑、吉、辽、冀、晋、陕、宁、甘八省，接壤俄蒙，形成了独特的历史、民俗、文字、艺术以及由此构成的自然观、宇宙观、天人观、生活观等等。近年来，基层检察院将先进检察文化与地域文化溶于一体，不断提炼独具内蒙古特色的检察精神。如呼和浩特市检察院把检察文化与民族文化紧密融合，打造“阳光检察”促进了各项检察工作的全面发展。如牙克石院汲取林业工人战天斗地的创业精神，提出了“团结奉献、公正廉洁、求实创新”的“牙检精神”；兴安盟检察分院依托革命老区丰富的历史文化资源，挖掘、提炼具有兴安特色的检察精神；通辽库伦旗院以“安代检察”为主题理念，以“崇法、明德、笃行、竞取”为院训，打造检察文化品牌；赤峰市红山区院以展示、养成、传承红山文化为重点，提高检察人员的文化素养；巴林左旗院以召庙为平台，积累、沉淀、发展辽上京文化；阿拉善检察分院打造“驼乡检魂”文化品牌，将居延文化、骆驼文化融入检察文化建设中；额济纳旗检察院打造出文化品牌“胡杨检韵”，用胡杨特色定位、培养和体现个性检察文化，使检察文化更具生命力。

3. 汲取草原文化养分，开展独具民族特色的文艺活动

习总书记强调新时期要坚持党的群众路线，从群众中来，到群众中去，亲近群众，联系群众。在基层检察文化建设的进程中，我区各级院也将党的群众路线精神贯穿始终，注重在文艺活动中融合当地优秀民俗习惯、民族文化，眼睛向内、以我为主、因地制宜、量力而行，在工作、生活的全时空上增加特色文化含量、营造检察文化氛围。呼伦贝尔检察官艺术团的蒙古族马头琴说唱表演好来宝《我们的检察官》、鄂温克院“三少民族服饰展”、达斡尔族舞蹈“丰收的喜悦”和布里亚特舞蹈“锡尼河姑娘”等文艺节目成为当地检察文化的精品节目；锡林郭勒盟等地检察机关鼓励干警积极参加地方“那达幕”等富有民族特色的文化活动，亲身体验蒙汉人民共同创造的传统文化氛围……增进了检察人员对文化建设的认可，促进了群众对检察工作的认同。

4. 注重文艺人才培养，建设扎根基层的文艺先锋队

一方水土养育一方人，一批人才带动检察文化。在加强检察文艺人才建设方面，基层检察文化在凝聚人、激励人的同时，更注重培养人、推出人，为检察文艺工作者展现才华、经受锻炼、做出成就提供有利条件，打造了一批优秀的文艺骨干，许多已成为国家、自治区级摄影、书法、作家等专业协会会员。几年来，扎根于内蒙古本土，巴彦淖尔市院原检察长、中国摄影家协会会员、内蒙古摄影家协会名誉主席赵如意的镜头真实地记录了草原的辽阔、大漠的浩瀚、骏马的追风，其作品多次获国内外摄影大奖；铁路检察分院苗同利始终保持激昂的创作热情，作品不断，其出版的诗集受到了诗坛的瞩目，已成为全国检察系统的知名诗人；锡盟西乌旗检察院的呼木吉勒图（一级棋士）成为内蒙古首届体育大会蒙古象棋亚军、自治区非物质文化遗产蒙古象棋代表性传承人；阿拉善检察分院政治部主任、蒙古族音乐家钢苏雅拉继承蒙古族呼麦、长调艺术，打造了《沙力搏尔》组合……正是这样一批检察人，用特色图片、用草原诗歌、用蒙古棋艺、用民族歌声等多彩的文艺形式丰富了基层检察人员的业余生活，也让社会重新认识了检察人。实践证明，检察文化之所以成为检察机关与人民群众的纽带，基层检察文艺人才在其中发挥着积极的作用。

5. 坚持挖掘基层先进典型，让百姓感受“身边的正能量”

全区检察机关一直坚持把培养、树立、宣传、学习先进典型作为文化建设的重要内容来抓，为先进典型脱颖而出创造条件、提供支撑。近年来，自治区检察院积极培育、选报近百人次基层检察人员参加全国、自治区级先进人物评选活动。全国模范检察官张章宝、孟志春，“全国最美青年检察官”、“2012 年度全区十大法治人物”韩丽春，第四届感动内蒙古人物提名奖、2013 年度全区十佳法治人物李秀丽 6 等众多优秀检察官脱颖而出，他们扎根基层，因地制宜、因人制宜，坚守法律精神，履行法律职责，让普通人读到了检察人员的风采，进一步认识了检察机关与检察队伍，而身边的典型也在以文化人方面发挥着示范引领作用，成为检察人员不断向上的动力。打造基层先进典型还要注重加强与辖区党委宣传部、新闻媒体的联系，2013 年，自治区党委宣传部选树 4 名基层检察先进典型在区内外媒体集中刊播；内蒙古电视台持续开启了《最美基层检察官》大型展播活动，播出 40 人先进事迹。这些报道提升了检察机关的社会形象，营造出了树先进、学先进、赶先进和人人争先的良好氛围。

6. 创新文化建设载体，充分尊重基层的首创精神

走进内蒙古各基层检察院，草原文化、图腾文化、游牧文化等文化细节总能展现于走廊、展馆的点点滴滴。在两房建设改造完成后，基层院大多实现了一层一个主题，一层一个特色，将文化蕴含于钢筋水泥中，更多的文化建设载体被挖掘出来。近年来，我区 112 个基层检察院，约有五分之一建立了检察官文联，文联成为检察人员共有的精神家园，进一步推动了检察文化建设工作的开展。我院还将网络作为提升基层检察人员素质的新途径。2011 年检察内网新建的网上学校浏览量达到 12 万人次。拥有 7000 多会员的侦监论坛成为检察人员业务与文化交流的平台。去年举办的网上文化艺术作品展，上报摄影、书画、文艺表演作品 300 余幅（个），具有浓郁的地域特色和检察特点，充分展现了北疆检察官的艺术风采。如今，鄂尔多斯市基层院全部开通了“微博微信”，呼伦贝尔院开通了摄影网，通辽市院、乌海市院上线了《检察手机报》；乌兰察布市集宁区院设立了“亚平工作室”，利用干警书画特长打造培养引导干警兴趣爱好、传播检察文化；锡林浩特市院开设“心理疏导室”，依托老检察官的专业优势将心理咨询应用于涉法涉检信访工作，为检察机关控申接待工作增加了科学性，艺术性。来源于基层的检察文化品牌经历了实践的检验具有很强推广性。我院教育实践活动成果之一“青年干警大讲堂”实现常态化，成为全区认可的文化品牌，正是由鄂尔多斯基层院首创的。

内蒙古基层检察文化建设中存在的问题

从我区基层检察院的检察文化实践来看，近年来文化建设呈发展之势，但纵观全局，当前检察文化建设与新时期检察工作发展的要求相比，仍有不少差距。特别是我区各地发展不平衡、人员素质的差异化、文化理论研究匮乏、经费投入不足等问题突出。

1. 对检察文化建设重视不够，定位不准

“态度决定高度”。在基层检察文化建设过程中，有些院忽视文化在检察工作和检察队伍建设中的作用，未能充分认识检察文化对干警价值倾向、职业操守、思想观念的指导作用，对文化建设定位失准。有些院虽然认识到文化建设的重要性，但对其认识停留在狭义和肤浅的层面上，对其内涵外延认识不足，文化活动的感染力和生命力不强，不利于少数民族地区基层检察文化建设的特色化和全面化发展。还有些院对检察文化建设组织领导不力，缺少一个检察文化范畴的内在共同建设目标贯穿始终。

2. 缺乏文化建设的机制保障

在实践中，基层文化建设缺少相关的机制保障。在组织建设上，尚未真正形成“一把手”亲自抓，分管领导具体抓、其他领导结合抓的领导机制；经费保障上，随着“两房”建设以及配套设施的大量投入，大多数院的文化硬件设施得到改善，但文化建设经常性经费保障则明显投入不足，或无保障渠道；在人员机构上，富有激情、勇于创作的检察文化人才整体上比较缺乏，尤其是基层院编制短缺，业务工作与文化建设顾此失彼。机制的不健全，也影响了检察文化与民族文化、地域文化、法律文化的有机融合，影响了民族文化所特有的心理认同作用的发挥。

3. 缺乏有效的文化建设载体

在文化建设中，还存在只追求短期效果，只愿做表面文章，文化建设只停留在口头上或墙面上，不愿深入研究、打造文化建设的有效载体进行长期扎实的基础建设的问题。把文化建设定位于工作安排与人事管理、政治教育和业务学习层面上，脱离了当地实际；把文化建设等同于对全体干警的思想政治教育和业余活动的开展，而不是放在整体文化建设的大背景下来看待；把文化建设与检察人员的业务工作完全割裂开，限制了检察文化功能的发挥等，这些现象在基层院均不同程度地存在。

4. 缺乏文化建设的首创精神

实践是文化创新的源泉。随着社会主义法治建设的深入，我们的文化建设也要顺应改革，不断增添新的内容。虽然基层检察院能普遍意识到检察文化的重要性，广泛开展丰富多彩的文化艺术活动，但在活动中缺少理论研讨，抓不住检察文化的精神实质，未能研究当地民族文化、地域文化与环境文化建设结合所带来的巨大影响力，吸取民族特色、传统文化较少，照搬现成文化建设经验模式较多，导致各地开展文化建设重复单一，文化建设脱离群众，远离社会，内容空洞，形式刻板，最终导致活力不足，效果不明显。

打造具有内蒙古特色基层检察文化的路径选择

检察文化作为社会主义先进文化的一个重要组成部分，既包括制度、理念、信仰等具有意识形态特征的文化要素，也包括器物、仪式、徽标等具有物质载体特征的文化要素，是一项包括检察精神文化建设、制度文化建设、行为文化建设、环境文化建设等方面内容的系统工程。因此，要打造具有内蒙古特色基层检察文化，就要围绕这些内容探析其路径和方法。

1. 在传统与现实的交汇中锻造基层检察精神

美国后现代主义者伊·哈桑说：历史是一张可以被多次刮去字迹的羊皮纸，而文化则渗透在过去、现在和未来的时间之中。基层检察文化建设既要秉承传统文化精华，汲取儒家文化“仁、义、礼、智、信”、周礼文化“风、雅、颂”等可为检察文化批评地承继的优秀传统文化，又要立足于当代，扎根于社会主义核心价值观、政法干警核心价值观和检察职业精神，同时，不断吸纳在精神实质上与检察文化相契合的民族文化，深入学习检察文化建设的理论知识，借鉴检察文化建设的“他山之石”，在传统与现代的交汇中，深入研讨、不断挖掘具有当地特色的精品检察文化，锻造独具内蒙古特色的“北疆检魂”。以此，增强检察人员对中国特色社会主义理论的政治认同和情感认同，进而增强检察人员尊崇法治的职业理念，执法为民的职业信仰与清正廉洁的职业操守。

2. 在历史与现代的沉淀中打造制度文化

基层检察文化建设要从自发走向自觉，离不开制度的保障。基层检察文化建设必须从寻找自身制度的缺失上下手，对症下药，建立一整套健全完善，科学合理，切实可行、因地适宜的制度体系。制度的制定要坚持基层检察人员的主体地位和首创精神，立足当地实际与检察工作实际细化党风廉政建设制度、业务办案流程规定、办案质量考评机制等。在发挥制度的刚性功能的同时，注意把文化基因植入管理之中，对民族文化、草原文化、法治文化等兼容并蓄，健全检察人员保障机制，落实奖惩激励机制，激发检察人员自我管理、自我约束、自我提高的内在动力，实现他律与自律、规则与引导的有机结合。检察官文联是推动检察文化繁荣发展的重要阵地。内蒙古检察官文联成立近两年来，我区仍有 80% 的基层院没有建立文联。组建文联也需要相关制度的保障。如坚持检察机关是主体，检察院党组是领导核心，检察官文联是参谋、是助手；正确处理检察官文联与检察政治部门的关系，检察官文联的重大活动和政治部门沟通等。总之，各级检察院要统筹规划，研究制定本地区本单位检察文化建设的发展规划和具体措施，逐步完善各项工作机制，增强系统性，把握规律性，强化预见性，不断拓展地区检察文化的发展空间。

3. 在业务与文化建设的平衡中塑造行为文化

社会对检察院的印象常常源于对检察人员行为的认知。因此，基层检察院行为文化建设首先要注重提高检察人员的文化素养。构建学历教育平台、岗位培训平台、理论研究平台。在坚持社会主义法治理念要求下，汲取法律文化精髓，加强法律监督，维护公平正义。建设基层检察行为文化还要注重抓好已经出台的《检察职业行为基本规范》、《检察机关文明用语规范》和《检察机关执法工作规范》等规范的贯彻实施。通过推进各项主题教育实践活动，通过落实廉政责任制、完善一案三卡、健全党风廉政建设工作台账等，加强廉政文化建设。行为文化建设的过程中，要始终凸显检察文化工作主题，始终践行“百花齐放，百家争鸣”方针。要充分发扬艺术民主和学术民主，在文艺创作上提倡不同形式和风格的自由发展，要继承民族地方的文化传统，承认差异，包容多样，最大限度地激发检察文化艺术队伍的创造活力。

4. 结合地域特色与法文化内涵建设环境文化

环境文化是以实物形态显露于外，可以被人们直接感知的环境实体。威严庄重、沉稳大气的检察办公办案环境，直接向人们展示检察机关的文化底蕴，增强公众对于法的尊崇与信赖。近年来，基层检察院在硬件建设中都注重凸显检察院特色。下一步，要积极利用民族文化、法律文化和地方文化的丰富资源，建设一些具有时代性、实用性和群众性的庭院文化设施和活动场所，精心营造检察文化环境。同时，进一步增加体现人文关怀的服务设施，高度重视检察网络文化建设，从实际出发建立网络交流平台和联动机制，积极占领网络舆论阵地。通过开办网上学校、网络论坛以及微博、微信等多种方式，充分发挥网络在信息交流、资源共享、舆论引导和文化传播等方面的功能。各基层检察院还要做好检察物质文化遗产的保护工作。要通过建立检察主题展室、发展法制教育基地、举办检察院史图片展、撰写检察史志等方式，继承和发展检察物质文化遗产，为检察事业的发展和检察文化的建设创造条件。

作为民族地区的内蒙古基层检察文化建设要在遵循文化建设共性规律的基础上，紧紧围绕检察机关中心工作，积极致力于检察文化理论研究、检察文化艺术创作和检察文化艺术活动。兼容并蓄，积极与草原特色、时代特色、民族特色与法律人文特色相融合，不断加强检察精神文化建设、制度文化建设、行为文化建设、环境文化建设，以文育检，以文化人，进而增强队伍凝聚力，提升检察公信力，重塑检察机关的良好形象。

【浅论基层检察院打造地区检察文化品牌的路径及方法】

王汉武　内蒙古自治区呼和浩特市人民检察院检察长

基层检察文化建设中，确定符合本地区实际发展的工作思路，采取切实有效的工作举措是全面推进检察文化建设的核心任务。而打造地区检察文化品牌是这个核心任务的一个重要载体。打造地区检察文化品牌是一个系统性的工程，不是一蹴而就，一朝一夕就能完成的。呼和浩特市检察院积极探索打造地区检察文化品牌的路径和方法，走出了一条自己的“特色之路”。

基层检察院打造地区检察文化的有效途径探析

路径之一：准确定位检察文化，构建检察文化建设工作格局。

中国政法大学教授刘斌认为:“文化是司法的内在动力，法律的实施受人们的心态、意识、观念、情感、行为趋势的影响，文化一旦形成，就根植于人们心中。”有什么样的文化，就有什么样的检察行为，有什么样的文化，就有什么样的检察工作状态。钱穆先生曾说过：“一切问题，由文化问题而生，一切问题，由文化问题解决”。所以，重视检察文化是重视检察事业发展的一个重要方面，忽视检察文化建设将影响和制约检察工作的顺利开展和检察事业的继承和发展。

实践证明，将检察文化建设定位在“战略高度”，从打造“战略性”工作格局和“阶段性”工作格局“两个格局”入手打好检察文化建设这个“基础”，对助推检察文化全面发展，创新发展具有重要的现实意义和历史意义。

（一）对检察文化建设进行“战略性”布局关系到检察文化建设事业的长远发展

检察文化建设是一个“千秋万代”的工程，对检察文化“战略性”谋划和布局时，应当既立足当下，又考虑长远。呼和浩特市检察机关从切实抓好检察文化建设发展规划入手，实施检察文化建设战略工程，出台了《全市检察机关2013——2017年文化建设规划》、《全市检察机关文化建设的意见》等具有基础性、全局性、决定性等属性的战略性文件，以切实加大检察文化机制建设力度为出发点，以狠抓队伍素质建设为根本点，以加强法律监督能力建设为落脚点，明确提出指导思想、基本原则、总体要求、工作目标、主要任务、工作重点、方法步骤等。这些战略性的布局，对呼和浩特市检察机关全面铺开检察文化建设这一巨大工程打了坚实的根基。

（二）对检察文化建设进行“阶段性”布局关系到检察文化建设的中长期发展

从目前检察机关开展文化建设情况看，仍存在开展不平衡、地区差异、认识程度不同等影响检察文化建设全面发展的客观因素和主观因素，而且对一个地区而言，检察文化建设想在短期内达到一个很理想的程度，也是不现实的。它不可能一蹴而就，也不可能在短期内完成，需要在不同时期，根据不同需要进行必要的安排和部署，进行“阶段性”布局。如根据检察工作服务经济社会发展大局的职能部署检察工作，根据高检院、上级院的重大决定部署进行工作安排，根据社会治安形势，及时调整工作重心和工作重点，根据检察改革确定的内容，有针对性的开展理论探讨及试点工作等。

路径之二：深刻诠释检察文化内涵，形成检察文化体系。

在检察文化建设过程中，形成统一、完整的检察文化体系是检验检察文化建设阶段性成果的一个标准，也是进一步推进检察文化建设的起点。建立检察文化体系过程中，既要探索、建立检察机关共有的、能体现检察职业精神的文化体系，又要在共有文化体系中积极寻求特色检察文化体现，塑造独立的检察人格。

经过多年的实践经验，我们认识到检察文化不仅是一种理念，也是一种实践，其内涵不单单是改善机关环境，丰富干警娱乐生活，其载体不单单是搞一些体育竞赛、举办一台文艺晚会或制作“文化墙”，其形式也不单单是建立院史馆或荣誉馆等，检察文化的内涵丰富广泛、源远流长，且深刻而博远，一个较为统一、完整的检察文化体系应该包括检察精神文化、检察制度文化、检察行为文化、检察物质文化、检察廉政文化等方面内容。

（一）检察精神文化。检察精神文化是检察文化的核心，是检察机关在检察工作中、组织活动中形成的独具检察特色的价值理念，是社会主义核心价值观的具体体现，它决定和支配着检察人员的价值取向，是检察官的行为准则和内心追求的最高境界。作为“土默川文化”为背景的呼和浩特市检察机关将草原蒙元民族文化、法律文化融入检察精神文化之中，力争培养和塑造公正、团结、进取、向上的检察人，打造一支有信念、有本领、有担当、有正气、一心谋事、专心干事、用心成事的检察队伍。2013年初，确立了体现社会主义法治精神并具有时代特征、检察特质的“开拓创新、奋发有为、积极进取、追求卓越”的首府检察精神和“公正、务实、为民、清廉”的院训。各部门还提炼出本部门的工作理念。将检察文化与蒙古民族文化有机结合，如在改版局域网中，将首页背景色确定为蒙古民族的主色调“蓝色”，首页背景选取具有民族特色的“万马奔腾”的草原美景和草原文化传承载体“内蒙古博物院”。打破了多年来的“部门利益”格局，统一了部门负责人的思想，将各部门拧成一股绳，形成一股劲，各部门之间团结一心干事、资源共享谋事、取长补短成事。加强了对普通干警的培训引导，通过有形的活动提升无形的精神境界，如开展“荐好书、精读书、写体会、找差距、见行动”读书学习活动，在《把信送给加西娅》、《用心去工作》检察长荐书活动中，培养检察人员学习“罗文”精神，树立“忠诚、敬业、勤奋、奉献”的检察精神，树立“用事业心、进取心、责任心、专注心、感恩心、宽容心、公正心、平常心去工作”的理念。

（二）检察制度文化。检察制度文化是检察文化的保障。检察制度文化是检察机关在履行法律监督职能、加强队伍管理、进行检察改革试点过程中形成的与检察职业精神、价值取向等意识形态相适应的各项规章制度及相关机制。如制定“呼和浩特市检察官文学艺术联合会”相关制度。对各项检察工作制度进行“废、改、立”，修改制定规范性制度146个。探索完善了审查逮捕阶段听取律师意见工作机制、不批捕案件跟踪监督工作机制、捕后羁押必要性审查工作机制、死刑执行活动监督工作机制、庭前会议、非法证据排除、保障被害人权利、未成年人犯罪案件附条件不起诉工作机制、青年检察官组成“法律政策研究小组”为检委会提供决策参考工作方式、提审在押未成年犯罪嫌疑人时法定监护人到场工作方式、检法两院与大学院校共建“青少年发展教育研究基地”，开展对未成年人社区矫正等工作方式。

（三）检察行为文化。检察行为文化是检察文化的载体，是检察文化的集中体现，也是检察文化建设的最终落脚点。它是检察机关在履行法律监督职能、岗位培训、调查研究、人际关系等过程中形成的行为模式、思维模式和文化模式。检察人员作为检察行为主体，是检察行为文化的主要实施者和体现者。长期以来，我市检察人员的“立检为公、执法为民”、“服务大局、服务社会、服务群众”、“爱我检察、兴我检察”的优秀品质已深深积淀于工作之中，办案之中，学习之中、行为之中。两年来，呼市地区无涉检进京访，呼市检察机关年度人大报告均全票通过，人大代表、政协委员、社会各界、人民群众对检察机关的执法行为、执法水平、执法能力给予了积极评价和高度肯定。

（四）检察物质文化。检察物质文化是检察文化的基础。是检察文化建设顺利开展的条件和途径。检察物质文化方面主要体现在资金的投入和硬件设施的配备，是检察文化建设的“硬实力”。只有检察文化建设的“软实力”，没有“硬实力”，或者“硬实力”不硬，就是“缺腿”，检察文化建设之路就走不稳、走不长、走不好。呼市检察机关克服困难，多方争取，加强了两级院的基础建设，添置了办公设备、相关设施及科技装备，更换电脑，购买查办职务犯罪技术侦查设备、开展文体活动装备、布置院史文化陈列馆等。

（五）检察廉政文化。检察廉政文化是检察文化的重要组成内容，是实现社会公平正义的根本前提。晏婴云：“廉者，政之本也。”意思是说廉政是执政之本，从政之要。明朝郭允礼在《官箴》中也提出：“廉则吏不敢慢，公则民不敢欺。公生明，廉生威。”这些关于廉政的经典论述深深影响了中华廉政文化的发展，成为廉政文化的核心内容，也成为当今检察机关廉政文化建设的主要内容。检察廉政文化建设，重在采取实实在在的举措，因地制宜，探索创新。呼市检察院“公正、务实、为民、清廉”的院训浓缩、提炼、体现了检察廉政文化。“公正”是检察工作的最终目标，“务实”是检察工作的生命力，“为民”是检察工作的检察机关人民性的根本要求，“清廉”是保持检察机关队伍纯洁性的最直接要求。实践中，呼市检察院将廉政文化建设纳入检察机关精神文明建设和党风廉政建设的总体部署，作为岗位目标管理的重要内容，从提高检察人员廉洁从检意识、健全职业保障机制、落实监督预防机制、落实责任追究和奖惩追究、加大制度执行力五个方面开展了廉政文化建设。玉泉区检察院用先进廉政文化树立检察队伍新形象，提出了“慎独”、“慎微”、“慎始”、“慎欲”、“慎权”的“五慎”理念，全院干警精神面貌焕然一新，形成了精诚团结、拼搏进取的新气象。

基层检察院打造地区检察文化“品牌”的有效方法探析

方法之一：用唯物历史观指导检察文化“品牌”的建立。

人类社会方式历经了以采集狩猎为主要生存活动的原始的母系社会，以农牧业为主要生存活动的专制的奴隶制、“家天下”世袭等级特权制、政教合一的“人治”的父系社会，以科技工商业为主要生存活动的“在法律面前人人平等”的“法治”社会。现在我国正处于“治国方略从人治向法治转变”的社会转型期 。“把权利关进制度的笼子里”成为我国司法体制改革的一个重要内容。呼市检察机关从当前的时代背景出发，打造了“阳光检察”这一品牌的检察文化，它涵盖了各项检察工作内容，涉及各个检察业务领域，主要包括“阳光执法”、“阳光服务”、“阳光管理”、“阳光队伍”四项内容。“阳光检察”是一种公开透明、公平公正、公信诚信、顺应民生的理念，“公开透明”即通过公开法律监督及办案程序，变“秘密办案”为“阳光办案”，变“结果监督”为“全程监督”，以公开促公正；“公平公正”即通过办案流程的科学管理，对办案环节的有效监督，确保办案公平公正。“公信诚信”即通过公开监督、规范办案和公正执法，提高社会对检察机关的认可度，提高检察机关执法的公信度。“顺应民生”即以关注民生、保障民生、服务民生作为检察工作的出发点和落脚点，最大限度维护民生权益，通过阳光执法顺应人民群众的新期待。“阳光检察”是一种工作状态，是检察人员用“阳光心态”“阳光工作”、“阳光生活”、“阳光学习”，成就“阳光事业”，谱写“阳光人生”。

“阳光检察”品牌的打造，实现了检察文化“促学习”、“促发展”、“促团结”的良好工作局面，也为实现首府检察工作争取跨入全区检察机关第一方阵、争取提升在全国省会城市中检察工作水平、争取跻身全国检察机关先进行列的“三争取”的奋斗目标打下了坚实的基础。

方法之二：用中华民族宝贵的精神财富给养和丰富检察文化“品牌”的内涵。

以儒家文化为主体文化的中国传统文化突出强调人的精神需求。几千年来，中国历史文化中的“团结统一，爱好和平，勤劳勇敢，自强不息”的传统思想和“以德治国 、修身为乐”的重德精神 、“重人轻神、人贵物贱”的人文精神 、“经世致用、实事求是”的务实精神 3 历经时代的检验，成为当今中华民族的核心精神，也成为检察文化的精髓思想和核心内容。

“阳光检察”其丰富的内涵是中国传统文化的浓缩和凝聚。首先是一种新型管理思想，不是用教条去约束检察人员，也不仅仅用制度去管理检察人员，而是通过文化建设，让每一位检察人员从内心深处了解检察事业的精神实质和检察人的本质，引领、带动和激发检察人员的工作积极性、主动性、创造性，使干警自发、自觉、自控，在工作和学习中释放“正能量”，形成“我爱检察”、“我兴检察”的良好氛围。如集中居住了蒙、回、满、汉等民族的回民区检察院建立良性选人用人机制，开展了“金点子”征集活动，设立了“金点子奖”，鼓励干警对各项工作出主意、想办法，激发干警进取心和荣誉感，全面推动了检察工作的开展，2014 年第一季度工作实绩考评在全市 9 个基层院中排名第三，与去年同期工作实绩考评相比，上升了五个位次。

其次是一种力量。具有引领作用，引导检察人员将“开拓创新、奋发有为、积极进取、追求卓越”的首府检察精神内化于心，形成共同理想信念和价值追求；具有激励作用，激励广大检察人员忠实履行宪法和法律赋予的职责；具有凝聚作用，使检察人员凝心聚力，团结共事，共谋发展；具有规范作用，规范个体的思想、心理和行为，成为个体的行为准则；具有塑造作用，塑造了检察人员高雅的文化品味的同时，也塑造了先进典型和先进人物。如市院评选的18名“爱岗敬业之星”，在干警身边树立了先进模范的典型。

第三是传统文化与地域文化的有机结合。如土左旗检察院地处内蒙古革命运动的摇篮，是乌兰夫同志的家乡，该院汲取“坚忍不拔、忠贞不渝、顽强进取、视死如归”的革命传统和优秀的“和为贵、亲为荣，勤劳勇敢，团结互助，和谐共进，多元开放”的敕勒川文化精髓，提炼出“崇德厚法、忠诚公正、奉法求真、务实创新”的检察精神品格。清水河县检察院地处“蒙、陕、晋”经济技术开发区腹地和“呼、包、鄂”乌金三角区，该院以承载“窑洞文化”为主线，依托“瓷器文化、农家旅游文化、红色文化”，确立了“穷困不示弱，拼搏勇当先”的“清检精神”，突出探索和完善了“2 +1+1”检察工作向乡镇延伸模式，在全县8个乡镇、103个村、6个社区聘任117名检察信息联络员，建立了一套具有特色的农村检察工作制度体系。

方法之三：用“先进检察文化示范院”带动基层检察文化建设全面开展。

赛罕区检察院是全国检察机关“四化建设示范院”、“全国检察文化建设示范院”，2009年、2011年连续两届被高检院评为“全国先进基层检察院”，该院秉承“不负重托，永争一流”的赛罕检察精神，坚持将检察物质文化、检察制度文化、检察行为文化、检察建设文化同步推进，充分发掘民族文化资源，构建检察文化建设基本内容，以提供全方位保障为宗旨，营造和谐的办公氛围激发干警工作热情，以创建“学习型检察院”活动、举办辅导讲座、练兵比武等为载体，实现“文化强区”目标。在赛罕区检察院的有力引领下，首府其他基层院相继积极探索开展检察文化建设新途径和新方法，促进了首府检察机关文化建设工作的全面开展。

方法之四：用实践推动检察文化建设“品牌”的发展和完善。

召开新闻发布会的方式，向全社会公布“阳光检察”的范围和内容。制作“阳光检察”工作流程图、宣传手册、设置宣传墙。拓展检务公开的途径和载体，将检务公开延伸到检察执法办案全过程。创新为人大代表、政协委员、人民监督员及群众代表提供“个性化”监督需求等工作模式丰富“阳光服务”内容。加大对人民群众的人文关怀，在办公楼一层设立了“阳光检察服务区”，进一步优化接待流程。各基层院开通“便民法律服务车”到边远农村地区，为群众提供法律咨询和帮助。充分发挥“检察文艺”、“青城检察”、“检察实践与研究”三个刊物和“呼市检察官艺术联合会”一个办事机构的“四个”载体的作用。积极推进全市检察机关门户网站、检察博客、检察微博等建设工作，开启检察宣传微时代，拍摄的《边疆阳光惠民生》宣传片获得全国检察机关首届微电影展播三等奖。借助职务犯罪预防警示公益海报，编辑《心有警钟，时刻警醒》预防教育读本。与内蒙古大学法学院、内蒙古农业大学人文学院创建“法学理论与实务研究基地”，深入开展检察理论与实务调研。进一步加强了派驻检察室建设，全市机构编制部门批复了基层检察院26个派驻检察室。紧密结合党的群众路线教育实践活动，开展检察行政公文和法律文书的“下评上”活动，积极寻找检察工作“短板”，克服“木桶效应”。

检察文化建设事关检察事业的发展，是一项长期的、历史性的工程。基层检察文化建设是检察文化建设的基础。加强对检察文化建设规律的研究和把握，拓展检察文化建设路径，仍是今后基层检察院开展检察文化建设的方向和重点。

【贯彻群众路线构架基层检察文化建设基本模式】

张秀峰　内蒙古自治区赤峰市人民检察院党组书记、检察长

72年前，毛泽东同志《在延安文艺座谈会上的讲话》中，深刻阐释了文艺“为群众”以及“如何为群众”的根本问题，发展了马克思主义文艺理论，在中国思想史和文艺史上都具有里程碑的意义。2012年12月，高检院把坚持“二为”方向和“双百”方针写入《关于深入贯彻落实党的十八大精神，进一步加强检察文化建设的决定》中，作为一项基本原则进行明确，这是对毛泽东同志《讲话》精神的继承发扬，也是检察文化建设贯彻群众路线的高度概括。当前，以“为民、务实、清廉”为主要内容的第二批党的群众路线教育实践活动正在全国省以下各级机关及其直属单位和基层组织扎实开展，群众观点、群众路线更加深入人心。基层检察机关作为与人民群众接触最密切，办案数量最多的部门，更应在贯彻党的群众路线上有作为。基层检察文化建设面对的群众，一是全体检察干警，二是广大老百姓。基层检察文化建设根深在群众，发展活力在群众，工作的中心也在群众，必须坚持以群众路线为指引，构架起符合自身实际、有利于大发展大繁荣的模式图，概括起来就是“一个核心”、“两条主线”、“三位一体”、“四个平台”、“五项机制”。

把握“一个核心”，着力培育符合政法干警核心价值观的“检魂”

以“忠诚、为民、公正、廉洁”为主要内容的政法干警核心价值观是社会主义核心价值体系在政法领域的具体体现，是社会主义法治文化的精髓，是党的群众路线教育实践活动的在政法领域的具体要求和生动体现。基层检察文化就是要以此凝聚精气神，形成统一指导思想、共同信念信仰、强大精神力量和基本道德规范的“检魂”，并内化于心，外践于行。

（一）检魂的政治性要求具有正确的政治方向。“检察机关作为国家法律监督机关，既是社会主义先进文化的建设者和推动者，也是社会主义先进文化的保障者、捍卫者”。政治方向是检察机关的政治责任和重要任务。基层检察人员与人民群众距离最近，接触最广泛，务必在举什么旗、走什么路、以什么样的精神状态、朝什么目标前进等重大问题上统一思想、统一行动，在事关政治方向、事关根本原则的问题上始终保持清醒头脑。基层检察文化建设的首要问题是必须高举中国特色社会主义伟大旗帜，自觉坚持以党的创新理论为指导，坚持社会主义先进文化前进方向，做到文化工作为党的事业服务。

（二）检魂的先进性要求树立牢固的职业信仰。“强化法律监督，维护公平正义”的检察工作

主题要求检察人员树立社会主义法治理念。作为意识形态，社会主义法治理念就是检察人员的职业信仰。社会主义法治理念是系统地反映符合中国国情和人类法治文明发展方向的核心观念、基本信念和价值取向，体现了党的领导、人民当家作主和依法治国的有机统一。基层检察人员遇到的现实困难最多，矛盾最复杂，务必能够从心灵深处保持对检察职业的价值认同和理性回归。基层检察文化建设的核心问题是必须准确定位对检察机关的政治任务、历史使命和社会责任，使全体检察干警充满矢志不渝为之辛勤工作、不懈努力的忠诚和激情，能够应对各种困难和挑战。

（三）检魂的稳定性要求修养良好的道德品格。庄子说："时势为天子，未必贵也；穷为匹夫，未必贱也。贵贱之分，在于行之美恶。"道德是文化的内在价值判断，道德修养的根本问题，就是按什么标准来修养的问题。检察职业道德，就是符合检察职业特点所要求的道德准则、道德情操与道德品质的总和。基层检察人员大多远离繁华都市，面对的各种诱惑却最具体，务必保持心灵的宁静，把良好习惯养成在履行检察职责、办案和个人的言行举止中。基层检察文化建设的关键问题在于培育符合现代法治精神的职业道德，做到既传承中华民族优秀的传统法治美德，又要崇尚当代法治的善治精神，既赞赏法治社会普遍的民主精神，又发扬中国特色的和谐理念，既始终保持高尚的职业追求，又模范遵守廉洁从检的各项纪律规定，坚持自我规范、自我修正、自我约束，坚守公平正义的底线，做到以和平理性的方式解决社会矛盾。

围绕"两条主线"，着力发挥文化建设在推进检察工作科学发展中的功能作用

文化如水，润物无声；文化之力，绵延不绝；文化之香，沁人心脾。基层工作的特点，决定基层检察文化建设的谋划和开展必须围绕"两条主线"来进行，即服务检察中心工作和突出检察人员主体地位，解决"依靠谁、为了谁"的问题。

（一）文化之润在于提升干警素质。基层检察文化建设不仅是本机关个别文艺爱好者的自觉行为，还是全体检察人员的共同责任。内蒙古赤峰市元宝山区检察院在这方面做法具有一定的借鉴性，他们突出"以人为本"的理念，充分发挥基层检察人员在文化建设中的主体作用，不断激发他们的文化创造潜能，提升他们的综合素质，让每一名检察人员都成为检察文化建设的参与者和受益者，成为检察文化成果的展示者和传播者，特别是成立了自治区首家基层检察官文联，使得"铸才、聚才、育才、扶才、优才、引才"工程尽占先机。该院被自治区纪委、监察厅确定为"机关廉政建设示范点"，侦监科长李秀丽被誉为"爱心妈妈"成为自治区典型。

（二）文化之力在于打造检察品牌。检察文化只有根植于检察业务工作这块肥沃的土地，才能保持旺盛的生命力，才能绽放亮丽的光彩。这方面，内蒙古敖汉旗检察院取得不俗的成绩。他们在检察文化建设过程中，注重把文化建设融入到各项检察工作实践中，将其具体转化为执法理念的提升、执法能力的提高和执法形象的树立，使其真正落脚于推动检察业务水平和队伍素质能力的不断提升上，向文化软实力要业务工作硬成效。2014 年，敖汉旗检察院被国家人社部和高检院授予"全国模范检察院"称号。

（三）文化之香在于传播法治理念。基层检察文化建设不能仅限于检察干警的自娱自乐，更在于面向社会，服务群众。内蒙古宁城县检察院在这方面做法独特，他们的文化建设不但吸引检察干警亲身参与，在健康、积极、向上的氛围中展现自我、凝心聚力，为检察工作科学发展提供了良好

的人文环境，更重要的是直接服务中心工作。他们建设的预防职务犯罪教育基地先后接待了包括周边省市在内的纪检、工商、税务、法院、司法等部门领导干部数万人，被誉为“金色防火墙”，每年结合“五四”、“七一”和“元旦”等时节组织文艺晚会、读书演讲比赛，或积极参加政法系统举行的文艺演出，以音乐、舞蹈、戏曲、小品等群众喜闻乐见的文艺形式宣传检察中心工作，取得了良好的社会效果。

坚持“三位一体”，着力推进基层检察文化建设水平的整体提升

在结构层次上，检察文化分为精神层、行为层和物质层三个层次，并按一定组合规则构成一个整体，其中：精神层是检察文化的核心，行为层规范检察机关的正常秩序，物质层是价值观念的物质载体，属于检察文化的表层部分。基层检察文化建设不能偏颇，顾此失彼。

（一）凝聚共识，升华检察精神。要在提高本院干警政治素养上下功夫。通过深入学习党的十八大和十八届三中全会精神，抓好以“为民务实清廉”为主题的党的群众路线教育实践活动，始终坚持“政治建检”的工作方针，不断用先进理论成果武装干警头脑，着力解决检察队伍在理想信念、宗旨意识、执法办案等方面存在的突出问题。要在提炼本院检察精神上下功夫。结合检察人员群体思想实际和检察机关发展目标，认真总结和精心提炼具有特色的检察精神或院训，并把载有“精神”、“院训”等内容的牌匾悬挂在醒目位置上，干警们能够时时自勉、自励、自省，使之逐步成为检察人员的价值追求和行动指南。要在挖掘本院先进典型上下功夫。榜样是精神文化的具体人格化。基层检察院应该积极挖掘、培养、树立体现时代精神的先进典型，用时代模范来全面展现检察精神文化的精髓和强大感召力。

（二）突出重点，规范检察行为。加强基层检察文化建设，重点应在规范检察人员的执法行为、言谈举止、人际交往等，努力培育检察人员符合职业道德要求的行为模式，确立检察人员共同的行为准则。要健全约束行为的制度。全面深化规范化建设，建立规范化管理体系，实现“阳光司法”，开发先进办案软件实现对执法办案每一个程序、环节和流程走向的“过程控制”。要完善监督行为的机制。通过健全教育、引导、监督三点一线的工作推进机制，完善组织、家庭、社会三位一体的责任机制，构筑与人大代表、政协委员、人民监督员等外部监督机制，引领检察干警厚道做人，地道做事。要养成文明行为的习惯。在履行检察职能过程中大力倡导“人人争先、项项创优”的工作理念，结合争先创优等活动强化大局意识，在执法办案中强化人本理念，积极探索人性化办案模式，努力养成文明执法的良好习惯与工作氛围。

（三）加大投入，夯实物质基础。要不断完善文化设施的硬、软件建设：无论是大厅、接访室、讯问室，还是文化走廊、检务公开栏，都让格言、文化墙、座右铭、名言警句随处可见；无论是图书室、荣誉室，还是廉政警示教育基地，到处散发出浓郁的文化气息；无论是健身房、乒乓球室等文体活动场所还是计算机局域网，均体现出独具文化韵味、极富个性色彩的工作环境。要经常举办多彩的文化活动，如迎新年联欢会、趣味运动会、检察论坛、演讲比赛等活动，丰富干警生活，陶冶情操。要不断涌现文化成果，如积极创办本院文化刊物，编辑出版书画集或《制度汇编》；鼓励干警创作摄影、美术、文学等作品，创作廉政公益广告等，并联系媒体进行刊发。

搭建“四个平台”，着力开创基层检察文化建设独具特色的大好局面

党的群众路线教育实践活动要求解决形式主义、官僚主义、享乐主义和奢靡之风这“四风”问题。基层检察文化建设由于方兴未艾，也缺乏成熟的经验可借鉴，容易出现“四风”问题。所以要在创新方法上下功夫，在务求实效上求突破，具体说搭建好以下“四个平台”：

（一）着眼凝聚力搭建学习教育平台。完善党组理论中心组学习制度，加强领导班子和环节干部思想政治建设；开设“道德讲堂”，提升全体干警职业道德水平；开展了“大学习、大讨论”活动，或组织读书心得交流、演讲比赛等，用党的最新理论成果武装广大干警的头脑；根据行业特点，开展文明窗口、文明接待室、文明检察室创建活动，使文明用语、文明执法进一步规范；举行升国旗仪式，组织检察官宣誓和党员重温入党誓词，到烈士陵园缅怀先烈等，教育干警树立爱岗敬业、恪尽职守、执法为民理念。

（二）着眼感染力搭建文体活动平台。适时组织开展一些兼顾学习与情趣、知识与娱乐、活动与休闲的文化活动，丰富干警的业余生活，营造宽松和谐的人际环境。坚持每天上班前做一套广播体操或太极拳，利用节假日开展拔河、乒乓球、羽毛球、登山比赛、趣味健身游戏活动等多种形式的文体活动，结合“元旦”、“五四”、“七一”等重大节日开展文艺晚会、诗歌朗诵、演讲比赛等大型活动，结合业务工作开展办案能手评选、新《刑事诉讼法》学习交流讲坛，等等。

（三）着眼创造力搭建创作交流平台。成立检察官协会、检察官文学艺术联合会、读书会、各种兴趣小组等组织，并经常开展活动，发挥作用。为有摄影、写作、书画、音乐特长的干警举办摄影书画展、作品座谈会、个人音乐会等，激发干警创作热情；创办检察内部刊物，编辑出版干警的理论、文学、书画、摄影等作品，发现和培养文艺人才；建立“两微一站”，在局域网和门户网站上开设文化建设专栏，让干警的作品走向社会。

（四）着眼影响力搭建宣传展示平台。与网络、报刊、电视等媒体建立联系，积极宣传检察好声音，展示检察好形象；与上级院或地方艺术团合作，把先进典型的事迹搬上舞台，以小品、快板、舞蹈、微电影等形式，充分发挥检察文艺作品教育人、鼓舞人、激励人的作用；在门户网站设置“阳光检务”、“网上接待室”、“检察官便民服务站”，把检察机关门户网站建成检务公开和便民服务的权威平台，传递检察机关执法为民的良好形象；利用多种形式和手段，全方位、多角度地反映全院干警的价值追求、思想情操和精神风貌，将先进检察文化蕴涵的时代内涵和人文价值充分展示出来，提高检察机关的公信度和社会认知度。

规范“五项机制”，着力夯实基层检察文化建设大发展大繁荣的基础条件

检察文化建设是一项长期、复杂的系统工程，不可能一蹴而就。扎扎实实打好坚实基础，是开创基层检察文化建设新局面的有力保证。

（一）规范组织领导机制。进步不进步，群众看干部。基层检察院要成立以检察长为组长，其他班子成员为副组长的领导小组，下设办公室，明确责任分工，形成一把手亲自抓，分管领导统筹抓，政治部门具体抓，全体干警积极参与的上下联动工作格局。在此基础上，做到每届有中长远规划，每年有年度工作计划，每个阶段或每项活动都有方案、计划，确保每个工作环节有人管、有人负责、

有人落实。

（二）规范人才支撑机制。尽管基层检察院要建立一支文化领军人物有一定难度，但也要努力形成广纳群贤、人尽其才、充满活力的局面。一是引进人才，严把招录关，注重选拔文化素养高的人员进院，也可大胆聘用社会上文化人才为我所用。二是培养人才，立足现有条件，采取请进来教、走出去学等多种手段，大力培养急需人才。三是使用人才，大凡文化人都有知识分子的特点，要看其本质，用其所长，而不能浪费人才。四是要留住人才，努力使人才产生认同感、成就感、新奇感、知遇感、归宿感，最终形成内在的持久的人才凝集力。

（三）规范物质保障机制。将检察文化活动经费纳入年初财政预算，为检察官文联、检察官协会的专项支出给予大力支持，为摄影队、文艺队、乒乓球队等文化团队购置队服及相应的器材设备，为运动会、文艺晚会等检察文化活动的组织、开展提供强有力的后勤保障，为检察文化工作的开展提供信息化办公条件，配备必须的设施设备。

（四）规范奖励激励机制。制定和完善检察文化建设工作的考评制度，将检察文化规范化建设工作进行动态管理，纳入年终目标考核。建立专项奖励制度，及时发现总结检察文化建设工作好的经验做法，树立楷模，表扬先进，鞭策后进。定期分析解决检察文化建设工作中存在的问题，保证检察文化建设工作健康发展。

（五）规范普及提高机制。基层检察官的文化自信、文化自觉和文化自强来源于全体干警的文化普及与提高。要形成氛围，领导班子成员要身体力行、率先垂范，教育、启发、诱导、吸引、熏陶和激励干警积极参与，营造先进检察文化建设浓厚氛围；要挖掘地域特色文化潜力，积极寻求地域文化与检察文化的结合点，将检察文化与传统文化、地方文化交织交融，打造具有特色的检察文化品牌；要积极争取专业指导，邀请当地文化界的作家、画家、记者、歌星、影星等知名人物作为本院文化建设的顾问，经常向他们取经学艺、交流提高。

【论基层检察机关的廉政文化建设】

巴达拉胡　内蒙古自治区陈旗人民检察院

检察机关廉政文化的概念、内涵、意义和作用

（一）检察机关廉政文化的概念

检察廉政文化是检察机关在检察业务工作和检察管理活动中创造的、符合时代发展要求、具有检察特色的工作原则、法律思想、法律意识、法律规范、职业道德、行为模式和工作作风等物质和精神财富的总称。检察廉政文化可分为四个层次：物质文化，行为文化，制度文化，精神文化。公正执法、规范执法、严格执法、文明执法的理念是检察廉政文化的精神核心，检察人员作为检察廉政文化创作者的主体地位，应大力拓展检察文化建设的空间，采取多种有效载体，注重加强检察文

化的制度建设，实现检察执法活动的规范化。

（二）检察机关廉政文化的内涵

检察廉政文化作为廉政文化的一个子系统，是一个具体的文化概念，是检察机关在法律监督过程中逐步产生和发展的以“公正执法、廉洁奉公”为主要内容，融合了检察价值观、行为规范、道德准则、信念、精神以及在此基础上形成的执法意识、管理理论、伦理道德、价值取向、实践创新等内容的总和，涵盖了形象文化、管理文化、制度文化、精神文化等方方面面。廉政文化是人们关于廉政的知识、信仰、规范和与之相适应的生活方式及社会评价的总和，是廉洁从政行为在文化和观念上的反映。换言之，廉政文化就是指人在廉洁从政过程中习惯化了的基本态度与行为方式，就是廉洁从政的人化过程。

（三）检察机关廉政文化的意义

廉政文化以廉政为思想内涵、以文化为表现形式，是廉政建设与文化建设相结合的产物。在当前形势下，特别是在加大反腐败斗争力度的今天，加强廉政文化建设具有十分重要的意义。

1. 廉政文化建设是建立健全教育、制度、监督并重的惩治和预防腐败体系的重要内容。近年来，我国惩治腐败的力度不断加大。但是，产生腐败的土壤和条件依然存在。其根本原因，是在物质、制度、心理的层面上，不同程度地存在着滋生腐败的不良文化，它往往能使人们的价值观念产生错位，像病毒一样侵蚀着党的肌体，同时也损害着党风、政风和民风。毛泽东同志曾说过“意识形态领域无产阶级不去占领，资产阶级就必然会占领。”因此，正视不良文化的挑战，制定和落实廉政文化建设的总体目标和长远规划，全方位、多渠道、多层次弘扬廉政思想，增强廉政意识，倡导廉政道德，营造廉政文化氛围，是落实“标本兼治、综合治理、惩防并举、注重预防”方针的重要举措，也是构建检察机关教育、制度、监督并重的惩治和预防腐败体系的重要内容。

2. 廉政文化建设是提高广大检察干警素质、增强廉洁自律意识的有效手段。在贯彻落实检察机关各项廉洁从政规定的同时，必须要强化各级检察院领导干部和干警的廉洁自律意识。要通过廉政文化建设，以正反两方面典型对比教育为重点，利用组织观看电教片、举办廉政专题讲座、签订党风廉政建设责任书、创作评选廉政文化作品、组织或参加廉政歌曲演唱、廉政文艺演出等多种形式，潜移默化地加强理想信念、检察人员职业道德、社会公德教育，引导广大检察人员树立正确的世界观、人生观、价值观、荣辱观，明白自己该做什么、不该做什么、应该怎样做，不应该怎样做，使党员干部和全体检察干警树立认认真真做事、堂堂正正做人的意识和观念，把反腐倡廉教育寓教于乐，在廉政文化活动中接受教育，陶冶情操，筑牢拒腐防变的思想道德防线，廉洁从检、执法为民，推动检察事业全面发展。

3. 廉政文化建设是建设和谐检察机关的内在要求。检察机关廉政文化，既体现为一定的法治观念和法治要求，又休现为一定的道德观念和道德要求。从这个意义上说，检察廉政文化是法治文化和道德文化的融合，是建设和谐检察机关的重要举措。加强检察机关廉政文化建设，能够促使党员干部和检察干警按照“为民、务实、清廉”的要求勤政廉政、廉洁自律，在全院上下形成以廉为荣、以贪为耻的良好风尚，为构建和谐检察机关提供可靠的思想道德保证。

（四）检察机关廉政文化的作用

检察廉政文化作为一种行业文化，是先进文化的行业表现，具有十分重要的作用：一是导向作用。廉政文化作为一种意识形态，以文化形式渗透到社会各方面，对社会有较强的渗透力。当渗透到广大检察干警思想行为中，潜移默化，就能够影响、引导、决定检察干警在履行法律监督职能中的价值取向和人生态度，自觉做到权为民所用，情为民所系，利为民所谋；二是凝聚作用。廉政文化具有共同的目标和利益，强调的是全员参与、自觉行动，形成的是强势文化氛围，建立的是以廉为荣、以贪为耻的共同情感。广大检察干警在这种氛围中得到教化、培养，有了相同的价值观念、廉政理念、思维模式、行为方式，就能使广大检察干警在不同层次上聚集起来，使不同岗位的人员因同一目的、文化渊源而形成一种强大的凝聚力量，就能使广大检察干警自觉地团结在一起，发扬团队精神，提高廉洁自律意识，达到清廉的目的；三是预防作用。廉政文化活动具有较强的感召力，既可引导检察干警加强文化修养，升华自己的人格，确立秉公执法的党性原则，严以律己的慎独精神，又能激励人们去相互监督，主动抨击腐败行为，自觉抵制腐败现象。

当前基层检察廉政文化建设中存在的主要问题

当前，广大检察人员牢固树立“立检为公，执法为民”的观念，严格执法，清正廉洁，充分展示了人民检察官应有的精神风貌。但在检察廉政文化建设的实践中，仍存在一些问题，主要表现在极少数检察人员拜金主义、享受主义等腐朽没落的思想不同程度的存在，检察机关廉政文化建设不同程度地存在“表面化”，乃至流于形式等问题，导致执法中出现这样那样问题，如办案中以权谋私，索贿受贿，导致人情案、关系案的发生，严重影响检察机关公平正义、执法为民的司法形象，人民检察官廉洁从检职业道德形象。个别检察人员，不注意政治学习和世界观的改造，放弃了理想信念，背离了党的宗旨，丧失了职业道德和公仆意识，在市场经济浪潮中，经不起考验，挡不住诱惑，在金钱利益面前打了败仗，最终沦为人民的罪人，教训十分深刻，发人深省。

完善基层检察机关廉政文化建设之构想

（一）加大对贪污腐败分子的惩处力度。惩腐才能倡廉，倡廉首在惩腐。要搞好廉政文化建设，检察机关就要加大对贪污、受贿等各类贪污腐败案件的查处力度，对贪污腐败分子一查到底，绝不姑息。当然，检察机关在社会主义法治理念指导下的反腐败工作也要讲政策。要努力贯彻“惩前毖后，治病救人”的方针，“以霹雳手段，显菩萨心肠”。将惩治与预防相结合，批评和教育相结合。对贪腐程度不同的贪污腐败分子区别对待，做到有案必查，有罪必究，既不错抓一人，也绝不少抓一人。而对于那些有严重问题的腐败分子，绝不能视而不见，重罪轻判让其蒙混过关。这样必然会助长贪污腐败分子的嚣张气焰，让反腐倡廉工作难上加难。要严厉惩治那些罪大恶极的腐败分子，使他们身败名裂、得到他们应有的惩罚，才能有力地震慑那些有腐败图谋的人，从而打断不良风气形成的链条。只要惩处有力，就能不断增强教育的影响力，增强制度的约束力，增强监督的威慑力，从而最终增强廉政文化的说服力。

（二）深入开展反腐倡廉教育，不断增强廉政文化的影响力，筑牢拒腐防变的思想道德防线。一是应当适时开展检察机关廉政文化建设的专项教育活动，教育和引导检察人员牢固树立正确的宗旨意识和执法观，坚决纠正特权思想、霸道作风和损害人民群众利益的行为。大力推进检察机关廉政文化建设，营造以廉为荣、以贪为耻的良好氛围。同时把加强廉政文化教育与领导班子建设相结合，通过对班子成员系统的廉政文化教育，不断提高他们拒腐防变的抵制力和免疫力，廉洁自律、以身作则，为干警做出表率和示范。按照《人民检察院基层建设纲要》的要求，紧紧围绕“班长抓班子，班子带队伍，队伍促发展”的总体思路，建立和完善中心组学习制度、民主生活会制度、谈心交心制度、任职谈话制度和诫勉谈话制度。突出“抓学习、强素质、求质量、重创新”四个重点，强化“目标、创新、质量、竞争、奉献” 五种意识，不断提高队伍综合素质和服务水平；二是坚持廉政文化教育与基层党组织建设相结合。切实加强基层检察院党组织建设，是一项重要而长期的政治任务。开展办案考评活动，促进党员坚持公正执法；组织开展“党员示范岗”活动，树立党员形象，当好群众榜样。通过一系列形式多样的党组织活动，进一步巩固和提高党的先进性教育成果；三是坚持廉政文化教育与检察业务工作相结合。把廉政文化工作贯穿办案全过程，以“早”、“查”、“严”、“督”四字为标准。立足“早”字，做好案前教育防范；注重“查”字，发现问题，及时整改；突出“严”字，建立严密制度，严肃执行纪律，违者严格查处；加强“督”字，做好案中监督检查，案后回访考察，发现苗头问题，及时提出批评和改进意见。

（三）推进反腐倡廉制度创新，不断增强廉政文化的保障力。推进检察机关廉政文化建设离不开四个方面的制度的保障：即如何进一步加强检察机关自身反腐倡廉教育制度建设；如何进一步加强检察机关自身监督制度建设；如何进一步加强检察机关预防制度建设；如何进一步加强检察机关惩治制度建设。而抓好制度建设的关键在于如何加强廉政文化的稳定性和恒久性建设。具体来说，可以从以下几个方面着手。一是切实加强检察机关内部的监督工作，确保检察权的正确行使。坚持把强化自身监督放在与强化法律监督同等重要的位置，加强对领导班子和领导干部的监督、加强对执法办案活动的监督、加强对干部选拔任用工作的监督，用比监督别人更严的要求来监督自己；二是采取绩效考核办法，实行分管领导及部门经费管理责任制度，谁办事谁负责，责任落实到个人，各负其责；三是解决好干警的福利待遇和政治待遇问题，以解决他们的后顾之忧。在福利待遇上，可以建立干警健康档案制度；干警学历、司法考试奖励制度；干警外出考察学习制度；干警图书室、电子阅览室。在解决政治待遇上，做到谁有能力，达到提拔条件，就给位子，不拘一格使用人才。

（四）加强廉政理念文化教育，强化干警廉洁自律自觉性。检察廉政文化建设的重要任务就是要加强检察人员思想素质的培养，不断强化检察队伍共同的法律信仰，树立公正、高效、文明、平等的现代司法理念。要通过开展形式多样的思想教育活动，使检察人员严格按照宪法和法律行使检察权，不为情所困、不为利所动，维护法律的权威，推进社会主义法治建设进程；自觉坚持把维护和实现公平正义作为重要追求，增强诉讼程序意识、诉讼时效意识、效率责任意识，严守办案时限，缩短办案周期，降低诉讼成本，增强执法效果；以公正司法促进社会和谐，不断增强政治意识，自觉地把检察工作放在党和国家的工作大局中去思考、去定位，努力找准服务大局的切入点和着力点，积极探索服务大局的具体途径和办法，加大法律监督力度，为经济社会发展和人民群众安居乐业提供良好的法治环境；不断提高司法廉洁意识，自觉抵制拜金主义、享乐主义和极端个人主义，树立以人为本的理念，通过长期潜移默化地教育和引导，来提高检察人员的廉洁意识，培养高尚的情趣，养成文明的生活方式；用廉政的理念文化教育检察人员，使公开、公正、公平、民主、廉洁、为民、务实等理念成为检察人员的共同信仰。

（五）强化廉政物质文化建设，营造良好廉政文化环境。检察廉政文化是检察文化的有机组成部分，建设检察廉政文化要与创建检察文化的其他活动相融入。因此，检察廉政文化建设要通过物质环境等载体体现出来，检察机关在进行办案、办公场所的建设以及司法装备的配置时，应当紧紧围绕后勤保障，着力繁荣检察廉政物质文化。具体包括检察机关的场地、建筑、设施、装备、制式服装等，这些既是检察人员工作、学习、生活的环境，更是向社会公众展示检察廉政文化的重要窗口，所以既要有生动活泼的形式，也要有实实在在的内容，要规模适宜、经济实用，通过建设廉政文化，使检察机关的各个角落都能折射其内在的文化品位和层次，通过良好的廉政文化氛围，促进检察人员的思想沟通以及个性熏陶，真正营造出一种反腐倡廉的道德氛围。同时，要大力开展科技强检工作，加强信息化建设，运用高科技服务检察廉政文化建设，在检察机关门户网站等互联网传播媒体上开辟检察廉政文化宣传栏目，抓住模范典型检察人员的时代精神，广泛、灵活、深入地进行宣传，用高尚的作品教育引导检察人员树立廉政思想，倡导一种健康向上的文化理念，营造良好的廉政文化人文环境。

（六）完善廉政制度建设，健全公正廉洁司法的制度保障。廉政制度是检察廉政文化的规范化表现形式，是检察人员保持良好职业操守和公正廉洁司法的重要保障。建设检察廉政文化除了需要每一位检察人员自觉、主动地参与并提高自我廉洁从检的意识，还需要健全职业保障机制、监督预防机制和责任追究与奖惩机制，筑牢防腐拒变的坚强防线。为此，检察机关要结合实际，从建立健全长效机制入手，坚持一岗双责，从严治检，健全廉政制度，切实规范检察执法行为，不断推进检察改革，加大源头预防，把党风廉政建设渗透到检察工作各个环节，在机构设置、制度安排、软硬件设施建设方面狠下功夫，形成既分工负责又相互监督的格局。要完善责任追究制度，研究探索查处违纪行为的新机制、新举措，推动违法办案责任追究工作进一步落实，从客观上为检察人员创造“不能为”的良好环境。要制定完善廉政制度，对检察人员遵守各项工作纪律、禁令、职业道德等情况进行督查，从内部管理方面解决检察人员“不能为”问题，规范检察人员行为。在加强内部监督的同时，还应多渠道强化外部监督。查找检察人员执法中存在的问题，及时调整，及时处理，有力地促进司法公正、高效、廉洁和文明，营造春风化雨、润物无声、充满人情味的和谐、廉政文化氛围。

在目前新的历史条件下，加强基层检察机关廉政文化建设，具有十分重要的现实意义。它既是努力践行科学发展观的内在要求，也是深入推进反腐倡廉工作的迫切需要。检察机关的廉政文化建设又与党风廉政建设密切相关，它不仅为反腐倡廉提供智力支持和思想保证，而且对党风廉政建设和反腐败工作将产生重要的导向作用。因此，检察机关的每一个人都应该以检察机关的廉政文化建设为己任，坚持做到惩处、教育、制度和监督四管齐下，言行一致，知行合一。通过深化反腐倡廉各项工作职能，不断增强廉政文化的说服力、影响力、保障力和驱动力，使检察机关的廉政文化建设作为一种先进文化在全社会广泛传播，深入人心，生根开花。

【国外廉政文化介评】

王谦　内蒙古自治区呼伦贝尔市海拉尔区人民检察院

一个国家的廉政状况良好，除了体制、法制、制度等方面的影响外，一个重要原因就是这些国家有一种为全社会所认可并被公民接受和遵循的廉政文化。一个廉洁的政府是国家机器正常运行的重要条件，廉洁文化的建设对于维护政府形象、保持社会稳定、保障国民经济健康发展等方面有非常重要的意义。本文选取芬兰、瑞典、新加坡、美国、日本、法国、韩国等国作为研究对象，从廉政文化的理念层、制度层、物质层出发，介绍和比较了国外廉政文化建设好的做法和经验。

道德建设构成廉政文化建设的重要内容

西方国家的廉政文化道德教育理论是源于资产阶级的人性论，从而和政治原罪论相对应的一种价值观。其核心理念是提倡对公职人员进行道德教育，由此净化人性的“恶”，这是预防和杜绝公职人员腐化的治本之途。这是基于西方根深蒂固的一个观念，即文化可以使人格深深地改变，可以使人放弃他的自私自利。因为，人与人之所以可能相互合作，乃是由于个人感情和忠诚中产生了一种道德的力量，并不被外力所约束。道德教育可以使政府官员建立自我约束的道德规范。在这个基础上形成的健康的道德价值是反腐倡廉的基础。

美国非常重视从政道德对防治腐败的重要作用，道德要求明确、具体，并不断加强道德立法。1978年，美国国会通过的《政府道德法》是美国现代公共道德管理演变过程中的一个里程碑。1989年，国会通过的《道德改革法》，进一步加强了对政府官员的道德约束。1992年联邦政府道德署颁布的《行政部门雇员道德行为准则》，在礼品、利益冲突、职权行使、兼职、职外活动等多方面做出了详细规定，集中体现了从政的道德要求和行为规范。同时，为了使道德建设具备可操作性，联邦政府设立了联邦政府的道德建设指导机关——道德署。联邦政府各部门都有道德官员办公室，地方各州、市也设立了道德署或道德委员会。道德署的主要职责就是制定、修订公务员道德准则；开展道德教育和培训，让公务员明白什么可为、什么不可为；接受道德咨询，公务员遇到疑惑可随时通过电话、邮件或传真向道德署咨询，避免因不了解道德界限而违法，等工作。严格的官员道德准则和健全的政府道德机构，增强了公务员的廉洁自律意识，也起到了预防违纪违法的作用。

新加坡把公务员的人生信仰、道德操守放在第一位，其次才强调外在的法纪约束功能。更为重要的是，新加坡全社会构筑了良好的廉政文化氛围。新加坡提倡诚实、正直的道德观念，贪污受贿是最可悲的行为，廉洁、诚实、秉公守法才是为人之道。对政府官员和公务员，从开始任职，就要写出宣誓书宣誓，遵守公务人员守则和条例，遵守职业道德，遵守法律法规，进行道德自律。新加坡的道德教育，虽然朴实无华，但很有针对性，效果十分明显。在德国，每个公务员在上岗前需签“廉政合约”，并在国旗下宣誓，要以“传统的普鲁士官员的道德标准”要求自己，做到廉洁奉公，公私分明。

北欧国家普遍认同“文化是制度之母”，十分重视廉政文化的培养，公民大多养成了遵纪守法的良好习惯，而以权谋私则被视为令人唾弃的行为。这些对公务员的廉洁自律、对全社会形成崇廉、尚廉的好风气有极大的影响力。这是北欧不用重典依然廉政的重要原因。

可以说，健康健全的道德建设是西方国家廉政文化建设的主要内容，并且它们的道德建设具有极强的可操作性，普遍重视道德建设的立法工作，注重从机制制度上加强道德建设。

新闻媒体的监督是廉政文化建设的重要手段

新闻媒体通过舆论倾向的引导和信息传播中附带的特定的价值取向对公众的政治态度进行影响，是一种典型的“软权力”。在美国，新闻媒体对社会弊端的批判，尤其是对政治腐败现象的揭露，发挥了重要的监督作用。以著名记者林肯·斯蒂芬斯为代表，其著作《城市之耻》对美国城市的政治腐败现象进行了揭露。这样的新闻监督，不仅促进了社会良心和公民道德、政治意识的觉醒，而且对腐败分子起到了一定的震慑作用，从而提高了政府官员的腐败成本。由此，政府官员明目张胆地利用职权寻租或创租的行为不得不有所收敛。

从以上得知，廉政文化建设的一个重要价值取向是促进官员道德建设。美国政府官员的职业操守，有法律法规严格要求，对他们的监督主要来自新闻媒体。2007 年 9 月底，美国广播公司披露，佛罗里达州的共和党国会众议员马克·福利曾用电子邮件对在国会实习的中学生进行性骚扰，联邦调查局和佛州执法部门随即介入，对福利展开犯罪调查。“电邮性丑闻”不仅迫使福利不体面地结束了政治生涯，还严重影响共和党声誉。来自民众和媒体的压力常使美国政府官员时刻具备危机意识，因担心失去民众支持而不敢放纵自己。前总统克林顿因“拉链门”事件遭弹劾险些下台，就是一个著名的案例。在“国际透明组织”最近公布的全球廉洁指数中，日本位列第 17 位，在反腐败方面取得了明显进步。这很大程度上归功于新闻媒体的监督作用。日本的新闻媒体在揭露政府高官的腐败丑闻方面可与美国媒体相媲美。日本首相森喜朗与黑社会头目吃饭的照片就是被新闻媒体曝光的；2007 年的日本农林水产大臣远藤武彦的金钱丑闻也是被媒体爆出的。

新闻媒体发挥的舆论监督的本质在于，它是行使自身权利对权力运作尤其是权力滥用导致的腐败进行监督的一种直接民主形式，是公共领域的一个重要功能。通过这个功能的行使，在社会和公众之间营造一个反腐倡廉的良好氛围，这是廉政文化建设的一个基本目的。

营造廉政清洁的社会氛围是廉政文化建设的坚实基础

廉洁与腐败，是官员从政行为的表现，也是一种文化现象。作为文化现象，常常是人们相互影响的结果。人在心理上大都具有从众性，周围的多数人怎样说、怎样做，对个人具有极其重要的影响，因此，文化氛围是影响人的思想和行为的重要社会环境。芬兰是当今世界公认的最清廉的国家，在这个国家里，政府官员和公务员滥用职权、以权谋私的现象极为少见。因为芬兰通过长期的廉政教育和建立完善的法律制度，以及加强各方面有效的监督，营造了一个浓厚的崇廉文化氛围，使得贪污受贿、侵吞社会财富等行为如同偷盗抢劫一样，被视为卑鄙肮脏的不义之举，没有生存空间。人们不愿投机取巧、通过歪门邪道达到自己的目的，而是习惯于通过脚踏实地的劳动去创造财富，通过合法的渠道获得利益。所以，极少有运用权力贪污受贿的，也极少有走后门送礼行贿的。

瑞典也是一个廉洁度很高的国家。在瑞典，幻想通过受贿来发财是不可能，也是非常羞耻的事。如果一位官员被发现用权力做交易的话，将为此付出惨痛的代价。瑞典前副首相莫娜·萨林 1995 年因使用公务信用卡购买个人衣物引起非议而被迫辞职。在瑞典，反腐败不仅仅是检察官和法官的事，而是全社会都关注的事情。瑞典的民众和媒体都有很强的监督意识。如果一个人的生活水平高出他的收入水平，那么很快就会有人举报他。然后税务部门就会派人来查他是否有额外的收入。

因此，一个良好的社会氛围是廉政文化建设的坚实基础。在这种社会氛围下，有利于形成“老鼠过街、人人喊打”的态势，培育一个廉洁公正的社会氛围。

领导人的率先垂范是廉政文化建设的榜样力量

一个国家的领导人如果率先垂范，具有高尚的道德情操，恪尽职守，克己奉公，成为全社会的榜样和楷模。这种榜样的力量影响深远。日本的“耻感文化”视名誉和尊严至高无上，普遍形成了“官德降，民德毁”的观念，比较重视官员的榜样力量。新加坡前总理李光耀从政 40 多年，其本人的言行就是一部廉政的活教材，对于推动新加坡的廉政建设起了巨大的推动作用。韩国前总统金泳三 1993 年上任伊始，就带头公布自己的家庭财产，压缩总统办公费用，关闭总统府高尔夫球厂，降低总统午餐标准，为廉政建设开了好头。当然，也有相反的例子，在印尼，苏哈托将其家族的坟墓建在与其妻有远亲关系的莽·库尼卡拉王朝的陵墓附近，目的在于显示其显赫的出身，为其家族非法攫取的民脂民膏罩上合法的光环。上层社会私欲、贪欲的恶性膨胀严重伤害了整个社会应有的对名誉和尊严的挚爱与追求。

在廉洁文化建设中，领袖人物应该成为全社会的榜样和楷模。实践证明，新加坡廉政文化和廉洁文化建设的成功，主要原因就在于领袖人物能够以身作则，政府高层领导人树立好的榜样，没有人可以超越法律。印尼和菲律宾等东亚国家，贪污腐败之所以衍生为一种社会风气，政府高层领导人的不良影响无疑是最为重要的原因。

新招迭出的反腐方式使廉政文化建设异彩纷呈

印度民间反腐组织“第五支柱”日前抛出一个全新的创意，希望能触动印度官场上的腐败风气。“第五支柱”的创意是：发行“反腐钞票”——直接套印印度 50 卢比的钞票票面，上面的甘地头像、水纹标志和其他文字与真钞无异，不同的是，50 卢比的币值换成了 0 卢比，印度央行的印章则换成了“我承诺决不受贿也不行贿”的口号。这种“反腐钞票”的用途是：如果普通百姓遇到伸手索贿的贪官污吏，就把这种钞票递给他们，以期威慑或者唤起官员们的良知，但同时又不会激怒这些掌握实权的官员。据“第五支柱”介绍，目前他们已经在印度南部城市发出了 2.5 万张这样的钞票，而这只是在全国范围内大规模发行“反腐钞票”的第一步。“第五支柱”的目标就是把“反腐钞票”渗入到“印度社会的所有阶层”。

俄罗斯托姆斯克市“托姆斯克州反腐败联盟”于 2006 年 6 月发起“无腐败城市”宣传活动，

并酝酿用垃圾为腐败官员立碑。组织发起这项活动的有该市一些社会团体、青年组织和新闻媒体。在此期间要举行“社会腐败问题及解决办法”大型研讨会上许多人认为，由于贪官往往标榜自己“廉洁奉公”，而实际上就是“社会垃圾”，那就最好用垃圾之类的东西为他们立个碑。政府官员腐败现象被老百姓斥之为俄社会的“垃圾和毒瘤”。用垃圾为腐败官员立碑，的确是新奇而又形象之举。

各个国家经验借鉴

北欧国家廉政文化建设，注重理念、重视从政道德建设，尤其是重视儿童在基础教育阶段遵纪守法的观念教育，值得借鉴。

健康健全的道德建设是西方国家廉政文化建设的主要内容，并且它具有极强的可操作性。同时，普遍重视道德建设的立法工作，注重从机制、制度上加强道德建设。

无规矩不成方圆，一个廉洁政府除了要有严格的法律保证外，必须对自己的公职人员执行严明的操行纪律、行为准则，约束从事公务活动的人在平时的工作生活当中随时注意自己的行为，远离腐败之源。

健康的公民文化道德体系、文化价值观直接影响社会发展与进步。主要做法：

第一，完善的规章制度。许多国家都制定和颁布了要求政府官员申报财产的法律。财产申报制度一般都包括财产申报对象、财产申报时间、财产申报内容、对财产申报违法处罚等方面。既全面，又明确，便于操作和执行。美国《道德改革法》规定：“总统、副总统、国会议员、联邦法官，以及行政、立法和司法三大机构的工作人员，必须在任职前报告自己以及配偶的财务情况，包括收入、个人财产等。以后还须按月申报对财产申报资料的接受、保管办法、保存期限、公开方式、查阅手续、审查以及对拒绝申报和虚假申报的处罚办法也都作了详细规定。此外，美国《廉政法》也规定政府有关官员必须填写财产和收入申报单，逾期不报，将被司法机构起诉。申报单由廉政办公室审查，一旦发现有违法收入，立即处理。申报单可供新闻机构和公众查阅。1965 年颁布的《政府官员及雇员道德操行准则》对各类高级官员及其配偶，子女的财产申报作了规定。1989 年的《道德改革法》规定总统、副总统、国会议员、政府高级官员及联邦法官等必须在任职前报告并公开自己以及配偶的财务状况，包括收入、个人财产等，以后还必须按月申报。法国在《政治家生活资金透明度法》中，对公务人员财产申报作了较为具体的规定。该法规定，总统候选人在正式竞选前必须将其有关财产状况的资料用加封条的信封交给宪法委员会。国民议会和参议院议员在上任后 15 天内必须向所属的议会、议院办公厅提交财产申报单，要求申报真实具体、并以名誉保证。中央政府组成人员及特定的地方官员也要求在被任命或上任后即提交个人财产状况申报单。

职务回避制度是避免公职人员因裙带关系而影响职务行为公正性、廉洁性的一项重要制度。加拿大利益冲突章程规定，内阁部长不得为家属在政府部门安排工作，在议会的游说活动必须进行登记，离职公务员的行为受到一定限制等。美国法律禁止任何政府官员或雇员故意亲自或实质上参与同自己有财产利益关系的特别事项，国会禁止联邦贸易委员会代表政府与那些同该委员会有经济关系的企业进行商务往来。在奥地利，凡有夫妻关系、直系亲属或不超过三代的旁系亲属关系以及过继、连襟、联姻或承嗣关系的公务员，只要一方对另一方有指挥权或监督权，或一方在管理钱财账目部门工作，均不得安排在同一个职位工作。

政治公开、透明是现代民主发展的要求，也是一剂最好的防腐剂。对公众和传媒来说，它还是使公众和传媒获得知情权从而发挥监督作用的前提。瑞典是世界上首创信息公开立法的国家，1766年就制定了出版自由法。瑞典的政治“透明度”和新闻自由在世界上是独一无二的。官方机构的活动几乎完全公开，如公民可以旁听议会会议，传媒可以报道议会和政府的活动及“内幕”情况；官方文件除少数涉及外交、国防机密者外一律公开，任何公民都可以查阅1766年以后的任何官方文件。其他国家如加拿大、芬兰、英国等都规定，一切政务信息如：议会会议、官方文件等除涉及国家安全、他人隐私者外，都应向国民公开，公民有权了解政府的各方面情况和获取相关信息。若政府不满足公民的合法要求，公民有权向法院起诉政府。

为激励公职人员安心工作，尽职尽责，廉洁奉公，减少贪污腐败的可能性，廉洁国家建立了高薪养廉制度，给公职人员以优厚的待遇和可靠的社会保障。新加坡是实行高薪养廉的典型，其官员的薪金是世界上较高国家之一。其主要内容是：大幅度地提高公务员的工资待遇，保证大多数人过上“中产阶级”的生活，同时使公务员的工资能随着国家经济的增长而不断增长；公务员享有较高的福利待遇，除了普遍享有医疗福利、贷款优惠、住房优惠和集体保险四种福利外，高级公务员还享有康乐、渡假、旅行、用车等福利；全面实行中央公积金制度，公务员退休后依靠退休公积金即可过上优裕的生活。但公务员若贪污腐败，诉诸法律并做出判决后，公积金将被取消并上缴国库。在芬兰等国，国家官员享有合理的工资待遇，在政府机构任职与在其他行业任职的收入大体相当，虽然不能称为高薪，但政府官员享有的是“铁饭碗”——一旦受聘，如无重大过错，一般不得解雇。在优惠的待遇下，这些国家的公务人员不愿去干那种因贪图小利和受贿而丢掉“铁饭碗”的事。

岗位轮换制度主要是为了减少公职人员贪污腐败的可能性，使政府官员很少有机会通过长期控制某个部门，得以结成营私舞弊的关系网。美国每4年政府换届时，都有3000名至5000名联邦政府官员易职。易职的方式是联邦政府与州政府以及地方政府之间人员交流，交流为期一年或一年以上。

总之，介评国外廉政文化建设的经验，对于其他国家开展廉政文化建设，注重廉政文化的艺术性、创新性、特色性，发挥廉政文化的教育、示范、熏陶、导向作用，都有借鉴意义。

【少数民族地区基层检察院文化建设的理论与实践】

苗荃　内蒙古自治区海拉尔区人民检察院

中国正处在改革攻坚期和社会转型期，矛盾凸显，犯罪多发，新时期、新形势、新任务对检察机关提出更高要求。基层检察院是检察系统的主力军，担负着检察事业建设的重任，而检察文化建设的基础点在基层，着力点在基层，故做好基层检察文化建设是检察事业的重要精神支撑及内在动力。而对于少数民族地区，如何在吸收优秀中西、传统、现代法律文化之精华的同时，寻求反映民族群众利益与诉求的风俗习惯、民族文化、地域文化与检察文化建设的结合点，突出检察特色，是少数民族地区检察文化建设需要突破的理论瓶颈和实践难题，亦是对民族地区乃至全国检察事业发展、社会和谐稳定、实现和合目标具有重要影响力，也是切实贯彻党的群众路线、切实改进工作作风的应有之义。

少数民族地区基层检察文化建设现状

根据马克思内外因辩证关系原理及经济基础决定上层建筑的经济学原理，少数民族地区薄弱的经济基础这一外因影响检察文化发展高度，检察院及干警这一内因决定检察文化发展质量。本文将检察文化的结构体系分为作为检察文化核心和灵魂的精神文化、作为检察文化基础和载体的制度文化、体现检察文化动态和活力的行为文化、作为检察文化物质载体的环境文化四个层次，厘清少数民族地区基层检察文化建设现状。

（一）对检察精神文化建设定位不准或存在误区

精神文化体现检察文化的精神理念、价值观念、职业道德等。有些检察院重视对物质设施投入，忽略精神文化在检察文化结构体系中所具有的核心地位，未能充分意识到精神文化对干警的价值观念、职业操守、思想理念的指导作用，对检察精神文化建设定位失准。有些检察院虽意识到精神文化的重要功能，但对检察精神文化的内在本质误解为开展文娱文体活动丰富干警的业余生活，未能因地制宜，缺少与当地民族精神、地域文化融合，特色不够明显，致精神文化建设明显滞后于物质文化建设，不利于少数民族地区基层检察文化建设的特色化、和谐化、全面化发展。

（二）机关制度不健全，制度文化的保障作用尚不明显

制度文化是精神文化的承载体，精神文化建设的不足必然影响制度文化的构建。一些检察院组织机构中少数民族干部比例低，文化专员匮乏，文化建设理论研究肤浅，网络办公运行机制跟不上时代步伐，制度内容与民族文化融合甚少，未能发挥民族文化所特有的心理认同影响力与约束性。这些制度文化建设上的不足，不仅影响其对精神文化保障作用的发挥，且导致制度约束力度不够、执行力度不强，未达到制度化、规范化的要求，检察业务顺利发展在一定程度上受阻。

（三）行为文化建设形式单一，重视程度不高

行为文化是检察文化结构体系的浅层部分，是精神文化的动态体现，是检察文化中最鲜活的内容。包括干警在执法办案，教育培训，文体娱乐，接待交往等活动中的礼仪，及干警在这些活动中所体现出来的精神风貌、仪容仪表。一些干警不按规定着装、执法行为不规范、文明执法意识不强，生活、工作中懒散消极，未能展现一名检务工作者的良好精神状态，有损法律的公正性和检察机关的权威性，在公务接待、生活交往及八小时内外的言行有失妥当，在社会上造成不良影响。

（四）环境文化建设重物质形式轻精神内涵，忽略与民族文化精神相融合

环境文化是检察文化的物质载体，是最易被感知的外在表现形式。有些院虽意识到环境文化的重要性，增加了对机关内外硬件设施的物质投入，但经费有限，或误认为环境文化建设是形象工程、业绩工程，对检察工作毫无意义，依旧严重制约了环境文化的持续发展。有些院未能抓住环境文化所体现的精神内涵，未能发挥民族优势，未能研究分析当地民族文化、地域文化与环境文化建设和合所带来的巨大影响力，吸取民族特色、现代传统文化较少，照搬其他院文化建设经验模式较多，

检察文化特色不明显。

建设特色少数民族地区基层检察文化的功能性与必要性

一切问题，由文化问题产生。一切问题可由文化问题解决。检察事业发展问题既与检察文化建设相关，又要依靠后者予以解决。检察文化作为社会主义文化的一个分支，具有文化本身固有的指引、教育、激励、约束、团队凝聚等功能。少数民族地区基层检察文化在检察文化功能的共性基础上，同时又存有特殊性，体现在：

（一）功能性分析

1. 兼容并包下的价值引领功能。大多少数民族地区拥有悠久的历史、浓厚的文化氛围，同时亦具有特色民族文化、民族精神、地域文化等优势，故基层检察文化呈现出更为开放的状态，既可在吸收优秀历史文化的同时注重与新时代精神相融合，又可与民族文化精髓相契合，进而对检务工作者进行历史的、现代的、民族的、法律的价值引领，让干警自觉接受共同的执法理念、法律思想、服务宗旨的价值引导。

2. 化强制执行为内心认同的行为约束功能。体制机制、法律法规等规范虽具有强制性，但因缺少心理认可而出现执行不到位、执行难的困境。而少数民族地区基层检察文化凭借其可融合合情合理合法的民俗习惯、民族文化等优势，产生无形的精神力量，促使干警形成心理认同，进而自觉约束自己的行为习惯、日常礼仪，规范执法。

（二）必要性分析

1. 融合民族元素的检察文化建设是走群众路线的必然要求

新时期，习近平总书记强调要坚持党的群众路线，密切联系群众，从群众中来、到群众中去，亲近群众，联系群众。在建设少数民族地区基层检察文化时，亦应将党的群众路线精神贯穿始终，融合当地优秀民俗习惯、民族文化、民族精髓，实现检察文化建设真正具有群众基础，进而消除干警对检察文化建设的抵触感，增进对检察文化接地气式建设的亲近感、认同感。使检察文化建设脱离形式主义，虚无主义、无用论的危险。

2. 融合民族元素的检察文化建设是改进工作作风的路径选择

抓改进工作作风，各项工作都很重要。中央先后出台“八项规定”等文件，对切实改进工作作风问题进行要求。少数民族地区开展检察事业，亦应在改进工作作风问题上加大力度，狠下真功夫。淳朴的民俗习惯、民族文化、传统文化与中央提出的勤俭节约、艰苦奋斗的精神相契合，亦与检察业务要求的廉洁从政、公平正义、文明执法的职业道德相统一。故在检察文化建设中吸收民族特色文化，增强干警的心理认同，形成自觉习惯，使检察队伍从上至下恪守“忠诚、公正、清廉、文明”的检察职业作风。

3. 融合民族特色的检察文化建设是提升队伍素质的重要保障

优秀的检察文化是建设素质过硬检察队伍、提升检察工作科学化水平的主心骨、精气神。吸收民族特色文化、地域文化的检察文化，使干警从内心深处自警、自省、自重、自励，自觉产生为检察事业拼搏、奉献的理念，踏实苦干，提高执法水平、提升执法理念、扩大执法公信力、增强队伍凝聚力，进而塑造良好的检察形象。

少数民族地区基层检察文化建设路径探析

少数民族地区检察文化具有历史性，是历史的承继与发展，将检察文化放入历史范围、传统文化中探析，能更好的把握检察文化的发展方向；检察文化具有现代性，依法治国、执法为民、公平正义等执法理念是检察文化固有的价值取向、风向标；检察文化具有民族性，历史变迁形成特色风俗习惯、民族文化，故检察文化应与民族元素共荣之下发展与繁荣；检察文化具有地域性，少数民族地区因不同的地域环境产生了不同的地域文化，检察文化建设应以开放之势吸收地域文化精髓，形成地域特色；检察文化具有非国界性，学习西方法律文化之精华，取其所长兼收并蓄，是发展检察文化的必然要求。故在建设检察文化时应从历史、传统、现代、民族、地域、国际的角度出发探析建设路径。

（一）育检之路——兼容并蓄做好精神文化建设

建设初期，转变观念消除误区，充分认识精神文化建设的重要意义。建设期，一要秉承传统文化精华，汲取儒家文化“仁、义、礼、智、信”、周礼文化“风、雅、颂”等可为精神文化所用与承继的优秀传统，如以“礼之用，和为贵”的和合思想引导干警以和谐的工作态度面对问题、以和谐的方式处理矛盾，形成和谐执法的精神理念，以儒家思想中“道之以政，齐之以刑”的法治理念促使干警践行“依法治国，执法为民，公平正义、服务大局、党的领导”的价值观。二要立足现代新时期背景，深入学习社会主义核心价值体系，以此作为检察精神文化建设的行动指南，开展社会主义法治理念教育实践活动，提升法治观念。三要吸收在精神实质上与检察工作联系紧密的民族文化。如蒙古族信奉狼图腾文化，由此塑造了蒙古族人民强悍、劲勇、不畏权势的民族特性，如彝族、纳西族等射日传说，铸造出民族奋发向上的传统美德。故基层检察院应在研究学习当地民族文化的基础上，以征求意见、开展研讨会等形式，确定吸收民族文化中优秀部分，进而为塑造干警刚正不阿、奋发进取、探索奉献等职业道德。

（二）兴检之路——注重塑造行为文化建设

行为文化建设要从执法态度、待人接物、言谈举止、队伍作风等细节抓起。一要在坚持社会主义法治理念要求下，汲取西方“崇尚民主、自由平等、讲求法治”的法律文化精髓，做到铁面无私、执法如山，尊重并保障犯罪嫌疑人的权利，实现程序公正与实体公正并重。二要在待人接物上热情周到，塑造检察官的儒雅形象。融合如蒙古族率直、外露、乐观、浪漫的民族性格对干警进行引导和熏陶。三要通过建立完善《干警八小时内外行为标准规定》、开展典型人物教育等，从仪容仪表、言谈举止等方面进行规范，引导干警在与同事、群众交往中做到举止文明、谈吐优雅。体现检察职业特征的标志性设施、办公室等也要营造出干净整洁、庄严肃穆、高雅简约的法律监督工作氛围。四要抓紧抓牢队伍素质作风。秉承传统文化中“廉者民之表也，贪者民之贼也”的廉洁文化精华做好纪律作风建设和反腐倡廉工作，通过开展批评和自我批评的专题生活会，恪守检察职业道德、促进公正廉洁的主题实践活动，落实廉政责任制，完善一案三卡，健全党风廉政建设工作台账等，增强职业作风建设。吸收民族文化中如土家族“重道义、贵正直，讲团结、尚礼让、乐于助人”的团队凝聚精神，通过开展体育竞赛等团队活动，增强队伍团结协作的精神气质。综合举措，促使干警养成符合检察机关职业特点的行为习惯。

（三）固检之路——务实做好制度文化建设

检察制度规范离不开检察文化的理论指导，而检察文化需要制度规范予以保障。要实现完成任务式的走形式向制度规范落到实处的转变：一在领导体制、组织机构确定前，明确统领理念，吸收民族优秀文化精髓，如蒙古民族中顺从长生天的可持续发展理念，汲取地域文化精华，如“不拘一格，兼收并蓄”的草原文化特色等，吸收西方法律文化中崇尚民主，崇尚法治的精神，实现规范性、法制化、约束性。同时要遵循“以人为本”的科学发展观这一时代发展的主流理念，通过召开征求意见研讨会、大论坛等方式，征求干警意志、个性与发展，尊重广大基层检察人员的主体地位和首创精神，实现软硬结合、走群众路线的管理技巧。二在制度制定时，大兴调研之风，切忌为完成任务式的“假、大、空”，立足检察工作实际细化党风廉政建设制度、业务办案流程规定、办案质量考评实施办法、车辆使用等后勤管理制度等，明确做什么、怎么做，做到事事、时时、处处有规定，为检察工作规范、有序进行提供制度保障。三要完善保障机制。制度依靠执行力赋予生命力。通过建立“谁承办谁负责”的逐级问责机制、案件质量与绩效考核制度、公示制度如设立电子屏、张贴公示单等，实现以制度律人。同时，建立健全人才选拔与激励保障机制。杜绝唯学历、唯资历论资排辈的错误用人观念，选拔政治理论过硬、业务素质过强、热爱检察文化的优秀人才到文化建设岗位，设立优惠条件吸引民族人才增加少数民族干警的比例。在有语言文字的少数民族地区，还应将制度译成少数民族文字，增强干警对制度的内心亲和力，达到内植于心，外化于形的效果。

（四）亮检之路——全体动员加大环境文化建设

环境文化建设分为硬件设施建设与“软”实力建设。

一要加强硬件设施建设。在建设展现检察文化窗口的办公场所时，要本着量力而行、体现时代性、实用性、民族性的原则，同时贯穿地方特色主流，如借鉴白族地区中“清清白白做事，堂堂正正做人，干干净净做官”的职业操守，外观上体现出庄严大方、儒雅和谐、公正权威的精神风貌。在上级给予经费帮扶下，加大对科技装备的资金投入，提高科技含量，利用信息化技术提高侦查能力和办公效率。做好检察业务新系统的网络维护和技术支撑，保障办案质量。

二要进一步提高文化软实力。设置楼道文化，张贴体现法治精神、民族英雄如蕴含开拓进取、崇信义、务实用的千年风云第一人成吉思汗等图文并茂的海报图片；建设办公室文化，如在控申科、案件管理办公室、职务犯罪预防展室张贴少数民族检察干警事迹、与法制相关的民族精神字画，教育干警的同时拉近群众距离，达到息诉罢访，实现和合的良好愿景；号召有书法、绘画天赋等特长的干警，撰写民族语言与汉语并行的警示标语、良言警句展板，让干警在耳濡目染中接受熏陶；悬挂体现和谐文化、地域风情、人文景观的摄影作品，展现检察文化开发性、包容性、亲和力；举办具有民族特色的文艺演出、演讲比赛、专业知识竞赛等，丰富干警业余及精神生活；建设图书室、电子阅览室、学习角、与高校联合展开研讨等，促使干警养成多学习、勤学习、终身学习的全机关大兴学习之风的文化氛围。设立地方特色的廉政谈话室，借助环境文化具有的极强渗透力，在特定的文化氛围中潜移默化的影响干警形成新的思维理念，行为模式，促成全机关从上至下改进工作作风。

总之，少数民族地区要在遵循检察文化建设共性规律的基础上，以开放包容的态度，积极与西方法律文化、民族文化、地域文化、传统文化、现代法治理念相融合，突出特色，通过“精神文化育检、行为文化兴检、制度文化固检、环境文化亮检”的检察文化建设，促使干警产生强烈自豪感和归属感，进而达到法律与民族、内心认可与法律强制的共荣。促使干警增强纪律意识，提高法律素养，提升检察机关的法律监督能力，实现和合氛围的哲学愿景与和谐社会的价值追求。

【以内蒙古检察文学塑造内蒙古检察形象——在故土风情中张扬内蒙古检察工作的人文内涵】

苏和　内蒙古自治区锡盟西乌旗人民检察院

自治区检察院在2012年12月16日召开了“抓党建带队伍，强素质树形象”实践活动动员大会。马永胜检察长在动员大会上提出“我们建设内蒙古检察文化，就是要立足和扎根社会主义核心价值观、政法干警核心价值观和检察职业精神，充分吸纳草原文化的精髓，深入总结提炼富有时代气息，具有草原特色、检察人员普遍认同的检察文化精神，构成检察人员共同的价值追求和行动指南”。马永胜检察长所述的“内蒙古检察文化”就是要把检察文化纳入到一个有浓郁特色的文化领域，即“内蒙古检察文化”。这种检察文化就是要带有浓郁的草原特色、民族特色、法律人文特色。要真正营造出这些独具特色的文化氛围，就必须充分吸纳草原文化的精髓。

把内蒙古检察文化的根，植入蒙古文化的高天厚土

要使内蒙古检察文化真正拥有浓郁的草原特色，就应该首先了解蒙古文化独有的特色。在我们960万平方公里的土地上，繁衍生息着约500万蒙古民族，并且主要聚居于内蒙古自治区。蒙古民族有着本民族千百年传承的语言语系，主要语系以阿尔泰语系为主。因为中华民族的大团结与亲密融合，在蒙古族聚居地区，蒙汉两种语言语系融合构成了繁荣的文学氛围。

蒙古文学的思想千百年来传承的是一个美好的主题，这个主题总是和理想主义、乐观主义结合在一起的。例如法治文学主要凸显的是恢宏的英雄主义主题，而蒙古文学是用传统的审美理念追求崇高与壮美。在蒙古史诗《江格尔》中，表现了蒙古草原人寿年丰，是通过勇士的浴血奋战赢得了和平安宁。在《格斯尔》里则是引来大海之水灌溉沙漠，求长生天施法力“把远山变近，把近山变远”，让游牧民族毫不费力地逐水草丰美的牧场而生息，让五畜覆盖住苍茫的原野。这种理想的归宿，往往表现为喜剧的结局。以国家民族团聚、部落安宁、人畜两旺的美好勾勒出草原生动的景色。蒙古族传统的文学理念，往往会从一个雍莽奔突的开端走向秀美、阴柔、纤巧的结尾。这种秀美和阴柔，正好恰当的和检察职业的以竹喻检相吻合。轻歌曼舞竹之韵态不俏也争春典雅透超俗。青枝翠叶静谧中摇响天籁之音摇曳婆娑飘荡……静动之间尽显园之独韵。无论是初露尖角还是成熟挺拔全然是节气凌然，正气昭然。柔韧间蕴含坚毅手挽手迎旭日战风寒。真正的虚怀若谷谦谨并含。这种美学趣味是由游牧民族特定的历史条件和自然环境塑造的。

大体上来说，蒙古族的文学包括民族的民间文学和作家文学两个组成部分。真正使蒙古文学以

文字的形式繁荣的，应当从《蒙古秘史》开始的。《蒙古秘史》是一部记述蒙古民族形成发展、壮大之历程的历史典籍，是蒙古民族现存最早的历史文学长卷。它从1240年成书至今，以阅760多年的沧桑岁月，这是一部内涵丰富厚重，充满草原生活气息的书典。它以民族英雄的传奇，涉猎游牧民族的历史变迁、文学风俗，宗教信仰和审美理想，保存了蒙古民族神话、传说、宗教、故事、寓言、诗歌、格言、谚语等，几乎是以文学百科全书的方式，站立成游牧民族的文学高峰。蒙古族文学的特色就是以脍炙人口的口头文学呈现出来。就是说在普通民间艺术传承的古老形式中提炼出来，最适于表现蒙古民族的草原生活，也非常乐于被牧民群众普遍接受，从中传达出一个民族特有的理念素质。这种丰富多样的文学感染力和表现力，能够激发牧民群众的亲切感和接受感。神话、传说、民间故事、史传文学、小说、剧本、电影文学、诗歌、摄影、歌谣、祝词、赞词、好来宝、格言、谚语等，都是我们繁荣检察文化可以借鉴和创新的平台。

但是，民族是特色不能掩盖民族的本色，更不能掩盖检察职能。总是说：只有民族的，才是世界的。其实：只有民族的、发展的、才是世界的。

内蒙古检察文学与检察文化

我认为，目前我们检察文学的姿态与起点，是站的太高，还没有真正走进基层、走进真正反映检察特色的生活、走进草原民族的的深处。内蒙古检察文学的眼界还局限在华贵、高雅、深奥的高度，没有真正俯下身来探索传统的民族文学、草原文化中让牧民群众喜闻乐见的文学形式。

自改革开放以来，我国的文学领域得到了飞速的开发与耕耘，从“改革文学”的异军突起，到法治文学中的“警坛文学”独立门派，首先为法治文学增光添彩。更多的“知青文学”、“黄土高坡的文学”、“高原文学”、“草根文学”、“军营文学”等等，春笋般萌芽壮大。然而，检察文学依然以默默无闻的精神探索和努力耕耘着。

其实，本人以文学爱好者自居30余载，确实没有真正弄明白文学与文化的关系。通常的时候，普遍的认为检察文学即检察文化，把文学与文化混为一谈。为了弄明白两者之间的关系，我特意去翻了翻词典，在词典中，我有了这样的理解，文化就是人类社会历史过程中所创造的物质财富和精神财富的总和。教育、科学、文艺等等，全都属于文化的东西。在现实生活中，还有很多复杂的东西都可以归纳到文化的一部分。如：检察机关的各种制度、党的建设、文明建设、检察官的调研文章、理论探索、主诉、主办检察官制度、还有检察机关的各种文娱、体育等，都可以组成检察文化的一部分。检察文化就是基本上涵盖检察工作的任何一项职能任务，都可以与文化相提并论，甚至可以成为一个独立的、具有鲜明特色的文化领域。

而文学的特征就是用思想审视社会的特征，即审美也审丑；即审好也审坏，即揭露社会的阴暗也弘扬社会的正能力。文学展现的是人生的态度，主要表现思想意识，赞美人性的光辉，凝聚与塑造出检察官形象，充分地把检察语言和执法理念融合到草原民族语言和民族意识中，更高的彰显检察机关执法人文思想。所以，我也浅显的认为，检察文化是检察文学的基础，检察文学是检察文化的升华。检察文化是检察机关在实践中创造的制度文化、精神文化乃至物质文化的总和。从广义上讲，检察文化是指检察官在行使宪法和法律赋予的职权的过程中形成的价值观念、思维模式、道德准则、精神风范等一系列抽象的精神成果，乃至于包括检察信息化建设等科技强检内容在内的检察机关物质建设成果。

获得诺贝尔文学奖的作家莫言曾在《检察日报》工作，对于检察文学有着不解的情缘。莫言曾在2009年参加阆中检察文学笔会时就认为：“检察文化应包括检察文学。检察文学的创作应该关注法治建设，检察工作中的难题和法律盲点；关注于法律与道德、情感的冲突，把这些作为检察文学的突破口”。

在2001年11月12日，《检察日报》社文艺副刊组织了反腐败重大案件文学创作研讨会上，社长刘佑业不无遗憾地指出：“目前文艺作品中，还没有一个家喻户晓的检察官形象”。

中央电视台的“天网”、“法治在线”、“法律讲堂”等栏目所播放的剧目，也多以警察、刑警案例和法院民事案例为主，内蒙古自治区的一些如鄂尔多斯、锡林浩特、赤峰、满州里等发生的特大抢劫、杀人、盗窃等案件都在“天网”栏目中播出过。唯独关于检察机关办理的实际案件及宣传普法案例少之又少，甚至可以说是凤毛麟角。而这些能在国家级电视媒体上播放的普法宣传案例百分之九十以上基本上都是针对平民百姓弱势群体上的普法教育课，根本涉及不到或者是不愿意涉及较高阶层强势群体，来为这个较高的强势群体敲响警钟。

《检察文学》是目前由中国当代检察文学研究会主管，诞生于我国改革开放时期，是全国检察系统唯一的纯文学读物。但是《检察文学》依然是以检察官或者法律工作者为核心读者群的综合性读物。远没有像《检察日报》一样，贴近时代、贴近社会、贴近群众，尤其是贴近最基层的老百姓，真正成为独树一帜的检察文学读物。就像《检察日报》社社长刘佑业指出的那样“不无遗憾”。

近年来，也有很多被人们熟知熟悉的检察文学佳作，如四川成都检察院创作的音乐剧《爸爸的集结号》；江苏昆山市检察院制作的系列漫画《琨琨和珊珊》；内蒙古自治区检察院赵如意的摄影作品等，以及《李六如与六十年的变迁》、《女检察官手记》；赵晓锐以内蒙古土默特右旗检察官张章宝为原型创作的长篇通讯《乡村检察官》等等。歌曲《人民检察官之歌》、《光荣的检察官》、《国徽下的我》、《赤诚的心》等等。

最高人民检察院原常务副检察长、中国检察官文学艺术联合会主席张耕提出了做好检察文联工作的九项任务：抓好检察文学艺术创作；抓好检察文化和法治文化理论研究；抓好各类文化艺术活动；抓好载体创新；抓好检察文化艺术人才建设；抓好舆论宣传；抓好检察文联组织体系建设；抓好检察文化艺术交流合作；抓好检察文联自身建设。

以内蒙古检察文学塑造内蒙古检察形象

《检察日报》社记者对内蒙古自治区检察院马永胜检察长专访时，马永胜检察长针对内蒙古检察机关蒙汉双语人才建设，提出了规划和构想。主要从五个途径加强蒙汉双语人才培养。即：师资培养；培训专职翻译；观摩座谈；翻译相关法律法规；工作经验交流等。这也是马永胜检察长从内蒙古的实际民族地域的特点出发，为进一步做好民族地区检察工作，提出的融民族语言特点、民族文字特点为检察实践的规划和构想。这个规划和构想，也正是内蒙古检察文学、文化发展繁荣的一个必要条件，指出了内蒙古检察文学和文化繁荣必由之路。首先，内蒙古自治区是一个以蒙古族为主体的少数民族聚居区域。在内蒙古自治区的广袤草原上生息着约420余万蒙古族，约占内蒙古自治区总人数的17%。应用好少数民族语言文字，掌握和发展好民族特色的文学、文化特色，是扩大检察机关在民族聚居地域声誉和塑造检察机关形象的重要渠道，从全区六千多名检察人员来看，蒙古族检察人员约占30%左右，在个别的基层院，蒙古族检察人员可达到50—60%左右。在前几年的《内蒙古检察》的栏目中，还有着蒙文形式的《刊中报》，但是后来也被删减。也就是说，自治区的检察人员中有相当的一部分不能用母语欣赏自己的检察刊物。所以，在创新内蒙古检察文学、文化发展上，大力应用好民族文学、民族文化是一个很好的优势，也是全区检察人员普遍认可的检察文化精神。从纯文学的角度出发，内蒙古检察文学还没有建立一个属于自己独特领域的平台，还没有把蒙古文学独特的形式应用到检察文学领域。充分应用和尊重少数民族语言文字，无论在宪法上和民诉法、刑诉法上都做了明确规范，内蒙古各级检察机关可以说是模范的遵守了法律原则，我们也完全可以将内蒙古民族文学作为提升内蒙古检察文学高度的阶梯。

好的文学作品，首先是真情的流露，是作者内心一种真实情感的抒发，是使人一看就能产生共鸣，就能进入意境，可以留给人们教益。优秀的作品是永恒的，它能够流传千古。在几百年、几千年之后，仍然能绽放出璀璨的光芒。作者早已仙逝，但是其作品可以随着优秀的精神而永存。文学与文化之间存在着有机的内在联系，文化是一个大的系统，在这个大系统中包含着文学，文化作为涵盖面较文学更宽泛的科学，并在许多方面呈现为文学作品。其实简单地理解，就是文化是文学的大背景。尤其是文化深层的蕴含，会在历史的长河里沉淀为民族意识，这种意识就会在不朽的文学作品中得到升华。

内蒙古检察文学的前进与发展，必将置身于蒙古族文化博大的背景之下。

[文化艺术创作]

【组诗《内心的高原》】

作者：苗同利

获得荣誉：第四届内蒙古自治区职工文学创作奖二等奖

迷路的地方
草原跟着秋风逃亡
其实。逃掉的
是一种颜料
羊迷路的地方
有一群羊在吃枯草
我迷路的地方
有一座毡房站着。有一个
敖包
久旱无雨的季节
我常常
抱住一匹白马的脖子
想念。痛哭
草原迷失在低草的风里
草原。是一些不着边际的
标点符号
眼下
我心爱的女人还没出生
我心爱的女人。骑着
一匹白马。在天边
奔跑

爹在昨夜的南房里劈柴生火

昨夜梦见爹劈下半屋子劈柴
把南房里的铁炉子点着
把火焰
打理得和火焰一样

爹一直是家里劈柴生火的人
好像
一辈子都在劈柴生火
手不得闲
在梦里在往生也手不得闲
也在劈柴生火

雨一场接一场下进包头
昨夜秋凉了
昨夜
暖暖的

爹在昨夜的南房里劈柴生火
揉搓着十根枯树的指头
等我

【清风荷韵检察人生（书法）】

作者：武天舒

单位：内蒙古自治区人民检察院

获得荣誉：入选中国梦·检察魂—全国检察机关书画摄影作品展

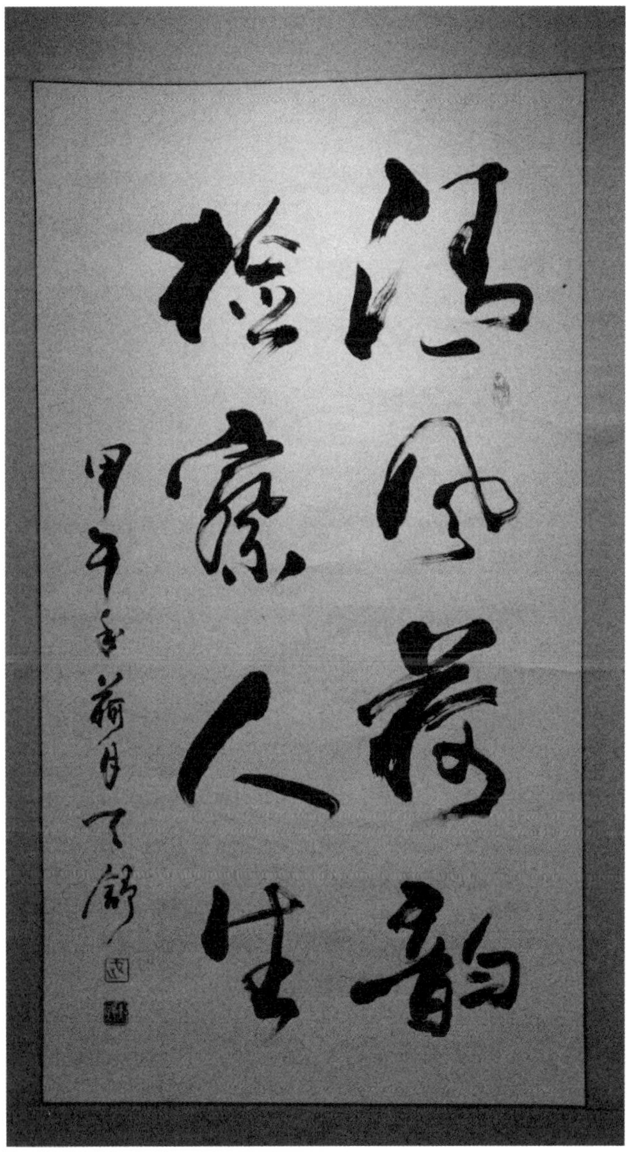

【惠风和畅（书法）】

作者：邹吉利

单位：内蒙古自治区敖汉旗人民检察院

获得荣誉：入选中国梦·检察魂—全国检察机关书画摄影作品展

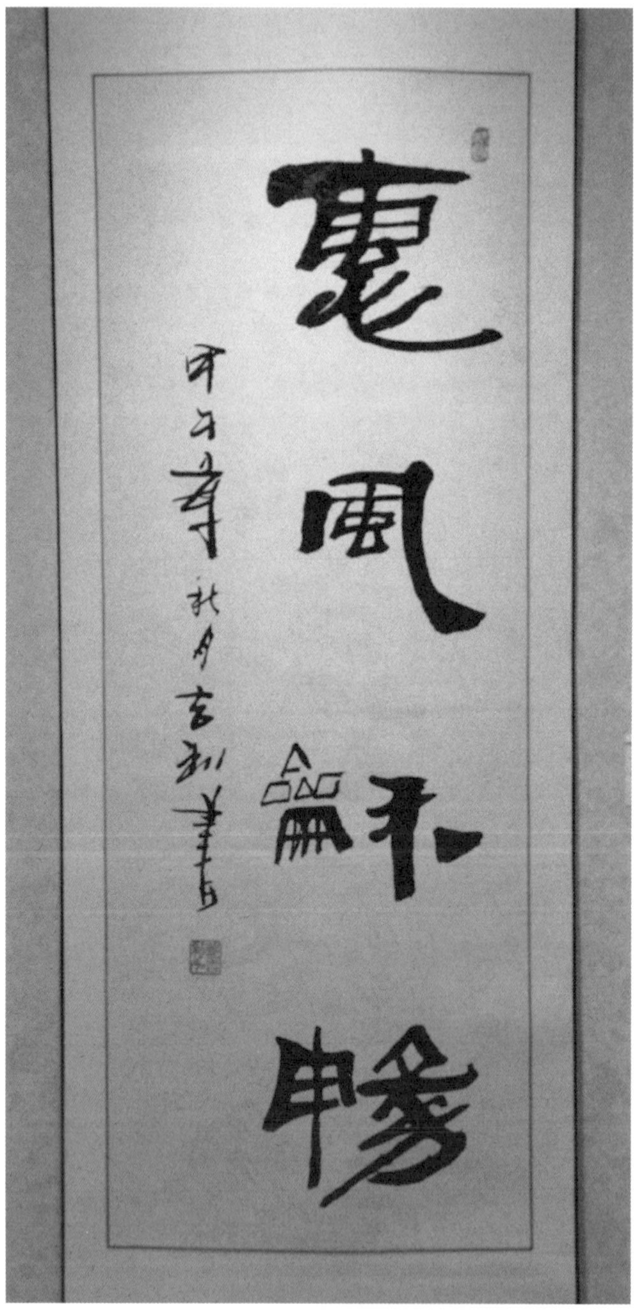

【慈母教子廉政佳话四幅（国画）】

作者：张亚平
单位：内蒙古自治区乌兰察布市集宁区人民检察院
获得荣誉：入选中国梦・检察魂—全国检察机关书画摄影作品展

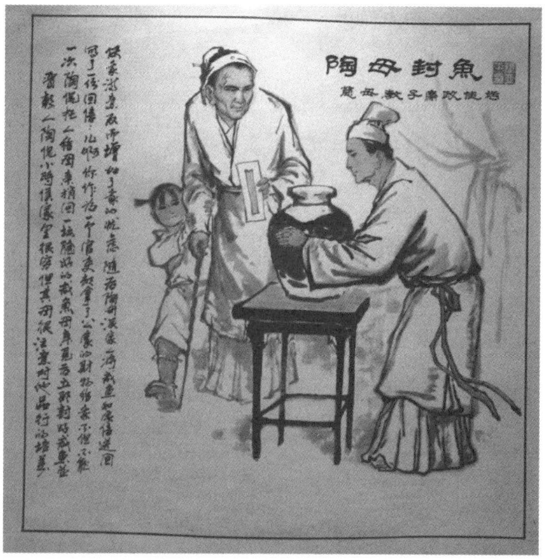

【高节清风图（国画）】

作者：杨俊波
单位：内蒙古自治区牙克石市人民检察院
获得荣誉：入选中国梦·检察魂—全国检察机关书画摄影作品展

【怀旧（铜版画）】

作者：郭瑞
单位：内蒙古自治区鄂尔多斯市人民检察院
获得荣誉：入选中国梦·检察魂—全国检察机关书画摄影作品展

【长河落日圆（摄影）】

作者：王汉武
单位：内蒙古自治区呼和浩特市人民检察院
获得荣誉：入选中国梦·检察魂—全国检察机关书画摄影作品展

【冬日的草原（摄影）】

作者：赵如意
单位：内蒙古自治区人民检察院
获得荣誉：入选中国梦·检察魂—全国检察机关书画摄影作品展

【多彩草原（摄影）】

作者：毛云恒

单位：内蒙古自治区海拉尔区人民检察院

获得荣誉：入选中国梦·检察魂—全国检察机关书画摄影作品展

【吉祥草原 和谐北疆（书法）】

作者：武天舒

单位：内蒙古自治区人民检察院

获得荣誉：2014 年内蒙古自治区直属机关干部廉政书画摄影展二等奖

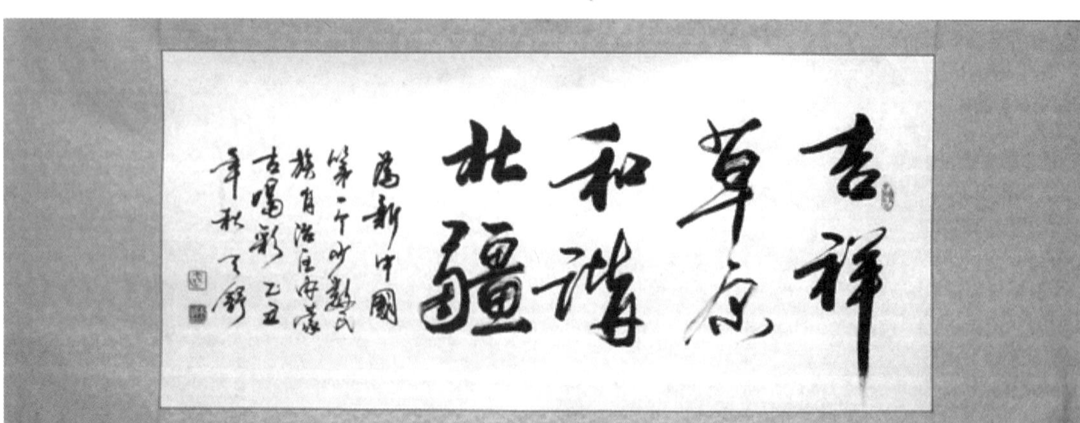

【书法作品】

作者：武天舒

单位：内蒙古自治区人民检察院

获得荣誉：2014年内蒙古自治区直属机关干部廉政书画摄影展二等奖

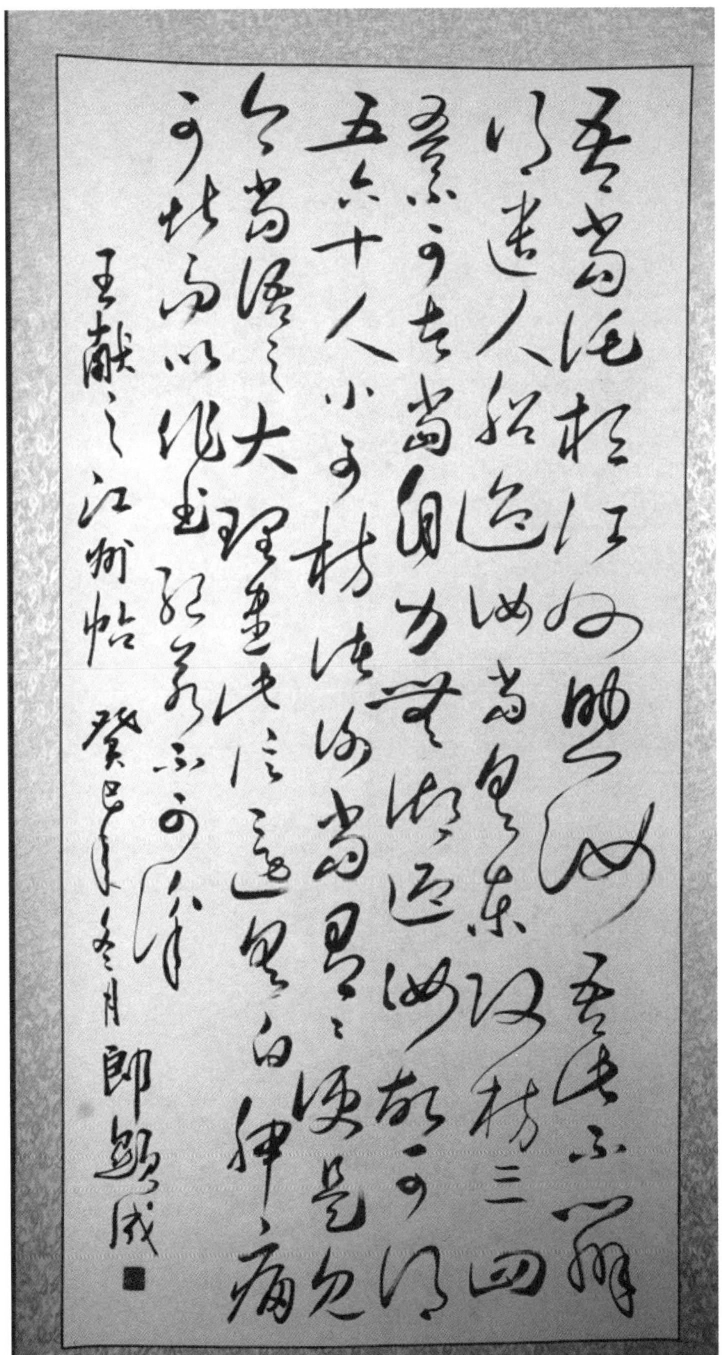

[文化艺术活动]

【第三届中国检察文化论坛在呼和浩特召开】

▲第三届中国检察文化论坛在呼和浩特召开。

◀内蒙古检察官文联主席韦亚力在中国检察官文联一届三次全委会上作经验介绍。

◀呼和浩特市检察机关干警们自编自演的文艺节目亮相第三届中国检察官文化论坛。

【政法忠诚杯】

2014 年 9 月 21 日，自治区政法系统第三届“忠诚杯”乒乓球比赛中，自治区检察院参加比赛的男子 A 组（系统队）、女子 A 组（系统队）、女子 B 组（机关队）分别获得各自组别团体比赛第三名，王俊德获得领导干部组单打第六名，赤峰市院选送的陈茹获女子系统队单打亚军，任晓强、陈丽玲分别获男子机关队、女子机关队单打第五名。自治区检察院获“拼搏精神奖”。在各组单打比赛中进入前八名的选手还有张东利、赵颖、于艳红、刘晓燕、张凤霞。这是自治区政法系统“忠诚杯”乒乓球比赛以来自治区检察院取得的最佳成绩。

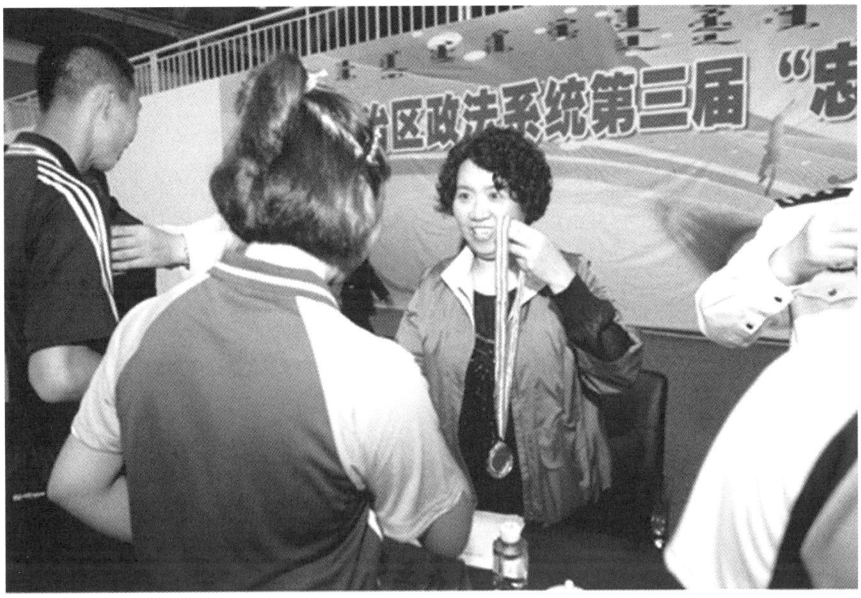

▲ 内蒙古检察官文联主席韦亚力为政法系统第三届“忠诚杯”乒乓球比赛获奖人员颁奖。

▼ 文联主席韦亚力与获奖人员合影留念。

【顶碗舞获全国产行业舞蹈精品展演优秀作品奖】

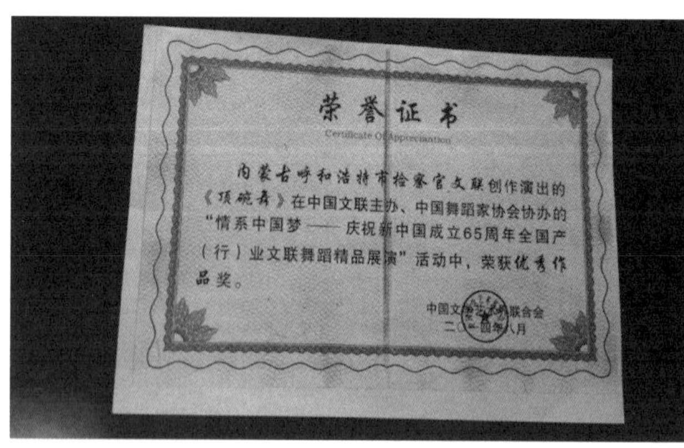
荣誉证书

Certificate Of Appreciation

内蒙古呼和浩特市检察官文联创作演出的《顶碗舞》在中国文联主办、中国舞蹈家协会协办的“情系中国梦——庆祝新中国成立65周年全国产（行）业文联舞蹈精品展演”活动中，荣获优秀作品奖。

【新任检察人员宣誓活动】

▲▼9月29日，内蒙古检察院举行新任检察人员宣誓活动。

【全国检察机关司法警察“大练兵”】

【将廉政文化广场打造成回检名片】

【烈士纪念日：检察干警祭英烈】

【自治区人民检察院组队参加直属机关第四届职工运动会】

【自治区检察院举办迎新春联欢会】

【通辽市检察机关举办“中国梦·检察情”文艺汇演】

【内蒙古检察院青年干警开展“迎五四、进军营”主题实践活动】

辽宁省检察官文学艺术联合会

[文化理论研究]

【大连市检察院】

中国检察官文联于今年4月决定组织编写《检察文化理论研究文库》系列丛书。我省检察官文联经申请，与海南省检察官文联共同承担了《检察职业行为研究》课题。经省院党组决定，课题的研究任务交由大连市院承担，特组成课题研究组积极开展工作，已完成初稿。

完成重点课题2个，检察理论调研4次，撰写调研文章25篇，在省级以上报刊发表8篇。

省检察机关优秀调研成果评选中，2篇论文获得二等奖，1篇论文获得三等奖。

在“辽宁政法理论年会”上，市院获得质量奖，其中，一等奖1篇，二等奖1篇，三等奖4篇，优秀奖4篇。

【本溪市检察院】

由市院法律政策研究室李志林同志撰写的调研报告《关于本溪市邮政储蓄银行系统职务犯罪特点及预防对策的报告》获得市委　瑞书记等领导批示。

【朝阳市检察院】

参加全市法学会“平安朝阳建设”年会，各会员单位提交相关理论研究论文5篇。

检察文化建设理论文章的质量有所突破，一名基层同志撰写的《基层检察文化建设的取与舍》获得全国检察文联检察文化建设理论征文三等奖。

【检察文化建设建议】

基层院检察文化建设总体水平不高，主要表现在认识肤浅，工作流于形式等，今后的工作重点是提高认识，加强对检察文化建设的组织领导，争取纳入党委工作规划；积极主动地与当地党委政府和上级检察院请示汇报，多方协调努力，设立文化建设专项资金，争取资金支持，争取纳入院整体规划；建立专门组织，加强对检察文化领导，把规划设计、环境绿化美化等纳入建设的整体规划，全面规划，逐步实施，整体推进；要发扬艰苦创业精神，从有限的办公经费中划拨部分资金，作为开展检察文化建设的专项资金，确保检察文化工作的顺利开展。在检察文化建设中，要针对不同程度地存在重建轻管、利用率低等问题，要强化管理，持续提升检察文化建设。在实践中不断探索加强检察文化建设的新方法、新途径，在探索中完善，在完善中前进，以检察实践来丰富和推动检察文化建设，使检察文化建设从“文件”走向“文化”，从“会场”走向“广场”，从“机关”走向“社会”，不断拓展和延伸检察文化的触角和领域，持续提升检察工作。加强检察文化建设是提高干警素质、推进队伍规范化建设的基本保证。要从组织上、思想上、行为上和检察文化接轨，自觉摒弃不良习气和作风，使检察文化建设服务检察队伍建设，促进检察工作科学发展。

检察廉政文化建设只有起点，没有终点。要以培育检察文化为抓手，立足检察职能，继续深化检察廉政文化建设，将其内化于心，外践于行，推动班子队伍建设再上新台阶。检察文化建设应依托硬件建设，更要致力于软件建设，着力提升检察机关的软实力，即充分发挥其引领作用，增强检察队伍的政治意识、大局意识、责任意识，围绕“忠诚、为民、清廉、文明”的检察职业道德，全面培养检察职业精神，培育检察职业信仰，促进各项检察工作的深入开展。基层检察院应注重把握检察文化建设发展规律，科学规划、培植特色、健全机制，推进检察文化建设可持续发展。

整合资源，创新形式，展现检察文化地方特色一是融合传统文化，征询地方文化部门、文化名人意见，借助基层院所在地特色地域文化，全力打造本院检察文化品牌。二是融合历史文化，建设检察文化教育基地。朝阳县院即依托“抗日名将赵尚志故里”、清风岭“中国地”红色旅游文化，将赵尚志纪念馆作为教育基地，适时进行入党宣誓、参观展览等活动。三是发挥检察干警特长，融入个人文化印记。一方面，在执法办案中狠抓办案质量，深入开展反腐倡廉、党纪检规、政法干警核心价值观教育。另一方面，在日常检察工作中积极培育清廉务实为民之检风，创先争优，培育先进典型。

明确内涵，科学规划，确保检察文化建设有序推进　一是立足辖区名地名人，明确以“为民、务实、清廉”为主题、以两房建设为抓手、以各项活动为载体的基本思路，发挥检察文化在纯化检风、凝聚民心、弘扬正气中的重要作用。二是着眼全局，构建检察文化建设框架。制定检察文化长期发展规划和年度工作实施细则，进行总体规划和详细部署，做到统筹科学。

落实责任，强化保障，构建检察文化建设长效机制　一是健全责任机制。将检察文化建设分别纳入党风廉政建设责任分工体系的整体规划，统一部署，落实责任，形成合力。二是健全考评机制。将检察文化建设纳入检察队伍建设和执法质量年度考核范围，实施动态监管，年底统一考评。三是健全保障机制。设立专项经费筹措机制，促进检察文化建设蓬勃开展。

【盘锦市院组织到海城市院学习“轻刑快办”案件办理机制】

2014年9月12日，市院组织两级院侦查监督、公诉干警到海城市人民检察院进行了“轻刑快办”案件办理机制的业务学习、交流。此次学习以座谈的形式进行，海城市院主管侦监业务的张殿洲副检察长、主管公诉业务的杨柯娇副检察长分别就“轻刑快办”案件在批捕、审查起诉环节的操作方式、方法及应当注意的问题等方面做了全面的介绍，与会人员结合实际案例进行深入的交流。此次业务学习为我市两级院侦监、公诉部门办理“轻刑快办”案件拓宽了思路。

【辽宁省法学会刑法学研究会2014年年会在盘锦市召开】

9月24日至25日，由市法院和市检察院共同承办的辽宁省法学会刑法学研究会2014年年会在大洼县东湖宾馆召开。市委常委、政法委书记杨权，省法学会党组书记、常务副会长国长青，刑法学研究会会长孟宪华，第一副会长周凤鸣，省检察院党组成员、副检察长吴　，党组成员、副检察长郑辉，市检察院党组书记、检察长郈志凯，市法院党组书记、院长王宏，辽河中院党组书记、院长卢军参加了会议，并在主席台就坐。来自全省检察、法院、公安、司法、律师等司法实务部门，以及部分高校专家学者共计150余人参加了会议。会议由刑法学研究会第一副会长周凤鸣主持。在本次年会上，市院张笑忱、衣鑫，兴隆台区院陈月撰写的文章分别被评为一等奖，我市另有7篇文章获评二等奖。5篇文章获评三等奖，市院被授予“优秀组织奖”；中国刑警学院孟昭武教授进行了论文综述，八名获奖者代表围绕年会主题“反腐败视野下的刑法回应”进行了论文交流。

[获奖情况]

【郑晓民荣获“辽宁省检察机关书法、美术、摄影作品三等奖”】

在全省各级检察院的大力支持和广大检察人员的积极参与下，辽宁省检察官文联举办了“全省检察机关书法、美术、摄影作品展评活动”，共有231幅（组）作品参评，其中75幅优秀作品获奖。此次活动展示了辽宁省检察文化的建设成果和发展势头，展现了检察干警的精神风貌和文化底蕴。市院监察室郑晓民同志的书法作品《清淡可以饱，为文诶其醺》在活动中荣获三等奖。

【盘锦市检察机关首届“十佳检察官”评选揭晓】

9月30日，盘锦市检察机关举行首届“十佳检察官”颁奖典礼，授于盘山县检察院反贪局局长赵谦等10名检察官盘锦检察机关首届“十佳检察官”称号并荣记个人叁等功。同时，盘锦市总工会授予赵谦等10名检察官“盘锦五一奖章”荣誉称号。市检察院党组书记、检察长郈志凯，党组副书记、副检察长郝建军，市总工会常务副主席王春，市总工会副主席董庆砚为“十佳检察官”颁奖。市人大内司委主任李雨时，市政协副秘书长陈继禹，市委政法委政治部主任王素霞，市直机关工委纪工委书记于良波，检察机关人民监督员张德坤、曹路、胡春华、程哲，市政协民主监督员黄丽、解森，市检察院执法监督员张国荣以及市检察院全体党组成员等领导出席颁奖典礼。同时，还授于市检察院侦查监督处检察员祁宝禄等4名检察官盘锦市检察机关首届“十佳检察官提名奖”。

[文化艺术活动]

【大连市职业能力建设年】

组织“我爱检察官”系列活动 3月24日和5月4日分别组织开展了“寻找我身边的感动”主题征文、“我的检察梦”主题演讲比赛。7月16日，在青年干警中召开了“全国模范检察官郭有利同志的先进事迹报告会”。8月12日—15日，“我爱检察官”巡讲报告团深入金州、甘井子和瓦房店泡崖乡等地，以优秀检察官宣讲检察业务为切入点，向基层院干警和社会各界群众讲述检察官群体依法履职情况及职业感悟。

开展“大连检察读书月活动”组织《我最喜欢的一本书读书心得》评比活动，组织参加文化竞技类公益真人秀《读霸争锋》栏目活动。

推行职业导师制度 组织各类业务竞赛、庭审观摩评议、精品案例评选等活动，规范执业行为，推行检察职业导师制度，按照德才兼备的要求，5月6日，召开职业导师聘任大会，选聘192名检察官担任职业导师并颁发聘书，与新招录、遴选、转（调）任等人员以固定师徒组合的形式，进行系统辅导和面对面培训，搞好“传帮带”。

【“我爱检察官”巡讲报告】

▲8月14日，“我爱检察官”巡讲报告团来到瓦房店泡崖乡。

【大连市检察机关首届趣味运动会】

▲9月26日，参加趣味运动会的领导有：主席台左起第5位为时任大连市委常委、政法委书记王萍（女）、左起第6位为大连市院党组书记、检察长赵建伟。

▲9月26日，大连市两级院举办了“大连市检察机关首届趣味运动会”。

【大连市人民检察院首个“国家宪法日”宣誓仪式】

“我是中华人民共和国检察官，我宣誓：忠于国家、忠于人民、忠于宪法和法律，忠实履行法律监督职责……”12月4日，为迎接首个“国家宪法日”，大连市检察院举行升国旗、向宪法宣誓仪式。在市院政治部副主任刘晓燕的领誓下，各处室50多名检察官代表举拳庄严承诺，坚持宪法至上，忠诚履职。

▲12月4日，大连市检察院举行升国旗、向宪法宣誓仪式。

【沈阳铁路检察分院文化活动】

8月20日，为深入贯彻落实党的十八大精神，充分展现几年来我省检察队伍建设的工作成果，大力弘扬铁检干警积极践行社会主义核心价值观和恪守检察职业道德的时代精神，推动铁检工作和检察队伍建设科学发展，推进党的群众路线教育实践活动扎实开展，根据高检院《检察机关奖励暂行规定》、《关于严格规范检察机关奖励工作和评比达标表彰活动的意见》和国家表彰奖励工作的有关要求，根据省人力资源和社会保障厅、省人民检察院的决定，沈铁检察分院组织两级院开展了“杰出检察官”评选活动，经认真推荐、评选和公示，大连铁路运输检察院的郝传峰同志获得这一光荣称号。

9月10日，为提高广大干警文学创作兴趣，引导积极向上的坚定理念，响应最高检和省检院的号召，沈铁检察分院组织两级院干警开展中国梦——我的检察官故事”征文活动，分院各部门和各基层院干警积极参与，并最终评选出优秀征文31篇。

从2014年9月至2015年1月，沈铁检察机关认真开展了“增强党性、严守纪律、廉洁从政”专题教育活动。按照分院党组的部署安排，宣传教育处制定了《沈铁检察机关开展“增强党性、严守纪律、廉洁从政”专题教育活动实施方案》，为两级院深入扎实开展好专题教育活动奠定了良好基础。

2014年10月15日，为促进铁检文化发展，展现铁检干警的精神风貌，沈铁检察分院组织两级院干警开展以铁检为主题的对联征集和书法比赛，参加作品共计20幅，最后评选出优秀作品9幅，其中对联5幅，书法4幅。

2014年10月31日下午14时，沈铁检察分院组织干警参观辽宁反腐倡廉展览馆，这次参观给广大干警上了一堂深刻的反腐倡廉警示教育课，增强了干警们的廉洁自律意识，坚定了反腐倡廉 的信念。

2014年11月10日，为扎实推进“增强党性、严守纪律、廉洁从政”专题教育活动，进一步调动全体检察人员参与活动的积极性和主动性，增强专题教育活动的针对性、实效性，沈铁检察分院组织两级院开展“党性·纪律·廉洁·职业良知”主题征文活动。干警们踊跃参加，积极投稿，活动结束时投稿共计33篇。

【本溪市组工干部下基层活动】

1月9号，按照市委组织部“组工干部下基层”活动要求，市院政治部全体干警在节前到社区对18户帮扶对象进行一对一的帮扶，送去慰问金、慰问品。

【本溪市举办全国法制好新闻活动】

2月10日，落实省院《关于参加全国法制好新闻评选活动的通知》要求，评审、推荐5幅作品参加评选。

【本溪市组织干警观看影片】

3月12日组织干警观看电影《周恩来的四个昼夜》，随后开展了学习讨论活动。9月份，按照市院党组的统一部署，召开警示教育大会，观看警示教育片《高举执纪监督大旗》和《四风之害》。12月30日组织干警观看《作风建设永远在路上》专题片。

【本溪市组织学习先进典型】

4月份，按照党的群众路线教育实践活动安排部署和上级院的要求，市院决定组织开展向张飚同志学习活动，把张飚同志的先进事迹作为生动的教材，坚持严格执法、公正司法，进一步提高检察工作公信力和人民群众满意度，为打造“二都五城”、加快建设新本溪提供坚强有力的司法保障。

【本溪市举办为第八中学学生讲授法制课】

4月份，市院公诉处副处长刘红同志以《健康成长、与法同行》为题到本溪市第八中学为300余名学生讲授法制课。

【本溪市举办预防职务犯罪警示教育专题讲座】

4月15日，市院职务犯罪预防处的白冰同志作为主讲人，以“让廉洁成为我们共同的品质”为题，为明山区新明街道办事处及所辖社区工作人员做了一堂预防职务犯罪警示教育专题讲座。新明街道办事处及所辖社区工作人员共计90余人和市检察院20余名业务骨干参加了活动。讲座结束后，市检察院业务骨干，为与会的街道办事处和社区工作人员提供了法律咨询和答疑。

【本溪市举办“中国梦”——我的检察官故事征文活动】

7月28日，组织全地区干警参加《“中国梦”—我的检察官故事》作品的征集工作，征集作品10篇报送省院。

【本溪市庆祝建国65周年文艺演出】

9月22日，省检察院、省文联举办“庆祝建国65周年文艺演出”，市院参演的音乐快板《观念决定一切》，获得一致好评。

【本溪市举办检察老照片征集活动】

10月23日，按照省院要求，在全地区开展 “检察老照片”征集活动，共完成6篇老照片征集报送工作。

【本溪市举办“党性、纪律、廉洁、职业良知”主题征文】

10月28日，组织全地区干警参加全省检察系统“党性、纪律、廉洁、职业良知”主题征文活动。

【本溪市举办文化讲堂】

1月10日组织全体干警观看吴建民同志主讲的《世界的变化与中国》。

【本溪市进行党的群众路线教育实践活动专题辅导】

3月13日–14日，举办党的群众路线教育实践活动专题辅导，邀请省委党校储霞教授和市委党校张光全教授为全体干警进行专题讲座。

【本溪市组织观看践行党的群众路线先进事迹报告会】

3月27日，组织全体干警观看践行党的群众路线先进事迹报告会，6名报告团成员做了先进事迹报告。报告团成员、市院青年检察官先锋队队员李波，就青年检察官先锋队的先进事迹做了报告。

【本溪市举办党的群众路线教育实践活动专题辅导报告会】

6月5日，市院召开党的群众路线教育实践活动专题辅导报告会，姜科检察长为全院干警做专题辅导。会上，白冰、徐杨、李妍三名青年检察官先锋队队员做交流发言。

【本溪检察论坛】

10 月 20 日，举办第十四次“本溪检察论坛”，由市院侦查监督处副处长于洋同志为 500 余名干警作《如何在检察工作中适用〈刑法〉分则》专题辅导讲座。

【新疆塔城地区托里县检察院来本溪市检察院考察学习】

10 月 24 日，市检察院对口援助的新疆塔城地区托里县检察院检察长也力木拉提到我院进行对接、考察学习。双方互相介绍了各自地区、检察机关的具体情况。也检非常感谢本溪市院对他们的帮助和支持，介绍了 2014 年市院援助款项的使用情况。双方还就下一步援助工作进行了交流。

【本溪市举办青年讲坛】

12 月 5 日，全市检察机关检察实务研讨小组以视频会议的形式举办第 13 次“青年讲坛”专题研讨活动，公诉处王冠楠同志以《如何把握“综合全案证据，对所认定的事实排除合理怀疑”》为题作中心发言，两级院 11 个检察实务研讨小组的 174 名同志，分别在市院组织会场和基层院分会场参加专题研讨活动。

【清理整治沈本产业大道边沟，美化公路环境】

4 月 12 日，明山区检察院 40 余名干警，利用周末休息时间，对沈本产业大道高台子路段两侧边沟进行集中清理整治。

【迎“五四”“心系群众、爱在岗位”党的群众路线知识竞赛】

4 月 30 日，溪湖区检察院为纪念“五 . 四”青年节，深入推进党的群众路线教育实践活动，进一步增强干警的群众意识、服务意识，充分发挥检察文化陶冶情操、鼓舞士气、凝聚人心的作用，开展了“心系群众、爱在岗位”党的群众路线知识竞赛活动，同事进行了趣味活动和干警才艺展示。

【举办“磨砺金剑　激扬文采”写作大赛】

6 月份，平山区检察院弘扬“尚德奋进 笃学敬业”的本溪检察精神，举办“磨砺金剑 激扬文采”主题写作大赛，35 名青年干警参加此次大赛，进一步提升干警写作规范化水平和综合素质。

【开展“道德讲堂”活动】

8 月份，平山区检察院在本溪市平顶山森林公园的市职工书画院举办以“正己修身、传扬大爱”为主题的道德讲堂活动，全院 80 余名干警参加此次活动。使全体干警身心受到熏陶，凝聚了道德力量，传递社会主义核心价值观，引导全体干警以更加昂扬的精神状态，扎实做好各项检察工作。

【开展图说我们的价值观活动】

9 月 20 日，明山区检察院开展图说我们的价值观活动，采用 Led 屏等光影设备，通过播放带有价值观内容的剪纸、漫画等艺术形式的电子图片，向全院干警宣传社会主义核心价值观。

【朝阳市组织书法摄影比赛】

5月份组织全市检察干警开展清廉主题钢笔书法和摄影比赛，共征集摄影作品57幅、书法作品23幅、绘画作品45幅。

【朝阳市参加春联征文赛】

春节前全市共征集春联作品37幅。

【组织全市检察系统乒乓球比赛】

成功组织第八届朝阳市检察乒乓球比赛，市院组成三个代表队，各基层院各选派男女队员参加比赛项目，比赛历时三天，共设有男单、女单、男团、女团、领导五个组别。

【参与市委宣传部、文明办“书香朝阳”活动】

各基层院利用检察文化长廊、阅览室、图书室等，为干警提供阅读场所。

【抚顺市院】

2月5日，市院组织第五届全市检察机关乒乓球赛；

3月12日，矿区检察院巾帼志愿者进学校宣讲法律；

5月27日，市院、东洲院、望花院、顺城院组织预防职务犯罪宣传日活动；

7月1日，组织新党员入学宣誓活动；

7月5日，抚顺市检察院驻村帮扶工作队组织对贫困村的义诊活动；

7月17日，积极组织选手参加省检察院乒乓球赛，并取得男单三等奖的成绩；

【东洲区院】

2月，东洲区院代表东洲区参加市春晚的小品《求婚》获得市级优秀节目奖。

5月参加东洲区举办的诵读比赛，东洲区院选送的配乐诗朗诵《为了正义的誓言》荣获第二名。

6月，在东洲区举办的排球比赛中获得第四名。

8月，在抚顺市检察院举办的第四届篮球比赛中获得第五名。

7月—9月，在东洲区举办首届全民运动会中，获得团体总分第七名的好成绩。并荣获最佳组织奖；拔河比赛第三名。

5月—10月（业余时间）举办了东洲区人民检察院第三届职工中式台球比赛。

【望花区院】

党组书记、检察长时为侠在七一前夕，为全体党员讲党课。

开展“自己是否是特殊人，是否是特权人”的问题大讨论，在思想观念的激烈碰撞中，使全院干警端正司法理念，进一步明确检察官是身份特殊，但并不享有特权，作为一名党员、一名检察官是特殊人，所以要以比普通人更高标准严格要求自己，履行好法律赋予的神圣职责。

开展预防工作“进机关、进企业、进乡村、进学校、进社区”活动，深入开展个案预防、系统预防和专项预防，对区内国税系统开展系统预防。深入发案单位开展个案预防工作，帮助相关单位建立健全预防机制，通过开展预防宣传、接待人员参观警示教育基地、开展预防职务犯罪宣讲，增强了预防工作的针对性和实效性。

春节期间，由院工会组织开展猜灯谜、象棋、乒乓球等文体活动。

为培养强身健体、健康快乐的生活理念，提高工作和生活质量，组织干警定期开展健步走活动。

【顺城区院】

结合检察工作特点，积极开展乒乓球赛、篮球比赛等一系列文体娱乐活动，努力培育健康向上的检察文化。

以“增强体质，快乐生活”为宗旨，倡议全体检察人员以强身健体为目的，重在参与，旨在通过丰富多彩的文体活动来陶冶情操，活跃检察人员的业余生活，增强工会组织的感召力，营造“团结、向上、和谐”的氛围。

结合新形势下检察工作，加强精神文明建设。建起了图书电子阅览室、多功能健身活动室，购置了乒乓球台、篮排球、象棋等健身娱乐器材，利用八小时以外的时间组织干警进行体育活动，在重大节日到来之际，组织干警参加一些比赛。

每年的“五一劳动节”和“国庆节”前夕，院工会根据总体安排和要求，积极组织干警开展乒乓球、篮球和徒步走等比赛活动，还积极组织干警参加城区工会和检察系统组织的羽毛球、乒乓球、篮球等各种体育比赛活动，该院去年以来连续获得市检察系统团体乒乓球比赛亚军、篮球比赛基层院冠军等团队优秀成绩，干警中共有 8 人次获得前三名优异成绩。

通过比赛活动，培养了干警们的团队意识、勇于拼搏进取的意志品格，也进一步加深了领导与干警之间的相互沟通和交流。

加深了与兄弟单位之间的沟通与感情交流。活动得到了全院干警的一致好评，既缓解了紧张的工作压力，又增强了团结协作精神和集体荣誉感。

第三季度，开展了以观看优秀影片为主要内容的教育系列活动。今年是中国人民抗日战争胜利及世界反法西斯战争胜利七十周年纪念，因此我院精心选择了以反法西斯主义为主要内容的教育影片，利用每周五午后时间进行集中收视观看。先后观看了 10 余部有教育意义的反映抗战题材影片，包括《碧血忠魂》、《甲午 1995》、《刘老英雄连》、《碟血昆仑关》、《衡阳保卫战》等，同时放映了几部以提高民族道德素质为主要内容的优秀影片。为提高干警身体素质，我们组织了两次集体远足活动，分别在十里长堤和萨尔浒长距离路程，效果良好，活动受到干警们的一致赞扬，他们一并表示今后还会坚持参与下去。

【抚顺县检察院】

4 月 30 日，抚顺县检察院组织青年文化沙龙全体成员来到上寺水库战神俱乐部进行真人 CS 实战。

10 月，完成了《晴耕雨读》检察文化专集的编纂和印刷工作，此项工作是在全院领导和全体干警的共同努力下完成的。

【新宾检察院】

5月4日，组织全体年轻干警前往丹东抗美援朝纪念馆进行爱国主义教育，增强了干警的团队合作意识和凝聚力，促进了检察文化建设，营造了“团结、向上、和谐”的浓厚氛围。

全年设计开展篮球比赛、登山比赛、计算机技能大赛等文体活动，使广大干警在集体活动中体验快乐，在轻松、愉悦的环境中强身健体、陶冶情操，从而以良好的精神状态投入到各项工作中去，促进了检察业务健康的有序发展。

制定文明风尚传播实施方案、办事服务承诺和监督制度、“勤俭节约”活动管理制度，引导干部职工自觉增强环保、节能的忧患意识和责任意识，树立勤俭节约的生活理念和科学的消费观念，营造齐心协力建设绿色低碳环保县城的良好氛围。开展文明餐桌活动，要求就餐人员做到“合理饮食、文明用餐、避免浪费”。

【清原检察院】

6月28日，22名党员参加了所在社区清除小广告、清除杂草等义务劳动，为美化市容市貌贡献了一份力量。

7月1日，组织党员干部参与“在职党员进社区”义务服务日活动；

组织新入党党员和积极份子到革命烈士纪念碑进行祭扫和宣誓，号召青年干警以先烈为榜样，爱岗敬业，牢固地铸就对党、对检察事业和对人民群众的忠诚品格。

组织老党员重温入党誓词，激励党员干警牢记党的历史使命，践行党的群众路线教育，进一步加强检察干警自身作风建设，增强廉洁从检意识，永葆党的先进性和纯洁性。

10月，开展了以“学讲话、讲诚信、懂规矩、守纪律、鼓士气、促振兴”为主题的大学习大讨论活动。紧密结合“三严三实”的要求，组织青年干警学习中国特色社会主义理论体系的相关著作，党的十八大、十八届四中全会和习近平总书记系列讲话精神，进一步强化青年干警为人民服务的宗旨意识，提升他们的思想政治素质，并进行了党史和党风廉政建设相关的知识测验。

【矿区检察院】

制定矿检院检察文化建设工作方案，指定政治处工会和案管科根据活动的不同内容组织开展检察文化建设。

坚持以开办“矿检论坛”的形式把检察文化建设活动贯彻全年，坚持开展每月一题的“法律大讲堂”活动。通过在业务科室、政治处、工会选调骨干力量登上讲台，讲授自身提高业务能力和业务技能的经验、以及对现有法律法规的理解，提高广大干警参与检察文化建设与参与检察文化活动的积极性和主动性。

在案管、批捕、起诉、反贪等业务部门开展案件、卷宗质量大检查活动，鼓励干警学钻研业务，培育精业务能手。

在干警中组织开展了“五四青年节”登山踏青活动和“法律大讲堂”等活动多次。全年各项检察文化建设活动参加人数累计达到700多人次。

【开发区检察院】

2015年3月5日，开发区院全体干警参观雷锋纪念馆。

2015年6月29日，组织三严三实党课培训活动。

2015年7月1日，在市院的组织下，新党员参加宣誓活动。

2015年8月4日，全体干警参加义务劳动。

2015年9月30日，在市院的组织下，参加向革命烈士纪念碑敬献花圈仪式。

【双台子区人民检察院到敬老院走访慰问】

1月24日上午，双台子区人民检察院30余名检察干警，到区中心敬老院进行了走访慰问，和194名孤寡老人一起庆祝春节。关爱孤寡老人，让他们在党和政府的关怀下，与全社会一起欢度春节，既是检察机关坚持“强化法律监督、维护公平正义”检察工作主题的应有之义，也是践行“忠诚、为民、公正、廉洁”政法干警核心价值观的真实体现。

【盘锦市院组织干警观看《廉政中国》中国古代廉政文化警示片】

1月17日下午14点，在市院三楼报告厅组织全体干警观看《廉政中国》中国古代廉政文化。本片视野宏阔，内容丰富，形式新颖，说理深入，贴近现实，全体干警从中受到了廉政文化教育。

【双台子区院开展“学雷锋纪念日”活动】

在第52个“学雷锋纪念日”到来之际，双台子区人民检察院以青年检察官志愿者为主体，到区社会福利院看望孤寡老人。双台子区院以开展青年检察官志愿服务活动为载体，自觉承担社会责任，履行社会义务。2011年以来，共计走访慰问20余次，捐款6万多元，受到了社会各界的一致好评。

【庆“三·八”节市院开展“汇聚爱心、关爱孤儿”志愿服务活动】

盘锦市院机关党委、政治部在“三·八”国际妇女节前夕组织了“汇聚爱心、关爱孤儿”慰问儿童福利院主题社会实践活动。3月7日下午，市院检察官贴心女儿志愿服务队的干警们来到盘锦儿童福利院举行了捐赠仪式。

【盘锦市院组织干警观看《四风之害》警示教育片】

3月14日下午14点，市院监察室在三楼报告厅，组织全院干警观看了《四风之害》警示教育片。本片对党内个别党员干部身上存在的形式主义、官僚主义、享乐主义、奢靡之风的问题进行了深刻剖析，并鲜明地指出了这四风的严重危害，使全体干警从中受到了深刻的思想教育。

【双台子区检察院法律宣讲团走进区实验小学】

3月14日上午，双台子区人民检察院法律宣讲团在纪检组长宋丹的带领下，来到区实验小学，给学生们上了一堂以“守护青春远离犯罪”为主题的法律知识教育课。

【盘山县人民检察院开展3·15法律宣传活动】

3月15日，盘山县检察院职务犯罪预防科全体干警来到沙岭封闭集贸市场，积极参与盘山县工商局、消委会举办的以“新消法、新权益、新责任”为主题的2014年盘山县纪念3·15国际消费者权益日活动。预防犯罪科全体成员通过发放宣传手册、讲解法律政策和维权知识等多种形式向广大群众进行法制宣传，并为前来咨询的群众解答法律疑难问题，积极保障消费者合法权益。此项活动受到了广大消费者的热烈欢迎，收到了良好的法律效果和社会效果。

【开展环境卫生整治，创建清洁文明盘山】

为切实把党的群众路线教育实践活动落到实处，3月22日，盘山县人民检察院积极参与由盘山县创城办统一部署的“新县城城区环境清洁日”活动。通过此次活动，既展示了盘山检察干警吃苦耐劳的精神作风，又美化清洁了新县城，同时也是深入践行党的群众路线教育实践活动。

【盘锦市院组织干警观看《廉政中国》警示教育片】

4月4日下午14点，市院在三楼报告厅组织全体干警观看《廉政中国--蜕变、贪路》两部电教片。两部片资料丰富，剖析深刻，向广大党员领导干部再次揭示了“手莫伸，伸手必被捉”的深刻道理。

【盘锦市检察院全院干警到辽东湾义务植树】

4月11日，郈志凯检察长带领市院全体干警到辽东湾新区参加义务植树活动。植树现场，大家兴致勃勃地铲土、抬土、填土、圆盘……在植树中埋头苦干，汗如雨下，大家都知道多栽一棵树，多植一片绿，就是为我们的城市生态建设贡献多一份力量。

【双台子区检察院法律宣讲团送法进机关】

4月22日下午，双台子区检察院法律宣讲团在院党组成员、纪检组长宋丹的带领下，来到双台子区地税分局，为全体地税税务人员上了一堂预防职务犯罪法制教育课。

【预防医疗腐败，永葆白衣纯洁——大洼县检察院职务犯罪宣讲团走进卫生系统】

为了提升医疗卫生人员法治观念，增强医疗卫生系统拒腐防变能力，4月21日下午，大洼县人民检察院职务犯罪宣讲团走进大洼县卫生局，为300余名医疗卫生干部上了一堂精彩的警示教育课。本次宣讲活动是大洼县“崇廉尚洁、兴业树人”廉政教育宣讲活动的重要组成部分。该宣讲活动整合了公检法司精干力量，以正面教育、示范教育和警示教育为主要方式，聚焦党风廉政建设和反腐败斗争，突出主业主责，对坚定党员干部理想信念具有重要意义。

【学习焦裕禄精神，践行党的群众路线】

4月24日上午，盘山县检察院全体干警参加了由盘山县机关工委主办的主题为“认真学习焦裕禄精神、践行党的群众路线”的活动，认真参观了焦裕禄精神专题展览，详细了解焦裕禄同志的生平事迹，亲身感受焦裕禄精神的深刻内涵。通过本次活动，使得广大干警的宗旨意识得到了提高，群众观念进一步增强，收到了良好的学习效果。

【盘山县院全体干警观看党的群众路线教育实践活动宣传片】

4月24日上午，我院召开大会组织全体检察干警观看党的群众路线教育实践活动宣传片。通过此次活动，激起了广大检察干警爱家乡、敬岗位的信心和热情，提高了参加教育实践活动的思想自觉和行动自觉，为深入开展党的群众路线教育实践活动打下了坚实的思想基础。

【助力农村环境治理，合力共建美丽乡村】

4月29日，盘山县院党组副书记、副检察长晏安带领21名干警来到联村帮扶的古城子镇夹信子村。在负责夹信子村环境综合治理的我院驻沙岭检察室主任于士奇同志的带领下参观了阶段整治后的村容村貌。这次活动，不仅体现了盘山检察干警吃苦耐劳的优秀品质和为民务实清廉的公仆形象，更是对党的群众路线教育实践活动的又一次有力践行。

【盘锦市检察院预防犯罪法律宣讲活动正式启动】

5月23日上午，市院召开预防犯罪法律宣讲活动正式启动大会。会议由政治部主任王敏主持，郝建军副检察长做了动员讲话，两级院宣讲团成员共计50人参加了会议。此次预防犯罪法律宣讲活动，是在围绕上级院工作部署以及盘锦依法治市工作总体部署的基础上，以“进机关、进企业、进学校、进社区、进乡村”等五个预防犯罪法律宣讲团为载体，为社会各界和人民群众提供优质的法律服务。

【盘锦市检察系统预防犯罪法律宣讲活动进学校宣讲团走进大洼县王家学校进行宣讲活动】

6月16日下午，全市检察系统预防犯罪法律宣讲活动进学校宣讲团在市院党组成员、副检察长张永会，市院党组成员、政治部主任王敏的带领下，在大洼县检察院党组书记、检察长王志强的陪同下，来到大洼县王家学校，为该校300余名师生举行了一场未成年人犯罪预防知识讲座。通过宣讲，提升了广大未成年人的法律素质，使检察工作更加贴近百姓，更好的服务民生、服务大局。

【盘锦市院“法律进机关”宣讲活动正式拉开帷幕】

6月20日上午，“法律进机关”宣讲团副团长张树军同志为市交通局机关中层以上干部、各直属事业单位领导班子成员近百人做了题为“远离职务犯罪、拥有绿色人生”的预防职务犯罪专题讲座；6月20日下午，“法律进机关”宣讲团成员朱岩为盘山县地税局全体干部做了题为“廉贪一瞬间、荣辱两重天”的预防职务犯罪专题讲座。两场讲座的主讲人在讲座之前都对讲座内容做了精心的准备，讲座都得到了与会听众的普遍认可，收到了良好的社会效果。

【盘锦市检察院组织中层以上领导干部参观省反腐倡廉展览馆】

盘锦市检察院于6月20日组织市院中层以上领导干部、县区院纪检组长共45人，参观了省反腐倡廉展览馆。通过参观了解中国共产党的反腐倡廉历程、辽宁省反腐倡廉的实践、辽宁省勤廉兼优的先进模范人物、发生在辽宁的典型案件以及古今中外人亡政息的教训与思考等内容，使大家受到一次深刻的反腐倡廉警示教育。

【盘锦市院“法律进企业宣讲团”举行第一次法制专题讲座】

7月4日下午，市院“法律进企业宣讲团”走进中国邮政储蓄银行盘锦市分行，“法律进企业宣讲团”成员顾艳萍为企业做了“懂得感恩、切勿贪腐”的预防职务犯罪专题法制讲座。中国邮政储蓄银行盘锦市分行领导班子全体成员、各支行领导班子全体成员、各营业网点负责人、企业重要岗位负责人及企业高级管理人员近200人参加了讲座。

【“法律进企业”宣讲团走进盘锦港集团有限公司开展预防国企干部职务犯罪法制讲座】

7月9日上午，在盘锦港集团有限公司六楼会议室，市院“法律进企业宣讲团”张树军同志为盘锦港集团有限公司领导班子成员、集团二级单位领导班子成员、企业内部重要岗位负责人等近百人做了题为“预防职务犯罪、维护国资安全”的预防职务犯罪专题法制讲座。整场讲座收到良好的预防效果。

【盘锦市检察院“法律进乡村”宣讲团走进陆家乡为村民献上“法制盛宴”】

7月16日上午，市检察院“法律进乡村”宣讲团在市院党组成员、政治部主任王敏的带领下，走进陆家乡，为当地村干部、村民献上了丰富的“法制盛宴”。此次宣讲活动提升了当地群众的法制观念，普及了法律知识，紧密了检群关系，拉开了“法律进乡村”宣讲活动序幕。

【“盘锦全市检察系统预防犯罪法律宣讲活动”进学校宣讲团走进市一完中开展法律宣讲】

7月10日下午，“全市检察系统预防犯罪法律宣讲活动”进学校宣讲团走进盘锦市第一完全中学，为该校八年级的300余名师生带来一场预防未成年人犯罪知识讲座，受到了广大师生的热烈欢迎。通过本次宣讲活动，对于正处在青春期的同学们树立正确的人生观、价值观，珍爱青春，远离违法犯罪，绽放美丽花季起到了促进作用。

【法律进机关宣讲走进盘锦市公安局刑侦支队】

2014年8月6日下午，按照市检察院“法律进机关”宣讲总体安排部署，“法律进机关”宣讲团成员白春生同志为全市公安机关刑侦系统名干警做了题为“从魏军、齐作忱贪腐案谈职务犯罪的预防”专题法制讲座。讲座分四部分：一是魏军齐作忱案件简介；二是魏军齐作忱案件的启示；三是当前职务犯罪面临的形势；四是如何预防职务犯罪。本场讲座由市公安局副局长李峰同志主持，在市公安局视频会议室设主会场，兴隆台区、双台子区、辽东湾、辽河口、大洼县、盘山县设分会场，来自全市公安机关刑侦系统270名干警收听收看了讲座。本次预防职务犯罪法律宣讲历时一个半小时，收到了预期的法律效果和社会效果。

【盘锦市院组织干警观看《廉政中国》警示教育片】

8月29日下午14点，市院监察室在三楼报告厅，组织全院干警观看了《廉政中国—贪官心理档案》警示教育片。该片选取桐庐县政协原主席徐国相、西湖区建设局原副局长吴少雯、上城区文广新局原局长张玉山、桐庐县交通局原副局长钟玲珠、杭州市规划局用地管理处原副处长樊伟胜等腐败案件作为典型案例，对他们的违纪违法心理做了深刻剖析，融举例、析理和解读于一体，针对性强，对广大党员干部洁身自好、引以为戒，具有很强的警示意义。

【盘锦市检察院志愿者冒高温开展交通协勤志愿服务活动】

9月13日市检察院组织24名志愿者到泰府岗，开展交通协勤志愿服务活动。志愿者们3人一组站在路口和人行横道两端，通过友情提醒过路司机系好安全带、耐心劝止行人乱闯红绿灯、热心帮扶老幼过马路等形式来劝导司机、行人改正不文明交通行为，协助交警疏导交通，志愿者们冒着高温一站就是5个小时，不怕热、不怕累，以积极而热情的精神风貌投身志愿服务，为提升市民交通文明意识发挥了推动作用，用实际行动践行检察志愿者参与我市创建全国文明城市工作的承诺。同时，也进一步筑牢了自身文明意识，真情感受了“我奉献，我光荣；我奉献，我快乐”的志愿者精神。

【盘锦市院“法律进机关”宣讲团成员在市民政局与市畜牧兽医局开展法律宣讲活动】

9月26日下午2时，宣讲团成员薛建胜同志为市民政局机关中层以上干部、民政局各直属事业单位领导班子成员近百人做了题为“预防职务犯罪、促进依法行政”的预防职务犯罪专题讲座。整场讲座结合检察工作中的实际案例特别是民政系统的典型案例进行，历时一个半小时，讲座得到了与会听众的普遍认可，收到了良好的法律效果和社会效果。9月29日上午9时按照市院“法律进机关”宣讲团的安排部署，宣讲团成员张树军同志为市畜牧兽医局机关全体干部及基层站所负责人50人做了题为“预防职务犯罪，维护民生安全”的专题法制讲座。整场讲座历时一个半小时，收到了预期的法律效果与社会效果。

【盘锦市院“法律进企业”宣讲团成员在大洼县农村信用合作联社开展法制宣讲】

按照市院“法律进企业”宣讲活动的总体安排，2014年9月26日下午2时，在大洼县农村信用合作联社四楼会议室，市院“法律进企业宣讲团”成员熊维军同志为大洼县农村信用合作联社全体干部职工60人做了题为“人生没有彩排、每天都是现场直播”的预防职务犯罪专题法制讲座。整场讲座引用了大量金融领域干部职工职务犯罪案例，特别是发生在我市金融领域的典型案例，具有较强的说服力和教育意义。讲座历时一个半小时，收到良好的预防效果。

【积极开展庭审观摩活动，努力提高公诉工作水平】

为进一步深化岗位练兵活动，提高公诉人员出庭水平和指控犯罪的能力，按照市院统一安排，

11月18日，全市两级院公诉部门工作人员到大洼县开展“观摩庭审”活动。在整个庭审过程中，公诉人始终精神饱满、反应敏捷、条理清晰、指控有力，对被告人的狡辩、辩护人的个人理论观点给予有力回击，较好地指控了犯罪，并以案释法，以理服人、以情动人，体现了公诉人较强的社会责任感，给旁听庭审人员上了一堂生动的法制宣传课。此次观摩庭审为年轻公诉人提供了一次难得的锻炼机会，对规范公诉人出庭行为，提高当庭指控技巧，具有积极的意义。

【以观摩庭审活动，促指控能力提升】

为提高公诉人出庭指控犯罪能力，促进我市公诉人队伍建设，12月2日，我市两级院公诉部门工作人员二十余人观摩了由市院提起公诉的谷亮故意杀人、非法持有毒品一案的庭审，并就公诉人的出庭指控活动进行了评议。最后，会上形成了在今后的办案中努力做到办理案件精细化，以破解焦点、解决难点、化解矛盾点，充分发挥指控犯罪的主动权，提高出庭能力和水平的意见。

【国家宪法日，宣讲进校园】

12月4日是我国第一个国家宪法日。下午两点，市检察机关预防犯罪法律宣讲团走进市鹤乡小学，为该校五、六年级600多名师生带来一场有关宪法知识和预防未成人犯罪知识讲座，受到广大师生的热烈欢迎和一致好评。同时，此次活动也是我市检察机关青年志愿者宣讲团迎接“12.5”国际志愿者日举行的一项重要活动。

【盘锦市院组织干警观看《拒腐防变每月一课》警示教育片】

12月12日下午14点，市院监察室在三楼报告厅，组织全院干警观看了警示教育专题片《沉沦——“裸官”欧林高蜕变纪实》。该片以广东省东莞市人大常委会原副主任欧林高为典型案例，真实记录了一名贪腐官员的沉沦轨迹，深刻警示广大党员干部特别是领导干部必须树立正确的人生观、价值观和权力观，切莫重蹈覆辙。

【盘锦市院监所处开展对监管场所巡视检察活动】

为进一步加强对刑罚执行和监管活动的法律监督，确保节日期间的监管安全，按照高检院、省院关于开展巡视检察工作的部署要求，市院监所处在王建辉副检察长的带领下，于12月23日至24日采取随机抽查方式对两个监管场所进行巡视检察。市院监察室、检察技术部门参加了此次巡视检察工作。

【盘锦市院组织干警无偿献血】

12月30日，市检察院组织干警参加了无偿献血活动，此次活动本着“人道、博爱、奉献”精神，紧紧围绕“弘扬雷锋精神、践行政法干警核心价值观”主题开展的志愿服务活动。全院共20名同志积极涌跃报名，经检验合格后，6名干警参加了义务献血，献血量达2000毫升。这次献血活动有力推进了检察机关精神文明建设，增强了队伍的凝聚力和战斗力，用实际行动诠释了检察干警参加社会公益活动的时代风采。

◀辽宁本溪开展“送法进军营，学军风、树检风”军事活动。

本溪青年检察官先锋队到高新区张其寨中学开展送法活动。▶

◀第十四次“辽宁本溪检察论坛”。

◄2014年1月29日，丹东市院举办新春游艺会，干警们以自创的各种有趣的节目和游戏一同娱乐。

2014年7月，组织全省检察机关书法美术摄影作品展。►

◄2014年8月11日，丹东检察院法警支队进行国学知识小测试，这是对之前一段时间的学国学活动的成果检验。

▲2014年8月，辽宁省检察官文联召开常务理事扩大会研究工作。

▲2014年9月3日，丹东市检察院组织干警到辽东解放英雄纪念碑拜谒革命烈士。

▲2014年9月，组织辽宁省检察官文联理事参观省院“院史陈列室”。

▲2014年9月，组织召开检察官理事会议。

▲2014年9月，举办“辽宁检察机关、辽宁省文联国庆节文艺汇演”。

◄ 2014 年 12 月 25 日沈河区检察院“放飞梦想”迎新年诗歌朗诵会。

2014 年 12 月 25 日沈河区检察院“放飞梦想”迎新年诗歌朗诵会。（王建中 / 摄）►

◄ 2014 年组织参加“全国检察机关首届微电影展播活动”，《矛之盾》、《老董的故事》在全国获奖。

大连市检察机关趣味运动会上的运动员们。（沈庆国 / 摄）►

◄ 2014 年 4 月 24 日，丹东检察讲坛举办国际形势专题讲座，邀请市国家安全局孙承山处长针对丹东情况进行专门讲解。

◀ 大连市检察机关趣味运动会。（沈庆国／摄）

大连市人民检察院首个“国家宪法日”宣誓仪式。（沈庆国／摄）▶

◀ 8月14日，“我爱检察官”巡讲报告团来到瓦房店泡崖乡。

吉林省检察官文学艺术联合会

[综　述]

吉林省检察机关认真贯彻高检院关于检察文化建设的决策部署，紧紧围绕检察中心工作，以服务检察改革发展为根本，坚持检察文化建设与检察改革同步推进，以提高检察队伍素质、职业形象和执法公信力为目标，着力提升检察队伍精气神，有力助推了吉林检察工作务实、规范、创新、科学发展，文化建设始终在全省政法机关中处于排头行列。

2015 年，吉林省检察机关坚持以中央、高检院和省委关于加强文化建设的一系列精神为指导，把握工作大局，认真学习、贯彻、落实党的十八大和十八届四中、五中全会的精神，履行宪法和法律赋予的职责，把检察文化融入检察工作，把文化建设作为加强队伍建设、推进检察事业发展的有效载体和重要抓手，坚定法律信仰、弘扬检察精神、提升工作水平、转变工作作风，为实现吉林省检察机关的“务实、规范、创新、科学”发展，为吉林省经济社会平稳较快发展作出了积极贡献。

【以社会主义核心价值观为精神追求，深化检察文化理念】

培育和践行社会主义核心价值观是检察机关提升法律监督能力、推进检察事业科学发展的重要途径。各级检察机关要把培育和践行社会主义核心价值观作为凝魂聚气、强基固本的战略工程，作为推动检察事业持续健康发展的精神力量，切实把社会主义核心价值观的要求贯穿各项检察工作，不断夯实检察事业发展进步的思想理论根基。各级检察机关通过教育培训、舆论宣传、文化熏陶、实践养成等，不断提升检察人员价值判断力和道德责任感，使社会主义核心价值观内化为精神追求，外化为自觉行动。

【文化建设与政治建设紧密结合】

文化建设始终坚持把政治信仰、法治理念、职业信念作为主题，贯穿文化建设始终。提高对加强检察文化建设政治性的认识，把握检察文化建设的政治发展脉搏，时刻关注党的创新理论、国家发展大局、时事形势变化和检察改革趋势，在政治上保持清晰头脑和准确方向。以“为人民服务”作为检察文化建设的出发点和落脚点，深入群众、深入社会汲取检察文化的营养，在表达人民的愿望和诉求的同时丰富文化建设的内容，发挥文化反映、引领实践的独特魅力。

【积极探索检察理论创新】

加强业务研究，围绕强化法律监督职能，结合反贪、反渎、侦监、公诉、控申等检察业务工作，组织理论研讨，提高干警理论研究能力，探索和解决检察文化实践中出现的新情况、新问题，总结和推广检察文化工作的新经验，并形成了一批批优秀的理论成果；召开了全省检察文化理论研讨会，为检察文化建设提供了理论支撑。结合工作实际，撰写了《吉林省检察文化建设指导手册》，指导全省检察文化建设务实、规范、创新、科学发展。

【完善基础设施，保障文化建设】

注重加强办公区域的文化建设，结合地域文化特点和单位实际，建设体现检察特色和法治内涵的文化展示窗口和平台；加强文化活动阵地建设，办好本单位的内部刊物、简报等文化载体；加强机关局域网和门户网站建设，充分利用好内外网的检察文化建设专栏，打造文化的新阵地；加强指导各级院的文化基础设施建设，为干警创造了一个健身、娱乐、休闲、谈心的优雅环境；种种暖心举措，不断增进干警们对检察制度、检察事业的政治认同、理论认同和感情认同。

【特色检察文化活动的开展】

继续加强对检察文化特点规律的探索实践和区域文化特色的挖掘，将民族文化、地域文化等融入检察文化，形成了一道道独特的文化风景线。涌现出一批文化建设先进典型。

【保持清醒，认清不足】

检察文化建设现阶段仍存在一定问题：一是文化建设发展不平衡，有些院需要加强对检察文化建设的认识、提高对检察文化建设的重视程度，确保检察文化建设应有之位；二是检察文化建设的内生动力有待挖潜，增强文化建设的主动性和自觉性；三是物质和经费保障有所欠缺，各级检察院应积极争取地方党委政府的支持，加强沟通协调，为吉林检察文化建设发展创造条件，提供保障。以上提到的问题，我们会在今后的工作中引起重视并着力解决。

[文化理论研究]

【吉林省人民检察院检察文化建设探索新方式】

吉林省人民检察院

党的十八届四中全会在党的全会历史上第一次专题作出了全面推进依法治国的重大决定，为坚持走中国特色社会主义法治道路指明了前进方向，对弘扬社会主义法治精神、建设社会主义法治文化提出了更高要求。检察机关作为全面推进依法治国的实践者、推动者、实施者，应当及时把检察文化建设摆在更加突出的位置，不断提升自身软实力、公信力、战斗力，并在丰富和传播法治文化、凝结法治共识等方面发挥更加重要的作用。

深刻认识检察文化建设对促进新时期检察事业发展的重要意义

习近平总书记指出，体现一个国家综合实力最核心的、最高层的，还是文化软实力。法治建设、检察事业也是如此。

首先，检察文化建设是社会主义法治文化建设的重要组成部分。党的十八届四中全会提出，要建设社会主义法治文化，使全体人民都成为社会主义法治的忠实崇尚者、自觉遵守者、坚定捍卫者。检察机关作为宪法规定的法律监督机关，应该走在前、作表率，进一步加强检察文化建设，把“坚持党的领导、坚持中国特色社会主义制度、贯彻中国特色社会主义法治理论”这一中国特色社会主义法治道路的核心要义，以及依法治国、执法为民、公平正义、服务大局等价值理念，内化为检察干警的个人信念，外化为全体干警的自觉行动，固化为检察工作的基本遵循。

其次，检察文化建设是弘扬社会主义法治精神的有效途径。法律的权威源自人民的内心拥护和真诚信仰，既要通过让人民群众在每一个司法案件中感受到公平正义来赢得拥护，也要通过文化润物无声的引导来树立信仰。四中全会要求“谁执法谁普法”，检察机关应该充分发挥先进检察文化的强大生命力、感染力和辐射传播功能，向全社会弘扬法治理念、正义理想，传播检察正能量，提升司法公信力，让人民群众感到法律靠得住、司法机关信得过，促进形成自觉守法、遇事找法、解决问题靠法的氛围，增强全社会厉行法治的积极性和主动性。

再次，检察文化建设为检察事业发展提供强大动力。检察文化建设是“塑魂”工程，涵盖着理想信念、价值追求、职业道德、行为准则等方方面面，在凝聚人心、激励斗志、规范行为、陶冶情操、营造氛围、树立形象等方面发挥着不可替代的重要作用。面对全面深化改革、全面推进依法治国的历史性机遇，检察机关更应该突出加强检察文化建设，激发广大检察干警的责任感、使命感、紧迫感，引导干警在检察事业大发展中实现自身价值，让每名干警的努力汇聚成推动检察工作科学发展的整体合力。

一要坚定理想信念，补足精神上的“钙”。要坚持用社会主义核心价值观和社会主义法治理念来统领检察文化建设，确保检察队伍始终坚持党的事业至上、人民利益至上、宪法和法律至上，始终与党中央保持高度一致。要把“强化法律监督，维护公平正义”的工作主题和“立检为公，执法为民”的根本宗旨融入检察队伍建设的全过程，转化为检察人员的自觉追求，让干警做到不为情所困、不为利所动、不为名所扰，履行好自己的神圣职责。吉林省检察院为此组织了专题党课讲座，举办了理论学习大讲堂，引导检察干警对“为谁掌权、为谁执法”等问题有清醒、正确的把握，始终做政治上的明白人，深刻认识到坚持走中国特色社会主义法治道路，路才能越走越宽，发展才会越来越好。

二要凝聚发展共识，找到“最大公约数”。最广泛地达成共识，才能最大程度凝心聚力、更好地推动发展。近年来，吉林省检察院每年都组织全省检察干警就检察工作朝什么方向发展、如何发展等问题，集思广益、群策群力进行谋划。2013年，吉林省检察院经过充分调研、反复征求各方意见，研究确定把“务实、规范、创新、科学”发展作为全省检察工作的总基调。“务实”，就是实事求是、扎实干事，不搞形式主义和表面文章；“规范”，就是完善制度、从严管理，坚持用制度管权管案管人；“创新”，就是解放思想、与时俱进，用改革的办法破解难题；“科学”，就是立足当前、放眼未来，多做打基础利长远的工作，正确把握工作中的重大关系，统筹推进各项检察工作协调发展。对此，全省检察干警充分认同，并以很高的工作热情全面践行，总基调的导向作用得到了全面、有效的发挥，全省检察工作又有了新进展。

三要建设制度文化，立规矩、守规矩。没有规矩不成方圆，要坚持原则、恪守规矩，让制度这个“软实力”对检察人员的行为形成“硬约束”。在制度文化建设中，要按照科学、管用、精简等原则建章立制，更要突出抓好制度落实，只有制度被自觉遵守并内化于心、外践于行，制度文化建设才算真正见到成效。吉林省检察院结合群众路线教育实践活动，对现存制度进行全面立改废补，清理了过期失效制度200余项，对于保留的制度作出针对性完善，对办案、办公做什么、谁来做、怎么做、什么标准都有明确规定，形成了有机的制度体系，并通过案件管理、检务督察、检务督办等手段狠抓落实，制度权威得到进一步确立，干警行为得到进一步规范。按规矩办事已经成为全省检察机关的新常态。

四要提升干警素养，“打铁还需自身硬”。干警素养不等于业务素能，检察干警的专业素质普遍较高，但由于工作需要和时间有限，在学习的时候往往过于侧重法学理论和检察业务，在知识结构上就可能有所欠缺。为此，吉林省检察机关开展了创建学习型检察院活动，开办了检察文化大讲堂，组织干警学习马克思主义经典著作、党和国家领导人经典言论，广泛涉猎哲学、社会、经济等各方面著作，为广大干警丰富知识、增长才干营造了学习、思辨、创新的良好氛围。

五要扎根检察实践，向文化建设要“生产力”。实践是检验真理的唯一标准，也是衡量检察文化建设成效的重要标尺。吉林省检察机关把检察文化建设和检察业务建设深度融合，引导检察干警在依法履职中展现自身的优秀品质、过硬素质、人格修养，在执法办案中传递出检察文化建设形成的理念、风范和形象，推动了检察文化建设在各个检察业务领域落地生根、开花结果。全省有53%的检察院被评为文明单位和精神文明建设先进单位，职务犯罪查办和预防、民事行政诉讼监督等检察业务工作达到了历史最好水平。

六要坚持以人为本。检察文化建设的根本在于检察干警，应该把检察干警的自由和全面发展作为检察文化建设的重要目标。一方面，要做好“普及教育”，尽量让每名检察干警都参与到检察文化建设实践中来，尊重干警的首创精神，让干警的自身价值得到充分体现。另一方面，要为干警营造宽松、温暖、和谐的工作和生活环境，有困惑大家解，有困难大家帮，把暖心聚心工程做细做实。

七要建好用好载体。要把党的群众路线教育实践活动、“增强党性、严守纪律、廉洁从政”专题教育活动同检察文化建设结合开展。通过检察文化建设巩固和深化教育活动成果，通过教育活动提升检察文化建设内涵。为丰富载体建设，吉林省组建了省检察官文联，并指导成立了演讲、摄影等 9 个直属专业协会，组织了“中国梦的检察力量”主题演讲比赛、“吉林检察印象”主题摄影展等活动，为检察文化建设提供了有力的组织保障。为拓展宣传平台，最高检开通了检察文化网，吉林省检察院建成了吉林检察展馆、开通了“吉林检察文化网”，着力打造集历史资料展览、图书报刊阅读、艺术作品展示、文化活动交流等多功能于一体的检察文化建设平台。

八要突出建设特色。坚持“百花齐放”，检察文化建设才会姹紫嫣红、多姿多彩。一方面，检察机关各部门的工作理念各有侧重。比如，办公室注重优质高效、勤勉务实，反贪局注重析疑破案、惩腐肃贪，计财部门注重强保障、严管理等。另一方面，各院也有自己的特点。有的地处边疆，有的位于少数民族聚居地等。这就要求检察文化建设在突出特点上做文章、下功夫。吉林省检察院提出“一地一品”，注重突出各院检察文化的特色，在全省建成了 16 个检察文化特色院，取得了较好效果。

九要注重榜样带动。要建立争先创优机制，培养、选树先进典型，宣传典型的先进事迹，运用典型的力量鼓舞士气，激励广大干警学先进、赶先进，带动更多的个人和集体成为先进典型，从而推动检察文化、检察工作的整体提升。吉林省检察机关组织开展了“身边的力量”先进典型评选活动，更注重让身边人、身边事去打动人、感染人，营造了比学赶帮的良好氛围。2012 年以来，共有 170 余个集体和近 300 名个人受到省级以上表彰，形成了先进典型的“集团优势”。

十要立足长远规划。检察文化建设是具有战略意义的系统工程，要长规划、短安排，一张蓝图干到底。吉林省检察院制定实施了“基层基础建设提升五年工程”，把检察文化建设作为重要方面纳入其中，一年一个抓手、一步一个脚印地推进，并制定了《吉林省检察文化建设指导手册》，实施了“检察文化艺术人才培养工程”，努力为检察文化建设夯实基础、积蓄后劲，让检察文化为检察事业持续、健康、快速发展提供源源不竭的强劲动力。

[文化艺术活动]

吉林省检察官文联摄影协会主办的“印象检察·吉林省检察机关迎新春摄影作品展”在省院拉开帷幕，省院杨克勤检察长、陈凤超常务副检察长、纪检组高鹏飞组长、检察专委杨军、检察专员张书华、检察专员王永海、副巡视员王海平及副巡视员聂晓生参观了摄影展。

杨克勤检察长对这次摄影展给予了充分肯定，他指出，摄影作品展的举办，向我们展示了吉林秀美的自然风光，其中每幅作品的背后都凝聚着摄影作者的辛勤劳动，让我们身在检察院，就可以俯瞰大美吉林风光，有利于增加观展者对吉林的热爱。他说，检察干警不能仅是法律业务的专家，还要挖掘个人的业余爱好，在创造辉煌检察业绩的同时，孕育和创造丰富多彩的检察文化。

据悉，此次活动得到全省各级检察机关的大力支持，参展作品达400余幅，全部都是从全省检察干警投稿中认真遴选出来的。这些作品以艺术的形式和语言，抒发了广大检察干警对党、对祖国、对人民的忠诚与热爱，表达了检察人员认真履行职责、维护法律尊严的信念与热情，充分展现了各个不同历史时期检察工作的历史瞬间和检察人员为推进检察事业发展而奋斗的光辉历程。

▲杨克勤等院领导参观“迎新春”摄影作品展。

▲杨克勤对这次摄影展给予了充分肯定。

▲院领导与检察干警参观“迎新春”摄影作品。

▲2月25日，省委省政府召开的推动新一轮振兴发展落实年动员大会，省院党组第一时间抓好学习落实，下午就召开省院党组专题扩大会议，传达学习省委省政府推动新一轮振兴发展落实年动员大会精神，并就贯彻落实进行部署安排。

▲2月16日上午省院常务副检察长陈凤超同志与离退休干部处、宣传处等同志一起前往离休干部、原副检察长吴宝勋家进行走访慰问。

黑龙江省检察官文学艺术联合会

[文化理论研究]

【检察文化与基层检察院建设】

——从黑龙江省检察院20个基层单位荣获“全省检察文化建设示范院”称号看检察文化与基层院建设

黑龙江省人民检察院　陈玉庆

黑龙江省检察院坚持把握检察文化建设的发展方向，紧密结合本地的实际，大力实施文化育检工程，着力推进检察文化建设，为提升检察人员的思想文化素质、推动检察队伍建设、塑造检察机关的良好形象、促进检察工作科学发展做出了积极努力和突出业绩，涌现出了一批基层文化建设先进单位。2013年末省院党组决定在全省182个基层院中授予大庆红岗区人民检察院等20个基层单位“全省检察文化建设示范院”称号。这些基层单位都曾被省市评为先进基层检察院、集体立功和通报嘉奖、被政法委评为政法系统先进集体、被省委省政府授予文明单位标兵称号，有的院还获得了全国文明接待室、检察宣传先进集体、先进检察院的光荣称号。就拿大庆红岗区检察院来说，就先后获得“全国模范检察院”“全国精神文明创建工作单位”、“最高检集体一等功”“全国文明接待室”等18项国家级荣誉和32项省级荣誉，大庆市委政法委、大庆市检察院、红岗区位先后两次作出向红岗区检察院学习的决定。检察文化是社会主义先进文化的重要组成部分，是检察机关和检察人员在履行法律监督职责和日常生活中创造的、具有鲜明检察特色的法律文化，是广大检察干警的精神家园和精神支柱。那么检察文化建设在这些单位的建设和发展中笔者认为主要发挥了以下作用：

一、作为理论支撑与核心价值，检察文化可以增强检察事业发展的牵引力

检察文化必然对检察人员产生一种强大的精神意志牵引，促使检察人员接受共同的精神认知，调整自己的言行举止乃至整个精神世界。所以，检察文化是全体检察人员共有的价值体系，反映了检察人员的价值取向。一是加强学习文化建设，体现时代性。学习不仅要学习政治理论，学习业务知识，还要学习社会、学习经济、学习科技、学习典型，强化教育引导，创新方式方法，健全制度保障，把检察文化的学习教育融入检察机关教育培训体系、精神文明建设和党的建设全过程，体现到精神文化产品创作生产传播各方面，坚持用先进文化引领检察干警思潮，形成统一指导思想、共同理想信念、强大精神力量、基本道德规范，建设一支政治坚定、业务精通、作风优良、执法公正的检察队伍,凸显检察机关的时代精神。哈尔滨市道里区检察院突出检察文化的人本特色,建立了“检察文化长廊”和规范化高标准的电子阅览室，举办了“大道理讲堂”，邀请了知名的法学专家和学者授课，组织了刑诉法考试，在各级媒体发表调研文章67篇，连续举办了15届“检察文化艺术节”，曹建明检察长对该院工作经验作出了批示。二是加强观念文化建设，体现能动性。检察观念文化追求的是社会主义法治理念文化，以实现奋发向上、拼搏进取、公正诚信、浩然正气的作风转变，全面提升检察人员素质和文化品位，引导检察干警转变执法理念，改进执法方式，将检察工作融入大局中去，作经济发展的促进者、和谐稳定的维护者、公平正义的捍卫者。齐齐哈尔泰来县检察院始终把执法理念文化建设作为文化建设的根本，干警集思广益创作了《泰来检察赋》，记载了建院以来的历程及肩负的历史使命。三是加强调研文化建设，体现创新性。对影响和制约检察业务部门发展的重点难点问题实行重点课题化，开展业务工作研讨，组织力量专门攻克，有效地解决长期困扰检察机关的实际问题。这些示范院的共同特点是注重培育如“检察文化沙龙”、“检察文学社”、“理论研究小组”等学习团体，创建如“办案实践”、“侦查谋略培训”等基地，激发检察干警的创造性。

二、作为精神动力与力量源泉，检察文化可以增强检察事业发展的凝聚力

检察文化建设可促使检察人员产生目标、准则和观念的认同感和对检察群体的归属感。一是加强精神文化建设，增强归属感。精神文化是检察文化的灵魂。检察文化的精神要素包括理想信念、思想观念、执法理念、群体精神等意识形态，不仅体现现代执法理念，而且主导检察机关现代执法理念的实质与方向。检察文化培育文明风尚，提升精神境界，构建检察干警的精神家园。以深化“为民、务实、清廉”为主要内容的党的群众路线教育实践活动为载体，将现实文化与检察工作实际接轨，实现对人的精神、心灵、性格的塑造，培育时代精神，更好地为检察事业的发展提供强大精神动力，有效推动检察工作创新发展。近期，我们在召开的全省政治工作培训班座谈中就如何推进基层检察文化建设与许多参加培训的基层干警进行了座谈，特别是大庆、农垦、林区、大兴安岭等地的基层干警把经过几代龙江人艰苦奋斗形成的，又激励着龙江人奋进的“大庆精神”、“铁人精神”、“北大荒精神”和“突破高寒禁区精神”等作为原动力，在艰难困苦中凝聚着力量，推动着检察工作的创新发展。二是加强价值文化建设，增强认同感。价值文化是检察文化的本质。检察文化的价值体现是检察机关在执法、管理、教育等活动中形成的具有检察特征的价值观念。检察文化决定和支配着检察机关群体的价值取向，指引与制约着检察现代化的制度性和物质性安排，是检察机关主流精神与新形势、新要求相结合的产物，是现实中社会文化与检察工作实际接轨的产物。要以深入开展“忠诚、为民、公正、廉洁”政法干警核心价值观教育实践活动为载体，通过建立干警都共同接受和遵循的价值观念，构建检察干警共同的价值体系。如大庆市红岗区院凝练出“忠诚、崇法、厚德、超越”红检精神和“忠诚守信、崇法唯公、修身立德、追求卓越”红检院训，形成红岗检察人共有的精神家园。三是加强和谐文化建设，增强荣誉感。团队精神是检察文化的精髓。检察文化成为全体检察人员的共同行为准则后，从认识、期望、信念等各个方面进行整合沟通，组成团结协作、荣辱与共的有机整体，形成强烈的整体意识，致力打造和谐机关，使全体干警同心协力地为整体目标而努力工作，成为增强检察机关战斗力的不竭源泉。建三江农垦区院不仅有自己的院歌，还有自己的检察官之歌，在集体活动时合唱，增强了和谐氛围。

三、作为智力支持与能力保障，检察文化可以增强检察事业发展的辐射力

检察文化的物质要素是反映检察机关法律监督活动特点的物质实体，是检察文化的基础。检察文化以智力支持与能力保障增强检察事业发展的辐射力。一是加强职业文化建设，突出着力点。先进的检察文化反映了检察机关和检察人员积极进取的时代风貌，培育检察人员敬业、勤业、精业精神，反映了检察人员的道德准则和行为标准。为此，基层院要通过开展大规模的教育培训和自主的知识学习，提高职业素养，提高法律监督能力，加大对检察工作的科技投入，提高检察文化的科技含量。在队伍管理中引入人文管理，以健康文明的生活方式和丰富多彩的文体活动占据干警业余生活阵地，陶冶干警精神情操，提升干警文化品味，激励干警的进取心、荣誉感和集体主义精神。有的文化建设示范院在公诉工作任务十分繁重的情况下（人均2天公诉1起案件），采取“五加二”、“白加黑”工作法，以勤奋敬业精神保质保效地完成了工作任务，涌现出一大批全国、全省优秀公诉人。二是加强环境文化建设，把握结合点。要从环境文化建设入手。开展演讲、书法摄影、公诉人辩论比赛及各种文体活动，不断深化和丰富检察文化的内涵和特质。加强图书室、阅览室、文艺活动室、电子阅览室、体育活动场地等检察文化阵地建设，建立文化长廊、设置文化标语、名言警句等，营造浓厚文化氛围。利用检察内网，设置“文化天地”、“干警论坛”、“建言献策”等栏目，构建干警学习交流平台，营造积极向上、和谐优美的氛围，充分展示检察干警的良好风貌。大庆市红岗区检察院依托“红检文化工作室”，创建了包括法律、文学、摄影、书画等6个群众文化小组，建成“五室一馆一廊一庭院”的物质文化格局，即院史陈列室、党建文化室、电子阅览室、书画创作室、休闲棋牌室，文体馆，法制文化宣传廊，具有大庆油田特色和检察特点的园林式庭院建设，成为检察机关的文化亮点。三是加强品牌文化建设，找准关键点。以公平正义为灵魂的执法文化是基层院的“品牌”。我们知道，一个优秀的商品品牌是由过硬的质量、持续的创新和优质的服务造就的，离开这个核心就会被市场所抛弃。同样，以维护和实现全社会的公平正义作为神圣职责的检察机关，如果脱离了公平正义这个“品牌”去谈文化建设，也无异于舍本逐末。基层检察院只有不断提升检察人员的综合素质，在强化法律监督的实践中满足社会对公平正义的期盼，追求“三个效果”的统一，创出法律监督工作的独特“品牌”，才能切实体现检察机关与众不同的人本文化气息。牡丹江海林市院搭建平台注重培养，在作品创作中力争做到人无我有、人有我优、人优我特、人特我奇的效果，干警创作的根雕和蛋雕多次参加国家、省、市的比赛，被检察日报和黑龙江日报等多家媒体报道。这20个文化建设示范院在抓好全面工作的基础上，都采取了追求“一院一品”、“一项工作一特色”，形成具有地域特点和文化、业务双重特色的“品牌”。

四、作为道德规范与行为标尺，检察文化可以增强检察事业发展的约束力

检察文化是检察人员在行使职权过程中形成的价值观念、思维模式、道德准则、精神风范、检察礼仪等精神财富，是检察机关在检察实践中创造的精神文化、制度文化乃至物质文化的总和。一是加强管理文化建设，推进制度化。现代管理的重要特征是制度化管理，通过建立健全行之有效的管理制度，对检察工作的各层面予以规范化，并转化为工作秩序，为检察事业科学发展提供制度保障。检察文化对每个检察人员都会形成一种无形的、理性的约束，必须将检察文化中共同的思维模式和行为规范等元素具体化，建立制度体系，以有效规范检察人员行为。这些文化建设示范院的共同特点就是都制定了切合检察工作实际、干警认同、可操作性强的规章制度，用制度管人、管事、管物，形成“人人受制度约束，事事用制度管理”的长效管理机制，使各项检察工作逐渐步入正规化、科学化发展的轨道。大庆市龙凤区检察院在打造管理文化中，体现了谋新精细的运作模式，坚持将制度上升为习惯，将习惯提纯为文化，在全覆盖的基础上本着化大为小、化虚为实、化宏观为具体的原则推行了“三九”模式形成了分工明确、责任清晰的工作格局。二是加强形象文化建设，推进人品化。以职业道德为核心的形象文化，是检察人员在从事检察职业活动中应该遵循的行为规范和应该具备的道德品质，是调整检察人员各种社会关系的道德规范的总和。检察职业道德的核心是忠诚、公正、清廉、严明，其内涵也是检察文化的核心。加强检察机关的职业道德建设，不仅是实践和传播先进检察文化的重要内容和中心环节，更是树立检察机关良好形象的重要载体。因此，基层院要把职业道德教育贯穿于队伍建设的始终，坚持以职业道德深化检察文化，以检察文化滋养职业道德，通过职业道德文化的培育，使干警具备公正、廉洁、正派等高尚人品，自觉追求自身的价值，树立检察机关良好的执法形象。三是加强行为文化建设，推进规范化。检察文化的行为要素，是检察人员思想意识在行为上的具体表现，包括执法行为、社交行为、管理行为、宣教行为以及思维模式等生活、职业行为规范，是对检察人员的精神形成一种无形的压力，使得每位检察人员进行自我控制和自我约束。行为是检察文化本质精神的折射和外张的具体表现，也是人们评判的重点。因此，基层院要牢固树立理性、平和、文明、规范的执法理念，将管理机制、执法行为、文明礼仪等融为一体，强化检察职业道德和纪律作风教育，提升检察人员职业道德素养，改进纪律作风；加强日常行为规范化建设，强化检察礼仪规范培训，教育检察人员时刻注意自身行为对检察机关和检察事业的影响，保持良好的行为模式；用温馨化提示、关怀式告诫、文明化用语的形式，引导干警在行为、仪表、言谈举止等方面自觉养成良好的行为习惯。鹤岗市萝北县检察院提出了“厚德明法、惟正笃行”的院训，并通过邀请清华大学教授吴维库进行心理讲座等方式注重对干警内外兼修的教育和管理，起到了良好的效果。

五、作为激励导向和争创载体，检察文化可以增强检察事业发展的激发力

检察文化主要是检察群体信奉并付诸实践的价值理念体系，检察人员在其作用下内心会产生一种激发力，增强做好检察工作的积极性、主动性和创造性。一是发挥检察文化的价值导向功能。作为观念形态的检察文化一经形成和确立，就会从意识形态深层指引检察机关发展方向，对检察干警及其行为起到导航作用。检察文化将理性管理与感性管理有机地结合起来，使检察人员以大局观念来看待检察事业，将思想统一到检察工作的总体目标上来，实现检察机关价值、检察人员群体价值和检察人员自身价值三者的统一。因此，基层院要通过对干警观念的熏陶和行为的引导，产生价值的认同和目标的一致，引导检察干警规范自己的行为，形成敬业、奉献、务实的工作作风，将理性管理与情感管理有机地结合起来，将强制性行为转化为自觉行为，将消极的被动行为转化为积极的主动行为。黑河市孙吴县检察院以高度的文化自觉和文化自信大力推进检察文化建设，通过抓机制、抓活动、抓阵地、抓特色、抓结合等五位一体的发展方式，形成了旗帜鲜明、独具特色的孙吴检察文化品牌，克服了院小、人少、地偏、环境差等不利因素，通过大力开展检察文化建设，鼓舞了干警的斗志、凝聚了干警的力量，推进了检察工作的发展，丰富了干警业余文化生活，干警的摄影作品在中国博物馆展出，并在《检察日报》上大版面刊发，树立了良好的形象。二是发挥检察文化的情感激励功能。要调动每一个检察人员的积极性，就必须针对不同的人，引导其满足不同层次的需求。检察文化崇尚“以人为本”，它不是被动消极地满足人们对实现自身价值的心理需求，而是通过情感激励，使每位检察人员的内心深处自觉产生一种高昂斗志和奋发进取精神。在满足检察人员的基本生活需求的基础上，更加注重对他们的尊重和信任，使自我价值和个人需求得到体现和满足，就会自觉地为检察事业拼搏、奋斗。三是发挥检察文化的争创载体功能。检察文化能鼓舞士气，凝聚精气神。以检察文化建设为载体，深入开展“创业、创新、创优”实践活动，把创业作为检察工作发展之基、服务民生之本，把创新作为检察事业振兴之魂、前进动力之源，把创优作为求真务实之道、追求卓越之门，着力求新求变求进，激发基层检察干警创业的勇气、创新的锐气、创优的志气。

【基层检察文化建设的实践与思考】

黑龙江省佳木斯市人民检察院　刘治文
黑龙江省抚远县人民检察院　徐咏梅

按照《人民检察院基层建设纲要》规定和上级院的有关要求，佳木斯市检察院结合本地区实际情况，不断加大基层检察文化建设力度，取得了较好成效，对提升检察队伍的综合素质、实现检察事业的科学发展产生了积极的促进作用。笔者结合工作上所取得的收获，就基层检察文化建设的有关问题谈点粗浅认识。

一、检察文化的实践功能

检察文化是中国特色社会主义文化的重要组成部分，是法治文化的重要分支，在检察工作实践中，发挥着引领思想、规范行为、塑造形象、宣传辐射等功能作用。

1. 思想引领功能。检察文化影响着检察干警的价值目标取向，是检察人员思想意识、道德观念的一种内在养成机制。通过检察文化建设，培育和确立起体现社会主义法治理念和检察工作规律的价值体系，对于激发基层检察干警的敬业精神，在政治信仰、执法理念、道德追求等方面形成思想共识具有重要的引领作用。几年来，佳木斯市检察院要求所辖10个基层检察院坚持把检察文化建设融入思想政治教育中，融入到各项检察业务中，大力倡导爱岗敬业、乐于奉献的职业道德，形成了风清气正、积极向上的良好风气。一是用检察文化理念指导各项学习培训，深入开展创建学习型检察院、学习型科室活动，营造浓厚的检察文化氛围，同时广泛开展具有检察特色的岗位练兵、技能培训活动，增强干警的履职素质，不断提高执法办案水平。二是按照上级的部署要求，结合本院实际，认真开展了“恪守检察职业道德，促进公正廉洁执法”主题实践活动、“反特权思想、反霸道作风”专项教育活动，以及“忠诚、为民、公正、廉洁”核心价值观教育实践活动，通过演讲比赛、征文比赛以及专题讨论等形式，把教育实践活动与检察文化建设紧密结合，切实增强广大干警的政治使命感和社会责任感，进一步坚定守护社会公平正义的信念和决心。三是组织开展形式多样、内容丰富的文化活动，发挥检察文化的渗透、熏陶作用，激发干警自身潜能，使干警队伍的凝聚力、战斗力得到极大提升。同江市检察院高检察院授予“全国先进基层检察院”、被省院授予“全省人民满意检察院”，抚远县院“两房”建设先进集体，富锦市检察院、前进区前进院、桦南县检察院被市检察院评为全市“标兵基层检察院”，被市政法委评为全市“政法工作先进单位”等。

2. 行为规范功能。检察文化的行为规范功能体现在激励作用和约束作用上，即通过奖励制度、典型示范等方式，激发干警的主体意识，调动其主观能动性，进而转化为履行检察职责的自觉行动；通过各种规章制度所产生的刚性约束，以及检察干警由此所形成的制度意识和责任意识，发挥检察文化所具有的行为规范功能。根据检察文化这一功能特点，我们从三个方面入手，积极探索检察文化的行为规范功能，收到了很好的效果。一是用检察文化规范干警的行为。用规章制度将检察文化的要求转化为具体的行为规范，分别制定了《政治理论学习规定》、《检察干警廉洁自律规定》、《检察礼仪及行为标准》等制度，使干警在执法活动和日常生活中，行有规矩，动有要求。二是用检察文化规范执法办案。以规范工作流程为核心，以建立长效管理机制为目标，精心编制各类规范化操作文件，做到处处有规范，项项有标准，有效提升了办案质量和检察执法公信力。三是用检察文化规范管理。通过检察文化建设，努力培养干警的主人翁意识，调动干警的积极性和主动性，实现自我管理、自我监督。采用科学化、民主化的决策程序，形成集思广益、群策群力的良好工作局面。

3. 形象塑造功能。检察文化的形象塑造功能主要是通过展现检察机关的精神面貌、思想作风、管理水平和工作效率等，树立良好的检察官形象，提升检察机关的社会公信力和影响力。为了充分发挥检察文化的这一功能，佳木斯市检察院坚持外在形象和内在素质两手抓，通过加强检务保障建设和强化“三种意识”，全面塑造检察机关公正、权威、高效、为民的良好形象。在加强检务保障建设方面，一是改善办公、办案条件，全力推进“两房”建设，建设了功能齐全的现代化办公场所。二是根据职能任务要求，进一步规范、加强办案工作区建设，建成了全封闭、全监控、全程同步录音录像的办案工作区。三是按照检察机关职能特点，逐步推进科技装备和信息化建设，以科技创新带动机制创新、工作创新和素质创新，不断拓展检察文化的时代内涵。在强化“三种意识”方面，一是强化岗位责任意识。把工作任务和目标责任分解落实到每个部门、每个人，形成人人头上有指标、件件工作有着落的责任氛围。二是强化优质服务意识。牢固树立执法为民、服务大局的理念，干一流工作，创一流业绩。三是强化自身形象意识。全市检察干警认真遵守检察机关文明用语规则和检察官职业道德要求，从着装到言行，严格要求自己，树立严谨、文明的良好形象。

4. 宣传辐射功能。检察文化的宣传辐射功能具有两个方面的作用，一方面通过法制宣传、执法办案等活动，面向社会传播宪法的基本准则和法律常识，教育公民增强法治观念，维护国家的法律秩序；一方面通过政治立场、价值理念、知识体系的宣传灌输，统一意志，凝聚力量，激发检察队伍的创造力和战斗力，推动各项工作卓有成效地深入开展。佳木斯市检察院从这两个方面着眼，不断强化检察文化的辐射功能，产生了很好的宣传效果。一是结合检察工作的开展广泛宣传。以开展检察机关“五走进”活动为载体，要求两级院检察干警定期或不定期地组织业务骨干深入机关、企业、乡镇、社区和学校，通过走访、接访、定向帮扶等方式加强法制宣传，并把检察室、检察联络室作为对外展示检察文化、促进检务公开的平台，为人民群众提供“一站式”法律服务。二是在文明单位创建活动中大力推进文化育检。一方面在环境建设过程中，从基础设施建设抓起，优化美化绿化环境，推行“阳光检务”，凸显检察特色。另一方面把“内强素质，外塑形象”作为文明单位创建的重点工作来抓，通过电子屏、宣传图片、文明用语等展示检察官的文明守则和礼仪风采，警示干警牢记宗旨，不辱使命，营造忠诚、公正、清廉、文明的检察文化氛围。三是通过媒体和文娱活动扩大影响。充分利用包括网络在内的各类媒体，加强法律常识、检察动态等方面的宣传，并结合节庆纪念活动，积极开展形式多样的文化活动，扩大检察文化的辐射面。

二、检察文化建设需注意的问题

由于种种因素的影响，基层检察院尚存在着对检察文化建设重视不够，对检察文化内在本质把握不准确，以及检察文化建设表层化、庸俗化、功利化和经费投放不足等问题，在一定程度上影响着检察文化建设的深入发展，需要认真加以研究解决。

1. 对检察文化建设的重要意义缺乏正确认识。主要表现在对检察文化内涵和外延的理解不够清晰，将检察文化理解为仅仅就是检察系统内部开展的文艺、体育、娱乐等活动，除此之外就是加强政治和业务方面的学习；还有的是将检察文化建设作为法律监督活动的管理方法和管理手段，对检察文化建设的认识局限在表层化和误区上；有的甚至认为开展检察文化是对正常工作秩序的冲击，是浪费时间和经费，是不务正业，搞花架子，是形象工程，没有真正认识到检察文化建设的重要性和必要性。

2. 只注重物质表现形式，忽视检察文化的内在本质。把检察文化建设等同于保障性工作，着重强调其改善检察人员工作、生活、学习条件的物质功能，或者把检察文化建设等同于机关环境的美化和丰富检察人员的业余生活，一味强调发展机关环境和娱乐文化，忽视了检察文化的核心内容和本质要求，偏离了检察文化建设的正确方向。

3. 盲目照搬模仿，重点不突出，特色不明显。检察文化既有共性的一面，也有其鲜明的个性特征，但是在推进检察文化建设的过程中，有的尚未注重体现本地区、本院及检察人员的自身特点和发展趋势，盲目照搬照抄其他检察机关的经验，使检察文化建设形式单一，视野狭窄，趋于庸俗化，功利化，未能发挥检察文化所具有的独特作用。

4. 对检察文化建设的投入不足。经费保障不足是困扰基层检察院发展的难点之一，也是制约检察文化建设的“瓶颈”。佳木斯市属于经济欠发达地区，基层财力不景气，在办案、办公经费尚不能完全保障的情况下，检察文化建设所需资金往往更是捉襟见肘。

综合分析上述问题，究其产生的原因主要有以下几点：一是文化底蕴不丰富。检察文化建设之所以存在不尽人意之处，原因之一是在我国传统文化中，没有形成近代或现代意义上的法治文化，缺乏法治文化传统，缺乏支撑检察文化健康发展的法治文化资源，缺乏依法监督机制赖以发挥效用的文化土壤。二是价值定位模糊。从某种意义上讲，检察文化建设中出现的问题与误区，根本症结之一在于人们思想上对检察文化的价值定位存在着模糊认识。由于价值定位的模糊，有的检察机关只是将检察文化作为管理队伍的手段，忽视了法治元素的注入，没有凸显出检察文化的法治核心与法律监督本质；有的过于强调检察文化的法律监督性，弱化了队伍建设，忽视了检察队伍接触消极阴暗面较多，易受落后腐朽文化侵蚀的客观现实。三是干警素质参差不齐，能力水平高低不一。就目前状况看，基层检察机关仍然存在着干警知识结构比较单一，缺乏综合素质比较高的研究型人才，工作中表现出重办案、轻调研，重视法律条文的运用，轻视对法理的学习研究等倾向，从而对检察文化建设向深层次发展造成了一定影响。

三、检察文化建设应遵循的原则要点

检察文化作为一种“软实力”，日益成为检察机关建设的重要内容，检察文化建设在促进检察队伍自身建设、推动各项检察工作发展等方面发挥着不可替代的重要作用。基层检察院应当遵循、贯彻《最高人民检察院关于加强检察文化建设的意见》所提出的5项原则，牢牢把握以下几个要点，全面加强检察文化建设。

1. 坚持与时俱进。检察文化是检察工作不断创新发展的精神动力，是时代精神在检察系统的具体化，因此在检察文化建设中，必须坚持与时俱进，注重创新。要本着有利于提升文化底蕴、有利于陶冶干警情操、有利于检察工作开展的原则，大力推动检察文化内容、形式以及方式方法等方面的创新，拓展建设思路，发展建设理论，丰富检察文化建设的内涵，使其内化于干警心灵，外化于检察实践，推动检察工作向前发展。要依据中国特色社会主义文化以及法治文化的要求，科学地整合建设资源，大力构建体现时代法治特征、体现和谐社会要求、富有时代精神的检察文化体系，促进检察机关转变观念，改进作风，展现新时期的良好精神风貌。

2. 突出以人为本。要以科学发展观为指导，坚持以人为本，寓教于化，有组织、有计划地开展检察文化建设活动。坚持检察干警的主体地位，以检察文化的发展和进步来促进检察干警的全面发展和完善，实现检察机关的整体价值和检察人员的个体价值相统一。突出以人为本思想，实行人性化管理。通过教育、引导、关怀、激励等多种形式，增强干警从事检察事业的责任感、归属感，激发工作主动性和创造力。同时强调以人为本，注重人权，在执法办案中展现人文关怀，探索检察文化与检察业务的深度融合，在确保案件质量同时，强化以人为本的人性化办案思想，依法保护当事人的人格尊严和合法权利，充分体现以人为本的检察文化理念。

3. 体现检察特色。检察机关所开展的政治思想教育、时事政策宣传、文体娱乐活动以及机关的基础设施建设等，都属于检察文化建设的范畴，这些都是社会主义大众文化共性的部分。同时检察文化还具有自己的特质：一是法治性。检察文化属于法治文化范畴，这就决定检察文化建设要始终凸显其法治特征。二是公正性。“强化法律监督，维护公平正义”是检察工作的主题，也是检察文化建设的重要特色。 三是地域性。检察文化和地方文化紧密相连，在检察机关系统内部，各级、各地的检察文化建设都具有各自的地域特色和个性特征。四是多样性。检察文化植根于检察工作实践，涉及到打击刑事犯罪、惩治腐败、诉讼监督、促进社会和谐、维护群众利益等方方面面。为此，基层检察文化建设要突出自身特点，彰显检察特色，融合法治文化精髓，在价值取向上反映出检察机关的职责。

4. 服务检察实践。检察文化建设必须立足并服务于检察实践，大力倡导在工作中培育文化，用文化促进工作，将检察文化渗透到检察实践的各个方面和每一个环节，并在工作实践中不断充实与完善。通过加强检察文化建设，充分发挥检察文化应有的功能，促进检察事业健康发展。尤其要把检察文化建设作为检察机关开展思想政治工作的有效载体，实现政治工作的创新性转变，将刚性约束转变为刚性约束与柔性引导相结合。在传统的主要靠制度硬性约束的基础上，通过检察文化的熏陶、浸润作用，激发干警的自觉性、主动性和积极性，达到自警、自律的良好效果。

[文化艺术创作]

【“空军好军嫂”的检察人生】

——记黑龙江省齐齐哈尔市检察院控申处正科级检察员姚淑媛

黑龙江省齐齐哈尔市检察院　王玉春

在黑龙江省齐齐哈尔市检察院不久前举办的践行党的群众路线先进典型事迹报告会上，市检察院控申处正科级检察员姚淑媛的事迹打动了在场的干警。姚淑媛说：“多年的工作实践，印证了一个浅显的道理，那就是只有在内心深处把群众当亲人，群众才会接近你、走近你、信任你！”

十八年如一日，忠诚履职，负重耕耘，同志们称她是忘我工作、勤勉敬业的“实干人”

姚淑媛，1972年12月出生，1996年4月，24岁的她作为随军家属来到黑龙江省齐齐哈尔市，对口调入市人民检察院，开始了检察生涯。18年来，她始终秉承着“份外工作尽力干好，份内工作必须干到极致”的工作理念，把最美好的青春年华献给了检察事业。

工作之初，她就立下了这样的誓言：“党员就意味着奉献，而不是索取；公务员就意味着服务，而不是享受”。作为一名新兵，尽管业务不熟，工作难度大，但她一直努力学习，踏实做事，勤于思考，勇于担当，很快成为了所在处室的业务骨干。在公诉部门工作的三年时间里，她主诉的几十起案件，没有一起被法院改变定性，起诉准确率达到100%。

1999年，她被安排到控申部门负责举报线索管理工作，一干就是15年。作为检察机关与人民群众紧密联系的窗口单位，控告申诉部门工作琐碎繁杂、责任重大。15年间，经她受理登记的来信多达15000余件，接待人民群众来访2000多人次，每年受理的信件有几麻袋之多，从线索的受理、登记、分流、反馈到答复，没有发生过一起遗漏和延误。由于爱人是空军飞行员常年不在家，女儿从小就跟着她加班，她处理工作，女儿在一旁安静的写作业，这个场景院里的人都非常熟悉，令其感到骄傲和欣慰的是，她所负责的案件线索管理工作 多年来始终居于全省领先地位，所研究设计的“举报线索 数据管理模式”得到了省院的认可，并在全省推广应用。

伴着百姓的愿望走，卧思黎民苦，行尽公仆心，群众称她是有难必帮、为民解忧的“热心人”

她在负责控申接待工作中，面对的是一张张怒气冲冲的脸和一声声不堪入耳的哭骂声、埋怨声，碰到的是一桩桩令人头疼的棘手问题，处理稍有不慎就可能激化矛盾，给社会稳定大局造成不可估量的影响。作为群众来院的第一个接触者，她感到责任和压力重大。

她常说：“不到万不得已，群众不会来访，只要把群众当亲人、当朋友，伴着百姓的愿望走，以心换心，群众总会理解的。”正是基于这种认识，她始终坚持接待群众热心、听取问题耐心、记录事实细心、解决问题诚心、执法办案公心、攻坚克难恒心的“六心”理念；采取生人熟人一样、干部群众一样、初访重访一样、问题大小一样、态度好坏一样、本地外地一样、辖区内外一样等“七个一样”工作法，很多案件都是在她的这种强大亲和力推动下得到圆满解决的。

2007年，拜泉县居民陈立艳因自己亲人遇害一案认为公安机关人员有渎职行为，对当地检察机关的不立案决定不服，多次到高检院、省院、市院进行激烈闹访。她接待后，始终站在上访人的角度分析整个事件过程，并对其进行晓之以理、动之以情的劝说。针对陈立艳家庭困难送款捐物，给予热情的人文关怀，赢得了上访人的充分信任，上访人压抑多年的痛苦终于释怀，禁不住放声大哭，最终表示息诉罢访。在有关部门采访陈立艳时，她说：“是小姚用话语开导了我、感动了我，从内心感谢她！”通过她一贯的热情接待和积极化解，使赵玉珍、曹代利、冯立东、麻明坤等疑难越级上访案均得到了妥善解决，首访息诉率大大提升。近三年，她受理接待来访600多件次，首访息诉达400多件次。办理上级机关交办案件53件次，均在交办期限内办结，交办工作得到上级机关和省院的充分肯定，取得了良好的法律效果和社会效果。

身患癌症信念不倒，困苦磨砺中尽显大爱情怀，领导称她是无私奉献、坚守岗位的“刚强人”

2008年12月5日她病倒在工作岗位上。领导和同事不顾她的推托，硬是把她送到医院，经检查确诊为乳腺癌。

其实她早在半年前就有所反应，到医院检查结果显示胸部有一个肿瘤，医生建议立即手术，防止病情恶化。由于当时正是群众上访的高发期，她担心如果此时手术会影响到控申部门的整体工作，贻误答复上访群众的诉讼时限，于是选择了保守治疗。感到疼痛时就靠止痛药顶着，有时病情发作时坐立不安，豆大的汗珠顺脸滴淌。同事和上访群众都劝她去医院治疗，可是她总是说：“这段时间工作太忙，我走了别人接不上茬，等干出个眉目时再去医院……”就在上手术台时，她还向同事交代：“有几件群众访，她已与有关单位沟通好了，这几天要开协调会，我暂时回不去，请你们帮帮忙，不要让群众着急，更不能让群众失望”。在治疗的半年多时间里，她先后经历了2次手术、6次化疗，切除了一侧的乳房、掉光了全部头发。在手术后不到半个月时间，她不顾医生的反对和单位领导的阻栏，楞是回到了工作岗位上，戴着假发强忍疼痛、故作笑容地接待上访群众，数次因为身体不适而满头虚汗，了解内情的群众无不动容。

多年的信访接待工作，使她与群众建立了深厚的感情，许多上访人到院里反映问题都会来找她，起初院里好多同志不明真相，还以为是她的亲属来找她。时间久了，同志们了解明白了，是她的信念、为人、作风和精神得到了人民群众的 信任和认可，才得以使然。

守望道德高地，事业家庭两不误，部队官兵称她是瞩目蓝天，操持内外的“当家人”

她的爱人是空军某部的优秀战斗机飞行员，每年都有6个多月的时间在外执行任务，聚少离多、思念等待的日子已成为她生活的常态，家庭的重任都落在她的肩上。

1998年，为了免除丈夫的牵挂，她把远在山东的公公婆婆接到齐齐哈尔尽心照料。1999年，婆婆患结肠癌住院，她白天在单位工作，一下班便拖着疲惫的身躯一直陪伴在婆婆身边，端药擦身，悉心照料。2001年，远在河北的母亲患上了严重的心脏病，因为怕耽误工作、也怕丈夫飞行时分心，她只在母亲身边照顾了两天就一路哭着回到了齐齐哈尔。2007年年底，丈夫到福建执行轮战任务，一走就是7个月。一天清晨，飘泼大雨下个不停，女儿突然肚子痛，大便带血，吓的她不知所措，抱着女儿冒着大雨直奔医院，医生诊断女儿患上了肠炎，需要住院治疗。这一住就是半个多月，她也有女人柔弱的一面，瘦小的肩膀本挑不起太多的重担，她也有女人爱哭的本性，泪水也常常冲破感情的闸门，可为了不让丈夫担心，每次打电话来，她都忍着眼泪，对他说："我很好，女儿也很好，家里一切都好，你就安心飞吧，不用担心我们。"

这样的经历不知道有多少次，这样的"谎言"也不知说了多少回，直到她患病手术躺在病床上，被部队首长 以 "执行任务" 特批回来的丈夫才知道：为了让他安心飞行，她的病情已经瞒了他很长时间……但她对自己的选择从不后悔，从检道路上她恪尽职守、砥砺奋斗了整整18载，18年的魂与梦，18年的风和雨，她正如一粒饱满的种子，深情的撒在人民的土地，在人民中间生根开花。18年的时间里，先后多次荣获全省检察机关优秀接待员、黑龙江省首届好军嫂、省三八红旗手、全市检察机关先进个人、齐齐哈尔市十佳好军嫂等殊荣。2013年3月，被中国人民解放军空军政治部授予"空军好军嫂"称号。同年12月被黑龙江省检察院授予全省优秀检察官提名奖。

荣誉的背后，是汗水和泪水的辉映，是痛苦和快乐的交织。她的事迹很平凡，仅是千千万万公仆的一个代表，她早已将自己的赤胆忠心交给了祖国和人民，在经历过生与死的考验后，她对自己的选择无怨无悔。因为她得到了老百姓亲人般的信任。她骄傲的说她将自己的经历全部奉献给了伟大的事业，这事业有她的检察梦，也有丈夫的空军梦，站在祖国的土地上仰望爱人飞翔的蓝天，她看到了她们的爱在共和国的旗帜上飞扬。

[文化艺术活动]

全民健身——省院徐明检察长等领导与运动员亲切合影留念。▶

◀ 加强组织建设加大检察文化活动力度——黑龙江省检察官文联常委会听取各直属专业协会工作汇报。

◀ 省检察官文联名誉主席、检察长徐明和文联主席、副检察长车承军在篮球赛场地看望参赛队。

黑龙江省检察官文联召开第第二次常委会增补政治部主任李郁为文联副主席。▶

◀ 农垦分院参加省检察官文联文艺汇演。

▲ 省检察官文联在毛主席诞辰日举行读书报告会，请省院专职检委会委员沙莎讲评。

◀ 省检察官文联在毛主席诞辰日举行读书报告会，请副厅级检察员沙莎讲评。

◀ 在党的诞辰日黑龙江铁路检察院干警与部队战士共唱一首歌。

◀哈尔滨市香坊区检察院在赵尚志烈士墓前重温入党誓词。

大庆龙凤区检察院在检察文化建设中举办核心价值观主题演讲。▶

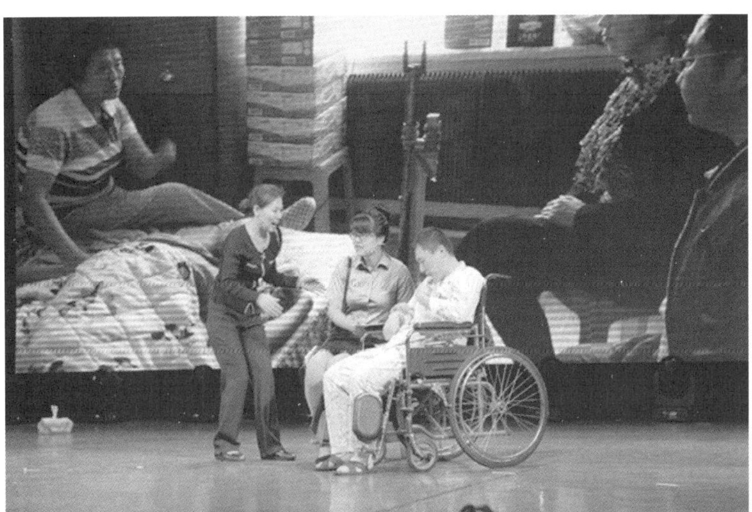

◀佳木斯市检察院以民行处办理的一起维护弱势群体利益的案件为原型，自编自导自演的情景剧《新时代的检察官》在佳木斯市汇演中荣获二等奖。

▲庆祝中国共产党93岁生日省院离退休老同志到哈尔滨市双城区原四野指挥部参观学习。

▲省运会红星站火炬传递。

▲孙吴检察院全员签名书写宪法长卷。

▲佳木斯市东风区院拍摄反腐微电影喜获三等奖。

上海市检察官文学艺术联合会

[文化艺术活动]

【市检察官文联获“文化论坛”优秀组织奖】

7月24日，第三届中国检察官文化论坛在内蒙古举行。中国检察官文联主席张耕、高检院党组成员、政治部主任王少峰向荣获第三届中国检察官文化论坛征文活动组织工作奖的上海市检察院和荣获论文一等奖的徐汇区院段继涛等获奖单位、个人颁奖。市检察院副检察长、市检察官文联主席郑鲁宁出席会议。徐汇区院段继涛在会上作了交流发言。

【上海市检察官合唱团获全国声乐（合唱组）比赛佳绩】

8月13日至15日，上海市检察官合唱团在哈尔滨参加国家文化部主办的全国第十一届声乐（合唱组）比赛中，进入复赛和决赛，跻身六强，同时获得最佳钢琴伴奏奖，并参加颁奖盛典演出。中国检察官文联主席张耕、中国检察官文联副主席、市检察官文联主席、市院副检察长郑鲁宁到场祝贺。

第十一届全国声乐比赛（合唱组）

第十一届全国声乐比赛（合唱组）
主办：中华人民共和国文化部 哈尔滨市人民政府

【上海市检察官文联领导向摄影作品获奖作者代表颁奖并赠送《梅之韵》画册】

市检察官文联领导为参加沪苏浙皖书画摄影展中摄影作品获奖作者代表颁奖。会上，摄影专业委员会会长蒋爱山，宣读了获沪苏浙皖四省市文联和安徽省摄影家协会授予的摄影作品一、二、三等奖和参展作品奖的名单。市检察官文联主席郑鲁宁、副主席潘柏生、文岚、刘节田、许国庆等领导，为获奖作者代表颁发证书。与此同时，市检察官文联领导向梅花摄影作者代表，赠送了由市检察官文联精心编辑制作的、由市检察院陈旭检察长题写书名、市检察官文联郑鲁宁主席作序的《梅之韵》画册。本画册不仅荟萃了检察摄影爱好者“以荷喻检”主题摄影100多幅摄影作品，而且诗图呼应相得益彰，呈现了历代名人咏梅的诗词，深受检察干警欢迎和赞誉。

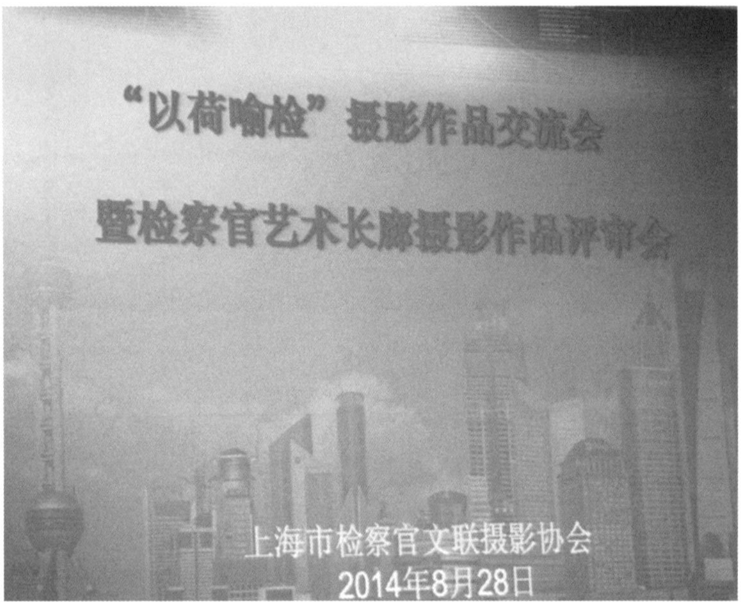

【举行“上海检察机关迎春书画摄影汇报展”】

2014年1月9日，“上海检察机关迎春书画摄影汇报展”在市院开幕。市检察院党组书记、检察长陈旭，市院党组副书记、副检察长陈辐宽为展览揭幕。市院党组成员、副检察长、检察官文联主席郑鲁宁致辞。市院党组成员、政治部主任、检察官文联副主席徐金贵主持。部分市院领导、市检察官文联委员、入展作品的作者等50余人出席了开幕式。展览共展出的65件书法、绘画、摄影作品，是上海检察机关去年10月份入展“首届沪苏浙皖检察官书法绘画摄影艺术作品展”的全部新作。这些作品，以检察人员独特的艺术视角，鲜明的政治主题，较高的审美品位，展示了人民检察官良好的精神风貌和审美追求，充分表达了人民检察官对事业的追求和对生活的热爱，也体现了对传统文化的传承和创新。

【市检察官文联体育协会乒乓球队取得“会员杯”乒乓球锦标赛团体冠军】

市检察官文联乒乓球队首次参加了由市法学会举办的第三届“会员杯”乒乓球锦标赛。本次比赛共有市委政法委、市检察院、市高级法院、市公安局、市法学会等10个单位，共计近70名运动员参加。市院乒乓球队全体队员团结一致，奋力拼搏，展示技术，增进友谊，经过一整天的紧张比赛，取得了优异成绩。市院乒乓球队取得团体冠军，陈余民获男子单打冠军，姜玲获女子单打冠军。

【沪皖检察官文联交流经验】

2月21日，安徽省检察官文联主席陈怀安一行来沪考察，市检察官文联主席、副检察长郑鲁宁、文联副主席、政治部主任徐金贵、文联副主席兼秘书长文岚等同志就市检察文联工作与来访客人进行了座谈交流。与此同时，安徽省检察官文联一行还赴闵行、青浦等区院进行检察文化工作实地考察。

【开展“检察文化下基层——奉贤行”活动】

3月5日，市检察官文联组织20多名摄影、书画会员，赴奉贤区检察院举行“检察文化下基层——奉贤行”活动。文联副主席商 ，奉贤区检察院副检察长俞德明、政治部主任倪莎等同志参与。期间，摄影爱好者们就“以梅喻检”主题摄影作品进行交流，书画爱好者们现场挥毫讴歌检察风采。

“以梅喻检”
摄影书画交流活动
“以梅喻检”
摄影书画交流活动

“以梅喻检”
摄影书画交流活动
“以梅喻检”
摄影书画交流活动
檢魂

厚德載物

【市检察官文联召开一届四次主席办公会暨一届三次全委会】

2014年5月9日下午，市检察官文联召开一届四次主席办公会暨一届三次全委会。市院副检察长、文联主席郑鲁宁到会并讲话。会议由市院政治部主任、文联副主席徐金贵主持。会议决定免除杨康健同志市检察官文联专职副秘书长、书法美术专业委员会主任等职，决定聘任蒋爱山同志为文联专职副秘书长、聘任吴军敏同志为文联书法美术专业委员会主任，同时增补吴军敏同志为文联委员。会上，郑鲁宁主席对今年市检察官工作提出了要求：围绕“一个主体”，即以检察官为主体；坚持“两个依靠”，即依靠基层院和各专业委员会；践行“三个服务”，即服务于检察中心工作，服务于检察队伍建设，服务文联全体会员，为会员提供更好的培训和展示的平台。

【邀请上海音乐学院王勇教授举行音乐讲座】

4月23日下午，市检察官文联邀请上海音乐学院王勇教授举行《让我们走进古典音乐》讲座。市院党组书记、检察长陈旭、市院副检察长、市检察官文联主席郑鲁宁和300多名检察机关音乐爱好者，聆听了音乐讲座。

【市检察官文联举行第一届文艺汇演颁奖活动】

5月23日下午，市检察官文联举行第一届文艺汇演颁奖活动，市院党组书记、检察长陈旭，市院副检察长、市检察官文联主席郑鲁宁等文联领导，分别向普陀、静安等获奖单位颁发荣誉证书。

【举办“上海市检察机关自管食堂厨艺比赛”】

6月21日上午，由市检察官文联、市院行装处联合主办的“上海市检察机关自管食堂厨艺比赛”在检察官培训中心举行。此次活动，旨在用有限的伙食经费，烹饪出色香味俱佳的菜肴，丰富食堂菜谱。市院副检察长、市检察官文联主席郑鲁宁、市院行装处长葛建军、市检察官文联副主席兼秘书长文岚等领导出席。本次活动，共有17家单位、18个参赛队伍、现场采用普通食材烹饪了36道家常菜，深受全国级厨师评委和检察干警的好评。现场的厨艺交流和专家的一一点评，使各参赛队厨师受益良多。

▲6月21日，上海市检察机关自管食堂厨艺比赛。

▲上海市检察机关自管食堂厨艺比赛。

【举办上海检察机关"迎七·一"桥牌双人赛】

6月28日，市检察官文联体育专业委员会举办2014年上海检察机关"迎七·一"桥牌双人赛。市院党组书记、检察长陈旭，市院党组成员、副检察长、市检察官文联主席郑鲁宁和市检察官文联副主席兼秘书长文岚，同全市各级检察院20多名选手参加了比赛活动。

【举办书画作品创作交流会】

7月11日，市检察官文联书法美术专委会举办书画作品创作交流会，市院副检察长、市检察官文联主席郑鲁宁和文联副主席兼秘书长文岚到场观赏并勉励检察机关书画爱好者。文联书法美术专委会会员吕红楼就书画鉴赏的经验体会同大家分享。

【市检察院党组书记、检察长陈旭高度称赞载誉归来的市检察官合唱团】

8月25日，《检察日报》在头版刊登了上海市检察官合唱团日前在第十一届全国声乐比赛中获得合唱组第六名和合唱伴奏奖。中国检察官文联音乐舞蹈协会、上海市检察官文联分别获得优秀组织奖的好成绩的消息。与此同时，《正义网》、《中国检察文艺网》等网络媒体也纷纷转载。获此喜讯的市检察院党组书记、检察长陈旭在专门报告中批示，代表党组向上海检察官合唱团表示衷心祝贺，向合唱团全体同志表示衷心感谢，并指出上海检察官合唱团，是上海检察队伍优良素质形象的品牌，反映了上海检察官不仅是秉公执法的司法尖兵，还是一批具有良好职业精神和文化素质的精英。同时要求各单位各部门大力支持合唱团活动，不断培养新人，要学习合唱团同志们精益求精、一丝不苟、团结友爱的精神风貌，推动上海检察机关各项工作和精神文明建设新发展。

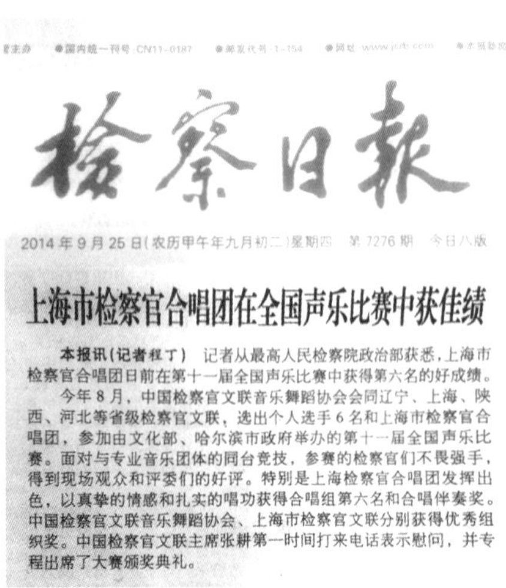

检察日报

2014年9月25日(农历甲午年九月初二)星期四 第7276期 今日八版

上海市检察官合唱团在全国声乐比赛中获佳绩

本报讯(记者程丁) 记者从最高人民检察院政治部获悉，上海市检察官合唱团日前在第十一届全国声乐比赛中获得第六名的好成绩。

今年8月，中国检察官文联音乐舞蹈协会会同辽宁、上海、陕西、河北等省级检察官文联，选出个人选手6名和上海市检察官合唱团，参加由文化部、哈尔滨市政府举办的第十一届全国声乐比赛。面对与专业音乐团体的同台竞技，参赛的检察官们不畏强手，得到现场观众和评委们的好评。特别是上海检察官合唱团发挥出色，以真挚的情感和扎实的唱功获得合唱组第六名和合唱伴奏奖。中国检察官文联音乐舞蹈协会、上海市检察官文联分别获得优秀组织奖。中国检察官文联主席张耕第一时间打来电话表示慰问，并专程出席了大赛颁奖典礼。

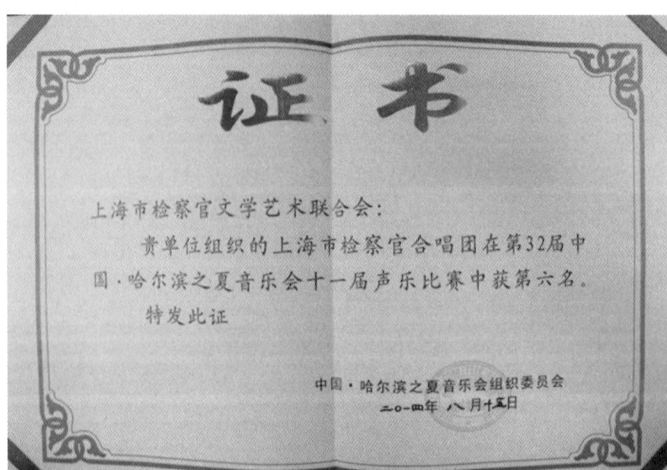

证书

上海市检察官文学艺术联合会：

贵单位组织的上海市检察官合唱团在第32届中国·哈尔滨之夏音乐会十一届声乐比赛中获第六名。

特发此证

中国·哈尔滨之夏音乐会组织委员会

二〇一四年 八月十五日

【邀请著名摄影家郑宪章讲授风光人物艺术摄影】

10月16日，市检察官文联举办著名摄影家郑宪章风光人物艺术摄影讲座，中国检察官文联副主席、上海市检察官文联主席上海市检察院副检察长郑鲁宁出席，上海检察系统200多位摄影爱好者参加。

【市检察官文联举行“检察之光”主题征文大赛颁奖赠书仪式】

◀10月30日下午，市检察官文联举行“检察之光”主题征文大赛颁奖赠书仪式。市院副检察长、市检察官文联主席郑鲁宁，市院党组成员、政治部主任、市检察官文联副主席徐金贵出席仪式。

◀上海市检察官文联举行“检察之光”主题征文大赛颁奖赠书仪式。

【开展“检察文化下基层——杨浦行”活动】

11月12日，上海市检察官文联组织部分书画摄影爱好者赴杨浦区检察院，开展“检察文化下基层”活动。市检察院文联主席郑鲁宁、杨浦区检察院检察长岳杨、市检察官文联副主席兼秘书长文岚等领导出席活动。杨浦区检察院检察长岳杨介绍了该院21年来检察文化月活动开展的情况，随后播放了该院建院60周年的专题片《风雨一甲子，追梦杨检人》。

郑鲁宁主席对杨浦区检察院坚持文化孕育检魂所取得的丰硕成果给予了高度肯定。他强调，文化建设要切实围绕检察工作开展，不断为检察工作注入文化软实力，充分发挥文化对检察工作的引领作用。活动期间，书画摄影爱好者参观了该院张德根个人书画展和部分检察官摄影作品展，还现场挥毫泼墨、摄影作品互动交流，抒发检察情怀。

【邀请著名剧作家瞿新华讲授微电影创作】

市检察官文联邀请著名剧作家瞿新华来院作“检察题材微电影创作”讲座。文联影视、摄影、文学协会和全市宣传、预防、未检等条线100多人与会。市检察官文联副主席兼秘书长文岚到会主持。

“检察题材微电影创作”讲座
主讲人：

江苏省检察官文学艺术联合会

[综 述]

2014年，江苏省检察官文联深入贯彻党的十八届三中、四中全会和习近平总书记系列重要讲话精神，认真落实高检院和省院党组“文化育检”的方针部署，坚持用社会主义核心价值观等先进思想占领检察文化主阵地，紧紧围绕服务党和国家工作大局、服务检察中心工作、服务检察队伍建设、服务广大人民群众，扎实开展群众性检察文化活动，积极传播检察好声音，传递检察正能量，丰富了干警的文化生活，营造了良好的文化氛围，为推进检察工作科学发展提供了精神力量。

【深刻领会习近平总书记系列重要讲话精神，坚定检察文化建设的正确方向】

省检察官文联坚持以党的十八届三中、四中全会和习近平总书记系列重要讲话精神为指导，深刻领会习总书记在文艺工作座谈会上提出的一系列新思想、新观点、新论断、新部署，自觉坚持中国特色社会主义文化发展方向，把检察文化建设放在全面推进依法治国、建设法治江苏的进程中加以谋划，把培育和践行社会主义核心价值观贯穿于检察文化建设全过程，充分运用各种文化艺术形式和载体，为检察抒写，为检察放歌，为广大检察人员提供健康向上的精神文化产品，凝聚检察力量，弘扬检察精神，展示良好形象。年初，举办了学习习近平总书记系列讲话精神“中国梦·检察梦·我的梦”演讲比赛；年中，举办了两期全省检察机关领导干部学习习总书记系列讲话精神研讨班，召开了纪念“五四”青年节暨弘扬社会主义核心价值观读书座谈会；年底，举办了由省院领导带头开讲的学习习总书记重要讲话精神专题讲座，举办了“学习四中全会精神，依法履行检察职能，全面推进法治江苏建设”知识竞赛。通过座谈、研讨和竞赛等活动，把干警的思想和行动统一到中央的决策部署上来，把力量和智慧凝聚到推进检察工作科学发展、奋力争当排头兵的目标上来，引导广大干警为推进依法治国、建设法治江苏作出积极贡献。省院机关还组织干警参观江苏检察院史展览，接受传统教育，传承检察精神，进一步激发干警的责任感、使命感和荣誉感；省检察官文联联合《清风苑》杂志社在全省检察机关开展优秀院训评选展示活动，共有20个市院、基层院的院训先后在杂志上刊登，引起了较好的反响。各市检察官文联也都组织开展了不同形式的主题文化活动，南京市检察官文联举办“心系群众执法为民”小品大赛，苏州市检察官文联举办“我的检察官，我的中国梦”网络电视演讲比赛，镇江市检察官文联举行“践行群众路线，传递检察正能量”先进事迹报告会，加强对干警的思想教育和文化熏陶，促进干警树立正确的执法理念，提升检察队伍的职业素养和执法公信力。

【积极参与检察文艺创作和评选展览活动，提升检察文化工作的层次和水平】

各级院充分认识加强检察文化建设的重要性，充分发挥检察官文联的职能作用，结合庆祝建国65周年纪念活动和“中国梦”开篇之年的宣传，积极参加高检院政治部、中国检察官文联以及江苏省文联组织开展的文化艺术创作及活动，组织基层检察干警创作了一批体现时代精神、反映检察特色的优秀文化艺术作品，并在各类评选中取得了较好成绩。省院组织参加高检院政治部和检察日报社联合举办的“全国检察机关首届微电影展播活动”，《向阳花》、《检察蓝》2部微电影获奖，省院政治部获组织奖；组织参加高检院预防厅、影视中心、中国检察官文联影视协会等举办的“首届全国检察机关预防职务犯罪专题微电影评比活动”，报送的10部作品均获奖，其中《岁月的坚守》获特等奖，省院获组织奖；组织参加第三届中国检察官文化论坛，以“检察基层文化建设的理论与实践”为主题，报送的检察文化理论研究论文有5篇获奖（其中一等奖1篇），省检察官文联获组织奖；组织报送的一批优秀书法、美术、摄影作品，有1件（詹爱平《船厂》）入选中国文联“情系中国梦——庆祝新中国成立65周年”全国产（行）业文联摄影精品展览（深圳）并获优秀作品奖，有4件（朱蓝生《高原红韵》等）入选中国检察官文联“中国梦·检察魂——全国检察机关优秀书画摄影作品展”，有10件入选“追梦历程——庆祝江苏省文联成立60周年全省文联干部职工美术、书法、摄影作品展”；组织报送的一批摄影作品在“首届全国检察机关预防职务犯罪摄影大赛”中获3个特等奖、2个一等奖；组织报送的组照《一场特殊的公诉》在检察日报“中国梦·法治路”新闻摄影大赛中获一等奖。还组织参加了中国检察官文联“中国梦——我的检察官故事”征文、第四届“迎新春、送文化”春联征集以及高检院政治部“检察文化理论与实务研究”征文等活动。通过组织参加系列丰富多彩的检察文化艺术活动，在推进检察文化建设的同时，提升了检察文化工作的层次和水平。

【大力宣传严格执法、公正司法先进典型，营造奋发进取、创先争优的文化氛围】

注重发挥典型的示范效应，加强正面宣传，弘扬正气，鼓舞士气，对干警进行潜移默化的示范引领和文化熏陶。组织召开了全省检察机关学习张飚同志先进事迹座谈会，来自全省检察一线的18名干警结合自身思想和执法办案实际，交流了学习张飚同志先进事迹的心得体会；组织举办了“坚守职业良知、践行执法为民”英模事迹报告会（全国检察机关英模巡回报告），学习英模忠于法律、秉持公正、勇于担当、敢于监督的优秀品格和职业操守，始终保持检察干警清正廉洁的职业本色。同时，在去年成功推出林志梅这一全国先进典型后，进一步发现、树立和宣传干警身边的优秀典型，持续加大典型宣传力度。上半年以高检院第八次“双先”表彰为契机，在《江苏法制报》、江苏检察网专门开设“检察风采”专栏，对受表彰的1个“全国模范检察院”、5名“全国模范检察官”和一批一等功集体及个人进行系列宣传，力度空前，效果良好。特别是重点宣传推介的“全国模范检察官”——滨海县院副检察长、反贪局长刘文胜，其敢于担当、公正执法的先进事迹受到检察系统内外的广泛好评，今年6月参加全国检察机关“坚守职业良知，践行执法为民”英模事迹报告团，在高检院作首场报告后，又先后到江苏、吉林、陕西、重庆、广东、湖北等省级院作巡回报告，被评为首批“江苏最美法治人物”，在江苏卫视城市频道公开发布，成为全省检察系统又一个有影响力的先进典型。下半年，又重点对全省检察机关第六次“双先”表彰的一批先进集体和个人予以大张旗鼓的宣传，推荐泰州兴化市院女检察官翁立萍参加“中国好人”评选，传递检察正能量，营造学赶先进、创先争优的浓厚文化氛围。

【扎实开展群众性检察文化艺术活动，打造富有特色亮点的检察文化品牌】

以开展群众性检察文化艺术活动为着力点，年初专门下发检察文化工作要点，部署任务，提出要求，推动各级院打造有特色的检察文化品牌，提升检察文化的感召力、吸引力和影响力。南京市检察官文联组织举办全市检察机关首届“文化艺术节”，加强主题策划，突出检察特点，注重群众参与，内容安排多，共开展文体、展览、研讨三大类 14 项文化活动，参与干警达到 2600 多人次，是该院历年来干警参与面最广、活动质量最高的一次文化盛会，丰富了干警的精神文化生活；无锡市检察官文联结合开展群众路线教育实践活动，组织开展“执法为民，践行群众路线”摄影作品展览和全市检察机关“清风正气，崇俭养廉”主题演讲比赛，引导干警树立为民务实清廉的价值追求，夯实检察队伍的思想根基；常州市检察官文联做精做强“纪萍工作室”文化名牌，在《民主与法制》、《法律与生活》两家国家级杂志开设“女检察官手记”专栏，《女检察官手记 Ⅲ》向全国出版发行，荣获常州市“五个一”工程奖，在全省检察系统内外影响广泛；徐州市检察官文联组织开展创建基层检察文化建设先进单位评选活动，举办全市检察机关书画摄影作品展和羽毛球比赛等活动，被徐州市文联评为“2014 年度文艺工作先进集体”；南通市检察官文联突出“江海文化”地域特色，组织开展通检讲坛、法制微故事征集、编演廉政情景短剧等活动，群众性检察文化活动活跃普及，市院建立的南通检察文化中心被评为南通市“法治文化示范点”；盐城市盐都区院与市淮剧团联合创作“聚焦四风、警钟长鸣”淮剧专场在全区公演，以地方戏唱响“预防戏”的做法被《检察日报》报道；泰州市检察官文联参加全市“法治的春天”诗歌朗诵会，编排的音诗画《正义的脊梁》荣获金奖；宿迁市检察官文联组织两级院有文艺特长的干警组成文艺志愿者服务队，进学校、进机关、进乡村开展法律文化、预防职务犯罪宣讲活动，倡导守法、清廉、和谐的社会氛围；连云港、淮安、扬州、镇江等市检察官文联围绕“中国梦”主题开展了不同形式的检察文化活动，较好地展示了检察机关服务大局、执法为民的良好形象，人民群众对检察工作的满意度不断提升。

[文化艺术创作]

【常州市女检察官纪萍创作长篇纪实文学《女检察官手记Ⅲ》公开出版】

2月，女检察官纪萍创作的长篇纪实文学《女检察官手记Ⅲ》由江苏文艺出版社公开出版发行。本书以真实案例为原型，运用小说、散文等文学结构及语言，通过人与人之间的关系展开案情，描写情与法的冲突，挖掘犯罪的社会、家庭及个人原因，展示当代社会人群在各种矛盾及欲望中的挣扎与沉沦，揭示爱情、婚姻、命运、人性、生与死的真谛，鞭挞人性之恶，发掘人性之美，警示大众，远离罪恶，倡导和谐，提升正能量。故事情节生动，语言朴实，情感细腻，配以数十幅插图增强视觉效果，图文并茂，具有较强的可读性及普遍的警示教育意义。该部长篇纪实文学由最高人民检察院原检察长贾春旺题写书名，中国作家协会副主席叶辛作序。《女检察官手记》系列作品成为全省检察机关具有广泛影响力的法治文化品牌，两次获常州市“五个一工程奖”，两次获江苏省报刊专栏一等奖，获全国报刊专栏二等奖，全国检察机关精神文明“金鼎奖”，国家图书馆、省图书馆及清华大学、北京大学等高校图书馆永久收藏。

【扬州市女检察官梅静创作长篇法制小说《如山，若水》公开出版】

4月，女检察官梅静创作的法治题材长篇小说《如山，若水》由春风文艺出版社公开出版发行。小说讲述了以检察院反贪局长为代表的一批执法者，面对经济建设中引发的系列职务犯罪案件，在如山使命和若水柔情之间作出正义抉择的故事，展示检察官在情与法的较量中对公平正义的坚守，对腐败者虚伪丑恶的鞭挞，以及对执法者慨然正气的颂扬与赞美。该小说创作完成后受到专家好评，被江苏省作协列为重点扶持项目。首发于搜狐网后，受到读者广泛赞誉，在搜狐网与春风文艺出版社联合举办的中国原创小说大赛中荣获一等奖。小说由江苏省作协主席范小青作序，最高人民检察院政治部主任李如林题写书名。

【镇江市女检察官董新建创作长篇法制小说《悬崖边》公开出版】

4月，女检察官董新建创作长篇法制小说三部曲第三部《悬崖边》由中国检察出版社公开出版发行。小说讲述了以苏方圆为代表的一批基层检察官在与黑恶势力的决战中，在对腐败分子查处中，在生与死、情与法、正义与邪恶的严峻考验中忠于职守、刚直不阿的感人故事。此前，董新建创作出版的前两部长篇法制小说《生死一线间》、《魔方》，相继由最高人民检察院影视中心改编拍摄成电视连续剧。

【微电影《向阳花》、《检察蓝》在全国检察机关首届微电影展播活动中获奖】

2月24日，全国检察机关首届微电影展播活动评审揭晓仪式暨“新媒体形势下的检察影像表达”研讨会在北京举行，我省新沂市检察院、大丰市检察院报送的微电影《向阳花》、《检察蓝》分别获得最佳包装制作奖、最佳剪辑提名奖，省院政治部获组织奖。本次获奖的《向阳花》讲述了检察官真心关爱一名被性侵受害的未成年女孩，帮助其恢复正常生活、重新走进校园的真实故事；《检察蓝》从一个环保渎职案例展开，讲述了检察官坚持司法为民、保护生态环境的故事。省院严明副检察长在研讨会上作交流发言，介绍我省检察机关组织微电影创作、创新开展检察文化建设的经验做法。

【省检察官文联参加第三届中国检察官文化论坛5篇论文获奖】

7月24日至25日，第三届中国检察官文化论坛在内蒙古呼和浩特市举行，论坛主题为“检察基层文化建设的理论与实践”。我省检察官文联从全省检察机关征集的80篇论文中选报参评论文14篇，有5篇论文获奖，其中一等奖1篇，三等奖2篇，优秀奖2篇，省检察官文联被评为优秀组织工作单位。一等奖获得者阚乃忠在大会上作了交流发言。

【摄影作品《老上访请我去吃年夜饭》（组图）在全国政法综治优秀新闻作品评选中获奖】

10月，由中央政法委、中央综治委主办的“2012至2013年度全国政法综治优秀新闻作品”评选揭晓，省院清风苑杂志社梅　拍摄的组图《老上访请我去吃年夜饭》荣获二等奖，是本次活动唯一获奖的江苏政法类报刊媒体摄影作品。该奖项是全国政法综治领域最高新闻奖。

【我省7幅摄影作品在首届全国检察机关预防职务犯罪摄影大赛中获奖】

10月，由最高人民检察院职务犯罪预防厅、中国检察官文联和中国检察官文联摄影协会共同举办的以“关心您、保护您、帮助您”为主题的“首届全国检察机关预防职务犯罪摄影大赛”评选揭晓，我省检察机关7幅作品获奖，省院获评组织奖。其中，《开展非公领域预防宣传》、《预防电影乡村行》、《检察人守卫“黄金水道”》获特等奖，《风清荷逸》、《晚来终自在》获一等奖，奖项份量居全国检察机关首位，获奖数量居前列。

【我省4件摄影作品在“中国梦·法治路”新闻摄影大赛中获奖】

10月，由检察日报社和全国专业报新闻摄影学会联合主办的“中国梦·法治路”新闻摄影大赛评选结果揭晓，我省报送的4件摄影作品最终从进入定评的150件作品中脱颖而出，获得奖项。其中，《一场特殊的公诉》（组图）获一等奖、《OK，中国检察官》、《比武》、《新年第一课：百名高中生观摩庭审》获优秀奖。

【省检察官文联一批作品入选“追梦历程——庆祝江苏省文联成立60周年美术书法摄影作品展”】

12月19日，江苏省文联隆重举行成立60周年庆祝大会，并举办“追梦历程——庆祝江苏省文联成立60周年全省文联系统干部职工美术书法摄影作品展”，省检察官文联会员创作报送的10件书法、美术作品全部入展，并收入省文联《追梦历程》美术书法摄影作品集。

【我省 10 部预防微电影在全国检察机关首届预防职务犯罪专题微电影评比活动中获奖】

由最高人民检察院职务犯罪预防厅联合最高人民检察院影视中心、中国检察官文联影视协会共同举办的以“预防职务犯罪，弘扬社会主义法治文化、廉政文化”为主题的首届全国检察机关预防职务犯罪专题微电影评比活动揭晓，我省报送的10部微电影作品全部获奖，获奖数量居前列。其中，《岁月的坚守》获特等奖，《这里面，有防腐剂》、《我的爸爸是匹诺曹》获三等奖，《迷途之警醒》、《廉洁是福》、《家书》等获优秀奖；省院获组织奖。

【省检察官文联参加第四届“迎新春、送文化”春联征集活动取得好成绩】

中国检察官文联第四届“迎新春、送文化”春联征集活动评选揭晓，省检察官文联动员广大会员积极参加，共报送春联 450 条，在评选中取得较好成绩。其中，二等奖 3 名、三等奖 1 名，优秀奖 4 名，提名奖 24 名，省检察官文联获优秀组织奖（连续三届获此奖项）。

[文化艺术活动]

【举办学习习近平总书记系列讲话精神“中国梦·检察梦·我的梦”演讲比赛】

3月3日，为迎庆“三八”国际劳动妇女节，省院机关举办学习习近平总书记系列讲话精神“中国梦·检察梦·我的梦”演讲比赛。12名参赛选手围绕习近平总书记系列重要讲话精神，结合检察工作实际，展示女检察官的学习感悟，敢于有梦、勇于追梦、勤于圆梦的时代风采。比赛评选出一等奖1名，二等奖2名，三等奖3名，优秀奖6名。省妇联权益部、省级机关妇工委和省民政厅社团管理局的领导莅临指导。省院副检察长严明讲话，并为获奖选手颁奖。

【组织检察干警参观省院院史展览】

4月17日，省院集中组织全体干警和离退休干部参观省院院史展览。参观中，干警们认真听讲和参观，现场气氛十分热烈。大家认为，省院院史展览是滋养检察人员心灵的精神家园，是接受革命传统教育、学习江苏检察历史的生动课堂。检察事业需要一代又一代检察人担当，要珍惜先辈们为检察事业开创的良好条件，珍惜新时期检察事业发展的良好机遇，立足本职工作，肩负起推进江苏检察事业改革创新，科学发展的历史责任。

【召开纪念“五四”青年节暨弘扬社会主义核心价值观读书座谈会】

5月4日，省院召开纪念“五四”青年节暨弘扬社会主义核心价值观读书座谈会，19名青年干警代表参加会议。会上，7名青年干警结合所读书籍，从不同角度阐述了对社会主义核心价值观的理解和感悟，通过畅谈读书心得体会，互相勉励启发，座谈会气氛活泼热烈。省院严明副检察长寄语青年干警要传承“五四”精神，把个人的梦想融入到检察事业的发展中，融入到实现国家富强、民族振兴、人民幸福的中国梦、人民梦中去，立足岗位建功立业，努力使自己尽快成长为江苏检察的栋梁之才。

【举办两期全省检察机关领导干部专题培训班】

5月上旬和下旬，省院举办两期全省检察机关领导干部学习习近平总书记系列讲话专题培训班，采取集中学习、专题授课、分组讨论、大会交流等形式进行。培训班专题授课全部由省院领导上讲台，徐安检察长和其他6位副检察长结合前期个人学习认识和思考，紧密结合检察工作实际，分别就坚定检察事业正确发展方向、推进反腐败斗争深入开展、坚持严格执法和公正司法、强化法律监督、依法做好涉检信访工作、深化检察改革、建设过硬检察队伍等7个专题进行辅导讲授。两期研讨班共有168名领导干部参加了培训。

【全国检察机关“坚守职业良知，践行执法为民”英模报告团在江苏举行首场巡讲】

6月25日，全国检察机关“坚守职业良知，践行执法为民”先进事迹英模报告团在江苏举行首场巡讲，全省检察机关以电视电话会议形式集中收听收看了英模事迹报告。其中，来自我省滨海县检察院的副检察长、反贪局局长、全国模范检察官刘文胜介绍了自己以身作则、靠前指挥，对人民群众反映强烈的腐败犯罪做到“零容忍”、敢亮剑、敢于担当的动人事迹。徐安检察长要求全省检察干警深入学习贯彻习近平总书记对政法工作的新要求，把这次事迹报告会作为“坚守职业良知，践行执法为民”主题的生动一课，把学习英模先进事迹作为深化党的群众路线教育实践活动的有效载体和重要内容，深入践行党的群众路线，努力打造过硬检察队伍，为争当全国检察机关科学发展排头兵作出更大贡献。报告会后，6名报告团成员前往全国模范检察院——南京市秦淮区人民检察院，参观了海青工作室、控申接待区等，并与基层干警举行了座谈。

【举办迎“七一”“中国梦·我的梦”演讲比赛】

为庆祝建党93周年，省院与省直机关工会共同举办迎“七一”“中国梦·我的梦”演讲比赛，来自省级机关15个单位的干部职工参加比赛。参赛选手通过演讲，集中展示了近年来省级机关深入学习习近平总书记重要讲话精神，建设中国特色社会主义、推动科学发展取得的丰硕成果。省院严明副检察长强调，广大党员干部职工要积极响应省委和省级机关工委号召，高举旗帜、听党指挥，自觉践行社会主义核心价值观，勇敢担负起时代赋予的光荣使命，积极投身实施“八项工程”，推进“两个率先”的生动实践，争当全面深化改革的时代先锋，在谱写中国梦“江苏篇章”中迸发出智慧和力量。

【举行纪念建国65周年新任检察官和新进人员集体宣誓仪式】

9月30日，在祖国65周年国庆来临前夕和国家第一个烈士纪念日，省院机关组织70余名新任助理检察员、新进人员庄严宣誓，激励大家继承烈士遗志，弘扬烈士精神，进一步增强对祖国的忠诚与热爱，增强职业荣誉感和使命感，为检察事业作出新贡献。省院党组副书记、副检察长严明出席宣誓仪式并讲话，勉励大家坚定理想信念，做一名忠诚的人民检察官；热爱检察事业，做一名人民满意的人民检察官；加强学习锤炼，做一名过硬的人民检察官。

【省院离退休干部开展“依法治国”主题书法交流活动】

11月21日，省院离退休老干部书法兴趣小组开展“依法治国”主题书法交流活动，以实际行动学习和贯彻党的十八届四中全会精神。活动中产生的20余幅书法作品，布置在离退休干部活动中心。

【全省检察机关集中开展学习宣传宪法活动】

12月4日，在我国第一个国家宪法日暨第十四个全国法制宣传日之际，全省检察机关开展了丰富多彩的学习宣传宪法活动，弘扬宪法精神，增强宪法意识，央视新闻联播播出了省院干警宪法日学习的情况。作为省检察院宣传国家宪法日活动的一项重要内容，12月4日下午，省法院公开开庭审理泰兴“12·19”环境污染公益诉讼案二审，省检察院副检察长邵建东出庭支持起诉，省检察院还邀请了6名特约检察员、专家咨询委员会委员旁听庭审。全国数十家媒体记者云集。宪法日开庭的泰兴“12·19”环境污染公益诉讼案二审引起了最高人民检察院检察长曹建明的关注，关于此案庭审的新闻稿被最高检新闻办作为通稿发给中央各大媒体。

【举行学习党的十八届四中全会精神知识竞赛】

为深入学习贯彻党的十八届四中全会精神，省院机关举行“学习十八届四中全会精神，全面履行检察职能，推进法治江苏建设”知识竞赛决赛。预赛阶段共有20个党支部（总支）报名，40名干警参加笔试，8支代表队进入决赛。经过紧张激烈的角逐，评出团体一等奖1名、团体二等奖2名、团体三等奖5名。徐安检察长等省院领导为获奖选手颁奖。

【南京市检察机关举办首届文化艺术节】

该院从4月25日开始，历时一月，组织举办全市检察机关首届文化艺术节。文化艺术活动以突出检察特色、体现时代特点、注重群众参与、贴近干警生活为出发点，共举办文体活动、展览、研讨三大类14项文化活动，不仅有舞蹈、歌舞表演、器乐、唱歌、小品、时装表演等，还包括篮球赛、健美操大赛、摄影作品展、法学沙龙等，参与活动的干警达到2600多人次，是全市检察机关历年来干警参与面最广、活动质量最高的一次文化盛会。为配合党的群众路线教育活动的开展，该院年初还组织举办了《心系群众执法为民》小品大赛。

【无锡市检察机关组织开展“执法为民，践行群众路线”摄影作品展览和“清风正气·崇俭养廉”主题演讲比赛】

该院结合党的群众路线教育实践活动开展文化建设，注重发挥检察文化的引导作用，先后组织开展了“执法为民，践行群众路线”摄影作品展览和全市检察机关“清风正气·崇俭养廉”主题演讲比赛，引导干警进一步树立“为民、务实、清廉”的价值追求，夯实检察队伍的思想根基。同时，全市检察机关还组织开展“书香机关”建设活动，开展“每月阅读一本书”、“好书荐读”阅读分享、“书香党支部”评选等活动，不断提高市院机关干警、职工的科学文化素质，促进干警、职工养成良好的读书学习习惯，提升机关文明素养。

【徐州市检察院举办全市检察机关书画摄影作品展和首届羽毛球比赛等活动】

10月下旬，该院举办了全市检察机关书画摄影作品展，从征集的385幅参赛作品中，遴选出45幅书画作品、74幅摄影作品集中展出。同时，举办了全市检察机关首届羽毛球比赛，全市12支代表队、近百名运动员参加了男单、女单、男双、女双、混双等5个项目的比赛，活跃了干警业余文化生活。该院还组织参加了“梦中彩练·庆祝徐州文联成立65周年·全市文联系统干部职工美术书法摄影展”，1名干警的美术作品荣获二等奖、4名干警的摄影作品荣获三等奖。

【常州市检察院依托“纪萍工作室”积极开展法治文化宣传】

该院继续做精做强“纪萍工作室”，在《民主与法制》、《法律与生活》两家国家级杂志及《常州日报》开设“女检察官手记”专栏，共登载52期15万字文章；《女检察官手记Ⅲ》由江苏文艺出版社正式出版发行，在全国书展签名售书，被《上海文学》、《青春》、《中国年度小说选刊》等刊物转载，《新民晚报》、《天津每日新报》、《深圳晶报》全书连载；在中宣部所属中国网、中国精英网、中国正义网等7家网站开设“纪萍检察官手记”博客及微博，均有百万以上点击率，起到了良好的普法警示教育效果。该书荣获常州市“五个一工程奖”，“纪萍工作室”成为省内外有较大影响的法治文化宣传品牌。

【苏州市检察院举办全市检察机关“我的检察人生”微话题大赛和“我的检察官，我的中国梦”网络电视演讲比赛】

该院为增强检察干警的归宿感、荣誉感、使命感，在全市检察机关开展“我的检察人生”微话题大赛，收到干警作品177件，通过微博、微信、官网展示优秀作品，在《苏州日报》开设“家在苏州，检察人生”专栏予以宣传，引起了社会的广泛关注。组织干警参加全市检察机关“我的检察官，我的中国梦”网络电视演讲比赛，制作演讲视频，组织报送推荐，两名同志分获一、二等奖。开展“穹窿杯”全市检察机关青年足球联赛，培养干警的拼搏精神和团队意识。

【南通检察文化中心被授予南通市“法治文化示范点”称号】

该院重点建设的反映全市检察文化建设概貌的南通检察文化中心，经过一年多的施工建设，于11月正式对外开放，成为全市检察机关的“文化窗口、交流平台和干警活动之家”，该中心被授予南通市“法治文化示范点”称号。全市检察机关一批征文、摄影作品在参加中国检察官文联组织开展的活动中获得奖项。南通经济开发区检察院干警创作的岗位廉政情景短剧《清水长流》在全市岗位廉政情景剧大赛活动中获铜奖。市院还开展了讲坛、法制微故事征集、演讲比赛、健身操组队表演赛、球类兴趣小组活动等形式多样的文化活动，丰富了干警的精神文化生活。

【连云港市检察机关围绕“中国梦”开展具有检察职业特点的主题文化活动】

该院坚持发挥检察文化教育引领作用，围绕“中国梦”开展了形式多样的具有检察职业特点的主题文化活动。组织市院干警参加“学习先进典型、践行核心价值观”、“纪念连云港作为沿海开放城市30周年”等系列演讲比赛活动。组织全市检察系统摄影爱好者创作、征集优秀作品参加高检院举办的“中国梦、检察魂”——全国检察机关书画摄影作品展，市院干警王凡的书法作品《秋登宣城谢眺北楼》作为全省检察机关入选的两幅作品之一参展。

【淮安市检察院在全市检察机关开展“淮安检察精神”大讨论活动】

该院因地制宜地做好全市检察文化建设工作，传承检察历史文化，突出淮安地方特色，培育、塑造、弘扬全市检察机关和全体检察干警普遍认同的以周恩来精神为核心的“淮安检察精神”，在全市检察机关开展“淮安检察精神”大讨论等活动，在活动中共征集相关表述语50余条，确定了“忠诚使命，奋发进取”的淮安检察精神，使之成为队伍建设之魂，引导干警牢固树立正确的执法观，保障、服务和改善民生，获得群众的支持，提升了执法公信力。

【盐城市检察院开展“情系中国梦——庆祝新中国成立”系列文化活动】

年初举办“盐之城·检之韵——群星闪耀启新程”全市检察机关总结表彰暨新春联欢会，将全市检察文化建设提升到一个新层次。盐都区院与市淮剧团联合创作“聚焦四风、警钟长鸣”淮剧专场在全区公演，以地方戏唱响“预防戏”的做法先后被《检察日报》以《盐城盐都：职务犯罪预防有了“文艺范”》、《盐城盐都：职务犯罪预防搬上了“大舞台”》等进行了宣传。将学习刘文胜同志先进事迹与群众路线教育实践活动结合起来，先后开展市院机关客籍干警座谈会、市院机关“一创三争，看我的”青年干警成长成才演讲会、向刘文胜同志学习征文比赛等活动，在全市检察机关掀起了向刘文胜同志学习的热潮。

【扬州市检察院参加市级机关“党群心连心”文艺比赛决赛获奖】

该院认真开展检察文化工作，围绕践行“中国梦”讲好检察故事，10月市院自编自导自演情景小品《法外情深》参加市级机关“党群心连心”文艺比赛决赛，荣获综合表演类第二名并入选市级机关文艺汇演名录。女检察官梅静出版的法治题材长篇小说《如山，若水》，由高检院政治部主任李如林题写书名，并荣获“搜狐·春风文艺”杯中国原创小说大赛一等奖，市检察官文联、市文联、扬州晚报社等单位联合举办了作品座谈会。

【镇江市检察院积极构建网上检察文化平台】

该院依托思想教育、宣传教育、理论教育及各种学习活动，在内网上开辟专栏，大力弘扬社会主义核心价值观和“忠诚、为民、公正、廉洁”的检察核心价值观，引导干警将个人价值追求和思想情感融入检察集体、检察事业之中，成为推动检察事业发展的不竭动力。建成全国首家地级市预防职务犯罪网上警示教育基地，录入文字资料80余万字，图片1000余幅，廉政警示教育片60多部，分大案聚焦、前车之鉴、廉政文化等9个展区，融声音、图像、文字视频于一体，受到市委领导的充分肯定。

【泰州市检察院开展“凝聚青春正能量，我为检察添光彩”主题文化活动】

该院组织开展“书香染检察”赠书活动，鼓励干警多读书、读好书，向全市青年检察干警发出“发挥青年模范作用，践行执法为民宗旨”倡议书，组织开展“凝聚青春正能量，我为检察添光彩”主题文化活动，赢得年轻干警广泛响应。12月4日，在泰州市“法治的春天”诗歌朗诵会上，泰州市检察院编排的音诗画《正义的脊梁》荣获金奖。

【宿迁市检察院组织有文艺特长的干警组成检察官文联文艺志愿者服务队送文化下基层】

该院组织两级院有文艺特长的干警组成服务队，开展法律文化、预防职务犯罪进学校、进机关、进乡村活动，倡导守法、清廉、和谐的社会氛围。举办“我是谁、为了谁、依靠谁”主题演讲比赛，“争先2014检察随手拍”摄影比赛等，营造检察文化氛围。组织开展“两走进两重温”活动，组织党员干警到市党风廉政教育基地、红十五军三师纪念园参观，接受革命传统教育，进一步坚定理想信念。召开全院青年干警学习交流会，由推荐的19名青年党员代表作体会交流，巩固学习成果，统一思想认识，相关做法被省院简报和市委简报转发。

◀ 省院举办两期全省检察机关领导干部学习习近平总书记系列讲话专题培训班，徐安检察长等省院领导分7个专题进行辅导授课。

省院机关举办学习习近平总书记系列讲话精神“中国梦·检察梦·我的梦”演讲比赛，省院党组副书记、副检察长严明为获奖选手颁奖。▶

◀ 省院机关集中组织全体干警和离退休干部参观省院院史展览，接受革命传统教育，学习江苏检察历史。

◀ 省院机关召开纪念“五四”青年节暨弘扬社会主义核心价值观读书座谈会，19 名青年干警代表参加会议。

全国检察机关“坚守职业良知，践行执法为民”先进事迹英模报告团在江苏举行首场巡讲，我省滨海县检察院副检察长、反贪局局长、全国模范检察官刘文胜介绍先进事迹。▶

◀ 全国检察机关“坚守职业良知，践行执法为民”先进事迹英模报告团成员在全国模范检察院——南京市秦淮区人民检察院参观海青工作室，听取李海青同志工作介绍。

◀ 省院机关举行“学习十八届四中全会精神，全面履行检察职能，推进法治江苏建设”知识竞赛决赛，8支代表队进行紧张激烈的角逐，徐安检察长等省院领导为获奖选手颁奖。

在祖国65周年国庆来临前夕和国家第一个烈士纪念日，省院机关组织70余名新任助理检察员、新进人员庄严宣誓，省院党组副书记、副检察长严明出席宣誓仪式。▶

浙江省检察官文学艺术联合会

[综　述]

2014年，浙江省检察官文联深入学习贯彻党的十八大、十八届四中全会和习近平总书记系列重要讲话精神，认真贯彻落实高检院和省院党组关于进一步加强检察文化建设的决策部署，在省检察院党组领导、中国检察官文联指导下，紧密结合浙江检察文化工作实际，积极抓好检察官文联各项工作的落实，有力地促进了全省检察文化建设。现将有关工作总结如下：

【强化思想政治建设，确保坚定正确的方向】

浙江省检察官文联始终坚持把思想政治建设作为首要任务，重视政治学习，强化理论武装。深入学习贯彻党的十八大关于坚定不移走中国特色社会主义文化发展道路、推动社会主义文化大发展大繁荣、建设社会主义文化强国的重大部署，深入学习贯彻党的十八届四中全会提出的全面推进依法治国，建设中国特色社会主义法治体系，建设社会主义法治国家的总目标，深入学习贯彻习近平总书记系列重要讲话，特别是在北京文艺工作座谈会上的重要讲话精神，教育引导全体人员进一步增强中国特色社会主义道路自信、理论自信、制度自信，更加坚定社会主义先进文化的发展方向，坚持以改革的精神，积极吹响时代前进的号角，弘扬中国精神，凝聚中国力量，努力为实现“两个一百年”奋斗目标、实现中华民族伟大复兴“中国梦”作出应有的贡献。在此基础上，正确把握检察官文联工作的总体要求和目标任务，坚持服务检察中心工作，紧密结合浙江检察工作实际，深入贯彻落实高检院和省院党组关于加强检察文化建设的总体部署，切实把文化建设融入检察工作方方面面，有效提高检察队伍法律监督能力，推动检察事业科学发展。坚持以人为本，突出检察人员的主体地位，不断满足检察人员日益增长的精神文化需求。坚持因地制宜，依托地方特色文化和网络媒体资源，打造基层检察文化品牌。坚持与时俱进，积极探索新形势下检察文化建设的内在规律，不断提高检察文化建设的科学化水平。

【紧密结合检察工作实际，认真抓好检察官文联各项工作的落实】

组织开展全省检察文学艺术活动

一是结合国庆65周年，举办了第三届浙江省检察机关书法绘画摄影作品评展活动。共收到全省各级检察院选送的作品270幅，其中书法作品113幅，摄影作品157幅。这些作品以发掘和展示“实现中国梦、建设‘两美’目标中的检察力量”为主题，突出反映检察工作和生活，通过书法、绘画、摄影艺术形式，充分展示全省检察机关和检察人员贯彻落实党的十八大精神，自觉践行社会主义法治理念和政法干警核心价值观，忠实履行检察职能，服务和谐社会建设所取得的显著成绩和良好风貌，讴歌广大检察人员情系中国梦，努力为实现“两美”目标作出的积极贡献。

◀ 第三届浙江省机关书法绘画摄影作品评展活动。

第三届浙江省机关书法绘画摄影作品评展活动。▶

◀ 第三届浙江省机关书法绘画摄影作品评展活动。

二是省院政治部和省检察官文联组织在全省检察机关开展了“中国梦——我的检察官故事”文学作品征集活动。共收到原创作品189篇。这些作品以散文和报告文学形式，真实地讲述了作者自身从事检察工作的经历感受或身边检察官的感人故事，富有时代精神、检察工作特色和检察生活气息，充分展示了广大检察人员对“强化法律监督，维护公平正义”的不懈追求和实现中华民族伟大复兴梦的憧憬和信心。

三是紧密结合检察工作，积极推广微电影展播活动。继获得首届全国检察机关微电影展播活动组织奖后，我省基层检察院掀起了微电影热潮，先后举办了全省检察机关预防职务犯罪专题微电影和未检微电影评比活动，共收到70部制作精良的微电影作品，一些作品播出后取得了良好的社会反响。

四是协助开展丰富多彩的检察文体活动。省院举办了第二届全省检察机关羽毛球比赛，12支代表队、150余名运动员发扬“团结、拼搏、健康、快乐”的体育运动精神，以坚韧的毅志、充沛的体能和精湛的球技，打出了一场场精彩的比赛，赛出了风格、赛出了水平、赛出了友谊，集中展示了检察人员良好的精神风貌和集体荣誉感。全省检察人员通过浙江检察网、浙江检察微博等平台，关注赛事报道、浏览比赛照片，共赞赛场精彩，为运动员加油助威，营造了良好的氛围。近年来，浙江检察机关着力打造篮球、乒乓球、羽毛球三大体育品牌赛事，基本形成了“每年一赛事，三年一轮回”的良好格局，得到了广大检察人员的热烈欢迎和积极响应。省院选派的检察干警在浙江省直属机关第三届“十佳歌手”比赛中获第一名。

▲“十佳歌手”比赛演出实况。

◀积极开展检察机关体育运动——举办羽毛球比赛。

组织下属协会积极开展文艺创作和交流活动

书画协会组织会员潜心创作优秀作品，积极参加国家、省、市、县各级书画艺术评展活动，今年有2名会员获准新加入中国书法家协会。在纪念建设平安浙江十周年全省政法系统美术书法作品展中，有22件精品入展，其中3件作品分获一、二、三等奖，充分展示了检察书画艺术水平。摄影协会会员拍摄的作品也在各类影展中屡屡获奖，其中，一件作品在2014平遥国际摄影大展暨“关心您 保护您 帮助您”预防职务犯罪摄影大赛中荣获金奖，一件作品在“情系中国梦－庆祝新中国成立65周年”全国产（行）业文联摄影精品展中荣获“最佳作品奖”。在“中国梦检察魂－全国检察机关优秀书画摄影作品展”中我省有多幅书画摄影作品入选获奖。此外，书画协会继续深入开展“送书画作品到基层”活动，分批邀请优秀会员到基层检察院现场创作、赠送作品，互相交流提高，促进基层检察文化建设。省检察官文联网上论坛、网上展厅进一步完善，积极为会员信息沟通、作品发布和互相交流提供服务。

指导市、县检察官文联筹建及开展工作

省检察官文联切实发挥对下指导和推动作用，帮助各市检察官文联筹备组织做好检察文联的筹建工作。目前，全省已有3个市级院、2个县级院成立了检察官文联，其他各市检察机关都在积极筹备组建。通过对杭州市检察官文联书画、摄影协会成立，温岭市检察官文联成立暨全省首次检察官个人摄影作品展，天台县检察官文联“清风杯”职务犯罪预防书画摄影展等活动的指导、调研和宣传，进一步推动省检察官文联各项工作部署的落实，有序推进全省检察文联工作格局的建立完善。

认真落实中国检察官文联部署的各项工作任务

抓好第三届检察文化论坛论文征集、第四届春联征集、中国梦检察魂书画摄影优秀作品展以及影视协会研讨会、文学协会成立大会等工作。及时报送检察文化理论与实务研究论文51篇，“中国梦－我的检察官故事”文学作品征文189篇以及年鉴资料、工作总结等。

【加强自身建设，努力提高检察官文联工作的科学化水平】

坚持把省检察官文联及下属协会的自身建设放在十分重要的位置，抓紧抓好。一是完善组织体系建设。因为人事变动和工作需要，按照文联章程规定经研究并报省院党组同意，对浙江省检察官文联部分领导成员作了调整，进一步充实了文联领导机构。同时，调整结果及时报中国检察官文联备案。根据浙江实际，在充分调研的基础上积极筹建检察文学影音、体育两个下属协会，拟在明年正式成立。按照民政部门要求，规范日常管理，认真做好社团法人登记证、组织机构代码证等年审工作。二是加强学习交流。组织文联工作人员认真参加“增强党性、严守纪律、廉洁从政”专题教育活动，进一步强化全心全意为人民服务的宗旨意识。通过参加民政厅组织的社团管理培训、省文联举办的组联工作培训以及和省市美术家、书法家、摄影家协会等社会团体的互动交流，不断提高做好检察文联工作的能力和水平。三是强化廉政建设。加强检察文联和下属协会的管理，严格纪律，完善制度，牢固树立自觉接受监督的理念，深入开展党风党纪教育，切实抓好廉洁自律工作，确保检察文联队伍自身净、自身正、自身硬。

在取得一定成绩的同时，在工作中也发现了一些问题和不足，主要是省检察官文联的组织机构有待进一步完善，经费保障有待进一步加强；各市检察官文联筹建工作有待进一步推进；围绕检察工作主题、展示检察人员风采的文艺作品创作需要进一步增强；检察官文联网络论坛需要进一步改进和完善；文化活动形式、成果展示平台以及会员发展工作等还需要进一步创新、改进和加强。

关于明年的工作思路，主要是要围绕 2015 年全省检察工作的总体部署以及中国检察官文联的工作要点，紧密结合检察文化建设实际，立足检察官文联工作职能，针对存在的问题，切实制定工作计划，落实改进措施，开拓创新，扎实工作，努力开创检察文联工作的新局面，全面促进检察文化建设科学发展。明年的工作重点：一是进一步完善省检察官文联组织建设，研究提出当前和今后一个时期全省检察文联工作的目标任务和具体措施，着力深化浙江特色检察文化品牌建设；二是筹备成立浙江省检察文学协会和检察体育协会；三是进一步推进检察书画、摄影协会各项工作；四是进一步加强指导，积极推进市级检察官文联建设工作；五是认真落实中国检察官文联的各项工作部署。

◀法制宣传。

廉政小品。▶

安徽省检察官文学艺术联合会

[综　述]

2014 年，在省院党组的领导下，在中国检察官文联、省院政治部和省文联的指导下，省检察官文联以党的十八大和十八届三中、四中全会精神为指导，根据年初工作计划，紧紧围绕检察中心工作，以发挥专业委员会和市级院文联自身作用为关键，以健全组织机构建设为保障，进一步繁荣文艺创作，深化文化交流，发掘文艺人才，努力推动我省检察文化建设深入持续发展。

【坚持正确政治方向，引领检察文化时代风尚】

党的十八届四中全会精神，尤其是习近平总书记在文艺工作座谈会上的讲话，为文艺工作的指明了发展方向，为新的时代条件下的文艺工作标注了价值航标。省检察官文联针对各个时期、不同阶段党对社会主义文化的一系列指示精神，利用文联主席办公会及扩大会议的形式，组织集中学习，领会精神实质，提高对开展检察文化工作的认识；及时下发文件，要求各专业委员会结合自身工作实际，组织有针对性的学习。以学习，明确了检察文化工作的正确发展方向；以学习，确立了坚持以社会主义核心价值观为引领，坚持以检察干警为中心的创作导向；以学习，推动省检察官文联各项工作的有序开展。

【积极发挥凝聚作用，不断加强文联队伍建设】

省检察官文联积极推进组织机构建设，提高专业力量，为文联的规范化发展提供了重要保障。一是继续推动成立市级检察官文联。省检察官文联把成立市院文联作为基础性工程来抓，积极争取市级院领导特别是检察长对文化和文联建设的重视，主动帮助有条件的市院开展文联筹备工作。在省检察官文联的大力推动和宿州、芜湖市院党组的重视下，宿州市、芜湖市检察官文联先后成立并积极开展工作。截至 2014 年底，全省已有池州、淮南、宿州、芜湖四个市级院成立了检察官文联。二是及时完成人事任免和先进评选。省检察官文联召开一届七次、八次主席办公会和一届三次常务委员会会议，完成相关人事任免工作，免去常务委员 2 名，增补常务委员 3 名；完成首次先进评选与表彰工作，评选表彰先进集体 3 个、先进个人 5 名。三是逐步完成人才摸底。文联相关专业委员会对全省检察机关爱好者和创作骨干进行了摸底统计，逐步建立了会员、创作骨干和作品档案。文联音乐舞蹈委员会完成了全省检察官音乐爱好者参加第十一届全国声乐比赛的摸底工作。省检察官文联还为中国检察官文联成立的文学、书画、摄影、音乐舞蹈、影视等协会，推荐骨干 11 名，并分别当选为相关协会的常务理事、理事。

【认真落实工作计划，广泛开展文艺创作活动】

年初，经省院党组批准，省检察官文联制定了具体工作计划。一年来，文联各专业委员会、四市检察官文联认真落实工作计划，广泛开展文艺创作和文化活动，文联工作呈现出蓬勃向上的良好局面。

组建省院检察官合唱团 2014年3月，合唱团由省院机关和合肥铁路运输检察院近90名干警组建而成。薛江武检察长等省院领导在文联陈怀安主席陪同下，亲临排练现场，慰问指导合唱团工作。合唱团演唱歌曲《祖国不会忘记》、《为人民服务》，在省文化厅举办的安徽省群星奖合唱比赛中，省院合唱团是唯一入选决赛的省直机关合唱团，并荣获三等奖。

举办第四届安徽省检察机关乒乓球比赛 由省院主办、省院政治部、省检察官文联筹办，合肥市院承办的第四届安徽省检察机关乒乓球比赛在合肥市举行，全省检察机关17支代表队的百余名运动员，进行了厅以上干部组，男、女团体，男、女单打等五个项目的比赛。

举办首届安徽省检察官文化论坛 省检察官文联在蚌埠市举办论坛，共收到论文18篇，大会交流10篇，向中检文联推荐论文5篇。

开展主题文艺创作活动 以“中国梦、检察情”为主题，开展书画小品展活动和文学作品征集活动；开展“中国梦·我的检察官故事”征集活动；开展“聚焦公正——光影检察基层行”春季采风创作活动；在蚌埠召开“以松喻检”主题摄影作品创作座谈会。

开展多种形式文化活动 利用文联网站开展“网上书法作品展”活动、个人美术作品网上展览。组织省院机关篮球队参加省直机关运动会获得第八名，与省律师协会、巢湖市院、武警篮球队等举行友谊赛。举办《收藏与鉴赏——瓷器》知识讲座。新闻委员会在中央和省级媒体发表省院工作新闻报道331篇，带动各级院在中央和省级平面媒体发表稿件1800余篇。池州市检察官文联组织参加“市直机关2014年度乒乓球比赛”、2014安徽池州“海峡杯”铁人精英赛、“学习朱治平 争做最美池州人”微博大赛；举办三期“道德讲台”、全市检察机关“坚守职业良知、践行执法为民”演讲比赛；举办涉林刑事犯罪案件研讨会，征集论文20余篇。淮南市检察官文联组织参加纪念全国人大成立60周年暨地方人大设立常委会35周年书画摄影展，组织参加摄影知识讲座、理论写作知识讲座等。宿州市检察官文联举办书画、收藏、摄影展，组织参加乐理知识讲座、文学创作讲座，参加市直机关歌咏大赛并获二等奖。

协助开展文化活动 协助省院预防处参加高检院预防厅和中检文联主办的“关心您、保护您、帮助您”主题预防摄影大赛，评选优秀作品参加2014年平遥国际摄影大展，展出的104幅作品中我省有7幅入选。池州市检察官文联联合市院预防处拍摄微电影《心灵的枷锁》，荣获全省检察机关首届预防职务犯罪微电影评选一等奖、全市“双园杯”法治作品征集大赛视频类一等奖。宿州市检察官文联联合市院预防处拍摄微电影《钥匙》，荣获全省检察机关首届预防职务犯罪微电影评选特等奖。新闻委员会协助省院宣传处举办全省新媒体宣传培训班，协助检察日报记者站选送100多人参加培训班。

积极参加检察文化基层行活动 中国检察官文联举行了为期15天的“重走长征路 共筑中国梦”

全国检察文化基层行活动，陈怀安主席应邀参加了由中检文联张耕主席带队、部分省市组成的10人检察文化小分队，辗转江西、贵州、陕西三省三市6个基层院，奔波5000余公里，以书法艺术的形式，把问候和祝福传递给千余名基层检察人员、检察家属和社会群众。中检文联为此专门向省院发来感谢信。

积极开展文艺作品交流 陈怀安主席书法作品入选“追寻中国梦——庆祝中国文联成立65周年全国文联干部职工美术书法摄影展”，这是全国检察系统唯一推选的书法作品。经中检文联推荐参评的我省两位检察干警书法作品，入选“情系中国梦——庆祝新中国成立65周年全国产（行）业文联书法精品展”。省检察官文联选送6幅书画作品和1幅摄影作品，入选“中国梦·检察魂”全国检察机关书画摄影作品展；选送7幅书画作品，入选安徽省“祖国颂·中国梦”书画作品展；选送7幅书画摄影作品，入选《安徽省法治书画摄影大赛作品集》；选送30余幅美术作品，分别入选安徽省铁军书画展、省中国画精品展、省人大法治工作者书画展、三名书画院书画展、合肥市书画精品展等；选送6幅摄影作品参加安徽省群众体育摄影大赛获一、二等奖，参加安徽省十九届摄影艺术展获优秀奖；选送3篇论文入选第二届中国检察官文化论坛，分获一等、三等和优秀奖。

积极开展考察学习活动 派员考察学习上海市检察院院史展览厅、文化长廊、廉政教育长廊，重点了解上海市检察院检察官合唱团组建工作。派员赴宁夏回族自治区考察，座谈讨论检察官文联工作，加强地域文化交流。

一年来，文联各专业委员会和四市检察官文联充分发挥自身影响力、凝聚力，组织开展了形式多样的文化活动，既为广大检察干警丰富了业余生活、拓展了艺术视野；又带动广大检察艺术爱好者，活跃了艺术创作氛围，提升了艺术创作水平。随着检察文化创作宣传和推动检察工作的探索更加深入，检察文化与检察工作相互促进、共同发展的良好局面正在逐渐形成。

[文化理论研究]

突出文化强检　促进廉洁从检

苏天明　池州市院

走进花园式的池州市人民检察院，扑面而来的是这里的清风正气和廉政文化氛围。自廉政文化“六进”活动开展以来，特别是2011年4月荣获安徽省廉政文化建设示范点以来，池州市院干警立足新起点，定位新目标，创新活动载体，开展系列创建，构建了“以教育崇廉，以环境示廉，以活动兴廉，以创新促廉”的四位一体机制，激发了文化育检、文化兴检、文化强检的内生动力。2011年8月，最高人民检察院检察长曹建明亲临视察，亲切接见全院干警，对池州市检察院工作特别是群众工作及廉政文化建设，给予了高度评价。该院多年保持全院干警零违纪零违法的良好纪录。近几年，连续4届获得省文明单位，先后获得全国精神文明建设工作先进单位、省创建文明行业工作先进单位、市直机关作风建设先进单位等称号。

以教育崇廉，开展廉政警示教育

依托机关文化建设，以“周学一文、月读一书、季撰一稿”“三个一”为主题，开展“建设学习型检察院、争做学习型检察官”活动，促进干警崇廉尊廉。对提任干警开展廉政谈话。层层签订廉政责任书，落实领导干部“一岗双责”和“一案双查”。检察长带头上党课，带头参加教育培训。建立干警廉政电子档案，签订廉政承诺书，廉政承诺有诺必行。开展“读书思廉”活动，在市直机关“爱读书、读好书、善读书”活动中评为先进单位。每年围绕一个专题，集中开展“以人为本，执法为民”、“恪守检察职业道德、促进公正廉洁执法”、“反特权思想、反霸道作风”、“忠诚、为民、公正、廉洁”等主题教育实践活动。今年2月以来，围绕“为民、务实、清廉”和整治“四风”，扎实开展党的群众路线教育实践活动。

以环境示廉，营造廉政文化氛围

院党组高度重视廉政文化建设，经常研究解决具体问题。重视文化阵地建设，在人力、财力、物力上鼎力支持，不断完善活动设施，优化条件。加强办案工作区规范化建设，获准省院颁发的“准用证”，经常组织干警和社会各界人士现场参观，给参观者以强烈的警示教育作用，也成为干警预防职务犯罪最生动的课堂。在电子阅览室设立“廉政文化活动室”、“廉政书架”，建成廉政文化长廊。实施“五个上面”工程，即廉政文化“上桌面”、“上墙面”、“上屏面”、“上页面”、“上版面”。在机关大厅摆设展板，用典型案例时刻警醒干警防微杜渐，绷紧廉洁从检这根弦。通过打造廉政环境，时时处处以浓厚的廉政文化氛围熏陶广大干警，做到警钟长鸣，筑牢拒腐防变思想道德防线。

以活动兴廉，提高廉政建设水平

成立检察官协会、检察官文联和机关党委。以丰富的廉政文化活动为抓手，组织开展“十个一”系列文化活动，愉悦干警精神文化生活，激发健康向上“正能量”。组织举办元旦联欢晚会及迎新座谈会，开展乒乓球、登山、拔河等体育比赛，征集并展示廉政书画摄像作品，开展廉政征文、演讲比赛，举办“道德讲堂”。组织干警到烈士陵园凭吊革命先烈、重温入党誓词，接受警示教育和革命传统教育，使干警在活动中感悟廉政，在氛围中升华廉洁。

以创新促廉，突出廉政检察特色

在“四个结合”上下功夫:一是廉政文化建设与落实党风廉政建设责任制暨推进惩防体系相结合。作为纪检监察工作灵魂来抓，坚持不懈。二是廉政文化建设与纪律作风效能建设相结合。同时与文明创建、机关党建结合起来。清理完善10个方面规章制度，建立廉政风险防控机制，以机制保廉洁，规范干警日常行为。加强检务督察，以纪律作风效能为重点，以公款吃喝、公车私用、安全规范办案等为内容，近3年开展了20次检务督察，及时下好廉政“毛毛雨”，在“润物细无声”中找问题、促整改，全院一直保持干警零违纪零违法的良好纪录。三是廉政文化建设与执法办案相结合。让干警在廉政环境中感悟提高自己，以廉政文化建设成果推动检察工作整体提升。四是廉政文化建设与群众工作相结合。干警进村入户访民情，结合“三查三评”活动，不断改进作风。召开检察工作站建设推进会，推进检力下沉，服务延伸。举办控申“举报宣传周”活动。开展“检察开放日”，组织人大代表、政协委员、人民监督员庭审观摩评议。利用池州检察网、《池州日报.检察风云》专版、《池州检察》杂志等媒体，广泛宣传，让检察文化走出去，在向社会普法宣传中，彰显了检察机关为民服务情怀，提升了检察机关维护公平正义的执法公信力。

打造过硬检察队伍，创建省级廉政文化标兵单位，是该院全体干警的共同追求。回顾多年来该院廉政文化建设实践，深深体会到，党组高度重视是关键，纪检监察部门拎在手上主动抓是关键，开展多项活动形成浓厚氛围是廉政文化的核心，加强监督检查推进落实是手段，各方面支持配合服务是保证。廉政文化建设是一项系统的长期的工程，在新的起点上，该院依托地域文化资源，把富有特色的廉政文化建设融入检察文化之中，努力使检察工作在文化积淀中升华，促进检察队伍作风建设，推动全院检察工作创新发展。

[文化艺术创作]

【水墨显神韵　绘写中国梦】

近日，安徽省检察官文联主席陈怀安的书法作品《铿锵有力谱新篇》入选“追寻中国梦——庆祝中国文联成立65周年全国文联干部职工美术书法摄影展”。据悉，这是全国检察系统唯一选送的书法作品。

陈怀安主席创作迄今已近三十载，自幼即临帖习字，渐成喜好。其书法作品功底深厚，线质硬朗，气韵生动，呼应恰到好处，笔法收放自如、擒纵有致。其书法作品曾入编《第二届中国书法兰亭奖安美杯作品集》、《第三届中国书法兰亭奖尧山杯作品集》、《新世纪首届安徽书法大展作品集》等，并多次在全国和安徽省举办的各类书法展览中获奖

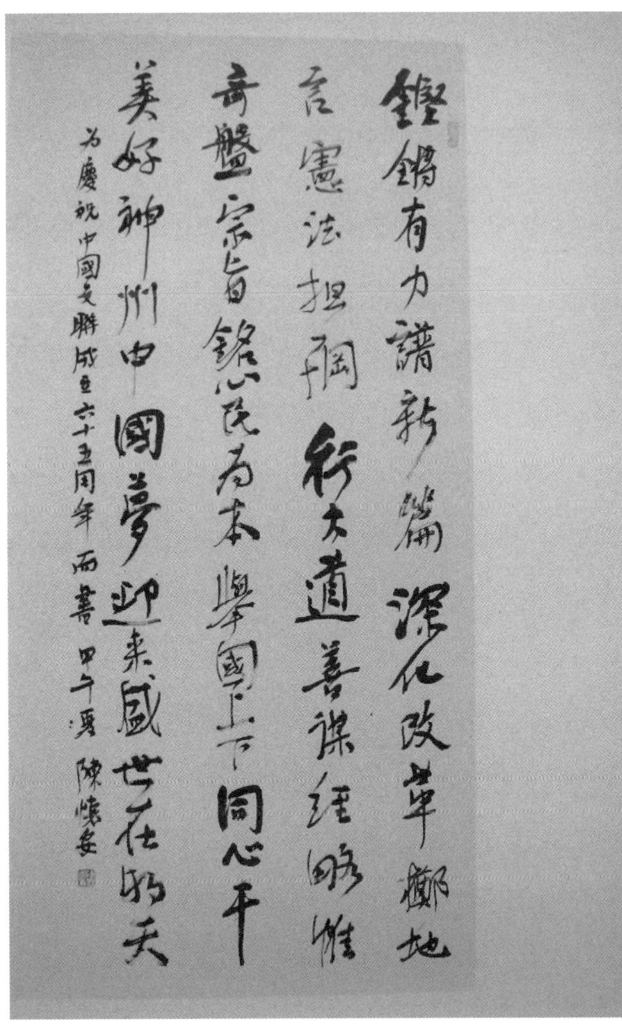

◎中国检察官文联 选送 ◎陈怀安

《铿锵有力谱新篇》

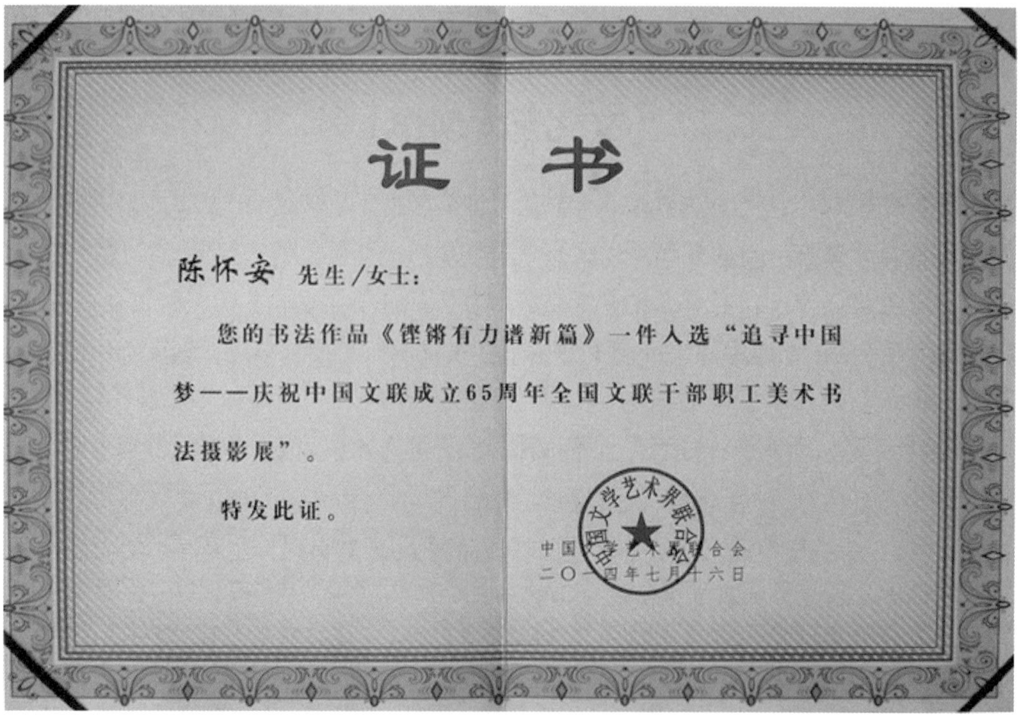

证书

陈怀安 先生/女士：

您的书法作品《铿锵有力谱新篇》一件入选“追寻中国梦——庆祝中国文联成立65周年全国文联干部职工美术书法摄影展”。

特发此证。

中国文学艺术界联合会

二〇一四年七月十六日

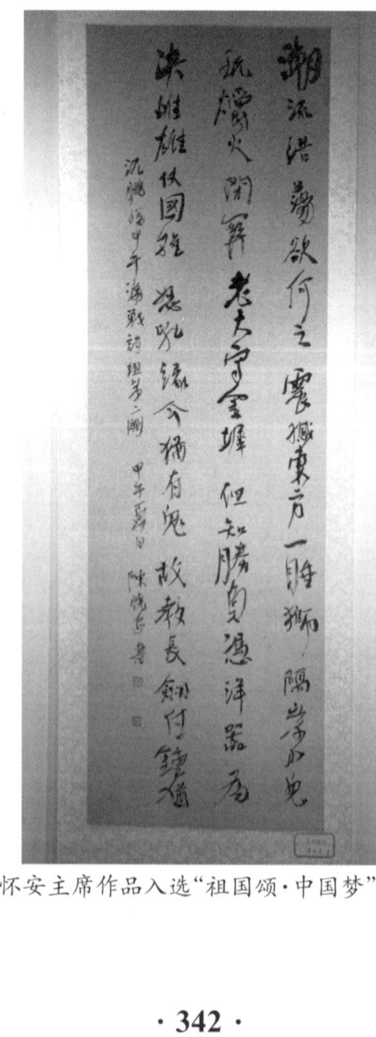

▲陈怀安主席作品入选“祖国颂·中国梦”书画展。

【全国检察机关书画摄影作品展在京开幕】

2014年11月19日，由中国检察官文联与中国文联、中国文学艺术基金会共同主办的“中国梦·检察魂”全国检察机关书画摄影作品展在京开幕。

这次展览活动，得到了全国各级检察机关的大力支持，32个省级检察官文联积极参与。此次展出的160幅作品，是从各地检察官文联报送的1100余幅作品中筛选出来的。我省检察官文联共报送6幅书画作品全部入选，还有一幅摄影作品入选。分别是：书法作品陈怀安、许刚、董正夫；美术作品鲍国友、黄宗林、王世勇；摄影作品孙军。我省检察官文联报送作品入选率高，收获颇丰。

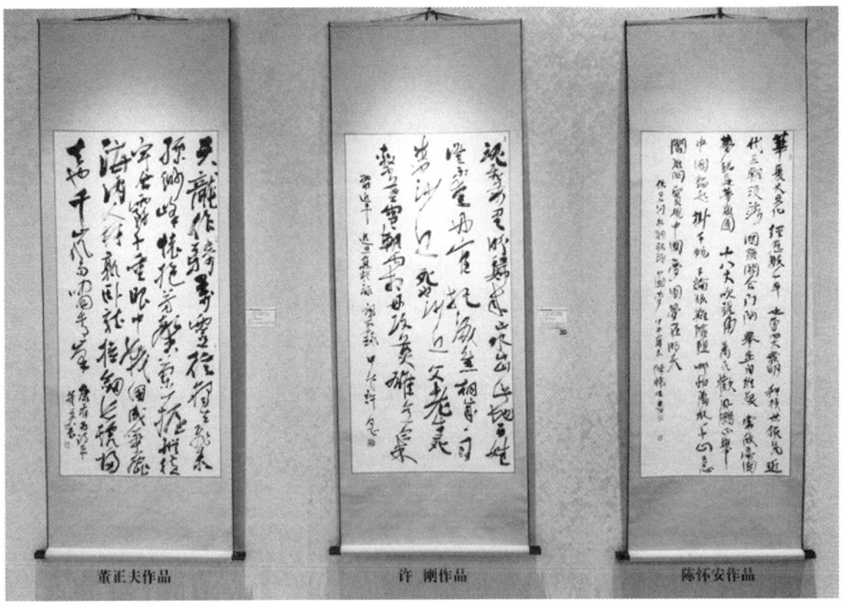

董正夫作品　许　刚作品　陈怀安作品

黄宗林作品　王世勇作品　鲍国友作品

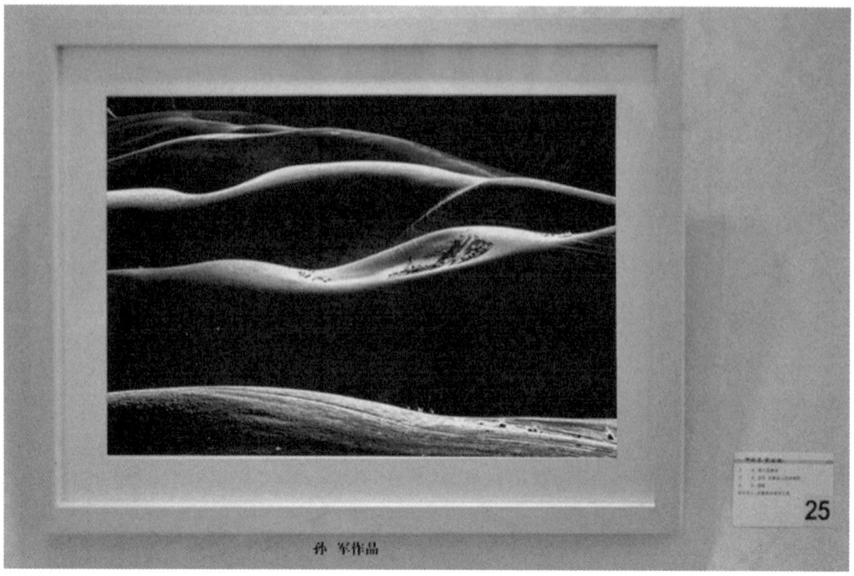

孙 军作品

【省检察院检察官合唱团荣获安徽省群星奖比赛三等奖】

近日，省文化厅发布了《关于公布安徽省群星奖获奖名单的通知》，省院检察官合唱团演唱的《祖国不会忘记》、《为人民服务》在全省合唱类决赛中荣获三等奖。省院是唯一一家参加决赛的省直机关。

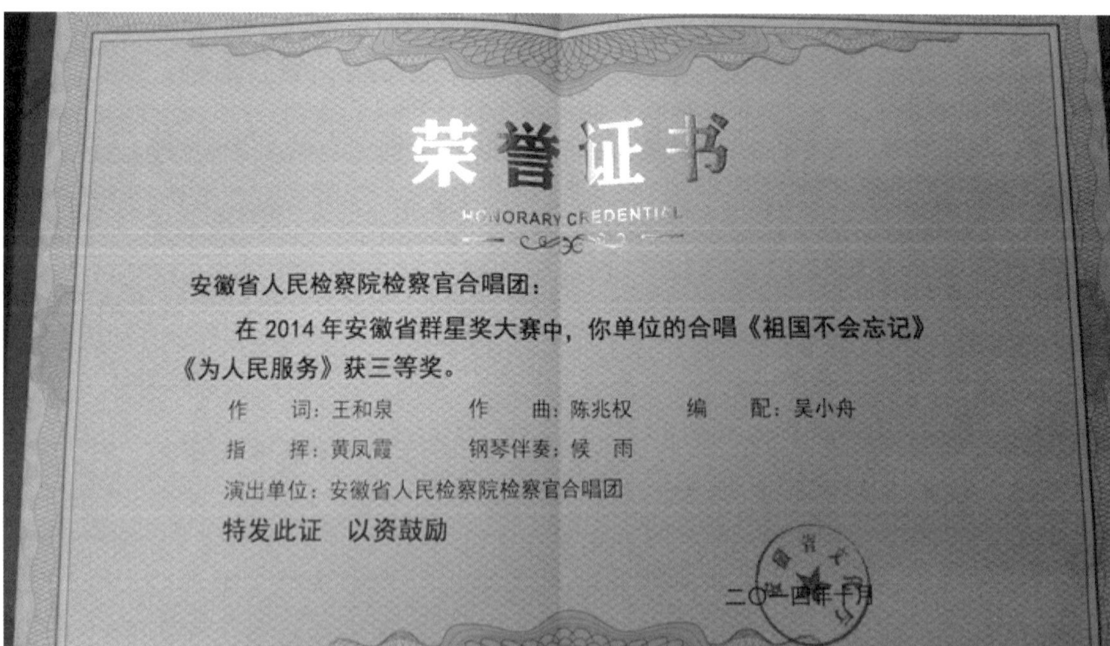

荣誉证书

HONORARY CREDENTIAL

安徽省人民检察院检察官合唱团：

在2014年安徽省群星奖大赛中，你单位的合唱《祖国不会忘记》《为人民服务》获三等奖。

作　词：王和泉　　作　曲：陈兆权　　编　配：吴小舟

指　挥：黄凤霞　　钢琴伴奏：侯　雨

演出单位：安徽省人民检察院检察官合唱团

特发此证　以资鼓励

二〇一四年十月

[文化艺术活动]

【省院举办“迎新春、送春联”活动】

1 月 23 日下午，省院政治部、机关党委、检察官文联、离退休干部处联合组织的“迎新春、送春联”活动，在省院机关二楼大厅举行。陈怀安、丁德源、高念松、王赞秋、杨世明、隗立友、黄宗林、许刚、叶桂牛等同志，挥毫泼墨，深情书写，为省院干警送上一份新春的礼物。据统计，当天共书写春联 600 余幅。

【省院马年新春联欢会简朴、祥和】

银蛇载誉去，金马踏春来。1 月 27 日下午，省院机关年终总结表彰大会过后，一场简朴、清新、祥和的机关马年迎新春联欢会让全院干警及省院离退休老同志们欢聚一堂，共同迎接马年新春的到来。

联欢会上，干警们自编、自导、自演，集艺术性和趣味性为一体，整场联欢会节目形式多样，现场气氛热烈活跃，众多节目交相辉映、精彩纷呈。由几个处室联合演出的《欢乐中国年》以喜庆欢快的节奏，拉开了新春联欢会的帷幕；政治部的小合唱《江山》、计装处的对唱《国家》以精巧的编排，演绎了检察干警一心为民的家国情怀；技术处的管乐合奏节目、监所处的歌曲串烧以及退休老干部的京剧表演，展示了检察干警多才多艺的一面。本次联欢会还邀请了安徽艺术职业学院的师生与干警一起联欢，他们带来的节目，以专业的表演，丰富了联欢会的节目形式，让广大干警耳目一新。最后，联欢会在大合唱《走向复兴》中落下帷幕。

▲省院领导与全体干警一起观看演出。

▲联欢会由张静（安徽艺术职业学院）、安保红主持。

▲舞蹈《欢乐中国年》。

▲小合唱《江山》。

【宿州市检察官文学艺术联合会成立】

3 月 26 日，宿州市检察官文学艺术联合会成立大会在市检察院举行。

【文联摄影委工作会议在休宁召开】

3 月 27 日，安徽省检察官文联摄影委员会在休宁县检察院召开工作会议。

【安徽省首届检察官文化论坛暨安徽省检察官文学艺术联合会一届三次常委会在蚌埠市召开】

2014 年 5 月 9 日下午，安徽省首届检察官文化论坛暨安徽省检察官文学艺术联合会一届三次常委会在蚌埠市召开。

【省检察官文联一届九次主席办公会（扩大会议）召开】

9 月 24 日，省检察官文联一届九次主席办公会（扩大会议）在省院召开。

福建省检察官文学艺术联合会

[综　述]

2014年，福建省检察文联在省院党组的领导下，认真贯彻党的十八届三中、四中全会和习近平总书记在文艺工作座谈会上的重要讲话精神，切实落实中国检察官文联、省文联的工作部署，紧紧围绕“两提升五过硬”建设，积极开展检察文学艺术活动，取得了较好成效。

【丰富检察文化创作，提升队伍创作水平】

先后组织会员举办了“写春联·送祝福”、“讲亲和、立公信”文学创作征文及笔会、书画作品展等一系列活动，丰富干警业余文化生活，提升文化素养。春节前夕，举办了“写春联·送祝福”活动，书写春联700多对。省院何泽中检察长亲临现场，为退休老同志书写、赠送春联。开展以“讲亲和、立公信”为主题的检察文学创作活动，评出优秀作品15篇，并在上杭举办笔会，为优秀作品的作者颁奖。精心组织举办全省检察机关“讲亲和、立公信”书画作品展活动，展出体现“两提升五过硬”主题的优秀书法、绘画作品100余幅。积极开展音乐舞蹈活动，组织编排青春歌舞、表演唱《我相信》，在省直机关举办的“十佳歌手赛决赛”中表演；组织会员创作的小品参加“第二届省直机关业务技能大赛”，在省直机关69个代表队中脱颖而出，荣获二等奖。省检察文联秘书处积极与法制今报社沟通联系，在《法制今报》副刊分别以“映像·检风”、“副刊·检风”和“书画·检风”等形式刊发了3个专版，共刊发文学、书法绘画和摄影作品100多篇（幅）。大力开展省院机关“两室一厅一廊”建设（即“图书电子阅览室”、“文化活动室”、“文化走廊”和“福建检察展览厅”），在22个楼层走廊悬挂书法、绘画和摄影作品360余幅。组织三级检察院的19名干警参加第十五届省运会乒乓球、羽毛球和围棋比赛，取得了历届参加省运会的最好成绩，省检察代表团获得本届省运会“体育道德风尚奖”，围棋比赛项目获得13个参赛团队中唯一的一个“体育道德风尚奖”，女子乒乓球和男子羽毛球单打双双闯入“16强”行列。

【拓展文化活动平台，展示福建检察风采】

积极组织会员参加中国检察官文联举办的第三届中国检察官文化论坛征文、“中国梦——我的检察官故事”文学作品征文、“情系中国梦——庆祝新中国成立65周年摄影图片展览”等活动，取得了较好成绩。报送文化论坛论文10篇、文学创作征文作品23篇、摄影作品50多幅，其中5篇论文、5篇文学作品和3幅摄影作品获奖。及时组织会员参加中国检察官文联举办的第四届“迎新春、送文化”春联征集评选活动，报送的24对春联作品中，有6件作品分别获得一、二、三等奖和优秀奖、提名奖。同时，组织摄影协会会员参加福建省第24届摄影展活动，5幅作品入选。此外，推荐3名会员参加省委宣传部、省文联等部门举办的“纪实报告文学福建作家读书班”，进行为期5天的学习培训，一名会员还作为省直机关代表在开班式上发言。

【加强基层检察文联建设，夯实检察文化发展根基】

加强对福州市、莆田市检察文联工作的指导，为他们开展文学艺术创作活动创造条件、提供帮助，推进各地检察文联和文化建设工作的开展。福州市检察文联积极帮助基层检察院开展检察文化建设，为马尾区检察院办公楼“文化长廊”创作书法、绘画作品150余幅。莆田市检察文联在全市检察机关开展人才、人格、人文“三项教育”活动；牵头组织编写《允执厥中》、《在理论的边际》、《持心守正》和《全市检察机关典型案例》等4本书籍；成立了4个读书社，开展读书沙龙等活动；建成“文化长廊”，展出各类书画摄影作品，市院于南生检察长亲笔题词“莆检艺苑”。龙岩市检察院政治部举办了全市检察机关“情系群众·筑梦检察”主题文学创作征文活动，共收到两级院干警报送的散文、小说、报告文学、诗歌等征文作品84篇，有力地推动了全市检察文学创作活动的开展。

[文化艺术活动]

【举办“写春联·送祝福”活动】

今年春节前夕，从全省抽调10名书法绘画协会优秀会员，到国家检察官学院福建分院参加“写春联·送祝福”活动，书写春联700多对。省院何泽中检察长亲临现场，为退休老同志和干警书写春联，并亲手将所书大红“福”字赠送给老同志。

【举办“讲亲和、立公信”文学创作征文及笔会活动】

7月底，省检察文联向全省会员及检察干警征集以“讲亲和、立公信”为主题的检察文学创作作品，并组织评委对应征的作品进行评选，评出优秀作品15篇。12月初，组织文学协会理事和征文优秀作品作者在上杭举办“讲亲和、立公信”文学创作笔会，并召开理事会。会上，认真学习了习近平总书记在文艺工作座谈会上的重要讲话；为“讲亲和、立公信”文学创作征文优秀作品的作者颁奖；总结文学协会今年以来工作，研究部署明年工作；审议文学协会加入省作家协会和吸收新会员等事宜；到古田会议会址进行文学创作采风活动。

【举办全省检察机关“讲亲和、立公信”书法绘画作品展】

6月，省检察文联和政治部联合下发通知，拟于年底在福州举办全省检察机关“讲亲和、立公信”书法绘画作品展活动，向广大会员及干警征集作品。到10月共收到作品180多幅，经省检察文联秘书处组织人员深入9地市现场验收，初选参展作品约160幅，由各设区市院宣传处负责装裱。12月，在省检察院机关一楼大厅展出优秀书法、绘画作品100余幅。省委常委、省政法委书记陈冬观看了书画作品展，省院领导班子、机关各内设机构负责人集体参观了书画作品展，给予充分肯定。

【举办音乐舞蹈活动】

积极组织编排青春歌舞、表演唱《我相信》，在省直机关举办的“十佳歌手赛决赛”中表演，展示了检察干警昂扬向上的精神风貌。组织会员创作的小品参加“第二届省直机关业务技能大赛”，在省直机关69个代表队中脱颖而出，取得决赛总成绩第五名，荣获二等奖。

【开展“健康舞大家跳”活动】

以“舞出健康，舞出青春，舞出快乐”为宗旨，继续开展“健康舞大家跳”活动，并建立常态化机制。同时尝试现代舞、古典舞、民族舞等多类型舞种的训练，让参加者愉悦心情、锻炼身体、陶冶情操。

【参加省第十五届运动会】

组织省、市、县三级检察院的19名干警参加福建省第十五届体育运动会，参赛项目有乒乓球、羽毛球和围棋三项，取得了所参加的历届省运会的最好成绩。省检察代表团获得本届省运会“体育道德风尚奖”，围棋比赛项目获得13个参赛团队中唯一一个“体育道德风尚奖”，女子乒乓球和男子羽毛球单打双双闯入“16强”行列。

【“写春联、送祝福”活动】

▲何泽中检察长为老同志赠送春联。

▲中国书法家协会会员、福建省检察院党组书记、检察长何泽中检察长亲自写春联。

▲福建省检察文联副主席兼书画协会会长杨玉勋在写春联。

▲福建省检察文联书画协会会员正在写春联。

◀2014年1月17日，福建省检察文联举办“写春联、送祝福”活动。

【举办全省检察机关“讲亲和、立公信”书画作品展】

▲福建省委常委、政法委书记陈冬参观省检察院“讲亲和、立公信”书画作品展。

▲省委常委、政法委书记陈冬参观省检察院“讲亲和、立公信”书画作品展。

▲福建省检察文联主席郑京水观看“讲亲和、立公信”书画作品展。

▲福建省检察院党组书记、检察长率领全体班子成员、机关各内设机构负责人观看“讲亲和、立公信”书画作品展。

◀省检察院宣传处干警讲解书画作品。

【上杭文学创作笔会】

◀2014年12月4日，福建省检察文联文学协会在上杭县检察院举办“讲亲和、立公信”文学创作笔会。

为征文活动获奖作者颁奖。▶

◀郑京水主席为上杭县检察院全体干警作《国学》讲座。

【省院"文化走廊"书画创作笔会】

▲2014年11月20日，福建省检察文联组织会员为省院机关"文化走廊"建设现场创作书画作品。

▲福建省检察文联副主席王乃坚到现场指导。

▲福建省检察文联主席郑京水到现场指导。

▲福建省院副检察长傅再明在现场指导。

江西省检察官文学艺术联合会

[综 述]

2014年，在江西省检察院党组的坚强领导和政治部的有力指导下，江西省检察官文联深入学习贯彻党的十八大、十八届三、四中全会和习近平总书记系列重要讲话精神，认真落实最高人民检察院《关于深入贯彻落实党的十八精神进一步加强检察文化建设的决定》和江西省检察院《关于加强检察文化建设的实施意见》的要求，自觉接受中国检察官文联、江省文联的指导和江西省民政部门的管理，充分发挥指导、联络、协调、服务职能，组织、团结检察文化艺术队伍，积极开展检察文化理论研究、艺术创作和艺术活动，为服务检察队伍建设和推动检察工作科学发展作出了积极贡献。

省检察官文联主席办公会

2014年1月7日，高检院咨询委员、省检察官文联主席曾页九主持召开省检察官文联主席办公会，讨论《江西省检察官文学艺术联合会2013年工作总结及2014年工作要点》，明确2014年省检察官文联要重点抓好的工作。

省检察官文联主席办公会

2014年11月18日，曾页九主席主持召开省检察官文联主席办公会，传达第三届中国检察官文化论坛暨中国检察官文联第一届三次全委会精神和影视协会检察影视创作专题研讨活动精神，讨论《关于举办全省检察职业良知研讨暨第二届“迎新春、送文化”活动工作方案》和《省检察官文联一届三次常委（扩大）会工作方案》，明确加强省检察官文联建设有关事项。

省检察官文联一届三次常委（扩大）会

12月1日，曾页九主席主持召开省检察官文联一届三次常委（扩大）会，传达第三届中国检察官文化论坛暨中国检察官文联第一届三次全委会精神和影视协会检察影视创作专题研讨活动精神，审议《江西省检察官文联2014年以来的工作报告》，并就做好当前和今后省检察官文联工作提出要求。

[文化艺术活动]

首届“迎新春、送文化”活动

2014年1月7日，省检察官文联组织开展首届“迎新春、送文化”活动。曾页九主席主持，省院党组副书记、副检察长、省检察官文联副主席李智，省院党组成员、政治部主任、省检察官文联副主席张勇玲，省院检委会专职委员、省检察官文联常务委员蔡田、江阶虎、孙牯昌，省检察官文联副主席王漪清等参加活动，活动组织全省检察机关7名书法爱好者书写春联100多幅，春联在省院领导走访慰问时送给了慰问对象。

“重走长征路，共筑中国梦”全国检察文化基层行（江西）活动

2014年11月11日至12日，省检察官文联与中国检察官文联、省检察院政治部在瑞金、于都共同主办 “重走长征路，共筑中国梦”全国检察文化基层行（江西）活动。中国检察官文联主席张耕出席启动仪式并讲话，省检察院党组书记、检察长刘铁流致辞，曾页九主席主持启动仪式，李智副检察长，张勇玲主任和赣州当地领导等出席启动仪式。省检察院、赣州市检察院、瑞金市检察院检察官代表共计100余人参加活动。张耕主席、曾页九主席分别代表中国检察官文联和省检察官文联走访慰问了基层困难干警。中国检察官文联给瑞金市检察院、于都县检察院赠送了文化用品。来自全国9个省市区的12名检察文艺骨干组成的检察文艺小分队为这两个院的干警及家属展示了精彩的文艺表演，中国检察官文联和当地的书法家现场书写春联、创作书法作品等，受到大家热烈欢迎。

全省检察职业良知研讨暨第二届“迎新春、送文化”活动

2014年12月1日至2日，省检察官文联在婺源举办全省检察职业良知研讨暨第二届“迎新春、送文化”活动。曾页九主席、李智副检察长、张勇玲主任出席并讲话。省检察院检委会专职委员、省检察官文联常委蔡田、孙牯昌，省检察官文联副主席王漪清，部分设区市检察院检察长，已成立市级检察官文联的负责人，特邀嘉宾，全省检察职业良知征文获奖代表和省、市、县三级院检察官代表共80余人参加。5位市院检察长、1位基层院检察长、2位特邀嘉宾和3位获奖论文作者在检察职业良知研讨期间作了交流发言，5位省内书法家在第二届“迎新春、送文化”期间为基层检察干警现场书写春联和书法作品。

活动前期，省检察官文联在全省检察机关组织开展了检察职业良知论文征集评选工作，共征集到论文155篇，评出各等级获奖论文38篇和组织工作先进单位4个，实现了论文征集数量由数十篇到百多篇的跨越，充分调动了广大检察人员参与检察文化理论研究的积极性和主动性。

【获奖情况】

在第三届中国检察官文化论坛论文征集评选活动中，省检察官文联推荐的6篇论文中有4篇获奖，省检察官文联获优秀组织工作奖。

在“中国梦·检察魂——全国检察机关优秀书画摄影作品展”，省检察官文联推荐的9幅作品中有7幅被举办方选中。

在“中国梦——我的检察官故事”纪实散文作品征文活动中有4篇作品获奖。

在2014年江西省国家公务员美术书法展览活动，省检察官文联共报送的21幅作品中有4幅获奖，所有作品均获入选在省文联艺术展览中心展出。

在第四届“迎新春、送文化”春联征集评选活动中有20幅作品获奖。

电影《危局始末》今年5月在央视电影频道家庭影院黄金时间播出，实现了我省检察干警原创检察题材电影在央视播出零的突破。

【基层检察文化艺术工作】

南昌市检察官文联组织了“迎新春、送祝福”春联赠送、实弹射击比赛、与外单位联合举行乒乓球、羽毛球友谊赛，组队参加南昌市首届机关干部乒乓球、羽毛球、网球比赛，南昌市职工男子篮球赛等活动。

景德镇市检察官文联组织了“瓷都梦·检察情”全市检察机关诗歌、绘画、书法、摄影作品展，拍摄微电影《清瓷》，与中国美协、省美协、景德镇市文联、景德镇中国画名家瓷画院、景德镇书画院等六家单位共同主办“相约景德镇”首届中国画名家瓷画展等活动。

抚州市检察官文联组织青年志愿者看望慰问残疾儿童，机关女干警“三八”妇女节登山、到革命旧址开展清明祭扫，到挂点扶贫村助农采摘茶叶、到广昌县摄影采风等活动。

【文化活动图片集萃】

◀全国检察文化基层行（江西）活动会场。

“重走长征路，共筑中国梦”全国检察文化基层行（江西）活动

▲中国检察官文联主席张耕讲话。

▲省院党组书记、检察长刘铁流致辞。

▲最高人民检察院咨询委员、省检察官文联主席曾页九致辞。

▲检察文艺小分队为干警进行慰问演出。

首届“迎新春、送文化”活动

▲省检察官文联领导观看检察系统书法家撰写春联。

▲书法家为干警现场书写春联。

全省检察职业良知研讨暨第二届“迎新春、送文化”活动

◀全省检察职业良知研讨活动。

省检察官文联第一届三次常委（扩大）会。▶

▲“迎新春、送文化”活动现场。

▲研讨发言与专家点评。

山东省检察官文学艺术联合会

[综　述]

在美丽古老而又充满儒学气息的齐鲁大地上，山东省检察官文联在“中国号”巨轮劈波斩浪实现中华民族“两个一百年”伟大复兴中国梦的今天，借助文化大省优势，把代表中华优秀传统文化的儒家思想作为检察事业继承和发展的精神命脉，作为涵养检察官“执法为民”核心价值观的重要源泉，按照高检文联“三位一体”的工作思路，形成了具有齐鲁文化特色的山东检察文化体系，有效助推了山东的检察改革与发展。

【强化齐鲁文化与检察文化对接的理论研究，为检察改革发展提供理论支持】

山东省检察官文联充分借鉴博大精深的齐鲁文化，狠抓传统文化和检察文化应用性理论研究，形成了具有齐鲁特色的“品牌文化理论体系”和“地域检察文化的多元理论体系”。

着眼构建新的检察制度，促进检察人员核心价值观的形成　围绕培养和造就一支政治坚定、品德优良、执法公正、党和人民信赖的检察队伍，组织进行了传统文化理论研究和地域品牌检察文化理论研究。一是在全省检察机关中开展了“爱我齐鲁，守望正义”征文活动，收到论文150多篇，深刻论述了传统文化理念和改革对检察人员价值观的要求，把儒家学说和“天下为公、以民为天”的大同理想作为在改革中弘扬的重要方面，着力培养检察干警执法为民的核心价值观和有理想、有能力、有担当、有操守的职业精神，以引领思潮，助推检察改革；二是形成了一整套地域品牌检察文化理论体系。孔子思想传播的大本营——济宁检察院，利用地域优势，研究儒家为政思想，形成了儒家思想与检察工作密切结合的“德检”理论体系；红色文化诞生地——临沂市检察院，依托革命老区提炼出的沂蒙精神，与检察工作紧密结合，形成了一整套老区特征的检察理论体系，培养出了“红嫂”似的女检察官群体。东营市东营区检察院的“朝阳文化”、烟台市芝罘区检察院的“绿洲文化”、蓬莱市检察院的“丹崖朝阳”文化、莱阳市检察院的“旌旗文化”等都有各自特色的检察文化理论体系。全省162个基层院80%建立了自己的文化品牌。

着眼新形势下应用性理论研究，有针对性地服务检察改革　一是围绕独立行使检察权、检察一体化等重点改革目标，构建检察职业道德新体系展开大讨论，收到论文110多篇，对在新形势下检察官职业道德构建提供了思想理论基础；二是组织开展腐败成因研究和预防文化研究，征集论文90余篇，有效配合了反腐败工作的深入开展；三是围绕建立检察文化机制、模式、途径、载体、保障等规律性的研究，征集论文80余篇，为全省检察机关开展文化创新提供了理论依据。检察官撰写的20多篇论文在国家重要期刊发表。烟台市福山区人民检察院陈燕撰写的论文《论地域文化视野下基层检察文化的建设与发展》在2014年第三届中国检察官文化论坛征文活动中获得三等奖，并在中国检察出版社《检察基层文化建设的理论与实践—第三届中国检察官文化论坛文集》中刊发；临沂市人民检察院法律政策研究室副主任孙振江、临沂市蒙阴县人民检察院专职检委会委员杨峰共同撰写的《法治思维视野下完善派驻检察室工作运行机制的若干建议》被最高人民检察院《检察研究参考》刊发；临沂市莒南县人民检察院检察员张伟东撰写的《刑事强制医疗程序适用条件解析》发表于《中国司法》刊物。50多篇优秀论文在省院内网和官方网站"检察文化"板块的"理论研究"栏目发布。检察文化理论研究起到了文化引领助推改革的作用。临沂市人民检察院及所属部分区县检察院在总结了未成年人刑事检察工作经验与成就的基础上，结合法学院教授、研究生的研究成果，按照办案实例、司法实践操作模式、专家评点和理论探索的结构，深刻阐述了未成年人刑事检察的司法保护模式、合力帮教模式、抚慰救助模式及有效防范模式，中国检察出版社为其出版了《未成年人刑事检察的临沂模式》一书。这既是对实践创新机制的升华，更是对诉讼程序理念、疑难问题的解读与司法改革创新的前沿性改革成果。

【强化检察文化艺术创作，为提升检察人员品位提供文化素养】

省检察官文联依托山东文化大省资源优势，在全省检察机关实施"精品战略"，鼓励文艺人才树立远大志向，不断提升艺术境界，力求推出与检察改革发展俱进，践行愿景、礼赞高尚情操、蕴含公平正义价值追求、富有思想性和艺术性的精品力作。

发挥全省文艺人才的智慧，实行"三级联创"机制 全省检察机关拥有各类文化艺术人才480多名，为充分发挥好文艺骨干的带头作用，实行了"以省检察官文联为指导，市检察官文联为基础，县检察官文联及全体检察人员为主体"的三级联创机制。各市县级检察官文联和宣传部门共同推动电影剧本、微电影、戏剧、小品、小说等文化艺术创作活动，先后有150多部文艺作品脱颖而出。全年检察官新创作的电影《生死底线》、《青春检察官》，反腐败心理剧《心神不宁》等10多部优秀影视、戏剧作品在省内和全国电视节目公演；东营市人民检察院拍摄的以反映预防职务犯罪，弘扬社会主义廉政文化为题材的微电影《玉镯》在全国检察机关首届预防职务犯罪专题微电影评比活动中荣获一等奖；山东省沂水县人民检察院创作的微电影《信・心》在共青团中央、中央综治办和中国预防青少年犯罪研究会主办的第三届"关爱青少年彩虹行动"微电影大奖赛中获三等奖。淄博市高新区检察院检察长李家玉创作的散文集《我的干草垛》由中国文联出版社发行；龙口市检察院陈名海创作的《我的青春不迷茫》在中国检察出版社发行、报告文学《梦想成真 大衣哥朱之文》在东方出版社发行。省检察官文联从全省检察机关书画展及笔会活动中精选出64位书画爱好者的97幅精品，汇集出版了《鲁检儒风》。全部作品以较强的艺术感染力，表现了检察人员公正执法、热情为民的检察情怀。

利用载体发挥好"两个积极性"，建设好"三大有型阵地" 一是加强同省、市文学刊物及出版部门的联系，为创作人员发表作品提供了便利条件。省、市检察官文联通过各种渠道联系，为检察人员发表各类文学作品230余篇；二是加强自身文化阵地建设，省院建有检察文化内外网，各市级院的网站、刊物都有检察文化的栏目；三是各级检察院都有同级文学期刊的刊登渠道，全年市级文学期刊刊登检察机关的文学稿件 80 多篇。在确保三大阵地建设的同时，鼓励优秀作品向高层次迈进。在中国文联主办的“情系中国梦—庆祝新中国成立 65 周年全国产（行）业文联书法、美术、摄影展”中全省检察机关 5 幅书画作品、1 幅摄影作品获“优秀作品奖”；摄影作品《洁身防变重如山》获“最佳作品奖”，同时荣获全国检察机关首届预防职务犯罪摄影作品展“特等奖”和国际摄影节“群众最喜爱作品奖”，并被中国文联、中国摄影家协会等选为“中国梦公益广告”。

【强化检察文化艺术活动，为繁荣检察人员文化生活，服务队伍建设提供精神动力】

充分发挥文化的辐射功能，努力形成对内教化、对外宣传的“两大规模”化效应 如年初举办了“中国梦 . 检察情”书画笔会活动。中国检察官文联主席张耕应邀出席，并高度肯定了山东的检察文化建设工作。9 月底举办了“中国梦、检察情——庆祝建国 65 周年全省检察机关优秀书画摄影展”。各市县院运用检察人员喜闻乐见的各种文艺形式传递检察工作正能量。宁津县检察院举办了“学经典、爱中华、共圆中国梦”经典诵读电视大赛，声情并茂地演绎了我国古典诗词名篇《爱莲说》；东营市检察院干警创作的廉政微电影《玉镯》，在市电视台、胜利电视台，市各大网站及人员密集的公共宣传媒介展播，油田和有关单位组织集中观看达 600 多次，在社会上引起强烈反响。省市县三级检察院排练文艺节目演出 100 余场次。东营市检察院文艺宣传队深入孤岛采油厂举办“检民携手、共铸辉煌”专场文艺晚会；东营市河口区检察院宣传队举办“河口油地关爱教育”专场，演出吕剧《断桥惊梦》；泰安市检察院排练相声《惠民补贴我来说》在市区多次演出；沂水县检察院拍摄的微电影《距离》在 2014 北京国际微电影节展播；费县检察院拍摄的微电影《兄弟》在优酷网、腾讯网等上传公映，努力形成对外辐射规模。

围绕中心，采取“三大措施”，搭建“五大平台”，推动开展形式多样的文化活动 三项措施：一是围绕法律监督和检察改革节拍开展文化活动，每逢检察机关的重大活动省检察官文联都作出具体活动方案；二是各级检察官文联与地方专业艺术团体共建，提高文化活动的品味和质量。如检察机关创作的反腐剧本委托地方剧团巡演；三是实行省市县三级文联组织互动，共同策划和组织实施形式多样的文化活动。五大平台是：文学艺术活动、环境文化建设、网络技术信息、文化品牌建设和理论研究五个平台。三项措施和五大平台的构建与实施，使山东省的检察文化活动得到了繁荣发展。

恰逢其时迎盛世，儒检之魂满征帆。山东省检察官文联在省院党组的领导下，向着依法治国的改革目标，高高扬起了文化引领的风帆……

[文化理论研究]

【检察文化视野下的司法行为规范】

牟进云

职务犯罪是国家工作人员滥用权力、亵渎权力的一种特殊类型的犯罪，危害着国家治理的法治基础，侵害国家机关管理职能和国家公职人员职务行为廉洁性，是严重的腐败形式。根据宪法、刑事诉讼法和人民检察院组织法的规定，人民检察院“对于直接受理的国家工作人员利用职权实施的犯罪案件，进行侦查”，也就是通常意义上的查办职务犯罪。

查办职务犯罪是检察机关的重要职能，是党风廉政建设和反腐败斗争的重要组成部分。党的十八大以来，检察机关认真贯彻中央关于反腐倡廉建设的决策部署，始终保持了惩治腐败犯罪的高压态势。“2014 年，全国检察机关坚决贯彻党中央反腐败决策部署，严肃查办各类职务犯罪案件 41487 件 55101 人，人数同比上升 7.4%。”检察机关在查办职务犯罪案件中，涉及人身自由和财产权益，社会关注度高，是人权保障的重点环节，也是检察机关在司法过程中容易发生问题的重点环节，需要从严规范查办职务犯罪环节的司法行为。规范司法行为是一项系统工程，涉及到方方面面，要坚持不懈把法治理念、司法能力和作风建设作为第一位的任务。要格外重视检察文化对查办职务犯罪工作的规范执法和行为引领作用，让严格规范、公正文明执法内化为查办职务犯罪的行为自觉和司法习惯。

检察文化对查办职务犯罪的作用体现

党的十八届四中全会提出“规范司法行为”的要求，这是党的文件形式首次提及“司法行为”概念并作出“规范”要求。最高人民检察院始终把规范司法行为放在提升法律监督能力、提高司法公信力的高度来抓，2014 年 10 月 29 日，曹建明检察长向十二届全国人大常委会第十一次会议作《关于人民检察院规范司法行为工作情况的报告》。2015 年 1 月，最高人民检察院出台《关于贯彻落实〈中共中央关于全面推进依法治国若干重大问题的决定〉的意见》，明确提出强化对检察权运行的管理监督，规范司法行为，落实司法责任，提高司法公信力。

基于检察机关查办职务犯罪工作的重要性、特殊性和敏感性，决定了必须把理性、平和、文明、规范执法新理念贯穿于查办职务犯罪活动的全过程，切实规范司法行为。

检察文化提升查办职务犯罪的软实力

要提检察文化，首先需要界定“文化”的内涵和外延。一般认为，“文化”是指人类社会历史实践过程中所创造的物质财富和精神财富的总和。文化的根本作用就是以文化人、以文润人、以文育人。恩格斯在《反杜林论》中指出："文化的每一次进步，都是迈向自由的一步"。文化具有鲜明的时代性特征，历史发展传统不同、时代不同、价值观不同，文化亦不相同，不同的文化背景润育和培养不同的思想理念，人们思想理念的差异，本质上由文化差异造成。钱穆认为："一切问题，由文化问题产生。一切问题由文化问题解决。"作为一种精神形态的存在，文化是维系国家、社会、民族乃至一个机关协调一致必不可少的精神系统，是一种不可或缺的内在软实力。中央《关于深化文化体制改革推动社会主义文化大发展大繁荣若干重大问题的决定》中指出："当今世界正处在大发展大变革大调整时期，文化在综合国力竞争中的地位和作用更加凸显……文化越来越成为民族凝聚力和创造力的重要源泉、越来越成为综合国力竞争的重要因素、越来越成为经济社会发展的重要支撑，丰富精神文化生活越来越成为我国人民的热切愿望。"检察文化是中国特色社会主义文化的有机组成部分，是我国法律文化的一个分支，"是检察机关在长期法律监督实践和管理活动中逐步形成的与中国特色社会主义检察制度相关的思想观念、职业精神、道德规范、行为方式以及相关载体和物质表现的总和，是社会主义先进文化的重要组成部分，是检察事业不断发展的重要力量源泉。"检察文化是司法职业文化，检察文化与检察实践相辅相成、相互促进，充分发挥检察文化的引领、约束、融合、凝聚作用，能有效提升包括查办职务犯罪在内各项检察工作的软实力。为此，曹建明指出："全国检察机关要全面贯彻落实党中央的重要指示精神，充分认识文化建设的重要意义，坚持把检察文化建设摆到更加重要的位置，更加积极、更加主动、更加自觉地加强和改进检察文化建设"，切实发挥检察文化在查办职务犯罪工作中的思想引领和行为规范的能动作用。

检察文化提高查办职务犯罪的执行力

随着经济社会发展，在新的历史条件下，职务犯罪呈现"更加智能化和专业化，犯罪手段更趋复杂和隐蔽，犯罪嫌疑人的关系网更广、自我保护和反侦查能力更强"等新特点。检察机关要充分认识当前职务犯罪仍然易发多发的严峻态势，牢固树立"执法办案是硬道理"的观念，敢于担当，依法办案，主动作为，不断加大力度，保持规模，才能有效遏制职务犯罪滋生蔓延，才能推动党和国家中心工作的健康平稳发展。事实上，检察文化一经形成，就会产生一种强大的凝聚力和推动力，更有效地把检察人员的思想统一到检察工作所确立地总体目标上来，实现检察人员自身价值与检察人员群体价值、检察系统价值的融合统一。在查办职务犯罪工作中确立积极向上、敢于担当的文化理念，塑造检察人员积极向上的共同的价值观，能有效帮助侦查人员形成内在的、深层的工作目标和精神力量。对这种文化的认可度越高，就越能引导检察人员转变执法观念和思维方式，把公平正义、保障人权、关注民生、和谐执法、接受监督等司法理念运用到执法办案之中，彰显司法的文明和进步，进而提高查办职务犯罪的执行力。

检察文化提升查办职务犯罪的公信力

检察文化虽然不具有外在的制度硬约束，但对检察人员来说具有用内在的软约束，能从精神层面有效规范司法行为、提高司法能力，进而提升检察公信力。"检察文化具有群体性，是历史沉淀和现实形成的且被检察职业群体所共同遵守或认可的共同的行为取向和行为模式。某种行为模式一旦形成，就对检察人员具有特点的约束力。”这种约束产生于检察机关的文化氛围、司法理念和行为规范，指导检察人员在查办职务犯罪案件中，收集能够反映案件真实情况的一切证据材料。既围绕被控犯罪的构成要件收集与对犯罪行为定罪有关的各种证据，又收集与对其量刑有关的各种证据；既收集犯罪嫌疑人有罪的证据，又收集犯罪嫌疑人无罪的证据。帮助检察人员牢固树立“办案安全、安全办案”的思想，把在查办职务犯罪案件中可能出现的问题、需要采取的应对措施等考虑全面，认真组织实施。如在办案前，制定安全防范工作预案，检查办案区域安全措施落实情况、做好工作动员等。办案过程中，依照法律规定严格执行“四个绝对禁止、一个必须执行”的办案纪律，尊重、保护犯罪嫌疑人的合法权益，依法规范各项办案流程。

检察文化建设存在的主要问题

近年来，各地检察机关在严肃查办职务犯罪的同时，立足于新形势和检察事业发展的新要求，不断探索、创新检察文化建设的途径与方法，加强对检察人员现代执法理念的培养和养成，强调规范执法思维方式的转变，强调执法为民和人性化执法理念，强调检察官客观公正义务等方面，取得了一定的成绩，但也要清醒地看到，检察文化建设仍存在不少的突出问题。

功能定位模糊 主要是对检察文化建设的功能定位存在模糊认识，检察文化理论研究的滞后。有的认为检察机关查办职务犯罪的首要任务是办案，当前反腐倡廉任务重，检察机关办案责任大、案多人少的矛盾比较突出，查办职务犯罪就应该多办案件，把案件办好、办扎实就行了，检察文化建设是对正常查办职务犯罪工作的一种冲击。片面认为开展一些必要的文化活动是浪费时间，文化就是一项务虚或者是可有可无的工作，不如把时间和精力用在办案上，在观念上对检察文化建设缺乏理论认同、情感认同和价值认同。有的认为检察文化活动就是搞些表面文章的形象工程，把检察文化简单等同于检察机关开展的业余文艺、体育、娱乐等活动。有的认为文化是检察机关的一种管理方法和管理手段，将文化建设等同于检察人员日常的思想政治教育和检察业务学习，不了解检察文化的基础理论体系，不能把检察文化建设放在社会主义法治文化建设和优化司法权配置以及检察事业科学发展的大背景下来谋划和思考。

工作机制不顺 检察文化建设是一项长期的基础性的工作，需要一个良好和有效的运行机制。当前，一些地方检察文化建设的组织、管理、保障、激励以及参与等机制不健全，尤其是在当前优化司法职权、深化司法体制机制改革的大背景下，过分宣传和重视诸如检察官员额制、办案质量终身负责制和错案责任倒查问责制等实践层面的问题。这在无形当中淡化、弱化了检察文化的推动和发展。一些地方检察机关工作在检察文化建设中，过分注重检察文化的外在形式，忽视检察文化的精神内涵和法治素养的要求。一些地方检察机关把文化建设机械理解为机关环境美化和检察人员业余文体活动，一提检察文化建设就是抓好机关环境和娱乐文化，停留在“口号文化”、“仪式文化”的层面，忽视了检察文化建设的法治性、精神性和制度性，存在急功近利的倾向。

建设水平不高 检察文化建设并非是一项单纯的业务工作，而是一个系统工程，要与检察中心工作紧密结合、有机衔接。从近年来检察文化建设情况看，一些地方检察机关将文化建设囿于单纯的文体活动，脱离检察文化的法律属性，忽视对检察干警履职能力和职业道德的培养。还有一些地方检察机关将文化建设仅限于法律和司法领域，忽视对检察人员人文素养的培养和熏陶。一些检察机关在文化建设方面的经费保障不到位，尤其是检察文化方面的专业人才缺乏，活动开展乏力、工作标杆不高。一些检察机关不能充分挖掘本地区人文资源、历史渊源、检察发展史，满足于搞版面、应付性对待，造成检察文化泛化。一些地方检察机关片面强调文件建设硬件设施投入，一定程度上存在应付检查、评比等问题，尽管耗费人力物力财力，但效果不尽如人意。

检察文化有效规范查办职务犯罪司法行为

检察文化具有行为规范和思想引领的功能，要持之以恒地用检察文化培育检察人员的主流认同、法治思维和规范意识。要正确对待和有效克服在查办职务犯罪工作中，不重视、不理解、不支持、不运用检察文化的片面观念，把检察文化抓实、搞活，尤其是要结合最高人民检察院正在开展的规范司法行为专项整治活动，正确处理规范司法与执法办案的关系，重点整治查办职务犯罪工作中不规范“顽症”，以规范促办案，推动查办职务犯罪工作深入健康发展，更好地服务反腐倡廉大局。

以文化推进法治思维的养成　在查办职务犯罪案件中，要牢固树立法治理念，坚决摒弃“重打击犯罪、轻保障人权”、“重实体公正、轻程序公正”、“重口供、轻证据”、“重突破案件、轻规范办案”以及查办职务犯罪神秘主义和消极应对监督制约的潜意识；牢固树立理性、平和、文明、规范的办案新理念，端正执法态度，提升执法水平，客观公正行使检察权。切实加强办案区建设和管理，建立设施完备的指挥控制系统和办案区视频监控系统，完善同步录音录像系统；切实加强侦查技术手段，不断更新侦查设备，逐步加大侦查中的科技含量，运用视听技术收集和固定证据，揭露和证实犯罪；指导侦查人员全面客观地收集证据。职务犯罪案件由于其在作案手段上的隐蔽性，职务犯罪的反侦查能力较强，一些检察机关在查办职务犯罪时容易把案件的突破重点放在犯罪嫌疑人口供、证人证言上，然后再根据口供、证人证言去搜集相关书证、物证。新刑诉法强化证据意识，传统“由供到证”的侦查模式已经不能适应刑事诉讼法的要求。只有坚持全面客观收集证据，才能为正确处理案件奠定坚实的基础，才能真正达到惩罚犯罪和保护无辜的刑事诉讼目的。

以文化建设推进人权保障　职务犯罪案件一般比较复杂隐蔽，犯罪嫌疑人反侦查能力较强，案件呈现“一对一”模式。新刑诉法施行后，极大提高了突破贿赂案件犯罪嫌疑人口供的难度。即使在取得相关证言的情况下，考虑到对犯罪嫌疑人权利的保障、律师的提前介入、强制措施的限制等规定，要教育和引导检察人员做好“查办犯罪”与“保障人权”的平衡工作。一是严格初查规定。制定实施职务犯罪案件初查工作规定，明确在立案前不得限制或者变相限制涉案人员人身自由，不得查封、扣押、冻结财物；二是规范侦查取证。细化传唤、讯问等程序性要求，依照法定条件采取指定居所监视居住、逮捕等强制措施，落实“十个依法、十个严禁”；三是加强办案工作区规范化建设，全面推行讯问职务犯罪嫌疑人全程同步录音录像制度；四是进一步规范指定居所监视居住的适用，切实防止随意扩大范围。进一步规范查封、扣押、冻结、处理涉案款物工作。

以文化推动自觉接受监督理念　党的十八大报告指出“让人民监督权力，让权力在阳光下运行”，检察机关代表国家行使法律监督职能，是专门维护公平正义的监督者，而“监督者更应接受监督”，检察机关必须把强化自身监督与强化法律监督放在同等重要的位置。在查办职务犯罪案件中，案件线索、立案侦查、决定逮捕、移送起诉等检察办案环节相对封闭，也最容易出现问题。要强化自觉接受监督和必须接受监督意识，健全查办职务犯罪的监督制约机制，把查办职务犯罪的每一环节都纳入监督视线。落实和强化案件管理部门对查办职务犯罪案件内部监督职责，健全办案质量终身负责制和错案责任倒查问责制。建立检察机关办案部门和人员违法行使职权的纠正机制和记录、通报、责任追究制度。全面开展检务督察、案件评查、专项检查等工作，对发现的苗头性问题早提醒、早制止、早纠正，对执法办案中的常见病、多发病应多措并举，综合治理，常抓不懈，坚决遏制。完善人民监督员制度，细化措施，实现有效监督、刚性监督，切实防止职务犯罪侦查权权的滥用，让人民监督员在监督每一起案件中都感受到检察机关的规范执法水平的提升。

以文化推进廉洁从检 法律是公平正义的艺术，公平正义是我国社会主义法治的基本价值取向，“强化法律监督，维护公平正义”是全部检察的工作主题。“徒法不足以自行”，法律所体现的公平正义价值的实现有赖于执法和司法行为，而执法和司法必须遵循一定的原则和标准，才能克服随意性、任意性，防止权力被滥用，才能自觉地把执法和司法工作与维护公平正义有机结合起来。要严格落实党的十八届四中全会决定要求，依法规范检察人员与当事人、律师、特殊关系人、中介组织的接触、交往行为。严格规范与纪检等部门在办案中的协作配合事项，既相互支持，又严格依法办案，防止职能混淆、违法办案。加强与律师和辩护人的沟通，依法保障其阅卷权、会见权、调查权，防止侵害当事人的合法权益。严格落实党风廉政建设主体责任和监督责任，时刻坚守道德底线、法律红线，确保公正廉洁办案。

理念是行动的指南，是外在行为的内在规定，作为一种价值追求和职业素养，“思维方式的文化本质就是把思维方式放置于一定的文化体系之中，所揭示的思维方式与其他社会文化要素之间的相互关系，即在一定文化体系中形成的思维方式，又成为该社会文化的要义，构成为该文化体系的基因，具有区别于其他文化体系的质的规定性。”要进一步发挥检察文化的规范、约束、引导的软实力功能，虚功实做，牢固查办职务犯罪的规范办案意识，真正做到公正、文明、规范、执法，提高检察公信力。

【论地域文化视野下基层检察文化的建设与发展】

陈燕　烟台市福山区人民检察院

党的十八大就文化体制改革、推动社会主义文化发展和繁荣作出了明确的规定，吹响了建设社会主义先进文化强国的号角。高检院《关于深入贯彻落实党的十八大精神进一步加强检察文化建设的决定》进一步掀起了检察文化建设的新高潮，也给基层检察文化的发展和创新带来了新的挑战。但是，开展先进检察文化建设是一项潜移默化的系统工程，不可能一蹴而就。因此要进一步创新文化载体，以此推动先进检察文化建设的深入发展。同时，在发展和创新之际，如何将地域文化中的精华与检察文化进行融合？如何突破现有基层检察文化发展瓶颈实现创新？都是需要思考的问题。本文拟从地域文化发展的视野出发，研究基层检察文化发展的理论和实践问题，以期更好地为基层检察文化的发展与繁荣服务。

检察文化的概念

对于检察文化的概念，在学术界和检察文化实践中尚没有统一的定义。有学者认为“检察文化是以公平正义为核心，以提高法律监督能力为目的，以创新管理体制为途径，以营造良好的人文环境为使命的具有鲜明检察特色的精神财富。”有观点认为：“检察文化是指在社会主义条件下，检察机关工作人员的检察实践活动及其成果的总和。它包括检察思想、检察规范、检察设施、检察技术等诸多方面，是支配检察实践活动的价值基础和基本理念。”也有观点认为，检察文化有广义和狭义之分，从狭义上说，检察文化仅包括检察机关的文学艺术创造活动以及思想政治工作等精神领域的内容。从广义上说，检察文化涵盖检察工作的方方面面，是指检察机关在履行法律监督职能过程中所形成的，为广大检察人员所普遍接受和认同的价值观念、规章制度、行为方式以及与其相适应的物质表现形式的总和。

上述观点从不同的角度分析了检察文化的概念，有侧重从精神层面理解检察文化的，但是主要的观点是认为检察文化应该包括检察物质文化层面与检察精神文化层面两个方面，具有一定的合理性，而上述狭义的检察文化概念将检察文化限定于精神领域的内容，具有片面性。笔者认为，文化本身是指人类在历史实践过程中所创造的物质财富与精神财富的总和，同理，检察文化作为文化的一个重要组成部分，应该包括检察制度在发展的过程中所创造出来的物质财富和精神财富，它既包括制度、意识、理念、行为、管理等意识形态的文化要素，也应该包括与价值观念、思维模式等相关联的物质载体，如法律规范、组织结构、法律制度和检察设施等。

基层检察文化建设的合理定位

基层检察文化建设需要与特色地域文化相融合　检察文化是一个历史范畴，它是在长期的历史文化熏陶中潜移默化形成的。笔者认为，基层检察文化更加贴近朴实的百姓群体，具有浓厚的人文气息，它不仅仅是一个历史范畴，更应该定位于地域的范畴内加以理解。毋庸置疑，一种有影响力的检察文化必须根植于美好的地域文化之上，也只有与厚重的地域文化相互借重，相互融合，才能在文化底蕴深厚的地域中凸显检察文化的价值，真正地实现检察事业的长足进步，更好地履行检察职能，保护当事人的合法权益，监督国家权力，科学、公正地追诉各类犯罪，促进全社会文明程度日益提高。

基层检察文化需要在承继中实现创新　基层检察文化要汲取传统文化中的精华，如“天地之间，莫贵于民”的民本思想、“以和为贵”的和合思想等。除此之外，基层检察文化要结合地域文化特色，采取行之有效的措施，统筹兼顾，开拓创新、与时俱进，从而建设优秀和谐的检察文化，不能够固步自封，停滞不前。例如现阶段有些基层检察机关没有充分重视自身所处的地域人文环境、历史渊源、光荣斗争史以及检察干警的自身特点，造成检察文化建设泛泛化、重复化、低端化、没有鲜明的特点和个性及品味。这些都是缺乏创新意识的体现，严重制约了基层检察文化的发展。

检察文化与地域文化的融合

地域文化是一种社会意识形态，新时期的基层检察文化如果不能够反映当地地域文化中的物质载体和意识形态，那么，基层检察文化建设也会成为无本之木、无水之源。

检察文化与地域文化融合的理念

在我国，地域文化一般是指特定区域源远流长、独具特色，传承至今仍发挥作用的文化传统，是特定区域的生态、民俗、传统、习惯等文明表现。在不同的国家之间，检察文化也是互相学习和借鉴的过程。比如，在思想体系方面，很多理论的根本要义都是相通的，如司法独立、无罪推定、公平正义等原则和理念。检察权力的运行因国度、地域的差异而不同。但是有一点是肯定的，那就是，各国都在朝着共同的方向努力研究，研究如何更好的保护当事人的权利、监督国家的权力、科学、公正的追诉犯罪。

正所谓“百花齐放，百家争鸣”，都是围绕检察权力服务的，检察权力的运行因国度、地域的差异而不同。例如英美法系国家权力的划分表现为“三权分立”，立法、行政、司法独立，其中司法主要是法院的审判活动，而检察权属于行政范畴，检察机关属行政机关的组成部分，在诉讼活动中与被告人具有同等的法律地位，享有对等的程序权利。我国属大陆法系国家，采取一元分立体制的权力架构下权力监督制约与非权力监督制约的模式。我国宪法因此明确界定检察机关是我国的法定监督机关，检察机关代表国家行使监督权力，基于我国社会主义制度的特殊国情，形成了具有中国特色的检察制度和检察文化。而“检察权的产生是为了消除封建割据状态下法制不统一的而对追诉活动的不利影响，维护国王制定法律的统一实施，检察权与法律监督从其诞生之日起就是相伴而生的。”

由此可见，不同的国家因受当地文化传统、政治思想、历史演进等方面的影响，检察文化出现差异是必然的。即使是在政法体制一致的国内，不同地区的检察文化也是深受地域文化的影响，如山东具有丰富历史内涵的齐鲁文化，齐文化讲求革新，鲁文化则尊重传统；嫩江有热情慷慨、粗犷豪放的嫩江文化；珠海有其独特的细节文化，这些文化的不同导致了检察文化的不同，使其各具特色。如果基层检察文化能够与地域文化结合，发掘地域文化中的精华，那么检察文化将迎来更好的发展。

检察文化与地域文化融合的方式

深挖地域文化自身的特点和内涵　检察文化建设尚处于摸索当中，没有固定的模式可以遵循。但是深挖地域文化自身的特点和内涵则是实现其与检察文化相互融合的前提。各个基层检察院应因地制宜，主动寻找当地地域文化特色。这包括地理位置、山水风景、人文历史、风土民情等方面。凡是积极向上的，能够在检察文化的发展中起到积极推动作用的，都可以作为一项文化传播载体进行深挖。这不是一种人力、物力资源的浪费，而是一种思维的发散和创新，是对既有的优秀的地域文化的认可和深层次阐释。

发挥主观能动性，完成有效文化映射　映射有“反映”之义，文化映射是指从地域文化到检察文化的有效反映、衔接。日常生活中所呈现的文化形式基本上都是零散、无序的，我们要做的就是将原有的地域物质文化或精神文化进行提炼加工，并找到与检察文化的契合点，实现二者之间的共荣。比如“果实”可以喻作甜的感觉，甜的生活，体现幸福感；“美食”可喻作美的行为，体现美丽感；“墨香”象征书法的盛行，体现了和谐感。诸如此类地域文化的阐释反映到检察文化中可以是多种多样的，但都是具有积极意义的，可以通过地域文化的传播带动检察干警对生活的满足感，可以促成检察干警积极的工作态度，形成良好的基层检察工作氛围。

组织策划丰富多彩的主题活动 可以说，丰富多彩的主题活动是完成文化映射的载体，它是深挖地域文化自身特点和内涵之后的重要实践阶段。基层检察机关要积极的制定相关的主题活动，将地域文化特色融汇其中，并确切落实保障措施，保证检察文化建设的深入开展，只有这样，地域文化才会潜移默化的影响到每一位基层检察干警，才会日渐渗入检察文化之中。因此在前期分析评估、提炼的基础上，本着循序渐进的原则，应制定符合本院实际的检察文化建设战略目标。目标的确立，应遵循以下原则：第一，层次原则。在时间上，将检察文化分解成阶段性目标。在空间上，按照检察文化建设的四个层面制定分目标。第二，适中原则。检察文化建设目标要根据本院的实际情况制定，既要量力而行，也要具有前瞻性。第三，个性原则。找到最切合自身条件的检察文化实施支撑点，突出本单位鲜明的个性，打造特色文化品牌。

现阶段基层检察文化建设存在的主要问题

现阶段，基层检察文化的建设还存在许多问题，主要表现在以下几点：

对基层检察文化建设的重要意义认识不够 有些基层检察工作人员认为加强检察文化建设史对资源的浪费，检察机关应该以检察业务为主，致力于打击违法犯罪，维护社会公平正义，而检察文化的建设不具有这方面的作用。

没有深入挖掘地域文化中的精华 检察文化建设浮于表面，千篇一律，有的甚至一味追逐其他地方的做法而不会因地制宜，不懂取舍，检察文化建设出现方向性错误，造成人力、物力资源的极大浪费。

基层检察文化建设思路缺乏创新性、长效性 基层检察文化建设缺乏创新思路，因循守旧，过分依赖于上级下达的计划、方案或实施意见，工作方式缺乏创新，再加上年年老一套，既无长远打算，又无短期规划，有的甚至流于形式，一年内开展几个一板一眼的活动，实际上只是疲于应付，做表面文章。

以上做法都是不可取的。先进检察文化建设，是培育忠诚、公正、清廉、严明的检察队伍的重要之举，是检察事业得以优质发展、和谐发展的有效路径。基层检察机关应该认识到检察文化建设的重要意义，自觉将检察文化与地域文化特色有效融合，不断创新完善，并将检察文化建设作为一项长效工作来抓，才能更好的立足检察职能，发挥检察机关服务社会、服务百姓的重要作用。

基层检察文化发展和创新的具体路径——以福山区检察文化建设为例

如何挖掘地域文化中的精华与检察文化进行融合是实现基层检察文化建设突破的关键点所在。笔者将以福山区检察文化建设为例，进一步说明基层检察文化发展和创新的具体路径。福山检察事业的发展离不开地域文化的熏陶，其每一个成绩，每一个工作亮点，都是检察干警根植于福山地域文化厚土，汲取地域文化素养的结果，而这种地域文化包括“福天、福地、福山、福水、福景、福物、福人、福文化”等地域文化特征。“福天、福地”指福山优越的地理位置；“福山、福水、福景、福物”指福山依山傍水，景色宜人，且非物质文化遗产众多；“福人、福文化”则是指福山历史名人众多，文化气息浓厚。福山检察正是深挖检察文化中的精华，将其与检察文化进行融合，打造出具有地域特色的“福检·福文化”。

根植福山“福天、福地”厚土，打造具有向心力的理念文化　“福天、福地”寓意着中华大地风调雨顺、国泰民安，人民生活丰衣足食。围绕为祖国祈福，把检察干警的理想信念、职业道德和核心价值观与“福”文化结合起来，立足“福地”心向祖国，以“祖国平安是吾福，人民幸福是吾贵”的责任感和使命感，在本职岗位上，履行政治责任，勇于社会担当，真正把“祈福祖国”落实到认识和行动上。在全院干警中开展三项活动。一是开展“福在中国，福在福检，福在我家”寻福活动。让干警通过所见所闻的“福事”，体会幸福，明白党领导人民走得是谋“福”之路，解决的是民生问题，增强拥护中国共产党、永远跟党走的信念；二是开展“什么是中国梦，实现中国梦，检察干警应该做什么”大讨论活动。通过讨论让干警爱岗敬业、热爱人民，热爱工作；三是开展“我为‘福检·福文化’建设建言献策”征集活动，发挥干警主动性，挖掘干警智慧潜力。

融合福山“福景、福物”底蕴，打造具有影响力的服务文化　“福景、福物”寓意着环境优雅的环境优雅平和，具有优越的经济发展条件和良好的“人脉”空间。围绕为福山造福，把立足检察职能，服务经济社会发展作为己任，找准法律监督与社会和谐稳定的结合点，做到执法想到稳定，办案考虑发展，监督促进和谐，为建设富美和谐文明新福山，提供有力的法治保障和法律服务。做到履行职责，有效履行检察职能；依法办案，严厉打击违法犯罪行为；强化法律监督，维护社会公平正义。

依托福山“福山、福水”特点，打造具有向心力的管理文化　“福山、福水”寓意着具有“号令如山，坚忍不拔”的管理理念和“滴水穿石，锐意进取”的创新精神。围绕为福检聚福，不断加强队伍管理，提高队伍凝聚力。一是规范管理，完善制度。包括完善自律机制和约束机制、完善考核评价机制、规范业务工作流程、建设“勤俭节约型”机关等，形成完善的制度保障；二是树立形象，在行为文化建设上着力。例如积极救助刑事被害人，并在法律上和精神上予以关怀；积极参与社会公益活动，规范干警言行举止等；三是开拓进取，不断创新检察文化建设。把创新作为推进检察工作科学发展的动力，探索检察工作新模式，建立捕诉衔接新机制；推行未成年人犯罪预防体系和配套建设；打造“服务群众‘接地气’”新工作方法；加快派驻检察室职能的探索和研究，拓宽工作领域；四是加强检察廉政文化建设。除通过开展自律演讲比赛、大讨论等活动，倡导干警廉洁自律外；在办案中，严守办案纪律，比如严守对赃款赃物的管理规定，防止办案过程中执法作风、执法行为不良问题发生等。

借助福山“福人聚、福三乡”内涵，打造具有凝聚力的和谐文化　“福人聚，福三乡”寓意着以人为本，和睦相处，生活甜美，共事和顺。围绕为干警谋福，着重在思想上、生活上、情感上对干警加以关心、支持和帮助，提高干警的幸福指数，达到“福至心灵”的境地。一是以“素能文化”建设为基础，为检察工作提供人才保障。定期分析队伍现状，把脉干警思想变化并进行及时的引导；大胆选拔使用年轻干部，使之尽快成为检察机关的中坚力量；加强干警培训，建立培训档案，提高干警技能水平；二是以“物质文化”建设为平台，为检察干警提供后勤保障。做到政治上关心，工作上关怀，生活上照顾；三是以“情感文化”建设为纽带，为检察干警提供共事保障。继续推进“情在共事中”的情感文化建设，倡导“以和为贵”、“宁静致远”、“聚心向力”的工作和生活态度，加强干警之间的沟通交流，为干警的文娱创造积极的休闲场所，形成和谐共处的良好氛围。

“福检·福文化”建设是一项系统工程，是新时代检察文化建设的一个缩影，也是检察工作的“软实力”工程，它有效的挖掘地域文化中的精华并将其融入到检察文化建设和发展的过程中，具有浓厚的地域特色，值得借鉴。文化是互通的，其倡导的检察理念无疑是一致的，文化又是多元的，它不是一成不变的，传播文化的载体也是多样的。只有在坚持特色的同时不断实现创新，才是检察文化发展的不竭动力。笔者认为深挖地域文化中的精华并借助一定的形式载体将其渗入检察文化建设之中是当前基层检察机关进行文化建设的重中之重，而完成这个过程需要不断思考，不断调查，不断实践，不断坚持，不断对现有文化进行承继和衍生，只有这样，才能使检察文化更具生命力。

[文化艺术活动]

【山东省检察院机关举办“庆五一”趣味运动会】

▲省院吴鹏飞检察长带领检察干警参与体育活动。

【举办“中国梦·检察情”书画笔会活动】

▲各级领导参加“中国梦·检察情”书画笔会活动。从左至右：丁瑞云济南市检察官文联名誉主席，宋文娟山东检察省院政治部主任、省检察官文联副秘书长，李占国济南市委常委、政法委书记，王成波省检察院党组副书记、副检察长、中国检察官文联常委，张耕中国检察官文联主席、最高人民检察院原党组副书记、常务副检察长，国家森省检察官文联主席、省人大原党组副书记、副主任，王建省政协常委、省检察官文联副主席，崔久明省检察院副检察长、省检察官文联秘书长，郭鲁生济南市检察院党组书记、检察长、市检察官文联主席。

▲中国检察官文联主席张耕书写“中国梦·检察情”。

▲张耕主席与基层检察官共同切磋绘画技艺。

▲山东省检察官文联主席国家森进行书法创作。

【山东省检察官文联书画协会与山东法官协会书画摄影分会联合举办“中国梦·司法情”全省检察官、法官迎新春优秀书画作品展】

▲山东省检察官文联主席国家森（左一）观看展览。

▲检察官、法官参观展览。

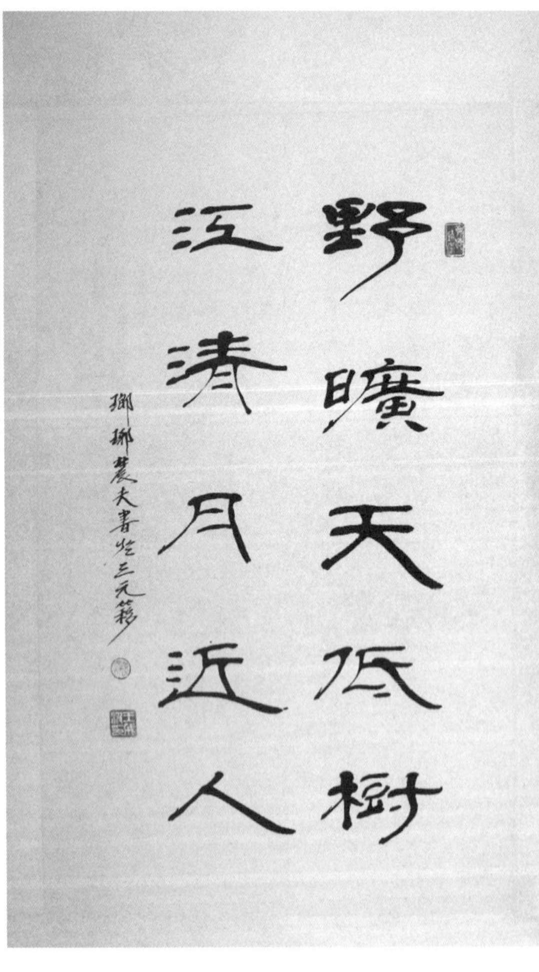

◀山东省人民检察院副检察长王成波参展的书法作品。

▲滨州市原副检察长参展的国画作品。

【山东省检察官文联举办“中国梦·检察情”——全省检察机关庆祝新中国成立65周年优秀书画、摄影作品展”】

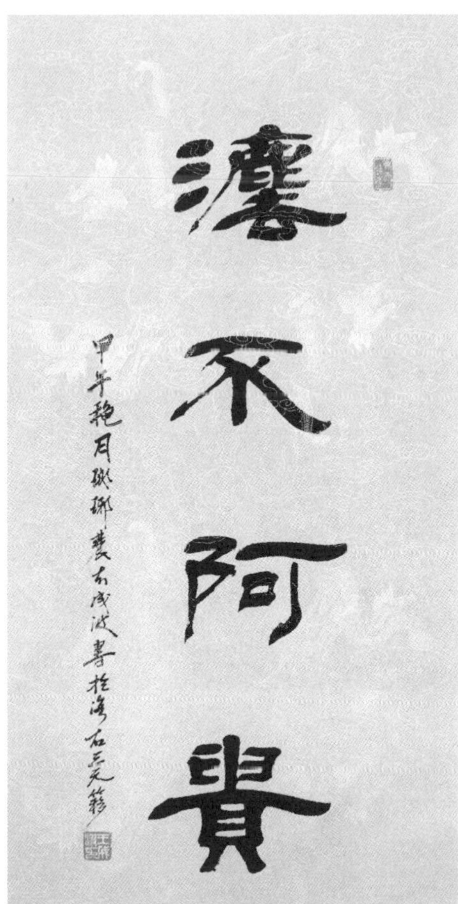

◀山东省人民检察院党组副书记、常务副检察长王成波创作的书法参展作品。

▲《公诉席上的正义》作者　刘宝玲　潍坊市人民检察院。

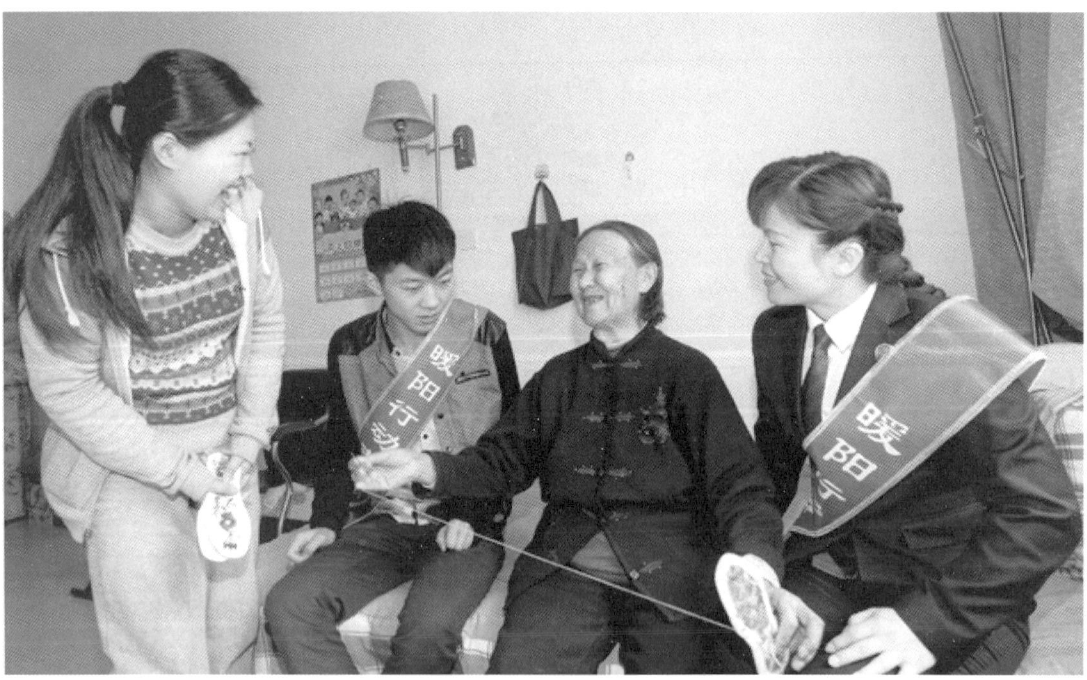

▲《暖阳行动》作者　卢勋　东营市东营区人民检察院。

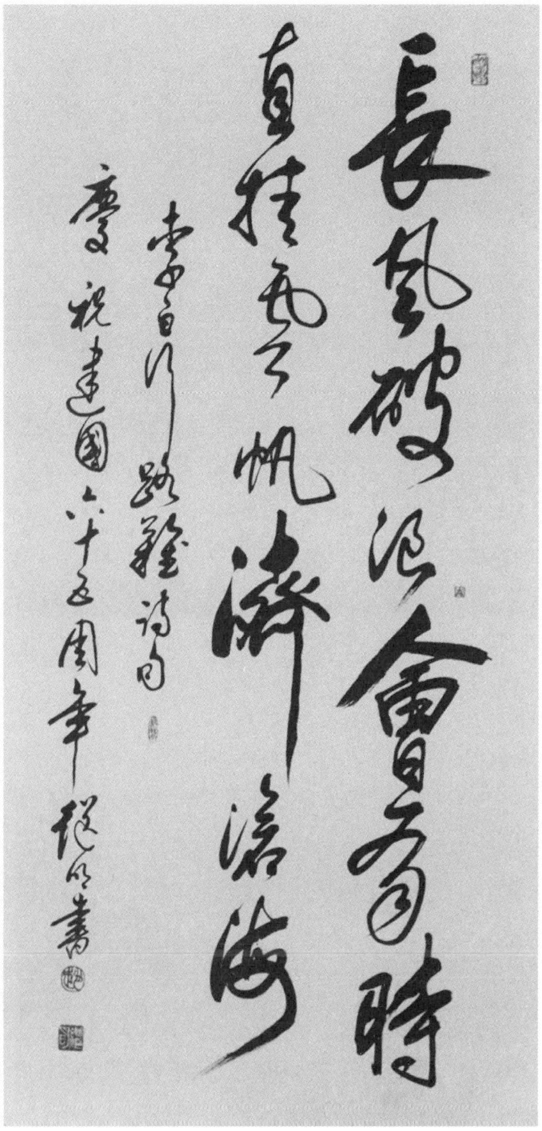

◄ 赵继明山东省人民检察院书法　长风破浪会有时。

► 迟培杰山东省人民检察院书法盛世中华（对联）。

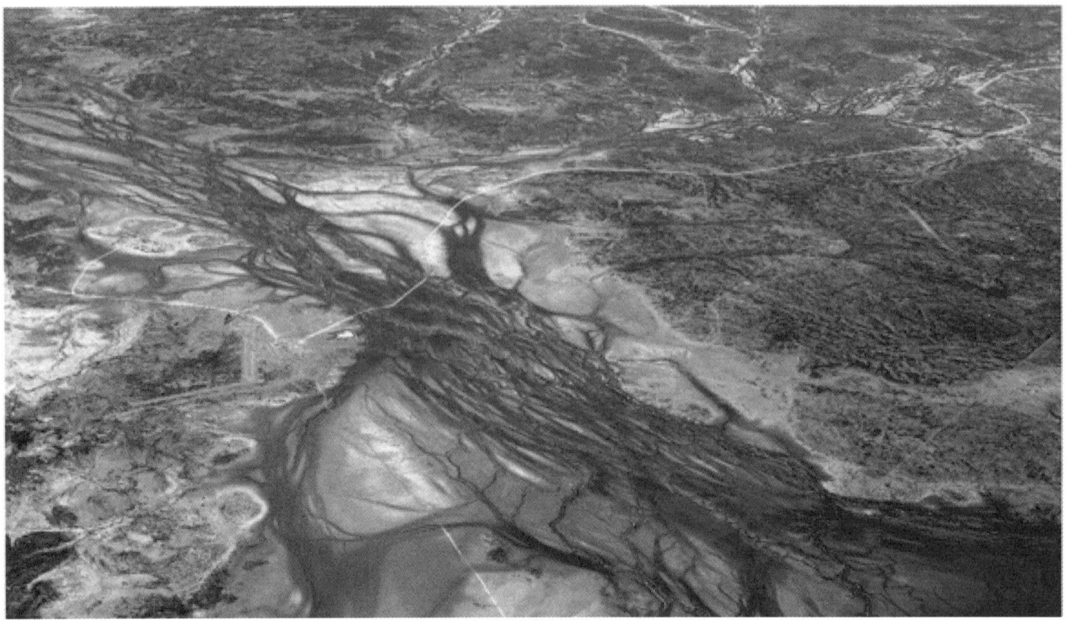

▲写意大地　作者　周立军。

▲《梦里老家》朱孔政　日照市人民检察院。

▲《检察官呵护孩子的人生未来》作者　傅裕　淄博市淄川区人民检察院。

▲《岱崮夕霞》作者　安建勇　临沂市人民检察院。

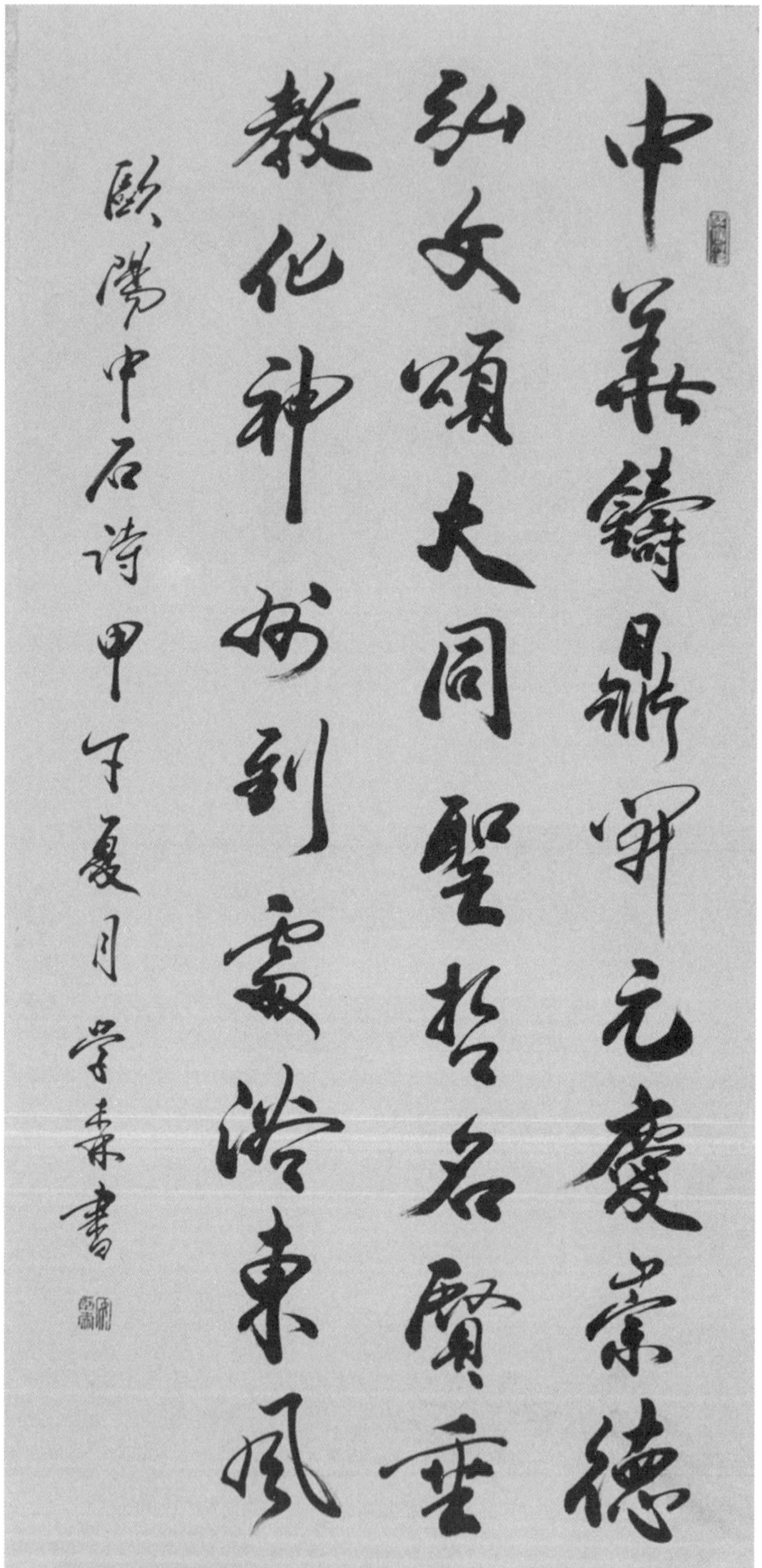

▲安学森　济南铁路运输检察分院书法　欧阳中石诗一首。

【潍坊市检察官文联举办“我的岗位我负责，我的岗位您放心”主题交流会】

【潍坊市检察官文联组织干警参观沂蒙红嫂纪念馆】

【微电影《信·心》获奖】

沂水县人民检察院创作的微电影《信·心》于11月17日在共青团中央权益部、中央综治办公室和中国预防青少年犯罪研究会共同主办的第三届“为了明天——关爱青少年彩虹行动”微电影大奖赛中获三等奖。

【高歌猛进的东营区人民检察院】

◀ 聚心　成立春雨志愿服务队，开展公益服务活动。

守护　春风化雨的教育。▶

◀ “清风和韵”廉政文化书法美术摄影巡展。此次书画摄影作品展共收到书画摄影作品500多幅，150余幅作品参加展出。

▲图书阅览室有藏书2万多册。

▲参加政法系统核心价值观演讲比赛。

▲完善各项制度。

▲预防职务犯罪警示教育基地。占地总面积800平米，年接待学员超过100批，近万人次。

【潍坊市检察官文联举办“青春·担当”检察故事会】

河南省检察官文学艺术联合会

[综　述]

2014年，河南省检察官文联坚持以习近平总书记系列重要讲话精神为指导，紧紧围绕检察中心工作，以提高队伍素质、提升职业形象和执法公信力为目标，广泛开展了一系列形式多样、深受检察人员喜爱的文化艺术活动，多层次、多角度展示了检察人员的精神风采和艺术才华，发现、凝聚了一批检察文化艺术人才，为推动检察文化建设作出了积极贡献。

【积极开展丰富多彩的检察文化活动】

一是举办2014年省检察院机关迎新春文艺晚会。参演的文艺节目都由省检察院干警自编自演，主题突出，形式多样，18个支部近200名干警登台演出，展示了检察干警奋发进取、忠诚履职的精神风貌；二是举办“迎新春、送文化”活动。活动以写春联、送春联为主要内容，参加书写春联的同志，主要是在2013年全省检察机关“庆十八大、迎新春”书法摄影绘画春联创作大赛活动中获得一、二等奖的同志，和省院机关干警、离退休老同志中有书法特长的同志。春联内容主要为全省检察机关“庆十八大、迎新春”书法摄影绘画春联创作大赛春联获奖作品，和中国检察官文联第三届“迎新春、送文化”活动的获奖作品。活动中共书写春联350余幅，春节前已发送到全省检察央模、省院机关离退休老干部、省院机关部分普通干警和工勤人员手中；三是组织举办全省检察机关“公正执法”书法、摄影、绘画创作大赛活动。这次大赛共收到书法作品201幅，绘画作品46幅，摄影作品380幅。经省会书法、美术、摄影界专家评审，评定获奖作品65幅，其中，书法作品一等奖6幅，二等奖9幅，三等奖19幅；绘画作品一等奖2幅，二等奖3幅，三等奖3幅；摄影作品一等奖4幅，二等奖6幅，三等奖13幅。四是开办“检察文化大讲堂”。第一期聘请央视百家讲坛主讲人、郑州大学王士祥教授，为省检察院机关干警作了题为“国学与人文精神”的专题报告。第二期由省院常务副检察长张国臣同志以“中国检察文化发展暨管理模式研究”为题进行了专题辅导。五是举办“迎七一·铸检魂”书法笔会。邀请省书法家协会副主席吴行、谢安钧等5名书法家与省院具有书法写作特长的干警一起挥毫泼墨，创作作品40余幅，件件作品体现“迎七一·铸检魂”的主题。

【积极参加高检院政治部和中国检察官文联组织举办的征文活动】

一是积极参加高检院政治部组织的检察文化理论与实务研究征文活动。共收到检察干警文稿

43篇，经筛选初审，向高检院政治部报送正式征文稿27篇。省检察院公诉二处干警冯博撰写的《检察影视创作的几点思考》、偃师市检察院干警蔡金良、徐云峰撰写的《关于检察文化建设的思考》获得征文优秀奖；二是积极参加中国检察官文联组织的第三届检察官论坛征文活动。共收到检察干警文稿21篇，经筛选初审，报送正式征文稿10篇。唐河县检察院丁亚、宋瑜静撰写的《试论如何充分发挥基层检察文化社团职能》获得征文三等奖，许昌县检察院李志慧撰写的《论检察职业精神在检察文化建设中的作用》、通许县检察院宗永恒撰写的《以教育活动为载体提高基层检察文化建设水平》、驻马店市驿城区检察院聂旭光撰写的《新时期检察基层文化建设刍议》获得征文优秀奖；三是积极参加中国检察官文联组织的"中国梦——我的检察官故事"文学作品征集活动。共向中国检察官报送创作作品60篇。省检察院预防处干警蔡云川创作的《匆匆，一路走来》获得征文二等奖，许昌市检察院干警何洁创作的《火红的石榴花》获得征文三等奖，鄢陵县检察院干警苗福翠创作的《梦之路》、省检察院公诉二处干警冯博创作的《检察官那点事》、睢县检察院干警张慧蒙创作的《坐马扎放低身段、忘生死赢得民心》获得征文优秀奖。

【大力加强检察官文联自身建设】

一是加强检察官文联工作的计划和安排。紧密结合检察工作部署，年初及时制定年度工作计划，使检察官文联的工作始终跟上检察工作发展的步伐和节拍，与检察政治工作及开展的党的群众路线教育实践活动同步安排部署，相互融合促进；二是加强检察官文联机构建设。组织指导三门峡市、濮阳市、鹤壁市、洛阳市、安阳市先后召开了检察官文联成立大会，目前，全省19个市分检察院中，已有15个市分检察院成立了检察官文联，这为今后检察官文联工作的开展奠定了坚实的组织基础。三是加强检察官文联工作资材收集汇编工作。结合中国检察官文联年鉴、省文联年鉴的编纂工作，本着参考性、实用性和史料性原则，对近年来省检察官文联相关资材进行全面系统的收集、整理、汇编，加强资料留存工作。初步建立全省检察文化人才库，收录各类检察文化人才200余人。

[文化艺术活动]

【“迎新春、送文化”活动】

为进一步践行以“为民、务实、清廉”为主要内容的党的群众路线，倡导积极向上、文明节俭过节日的新风尚，营造欢乐祥和的新春氛围，中国检察官文联、河南省检察官文联于1月14日在省检察院举办了“迎新春、送文化”活动启动仪式。

启动仪式由省检察院党组成员、政治部主任、省检察官文联副主席王广军主持，中国检察官文联主席、最高人民检察院原党组副书记、常务副检察长张耕，省检察院党组副书记、常务副检察长、省检察官文联主席张国臣，省检察院党组成员、副检察长、省检察官文联副主席田效录，省检察院党组成员、纪检组组长、机关党委书记熊先海以及省检察院各处室干警代表、参加书写春联的检察干警、新闻媒体记者共80余人参加了活动启动仪式，张国臣常务副检察长作了热情洋溢的致词，张耕主席作了重要讲话。

这次“迎新春・送文化”活动以写春联、送春联为主要内容，参加书写春联的同志，主要是在2013年全省检察机关“庆十八大・迎新春”书法摄影绘画春联创作大赛活动中获得一、二等奖的同志，和省院机关干警、离退休老同志中有书法特长的同志。春联内容主要为全省检察机关“庆十八大・迎新春”书法摄影绘画春联创作大赛春联获奖作品，和中国检察官文联第三届“迎新春、送文化”活动的获奖作品。书写的春联将在春节前发送给全省检察英模、省院机关离退休老干部、基层一线干警、省院机关部分普通干警和工勤人员。

张国臣常务副检察长在致词中指出，举办“迎新春、送文化”活动意义重大。一是深入开展以“为民、务实、清廉”为主要内容的党的群众路线教育实践活动的具体举措和生动实践，有助于进一步弘扬“忠诚、为民、公正、廉洁”的政法干警核心价值观，倡导积极向上、文明节俭过节日的新风尚，营造欢乐祥和的节日氛围；二是检察干警深入学习贯彻党的十八大、十八届三中全会精神的具体体现。把“迎新春、送文化”活动作为宣传十八大、十八届三中全会精神的一种载体、一个平台，来推动检察文化建设，增强检察文化软实力，必将激发广大检察干警的热情和积极性，进而推动检察工作科学发展；三是全省检察干警艺术水准的一次具体展现。检察官文联是加强检察文化建设的重要载体和平台。举办丰富多彩的文化艺术活动是检察官文联的一项重要工作，这次活动也是为具有书法写作特长的干警提供一个相互交流、相互学习、相互提高的平台和机会。

中国检察官文联主席张耕在活动启动仪式上指出，“迎新春、送文化”活动是检察机关认真学习贯彻党的十八大、十八届三中全会精神，深入落实高检院进一步加强检察文化建设的决定和中国文联“送欢乐、下基层”文化惠民活动要求的重要举措，体现了文化育检、文化惠检、弘扬检察精神、凝聚检察力量、推动检察工作发展的现实要求。他强调，要通过“迎新春、送文化”活动这个载体和平台，把检察文化建设的成果和检察文化的慰问送到检察基层，不断激发广大检察人员投身检察文化建设和检察工作的热情和积极性，进一步推动检察工作深入发展。

▲张国臣主席视察三门峡湖滨区检察院文化建设。

▲贺恒扬副检察长参加省电视台法治节目。

▲“迎新春·送文化”活动启动仪式。

▲张耕主席在“迎新春·送文化”活动现场挥毫泼墨。

▲三门峡市检察官文联召开成立大会。

▲河南省检察官文联二届四次全委会在郑州召开。

▲检察文化大讲。

▲濮阳市检察官文联召开成立大会。

▲纪念五四青年节暨中国梦我的梦演讲比赛。

▲2014 年迎新春文艺晚会。

▲省检察院干警参加省直运动会。

◀安阳市检察官文联举办书法绘画作品展。

湖北省检察官文学艺术联合会

[文化艺术活动]

▲2014年6月湖北省检察机关演讲比赛。

▲2014年6月湖北省检察机关运动会。

◀2014年11月湖北省检察机关篮球巡回赛。

2014年12月湖北检察机关女检察官演讲比赛。▶

湖南省检察官文学艺术联合会

[文化艺术活动]

【湘西州成立全省首家市州检察官文联】

5月15日，湘西土家族苗族自治州检察官文学艺术联合会第一次会员代表大会在永顺县召开，标志湘西州检察官文联正式成立诞生，成为湖南省首家市州级检察官文联。湖南省检察院副厅级干部、湖南省检察官文联主席陈海波到会祝贺，湘西州检察院党组书记、检察长肖建雄出席成立大会并讲话。

湖南省检察院纪检组副组长、湖南省检察官文联副主席曹志刚宣读了中国检察官文联发来的贺信，祝贺湘西州检察官文联的成立。湘西州委政法委副处级纪检员杨隆华，湘西州文联主席黄叶，永顺县委常委、县委政法委书记向阳等领导出席会议。湘西州检察院党组副书记、副检察长肖建平主持会议。

湘西州检察官文学艺术联合会是在湘西州检察院领导下，由全州热爱文化艺术、有一定文化艺术特长的检察官自愿组成的全州性、联合性、非营利性社会团体，接受州文联业务指导和州民政局的监督管理。其宗旨是围绕检察中心工作，积极开展检察文化艺术活动，发现、培养检察文化艺术人才，为推动检察文化和法治文化繁荣发展，提高检察队伍综合素质，促进检察事业科学发展作出应有贡献。成立大会上，会员们表决通过了第一会员代表大会选举办法、湘西州检察文联章程等，选举产生了理事、常务理事、秘书长、副主席和主席，湘西州检察院副检察长吴志明当选湘西州检察官文联主席。

陈海波对湘西州检察官文联的成立表示祝贺。他说，湘西州检察官文联，是全州检察干警文化生活的一件大事、喜事，标志着湘西州文化建设进入了一个新的历史时期。他要求，湘西州检察官文联作为促进检察文化繁荣发展的重要阵地和有效平台，一要坚持党的领导和正确的价值取向，通过检察文化的教育、感化、熏陶、启迪等作用，促进和催化广大检察官牢固树立检察核心价值理念，树立维护社会公平正义的文化自觉和文化自信；二要围绕检察中心开展文联工作，运用各种文学艺术形式，展示检察真善美，弘扬检察精神和检察正气；三要更加贴近干警、贴近基层、贴近办案一线，从检察实践和干警生活中吸取营养，创造出更多的广大检察干警和人民群众喜闻乐见的优秀作品。

肖建雄指出，湘西州检察官文联成要大力推进检察文化建设，认真做好各项工作。一是坚定检察人员的理想信念。始终坚持将社会主义核心价值体系贯穿到检察文化建设全过程，引领检察官文联工作，确保检察文化建设正确方向。二是服务检察工作科学发展。坚持围绕检察中心工作推进检察官文联建设，充分运用各种文化艺术形式，大力弘扬检察文化，凝聚检心检力、鼓舞干警斗志。三是不断适应广大检察人员日益增长的文化需求。突出检察人员主体地位，把广大检察人员认可不认可、满意不满意作为评价工作成效的重要标准，积极开展经常性文化活动，营造良好的检察文化氛围。

当选湘西州检察官文联主席的吴志明表示，一定会团结文联班子认真地、踏实地为搞好服务，组织开展好各项文学艺术活动，为湘西检察工作发展营造良好的文化氛围，提供智力支持。同时，规范文联管理，争取上级文联的支持和指导，努力把湘西州检察文联建设成广大会员们的温馨之家。

【一顿丰盛的精神大餐——省检察官文联送文化到湘西】

挥毫泼墨如金，歌舞同欢永顺。5月15日，湖南省检察官文联“送文化下基层活动”来到永顺县，为基层检察干警送来了一顿丰盛的精神大餐。

湖南省检察院专职委员、省女检察官协会会长苏勤惠莅临了演出现场，并作了热情洋溢的讲话，湖南省检察院副厅级干部、湖南省检察官文联主席陈海波，湖南省检察院纪检组副组长、湖南省检察官文联副主席曹志刚等领导观看了演出。湘西州检察院党组书记、检察长肖建雄发表了致辞。

在永顺县检察院六楼会议室，石书红、肖万义、陈美云等数名书法界名家挥毫泼墨，饱含热情地创作着，“让人民群众在每一个司法案件中都感受到公平正义”、“海纳百川”、“宁静致远”、“家和万事兴”等一件件美丽的书画作品跃然纸上，草书、行书、隶书或者小篆，每一件作品都令人赏心悦目。

在书法家们的书写台前，求取墨宝的干警们络绎不绝，有些干警为能获得一幅满意的书法作品，整整一下午都守在活动的现场，事前规定的下午5:30活动结束，谁知6点过来，还有干警迟迟不愿离开。3个半小时，书法家们完成书画作品200多件，看到获得作品的干警个个喜笑颜开，书法家们说。再辛苦也值了。

动人的旋律、欢快的歌舞。晚上7：30，“检察文化下基层”文艺演出正式开始。整台文艺演出在《土家酒歌迎嘉宾》土家阿妹动人的歌声里、欢快的舞蹈里、甘甜的土家美酒里拉开了帷幕。接下来的节目中，基层干警精彩演绎着苗族舞蹈《湘西玛汝玛》、反映永顺风情和永顺县检察工作的快板《赞永顺·说检察》、反映检察工作题材的诗歌朗诵《为了正义的誓言》、男生小合唱《请喝一杯古丈茶》……。特别是永顺县荣众留守儿童学校的小朋友的土家打溜子《喜鹊闹梅》，更是获得了观众的热烈掌声，这所留守儿童学校是永顺县检察院多年来自发扶贫帮助的学校，检察官叔叔阿姨们经常到这所学校开展帮助，为他们送书、送书包、送文具，为他们讲授法律知识，与他们一起做游戏等，给小朋友带去了关爱和温暖。此外，来自娄底、衡阳、张家界等基层检察院的干警带来的乐器合奏《喜洋洋》、独舞《忠魂》、桑植民歌联唱等节目更是精彩纷呈，国家一级二胡演奏家陈会文、扬琴演奏家付守山、魔术师高云等分别作为特邀嘉宾为干警们奉上了令人如痴如醉的二胡、扬琴合奏和川剧变脸等。除了精心准备的15个节目，与会的部分省、市院领导亦一改以往的严肃，来到舞台中央露了一手，或乐器表演或唱或舞，将整个晚会活动推向高潮。

在演出中，苏勤惠希望湘西州检察机关充分利用检察官文联这个平台，把湘西独具民族特色、地域特色和检察特色的检察文化做强做大，通过检察文化的引领、教育、熏陶等作用，增强检察干警的凝聚力和战斗力。肖建雄在致辞中，从感谢省检察文联为湘西检察干警带来丰盛的精神大餐、用检察文化激励干警前进、用检察文化传递正能量等三个方面畅谈了自己的感想。

▲5 月 15 日晚，“检察文化下基层”文艺演出。

▲5 月 15 日晚，“检察文化下基层”诗歌朗诵。

【一道精彩纷呈的文化盛宴——湖南省检察文化下基层活动侧记】

3月25日，阳光明媚，位于瓷城醴陵的全国模范检察院的醴陵市检察院，迎来了湖南省检察官文联开展的“检察文化下基层”活动，烹出了一道精彩纷呈、令人如痴如醉的文化盛宴。

感受、探讨文化的魅力

上午10时，湖南省检察官文联主任会议全体成员刚来到醴陵市检察院第一站，便在该院党组书记、检察长王友武的陪同下饶有兴致地观看醴陵检察文化建设情况。一楼前坪两根庄严古朴的法柱、一楼大厅墙上贴挂着“公正、缜密、精业、进取”的八字院训、大厅正面文化墙上代表醴陵文化象征的状元洲、“花炮之乡”的背景图案、“瓷城”韵味的松、菊、竹、莲瓷盘，办公楼二至四楼的文化长廊里，以“利剑、璞玉、蜜蜂、白杨”为题的四块展板及四楼反腐倡廉警示教育基地的文字、图片、视频，无一不吸引着他们的目光。在驻足欣赏之余，他们亦不忘用手机、相机将自认为值得点赞的图片或文字拍下来，当场发到微信朋友圈进行传播。

在现场实地感受了醴陵检察文化建设的魅力后，当日上午，该院检察长王友武向省检察官文联主席陈海波等一行介绍了检察文化建设经验做法。近年来，该院非常注重检察文化建设，注重紧密结合工作实际，大力推行“文化育检”工程，形成了与醴陵本土文化特色紧密结合的检察文化体系，队伍建设呈现出勃勃生机，检察工作全面发展，使检察文化建设的教育、规范、约束、导向和凝聚五个作用得到充分发挥。先后两次获评全国先进基层检察院、全国检察文化建设示范院、全国检察机关“四化”建设示范院、全国文明接待室、全省文明标兵单位等荣誉，分别被最高检和省政府记集体一等功。2014年4月，又荣获全国模范检察院荣誉称号。涌现了全国模范检察官肖玲、全省十佳青年卫士王新等一大批先进个人。

在听取了醴陵检察文化建设工作汇报后，所有与会人员对该院检察文化建设进行了点评，省检察官文联主席陈海波对醴陵市检察文化建设所取得的成绩给予了充分肯定，并指出文化是检察队伍的精神食粮，希望全省检察干警在检察官文联的组织引领下，积极开展丰富多彩的文化活动，让全省检察干警组织起来、活动起来、活跃起来、文化起来，快乐工作、健康生活。

挥毫求墨都是蛮拼的

当日下午，省检察官文联组织部分书法家接受醴陵市检察院干警的邀请，在该院六楼工会活动室开展写书法送文化活动，省院特约检察员、省直机关书法家协会副主席石书红、中国书法家协会会员肖万义、何朝阳等数名书法界名家应邀出席。活动现场，书法家们饱含创作热情，应该院干警的要求，挥毫泼墨，或“厚德载物”、“宁静致远”之类的斗方，或《沁园春》、《春夜喜雨》之类的中堂、或“天行健，君子以自强不息”之类的条幅，书写形式或草或行或篆或隶，场面相当热闹。

而在现场求取墨宝的干警们也是蛮拼的，特别是院里的两位女干警，因科里其他同事或外出办案或要参加晚上的晚会节目彩排，为确保所在科室其他同事均能获得一幅满意的书法作品，一直在活动现场守了整整一下午。美好的时光总是短暂的，4个多小时的写书法送文化活动一眨眼就过去了，因为长时间的书写，书法家们在活动结束时大都感觉手是酸痛酸痛的，但是看到干警们拿到一幅幅满意的墨宝后个个喜笑颜开的，觉得这点辛苦也算是值了。

令人醉了的联欢晚会

晚上7点整，“检察文化下基层”活动文艺晚会正式拉开帷幕，省检察院党组成员、副检察长朱国祥亲临晚会现场，并作了热情洋溢的开幕致辞。随后晚会呈上来的一道大餐是极具醴陵特色的集体舞蹈—《瓷魂》，接下来有基层干警演绎的检察版小苹果，有反映检察工作题材的诗歌朗诵，有自编自演的相声，有放松心情、活动筋骨的卸膊操，有还有来自湘西地区两位苗族女干警演绎的民族舞蹈《茶韵曲》。晚会现场，国家一级音乐演奏员李庆、国家二级音乐演奏员杨然均分别作为特邀嘉宾为干警们奉上了令人如痴如醉的二胡、琵琶合奏。此外，除了精心准备的15个节目外，与会的部分省、市院领导亦一改以往的严肃，来到舞台中央露了一手，或歌或舞或独奏或合唱，将整个晚会推向活动高潮。

在晚会即将结束时，株洲市检察院党组书记、检察长胡波上台发表了闭幕致辞，并连用几个醉了对此次检察文化下基层活动给予了充分肯定。省检察院专职委员、省女检察官协会会长苏勤惠莅临了晚会现场，并作了热情洋溢的讲话。

▲3月25日下午，写书法送文化活动。

▲3月25日晚，“检察文化下基层”活动文艺晚会。

▲3月25日晚，李庆、杨然二胡琵琶合奏。

【全省政法系统第二十四届书画诗词摄影作品展在长沙举行】

10月10日，为期4天的全省政法系统第二十四届书画诗词摄影作品展在省图书馆举行开幕式。省委常委、省政法委书记李微微，省检察院党组书记、检察长游劝荣等领导，老同志董志文、朱东阳、张树海等出席活动。

游劝荣检察长在致辞中，对各位领导、老同志莅临开幕式表示热烈欢迎，对各单位的精心组织和各参赛选手的辛勤创作表示衷心感谢。他说，今年是中国人民抗日战争暨世界反法西斯战争胜利70周年。湖南作为中国抗日战争的主战场，3000万湖南英雄儿女为民族独立与解放付出了巨大的牺牲。由湖南省政法系统书画诗词研究会主办、省检察院承办的第二十届书画诗词摄影展，内容丰富，风格多样，集中展现了全省政法干警高尚的艺术情操和文化价值追求。举办展览，是为了铭记历史、缅怀先烈、珍爱和平、开创未来。我们要以这次展览为契机，大力弘扬伟大的抗战精神，为全省政法工作发展提供强大的精神动力，为促进我省法治文化大发展大繁荣，为促进平安湖南、法治湖南建设做出应有的贡献。

本次展览共征集作品1200余件，经过评审，有147件作品参展，其中书法类60件，绘画类27件，诗词类30件，摄影类30件。共评选出特别奖2件，一等奖25件、二等奖51件、三等奖69件。

开幕式由省政法系统书画诗词摄影研究会代会长胡红湘主持，省检察院与下一届的承办单位省国家安全厅举行了会旗交接。艺术家、获奖代表和省政法干警共150余人参加了开幕式。

▲10月10日，湖南省政法系统第二十四届诗词摄影作品展，省人大常委会原副主任董志文宣布开幕。

▲省检察院党组书记、检察长游劝荣为省委常委、省政法委书记李微微介绍参展作品。

▲省检察院党组书记、检察长游劝荣致辞。

▲10月10日，湖南省政法系统第二十四届诗词摄影作品展开幕式现场。

广东省检察官文学艺术联合会

2014年，广东检察官文联在省检察院党组的正确领导和中国检察官文联、广东省文联的业务指导下，紧紧围绕检察中心工作和建设过硬队伍，联系实际、整合资源，组织开展检察文化理论研究、检察文化艺术创作和检察文艺活动，保持了检察官文联工作的延续性，为推动检察工作科学发展、建设过硬检察队伍提供精神动力和智力支撑。

[综　述]

深入学习贯彻党的十八大、十八届三中、四中全会和习近平总书记系列讲话精神，以培育和践行社会主义核心价值观为主线，紧密联系检察工作和队伍建设创新发展实践，坚持把培育检察职业信仰、检察职业道德、检察职业精神、检察职业行为、检察职业形象融合渗透到检察文艺理论研究、检察文艺创作、检察文艺活动的全方位和全过程，把工作的出发点和落脚点定位在服务检察中心工作、服务检察队伍建设、服务检察文艺人才、服务人民群众上，把目光聚焦于检察实践、聚焦于检察队伍、聚焦于火热的检察生活。

《习近平总书记在文艺工作座谈会上的重要讲话》发表后，广东检察官文联迅速组织传达学习，进一步加深了对坚持文艺工作的正确方向、根本任务、价值追求、创作导向、传承借鉴、力量源泉等重大理论和实践问题的理解，为准确把握检察官文联的职能定位、组织谋划检察官文联工作、突出检察人员的主体地位，推进检察文艺事业的繁荣发展提供了指引。省检察官文联先后派员参加由中国检察官文联组织召开的《深入学习贯彻党的十八届四中全会精神，创新检察文化建设座谈会》和《全媒体时代文化艺术传播》研讨会，围绕法治文化建设、创新文化艺术的方法和手段、做好全媒体时代文化艺术传播等问题进行座谈交流。

2014年8月29日，广东省检察院召开党组会，听取第三届中国检察官文化论坛暨中国检察官文联一届三次全会精神和广东省文联七届二次、三次全会有关繁荣发展文艺事业的工作部署以及广东检察官文联成立以来工作情况的报告，审议由省检察官文联提请关于培育和发展检察官文联组织，调整充实检察官文联组成人员，增补党组成员、政治部主任黄文艾为省检察官文联一届委员会委员、常务理事会成员、兼职副主席。并按有关规定程序报批确认的提议；会议还审议了关于聘请省检察官文联顾问人选、省检察官文联人员配备、资金和办公场所等基本保障、召开省检察官文联一届二次全委会、健全完善省检察官文联工作机制等有关事项。

按照中宣部、文化部、国家新闻出版广电总局、中国文联、中国作协、高检院政治部、中国检察官文联的部署和要求，结合新中国成立65周年庆祝活动，动员和组织全省检察机关开展以“中国梦·检察情”为主题的文学艺术创作活动，用文学作品、摄影、绘画、音乐舞蹈等多种文化艺术形式，展现检察人员的梦想追求、奋斗历程，凝聚力量、激励斗志。面向全省检察人员征集“中国梦——我的检察官故事”文学作品；动员发动书画、摄影爱好者积极参与报送“中国梦·检察魂——全国检察机关书画摄影作品展”。通过“检察官写，写检察官”，用文学艺术的形式挖掘和讲述富有浓郁时代精神、鲜明检察特色、鲜活检察生活气息的故事，展现检察机关和广大检察人员的追梦历程、责任担当，阐释法治精神，传播检察心声。其中，“中国梦——我的检察官故事”共征集到原创文学作品46篇，经过初评，择优报送中国检察官文联原创文学作品14篇；“中国梦·检察魂——全国检察机关书画摄影作品展”，征集到原创作品60多幅，其中，3幅书法作品、2幅绘画作品、1幅摄影作品入选由中国文联、中国文化发展基金、中国检察官文联联合举办的“中国梦·检察魂——全国检察机关书画摄影作品展”。与此同时，配合有关职能部门组织拍摄以“预防职务犯罪，弘扬社会主义法治文化、廉政文化”为主题的微电影23部，择优推荐6部作品参加由高检察院职务犯罪预防厅、影视中心、中国检察官文联组织的专题微电影评选活动，深圳南山区检察院拍摄的《毒针》获特等奖和最佳创意奖，其它5部均获优秀奖；推荐报送“聚焦公正——光影检察基层行”摄影作品30多幅，参加山西平瑶国际摄影展，用镜头记载检察机关履行法律监督职能、维护社会和谐稳定、促进社会公平正义，推进平安中国、法治中国建设取得的进步和成效，树立检察机关的良好形象。

坚持把检察文化理论研究作为推动落实“三位一体”工作布局，提高检察文化理论研究能力和检察官文联基础性工作，摆在突出位置。以组织落实好检察官文化论坛为抓手，不断把检察文化理论研究工作引向深入。按照中国检察官文联关于以检察文化论坛为载体深入开展检察文化理论研究的工作部署，动员和组织广大检察人员结合工作实践，广泛开展了以“基层检察文化建设的理论与实践”、“惩治和预防职务犯罪、公正、文明、规范执法”为主题的征文活动，围绕反腐败斗争实践，从文化层面总结检察机关在惩治预防职务犯罪中坚持公正、文明、规范执法的成功经验，为弘扬法治精神、大力加强廉政文化建设，改进基层检察文化建设的途经和方式提供理论支撑。两次征文活动，共征集到来自基层或执法一线干警撰写的观点鲜明、论证充分，概有理论依据、又有实践概括的论文116份。其中，不少论文是由地（市）、县（市、区）检察长亲自调研、慎密思考独立完成的，提出了许多独具见解、有推广价值的意见或建议。省检察官文联择优报送的17篇论文，经中国检察官文联专家评审委员会评审，其中7份分获征文二、三等或优秀论文奖，并在有关刊物发表或收录《检察文化理论研究文集》。2013年，广东省检察官文联申报的“检察职业形象”课题研究已获编委会确认，正按照《中国检察文化理论研究文库》编辑工作的要求，进入后期审校印证工作。

[文化艺术活动]

【参加中国检察官文联主办的第三届“检察文化论坛”征文活动】

以“基层检察文化建设的理论与实践”为主题，围绕基层检察文化建设理论基础、实践总结、推进基层检察文化建设的途径和方式等检察文化理论和实务问题，动员广大检察人员结合实际撰写检察文化理论研究文章。共征集论文 56 篇，择优报送 7 份，经专家评审其中 3 份分获征文二、三等或优秀论文奖。

【参加中国检察官文联举办的第四届“迎新春 送文化”春联书写创作活动】

2014 年 9 月，中国检察官文联《关于开展第四届“迎新春，送文化”春联征集评选活动的通知》印发后，广东检察官文联迅速转发到地级以上市检察官文联或筹备组织，动员和组织广大检察人员围绕依法治国、依法执政、依法行政共同推进，法治国家、法治政府、法治社会一体建设的战略部署，积极创作报送体现时代脉博、具有法治特色、符合《联律通则》的楹联作品。征集原创楹联作品 34 幅。

【参加“廉洁广东行·微小说”征文活动】

组织文学爱好者积极参与由广东省纪委、省委宣传部、南方日报社、广东省作协联合主办的“廉洁广东行·微小说”征文活动，推荐报送一批由检察人员创作的优秀作品。

【肇庆市检察官排舞队获 2014 年全国全民健身排舞大赛一等奖】

肇庆市检察官排舞队成立于 2013 年 7 月，由市院和部分基层院排舞爱好者组成。2014 年 8 月 8 日肇庆市检察官排舞队代表广东省检察体协检察官排舞队参赛节目《因为我是检察官》、代表肇庆市总工会参赛节目《笛声依旧》，以其激情舞动的表演，分别获得 2014 年全国排舞大赛一等奖。2014 年 11 月 8 日，肇庆市检察官排舞队代表肇庆市参加由广东省文化馆、香港排舞总会、澳门排舞总会主办的“美丽中国，幸福家园”——2014 年粤港澳广场排舞邀请赛，经过激烈角逐，终夺得金奖。

【云浮市检察官文联探索开展禅廉文化研究，丰富廉政文化内涵】

云浮市检察机关充分利用禅宗六祖惠能诞生地、圆寂地的历史传承，深入挖掘佛教禅宗文化与廉政文化的深刻内涵，并结合当前反腐败斗争实际，创新具有云浮特色的预防职务犯罪的方式和途经，提出“尚德明法、弘毅笃行”的工作理念，在全市检察机关组织开展以“尚德明法、弘毅笃行”为主题的检察文化周活动，以人大代表走进检察、法治文化座谈、演讲比赛、业务竞赛、文艺晚会等多种文化艺术形式，展现检察机关“公正、文明、规范执法”的良好形象。

【积极参与地方文联、作协开展工作】

自觉接受广东省文联、广东省作协的业务指导，加强与省文联、省作协的协调联络工作，结合省检察官文联工作实际，参与地方文联、作协组织的重大文化艺术活动。抓好以中国梦为主题的文化艺术创作，选送具有文艺特长的检察人员参加由地方文联组织的“文化利民、文化惠民”活动或“志愿者”组织，扩大行业文联在当地的社会影响力。

▶《因为我是检察官》获排舞比赛一等奖。

◀云浮禅廉活动。

▶肇庆检察官排舞比赛一等奖。

广西壮族自治区检察官文学艺术联合会

[综　述]

2014年以来，广西检察官文联在自治区检察院党组的正确领导下，紧紧围绕自治区检察院党组的部署和对检察官文联工作的总体要求，坚持用科学发展观统领检察官文联工作，自觉接受中国检察官文联的业务和自治区民政部门的指导和监督管理，充分发挥联络、协调、服务职能作用，组织、团结、凝聚检察文化艺术队伍，积极开展检察文化艺术创作和文化艺术活动，发现、培养检察文化艺术人才，丰富检察人员的精神文化生活，在繁荣检察文化，促进广西检察事业科学发展中做出了应有的贡献。

完善了广西检察官文学艺术联合会的全部成立登记手续

2014年以来，在自治区检察院党组的关心和支持下，广西检察官文学艺术联合会在2013年筹备组工作的基础上，继续强力推进各项成立登记和备案工作，研究解决登记过程中遇到的实际问题。同时，调配人员加强工作力度，到2014年10月，广西检察官文联的各项登记备案工作全部完成，使文联工作走上了正常化轨道。

广西检察官文联持续按照精简、高效、规范、科学的原则，依托会员代表大会、理事会、常务理事会为主要构成的决策体系，紧紧围绕检察中心工作，充分发挥联络、协调、服务职能作用，坚持以提高检察队伍素质、提升检察形象和执法公信力为目标，组织、团结、凝聚检察文化艺术队伍，积极开展检察文化艺术创作和文化艺术活动，以服务检察业务为中心，以创新载体为抓手，积极稳妥向前推进各项工作，成为加强检察文化和法治文化建设不可或缺的重要阵地。

坚持正确政治方向，努力提高文化自觉和文化自信

按照自治区检察院党组的部署和中国检察官文联的要求，广西检察官文联把深入学习贯彻好党的十八大、十八届三中全会精神以及自治区党委、高检院关于加强文化建设工作的一系列重要指示精神作为当前和今后一个时期的首要政治任务，结合实际，采取措施，及时作出布置安排，认真组织干警开展学习活动。坚持集中学习与个人自学、理论学习与交流学习体会相结合，原原本本地认真组织学习党的十八大报告、党章和习近平总书记一系列重要讲话、十八届三中全会的有关材料，学习自治区党委有关重要文件。同时，把学习贯彻好党的十八大、十八届三中全会精神以及自治区党委、高检院关于加强文化建设工作的一系列重要指示精神与做好检察官文联工作有机结合，正确处理检察官文联工作与检察业务工作的关系，始终坚持在自治区检察院党组的正确领导和统一组织指挥下开展工作，全面贯彻落实自治区检察院党组的决策部署，服从、服务于检察业务工作，确保检察官文联工作的正确方向。

坚持发挥联络、协调、服务职能作用，促进检察文化建设

1. 发掘潜力，努力提高检察人员的参与度和检察文化建设实效性。2014 年 2 月“全国检察机关首届微电影展播活动”广西区检察院选送的微电影《一条私信》荣获“最佳包装制作”提名奖；2014 年 7 月第三届中国检察官文化论坛，广西南宁市院蒙旗撰写的《检察文化之本》获二等奖，广西贵港市桂平市检察院吴家文撰写的《司法体制改革背景下基层检察文化建设实践与探索——以广西基层检察院加强检察文化建设为视角》，钦州市检察院罗兆丹撰写的《新形势下西部地区基层检察文化建设面临的困境与出路——以广西基层检察文化建设实践为视角》获优秀论文奖；广西壮族自治区检察官文学艺术联合会获优秀组织工作单位奖；2014 年 9 月全区政法综治优秀新闻作品评选活动中，由梁洪等撰写的通讯《直挂云帆济沧海——记第五届“全国先进基层检察院”北海市海城区人民检察院》获报刊类二等奖；何重任撰写的消息《走基层访真情办实事》获报刊类三等奖；由赵萍、黄婷撰写的通讯《检花，在人生旅途上绽放——记大新县检察院副检察长李惠东》获报刊类三等奖。此外，广西南丹县检察院公诉科年轻干警组成专业乐队——“诉乐队”持续发展壮大，并在服务检察文化建设和宣传工作上取得了比较好的社会效果。

2. 制定规划，增强检察文化建设的系统性、规范性。继续深入贯彻落实自治区检察院出台的《广西壮族自治区人民检察院关于加强检察文化建设的指导意见（试行）》，进一步加强对基层单位开展检察文化建设工作的推进和指导。南宁市检察院根植本地文化资源，挖掘本地特色，积极构建“邕江检察讲坛”，以此为主载体深入实施文化育检工程，积极推进《南宁市人民检察院检察文化建设三年发展规划》，促进检察工作科学全面发展。柳州市检察院党组按照根据自身特点所确定了“突出检察元素、彰显地方特色”的指导思想，以制定出台《柳州市检察机关文化育检、文化强检工程实施方案》为基础，进一步把文化建设融入检察工作和队伍建设，用先进文化引领检察人员的思想和行动。桂林市院制定了检察文化建设的相关考核办法，对检察文化建设工作提出了具体的目标任务要求，进一步激发基层检察院创新发展检察文化的热情。河池市罗城县检察院制定《罗城仫佬族自治县人民检察院开展建设“道德讲堂”活动方案》，通过“身边人讲身边事、身边人讲自己事、身边事教身边人”的形式，营造学习典型、争当典型的良好氛围。崇左市大新县检察院制定了《检察文化“进机关”实施方案》，明确了检察文化建设的意义、任务、工作目标、责任分工和工作制度。

3. 统筹协调，力促检察文化建设百花齐放、百家争鸣。坚持把服务检察人员的文化需求作为基本出发点和落脚点，将本地优秀特色文化与检察文化结合，推进检察文化创新，借本地文化提升个性检察文化，使检察文化更具生命力，涌现出一批具有检察职业特点和自身价值观念的文化品牌。河池市天峨县检察院机关大院宣传窗、办公楼走廊、楼梯间等醒目位置布置了名言警句、廉政格言牌匾，将办公区点缀得美观而雅致，形成了一道亮丽的廉政文化风景；玉林市检察机关举办的 2014 年“检察文化周”活动已成为一块品牌；上林县检察院举办“道德讲堂”社交礼仪专场活动，道德讲堂围绕“社交礼仪”为主题，分为自我反省、唱歌曲、学模范、诵经典、谈感悟、送吉祥六个环节……

坚持围绕中心，积极为检察事业科学发展和检察队伍建设服务

1. 广西各级检察机关都致力于微电影拍摄，努力开拓检察文化建设新渠道。为推动检察文化艺术事业的繁荣发展，检察官文联借鉴兄弟广西检察官文联的经验，鼓励和指导南宁、百色等有条件的基层检察院开展微电影创作和拍摄，取得了一批成果，其中特别是南宁市检察院组织的“职务犯罪预防微电影比赛”也成为文化建设的一个亮点。

2. 积极完善文联组织结构建设。在完善广西文联各协会成员的同时，积极鼓励条件成熟的基层院组建文联组织，目前已有钦州市钦南区检察院等部分基层成立了检察文联。

3. 积极组织作品参加各中国检察官文联开展的各类比赛。全年共组织各类论文、照片、对联等作品 300 余篇参加比赛。其中广西贵港市桂平市检察院吴家文撰写的《司法体制改革背景下基层检察文化建设实践与探索——以广西基层检察院加强检察文化建设为视角》，钦州市检察院罗兆丹撰写的《新形势下西部地区基层检察文化建设面临的困境与出路——以广西基层检察文化建设实践为视角》获优秀论文奖；广西壮族自治区检察官文学艺术联合会获优秀组织工作单位奖。

【存在问题及不足】

一年来，自治区检察院党组十分重视检察官文联工作，召开党组会研究检察官文联工作，为检察官文联工作提出了明确要求，指明了努力方向，同时及时调整人员、充实力量，有力推动检察官文联工作健康发展，取得了较好成绩，但工作中还存在一些不足：一是检察官文联作为一个新生事物，工作范围、方向、经费来源以及与机关各部门的协作还需进一步探索；二是服从、服务于检察业务工作的能力和水平有待进一步提高；三是检察文化艺术理论研究仍然薄弱；四是开展适合基层广大检察干警参与、富有检察特色的大众文化艺术活动有待进一步加强。

[文化理论研究]

【司法体制改革背景下基层检察文化建设实践与探索
——以广西基层检察院加强检察文化建设为视角】

吴家文

党的十八大对坚定不移走中国特色社会主义文化发展道路，推动社会主义文化大发展大繁荣，建设社会主义文化强国作出了重大部署。检察文化作为中国特色社会主义文化的重要组成部分，对推动检察工作全面协调可持续发展、强化队伍整体素质、提升执法公信力，将发挥着教育、引导、规范、凝聚、激励等作用。作为全国检察机关的中坚力量，在司法体制改革的大背景下，基层检察院在加强检察文化建设的进程中，既是主要实践者，又是检察文化建设的受益者。但是，由于对检察文化建设认识不足、重视不够、投入不足，以及与检察业务工作结合不好，导致基层检察院在加强检察文化建设中存在形式过于单一、载体不够丰富与业务工作脱节等问题，因此，加强基层检察文化建设的探索与研究显得迫切而必要。

检察文化界定

所谓检察文化是指与“检察”有关的“文化”。因此，界定“检察文化”必须从“文化”的定义着手。而由于文化本身的复杂性，使得古今中外的学者对文化有着不同的阐释。美国人类学家阿尔弗雷德·克罗伯和克莱德·克拉克洪做过一个统计，从1871年至1951年的80年间共出现过161种文化定义。被誉为“人类学之父”的19世纪英国学者泰勒在其1871年的代表作《原始文化》中把文化和文明共用，用列举的方式，描述性的语言，尽可能穷尽文化的内涵，他把文化看成一个复杂的整体，指出，“文化，或文明，就其广泛的民族学意义来说，是包括全部的知识、信仰、艺术、道德、法律、风俗以及作为社会成员的人所掌握和接受的任何其他的才能和习惯的复合体”。《辞海》则用哲学抽象的方法，给“文化”下了一个更符合现代语义用法的定义：“文化，从广义来说，是指人类社会历史实践过程中所创造的物质财富和精神财富的总和；狭义指精神生产能力和精神产品，包括一切社会意识形式、自然科学、技术科学、社会意识形态，同时又专指教育、科学、文学、艺术、卫生、体育等方面的知识与设施”。尽管对文化的定义林林总总，但是通过比较，不难发现，这些概念基本上都是接近的，只是定义的方法、角度和对应物不同而已。

从语义学上分析，检察作为文化的定语，便框定了检察文化的概念，即与检察有关的文化。而检察又涵盖了检察官、检察机关、检察职能等方方面面。因此，对检察文化的界定也层出不穷，但是归纳起来，主要有三种观点。一是检察官说，检察文化是检察官在行使宪法和法律赋予的职权的过程中形成的价值观念、思维模式、道德准则、精神风范等一系列抽象的精神成果。二是检察机关说，检察文化是检察机关在检察实践中创造的制度文化、精神文化乃至物质文化的综合。三是检察职能说，检察文化是检察机关和检察人员在履行法律监督职责中形成的价值观念、思维模式、行为准则以及与之相关联的物质表现的总和。中国检察文化是具有中国特色的检察文化，是中国检察机关和全体检察人员在长期的工作、生活及其他社会实践中所创造的物质财富和精神财富的体现，是以强化法律监督、维护公平正义为核心的检察精神文明、制度文明、物质文明的总和，是人民检察官群体通向守卫社会正义基本价值取向的重要路径。在 1997 年召开的中共十五大中，江泽民同志明确提出，“依法治国，建设社会主义法治国。”在现代法治的大环境下，检察体制改革在司法体制改革的大潮中摸索着前进，随着检察改革的深入，以文化建设提高检察机关群体素质，促进“强化法律监督 维护公平正义”目标的实现，已成为检察机关的共识。于是，各地检察机关纷纷尝试加强检察文化建设。2010 年最高人民检察院以高检发政字 [2010]120 号文件下发了《关于加强检察文化建设的意见》，明确了加强检察文化建设的意义、指导思想、总体目标和基本原则，指出了加强检察文化建设的方式方法、内容和载体，并对检察文化进行了比较全面的阐释：“检察文化是检察机关在长期法律监督实践和管理活动中逐步形成的与中国特色社会主义检察制度相关的思想观念、职业精神、道德规范、行为方式以及相关载体和物质表现的总和，是社会主义先进文化的重要组成部分，是检察事业不断发展的重要力量源泉。”

基层检察文化建设存在的问题

据统计，全国检察机关百分之八十在基层，全国检察人员百分之八十在基层，并承担着全国百分之八十的办案数。作为检察机关的基础，基层检察机关的作用举足轻重。因此，加强检察文化建设，重点在基层，推动基层检察文化建设是培育先进检察文化，提高检察机关队伍整体素质的需要。

近年来，全国各级检察机关坚持以中国特色社会主义理论思想为指导，大力实施“文化兴检”战略，不断加强检察文化理论研究、制度创新和机制建设，充分发挥检察文化作用，在打造先进检察文化的探索中，取得了显著成效。但是，受地域、经济、传统文化等各种综合因素影响，基层检察机关在推进检察文化建设的进程中仍存在重视不够、把握不准、浮于表面、流于形式等诸多问题。

一是对检察文化建设认识不足，存在误区。有些基层检察院和部分检察干警对检察文化的认识只停留在狭义和肤浅的层面上，简单的认为检察文化就是花钱组织读书、开晚会、打气排球、跳跳舞、唱唱歌等，然后总结几条经验，拍几张照片，发表一些文章，办几个板报，是花架子，形象工程，与检察业务脱节，缺少针对性和实效性。认为花大力气，开展检察文化活动，不仅花费大量时间和精力，还要投入大量资金，而且还看不到什么显著效果，还不如加强政治和业务学习，多钻研法律知识，多办几个案子，来的实在。

二是对检察文化的精神实质把握不准，文化建设浮于表面。在加强检察文化建设过程中，检察物质文化只是手段和载体，在要检察物质文化中加强检察精神文化建设，检察精神文化才是检察文化的实质和内核，离开精神文化的支撑，单单加强物质文化建设，检察文化建设就会浮于表面，流于形式。比如，部分检察机关的检察文化建设仅仅是为了搞活动而搞活动，而且每项活动又都是孤立的，没有一个检察文化范畴的内在逻辑联系和共同的建设目标贯穿始终。有的检察院甚至把检察文化建设的意义等同于对机关环境的改善和丰富干警职工的业余生活。

三是检察文化建设的方式方法不够灵活多样，特色不够明显。部分检察机关把检察文化看作检察机关开展法律监督活动的管理方法和手段，把检察文化局限于加强业务学习和政治教育上，偏重强调检察文化的控制功能、激励功能和物质功能。有的把建设学习型检察机关、开展检察机关为民务实清廉的演讲活动、完善检察机关绩效考评机制等工作等同于检察文化。在推进检察文化建设的过程中，忽视了检察文化所依托的基础和环境，未能结合地方历史文化特色以及本院与本院干警的精神特色，未能将检察文化与区域文化相结合，不能打造出体现本土化与自身特色的检察文化。

制约基层检察文化建设的原因分析

一是对检察文化建设重视不够。对加强检察文化建设的重要性认识不足。没能充分认识到，加强检察文化建设是服务社会主义文化大发展大繁荣的客观需要，是推动检察工作和检察队伍建设科学发展的内在要求。而简单的认为“检察文化建设就是搞花架子，没有什么实际作用。”

二是对检察文化建设的投入不足。一方面，受制于经费短缺的制约，有些检察院不把检察文化建设从检察业务工作中分离出来，没有给检察文化建设附带的投入，而将检察文化建设贯穿于检察业务活动中。另一方面，有些检察院将检察文化建设从检察业务工作中分离开来，简单的认为检察文化只是一种思想层面的工作，与日常法律监督工作不相关联。囿于此，很多检察院就没有专门的自己和人力投入到检察文化建设中，即使有也只是临时性的，只有少数部门参与，也没有具体明确岗位职责。

三是检察文化建设和检察业务结合不好。检察文化是思想意识的范畴，检察业务是实践的范畴，二者的关系表现在检察文化可以指导、规范检察业务，而检察文化是从检察业务实践中提炼出来的。但是二者的关系很难外在的表现出来，在司法实践中，也很难判断检察业务实践是否符合检察文化的内在要求。所以，在具体的检察业务活动中很难将检察文化建设和检察业务活动结合的很好，导致检察文化建设常常脱离检察业务活动，而浮于表面，流于形式。

四是基层检察文化建设实践——以广西基层检察机关加强检察文化建设为例

一是将检察文化融入基础设施建设。一方面，加强文体娱乐场所建设。以“两房”建设（检察机关办案用房和专业技术用房建设）为契机，高起点谋划，精心定位，周密部署，打造一批立足地方特色，又融合现代司法公平、公正、廉洁、清明的理念的办案用房和专业技术用房。部分检察机关还结合实际，建立了功能齐全、设施完善的“一房”、“两场”、“三室”（即健身房、灯光球场、室内球场、阅览室、荣誉室、院史展览馆），完善了文体娱乐场所，也为加强检察文化建设夯实了基础。如广西柳州市柳城县人民检察院建立的院史展览馆，展示了检察制度的历史变革、内设机构及职能的变迁、检察改革、领导关怀、建设成就等内容，彰显了检察工作特色，弘扬了检察精神。另一方面，加强机关环境建设。广西各级检察机关结合“两房”建设工作，精心布置院落、种植各式盆栽花卉，营造优美、健康、和谐、充满活力的环境文化，让干警职工在优美和谐的环境中工作，增强对检察事业和检察工作的归属感和自豪感。比如，广西荔浦检察院占地近 15 亩，利用流经院内的的小渠，建立了一个池塘，此外，院落后面有一口鸳鸯井，井后有一座小山，荔浦检察院充分利用这些天然的环境，夯实了检察文化基础。该院办公楼、干警宿舍、文体活动中心外均为绿化带，并充分利用庭院空间，打造竹林、桂花、荷花、池塘、假山等景观，于景观中赋予检察文化。

二是将检察文化融入检察队伍建设。第一、建立系统培育机制，用素养和技能塑造人。如广西桂平检察院举办领导干部素能培训、召开青年干警座谈会等，广泛开展岗位练兵、庭审观摩、公诉人辩论赛、法律文书比赛等活动，提高干警学习能力、配合能力、创新能力，开展空缺中层领导干部公开竞聘活动，选拔业务尖子和办案能手。第二、开展各类文体活动，丰富干警业余生活。成立篮球队、气排球队、合唱队、摄影组、驴友组等，广泛开展球类比赛、主题演讲等活动，通过开展丰富多彩的文化活动激发干警参与热情，利用大家喜闻乐见的形式，实现检察文化的无声传播。如广西贵港市港北区检察院组建合唱团，参加2009年贵港市政法机关庆祝建国90周年歌唱比赛荣获一等奖。第三、广泛开展主题教育实践活动。广西桂平检察院在开展政法干警核心价值观教育实践活动中，组织开展“我是人民检察官”主题演讲比赛，在开展党的群众路线教育实践活动中，组织党员干警重温入党誓词、观看电影《焦裕禄》，通过这一系列活动，使干警铭记革命奋斗历程，感受先进事迹，从历史中，从先进事迹中汲取精神力量，践行“忠诚 为民 公正 廉洁”政法干警核心价值观。

三是将检察文化融入检察检察宣传。一方面，提炼检察文化理念，打造特色文化品牌。如广西罗城仫佬族自治县坚持“永远追求最好”的检察文化理念，坚持“高点定位、高位运行、高水平发展”的治院思路，从一个落后的山区检察院成长为“全国文明单位”、“全国先进基层检察院”，其成长历程被誉为“常青树现象”。广西恭城瑶族自治县检察院依据其茶文化的传统，提出了“清风育检、我伴清廉”的“茶文化理念”，打造当地特色文化名片。柳州市鱼峰区检察院的“柳侯文化”则发挥历史优势，把本地优秀的历史文化与检察文化相结合，让检察文化更具感染力和生命力。另一方面，将检察文化建设成果通过电视、广播、报刊、网络等媒体宣传出去，即展示了加强检察文化建设取得的成绩，也提升了检察机关的社会形象和执法公信力。

司法体制改革背景下加强基层检察文化建设的建议

十八大对坚定不移走中国特色社会主义文化发展道路，推动社会主义文化大发展大繁荣，建设社会主义文化强国作出了重大部署。面对新的形势，在司法体制改革的大背景下，如何加强检察文化建设，尤其是加强基层检察文化建设，以打造先进检察文化，促进检察工作和检察队伍建设不断科学发展，笔者认为应从以下几个方面入手：

一是统一思想，正确认识加强检察文化建设的重要性和紧迫性。党的十八大报告指出，文化是民族的血脉，是人民的精神家园，是国家发展和民族振兴的强大力量。检察文化是中国特色社会主义文化的重要组成部分，是检察机关的“灵魂”，加强检察文化建设是贯彻落实中央要求、服务建设中国特色社会主义文化强国战略的重大举措，是适应新形势新要求、推动检察工作全面协调可持续发展的重要保障，是强化队伍整体素质、提升检察机关执法公信力的重要途径。加强检察文化建设对促进文化育检，保障“强化法律监督 维护公平正义”检察主题工作的实现，提高检察机关整体素质和工作效能，提升检察人员的综合素质，发挥着规范、指导、凝聚、激励等功能。基层检察院要坚持以人为本，提高对加强检察文化建设重要性的认识，增强全体检察人员参与检察文化建设的积极性和主动性。

二是加强领导，保障并规范检察文化建设投入。一方面，要加强组织领导和责任落实。检察文化建设作为凝聚人心，提升检察形象的重要途径，必须将检察文化建设纳入检察整体工作来部署和谋划，必须与检察业务工作同部署，齐推进，更要将检察文化建设融入日常检察工作中。检察长要带头抓，分管副检察长要具体抓，一级抓一级，层层狠抓落实。要把加强检察文化建设作为考核的重要内容，建立健全目标管理、考核考评机制，由政工部门牵头负责协调，充分调动各部门和广大检察人员的积极性，整合资源，形成合力，推动检察文化建设与检察业务工作协调发展。另一方面，要加大对检察文化建设的经费投入。要将检察文化建设经费纳入年度预算，加强与有关部门的沟通和联系，争取财政支持，逐步加大对检察文化建设的投入，完善现代文化娱乐场所和设施建设。在人、财、物实现省直管后，基层检察机关要逐级上报需要支持费用，并单列出检察文化建设支出项目，再由省级财政统一负担，不断加强物质文化建设。

三是突出特色，加强检察文化内涵的提炼。首先，突出检察职能特色。不能将检察文化建设简单地等同于各种主题教育实践活动、政治思想工作和各种文体娱乐，不能浮于表面，流于形式，而要充分突出检察职能特色，要围绕检察工作的特点、检察官的职业需求来开展，在将检察文化建设贯穿于检察工作始终，在审查批捕、审查起诉、打击预防、控告申诉等检察业务工作中提炼“立检为公 执法为民”的检察宗旨文化。其次，突出检察官特色。检察官要树立职业形象，要从职业仪表、接访礼仪、诉讼礼仪、交往礼仪和业外礼仪五个方面加强检察礼仪方面的培训，检察官外在形象上要仪表端庄，穿着得体，打扮适当，举止大方，言行有度，文明礼貌；工作时要按规定穿制服，平时穿便服时，亦应做到整洁、庄重；以礼貌、文明、善意的态度对待举报人、来访人、受害人、证人和诉讼代理人；依法使用规范的语言讯问犯罪嫌疑人和被告人，不得以权压人、以势压人；在出庭支持公诉中模范地遵守法庭纪律等，这些可概括为“检察行为文化”。再次，突出地方特色。结合地方历史文化特点，提炼检察文化精神，如广西恭城瑶族自治县检察院依据其茶文化的传统，提出了“清风育检、我伴清廉”的“茶文化理念”，打造当地特色文化名片。

四是不断总结，加强检察文化建设研究和宣传。一方面，要加强检察文化理论研究。要加强检察文化建设人才培养，提高检察文化建设能力和水平，要在检察文化研究方面投入更多的力量、时间和经费，要明确检察文化调研课题，结合检察工作实际，不断总结检察文化建设规律，围绕检察文化内涵与特征、基本范畴、价值功能、实现方式、建设路径以及检察文化与检察业务工作的关系等基本理论和实践问题，开展调查研究，及时把实践升华为理论成果，为检察文化建设实践提供理论支持和科学指导。另一方面，在加强检察文化建设的进程中，要不断总结，加强宣传，将检察文化建设成果通过广播、电视、电台、报刊、网络等媒体宣传出去，以提升检察机关形象，提升检察机关在人们群众中的满意度。

总之，加强检察文化建设是检察机关在司法体制改革背景下适应新形势新要求的必然要求。基层检察院作为检察机关的中坚力量，在加强检察文化建设的过程中，要结合地方特色、争取上级支持，坚持以人为本，统一思想，提高认识，结合检察业务工作，结合党的群众路线教育实践活动等主题教育实践活动，开展丰富多彩的文娱活动，建设温馨和谐的检察院落环境，打造富有检察职能特色和地方历史文化特色的检察文化，以促进检察形象提升，促进检察人员执法公信力的提高。

[文化艺术创作]

▲壮乡田园　作者：覃刚，中国摄影家协会会员；单位：广西来宾市人民检察院。

▲下访普法　作者：广西区检察院黄毅国。

▲蜻·莲——清·廉　作者：覃刚，中国摄影家协会会员，单位：广西来宾市人民检察院。

▲留守儿童之家里的欢笑声　作者：覃刚，中国摄影家协会会员，单位：广西来宾市人民检察院。

[文化艺术活动]

◀ 广西环江毛南族自治县人民检察院干警通过山歌普法的形式向群众宣传保护环境法律知识。

广西环江毛南族自治县人民检察院干警通过山歌普法的形式向群众宣传保护环境法律知识。▶

▲ 广西那坡县检察干警参与黑衣壮廉政山歌文艺演出。

▲ 广西龙州县检察干警与群众同台演出当地特色乐器——天琴。

海南省检察官文学艺术联合会

[综 述]

2014年，海南省检察官文联在省检察院党组的正确领导下，深入学习贯彻党的十八届三中、四中全会和习近平总书记文艺座谈会重要讲话精神，坚持以科学发展观为统领，坚持以检察人员为中心的工作导向，认真落实全省检察长会议和第三届中国检察官文化论坛暨中国检察官文联一届三次全委会精神，全面推动检察文化理论研究、检察文化艺术创作、检察文化艺术活动协调发展，为全省检察事业科学发展提供了强大的精神动力和智力支持。

坚持思想政治建设放在首位，认真开展各项主题教育实践活动，进一步筑牢检察人员的思想根基

思想政治建设是检察文化建设的重要组成部分，并对整个文化建设起统领和引导作用。海南省检察官文联始终把加强思想建设作为检察文联工作的重要内容，积极配合省检察院政治部以各项主题教育实践活动为载体，在培育、提升、陶冶干警思想政治素质和高尚情操上下功夫。一是加强政治理论学习。按照省检察院党组的部署要求，认真组织学习贯彻党的十八大、十八届三中、四中全会精神和习近平总书记系列重要讲话精神，特别是习近平总书记在文艺座谈会上的重要讲话精神，坚持用党的最新理论成果武装全省检察人员，增强道路自信、理论自信、文化自信。始终坚持省院党组的绝对领导，自觉把检察官文联工作放到全省检察工作大局中谋划，确保检察官文联工作的正确方向。二是加强纪律作风建设。深入开展党的群众路线教育实践、“增强党性、严守纪律、廉洁从政”专题教育和整治庸懒散奢贪“不干事、不担事”突出问题专项活动，认真制定专项教育活动方案，结合工作和思想实际，查摆工作中存在突出问题，认真进行整改，切实改进作风，不断提高工作水平和服务质量，增强做好检察官文联工作的自觉性和责任感。各级检察机关自觉把主题教育活动与党的群众路线教育实践活动、整治庸懒散奢贪“不干事、不担事”突出问题专项活动和推进各项检察工作结合起来，深入查找和解决存在问题，并结合各自实际，深入开展“坚守职业良知、践行执法为民”大学习大讨论；邀请了23名纪检监察部门领导、专家学者给广大检察干警进行党风廉政建设专题辅导讲座；组织2000多名党员干警参观了琼崖纵队革命旧址和“历史的丰碑－黄埔军校史展”，接受革命传统教育。三是积极培育、树立和宣传先进典型。全省检察机关始终把树立、宣传和表彰先进典型摆在重要位置，积极培育和宣传先进典型，以抓先进典型来营造学习先进、崇尚先进、争当先进的良好氛围。先后组织开展“远学焦裕禄，近学牛开成，争做人民群众喜爱的好所长、好庭长、好室主任”，向“全国模范检察官”周经发，“全国模范法官”郭兴利，“全国优秀人民警察、全国公安机关爱民模范”肖树广等先进典型学习活动。认真组织全国首届“守望正义－群众最喜爱的检察官”和海南省先进工作者评选工作。广泛开展检察业务竞赛评比表彰活动，对在全国检察业务竞赛中荣获佳绩吴孜繁、沈大斌、樊光裕、谢海燕进行了记功。2014 年共有 41 个集体、219 人次受到了省院以上表彰，其中高检院授予周经发“全国模范检察官”荣誉称号、万宁市院被评为“全国模范检察院”、给龙华区院记集体一等功、给保亭县院陈峰记个人一等功；省政府授予东方市院检委会委员、公诉科科长石秀莲“海南省先进工作者”称号；省院给 9 名同志记个人二等功、16 名同志记个人三等功、2 个集体记集体三等功。

积极开展各种文化艺术创作和文化艺术活动，丰富检察人员精神文化生活，不断增强检察文化发展的活力和凝聚力

文化艺术活动是吸引干警参与检察文化建设的重要途径，也是检察官文联开展工作的重要抓手。海南省检察官文联充分发挥检察文化陶冶情操、鼓舞士气、凝聚人心的作用，立足海南实际，结合检察特点，以“五一”、“五四”、“七一”、“十一”、元旦春节等重大节日、重大纪念活动为契机，开展征文比赛、书画摄影采风、体育活动等系列文化活动，不断丰富活动裁体，认真打造检察文化品牌，推出了一批优秀文化作品，促进检察文化建设深入开展。一是举办检察文学创作与书画摄影采风活动。3 月 14 至 15 日，在儋州东坡书院和昌江县组织开展一次“以红棉花品格意喻检察精神”为主题的检察文学创作与书画摄影采风活动，来自海口地区各级检察院和省检察院二分院、儋州市检察院、洋浦区检察院、昌江县检察院、东方市检察院、白沙县检察院部分检察文化艺术爱好者近 30 人参加，共征集文学、书法摄影作品 60 多篇，丰富检察文化艺术活动，激发检察文化艺术爱好者的创作热情。二是打造海南检察文化活动品牌。8 月至 10 月，为打造“红棉杯”海南检察文化活动品牌，在全省检察机关开展第二届“红棉杯”检察文学创作评选活动，共征集检察文学创作作品 78 篇，从中评选出优秀获奖作品 10 篇，并对获奖作品作者给予表彰奖励。三是开展“庆五一・迎五四”体育竞技活动。为活跃省检察院机关精神文化生活，营造机关健康向上的良好工作氛围，“五一”节期间，在省检察院机关组织开展“庆五一・迎五四”体育竞技活动，全院 80 多名干警分别参加了篮球、羽毛球、乒乓球三类赛事七个项目的比赛，对各个项目的前三名给予表彰。四是先后组织全省检察文艺人才的文学书画摄影作品参加中国文联开展的“情系中国梦——庆祝新中国成立 65 周年摄影图片征集活动”、中国检察官文联举办的“中国梦・检察魂——全国检察机关优秀书画摄影展”活动、“中国梦——我的检察官故事”文学征文活动、“第三届中国检察官文化论坛”论文征集评选活动等，取得了良好的效果，受到了好评。

在省检察官文联的大力支持和具体指导下，全省各级检察机关不失时机开展了丰富多彩的文化活动。文昌市检察院积极创新载体，通过开展形式多样的业余活动，构建行为文化体系，分别成立了篮球队、羽毛球队、徒步协会、书画协会、摄影协会等兴趣小组，定时开展活动，为干警搭建了一个学习交流的平台，加深干警之间的友谊，增进团结。万宁市检察院加大资金投入，逐步搭建法制宣传、检察论坛和检史展览等多种平台，建造标准篮球场，建立电子阅览室、文体活动室、荣誉室等活动阵地，不断购置法律、哲学、文学等各类书籍和多功能健身器材等文体设施，保证干警学习有阵地、活动有设备，激发干警学习热情和工作积极性。秀英区检察院坚持文化育检，以打造“人文秀检、正义秀检、品位秀检”的特色检察文化为目标，提炼出“方正法度、圆通情理”的院训。本着“让每一面墙壁都会说话、让每一个角落都有生机”的思路，把秀英特有的火山文化元素和深邃的海洋文化巧妙融合，将检察文化固化于物、美化于景、感化于人。一楼层一主题一特色，国学、格言、警句、书法、图片分布在不同的楼层，寓教于乐，生动直观。各楼层间既独立成篇又上下承接，营造了一个优美、和谐、健康、充满活力的环境，让干警时刻感受到文化的熏陶、智慧的启迪、进取的力量，使追求公正的司法理念潜移默化地植入干警心中。该院在继2010——2012年该院被评为全国文明单位的基础上，2014年又被中央文明办批准为继续保留全国文明单位称号单位，同时，还被国家检察官学院确定为全国检察机关教学示范基地。

坚持文化活动与理论研究并重，积极营造理论研究氛围，推动检察文化理论研究深入开展

一是开展第三届中国检察官文化论坛论文征集活动。该省检察官文联按照中国检察官文联的要求，坚持以一年一度的中国检察官文化论坛为契机，3月在全省检察机关开展第三届中国检察官文化论坛论文征集活动，充分发挥检察官文联桥梁纽带作用，主动争取各级检察院领导的重视和支持，主动与各级院理论研究部门沟通联系，主动与部分理论研究人才约稿，切实做好我省论文征集评选推荐工作，共征集论文47篇，从中筛选8篇优秀论文推荐参加第三届中国检察官文化论坛论文评选活动。7月，第三届中国检察官文化论坛在内蒙召开，该省有3篇论文受到大会表彰，其中，该省检察院干警郭石宝撰写的《试论人情文化对检察文化的冲击与应对》获一等奖并应邀到会作交流发言，第二分院检察长李思阳撰写的《浅谈民俗文化与检察基层文化建设》获三等奖，三亚市城郊检察院干警周一心、江浩、许樱撰写的《三元二维模式下的基层检察文化建设路径探析》获优秀奖；省检察官文联获优秀组织奖。二是认真开展《检察文化理论研究文库》“检察职业行为研究”课题工作。4月，该省检察官文联根据“中国检察官文联关于编写《检察文化理论研究文库》系列丛书的通知”要求，积极组织全省理论研究人才参与该项工作，按时向中国检察官文联申报了“检察职业行为研究”课题。7月，经中国检察官文联专家组评审论证，该研究课题获批立项并由海南省检察官文联牵头，会同辽宁省检察官文联共同承担该课题的研究工作。针对该课题项目是跨省合作的特点，为高质量完成课题项目，两家检察官文联建立高层次联席会议制度、课题组日常工作联系制度和课题研究信息资源共享机制。认真编制课题研究工作实施方案，适时召开课题组成员会议，做到早布置、早安排，同时加强课题研究过程的动态管理，及时汇报课题项目的组织实施和进展情况。主动与高检院检察理论研究所、有关高校的专家等建立密切联系，争取专业指导和支持，及时解决课题研究工作中遇到的问题和困难，不断提高课题研究工作质量，推动课题研究工作的有效实施。三是组织开展“检察职业行为研究”论文征集评选活动。2014年9月，为拓宽思路、集思广益，举全省检察理论研究人才之力推动“检察职业行为研究”课题研究工作有效实施，省检察官文联会同省检察官协会在全省检察机关开展“检察职业行为研究”论文征集评选活动，共征集论文67篇，从中评选出优秀论文12篇并进行表彰。与此同时，还从中确定6篇优秀论文作者在12月两家课题组召开的“检察职业行为研究学术研讨会”上作汇报发言，积极营造检察文化理论研究氛围，推动检察文化理论研究工作的深入发展。

加强组织建设，夯实工作基础，不断提升检察官文联自身建设水平

该省检察官文联在省检察院党组的关心关怀下，于 2014 年 2 月召开了省检察官文联一届二次全委会，及时调整增补了检察官文联一届委员会的组成人员，选举增补了 14 名同志为委员、15 名同志为常委，增补省检察院党组副书记、副检察长彭忠学为主席，省检察院党组成员、政治部主任刘虎，二分院党组成员、政治部主任吴泽壮，海口市检察院党组成员、副检察长李成，省检察院机关工会主席陈运宇为副主席；会议还确认了黄卫国等 15 名同志不再担任一届委员会职务。正式成立了书法美术、摄影影视、音乐舞蹈、检察文学创作、体育运动五个直属专业协会，配齐配强各专业协会组成人员，一批政治素质好、思想品德强，且具有专业特长、热心检察文化艺术事业志向的文化艺术人才配备到各专业协会的领导岗位，大大增强检察官文联工作的凝聚力和战斗力。建立了海南省检察机关文化艺术爱好者人才库，登记在册的各类艺术爱好者共 356 人，向中国检察官文联推荐获得省级以上文艺专业奖项的文化艺术人才 35 名。

坚持统筹兼顾，整合工作资源，全面做好各项检察官文联工作

一是认真配合做好中国检察官文联年鉴的组稿编纂工作。按照中国检察官文联的要求，本着参考性、实用性和史料性原则，全面收集该省检察机关 2013 年度检察文化建设和发展情况，对收集的大量文字及图片资料，认真进行梳理、整理、归纳、提炼、汇编，于 2014 年 4 月完成了《中国检察官文联年鉴 2014》海南部分的组稿编纂工作，并配合做好《中国检察官文联年鉴 2013》的征订发行工作。二是注重综合信息工作。认真做好省检察官文联有关材料综合和信息宣传工作，及时向中国检察官文联上报该省检察官文联工作及检察文化艺术建设情况，取得较好成效，中国检察官文联共有 5 期《文联工作情况》采用了该省检察官文联上报的综合信息。完成省检察官文联工作总结、请示、方案、情况报告等文字材料 40 多篇、领导参会发言（讲话）文稿 4 篇。三是抓好省检察院陈列室展板更新。本着尊重历史、注重事实、完整系统、突出特色的原则和对工作负责的态度，全面收集检察工作和队伍建设发展的重大事件、重大活动的文字资料和图片资料，认真进行收集、梳理、整理和提炼，陈列室原有展板 44 块，展出图片 300 多张，共更新图片 200 多张，更新文字资料 40 多块，新增展板 2 块。四是重视“检察官文联”门户网站建设，及时充实、更新内容，及时上传反映文化建设时代精神以及检察官文联工作动态信息，展示检察文化艺术人才原创作品，宣传海南检察文化建设成果，弘扬检察精神，传播正能量，提升检察队伍精气神。五是加强内部规范管理。进一步健全完善相关工作制度，对干警考勤制度和网上工作日志填报制度执行情况认真进行监督检查抓落实。

【海南省检察官文学艺术联合会第一届委员会第二次全体会议在海南省检察官文化艺术联合会第一届委员会第二次全体会议上的工作报告】

（2014 年 2 月 21 日　黄卫国）

各位委员：

现在，我代表省检察官文联向全委会报告省检察官文联第一届委员会第一次全体会议以来的工作情况，请予审议。

2011 年 12 月 1 日省检察官文联一届一次全体会议以来，在省院党组的领导下，深入学习贯彻党的十七届六中全会、党的十八大、十八届三中全会、中国文联第九次全代会、省第六次党代会和全省检察长会议精神，坚持以科学发展观为统领，紧紧围绕省院党组的决策部署，按照中国检察官文联“围绕大局，服务中心，打牢基础，促进发展”的总体要求和检察文化理论研究、检察文化艺术创作、检察文化艺术活动“三位一体”的工作思路，自觉接受省文联业务指导和省民政部门的监督管理，认真履职，积极作为，主动服务，为繁荣检察文化，凝聚精神力量，构建检察人员共有的精神家园，推动我省检察工作科学发展作出了积极贡献。

围绕检察中心工作适时举办主题鲜明的文化艺术活动，丰富检察人员精神文化生活

（一）结合高检院纪念人民检察制度创立 80 周年系列重大活动的总体部署，在省院政治部的统一组织指挥下，2012 年 1 月 10 日在海口举办了“全省检察机关 2012 年春节大型团拜文艺晚会”。省院、省检察官文联和海口地区各级检察院选送了一批贴近检察工作实际、贴近基层干警生活、富有检察特色的文艺节目，近百名检察人员参加了演出，唐杰忠等著名艺术家专门为晚会创作了精彩节目并同台献艺。整台晚会通过歌舞、小品、相声、情景剧等文化艺术形式，大力宣传人民检察事业的辉煌成就，生动展现我省检察机关执法为民的良好形象和检察队伍团结奋进的时代风貌。省有关领导同志出席观看演出，并对晚会给予了高度赞扬。

（二）面向基层，服务群众，首次开展送文化下基层活动。2012 年春节期间，省检察官文联精心组织“检民心连心基层行”文艺演出慰问团，分别深入澄迈县福山镇、秀英区永兴镇进行慰问演出，通过慰问演出的艺术形式，把省院党组的亲切关怀和新春祝福送到基层、送给农民群众、送给一线检察干警。每场慰问演出都吸引了当地上万名群众到场观看，既宣传了检察工作，鼓舞队伍干劲，又让农民群众更多的了解检察工作、理解检察工作、认同检察工作、支持检察工作，拉近了检察机关与人民群众之间的距离，得到了基层检察干警和人民群众的普遍好评，社会各界给予了广泛关注，海南日报、法制时报、南海网等多家新闻媒体进行了报道。

（三）结合高检院、省委深入贯彻党的十七届六中全会精神、纪念毛泽东同志《在延安文艺座谈会上的讲话》发表 70 周年系列活动和省委开展文明大行动活动的部署要求，2012 年 5 月 8 日至 12 日在省博物馆举办了“海南省检察机关书画摄影展”。全省共征集各类书画摄影作品 1400 多幅，其中书法作品 110 多幅，绘画作品 20 多幅，摄影作品 1300 幅。经过精选展出的 200 多幅书画摄影作品，

主题突出、视角开阔，构思新颖、意境深远，笔随时代、墨见精神，共同诠释了检察干警忠诚、为民、公正、廉洁的精神风貌，集中展示了检察机关执法为民的良好形象，具有较高的艺术品位和鉴赏水准。这是我省检察机关有史以来的一次规模大、规格高、上水平、高品位的书画摄影展。省委常委、省纪委书记、省院原党组书记、检察长马勇霞参观展览后给予高度评价，她指出，要多组织类似活动，多做专题，多出精品。既体现检察文化特色，陶冶干警情操，提高干警品位，又可以培养干部，反过来促进检察业务工作。她强调，要把组织丰富多彩的文化活动与文明大行动结合起来，进一步提高文化引领作用，努力成为全省文明大行动的排头兵。

（四）结合贯彻落实省院党组关于开展政法干警核心价值观教育实践活动的决策部署，2012年9月27日在海口举办了全省检察机关"迎国庆、铸检魂"诗歌朗诵比赛。广大检察干警立足生活，潜心创作，踊跃参与，把廉洁从检的生活感悟，把身边人、身边事，点点滴滴地融入诗歌创作的字里行间，以诗歌朗诵的艺术形式，彰显检察干警忠于党、忠于人民、忠于法律的检察情怀，弘扬检察精神，激励广大检察干警牢固树立和自觉践行政法干警核心价值观。全省共有53个诗歌朗诵节目、112名干警参加了各片区预赛，其中原创诗歌作品43首。经过预赛选拔，13个优秀节目、22名干警进入最后决赛，其中原创诗歌作品12首。经过激烈角逐，海口市院赵凯独诵《英雄 -- 追记全国模范检察官刘新力》荣获一等奖；二分院陈美玲、李海滨合诵《做无愧于历史和时代的检察人》，东方市院郝思帅、郝怡昕父女合诵《选择》荣获二等奖；龙华区院孙文斌、俞宣伊情景诵《我们骄傲，我们自豪，我们是乡村检察官》，秀英区院林芊、张涵情景诵《检察官之歌》，临高县院朱建明、孙敏合诵《一路走来》荣获三等奖。一分院、二分院、海口市院、三亚市院和秀英区院荣获组织奖。本次诗歌朗诵比赛主题鲜明，原创作品参赛特点突出，独诵、合诵、情景朗诵交融辉映，声情并茂，抑扬顿挫，具有很强的思想性、艺术性和观赏性。省院党组书记、检察长贾志鸿，省作协党组书记、省文联主席张萍等领导同志出席观看比赛。

（五）结合省院机关开展党的群众路线教育实践活动的部署要求，积极协助举办"党的群众工作"知识竞赛活动。会同省院政治部宣教处、宣传处、基层处共同研究竞赛活动方案、比赛规则、命题范围及组织实施方案，深入一分院、三亚市院片区预赛现场和海口市院半决赛、省电视台决赛现场，配合做好比赛的组织实施和现场指导、协调工作，经历两个半月的努力，较好完成了各个环节的工作任务。全省37个派驻乡镇检察室代表队、111名干警参加了比赛，经过四个片区预赛，屯昌县院枫木检察室、龙华区院龙泉检察室、美兰区院灵山检察室等12个代表队、36名干警进入决赛。2013年9月24日，全省检察机关派驻乡镇检察室"党的群众工作"知识竞赛决赛在省电视台演播厅举行，省委常委、政法委书记毛超峰、省院党组书记、检察长贾志鸿等领导同志出席观看比赛，并对该项活动给予高度评价。该项活动较好地促进了基层检察干警自觉践行党的群众路线和群众观点，全面落实"为民务实、公正廉洁、检力下沉、服务三农"的检察工作要求，在全省检察机关引起了良好反响，有力地推动我省检察机关党的群众路线教育实践活动深入开展。

突出检察实践特色，打造海南检察文化艺术品牌

（一）围绕检察工作重心下移、检力下沉，打造乡镇检察室工作文化品牌。为进一步宣传我省派驻乡镇检察室工作取得的显著成效，展示我省检察机关的良好形象和基层检察干警的时代风采，省检察官文联与央视中视创新文化发展有限公司携手合作，以派驻乡镇检察室工作为题材，突出乡镇检察室检察官的主体地位，精心策划，潜心创作，有序组织，经过近4个月的努力奋战，于2012年4月成功拍摄了6集央视普法系列栏目剧《乡镇检察官》并在央视12频道播出。该片的成功拍摄，为今后打造我省检察影视文化品牌积累了经验。

（二）围绕以红棉花品格意喻检察精神的主题，打造“红棉杯”检察文学创作品牌。2012年5月至12月，成功举办了首届“红棉杯”检察文学创作评选活动，全省共征集各类检察文学创作作品146篇，其中，小说7篇、诗歌81篇、散文44篇、报告文学2篇、工作调研文章12篇。省检察官文联及时对所征集的全部作品进行分类、整理，制定评选方案，细化评审办法及程序，成立专家评审委员会。经专家评审委员会评审，评出获奖作品21篇，其中，一等奖1篇、二等奖2篇、三等奖6篇、优秀奖12篇，并对获奖作品及作者给予表彰奖励。为进一步扩大本次活动的效果，一方面通过省院刊物《检察新时代》和“检察官文联”门户网站，及时登载获奖优秀作品；另一方面，争取海南出版社的支持，从征集的作品中筛选部分优秀作品结集出版《红棉绽放》一书，同时做好该书的交流、发送工作，多途径、多形式展示我省检察文学创作成果，用优秀的文学作品滋养心灵、升华境界，提升检察人员的精气神，凝聚检察队伍的精神力量。

（三）积极推进与文化媒体的合作，拓展检察文化建设新渠道，为打造我省检察影视文化品牌奠定基础。一是加强与央视中视创新文化发展有限公司和海南电视台充分协商，有效推进三方战略合作进程，达成了发挥各自优势、实现资源共享、共同发掘和传播我省检察工作和检察文化建设新成果的长期战略合作共识，于2012年4月23日在海口举行了三方战略合作签约仪式。二是与央视中视创新文化发展有限公司进行深入协商，促成了“中央电视台中视创新自制剧拍摄基地”在省院揭牌落户。央视普法栏目剧《乡镇检察官（6集）》就是“拍摄基地”催生的第一个检察影视文化产品。

搭建学习交流平台，提高检察官文联工作的凝聚力亲和力

（一）积极组织开展书画摄影笔会、采风活动，为检察文化艺术爱好者加强相互学习交流创造条件。2012年3月27日在省院举办“海南省检察机关书画创作笔会”，邀请省内11名书画名家大师与我省部分检察书画爱好者齐聚一堂，挥毫泼墨，一展风采。2012年9月7日至8日，在尖峰岭组织开展了一次摄影采风活动，共征集作品60多幅；2013年6月2日，在琼山区红旗镇“荷塘印象”组织开展了一次“以荷喻检”为主题的书画摄影采风活动，共征集作品50多幅。每次活动的时间安排虽然很紧凑，但能够集现场创作、实地采风、座谈交流于一体，内容充实，形式灵活，深受大家的欢迎。

（二）积极推介优秀文化艺术作品参加各类文化艺术活动，激发检察文化艺术爱好者的创作热情。

1. 认真做好“廉洁文化”书画摄影作品征集推介工作。根据高检院《关于开展廉洁从检书画摄影作品创作活动加快推进检察机关反腐倡廉教育长效机制建设的通知》和中国检察官文联《关于举办“廉洁文化”书画摄影展览的通知》要求，积极配合省院政治部和纪检组监察处做好宣传、组织、征集、筛选及报送工作，全省共征集书画摄影作品308幅，其中书法作品80幅，绘画作品33幅，摄影作品195幅，从中筛选部分优秀作品推荐参加评选活动。2012年12月11日至18日，“全国检察机关廉洁从检书画摄影展”在首都博物馆举行，我省推荐的美术作品《又见廉风抚家乡》(王良)、《清莲》（冯雨）、书法作品《澄怀观道》（陈振玉）、《新陋室铭》（陈振玉）、《宋·周敦颐〈赞莲〉》（李宏伟）、《野旷天低树，江清月近人》（曾圣和）、《廉政诗八首》（张凤一）、《宋·周敦颐〈爱莲说〉》（雷宗儒）、《虚怀养天和》（文晓辉）、《张猛龙碑》（杨翘名），摄影作品《普法宣传在行动》（谭伟斌）等11幅书法美术摄影作品入选，其中，王良的《又见廉风抚家乡》荣获美术作品二等奖，陈振玉的《澄怀观道》荣获书法作品三等奖。

2.认真做好“以竹喻检”诗词赋和散文作品征集推介工作。根据中国检察官文联《关于征集“以竹喻检”诗词赋和散文作品活动的通知》要求，充分发挥桥梁纽带作用，通过电话联系等多种方式，主动与全省检察文学创作爱好者联系、沟通，团结、鼓励检察文学创作爱好者积极参与，全省共征集各类作品110篇，其中，散文45篇、诗歌56篇、词5篇、赋4篇，从中筛选部分优秀作品推介参加由中国检察官文联、中华诗词学会、中国散文学会共同举办的“以竹喻检”诗词赋和散文作品征集评选活动，我省有4篇优秀作品受到表彰奖励，其中，诗歌《你与他，他与你》（张吉润）、《竹林传奇》（李芳）分别获现代诗类二等奖和三等奖；散文《检察官与竹之八品》（张纳军）、《深山丽竹影》（孙玉）获散文类三等奖；省检察官文联荣获优秀组织奖。

（三）积极组织检察干警踊跃参加各类文化艺术活动，助推检察文化艺术爱好者健康成长。两年以来，先后组织300多名干警参加了“全省检察机关2012年春节大型团拜文艺晚会”和“检民心连心基层行”文艺演出、“迎国庆、铸检魂”诗歌朗诵比赛、“党的群众工作”知识竞赛、央视系列栏目剧《乡镇检察官（6集）》的拍摄等各类文化艺术活动，此外，在第二届中国合唱节比赛中，一分院干警林雯参加的省直机关公务员合唱团获混声组合唱银奖；在高检院举办的“为了公平正义——纪念人民检察制度创立80周年文艺晚会”上，省院干警高峰参加了《献身使命》大合唱节目演出并获好评；在海南省首届武术锦标赛上，儋州市院干警杨振田获太极拳自选套路亚军、男子中年组短器械季军和男子中年组个人全能第五名的好成绩；在省文明办、省教育厅、团省委、省妇联等单位联合举办的“颂歌献给党”电视演讲比赛中，省院干警杜兴华、海口市院干警赵凯荣获一等奖，省院干警彭迪荣获二等奖；在省直机关工委举办的“学理论、学党史、学十二五规划，服务国际旅游岛建设”读书活动演讲比赛中，省院干警杜兴华、钱晶晶分别荣获二等奖和优秀奖，一批批检察文化艺术爱好者在实践中得到很好的锻炼。

（四）重视“检察官文联”门户网站建设，强化学习交流，推动资源共享。认真抓好“检察官文联”门户网内容充实、管理，及时反映检察官文联工作和检察文化艺术活动动态，展示检察文化艺术爱好者的原创作品，宣传我省检察文化建设新成果，弘扬检察精神，传递正能量，营造检察网络文化建设健康发展的良好氛围。

重视检察题材影视剧本、歌曲等文艺作品创作能力的培养。随着新刑诉法的颁布实施，关注未成年人犯罪，保障涉罪未成人权利，关心涉罪未成人成长，已成为检察机关未检工作的重中之重。为宣传我省未检工作取得的显著成效，我们组织、鼓励检察文学艺术爱好者深入未检工作办案实践，走近涉罪未成年人生活，先后组织创作了反映未检工作题材的微电影剧本《心结》、《没娘的孩子》、《音乐梦》和主题歌曲《温暖》、《忘了就好》。

注重理论研究，提高检察文化理论研究水平

坚持把检察文化理论研究放在检察官文联工作的重要位置，以一年一度的中国检察官文化论坛为契机，有效推进检察文化理论研究工作。一方面主动争取省院研究室的支持配合，切实做好论文评选工作；另一方面，充分发挥桥梁纽带作用，加强与各级院理论研究部门沟通联系，主动与部分理论研究人才约稿，切实做好重点课题的组织调研及论文征集工作，取得了较好成效。在2012年5月首届中国检察官文化论坛上，省检察官文联提交的理论调研文章《立足实践全面推进检察文化建设——重温〈延安文艺座谈会上的讲话〉的启示》一文，在大会上作交流并获得好评。在2013年8月第二届中国检察官文化坛论上，省检察官文联推荐的12篇优秀论文中，受到大会表彰的论文共7篇，其中《中国古代清廉官德的当代启示》（张远南）、《网络反腐探究》（陈雄、张幸）荣获三等奖；《立足检察业务、以人为主要载体、以价值观为核心、繁荣和弘扬检察文化》（李思阳）、《从“心”的视角谈“廉”》（陈茹英）、《凝聚检察正能量、同圆中国梦》（林晓梅）、《论廉洁从检激励机制的完善》（郭石宝）、《廉洁从检：从“知道”到“做到”的距离》（彭迪）荣获优秀奖。我省论文征集组织工作得到中国检察官文联的好评。

加强对外宣传和交流，扩大我省检察文化建设和检察官文联工作的影响力

（一）积极协助中央电视台拍摄天安门广场大屏幕公益宣传片。为迎接共和国64周年华诞，中央电视台指定央视中视创新为天安门广场大屏幕专门制作公益宣传片《五星红旗迎风飘扬》。该片围绕“祖国在我心中”的主题，以天安门广场升国旗仪式为起点，把庄严神圣的升国旗仪式扩展到祖国各地，以特殊的形式表现幅员辽阔的华夏大地所发生的巨变，展现新中国的辉煌成就、人与社会的和谐发展，以及每个中国人心中的爱国情怀，展示祖国将迎来崭新的伟大盛世中国梦！为宣传我省检察机关派驻乡镇检察室工作、宣传海南国际旅游岛建设的辉煌成就，在该片策划及拍摄之初，省检察官文联加强与央视中视创新沟通协调，为拍摄内容及结构出谋划策，力争我省乡镇检察室升国旗仪式入选该片，力争宣传我省的画面占有一定比例，得到了央视中视创新的高度重视，并确定陵水县院派驻新村检察室升国旗仪式作为全国唯一的检察机关升国旗仪式载入该片。与此同时，省检察官文联全力协助央视中视创新实施在海南各地的拍摄计划，主动争取相关方面支持配合，切实做好拍摄现场的组织协调工作，随时为摄制组提供帮助和服务，为宣传海南检察工作、宣传国际旅游岛建设成就尽一份责任，为央视中视创新圆满完成在海南的全部拍摄任务作出了积极贡献。

2013年10月1日，在习近平、李克强、张德江、俞正声、刘云山、王岐山、张高丽等党和国家领导人向人民英雄纪念碑敬献花篮仪式上，该片作为背景片首次播出，并被确定为重大节日天安门广场升国旗仪式背景片滚动播放。

该项工作得到了中国检察官文联张耕主席和省院贾志鸿检察长的充分肯定。

为加大宣传、扩大影响，省检察官文联根据央视中视创新提供的视频资料，认真设计制作成普通DVD光盘，及时向高检院和中国检察官文联报送，同时做好向各省级检察院检察官文联、省有关单位、各市县委宣传部赠送工作。此外，还赠送了《红棉绽放》一书，大力宣传我省检察文化建设和检察官文联工作成果，受到广泛好评。

（二）配合做好中国检察官文联年鉴的组稿编纂工作。按照中国检察官文联的要求，本着参考性、实用性和史料性原则，全面收集我省检察机关2011年度、2012年度检察文化建设和发展情况，对收集的大量文字及图片资料，认真进行梳理、整理、提炼、汇编，于2012年6月和2013年4月分别完成了《中国检察官文联年鉴2012》和《中国检察官文联年鉴2013》海南部分的组稿编纂工作，并按时上报。此外，配合做好《中国检察官文联年鉴2012》的征订发行工作。

加强队伍自身建设，夯实检察官文联工作基础

一是始终把思想政治建设放在首位。按照省院党组的部署要求，认真学习深刻领会党的十八大、十八届三中全会精神和习近平总书记系列重要讲话精神，用党的理论武装头脑，指导工作，坚定不移地走中国特色社会主义文化发展道路，始终保持检察官文联工作的正确方向。深入开展“发扬传统、坚定信念、执法为民”主题教育实践活动、“忠诚、为民、公正、廉洁”政法干警核心价值观教育实践活动、党的群众路线教育实践活动，改进工作作风，增强服务意识，更新服务理念，提高服务水平，增强做好检察官文联工作的自觉性和责任感。结合深入学习贯彻党的十七届六中全会精神、纪念毛泽东同志《在延安文艺座谈会上的讲话》发表70周年系列活动，组织编印了《深入学习贯彻党的十七届六中全会精神，推动海南检察文化艺术事业繁荣发展学习读本》，发全省检察文化艺术爱好者人手一册，不断加强队伍政治理论学习。二是积极推进检察官文联书法美术、摄影影视、音乐舞蹈、检察文学创作、体育运动五个直属专业协会的组建进程，注重各专业协会组成人员的政治素质、思想品德、专业特长及热心检察文化艺术事业志向，选好配强各专业协会会长。目前，五个直属专业协会及其组成人员经省院党组同意，省民政部门已核准登记成立。三是加强检察文化艺术爱好者队伍建设，经过认真摸底统计，初步建立了我省检察机关文化艺术爱好者人才库，登记在册的各类艺术爱好者共356人，涵盖了文学创作、文化理论研究、书法绘画、运动体育、音乐舞蹈、民俗收藏、摄影影视等各文化艺术门类；向中国检察官文联推荐获得省级以上文艺专业奖项的文化艺术人才35名。四是加强规范管理。严肃省院上下班、开会刷卡考勤制度和网上工作日志填报制度，加强对干警考勤制度和网上工作日志填报制度执行情况监督检查抓落实；抓好制度建设，先后制定了《海南省检察官文联财务管理制度》、《海南省检察官文联主席办公会议事规则》、《海南省检察官文联秘书处工作规则》、《海南省检察官文联财产登记管理制度》等规章制度。

回顾总结两年以来的工作，我们深切地体会到：做好新时期的检察官文联工作，必须坚持以科学发展观为指导，坚定不移地走中国特色社会主义文化发展道路，紧紧依靠省院党组的领导和省院政治部的具体指导，主动接受中国检察官文联、省文联的业务指导和省民部门的监督管理，确保检察官文联工作的正确方向；必须坚持检察官文联工作的职能定位，认真落实“检察官文联是检察队伍建设的重要助手，是推动检察文化繁荣发展的重要阵地，也是组织、团结、凝聚广大检察文化艺术工作者和爱好者开展文化活动的重要力量”的总要求，着力推动检察官文联工作全面协调发展；必须坚持以检察中心工作为重，不断增强检察官文联工作的针对性和实效性，积极作为，主动服务，为推动检察执法办案工作科学发展服务；必须坚持突出检察人员的主体地位，始终把建设检察人员共有的精神家园放在心中最高位置，努力使检察官文联工作符合检察人员精神文化生活的新要求、新期待；必须坚持把加强检察官文联队伍和检察文化艺术爱好者队伍建设摆在重要位置，不断提高队伍的整体素质、创作水平和服务能力，为检察文化的繁荣发展提供坚强的组织保障；必须坚持解放思想，创新检察文化发展理念和发展思路，在不断发现解决问题中推动检察官文联工作持续发展。

在肯定成绩的同时，我们也要清醒地看到，面对新形势下执法办案工作的新要求、检察文化改革发展的新趋势、广大检察干警精神文化生活的新期待，检察官文联工作仍然存在不少差距和不足：一是以文化艺术形式弘扬检察精神，传承检察理念，提高检察素质，凝聚检察力量，推动检察工作科学发展的能力和水平需要进一步提高；二是引导和扶持多出优秀作品、多出优秀人才方面的力度还有待加大；三是检察文化艺术理论研究仍然比较薄弱；四是检察文化艺术爱好者队伍的整体素质与推动检察文化繁荣发展的任务要求还有较大差距，抓检察文化艺术爱好者人才的培训、提高和使用工作亟待加强。对此，我们将以积极进取的精神，争取各方支持，认真加以解决。

2014 年，省检察官文联将深入学习贯彻党的十八大、十八届三中全会精神和习近平总书记系列重要讲话精神，不折不扣地贯彻落实省院党组的工作部署和中国检察官文联的工作要求，认真履行职责，强化工作措施，不断开创检察官文联工作新局面。

（一）用心把握省院党组的决策部署，确保检察官文联工作的正确方向。始终坚持省院党组的绝对领导，紧紧围绕省院党组的中心工作部署和中国检察官文联的总体要求，充分发挥职能作用，通过各种文化艺术形式和载体，塑造检察魂，传播正能量，服务检察工作科学发展。

（二）自觉加强检察文化理论研究。高举建设社会主义文化强国的旗帜，着眼于提高检察文化软实力，团结、凝聚、引导检察文化理论人才，积极开展检察文化理论研究，推出一批有分量的理论研究成果，为有效开展检察官文联工作提供强有力的理论指导。

（三）有效推进检察文化艺术创作。坚持“二为”方向和“双百”方针，坚持以检察人员为中心的创作导向，加大扶持力度，组织、团结、凝聚检察文化艺术爱好者，依托海南检察实践和地方特色文化资源，尽力于创作生产出思想性艺术性观赏性相统一的优秀检察文化艺术作品，为有效开展各种文化艺术活动提供有力的文化支撑。

（四）积极开展检察文化艺术活动。坚持服务检察执法办案为中心，立足于检察工作实践和队伍建设实际，突出检察人员主体地位，有针对性地积极开展适合基层检察人员参与、富有检察特色的各种文化艺术活动，满足检察人员的精神文化需求，丰富检察人员的精神文化生活。

（五）扎实推进检察官文联自身建设。认真贯彻落实省院党组的工作部署，继续深入开展党的群众路线教育实践活动，坚定理想信念，改进工作作风，密切联系群众，增强文化自觉和文化自信。着力加强队伍思想政治建设和检察文化艺术爱好者专业素质建设，不断提高队伍整体的工作能力和服务水平。加强各专业协会建设，发挥各专业协会的职能作用，有力推动检察官文联工作全面深入开展。

各位委员，在新的一年里，省检察官文联将在省院党组的领导下，认真落实中国检察官文联一届二次全委会和本次会议精神，积极进取，扎实工作，为繁荣检察文化、构建检察人员共有的精神家园、推动检察工作科学发展作出新的贡献！

谢谢大家！

[文化理论研究]

【浅谈民俗文化与检察基层文化建设】

李思阳

我国是一个统一的多民族国家，有 56 个民族，各个民族都有其民族特色的民俗文化，也有共同的民俗文化，据第六次人口普查统计：全国总人口为 1339724852 人，全国人口分民族构成 2010 年人口普查数据显示，汉族人口 1220844520 人，少数民族人口占 8.49%，下面以两个图表简单做以简单介绍：

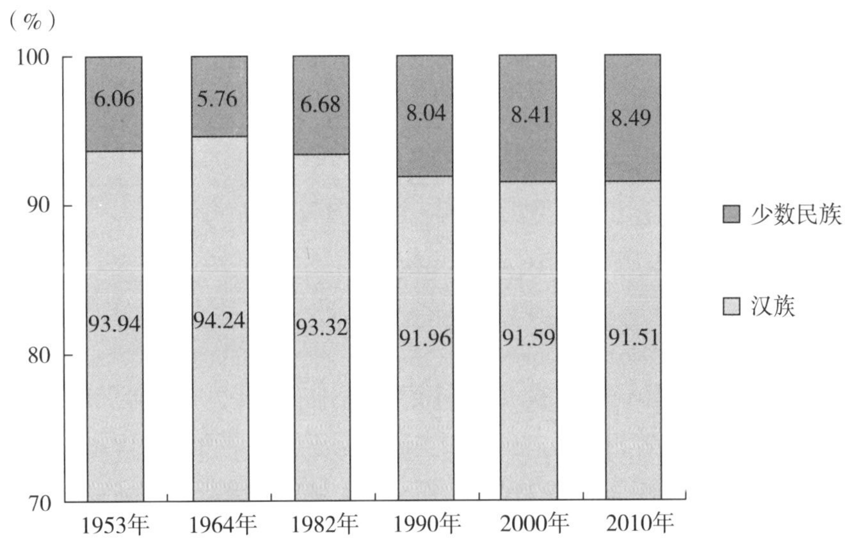

新中国成立后历次人口普查民族构成图表

笔者大学毕业就来到海南省检察系统工作，至今已整整 26 年了，这 26 年来一直感受着海南文化的深厚悠久，近五年来，笔者工作单位调动至海南西部，这是个小城，竟然蕴含着许多民俗文化，比如调声、公仔戏等所传递的真善美，让笔者想起曾参观过的一个民族博物馆，展示的少数民族服装、器皿、文物、书籍等，反映出不同民族的不同风俗，这种民俗所折射出的文化让人惊叹。笔者所在单位是一个来自二十多个省市的新建单位，每个人除了本身的个性特点，还带有其非常有意思的地域民俗特色，因此，也让笔者思考民俗文化与检察文化的关系。

第六次人口普查的排名前十的少数民族

民族名称	人口		人口主要分布区域
	人口数量	排行	
壮族	16926381	1	广西壮族自治区，云南省，广东省，贵州省。
回族	10586087	2	宁夏回族自治区，甘肃省，河南省，新疆维吾尔自治区，青海省，云南省，河北省，山东省，安徽省，辽宁省，北京市，黑龙江。
满族	10387958	3	辽宁省，吉林省，黑龙江省，河北省，北京市，内蒙古自治区。
维吾尔族	10069346	4	新疆维吾尔自治区，湖南省。
苗族	9426007	5	贵州省，云南省，湖南省，广西壮族自治区，四川省，广东省，湖北省。
彝族	8714393	6	四川省，云南省，贵州省，广西壮族自治区。
土家族	8353912	7	湖南省，湖北省，四川省。
藏族	6282187	8	西藏自治区，四川省，青海省，甘肃省，云南省。
蒙古族	5981840	9	内蒙古自治区，辽宁省，新疆维吾尔自治区，吉林省，黑龙江省，青海省，河北省，河南省，甘肃省，云南省。
侗族	2879974	10	贵州省，湖南省，广西壮族自治区。

民俗与民俗文化

（一）民俗

《汉书王吉传》记载“百里不同风，千里不同俗”，我国有五十六个民族，有很多民俗是相同的，也有很多民俗是相似相近的或者相通的，也有很多民俗是不同的，可谓“百花齐放”。有学者指出不仅是山沟里有民俗，少数民族部落里有民俗，而且在大城市、繁华都市都有民俗。那么民俗是什么呢？

1. 民俗的含义

有学者认为民俗是一种重要的社会文化现象，是生活于某一特定地域的民族或人们共同体在长期的历史发展过程中形成的习俗惯制。

也有学者认为民俗即民间风俗，指一个国家或民族中广大民众所创造、享用和传承的生活文化，它起源于人类社会群体生活的需要，在特定的民族、时代和地域中不断形成、扩大和演变，为民众的日常生活服务。

有直接将民俗定义为世代相传的民间生活习俗。

笔者认为，民俗是是依附广大人民群众的生活、习惯、情感与信仰而产生的理念、礼节、习性和传统。

不论哪一种定义，都揭示了民俗的本质都是来源于大众百姓，根植于本土社会生活，并反映着社会生活。我国从古代开始统治者就注重了解各地的民俗，比如《礼记·王制》称：“岁二月，东巡守。至于岱宗，柴而望祀山川。觐诸侯，问百年者就见之。命太师陈诗，以观民风”。这里说的王者巡守之礼，就是国君深入民间，对乡村社会的民情风俗进行一番调查研究。太师是掌管音乐及负责搜集民间歌谣的官吏，他把民间传承的民歌（国风）呈递给国君。国君通过这些民歌，“观风俗，知得失”，制定或调整国家的方针政策。我国古代诗歌总集《诗经》中的《风》，就是古代各民族之间流传的民歌。

2. 民俗的种类

对民俗的种类的了解可以有助于后文所阐述的民俗对检察文化的影响及作用，因此民俗的种类简单做以介绍。以民俗事象所归属的生活形态为依据来进行逻辑划分为三大类八小类的民俗：一是物质生活民俗，包括（1）生产民俗（农业、渔业、采掘、捕猎、养殖等物质资料的初级生产方面）（2）工商业民俗（手工业、服务业和商贸诸业等物质资料的加工服务方面）（3）生活民俗（衣、食、住、行等物质消费方面）。二是社会生活民俗，包括（1）社会组织民俗（家族、村落、社区、社团等组织方面）（2）岁时节日民俗（节期与活动所代表的时间框架）（3）人生礼俗（诞生、生日、成年、婚姻、丧葬等人生历程方面）。三是精神生活民俗（1）游艺民俗（游戏、竞技、社火等娱乐方面）（2）民俗观念（诸神崇拜、传说、故事、谚语等所代表的民间精神世界）

3. 新民俗

民俗不是一成不变的，而是随社会发展前进而发展着的，发展是其一个重要特征。前几天笔者在中央台看过一个节目讲述如今在广西某地有一个风俗，就是卖菜的没有卖主，当地都是用一个篮子放菜上面写着多少钱一把，再放一个小袋子放钱，就放在街头就可以，买菜的看中了菜把钱放在袋子里，这种纯朴厚重的民风就形成了一种新的民俗。

4. 民俗与习俗

习俗就是习惯、风俗，是个人或集体的传统、传承的风尚、礼节、习性，是文化在日常生活中的一种体现。习俗受文化影响，比如汉族地区的文化和习俗与少数民族的文化和习俗的就有区别。因此，民俗包括习俗，二者是包容的关系。

（二）民俗文化

民俗当中也有恶俗，那么民俗要形成一种文化，民俗要形成民俗文化，要摒弃民俗中的恶俗，民俗文化仅指良俗文化，指民俗中的先进文化。这里牵扯到另一个问题：文化是不是有良恶之分，本文所持观点当然为文化仅指良性文化，这是另一个问题，在此不做探讨。

1. 民俗文化的含义

有学者认为民俗文化是人类文化中最古老和最具有生命力的文化，一般分为物质民俗、社会民俗和精神民俗。物质民俗指人们日常的衣、食、住、行等生产生活方式及相关的习俗礼仪；社会民俗包含家族村社、婚丧嫁娶及人生礼仪等相关内容；精神民俗则以信仰、节日、民间文学和游艺为其代表。

有学者认为民俗文化，是人们在生产生活过程中所形成的一系列物质的、精神的文化现象，民俗文化具有普遍性、传承性和变异性，往往是一个地方生活的缩影和历史的折射，具有极强的个性，能够体现一个民族的民俗风情。

有学者认为民俗文化是沟通民众物质生活和精神生活，反映民间社区和集体的人群意愿，并主要通过人作为载体进行世代相传和传播的生生不息的文化现象。它是由历史沿传来的，又在现实生活中生生不息，具有一定特色的风俗、习惯、心态、制度等，是一个内涵相当丰富、外延相当广泛，反映民间文化最一般规律性的概念。

笔者认为，民俗文化泛指一个国家、民族或地区中集居的民众所创造、共享、传承的生活、习惯、情感与信仰而产生的理念、礼节、习性和传统的一系列物质的、精神的文化现象。

2. 民俗文化的性质和特征

民俗文化具有普遍性、传承性、集体性和变异性、发展性等特征，这些已有共识，在此不再赘述，总之，民俗培育了社会的一致性。它是一个民族在自己的长期历史发展中经过自觉和不自觉地选择与淘汰，承继下来的文化。

民俗文化对检察基层文化建设的影响和作用

关于文化、检察文化的含义、性质及特点已有诸多论述，在此不再赘述，本文仅就民俗文化对检察文化的影响及作用做以探讨。

民俗文化做为传承传统文化的载体，做为构成一个国家民族文化的基石，民俗文化对于文化、对于检察文化有着当然的促进作用。任何文化，总要负载着一定的意识、情感、思想、心理等精神性内涵，它的精神性内涵，必须通过一定的物化符号形式予以呈现。文化包含两个层面含义，一方面是指人们的观念、意识、精神、心理，另一个层面是表现这种观念、意识、精神、心理内涵的物质符号、媒介、载体，任何文化现象，都是观念和符号的综合体。当代中国检察文化的形成，凝聚着我国各民族的文化，经历了相互矛盾、冲突，又相互渗透、融合的过程，所以，从另一个方面而言，民俗文化有助于培养检察人员的核心价值观，构筑其精神文化。简而言之，民俗文化对检察基层文化建设的促进不外乎两种：一是内在本质；二是外在载体。

（一）民俗文化对检察人员的内在影响和心理引领

检察文化必须以人为本、以价值观为核心在学界已成为共识。而凡是有人群生活聚居的地区，都会有民俗，就存在民俗传播，对于当代中国人来说，民俗文化决不仅仅是一种文物的价值。民俗文化，作为一个民族的传统与习惯，它早已渗透在中国人的血液之中，并镌铸着中国人深层的心理积淀，与今日与未来都是息息相通的。正如近代国学大师梁启超先生所说：“凡一国之能立于世界，必有其国民独具之特质，上自道德法律，下至风俗习惯、文学美术，皆有一种独立精神，祖文传之，子孙继立，然后群乃结、国乃成，斯实民族主义之根底源泉也。”足见民俗文化与民族精神的改造关系极为密切。

1. 民俗文化对塑成检察人员核心价值观的促进

目前，全国检察系统正在贯彻落实社会主义核心价值观，社会主义核心价值观的基本内容为：“富强、民主、文明、和谐，自由、平等、公正、法治，爱国、敬业、诚信、友善。”这与“忠诚、为民、公正、廉洁” 检察干警的核心价值观所倡导的信仰取向、道德准则、人格态度等核心价值是一致的。这些内容体现出了民俗文化当中的一些基本精神理念，比如：“和谐、诚信、友善。”等在我国五十六个民俗文化当中均有体现，笔者工作和生活了 26 年的海南岛，黎苗文化以及后来的华侨文化、农垦文化等多种民俗文化，都无不体现着“和谐、诚信、友善”的精神理念，具体到笔者现在所工作的海南儋州有一优秀的民俗文化“调（diao）声”，一种临时发挥的曲调层出不尽的对歌形式，深受当地人喜欢，可以说“老少皆宜”，象东北二人转一样随便一个本地人都能唱几句，因为海南话语本就是与普通话完全不同的语种，笔者虽来自于北方，但长期生活在这里对海南话有所了解，但是儋州话又是区别于海南话的语种，所以儋州话的调声外来者初听不懂，但也能感受到那种歌者所表达的美，经多次听和本地人翻译，笔者发现儋州调声所反映的很多内容都是来自于热爱生活积极向上的，倡导人们要“真、善、美”，经笔者了解，调声内容也是随着社会发展内容也在变化，比如在抗日战争和解放战争期间，调声成为揭露和打击敌人的有力武器。

如前文所言，由于民俗文化的集体性，民俗培育的社会一致性，民俗文化增强了民族的认同，强化了民族精神，塑造了民族品格，集体遵从，反复演示，不断实行，这是民俗的核心要素。而做为检察人员，其必须具有强烈的爱国主义精神，保持自尊、自信、自强的民族精神。检察人员除了检察职业所带给他的属性外，还做为社会当中的一份子融入在当地的社会生活当中，换言之，就是他做为社会个体还具有当地社会个体的特性，这种特性就是他所生长的社会环境所日益塑成的他的观念、理念、生活态度等，这些恰恰是当地民俗文化所融入在他的血液里的东西，就象笔者前文所提到的笔者现在工作和生活的海南儋州的“调声”，笔者所在的检察院每位儋州干警都是调声高手从小都会唱并且深受调声反映内容的影响，比如宽容的心态和积极乐观向上的生活态度。所以说，民俗文化就是通过这种无形的有形的影响在塑成检察人员强烈爱国心和民族精神起着促进作用。

因此，民俗文化通过对检察人员的影响而提升检察干警思想道德素质、文明素质、职业道德素质，不断引导广大干警牢固树立正确的社会价值观。

2. 民俗文化对检察文化的凝聚和渗透作用

民俗表现着社会自发形成的观念体系，淋漓尽致地体现了群体性的道德规范和价值观。在古典时代，它一直自动地发挥着为人际交往和民间活动提供秩序的作用。可以说，民俗是一种“潜法典”，它自动再生产着符合社会交往原则的民间社会关系。公序良俗对一个社会很重要，观察一下就可以发现，乡风浓郁的地方，人们重感情、民风淳朴，精神面貌也好，这就是民俗对人们思想行为的引导和教化效果。因此，守护民俗，就是守护国人的精神家园。检察人员做为社会一员，势必也在受公序良俗的影响，文化的日益渗透会引起一个必然的结果——那就是干警内心素质的提升，民俗文化所形成的强大影响力和感染力使得每一位检察干警积极自觉地规范自身的德行、严格履行检察机关的责任、提升执法办案的能力、探索工作中的智慧，从而形成推动检察事业发展的强大矢量，做为一种职业文化，所形成的检察文化当然将会提以升华和提升。

3. 民俗文化有助于推动检察人员职业道德的塑造

检察人员职业道德是检察文化当中的重要一项内容，检察官职业道德的基本要求是忠诚、公正、清廉、文明。这八个字看似简单，但其中所蕴含的内容深厚，那么这八个字在民俗文化当中也有体现，比如包公文化所传递给老百姓的“铁面无私和廉洁公明”的理念，深为老百姓所膜拜向往倡导，包公文化已经不只是当地民俗文化而是在全国都有影响力的文化，这种根深于民俗文化当中势必会影响文化及检察文化的发展。当然，还有一些地方的具有地域特色的民俗文化也在体现着为官要清正做人要忠厚，所以“忠诚、公正、清廉、文明”检察人员职业道德的构建离不开当地优良的民俗文化。

（二）民俗文化对检察文化的外在影响

1. 载体

民俗文化的表现形式或者说其载体非常多样，比如天津的年画等，有的时候一个省但不同的城市也会有不同的表现形式，比如前文所提到的海南儋州的调声等，虽然现在因为高科技电脑网络的发展，民俗的表现形式会受到冲击，但是一些传统的传播形式还是受到广大民众的欢迎。民俗文化载体的多样性对检察文化具有启发和借鉴作用。

2. 提炼

文化是需要提炼的，民俗文化对于当地的一种精神与观念的高度提炼也会对检察文化的塑成与发展产生影响。检察文化的理念、检察人员的精、气、神都需要提炼，比如在检察工作当中如何发挥检察文化的作用从而去提高检察人员工作主动性和能动性争先创优等。

民俗文化促进检察基层文化的途径

如前文所言，民俗文化对检察基层文化建设的促进主要有内在本质和外在表现两种。因此，民俗文化促进检察基层文化的途径主要应当从这两方面入手。

（一）内在本质

1. 挖掘本地民俗文化中的优秀传统文化

即使在当代社会，在大部分少数民族聚居地区还保留有自己传统的宗教信仰、风俗习惯、禁忌等，由此形成了不同的民族特点和地区特点。因此，不同的地区要针对不同的民俗深挖当地优秀的传统文化，以优秀传统文化铸就检察精神，比如贵州省检察院参加全国检察机关廉政公益海报大赛时获一等奖的“廉根”蜡染版、关于廉政的“微电影”等，这是把检察文化、廉政文化、民族文化融为一体的检察文化佳作。

2. 充分发挥民俗文化中集聚正能量的理念文化形成检察理念文化

检察文化是在法律监督实践和管理中逐渐形成的思想观念、职业精神、道德规范、行为方式等相关载体和物质表现的总和。在秉承社会主义法治理念、践行社会主义核心价值观的过程中，应当萃取民俗文化内涵，并不断丰富，形成了日臻完善的检察理念文化。比如素有“年画之乡”的当地检察机关所建立的“警净竞检察大观园”，其中有一个三维立体的影壁画，主画面是蓝天白云、巍峨远山、苍松翠柏，警钟长鸣；两侧是当地年画中的两尊门神：手持双锏的秦琼和手持钢鞭的尉迟恭，检察院赋予他们新的涵义是一个反贪局长，一个反渎局长，既为人民守护公平正义，又擒拿贪渎责无旁贷，这就是不断挖掘当地民俗文化中的清正廉明的艺术形式，用民俗来弘扬“天地有正气，杂然赋流形”，其廉政展室的字画《清风》以年画组字的传统形式创作而成，“清”字为莲花、莲叶构成，以莲花之品格寓意检察干警品格的纯洁高尚，“风”字以在清风中舞动的竹叶巧妙构成，象征检察干警的虚心、有节。

3. 注重民俗文化的价值观，把坚定理想信念作为检察文化建设的切入点

每一个民族的民俗文化都会体现出其价值观，这种价值观会根植于当地人的内心世界，从而影

响其外在表现。检察文化也应当对此进行深思研究，把坚定理想信念作为检察文化建设的切入点在检察人员当中进行传播锤炼固定。

4. 对民俗文化的民族精神的萃炼

对民俗文化的民族精神的萃炼，最终凝聚形成检察精神，一脉相承的是民俗文化中的优良导向和思想光辉。

5. 充分发挥民俗文化渗透作用，提升检察人员的精气神

如前文所言，民俗文化具有渗透作用，这种渗透作用是逐步的缓慢的但又是坚固的根植于内心的，因此，检察机关可以利用民俗文化的渗透作用来提升整体的精神面貌。

6. 发展民俗文化中的廉政文化

在百度百科当中对廉政文化中有这么一句话："博大精深的中华文化本身就是一座丰富的廉政文化资源宝库"，笔者赞同这种说法，那么，中华民族五千年形成的传统廉政文化是宝贵的思想和文化资源，因此，挖掘传统廉政文化的丰富内涵，继承和弘扬传统廉政文化应当做为检察文化当中廉政文化的重要一环。中国的老百姓都知道包拯、海瑞等一大批历史上的清官廉吏，一些廉诗、廉文、廉戏、廉政格言之所以脍炙人口，广为传颂，正是由于传统廉政文化在历史传承中所起到的潜移默化的作用。这些廉诗、廉文、廉戏、廉政格言可以成为检察文化当中建设廉政文化的一个重要方面。

（二）民俗文化的载体

1. 对民俗文化好创意、好载体的利用

民俗文化当中有一些别出心裁的文化创意、引人入胜的文化作品、人性化的文化设施对检察文化会很有启迪，检察基层文化建设应当将这些载体结合检察实践，转化为检察文化的有效载体。比如有的检察院结合当地民俗当中制作仿古作品，把"六字院训"、"六字理念"、"六心精神"等制作成精致的检察宫灯，图文并茂，色彩绚丽，形式活泼，观之有趣寓教于乐，以文育检，把民俗文化当中丰富的文娱形式搭建为检察文化建设的重要平台。

2. 充分发挥地域民俗文化深接根脉地气优势充实检察基层文化建设

民俗文化有着坚实的文化传统和丰厚的文化底蕴，检察基层文化建设作为地域文化的一部分，既要借力传统文化，又要突出检察特点。必须因地制宜，依托地域的文化历史资源，在传承中发展，在继承中创新，把检察文化放在历史中汲取营养，才能把握检察文化的发展方向，丰富文化内涵，发挥文化作用。比如前文所提到的我国著名的木板年画之乡，检察院就是利用这些植根在乡土乡情之中的线条粗犷、形象生动、质朴雄健，色彩鲜艳的浓郁年画特色寓于检察文化内涵之中，集聚知识性、装饰性、趣味性、欣赏性，有着强烈的地方特征和浓郁的乡土气息，形成底蕴深厚的检察文化。

（三）相互作用和良性循环

检察文化一经形成，便会在检察机关内部产生一种强大的凝聚力和推动力，并成为进一步促进检察机关发展的精神力量。这种精神力量也势必对检察人员的心理产生大的影响，这种影响也会对民俗或新民俗的形成与发展产生助推作用，然后所形成的民俗文化又会助推检察文化。同时，检察机关应当创作一些具有检察文化内涵的文艺节目，进行宣传推广。比如与检察机关共同开展廉政文化建设，组织专家、艺术家以及演员编排一些反映检察机关公正、为民、务实的文艺作品，让广大群众在观赏节目之际受到教育和启迪。这样就又会形成一个往复的良性循环。比如为了向当地人民

宣扬“和谐共进、廉洁高效、锐意进取、勇争一流”检察院精神，元宵佳节期间，通过花灯形式，结合十二生肖组图制作的庄重大气的参展作品，大力弘扬传统民俗文化，吸引众多群众驻足观看、合影留念，有效塑造了检察院良好的社会形象。这其实都是在将民俗文化与检察文化相结合相推动的一种尝试。

一位笔者视为良师益友的检察同行曾经说过一句话：“检察文化是有骨头的文化”，那么新时期如何看待传统文化、如何发展这种“有骨头”的文化应当成为我们思考的问题。关于民俗文化对于检察文化的影响和助推作用，本文只是做了一个初步探讨，因为可借鉴的资料较少且受多地调研的限制，使得本文还有很大局限性，仅是针对海南本上民俗文化的考查研究，因此，还需要全国的专家学者和检察同行对此做进一步调研。

[文化艺术创作]

【原来可以这样】

五指山院　马神标

携着学生味，裹着青嫩色，直转入社会，就职检察院，监督看守所。正要入所瞬间，那份欲揭开神秘面纱的新奇，那种将大展工作宏图的激情，哪能一个“爽”字了得。

然而，斗转星移，变化万千。

好奇在猎取之后安于寻常，激情在水浇末端透着凉意。往后的日子里，慢慢就感觉工作过于枯燥，重复得没有一点波澜，雷同得没有一点涟漪，这绝不逊于池潭中的死水。

忽然有一天，异样的想法却一百八十度的转弯。快乐的思涌、喜欢的感觉、理性的醒悟，逐渐渗入监所检察工作的点点滴滴，令我从遗忘的旮旯中惊赞监所检察工作的美。

谈起我蜕变后的监所检察工作，不得不说的一点是，它的确无反贪查办那样刀光剑影—轰轰烈烈，没有公诉控告那般唇枪舌剑—正气凛然，它就像深山海林里的小涧—日复一日默默地流淌着，时而听闻“鸟语”，偶有路遇“花香”，突就穿越“荆棘”。整个流程下来，除了单调外，还是别有一番滋味的。

记得那一次次“鸟语花香”。在在押人员的眼里，驻所检察官有时是“父母”，能够切实维护其合法权益，彼此在鸟语花香的氛围下书写“父母照顾子女”的故事。

初识巡仓业务，初次明法释理，自己说得语无伦次，在押人员听得稀里糊涂，那尴尬的情景真是一个“　”字难以形容。恶补知识、熟知业务之后，看着一个个在押人员释疑解惑的样子，露出轻松、欣慰的笑容，完了还不忘跟我说声“谢谢”，我的心开始不由自主地在知耻而后勇深处甜滋滋起来。

大家所有的聚焦点都注在在押人员刘某某的身上，但医院的“白”，却让大家既担心又期盼，担心到连呼吸都没有了，如果这时一枚银针掉地上估计也能听得见；期盼又促使大家对“白”的向往，哪怕现在还有一线希望对于大家都是早晨的太阳。时间就这样一分一秒滴滴答答地转动，驱使我回想起了那天。那天，在巡仓过程中，我发现在押人员刘某某脸色苍白、呼吸困难、有生命危险，了解情况后，立即将情况请示领导，及时督促看守所送在押人员唐某某去海二医院治疗，生命垂危又转到海口抢救。“医……生……我……的……儿……没……事……吧。”这句话打断了我的思绪，“他患急性病毒性乙肝，晚送来一点后果不堪设想，不过现在他已经脱离生命危险。”顺声看去，刚从急救室出来的医生正说着。当我们再次来到医院准备押送刘某某回看守所的时候，从死亡边缘被拉回来的刘某某已经痊愈，他及其家属看到我们来，感谢的言语不绝于耳，突然大声地说：“感谢你们，感谢政府，为我花了十几万元，没有你们的帮助，恐怕已到阎王那报到。”看着晶莹的眼泪一点又一点地溅在地板上，我明白了尽职尽责也能使自己开心。

有时和犯人王某某谈话时，总感觉其心不在焉，眼神总往墙外的那个方向，问起，她也言语不支。有一天，巡视监仓时，她问我："我可以请几天假回家看小孩吗？"问其为什么，她就一口气接着说："我和我老公被抓进来了，家公又身患残疾，家婆又患有乳腺癌，加上我爸妈早已经离婚，各自成立家庭，小孩只有家公婆照顾，我不知道我的小孩现在过得怎么样。"细细地倾听完后，我将情况向领导汇报，领导认为可以对犯人王某某启动羁押必要性审查程序。随着认真的审查和仔细的核实，证实王某某的说辞确有其事。而且她所犯的贩毒罪，有可能判三年以下有期徒刑，加上系从犯，根据相关法律规定，我院向法院发出一份《变更强制措施函》，建议法院对犯人王某某变更强制措施，得到了法院的采纳和回复，对其取保候审。王某某出所那天，一副迫不及待的样子迫使脚箭步如飞，一溜烟的功夫，已不见人影。我知道她急着回家看小孩。

诸如此类的事情，让我在"郁闷、快乐、努力"中熟成。

不忘那一件件"披荆斩棘"。在在押人员的眼里，驻所检察官有时是"猫"，能够嗅出和抓着其违法乱纪之事，彼此在"披荆斩棘"中玩着"猫抓老鼠"的游戏。

"清仓"是监所管理的一项重要工作，是搜查出违禁品的一种方法，规范管理秩序，确保监所安全；"反清仓"是在押人员上有政策下有对策的伎俩，企图规避监管，满足不法要求。在"清仓"与"反清仓"的反复较量中，刚开始时，我们都一无所获，在押人员还开玩笑跟我们说他们是文明监仓，遵纪守法。在后来的日子里，我无意间浏览监控视频，发现在押人员在有一次清仓完后，有的人从垃圾筐里拿出打火机，有的人从马桶底下拿出用塑料包好的香烟，有的从书本缝间拿出人民币，有的在墙壁缝里拿出铁片……掌握了在押人员藏匿违禁品的操作手段后，当我们再次清仓时，结果可想而知了。

在押人员韩某某低着头，默默无语，生怕我看的样子，我感觉很奇怪，平时他看见我都是嘻嘻哈哈地说"检察官，好"的，今天怎么啦。在他微微抬头的那瞬间，我好像看见了他的眼睛肿了，为了证实，我叫他正视着我，看着他肿青、淤血的右眼眶，我脑子下意识蹦出两个字"打架"，我故意拉开嗓子说："你眼睛怎么了？"在押人员韩某某颤了一下，支支吾吾地说："摔到铁门上碰到的。"接着，我又问："是不是打架了？""没有、没有。"韩某某一个劲地举起手摇摆。我走下了巡仓走廊，和民警将韩某某带到谈话室，经过晓之以理动之以情的教育一番，韩某某一边用手指着眼睛一边跟我说："我老受我们监仓的老大陈某某欺负，今天因为洗衣服不干净的事情他又打我了，打得我受不了，我也动手打他了，结果被他打得更重，眼睛都被打肿得看不到东西了。"接着，他继续说："打了一次架，人家就不敢小看我了，在监仓里如果是软蛋，那就有洗不完的衣服，洗不完的碗。"了解情况、查看监控弄清真相确如此后，揪出了"牢头狱霸"陈某某，对其禁闭七天，并对韩某某进行教育，都让他们认识到自己的错误。经过整顿，看守所又恢复了往昔的平静与和谐。

在我眼里，在押人员李大姐比较和蔼可亲，是遵纪守法的人。然而，经犯人何某某向驻所检察室举报，我才知道李大姐叫一位即将刑满释放的张某某帮其带一封信给行贿人，准备串通供词，但张某某因为害怕不敢将信带出看守所，留在劳动仓，何某某将信交给了我们。还有一次，女犯人黄某某出所前接受检查时总是紧张地提着裤头，轻轻拉一下裤子，她都很用力地拽着，女民警感觉很奇怪，立即叫她将裤子脱下来，将裤子翻过来看，背面写着不少的电话，经询问她，她交代的事情里面的其中之一是：李大姐叫她将一个人的电话写在裤子背面，叫她打这个电话给那个人，跟那个人通风报信。两次形迹败露，令李大姐羞愧难当，她发誓改正错误，服从监管，争取早日改造完成，出来做一名有用的人。

诸如此类的事情，让在押人员在“抵抗、知错、改正”中成长。

其实，监所工作中不是没有美，而是缺少发现美的慧眼。不要一叶障目，就放倒整片树林；不要浅尝辄止，就妄自菲薄，一旦换个角度，切身感受，自己慢慢就找到工作的方向。那种灵光一闪的恍然，仿佛喝蜂蜜一样，甜到工作，暖了心里，此时真想大吼一声“工作原来可以这样来”。在监所检察的路上，我认真亦快乐地秉持“立检为公，执法为民”的理念，一步一步地编织好自己的检察梦，何乐而不为呢?

[文化艺术活动]

▲2014年3月，开展检察文学创作与书画摄影采风活动，图为全体采风人员合影。

▲2014年4月24日至5月6日，举行“庆五一·迎五四”篮球比赛，图为省院陈马林副检察长、马天友副巡视员与全体参赛运动员合影。

▲2014年4月24日至5月8日，举办“庆五一·迎五四”机关羽毛球比赛。

◀2014年4月24日至5月6日，举行“庆五一·迎五四”篮球比赛，图为比赛现场。

▲2015年4月24日至5月6日，举办“庆五一·迎五四”乒乓球比赛。

▲“庆五一·迎五四”机关羽毛球比赛现场。

◀“庆五一·迎五四”乒乓球比赛参赛运动员合影。

重庆市检察官文学艺术联合会

[综　述]

2014年，重庆市检察官文学艺术联合会坚持以邓小平理论、“三个代表”重要思想和科学发展观为指导，深入学习贯彻党的十八大、十八届三中、四中全会精神，深入学习习近平总书记系列重要讲话精神，在市院党组的领导下，在中国检察官文联、重庆市文联的指导下，按照“服务检察工作、紧贴检察干警、助推检察文化”的工作理念，坚持用社会主义核心价值体系为引领，以检察文化理论研究、检察文化艺术创作、检察文化艺术活动为抓手，在创建工作机制、夯实基础工作上下功夫，在推动检察文化理论研究、检察文化艺术创作、检察文化艺术活动上见实效，充分发挥检察文化教育引领凝聚队伍的作用，为增强检察工作科学发展软实力做出了应有贡献。

【大力开展检察文化理论研究】

紧密结合重庆检察工作实际，围绕检察基层文化建设的实践与创新，深入开展检察文化理论研究，推出一批有深度、高质量的检察文化理论研究文章，为全市检察文化建设和基层检察院建设创新思路积极提供有力的智力支持。

积极组织撰写理论文章　配合党的群众路线教育实践活动的深入开展，以征文比赛的形式，从理论层面总结基层检察机关加强文化建设的创新理念、有效作法和基本经验。积极参与最高检政治部联合检察日报社在全国检察机关开展的以“增强党性、严守纪律、廉洁从政”为主题的征文活动。重庆市检察官文联共组织会员撰写主题征文25余篇，其中，渝北区检察院干警张梁撰写的《检察文化及其建设路径初探》一文被《人民检察》刊用。

积极参加中国检察文化论坛　围绕“检察基层文化建设的理论与实践”的主题，积极组织会员参与第三届中国检察官文化论坛并取得可喜成绩，共组织会员撰写论坛文章68篇，经认真筛选，向论坛组委会推荐了35篇观点鲜明、论证深刻、富有理论价值的论文。其中三分院尹扬赞撰写的《构建“三位一体”经典阅读机制，推进检察文化建设》获得二等奖，市院张林撰写的《浅论基层检察文化建设中物态文化的打造》获得三等奖，渝北区院张梁撰写的《正义如何深沉——检察文化建设的探索、反思与可能的进路》获得优秀奖。同时，市检察官文联还对《论检察基层文化建设的立体推进》等16篇优秀论文以及组织工作成效突出的基层文联单位予以通报表彰并颁发证书。

【着力打造文化艺术精品】

充分发挥7个专业委员会引领作用，积极整合全市检察文化艺术人才资源，组织全市检察干警发挥所长，积极进行能突出反映检察生活和检察英模人物题材的文化艺术创作，推出独具检察特色和检察风格的文化艺术作品。

积极推动开展文学作品创作 一是市检察官文联常务理事、万州区检察院干警李勇创作完成了反映检察实践工作的八场话剧剧本《皓月当空》，市检文联先后邀请了中国话剧研究会、重庆市话剧界专家以及检察业务专家等各层面的专业人士召开多次专题研讨会，就该话剧的舞台艺术性、法律专业性进行了反复探讨。2014年7月，中国检察官文联在北京召开了《皓月当空》研讨会，中国检察官文联主席张耕，国务院文化参事、中国话剧艺术研究会会长蔺永钧，中国检察官文联副主席兼音乐舞蹈协会会长、北京市检察官文联主席、北京市检察院第一分院党组书记、检察长高保京，中国检察官文联副主席、重庆市检察官文联主席、重庆市检察院副检察长南东方及来自文艺界的专家和中国检察官文联音乐舞蹈协会的有关领导参加了研讨会，对该剧本进行了进一步指导和修改。12月，在对该剧本做最终修改后，经市检察官文联的各方协调，大力推动，成功将该剧本搬上了话剧舞台，三场公演吸引了2000多名观众观看，收到了良好的效果，新华网、华龙网、重庆电视台等新闻媒体进行了宣传报道。二是市检察官文联文学专委会主任、梁平县院检察长王鸣隆完成反映检察官系列作品《平湖暗流》，正积极争取拍成电视剧搬上荧屏。

积极组织参加文艺创作活动 一是积极组织会员参加中国检察官文联面向全体检察人员征集“中国梦——我的检察官故事”文学作品活动。经筛选，共上报9篇主题突出、积极向上、基调明亮、弘扬检察精神的优秀作品。二是积极组织会员参加中国检察官文学联合会联合中国文学艺术界联合会、中国文学艺术基金会举办的“中国梦·检察魂——全国检察机关书画摄影作品展”公益展示活动，其中市院罗曦的国画作品《出水芙蓉》、市院王飞的书法作品《对联》、长寿区院余正华的书法作品《法律格言摘抄》、大渡口区院王庆钢的国画作品《巴山烟云》入选参展。三是积极组织会员参加重庆市委政法委、重庆市法学会举办的“法在我心中”书画摄影展，共有15件（组）作品入围参展。四是积极组织会员参加中国检察官文联、中国楹联学会开展的第四届“迎新春、送文化”春联征集评选活动，共组织会员撰写春联68幅，经认真筛选后上报35幅。五是积极组织会员参与中国检察官文联举办的“重走长征路 共筑中国梦”全国检察文化基层行活动，市院周峻汁创作表演舞蹈作品《一位检察官的父亲》、《千里共婵娟》，得到了中国检察官文联的充分肯定。六是积极组织会员参加中国检察官文联举办的征集“检察老照片”活动。

【积极举办检察文化艺术活动】

进一步加大工作指导力度，充分调动文联各专业委员会主观能动性，积极发挥其特色作用，凝聚骨干人才，大力开展主题鲜明、内容丰富、形式多样的检察文化艺术创作和检察文化艺术活动，促进全市各级检察官文联工作深入发展。

大力开展检察文艺活动 以活跃机关氛围，营造风清气正、蓬勃昂扬的文化环境为目标，大力开展主题鲜明、内容丰富、形式多样的检察文化艺术活动。举办全市检察机关“山水喻检”书画比赛、“与检察同行”摄影比赛、“情系民生、守护正义”微电影创作展评及“情系民生、守护正义”

检察故事征集活动。承办第十五届全国检察文学笔会暨检察新闻摄影研讨会，组织来自全国检察机关的摄影专家深入全市检察机关采风，紧扣检察工作进行了集中创作，优秀作品在《检察日报》上刊登。此外，全市各级检察院文联理事组也积极组织开展符合本院实际、内容形式丰富多彩、干警乐于参与的文化艺术活动。

积极组织文艺汇演 组织全市检察机关新进人员“青春舞曲”文艺汇演，全方位发掘文艺人才、培养文艺骨干，为以后工作的开展储备新鲜力量。此外，全市三级检察机关文联理事组也以各院的兴趣小组为抓手，积极组织会员、检察人员开展丰富多彩的文化体育活动，多管齐下丰富干警的业务文化生活，陶冶干警情操，提升干警的文化素养和综合素养。

组织全市检察机关文体赛事 积极组织市院机关全体干警进行广播体操比赛及全市检察系统第四届足球联赛。

强化检察文联自身建设

结合重庆检察工作实际，进一步健全文联的组织架构，不断完善工作制度，构建符合检察文化建设规律和人民团体特点的管理体制，不断规范检察官文联运行。加强与中国检察官文联和市文联联系，创造性地履行联络、协调、服务职能，为各项工作开展创造良好的外部环境。结合干部任用最新情况，及时调整文化理论研究、摄影和音乐舞蹈等三个专业委员会的负责人，确保各项工作平稳有序运行。在确保秘书处常态化运行基础上，充分调动各专业委员会积极性，凝聚开展工作的整体合力。督促、指导全市三级检察院成立文联理事组，有条件的还下设了书画、登山、摄影、球类、游泳等兴趣小组，并积极争取经费支持、定期组织活动，切实发挥各文联理事组作用。目前全市三级检察院已完成文联理事组建设工作，实现了全市检察机关文联组织全覆盖。进一步丰富完善阵地平台。不断充实“重庆市检察官文联”网页内容，定期上传更新全市检察人员的优秀文学艺术作品，方便大家展示才华和交流沟通。

[文化艺术创作]

【扶持话剧剧本《皓月当空》创作】

全力扶持市检察官文联常务理事、万州区检察院干警李勇创作的八幕话剧剧本《皓月当空》，配合中国检察官文联召开《皓月当空》研讨会，中国检察官文联主席张耕，国务院文化参事、中国话剧艺术研究会会长蔺永钧等对剧本的完善修改提出了更具针对性的指导意见，进一步提升了该剧本艺术水准和专业水平。积极协调各方，联合话剧界著名导演刘国伟、孙世奇等专业人士将该剧搬上舞台，公演三场，吸引了2000多名观众观看，新华网、华龙网、重庆电视台等媒体进行了宣传报道。该剧公演后报送参加第六届“戏剧奥林匹克”展演，是此次参与展演的70个院团中唯一的非专业剧团，受到了充分肯定。此剧开创了运用话剧艺术载体宣传检察工作的全国先河。

【支持文学作品《平湖暗流》创作】

积极支持市检察官文联文学专委会主任、梁平县院检察长王鸣隆完成反映检察官系列长篇小说《平湖暗流》，该作品发表在《时代文学》期刊。

【推动现代廉政川剧《情怀》创作】

潼南县检察院立足区域优势，积极探索利用川剧的高台教化功能开展预防宣传、普法教育新模式，在深入调研、充分论证的基础上，与当地戏曲协会协作，先后排演出《双青天》、《包公铡侄》的传统剧目，深入全县巡回演出，受到到广大群众的热烈欢迎。在此基础上，潼南县院又进一步探索将检察工作职能、职务犯罪知识普及等融入川剧中，主导创作排演了反映现实农场生活题材的现代廉政川剧《情怀》，并在“努力让人民群众在每一起司法案件中感受到公平正义”主题检察开放日活动中进行公演。

[文化艺术活动]

【召开大型话剧《皓月当空》剧本研讨会】

3月5日，重庆市检察官文联秘书处组织召开大型话剧《皓月当空》研讨会。重庆市检察官文联主席南东方主持会议，市院政治部副主任、干部处处长孙亚，检文联常务理事、文学专业委员会主任、梁平县院检察长王鸣隆，检文联常务理事、市院职侦局政委、副局长蒋春晓，检文联常务理事、市院宣传处长陈萍，市院公诉一处处长冉劲以及话剧《皓月当空》创作者万州区院李勇同志等参加了会议。

研讨会上，李勇同志介绍了剧本创作的背景与创作过程情况，与会同志就剧本涉及的检察实务、法律程序、主旨思想、情节设置、人物塑造、语言风格等问题进行了热烈讨论，对现有剧本给予了充分肯定，提出了建设性修改意见。

大型话剧《皓月当空》是市检察官文联成立后重点打造的反映检察工作的文艺作品之一，由李勇同志担纲创作。李勇同志长期从事文艺创作，先后荣获曹禺戏剧奖、中国戏剧文学奖、中国戏剧文化奖、检察机关“金鼎奖”和重庆市“五个一”工程奖、重庆市文学艺术奖等重大奖项，现为中国戏剧家协会会员、中国戏剧文学学会会员。2013年6月以来，李勇同志潜心创作，几易其稿，于近期完成了《皓月当空》剧本的创作，并得到了重庆市内戏剧界专业人士的高度评价。剧本的创作受到了中国检察官文联主席张耕同志的倾心关注。

【组织青年干警开展春季植树活动】

3月13日，市院机关青年联合会组织部分青年干警前往九龙坡区陶家镇开展春季植树活动。

【举办青年干警读书心得交流暨好书推介活动】

5月6日，为纪念“五四”青年节，引导青年干警多读书、读好书，营造浓郁的读书氛围，重庆市检察院机关党办、青年联合会举办了青年干警读书心得交流暨好书推介活动。

活动中，来自机关各部门的18名青年干警进行了交流。经各处室推荐的青年干警与机关青联委员组成的评委会现场推荐，宣传处杨耀、案管处刘少谷被评为最佳好书推介者，其分别推荐的书目是：中央电视台主持人柴静著《看见》，广西师范大学出版社；美国乔·纳瓦罗等著《FBI教你读心术》，吉林文史出版社。

【举办“书法之法”专题讲座】

5月14日，市检察官文联邀请中国书法家协会会员、中国美术家协会会员、重庆书法家协会副秘书长、全国检察官文联书画协会副会长邓晓岗举办了“书法之法”专题讲座，来自全市三级检察机关的50余名书法爱好者聆听了讲座。市检察官文联主席南东方参加了讲座。邓晓岗从什么是书法、如何欣赏书法、书法的基本知识和书法的精神家园等方面，讲述了他对书法艺术的深刻体会和独到见解，并对干警的书画作品进行了互动点评。

【组织开展“举报宣传周”暨“公开检务、强化自身监督”检察开放日活动】

6月23日上午，重庆市检察院联合重庆市一分院、江北区院在观音桥商业步行街组织开展了“举报宣传周”暨“公开检务、强化自身监督”检察开放日活动。三级检察院派员并特邀部分市人大代表、市政协委员、人民监督员等共40余人参加了活动。

活动现场，利用商业步行街的大屏幕循环播放了由检察干警自编、自导、自拍、自演的检察微电影和廉政公益短片，并设立人民监督员专属接待席，把“人民监督员接待日”活动推向街头，彭康等人民监督员与来访群众面对面交谈，搭建起人民监督员与社会民众的直接联系通道。同时，三级检察院联合设立检察官法律咨询台，检察干警冒雨现场接受群众咨询和当面举报，为群众答疑解惑，提供法律服务，现场向过往群众发放资料1000余份，广泛开展举报宣传，全方位、多形式促进社会各界和人民群众对检察工作的了解和监督。

【举行庆祝建党93周年表彰会暨主题演讲比赛】

6月30日，重庆市检察院举行庆祝建党93周年表彰会暨“如何让人民群众在每一起司法案件中感受到公平正义”主题演讲比赛。市院在家班子成员、巡视员、专职检委会委员、副巡视员、离退休党员代表、铁检院党员代表以及机关全体党员干警参加了活动。

表彰大会由重庆市检察官文联主席南东方主持。党组成员、政治部主任杨平同志宣读了市院机关2013–2014年度先进党支部、优秀共产党员和优秀党务工作者的表彰决定。随后，院领导向被表彰的23名先进集体和个人代表颁发优秀证书。

表彰大会结束后，接着进行了“如何让人民群众在每一起司法案件中感受到公平正义”主题演讲比赛。9名选手结合自身思想和工作实际，通过执法办案的一些细节和小事，讲述亲身经历、交流切身感悟，讲述身边人、弘扬身边事，从不同角度、不同侧面生动诠释了“如何让人民群众在每一起司法案件中都感受到公平正义”这个主题和维护公平正义的坚定信念。

【参加2014年重庆市“全民健身日”公开水域游泳比赛】

8月8日，重庆市检察院代表队在大足区龙水湖，参加了2014年重庆市“全民健身日”公开水域游泳比赛，取得了团体第6名的好成绩。

此次比赛由市体育局、市直机关工委、大足区人民政府承办，来自全市25个市级部门和38个区县的390名选手参加了比赛，比赛共分女子800米、男子1000米、男子2000米三个组别进行。

重庆市检察院代表队有3名队员已年过50岁，但在比赛中，全体队员克服困难，奋勇拼搏，李益在99名选手参赛的女子800米中获第52名，张林、熊文辉和庞子飞在192名选手参赛的男子1000米中分获第63名、113名和153名，罗汉文在99名选手参赛的男子2000米中获第68名，市检察院代表队最终获得市级部门团体第6名的好成绩。

【举办重庆市院机关第九套广播体操比赛】

11月12日下午，市院机关职工欢聚一堂，参加市院机关工会组织的第九套广播体操比赛。市检察院27个工会小组均参加了比赛。市院党组书记、检察长余敏，市检察院官文联主席南东方，党组成员、副检察长梁田亲临比赛现场为各参赛队伍加油鼓劲。

比赛开始后，各支参赛队以饱满的精神，昂扬的士气向全院职工展示了检察干警的健康、积极向上的精神风貌，经过二个多小时的紧张比赛，最终研究室，公诉一处代表队获得一等奖。

【举办全国检察文学笔会暨检察新闻摄影研讨会】

12月8日至11日，由检察日报社主办，重庆市检察官文联承办，市检察院第一、二分院协办的第十五届全国检察文学笔会暨检察新闻摄影研讨会在重庆举行。检察日报社党委副书记、副总编王守泉，市检察官文联主席南东方、市检察一分院党组书记、检察长于天敏等领导出席研讨会，来自全国13个省、自治区、直辖市检察机关的30余名代表参会。检察日报社文艺副刊部主任彭诚、检察日报社原编委高洪海分别作了检察新闻宣传、检察新闻摄影的讲座。期间，参会代表分赴市检察一分院、沙坪坝区、长寿区、巫山县等检察院采访了检察文化建设及司法救助、控申接待、中心检察室等工作。此次培训通过专题讲座、实战演练、摄影比赛等多种形式，进一步提升了培训效果，受到了参会人员的好评。

【举办重庆市检察机关第四届足球联赛】

11至12月，重庆市检察机关第四届足球联赛拉下帷幕。来自全市检察机关的20支代表队经过50场比赛的激烈角逐，最终渝北区院获得冠军，彭水县院获得亚军，重庆市院获得季军，铜梁、一分院、江津、合川、大足区院分别获得第四至八名，璧山区院获最佳组织奖。重庆市检察院官文联主席南东方，一分院党组成员、政治部主任周玮，渝北区院检察长钟勇，重庆市院监察处处长封兵及市院相关处室负责人等领导亲临赛场观看了冠亚军决赛，并出席闭幕式为获奖球队和个人颁奖。

【组织开展“让人民群众在每一个司法案件中感受到公平正义”主题“检察开放日”活动】

12月23日，重庆市检察院联合潼南县检察院组织开展了“让人民群众在每一个司法案件中感受到公平正义”主题“检察开放日”活动。全国人大代表、中国剧协副主席、重庆市川剧院院长、著名川剧表演艺术家沈铁梅，重庆市人大代表况由志、汤雪松、卜显云、唐凡云，市政协委员黎明顺，重庆市文联原党组书记蓝锡麟、重庆市文委原创作办主任阳晓、重庆市川剧院艺术顾问曾祥明等专家，以及潼南县相关领导应邀参加活动。重庆市检察官文联主席南东方，市检察院第一分院党组成员、副检察长周军，潼南县检察院检察长刘瑜以及市检察院有关处室负责人出席了活动。

上午的活动在潼南县双江镇举办，来宾们在该镇双江小学，与当地群众一起观看了由检察官参与主创、演出的现代廉政川剧《情怀》，共同见证了潼南县检察院与该县戏曲协会开展的“预防职务犯罪，宣传廉政戏曲”协作机制签字仪式。同时，潼南县检察院干警以图文解说、法律咨询、问卷调查等形式与场外群众开展互动，就检察机关如何更好地“让人民群众在每一个司法案件中感受到公平正义”征求来宾和群众的意见建议。

下午，重庆市检察院、重庆市检察院一分院及潼南县检察院的检察官们与沈铁梅代表、蓝锡麟、阳晓、曾祥明等本市文化曲艺界知名专家，以及潼南县领导、县直部门负责人等就如何运用文化艺术形式加强检察预防暨普法教育等进行研讨。研讨会气氛热烈，各位专家对此次展演的川剧《情怀》进行了详细点评，并对检察机关以此为突破口，借力全市艺术界，运用更多文化艺术形式加强检察预防和普法教育提出了殷切的希望。

【举行“庆元旦跳绳比赛”】

12 月 26 日上午，重庆市检察院机关工会举行了“庆元旦跳绳”比赛，全院 27 个工会小组选派 12 支代表队参加比赛。比赛开始后，各支参赛队在整齐有力的节奏中紧张的跳起来，展示了检察干警团结拼博的精神风貌，最终公诉二处、劳务工代表队获得一等奖。

【组织会员参与第三届中国检察官文化论坛】

围绕“检察基层文化建设的理论与实践”的主题，积极组织会员参与第三届中国检察官文化论坛并取得可喜成绩，共组织会员撰写论坛文章 68 篇，经认真筛选，向论坛组委会推荐了 35 篇观点鲜明、论证深刻、富有理论价值的论文。

【参加“党性·纪律·廉洁·职业良知”主题征文活动】

积极参与高检院政治部联合检察日报社在全国检察机关开展的以“增强党性、严守纪律、廉洁从政”为主题的征文活动。重庆市检察官文联共组织会员撰写主题征文 25 余篇，其中，重庆市院检察长余敏同志撰写的《紧扣党性、纪律、廉洁三个着力点进一步将作风建设引向深入》获特别奖。重庆市院侦查监督处蒋世强同志撰写的《中层干部党性修养应做好“五道加法”》获二等奖。重庆市渝北区人民检察院干警张梁同志撰写的《检察文化及其建设路径初探》一文被《人民检察》刊用。

【“中国梦　检察魂——全国检察机关书画摄影作品展”】

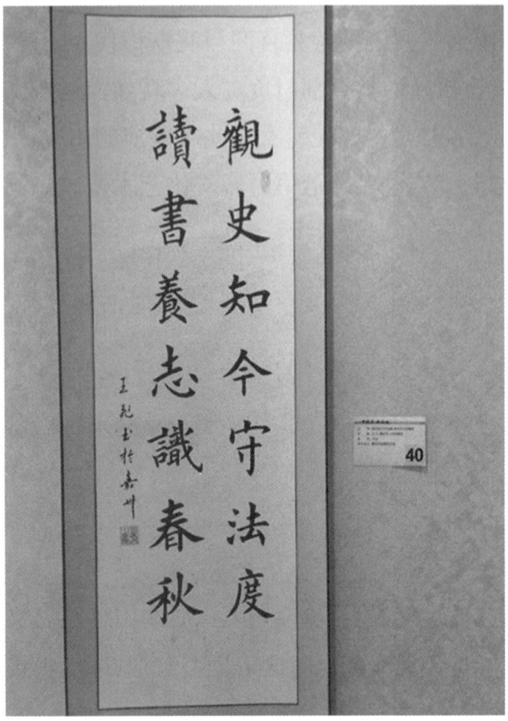

▲市院监察处王飞的书法作品《对联》。

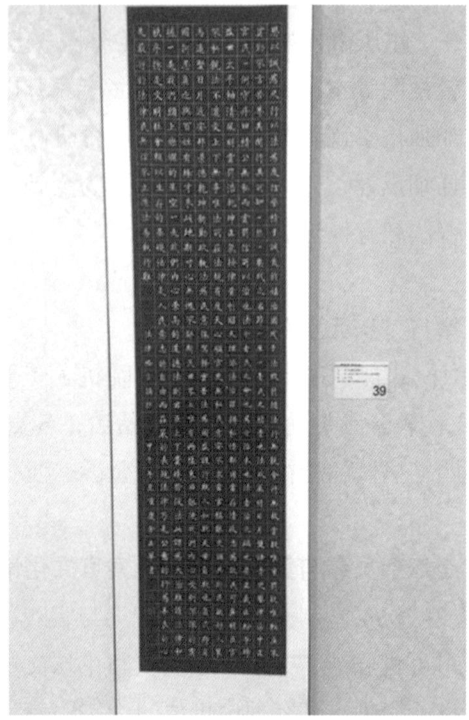

▲长寿区院余正华的书法作品《法律格言摘抄》。

▲大渡口区院王庆钢的国画作品《巴山烟云》。

▲中国梦·检察魂——全国检察机关书画摄影作品展。

▲重庆市院政治部综合处罗曦的国画作品《出水芙蓉》。

【《书法之法》专题讲座】

【全国检察文学笔会暨检察新闻摄影研讨会】

【市检察官文联召开 2014 年第一次主席办公会】

【现代廉政川剧《情怀》首演】

四川省检察官文学艺术联合会

[综 述]

2014年，四川省检察官文联在省检察院党组领导下，在中国检察官文联、省文联的业务指导和省民政部门的监管下，认真贯彻落实党的十八届四中全会和习近平总书记在文艺工作座谈会上的重要讲话精神，围绕全省工作大局和检察中心工作，大力发挥省检察官文联的桥梁纽带作用，广泛开展检察文化理论研究、检察文学艺术创作和检察文化艺术活动，为加强检察文化建设、提升检察队伍素质、推动检察工作搭建了有效平台，取得较好工作成效。

深入学习党的十八届四中全会和习近平总书记在文艺工作座谈会上重要讲话精神，准确把握检察官文联工作方向。在七月召开的省检察官文联一届四次常委会上集体学习党的十八届四中全会精神和中央《关于深化文化体制改革实施方案》，进一步统一思想、认清使命、振奋精神、凝聚力量，为推进全省检察文化建设奠定坚实的思想基础。及时转发中国检察官文联《关于认真学习贯彻习近平总书记在文艺工作座谈会上的讲话精神努力做好检察官文联工作的通知》，借省院政治部举办全省检察政工干部培训班之机，特邀省文联李兵副主席以《习近平文艺思想是新时期文艺工件的航标灯》为题，为全省检察政工、宣传干部和省检察官文联秘书处成员及在蓉的各直属专业协会会长、副会长全面解读习近平总书记在文艺工作座谈会上重要讲话精神，帮助大家深刻领会十八届四中全会的时代背景、丰富内容、重大意义和深远影响，进一步明确检察文化工作和检察文学艺术应始终坚持的“二为”方向、“双百”方针和“三贴近”原则，牢固树立服务服从党和国家工作大局、服务服从检察工作中心的指导思想，明确检察官文联肩负的重大使命和光荣职责。

踊跃参加中国检察官文联组织的各项检察文化活动，着力提升四川检察文化工作全国检察机关的影响力。一是主动争取《检察文化理论研究文库》系列丛书编撰。根据中国检察官文联关于建立中国检察文化理论研究文库的通知，选定《中国检察文化史》研究课题申报立项，组织课题组反复研究上报的课题研究与撰写思路、方法、大纲、预期等得到理论研究文库编委秘书处的认同并予以立项，现已完成阶段性成果论文两篇。二是依据章程参加各直属专业协会理事会及相关活动。省检察官文联副主席、省院政治部主任刘红立出席中国检察官文联文学协会第一次常务理事会暨《我们共有一个梦》诗歌朗诵会；省检察官文联副主席、成都市院机关党委书记王漠和省检察官文联副秘书长、省院政治部宣传处处长许昌荣参加中国检察官文联举办的影视创作专题研讨会，提出的检察题材影视创作建议得到认同；省检察官文联摄影协会副会长覃湘燕参加中国检察官文联摄影协会理事会及全国检察机关摄影展览活动。三是积极推荐上报各类优秀检察文艺作品。向高检院政治部推荐的蓬安县院根据帮助失足少年迈进大学校门的真实故事自编、自导、自演的微电影《我的“儿子”我的“妈”》，在“全国检察机关首届微电影展播活动”评审暨“新媒体形势下的检察影像表达”研讨会上，从224部参评作品中脱颖而出，获最佳导演奖；组织参与第三届中国检察官文化论坛征文活动，向全省检察机关征集文稿46篇，经筛选报送8篇，其中1篇获三等奖，2篇获优秀奖；在全省检察机关征集书法、绘画、摄影作品30余幅，择优报送18幅，6幅入选“中国梦·检察魂——全国检察机关优秀书画摄影作品展”；参加中国检察官文联组织的第四届“迎新春、送文化”春联征集作品评选活动，征集上报春联作品229幅，获二等奖2幅、三等奖1幅、优秀和提名奖28幅，省检察官文联获组织奖。四是认真推荐《检魂》会刊和网站通讯员。

大力开展各种检察文化艺术活动，培养和提升广大检察人员的艺术爱好和创作兴趣。注重发挥桥梁纽带作用，创新载体，拓宽渠道，通过多种形式开展主题鲜明、内容丰富、影响广泛、独具特色的检察文化艺术活动。

省检察官文联文学协会和省院政治部为纪念毛泽东同志在延安文艺座谈会讲话发表69周年，于5月下旬举办“文学创作与鉴赏”培训班，全省三级院从事检察文化工作的人员和检察文学创作骨干、文学爱好者70余人参加培训，诚邀《检察日报》和省内享有盛名的专家莅临授课，分别就检察人物的文学表现问题、人生与创作和诗歌、散文、小说的创作与鉴赏等作专题讲解辅导，结合教学互动、讨论交流、作品点评，使大家受益匪浅，收到事半功倍的培训效果。

省检察官文联书法、美术、摄影协会会同眉山市检察院，于国庆节前夕选址仁寿县文化馆，举办全省检察机关“庆祝建国65周年书画、摄影作品展览暨技能与鉴赏培训班”，旨在“送文化到基层”，与基层检察人员和基层群众共享基层检察文化建设成果，中国检察官文联张耕主席应邀为开展仪式剪彩题字，共展出书法、绘画和摄影三类作品300余幅，经艺术专家讲学评奖，评出一等奖3个、二等奖5个、三等奖8个、优秀奖16个，开阔了书画、摄影爱好者的创作视野和创作理念，培养了一批书画、摄影艺术骨干。

省检察官文联体育协会联手省院机关党办，针对不同年龄段人员的特点，在省院机关举办两期约300名在职、离退休人员参加的太极拳培训班，组织以处室为单位组队100多人参加的篮球投篮比赛，较好地丰富了省院机关的文体生活，起到了促进离退休老同志强身健体和增进年轻干警凝聚团结的作用。

在省检察官文联组织的全省性检察文化活动带动下，全年各地检察文化理论研究、检察文化艺术创作和检察文化艺术活动广为活跃。

泸州市检察官文联组织开展检察理论研究年会征文活动，在两级院征集60余篇理论研究文章进行评选，评出一等奖2篇、二等奖3篇、三等奖6篇、优秀奖10篇，推进了检察文化理论研究；乐山市院与四川大学、乐山师范学院建立起检校合作机制，成立“职务犯罪理论研究中心”，聘请知名法学教授定期举办讲座，培养理论研究骨干力量。

成都市检察官文联先后举办各类艺术培训班，邀请专家专题讲授预防职务犯罪的微电影创作理念与拍摄技巧、中央电视台社会新闻部《法治在线》制片人刘京讲授新闻写作知识、四川博物院副院长魏学峰等5名省内著名书画家传授创作技巧、中国当代著名风光摄影家王建军传授摄影技能，同时借力媒体开设《依法治省·成都检察》栏目，坚持“检察官说法”每天登网，每周见报，每季访谈；绵阳市检察官文联先后组织部分检察文艺骨干到重庆、成都、自贡、宜宾等地检察机关学习交流检察文化建设经验，开阔视野，拓宽眼界，国庆期间面向社会举办杜之平、张天奇两名检察官个人书画展，服务当地文化建设得到广泛认同；南充市检察官文联开展以嘉陵江流域、红色南充等地域文化为主题的“赛诗会”，收集自创诗歌30余首，激发了爱好者的创作热情；雅安市检察官文联借召开成立大会之机举办“生态雅安·检察情怀”书法摄影展及健身舞比赛，较好提升了凝聚力和感召力；内江市检察官文联成立之时，邀请本市国画、书法大师现场泼墨，留下祝愿；乐山市两级检察院以一台自编自演的诗歌朗诵、歌曲联唱、小品表演、彝族舞蹈节目，祝贺市检察官文联成立；广安市检察官文联开展纪念小平同志诞辰110周年健身跑、“实施广土工程·建设廉洁检察”知识竞赛、“党徽在岗位闪光·身边的共产党员”演讲比赛等系列感恩小平活动，缅怀改革开放总设计师的丰功伟绩；德阳市院组织全市检察机关500余人次参与的篮球、乒乓球、拔河、混合接力等“迎新春”运动会，丰富了广大检察人员的业余文体生活；巴中市院组织“庆七一”演讲比赛，将《检察官心中的爱》、《与女儿无声的对话》、《检察官三部曲》等优秀作品汇编成册；广元市院吴爱在“汤山杯”四川省健身秧歌比赛中获金奖。

各市、州检察官文联结合本地实际，着力打造出各具特色亮点的检察文化品牌，努力提升检察文化软实力。成都市检察官文联提炼出都江堰市院“山、水、堰、道、情”检察文化，挖掘先秦鱼凫文化培育出温江区院“忠诚、责任、公正、清廉、奋进”检察文化；打造出新津县院“检察官周末茶馆说法”和“开心农场植物大战村霸”、龙泉驿区院“坝坝会”、青白江区院“晶晶热线”等检察文化品牌；绵阳市检察官文联提出的《“四育”检察家园建设》荣获市首批机关党建品牌立项，并以“羌族文化”、“抗震文化”和“感恩文化”为切入点，塑造出弘扬“英勇坚定、团结拼搏、廉洁公正、感恩奋进”的北川县院检察精神；内江市检察官文联组建了“青年学会”、“法济资州”、“七星椒”等文化组织，打造出“天使在路上”爱心公益活动等特色检察文化品牌；乐山市检察官文联借力乐山大佛、峨眉山世界物质文化遗产和岷江、青衣江文化底蕴，打造出富有“大文化路径”特色的“山水乐检”文化品牌，有效提升了检察机关的社会形象。

围绕巩固检察文化阵地与成果，着力加强检察官文联组织机构和人才队伍建设。稳步推进市级检察官文联成立及筹备工作。各市、州检察院面临清理领导干部兼职、严格控制和审批民间社团组织的情况下，按照省检察官文联郭彦主席提出的要求，积极与本级党委组织部和民政局沟通协调，全年先后有泸州、广元、南充、广安、达州、雅安、内江、凉山、乐山等9个市、州院成立检察官文联，加上已得到市、州文联和民政部门书面批复同意成立检察官文联的，全省已有15个市、州院成立了检察官文联，组织机构建设取得较为明显的成效。

着力搭建推进检察文化建设的工作平台。一是继续开展全省检察文化建设示范及优秀单位评选活动。协助和配合省院政治部组织第二次“全省检察文化建设示范单位”评选，确定成都市武侯区院等16个基层院为检察文化建设示范单位，青川县院等5个基层院为检察文化建设优秀单位，向中国检察官文联推荐检察官文联工作成效突出的市、县院各1个，在全省检察文化建设工作中树立示范标杆。二是努力打造检察文化示范基地。绵阳市院被市委确定为党政机关社会主义核心价值教育示范基地，被市纪委、监察局确定为廉政文化建设示范点，所辖游仙区院创新“廉政文化”载体，打造出预防职务犯罪暨法纪警示教育基地，接纳市、区7000多名党员干部参观学习；自贡市检察官文联在6个基层院全部成立检察官文联的基础上，根据各自特点和优势，将各专业协会分设在区、县检察官文联，同时建立起检察文化艺术教育、廉政文化、摄影培训、书画展示、球类训练、文学创作等基地，分类承担各类检察文艺骨干的培训任务；广元市检察官文联结合廉洁广元建设，打造3D预防职务犯罪警示教育场馆，以3D动漫、音频、视频等多种方式，推动专业预防与社会化预防相结合的良性互动。三是搭建检察文化建设信息平台。省检察官文联和省院政治部在检察局域网开设“检察文化建设”专栏，加强上下沟通，方便信息传递，及时向高检院“检察文化建设网”和中国检察官文联推荐各类优秀作品，该专栏登载各地的信息和稿件29篇被“检察文化建设网”采用5篇；市、县两级检察网建立起检察文化、检察官文联二级网，开通检察微博QQ群、手机微信等，开设《检察文联》、《检察文化》之窗，刊登检察文化建设各类信息和文学作品等300余篇，较好地起到上下交流、互通信息的作用。

进一步健全和完善各项规章制度。省检察官文联秘书处针对省、市院担任省检察官文联相应职务人员的工作变动，及时提请常委会，审议通过省检察官文联新聘顾问和调整、补充常委及秘书处副秘书长、各直属专业协会副会长的建议方案，为开展好检察官文联工作打好组织基础；在建立起会议、活动、文稿、财务、印章等管理制度基础上，针对检察官文联既属民政部门注册管理、又非于社会一般性社团组织的特点，结合省、市检察官文联实际，依据民政部社会团体管理有关规定和《四川省检察官文学艺术联合会章程》，参照中国检察官文联会员管理办法和各直属专业协会管理细则，制定出《四川省检察官文学艺术联合会会员管理办法》和《四川省检察官文联直属专业协会管理细则》，逐渐形成用制度管人、用制度管事，以制度促规范的工作机制。

[文化艺术创作]

▲首届全省检察机关“三微”（微影视、微写作、微广告）创作活动。

[文化艺术活动]

▲以上两图为宁南县法检两院举行的“践行群众路线促进公正司法”联谊晚会。

▲2014年7月7日，由四川省荣县人民检察院创作的“检察与你同行”——卡通连环画册制作完成。

▲宁南县院干警参加守六项承诺，铸反腐铁军演讲比赛。

▲省检察院巡视员、省检察官文联副主席周力参观展览，自贡市检察院党组书记、检察长、自贡市检察官文联名誉主席田丰，副检察长、自贡市检察官文联主席罗勇陪同。

◀省检察院党组成员、政治部主任、省检察官文联副主席刘红立（右）参观展览并与人交流。

◀凉山州院机关举办"迎国庆机关职工趣味运动会"。

【全省检察机关高级检察官研讨班】

7月，省院召开全省检察机关高级检察官研讨班，深入学习贯彻中央、省委领导同志对政法工作、检察工作的重要指示精神，传达全国大检察官研讨班精神，总结2014年上半年全省检察工作，安排部署下半年工作，统筹谋划全省检察机关高级检察官研讨班和推进检察改革等今年各项工作任务的全面落实。研讨班上，邓川检察长作了重要讲话；国防大学危机管理中心主任、博士生导师赵子聿教授和省委党校张星炜教授分别就国家危机与安全、学习习近平总书记系列重要讲话进行了授课辅导。邓川检察长结合全省检察工作实际，就进一步贯彻落实习近平总书记系列重要讲话以及王东明书记重要指示精神，落实全国大检察官研讨班的工作要求，推进下一阶段工作提出了六点明确要求。

贵州省检察官文学艺术联合会

[综　述]

贵州省检察官文联自2013年12月成立以来，在最高人民检察院、省委和省院党组的领导下，坚持以科学发展观为指导，认真学习贯彻党的十八大、十八届四中全会精神，着眼于检察事业科学发展，大力加强检察文化建设，实施文化育检工程，加强检察文化建设理论研究，紧紧围绕构筑贵州检察“精神高地”，坚持贴近检察工作实践，贴近干警思想，贴近检推动广泛开展文化活动，充分发挥检察文化的引领、渗透、凝聚、融合、导向作用，丰富文化建设内涵，为推动检察事业科学发展提供了坚强的思想保证、强大的精神动力和有力的文化保障。

着力推进检察文化理论研究，努力为繁荣检察文化提供理论支撑

贵州省检察官文联成立后，高度重视检察文化的理论研究，积极申报《中国检察文化核心价值研究》课题，获中国检察官文联《检察文化理论理论研究文库》课题组批准立项。为高质量完成该课题，贵州省检察官文联成立了课题组，由副检察长、省检察官文联主席叶亚玲和副检察长杨承志任领题人，明确了5个子课题负责人和成员，课题研究工作有序推进。2014年9月28日，中国检察文化理论研究文库课题研究工作座谈会在贵州省检察院召开，中国检察官文联主席张耕出席会议并作重要讲话，来自河北、江苏等12省检察机关的代表作了发言，交流研究心得，共同推动检察文化理论研究，努力为繁荣检察文化，促进检察工作科学发展提供理论支撑。

着力打造贵州检察文化品牌，突出地方文化特色

检察文化建设与检察队伍建设、业务建设是相互联系，互为促进的，检察文化建设只有与检察业务建设和队伍建设紧密结合起来，才能显示出它的强大生命力，作用才能得以充分发挥。贵州省检察院党组根据高检院对基层检察院建设和检察文化建设的部署，提出把文化建设融入基层检察院建设，打造贵州特色品牌。自2013年以来，创新推出基层院建设“4+1”工程，将执法规范化标准化、队伍专业化职业化、管理科学化信息化、保障现代化实用化建设与检察文化建设有机结合，按照“省院主导、市州院主抓、基层院主责”的创建模式，三级院上下合力抓好此项工作。

“4+1”工程实施以来，各基层院以打造检察精神高地为发展方向，以凝聚正能量为根本目的，以文化阵地建设为基础，以开展健康向上的文体活动和人文关怀为手段，使检察文化的引领、渗透、凝聚、融合、导向作用得到充分发挥，各创建院的院风院貌发生了根本转变，全省基层院执法办案更加规范、队伍素质明显提高、管理机制健全完善、检务保障更加有力，特别是集地方文化、民族文化、红色文化、多彩贵州文化以及法治元素于一体的基层检察文化丰富多彩，精彩纷呈、特色鲜明，干警的精神面貌发生了质的飞跃，职业归属感、荣誉感、责任感明显增强，检察队伍的精气神和凝聚力、向心力明显提升，先进模范层出不穷，正能量的传播、感染力充分发挥，机关形象、人文关怀、先进文化、优美环境共同形成了事业留人、环境留人、氛围留人的良好发展态势，“4+1”工程的品牌效应有效发挥，得到了高检院和省委、省人大等领导机关领导同志的高度评价。不少创建院成为了当地机关的文明窗口，有的被评为“全国模范检察院”、“全国检察机关检察文化建设示范院”、省级“精神文明示范单位”或“廉政文化建设示范单位”，得到了当地党委、人大、政府主要领导的高度肯定。

高检院党组副书记、常务副检察长胡泽君2014年7月到贵州视察工作时，对贵州的“4+1”工程给予了高度评价，批示：“贵州省院重视基层，狠抓基层，‘4+1’工程建设成效明显，请办公厅摘编简报交流。”。中国检察官文联张耕主席在出席贵州省检察官文联成立大会时也给予了高度肯定，认为“贵州在‘四化’上，加上一个检察文化建设，不但是‘魂’，还是‘血脉’，贵州检察机关抓基层检察文化建设，抓到了关键点上。”贵州省委常委、省委组织部长孙永春批示：“省检察院‘4+1’工程，着力加强基层检察院建设，对创新队伍管理进行了有益探索实践，对其他系统也是有益借鉴。”贵州省委常委、原省委政法委书记、副省长秦如培批示：“省检察院‘4+1’工程实施之后，效果非常好，司法能力明显提升、司法作风明显改进、司法条件明显改善，检察文化建设有声有色。”

着力服务检察工作，积极开展各类文化艺术活动

检察文化来源于检察实践，也要服务于检察实践。贵州省检察官文联大力弘扬和培育检察职业精神，充分发挥各专业协会的作用，结合检察工作的生动实践，开展了形式多样、为广大检察人员喜闻乐见的文化艺术活动，展示检察文化的深厚底蕴，激发全体检察人员的职业使命感、职业荣誉感和归属感，提升广大检察人员的文化品位，营造浓厚的检察文化氛围。

发挥廉政文化影响力，促进队伍清正廉洁　为进一步加强全省检察机关廉政文化阵地建设，发挥检察文化、廉政文化对促进检察队伍纯洁的积极作用，贵州省检察官文联运用干警喜闻乐见、雅俗共赏的形式开展廉政文化活动，营造廉政文化浓厚氛围。2014年举办了首届全省检察机关“廉洁从检”书画摄影展，全省广大检察干警、家属子女、离退休老同志积极响应，纷纷创作书法、绘画、摄影作品参展，共征集到全省检察干警及家属子女创作的作品1000余幅，展出活动结束后，邀请省美术协会和省摄影家协会的专家进行评奖。同时，发动广大干警积极创作楹联作品参加中国检察官文联开展的“迎新春、送文化”春联征集活动，多副作品在活动中获奖，贵州省检察官文联获组织奖，并将选送至中国检察官文联的春联作品择优与书画摄影作品一并展出。通过开展书画摄影楹联展，进一步营造了浓厚的学廉、思廉、崇廉氛围，广大检察干警潜移默化受到了教育和熏陶。

举办文化讲座，拓宽检察干警视野　为提升检察干警综合素质，邀请国内、省内知名专家学者，贵州省检察官文联协同贵州省检察官协会，利用每周五下午的时间通过视频会议形式为全省检察干警授课。如邀请天体化学与地球化学家，中国科学院院士，中国月球探测工程首席科学家，被誉为“嫦娥之父”的欧阳自远先生作了题为《中国人的探月梦》的讲座，邀请省文联主席、省内高校教授等讲授了《钓鱼岛、南海安全形势分析》、《从贵州六百年看贵州文化》、《美在贵州——贵州乡村旅游》、《心理健康与保健》、《摄影及作品鉴赏》等，得到了全省检察干警的广泛好评。

利用本地红色文化，组织干警接受传统教育 为弘扬长征精神，继承和发扬党的光荣传统，激发青年检察干警的爱国情怀，在“五·四”青年节，贵州省检察官文联协同机关党办和团支部，组织青年检察官到遵义县、王若飞故居开展“弘扬长征精神·展现青春风采”、“观革命圣地、传五四精神，展青春风采、共圆中国梦”等教育系列活动，通过开展革命传统教育，青年检察干警学党史、受教育，增进了团结，激发了工作热情。

开展各类体育活动，丰富检察干警的业余生活 开展“迎新春”、“重走长征路、汇聚正能量”等健步活动，举办“迎五一”拔河比赛等，通过开展类似活动，既使干警锻炼了身体，又对促进机关和谐建设起到了积极作用；组织检察干警积极参加省直机关职工运动会，按照院领导提出“赛出风格、赛出成绩、赛出形象”的要求，组织干警刻苦训练、积极备战，在气排球比赛、野战运动五人团体对抗赛、野战运动男子个人竞速赛中均获得前三名的好成绩。

充分发挥各专业协会作用，开展各类检察文艺活动 积极发动干警报名参加文学、书画摄影、音乐舞蹈、影视等活动，并创作出一批优秀作品。建立健全各类兴趣小组，在原有的乒乓球、羽毛球、足球、篮球、游泳等兴趣小组基础上，又组建了气排球、野战运动等兴趣小组，满足干警的兴趣爱好需求，激发干警工作热情。本着“走出去，请进来”的原则，开展多方面交流，邀请省文史馆书法家、画家来院题字作画；聘请省内优秀音乐教师、舞蹈教师利用中午休息时间为干警授课，教授练声、识谱、演唱技巧、排练舞蹈等；组织女检察官健身队，在全省职工民族健身操比赛中获得二等奖；成立“检察官合唱团”，邀请专业教师利用午休时间教授识谱、演唱技巧等。2014 年国庆，组织举办“共和国之恋”庆祝建国 65 周年联欢会，充分展示检察干警文艺才华，营造团结奋进的检察文化氛围。以贵州省罗甸县检察院原检察长事迹为原型，拍摄完成微电影——《编外女儿》，在全国首届微电影展播中从 118 部作品中脱颖而出，获得第二名的成绩，被评为最佳故事情节奖。2014 年，开展了全省检察机关首届微电影展播，全省各级检察院积极发掘原型，创作并推荐报送 10 部充分反映检察队伍建设、检察工作成效的微电影。积极参与贵州省人民检察院院史馆的筹建工作，着力打造一个弘扬检察精神、缅怀先辈、教育后人的基地。经过近一年的筹建，2014 年 7 月，贵州省人民检察院院史馆正式建成。目前已接待各级领导、社会各界代表和检察干警 6000 余人，引起了强烈反响，得到一致好评。

[文化艺术活动]

◀ 张耕主席为贵州省检察官文联题字。

张耕主席参观贵州省检察机关“廉洁从检”书画摄影展。▶

◀ 2014 年 11 月，全国检察文化基层行（贵州·遵义）全体演员与领导合影。

◄ 2014年10月20日 贵州省检察机关"坚守职业良知、践行执法为民"先进事迹巡回宣讲在贵阳启动贵州省人民检察院党组副书记、常务副检察长何冀（右五），党组成员、政治部主任渠新建出席(右二)。

2014年2月，贵州省人民检察院拍摄的微电影《编外儿女》获得全国检察机关首届微电影展播"最佳故事情节奖"。►

◄ 2014年9月，首届贵州省公诉人与辩护人电视辩论大赛举行。

◀ 2014 年 7 月 1 日，贵州省人民检察院举行庆“七一”诗歌散文朗诵比赛。

2014 年 9 月，贵州省人民检察院举行庆祝建国 65 周年联欢会。▶

◀ 2014 年 4 月 10 日，贵州省检察院邀请西南政法大学前副校长俞荣根教授作“从革命之法到法治之法”专题学术讲座。

◀ 贵州省罗甸县人民检察院关爱留守儿童送文化进校园活动。

2014 年 9 月 18 日，贵州省检察院举行全省检察机关专项记功表彰大会。▶

◀ 2014 年 9 月 28 日，贵州省人民检察院举行全省检察机关“坚守检察职业良知，践行社会主义核心价值观”主题演讲决赛，图为颁奖现场。

云南省检察官文学艺术联合会

[综　述]

2014 年，云南省检察官文学艺术联合会（以下简称云检文联），认真学习贯彻党的十八大、十八届三中、四中全会精神和习近平在全国文艺座谈会上的讲话精神，在省院党组的领导、国家检察官文联的指导和各分州市院的支持下，坚持“围绕中心、服务大局、文化引领、面向基层”的思路，以加强检察队伍履行“强化法律监督，维护公平正义”职责意识为核心，以推进检察文化理论研究、检察文化艺术创作、检察文化艺术活动协调发展为目标，以丰富检察机关文化生活为己任，以服务检察中心工作、服务检察队伍、服务人民群众为宗旨，以挖掘检察文化人才、激发检察队伍工作活力为重点，组织协调分州市检察院检察官文联、文联筹备组，较好地完成上级文联交给的各项工作。指导成立了一个市级检察官文联；率先上线了省检察官文联微博，发布信息、转播评论 47000 万多条；创建了 220 人全省检察文艺人才库；收集全省检察系统恢复重建老照片 2000 余张；紧跟微时代步伐，注重用微电影、微博等载体进行检察文学艺术传播。我省检察官文联利用新媒体创新开展检察文联工作的经验在上海第四届国家检察官文联文化论坛上进行了交流。为繁荣检察文化事业搭建了平台，为推进全省检察中心工作提供了智力支持。

[文化理论研究]

落实“两个责任”建设过硬检察队伍

郑家耀　云南省保山市施甸县人民检察院

党的十八届三中全会指出，落实党风廉政建设责任制，党委负主体责任，纪委负监督责任。自“两个责任”提出以来，中共中央总书记习近平、中纪委书记王岐山多次就落实“两个责任”进行强调，提出明确要求。在年初召开的中央纪委三次全会上，习近平总书记强调，要落实党委的主体责任和纪委的监督责任，党委、纪委或其他相关职能部门都要对承担的党风廉政建设责任做到守土有责。“两个责任”的提出，抓住了党风廉政建设和反腐败工作的“牛鼻子”，进一步丰富了中国特色反腐倡廉理论体系，发展了落实党风廉政建设责任制的基本格局，是新形势下党风廉政建设和反腐败建设的重要理论创新成果，为检察机关深入推进党风廉政建设指明了方向。结合基层检察工作实际，就落实“两个责任”，我谈一点粗浅的认识和体会，以期抛砖引玉，促进工作。

一、深化认识，不断提升检察机关加强党风廉政建设的重要性认识

检察机关作为国家法律监督机关和反腐败的重要职能部门，加强党风廉政建设和反腐败工作至关重要。原因在于：一是基于对习近平总书记关于政法机关是党和人民的“刀把子”这一论断的认识。检察机关在政法工作中有着特殊地位、特殊职能，既是“刀把子”，又是“刀把子”的锻造者和监督者。在国际国内环境复杂多变，各种风险挑战相互交织的背景下，检察机关如果不首先抓好党风廉政建设，自身不正、不硬，做不到清正廉洁、公平执法、敢于监督、善于监督，就不能保证“刀把子”的质量和效率。更何况我们现在的“刀把子”不能只是传统意义上的“刀把子”，而是既能听党指挥、忠于国家和人民，又能主动作为、精准发力、惩恶扬善的智能型“刀把子”。所以，只有把党风廉政建设摆在至关重要的位置，切实打造一支政治坚定、素质过硬、敢于“亮剑”、善于监督的智能型“刀把子”，才能发挥好维护国家安全、促进社会和谐稳定、保障人民安居乐业的职能作用。二是基于对“打铁还需自身硬”这一要求的认识。检察机关是国家免疫系统的重要组成部分，是看护权力笼子的人，肩负着维护社会公平正义的使命，自身正、自身净、自身硬是忠实履职的先决条件。如果自身腐败，就会底线失守、引起公愤，对法治的权威、司法的公信力就会造成难以估量的损害。三是基于检察公信力直接影响司法公信力的认识。目前人民群众对司法公信力高度关注，对司法腐败深恶痛绝，已到了“零容忍”的程度。要提高司法公信力，就必须首先提高检察公信力，缺失的监督和不到位的监督必然影响司法公信力。四是基于对抓纪律作风建设现实情况的认识。事实证明，如果没有把队伍整顿好，其他工作就不可能做好。所以，检察机关要想有所作为，必须把党风廉政建设放在至关重要的位置，先把检察队伍纪律作风整治好，打造一支过硬的监督者队伍。

二、勇于担当，落实好党组的主体责任

院党组作为党风廉政建设的领导者、执行者、推动者，要勇于担当，真正把落实好党组主体责任扛在肩上、抓在手上。一是要提高认识，找准角色定位。由于基层检察院业务工作面广量大，办案压力大、节奏快，导致了一些院党组重执法办案主业、重执法考评，轻党风廉政建设主责、轻纪律作风建设。因此必须切实转变这一思想站位，深刻认识到主体责任就是党组的首要责任，党组书记是第一责任人，要牢固树立队伍清正廉洁是检察工作之魂，切实把党风廉政建设摆在更加突出、更加重要的位置，在思想认识和行动上保持自觉性。牢固树立一盘棋思想，将主体责任记在心里、扛在肩头、抓在手上，做到重要工作亲自部署，重大问题亲自过问，重点环节亲自协调，重要案件亲自督办。二是要强化措施，明晰职责分工。任何工作，只要权责不清，责任就会虚化，就会出现推进不力、执行不到位的问题。要根据相关制度规定，列出主体责任清单，细化党组班子、党组第一责任人以及班子成员在党风廉政建设和反腐败工作中的具体职责。党组书记要认真履行第一责任人责任，种好自己的“责任田”，不断强化党风廉政建设的组织领导，层层分解责任，逐项明确任务，逐级传导压力，把党风廉政建设作为“硬任务”融入到各项检察工作之中，与检察业务、检察队伍、检务保障等工作同研究、同部署、同检查、同落实，着力解决干什么、怎么干的问题，做到边界清、责任明，做到“真兑现”、“硬挂钩”，让责任落实的每个环节有章可循、有据可依，让各责任人切实守好各自的“责任田”，真正做到守土有责、守土负责、守土尽责。三是要带头示范，发挥模范作用。落实主体责任，党组不能停留在书面汇报、开会表态、签订责任书上，更不能将责任推给纪检监察部门，当“甩手掌柜、跷脚老板”，而是要当好廉洁从检的表率。带头强化组织纪律观念，身先士卒，躬身垂范，带头纠四风、接受纪检监督，从严治检，始终勇于做好规范执法办案的表率、廉洁自律的表率、求真务实的表率、服务群众的表率。要求别人做到的自己首先做到，要求别人不做的自己坚决不做，既要管好自己，又要带好队伍，力争以班子成员的示范引领，不断增强班子的凝聚力和牵引力，引领全院机关作风建设的切实改变。四是强化制度约束，落实责任追究。要以科学制度编织规范权力的“笼子”，用制度明晰责任、规范责任，促进人人依法履职、依规办事，推动责任落实，形成不敢腐、不能腐、不想腐的防范机制。加强源头治理，坚持把预防腐败的要求落实到各项检察工作中去。要健全班子议事规则和各项制度，严格执行《廉政准则》和八项规定精神，坚持“三重一大”事项民主决策制度，强化党组班子内部监督，真正形成领导班子相互制约和协调的权力运行机制。要着眼“管案”责任，强化对检察权运行的监督，防止办人情案、关系案和金钱案，规范执法行为，提高办案质量效率。要着眼“管人”责任，树立正确导向，防止选人用人上的不正之风，让敢于担当、敢于负责的干警有位有为，激励检察队伍讲奉献、敢担当，负起责、守好责。要着眼“管事”责任，针对机关内部存在的纪律涣散、人浮于事等问题，加强机关科学管理制度建设，定岗位、定职责、定任务，确保机关的各项工作有序、高效运行。要着眼“监督”责任，加强对制度执行的组织领导、教育培训和监督检查和责任追究，及时排除执行中的障碍和阻力，防止执行不力、责任衰减、责任追究流于形式，提高制度执行力。

三、落实“三转”，充分发挥纪检监察机构的监督职责

纪检监察作为检察机关内部监督的专门部门，对党风廉政建设责无旁贷，要通过转职能、转方式、转作风，切实担负起监督执纪问责的责任。一是要积极协助党组落实好党风廉政建设主体责任，主动把纪检监察工作融入党组的工作全局，统筹谋划，部署推进，结合上级对加强党风廉政建设的精神和新要求、新任务，开展多种形式的调研，及时发现问题、定期汇报情况等，当好院党组履行主体责任的参谋助手。二是要进一步强化监督检查。要教育引导纪检监察人员牢固树立不积极履行监督职责就是渎职、履行监督职责不到位就是失职的观念，强化监督意识和使命意识，坚决防止和纠正好人主义、不敢担当和形式主义，不搞无原则的一团和气，要通过参加各种会议和活动、积极开展明察暗访、检务督察、重点案件评查、开展“三重一大”监督、八小时外的监督等，强化对领导干部、重要岗位和关键环节的监督检查，不断提高监督工作的主动性和实效性。三是要必须切实转职能、转方式、转作风。派驻纪检组、监察室要围绕“准确定位、科学履职，聚焦主业、突出重点、强化职能、确保实效”的总体要求，积极围绕检察中心任务，服务工作大局，聚焦纪检监察主业，坚守责任担当，明确职责定位，强化责任追究，把不该管的工作交还主责部门，从繁杂事务中“解脱出来”，确保专司监督职责，把主要精力放到作风建设、惩治腐败、执纪监督、执法监督上来，做到不越位、不缺位、不错位，始终保持“监督者更要接受监督”的清醒和自觉，发挥好党风廉政建设“拳头”与“锁”的作用。四是要强化责任追究。要加大对自身违法违纪案件预防和查办的力度，坚决查处检察队伍中发生的各类违法违纪案件，切实防止大的查小、小的查没，敷衍了事，同时，进一步细化责任追究程序，严格责任追究，对发生严重腐败问题的，落实“一案双查”、“一案双责”制度。五是要健全内外部协作配合工作机制。要有效整合内外部监督资源，加强与政治处、党支部和案件管理部门协作配合，充分发挥人民监督员、特约检察员、人大代表及政协委员的作用，形成监督合力，真正做到既各负其责又相互配合，形成自身反腐倡廉的合力。

（发表于《云南检察》预防职务犯罪专刊 2014 年 3 总第 80 期）

[文化艺术创作]

【绘画作品】

作品名称：《农家荷塘》

作者：成联柱，云南省永胜县人民检察院（副检察长）

获得荣誉：2004 年全国检察系统廉洁从检书画摄影展优秀奖。

【剪纸作品】

作品名称：《和谐中国》

作者：李传严，云南省楚雄州人民检察院

获得荣誉：“中国梦·检察魂”全国检察机关书画摄影作品展。

【摄影作品】

作品名称：《人间仙境》

作者：云南省丽江市人民检察院政治部副主任李晓东

获得荣誉：2014年云南法制报文化云南摄影作品优秀奖。

作品名称：《万马奔腾》

作者：云南省昆明市人民检察院李俊敏

获得荣誉：14年“中国梦　检察魂”全国检察机关书画摄影作品展。

作品名称：《我们身后的目光》

作者：云南省玉溪市人民检察院杨燕晨

获得荣誉：14 年全国检察机关反腐倡廉廉政文化摄影比赛一等奖。

作品名称：《小伙伴》

作者：云南省昆明市人民检察院李杨涛

获得荣誉：入选 2014 第 14 届中国平遥国际摄影展、“首届全国检察机关预防职务犯罪摄影大赛”二等奖 “群众最喜爱奖”。

作品名称：《敬业》；作者：云南省华坪县检察院副检察长杨雪松；

获得荣誉：2014年云南省廉政书法、绘画、摄影作品比赛三等奖。

【书法作品】

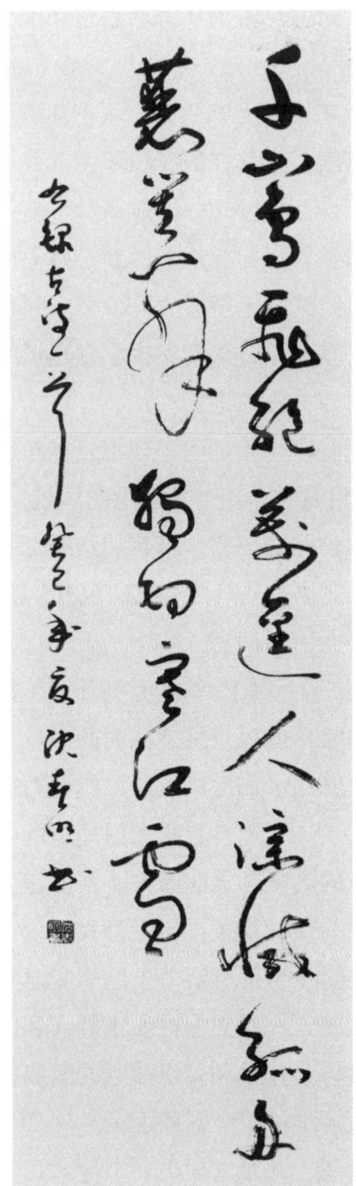

作品名称：《江雪》

作者：沈春明

获得荣誉：云南省直机关美术书法摄影赛二等奖。

【文学作品】

彩云深处的眷恋

何丽　云南省西双版纳自治州勐海县人民检察院

二十一年前，云南省西双版纳傣族自治州的某个角落，一个彝家女孩呱呱坠地。从此，注定了一份剪不断的对这片承载我成长的土地的特殊感情。

西双版纳，提到这个词许多人都会想到它的神秘、美丽，而作为版纳人的我，更是为自己能生活在美丽的热带雨林自然景观和少数民族风情而闻名于世的镶嵌在祖国南疆的一颗璀璨明珠而感到骄傲。

长在检察大院的我，从小耳濡目染了检察官、警察工作和生活中的令行禁止的作风和严谨、负责的态度，在这样的成长环境下我习惯了严格要求自己，遵纪守法、谦虚随和、做事认真负责，也找到了自己的梦想——成为一个能维护公正、正义的法律工作者。行走乡间，那弥漫着稻花香的田间，那袅袅升起的炊烟，寨子里人们载歌载舞的热烈场面，围座在竹桌边上欢乐饮酒人的劝酒声，用树藤扎的秋千把那少男少女荡到半空中的美丽身影，成了烙在我心里的版纳符号。

三年前，怀揣着支援家乡建设的梦想，我踏上了通往法学院的求学之路。

而今岁月流逝。

六月末，参加完省禁毒宣传车队的宣传筹备工作之后，我便匆匆登上回版纳的班车。清晨张开双眼，便看见车窗外那熟悉的风景，感受到熟悉的燥热。每隔几个月回一次家，都能发现家乡的变化。新修的公路防护栏、新装的红绿灯、新培育的珍贵苗木还有寨子的太阳能电池路灯，一切的一切都展现着家园的新样貌。深山也好，闹市也罢，总能感受到属于西南属于雨林独有的一种特殊的滋味，如甘泉而清淡的美。

每一个清晨，都能看到环卫工洒扫街道，风雨无阻。他们告诉我，扫去风中纷飞的叶，留下一道干净整洁的风景，是他们的事业。校园里，书声琅琅，孩子们在心头画出五彩斑斓的梦。老师告诉我，愿孩子们健康成长，愿他们成为栋梁之才。走过蜿蜒的流沙河，傣家老人告诉我多年以前为了留住人才，流传着招上门女婿的习俗，虽然旧的习俗终于还是要像长河流水渐渐流逝，但在那个时代里的贡献却无法磨灭。踏上庄严的办公大楼，检察官告诉我，我们都有善良的心，都不希望有不美好的事情发生，但不管我们承认与否，它们都是真真实实存在无法规避的。唯有冷静和不断学习，才能让自己有能力去更清醒地作出判断，探求真相……

版纳人民是热爱这份宁静祥和的，所以有着许许多多的人在为着经济建设文化建设的人在努力着，将科学技术和知识铺洒成发展的道路，有战士守卫着和平，有检察官、法官、律师的奔走和不断的探索维护着公平和正义。

而我，还是一届柔弱书生的我能为我的家园做些什么？很早就在思考着这个问题。

后来，通过参与禁毒宣传工作和在基层检察院实习，我开始学着把所学的融合运用到生活中。在跟随调研组做社会调查之后也开始不断地思考一些社会现象、现状和反思自己，我尝试着运用所学的知识结合着我的思考来创作了七万余字的小说《北燕》，试图通过它向我的读者们宣扬一种热爱生命、珍惜生活、远离毒品、自觉了解法律法规的理念。我开始学着不断思考，细致观察，探索心灵的出口。

我知道，在我看得到和看不到的地方，还有许许多多人，用自己的方式为着构建美丽云南魅力版纳的梦而努力，每一颗露水汇集团结起来，也能汇成涓涓长河！

记忆流淌的检察岁月

吴彬　云南省德宏州芒市人民检察院

梦是一种人生追求，是期望达到的一种高度，人生如梦，梦想是帆，每个人都有自己的梦。小时候我很羡慕军人和教师，梦想当一名军医或老师；长大后一个偶然的机遇，我却与检察官结缘，而这一选择却成就了我的检察梦。

1982 年，恢复重建不久的潞西县检察院充实干部力量，借此机遇，从师范学校毕业进入乡镇小学教书不满两年的我有幸调入检察院。在当时，人们对检察院是干什么的根本不清楚，而我对这份工作也没有太多的了解，对即将面对的工作，充满着太多的陌生、好奇。在心目中的检察官是极其严肃的、甚至于不苟言笑的！那时的我一个刚满 20 岁的姑娘，就像一个蹒跚学步的幼儿，带着对检察的梦想，迈进了检察院的大门。32 年的岁月里，在前辈的一路帮扶下，靠着自己的倔强与执着，我从一名充满梦想的青年成长为成熟稳重、兢兢业业、恪尽职守的检察官，也见证了检察机关的变迁、发展、进步。寒来暑往，春去秋来，我一步一个脚印走来，铸就了我坚忍不拔、吃苦耐劳、诚实守信的性格。

从教师到检察人，这个转变对我而言是一个不小的挑战。为尽快适应工作的需要，一切从零开始，我不断加强自身学习和锻炼，一边工作一边学习，相继取得法律专科、法律本科文凭。

“平凡的岗位上，只要你付出了努力，同样能收获彩虹。”这是刚进检察院时前辈对我说过的一句话，它一直是鞭策我努力工作的源动力。“少说多干，踏实勤奋”自然成为了我的座右铭。

当时检察院在编干警只有二十几人，大家挤在一排百余平米的瓦顶平房内办公，交通工具只有一辆“北京”牌吉普车，院里仅有一部手摇式电话机，打材料用的还是“飞鸽”牌铅字打字机。但老同志的工作热情特别高，一辆吉普车不够用，大家就骑着自行车去办案，那时没有任何人叫苦叫累，真是值得敬佩呀！现在 3000 多平方米的大楼集办公、办案技术侦查功能为一体，10 多辆办案用车、人手一台电脑，视频会议、网络化办公实现了自动化和信息化管理……检察院年年在变，但不变的是一代又一代芒市检察人对检察事业的拳拳之心。

我的检察生涯是从记录一份份审讯笔录、誊写一份份检察文书开始的，那时的自己曾怀着对检察工作的无比憧憬，梦想着有机会站在公诉席上，唇枪舌剑，激情辩驳；或冲到反贪一线，反腐除恶，彰显正义，真是踌躇满怀。然而半年后却让我接替担任打字员兼出纳员工作。记得那时坐在那部自己连见都没见过的铅字打字机面前，面对密密麻麻而且正面看还是反着的小铅字觉得很茫然，不知如何是好。带我的同事对我说，只要把字盘背下来，熟练就可以了。然而，字盘上有3500多个常用字，为了在短期内完成记忆，我将字盘上的铅字顺序打在蜡纸上一遍，找出规律性。之后的日子就是每天坐在铅字打字机前，将材料打在蜡纸上，有错误的地方用涂改液修改后，再用人工滚刷式油印机将材料印出来，并完成全院每月的记账、付款、报表等一系列的出纳工作等程序。没有了想象中实现检察梦想的大舞台，心中的失落和惆怅可想而知。而且这些都是辅助性的工作，虽然比较忙，但相对于一线办案人员，成绩显然较难体现。但只要一想起前辈的话，我的心里就释然了。

1987 年严打期间，我被调整到刑检科办案，终于可以在一个新的平台上拓宽自己的视野。其中让我印象深刻的是一起“运输鸦片罪”。

1986 年 3 月，许某在其居住处与境外人员策划做鸦片生意，由许某将鸦片运到境内某地，给报酬人民币 300 元。6 月 1 日晚，许某伙同两名毒贩身背装有鸦片的黑色手提包和黄布挎包，从境外缅甸入境，次日凌晨 3 时许，当三人行至潞西边境线一处山村丫口时，许某被人赃俱获，另两名毒贩脱逃，当场查获鸦片 567 两（15 砣），其中从许某身背的挎包内查获鸦片 243 两（6 砣）。在抓捕中许某被公安干警击伤，后收审治伤。1987 年 3 月该案移送审查起诉。

表面上看，这是一件普通的毒品案件，人赃俱获，我便简单审查了案卷材料，讯问了犯罪嫌疑人，许某亦供述是替他人运输毒品的，之后便以许某运输鸦片 243 两（6 砣）的事实制作了起诉书，报送科长审查。科长审查了案卷材料后和我讨论，指出此案中查获的鸦片已经上缴，随案移送的只有两个装鸦片的包，认定数量证据不充分，让我再认真审查。根据科长提出的问题，我又重新审查了案件材料后，发现案发后由于许某医治枪伤不能及时移送起诉，所查获的鸦片也已经上缴，随案移送的只有两个装鸦片的包，一张实物照片显示的鸦片数量由于堆放的原因也与查获认定的证明材料不吻合，对此我又与公安承办人找到当时查获案件的边防大队民警补充了相关的证据，但由于时过境迁，重要的物证鸦片已无法获取。果然，开庭时许某提出他背的鸦片没有那么多，且挎包装不下 6 砣的辩解。辩护律师亦就毒品数量认定、是协从犯等问题提出质疑。虽然在庭审中我们已经据理力争，但在实物证据缺失后鸦片数量问题的答辩上还是显得苍白。虽然最终许某被处以刑罚，但始终留有遗憾。

这次经历，让我深深地感受到作为一名检察官必须具备严谨细致、高度负责的职业素能，不放过任何一个可能影响定罪量刑的情节，深究细查，于细微处见公平正义。虽然事过这么多年，现在回想起来仍然记忆犹新。在以后的工作中，我一直在以这起案件为镜子，时时刻刻警醒自己。几年以后，当我也成为一名院里的中层干部时，无论在哪个工作岗位上，我都尽心履职，倾力而为，踏踏实实、认认真真地干好每一项工作。

1991 年以后，我先后在办公室和政工科担任中层干部。综合工作是繁杂琐碎的，似乎没有指标，但事事不可懈怠；似乎没有标准，但时时不可马虎。每每安排各项活动，生怕遗漏一点细节。检察综合文字工作注定更多的是在幕后默默无闻和无私奉献，甘为办案这一“红花”当“绿叶”。时间长了，工作久了，材料写多了，难免会倦怠，倦怠之时，就想一想我入职之初的那个梦想，那份情怀，激励自己振奋精神，激情工作。在20多年综合部门的忙碌中，我也收获着喜悦：在撰写先进和经验材料时，我常常为提炼主题、编排素材而冥思苦想，但思考过后的豁然开朗和一气呵成，又是何时等的畅快淋漓；在自己参与组织的活动得到支持配合，收到良好效果时，又何尝不是一种难得的历练？这些年来，我利用手中的笔，追随着前辈奋进的步伐，把自己对检察事业的热爱和激情化作一篇篇检察文稿，讴歌检察人为实现中国梦投身检察工作的心路历程，见证并参与了检察院发展壮大的过程。

实现检察梦想的方式有很多种，检察事业就像是一艘航行中的大船，什么零件也缺一不可，不管是身处什么岗位，从事什么具体工作，都是在为检察事业做贡献；当你觉得工作是一种乐趣而快乐地工作，当你真正做到立足本职，爱岗敬业，当你拥有一份难得的职业荣誉感，坚信自己所从事的是一份有尊严价值的职业，那就是不平凡。

2011年，我因年龄原因从科长的位置上退下来后，担负起对年轻干警传、帮、带的工作，每当看到年轻干警茁壮成长，我心里真的有一种无比的自豪，检察事业的明天靠这批年轻人去发扬光大，中国梦，检察梦要靠这批后来者去传递。

从检32年，从最初的经济案件侦查科、刑事检察科到办公室、政工科，直至成为院领导班子成员，虽然经历的岗位比较单一，工作看似平凡琐碎，但把平凡的事做好了就是不平凡，相比精神的富足，成绩是微不足道的。我曾荣立过三等功，曾连续11年被评为优秀公务员，获得过州、市党委政府多项工作奖励。成绩虽然很小，但却是对我工作的肯定和努力付出的认可。再过两年，我将要退休了！在此，我感谢检察院，因为是检察院让我的人生价值在点滴平凡的工作中得到体现，得以升华。正是这份平实而朴素的检察情怀，让我倍感幸运和荣耀，无比珍惜和自豪。我想，即使我自己真的到了退休的那一天，我会一如继往地热爱我们的检察工作和事业的，我会用我这颗炽热而忠诚的心，默默地关注着我们检察院的今天和明天，并默默地祈祷和祝愿我们的检察事业更加灿烂辉煌。

[文化艺术活动]

【广泛开展微电影创作活动】

协助职务犯罪预防部门，以参评高检院举办的全国检察机关首届预防职务犯罪专题微电影评比活动为契机，创作出了13部微电影。还将之前获高检院专题片类一等奖、获云南省委宣传部举办的“中国梦云南美”微电影创作展播活动“优秀作品奖”的《全国第一位独龙族检察官江德华》放在一起共进行14部微电影进行了展播，时间长达两个月。选送高检院参评的9部微电影中，昆明市检察院的《一把紫砂壶》获得了特等奖。德宏州检察院的《大山的眼泪》、昭通市检察院的《迁—守》等8部作品获优秀奖。值得一提的是，临沧市检察机关利用2013年度“亚洲微电影艺术节”永久落户云南临沧的机会，大力进行微电影创作，在2014年度第二届亚州微电影艺术节上，临沧市院、凤庆、耿马、镇雄、永德精心组织拍摄的《渡》、《魔渊》等5部作品获“金海棠奖”好作品奖，形成了检察机关微电影创作的“临沧现象”。

【召开省检察官文联第一届理事会第二次会议】

2014年4月24日，在云南省检察官文联刚成立不久，各项工作正处在“探索”“试运行”之际，为使文联工作健康发展，召开了检察官文联第一届理事会第二次会议。共21名理事参加会议。会议认命省检察院宣传处调研员刘毅为省检察官文联第一届理事会副秘书长；传达了中国检察官文联第一届理事会第三次会议精神；回顾了成立以来的工作，部署了新的一年文联工作任务；省检察院党组副书记、常务副检察长、省检察官文联主席肖卓出席并讲话，他要求云南省检察官文联要创造性地开展工作，走出一条具有云南检察机关特色的检察官文学艺术之路，为云南检察工作的科学发展提供动力和智力支持。

【开展检察文化理论研究创作活动】

根据中国检察官文联通知精神，组织有文学创作特长的干警创作征集论文26篇，参加了“第三届中国检察官文化论坛论文征集”活动。在选送推荐上报的5篇作品中，有3篇荣获优秀奖。组织12名少数民族检察人员创作文学作品，参加了省民族协会举办的少数民族文学作品评选活动，取得了较好成绩。

【开展“迎新春、送文化第四届春联征集”活动】

根据中国检察官文联关于组织“迎新春、送文化第四届春联征集”活动的通知，共征集到春联作品212幅并全部上报。其中有1幅作品荣获2等奖，2幅作品荣获优秀奖，19幅作品荣获提名奖。

【组建“百人检察文化人才库”】

省检察官文联对全省检察机关文艺人才进行摸底，分门别类地进行统计造册，将信息录入微机，重点将有文艺特长、曾参加县以上大型演出、取得了较好成绩、在本单位有一定影响的在职干警和离退休干部等优秀文艺人才纳入到人才库管理范畴，组建了囊括 11 个门类共 220 人的全省“检察机关百人文艺人才库”。在参加中国检察官文联举办的各项活动中取得了较好的成绩，如昆明市检察院李俊敏、昆明市五华区检察院尹东进、昭通市鲁甸县检察院张玉林的摄影作品，楚雄州检察院李传严的剪纸作品，曲靖市会泽县检察院柳提的书法作品，都入选了“中国梦 . 检察魂——全国检察机关优秀书画摄影作品展”；玉溪市检察院杨燕晨的摄影作品——《我们身后的目光》，在全国检察机关廉洁从检书画摄影展中荣获一等奖。

【开展“收集检察老照片”活动】

为回顾检察机关 1978 年恢复重建时期的光辉历程，储备政治工作文化教育资源，针对老照片在新老交替的人员变动中不易长期保存，容易流失等问题，开展“‘抢救性’征集云南检察老照片”活动。经过近半年的努力，共征集云南省检察机关老照片 2000 余张，内容涵盖领导视察、重要会议、执法办案、法制宣传、组织建设、队伍建设、教育培训、文体活动、两房装备建设等内容。

【率先上线云南省检察官文联微博】

2014年4月23日，开通上线云南省检察官文联微博，坚持转播、发布与检察文化相关的微博信息。目前，发布信息、转播评论达 47000 多条，阅读数最多一条高达 3.1 万人次。有效地扩大了网友对检察文化工作的认知度，受到了网友的好评和赞扬。

【云南省检察院举行“宪法日”庆祝暨宣誓活动】

▲2014 年 12 月 4 日，云南省检察院举行“宪法日”庆祝暨宣誓活动。

▲云南省检察院举行“宪法日”庆祝暨宣誓活动。

【2014 年 6 月 26 日，云南省检察院组织道德讲堂活动】

【2013 年度十大法制新闻人物颁奖典礼】

▲ 2014 年 3 月 29 日，云南省“2013 年度十大法制新闻人物颁奖典礼”在省委海埂会堂举行，省检察院宣传处处长、省检察官文联秘书长赵安金（左九）榜上有名。

【“关注残障学生，检察官在行动”活动】

▲ 2014 年 4 月 24 日，省检察院组织干警到省华夏中专开展“关注残障学生，检察官在行动”活动。

【“纪念烈士暨检察官宣誓”活动】

▲ 2014 年 9 月 25 日，省检察院组织部分干警到西南联合大学旧址开展“纪念烈士暨检察官宣誓”活动。

【“关爱孤寡老人，共庆中秋”活动】

▲ 2014 年 8 月 29 日，省检察院组织干警到昆明五华阳光老年公寓开展“关爱孤寡老人，共庆中秋”活动。

【“农信杯”趣味运动会】

▲ 2014 年 3 月 6 日，省检察院组织女检察官参加省直机关工委举办的“‘农信杯’趣味运动会”，庆祝“三八妇女节”。

【德宏州人民检察院举办 2014 年迎新春联欢晚会】

▲ 2014 年 1 月 27 日晚 20 时，德宏州人民检察院举办 2014 年迎新春联欢晚会，隆重庆祝新春佳节的到来。

【德宏州人民检察院举办践行检察职业良知演讲比赛】

西藏自治区检察官文学艺术联合会

[文化艺术创作]

◀ 纳木措风景。

▼ 雅江风光。

◄ 洛子峰。

◄ 当雄风景。

◄ 翱翔。

▲ 独舞。

▲ 哺育。

▲ 春游。

▲ 羊卓雍措。

▲ 和谐。

▲ 洛子峰。

▲ 展翅。

陕西省检察官文学艺术联合会

[综　述]

一年来，陕西省检察官文联，在省院党组的领导、支持和政治部的关心、指导下，在中国检察官文联（下称中检文联）的业务引领下，始终坚持正确的发展方向和工作思路，努力服务党和国家工作大局，服务检察中心工作，服务检察队伍建设，服务基层和人民群众，团结凝聚广大检察文化艺术人员，不断开创检察官文联工作的新局面。

【组织做好课题研究编写】

继中检文联 2013 年 9 月召开课题研究座谈会之后，文联秘书处即按照要求对课题研究重新进行部署。加强了课题组人员力量，吸纳了两名从事法律教育工作的专家参与。两次集中课题组成员，汇报进度，交流体会，提出问题，商讨解决途径并作出详细布置。启动了实证研究调查，3 月初首选西安市未央区检察院进行调研，区院检察长带头接受访谈，为调研提供素材。经过交流对课题研究的意义和定位以及写作特点、要求有了新的认识和较清晰的思路，为如期完成课题研究打下了基础。

【搞好全国检察文化基层行在延安的活动】

“重走红军路・共筑中国梦”全国检察文化基层行进入延安后，在中检文联的指导下，协调四级检察机关做好搭桥对接工作，指导市院和两个基层院广泛参与、积极互动，成功进行了书法创作、才艺展示、图书赠送、服务慰问等多项活动，气氛热烈、效果良好。陕检文联还主动创作、出演节目，选派人员全程参加活动，为该活动增色添彩。

【完成中检文联布置的各类文艺活动的作品征集】

检察老照片征集。按照要求将征集的照片经筛选后报送 107 张，主要反映了检察机关恢复重建后的工作和文化生活等方面的内容。其中还有省院离退处从老干部哪里征集来的很有意义的照片。

“中国梦・检察魂”书画摄影作品征集。省院副检察长程紫平、西安铁路运输检察分院党群的摄影作品均都获奖。

“中国梦・我的检察官故事”纪实散文作品征文，共报送 34 篇，其中有 7 篇分别获得一、二、三等奖及优秀奖。

第四届中国检察官文化论坛论文征集，共征集论文20余篇，推荐报送7篇。

“迎新春·送文化”春联征集。报送干警创作的春联80多幅，经评审，其中三等奖2名，优秀奖4名。春节前组织全省检察系统部分书法爱好者为全省边、老、少、穷地区困难群众及省、市院部分离退休老干部书写发送春联2500幅，营造了欢乐、祥和、幸福节俭的节日气氛。

为中检文联《检魂》首刊发行书写贺词：“检沐春风播洒法治雨露，魂系国脉铸造时代精神”和《向着梦的方向》诗歌一首被采用刊登。

【举办全省检察机关首届微电影播赛】

联合省院政治部举办“中国梦·检察情”为主题的突现检察特色的微电影艺术作品展播赛。11月，对各地报送的作品予以网上展播投票，经专家评审有24部作品获奖。此项活动运用新媒体与影视艺术相结合的微电影形式，展现了检察干警的职业价值追求的感人故事，也极大地激发了检察人员的文化创作热情。

【充分利用陕西检察网平台，丰富检察宣传形式】

坚持与省院网站合作，在网上选登、发布干警的书画摄影作品以及文学短篇外，还增添了影视技术。今年1月前后深入宝鸡、安康、咸阳等地实地采访、撰稿，编导拍摄制作出“检察官肖大叔”、“秦岭深处的检察网”、“柔情妹的法律坚守”、“检察官徐宏博”等五部视频短篇，展播于网上，点击率很高。

3月，配合省院机关开展的“健康女性.幸福中国”读书征文活动，在检察网开辟专栏、展示作品和活动亮点。

【组织书画爱好者开展创作交流】

11月份，抓住中检文联文化基层行的契机，组织部分书法爱好者在延安市宝塔、吴起及榆林市绥德等区县院，为基层干警送文化、献书法，互动交流，深受欢迎。

【指导基层检察机关开展文化育检活动】

9月，由宝鸡市检察官文联承办，宝鸡市检察机关举办了首届曲艺原创作品表演大赛，省检文联秘书长任小青赴现场指导、鼓励。该活动从组织到创作演出示均热情高涨、生机勃勃。

安康市院举办了宣传工作培训班，省检文联副秘书长郑琪到场辅导，传授写作知识和文化活动信息。

【积极引导推动基层检察官文联的建立】

下半年，西安市未央区院、榆林市绥德县院，在院党组的关心、支持下，先后成立了检察官文联。绥德县检察官文联成立后，即组织会员到清涧县路遥纪念馆参观采风，感受路遥《平凡的世界》和《人生》作品里博大的精神世界。他们还组建代表队参加了本地“水利杯”羽毛球友谊赛，丰富了干警的业余文化生活。

在今后工作中，陕西省检察官文联将继续认真学习贯彻党的十八大精神，深入学习贯彻习近平总书记在文艺工作座谈会上的讲话和在陕西考察时的讲话精神，把检察文化和红色文化资源结合，按照“三位一体”思路和“四个服务”要求，寻找差距，加强检察文化艺术传播幅度，发挥好检察官文联应有的作用。

[文化艺术创作]

【配乐诗《向着梦的方向》】

11月18日，“重走长征路·共筑中国梦”全国检察文化基层行走进延安，先后深入两个基层院进行了多种文化交流活动及文艺联欢慰问演出。陕西省检察院出演的配乐诗朗诵《向着梦的方向》受到中国检察官文联和基层干警的一致好评。配乐诗《向着梦的方向》。热情讴歌了昔日红军艰苦征战的苦难辉煌，生动展现中国检察官文化基层行一路播洒文化种子的坚定与豪迈，深刻表达了检察人对重走长征路的历史回顾与展望，提炼、升华了整个活动的主题。

向着梦的方向

任小青　陕西省人民检察院

向着梦的方向
昨天，一支红色的队伍
从瑞金出发
突破重围
一路向前
只为把心中的梦想点燃
那是一次惊心动魄的远征
四度赤水 兵临贵阳
小船夜渡金沙江
一群最优秀的中华儿女
用鲜血和生命谱写了
中国革命史上最壮丽的篇章
这是一条凶险的道路
从来都看不到鸟儿飞翔的翅膀
这是一条艰辛的道路
一望无垠的沼泽
把人类追求理想的坚定信念考量
今天，一支检察官的队伍
也从瑞金出发
背负着法律的良知和使命
怀揣依法治国的梦想
重新走在红军长征的路上
重走红军路
穿越在曾经硝烟弥漫的战场
那一幕幕战火纷飞的画卷
早已使我们的血脉贲张
因为，我们都拥有同一个梦想
这是一次对血与火岁月的回望
无数革命先辈用鲜活的生命
换来了我们今天的幸福、安康
这是一次荡涤灵魂的征程
让共和国使命与检察官职守
伴我们一路前行
宝塔巍巍
默默在轮回中守望
延河滔滔
久久把红军的故事传唱
杨家岭的纺车

枣园窑洞的灯光
南泥湾大生产的锄头
延安文艺座谈会指明的方向
成为我们实现民族复兴的强大动力
两个“百年”
实现历史的跨越
依法治国
构建法治中国宏图大略
共商文艺繁荣发展大计
吹响了时代前进的号角
中华民族伟大复兴的中国梦
振聋发聩 润物扬帆
我们是共和国新时代的检察官
铁肩担道义
忠诚铸检魂
牢记宗旨 坚定信念
忠诚为民 公正廉明
弘扬发展检察文化
汇聚传递检察力量
这是时代赋予的光荣使命和担当
我们寻梦
把追求理想、不怕艰险的长征精神传承
我们追梦
将求真务实、艰苦奋斗的延安作风发扬
梦，就在脚下
梦，就在前方
梦，就在我们身边
梦，就在我们心中
我们是新时期的追梦人
我们的梦
在路上！

[文化艺术活动]

【两千多幅春联带着温暖送基层】

陕西省检察院政治部和检察官文联以“迎新春·送春联·寄温暖”为主题，组织全省检察系统部分书法爱好者为全省边、老、少、穷地区困难群众以及省、市院部分离退休老干部书写春联。

1 月 18 日陕西省检文联干警集中创作、书写春联参加书写的共有 11 名检察系统书法爱好者，他们分别是宝鸡市陈仓区院张栓计、咸阳市秦都区院米鹏、兴平市院张涛、华县院呼延飞、绥德县院周合江、西乡县院祝儒林、安康市院沈岱林、丹凤县院韩俊英、洛南县院王曦峰、省院高园林和朱嵩瀛。他们不仅爱好书法、有一定的书法功底，而且均是市、省乃至中国书协会员。活动期间共创作、书写春联 2500 余幅。

▲ 1 月 18 日陕西省检文联干警集中创作。

▲ 陕西省检文联干警集中创作。

【凤县：举办摄影知识讲座】

2 月 11 日，凤县人民检察院邀请省摄影家协会会员张新华为全院干警做了一场数码相机摄影知识讲座。张老师从摄影基础知识入手，为大家讲述了摄影器材的基本分类、摄影技巧、构图原理及用光的艺术，并结合自己多年的摄影经验，采取现场点评的方式，讲解了新闻摄影、现场取证、人物摄影和风景摄影中如何选用光圈、快门、感光度、测光，如何构图、对焦，如何选择拍摄模式等技巧和方法。

通过学习，对于提高干警的摄影技能，丰富检察文化生活，促进检察工作都有一定的帮助。

【宝鸡陈仓：举办主题摄影展欢度新春】

2 月 14 日，时值元宵佳节，为丰富干警文化生活，营造良好的检察文化氛围，宝鸡市陈仓区人民检察院举办了“美的瞬间”主题摄影作品创作评选活动。

这次评选活动共收到各部门报送作品 184 幅，从中精选出 167 幅展出，这些作品全部由检察人员自主创作，内容紧扣检察人员工作和生活特点，主题鲜明，格调高雅，创意独特，分别从执法为民、快乐检察、多彩生活等方面展现了陈仓区院近年来检察工作取得的新成就和多彩的检察文化生活。也展示了陈仓检察文化建设的丰硕成果。

【铜川：女检察官协会举办“康乐杯”女子乒乓球赛】

3 月 7 日，铜川市女检察官协会举办了“康乐杯”女子乒乓球比赛活动，市检察院和各基层检察院分别组队参加了团体赛和个人赛的比赛项目，通过有益身心的文体活动，倡导积极健康的生活方式，以此纪念三 . 八妇女节。

【铜川：组织观看《苏联亡党亡国 20 年祭——俄罗斯人在诉说》专题教育片】

3 月 19 日下午，铜川市人民检察院组织干警观看了《苏联亡党亡国 20 年祭——俄罗斯人在诉说》专题教育片。该片从“苏联最后的日子——世纪大悲剧引起的反思”、“把自己推向灭亡的政党——多党制引发的恶果”、“被‘休克’的国家——经济私有化带来的衰败”、“阿尔巴特街的迷墙——指导思想多元化造成的混乱”四个部分，通过大量珍贵的历史资料及倾听 20 年前那场剧变的亲历者、当事人及普通民众的诉说，全景式展现了苏共亡党及苏联解体的全过程，深刻揭示了苏共执政 70 多年和世界上第一个社会主义国家在一夜之间分崩离析、亡党亡国的深刻的历史教训。该片具有很强的警示教育作用，对于保持共产党的纯洁性、坚定党员干部的理想信念，坚持党的基本路线、坚持社会主义道路，增强居安思危的意识有着重大的意义。通过观看该片，大家在心灵上受到了极大的震撼和启发，纷纷表示要以史为鉴，居安思危，扎实做好各项本职工作，不断推动全市检察工作发展。

【宜君：举办群众路线教育实践活动学习心得演讲竞赛】

3 月 28 日，宜君县检察院举办了群众路线教育实践活动学习心得演讲竞赛活动。这次活动是该院为深入推进群众路线教育实践活动而举办的。

年轻干警踊跃参加，紧紧围绕群众路线这一主题，结合自身工作实际，从不同角度讲解了自己的学习感悟，充分展示了年轻检察官的风采。评委们根据选手的表现，评选出了本次比赛的第一、二、三名。

【白河：一次观影 一场教育】

4月15日，白河县人民检察院组织全体干警观看了《苏联亡党亡国20年祭》、《周恩来的四个昼夜》等教育片，并进行了深入的讨论。全体干警结合影片内容，和党的群众路线教育活动畅谈心得体会，使干警们受到了一次生动的警示教育。政治意识、责任意识和危机意识进一步增强，理想信念进一步坚定。

【子长：举行“坚持群众路线 争做执法为民表率”演讲比赛】

5月4日上午，子长县人民检察院举行了“坚持群众路线，争做执法为民表率”主题演讲比赛，该院10名年轻干警积极参与了此次演讲。

参赛选手密切联系自身工作实际，从不同角度、不同层面，表述自己对群众路线的理解，充分展示了检察干警践行群众路线、学习时代楷模、争当群众贴心人的良好精神风貌，赢得了评委和干警们热烈的掌声。

【咸阳：观影《杨善洲》抒为民情怀】

5月3日，咸阳市人民检察院组织全体干警收看了专题影视片《杨善洲》，旨在进一步深化党的群众路线教育实践活动。

杨善洲同志用他自己的一生诠释了新时代共产党人的“愚公精神”。他带领乡党治理荒山，植树造林的一幕幕场景，深深感染着每一位干警；他一心想着群众、一切为了群众的工作情怀，是我们检察干警永远学习的楷模；他让我们懂得了联系群众、心系群众既是工作所需，更是职责所在。

【西安碑林：“检察文化教育基地”揭牌】

4月18日，西安市碑林区人民检察院“检察文化教育基地”揭牌仪式在碑林区博物馆举行。揭牌仪式由区博物馆纪委书记殷慧明主持，检察长刘琪荣、区博物馆党委书记强跃分别作了讲话。

近年来，为深入推进党风廉政建设和反腐败斗争，碑林区检察院积极借鉴我国历史上优秀廉政文化的宝贵遗产，依托碑林区博物馆，深入挖掘提炼出了以“修身”、“诚信”、“孝亲”、“勤俭”、“民本”、“公廉”为主要内容的传统廉政文化思想，设计了一条蕴含优秀传统廉政检察文化思想的参观线路，开设了碑林廉政文化、检察文化大讲堂，开展了抄写历代廉政格言警句书法体验等活动，开发了廉政文化系列产品，全力打造碑林检察文化廉政教育基地。

【太白：登山庆“五四”】

5月4日，太白县人民检察院组织全院青年干警在县城翠矶山开展了以“快乐运动、快乐生活、快乐工作”为主题的“五四”青年节登山踏青活动。

活动中大家重温了“爱国、进步、民主、科学”的“五四”精神，加深了青年干警对“五四”

精神的理解和铭记，同时为干警提供了相互交流的机会，既锻炼了身体，磨炼了意志，又活跃和丰富了干警的文化生活。

【蓝田：举办传统文化知识讲座】

5月5日，蓝田县人民检察院邀请西北政法大学马克思主义教育研究院段建海教授，给全体干警职工做了以“弘扬优秀传统文化，提升司法道德素养”为主题的知识讲座。该院60多名干警职工和县委政法委、宣传部、机关工委等部门的领导参加了听讲。

段建海从历史和文化的角度，结合典型事例，深入浅出地讲述了优秀传统文化中“忠君、爱国、民本、公正、清廉”的深刻内涵及历史意蕴；从时代的角度，阐述了现代司法工作者如何培育“法治信仰、仁者情怀、公而忘私、无欲则刚”的职业道德素养。使与会人员深刻领会传统文化、道德修养对工作的促进作用，从中汲取营养，促进检察工作的发展。

【宜川：参加全民健身 强健干警体魄】

为了进一步丰富干警文化生活，增强干警的体质，5月16日，宜川县人民检察院抽调干警组成了一支15人参加的参赛队伍，参加了宜川县组织的全民健身运动会。检察院院分别在穿衣接力、海底传月两个项目中夺得第三名和第二名。

【汉中汉台：诵歌时代 铭记经典 秉承责任】

为了让传统经典在传承中与时代同步，焕发出新的生命力、感召力、凝聚力，挖掘传统文化经典对检察工作潜在推动作用，6月11日汉台区院举办了以讴歌时代和人民为主题的诵读经典美文活动。诵读经典美文活动以个人、组合等不同形式，把中国少年说、赤壁怀古、长征组歌、仰望星空、满江红等九个传统经典诗歌展示给全院干警。朴素中包含感情，平实中彰显坚定，平淡中不乏亮点，亮点中更有经典，让大家在诵读中穿越古今，重温民族精神，敬慕上下求索的独立人格，在享受欣赏中学习与思考。

◀ 6月11日汉台区院举办诵读经典美文活动。

【蒲城：举办“为民务实清廉”主题演讲赛】

6月6日上午，蒲城县人民检察院组织青年干警举行以“践行群众路线，为民务实清廉”为主题的演讲比赛。参赛选手结合自身工作实际，全面展示了检察干警的为民、务实、清廉的精神风貌。经过评审，案件管理中心副主任王莉以《心系群众，做老百姓信任的执法者》荣获第一名。

【合阳：微电影《暖情使命》开机】

6月7日，合阳县人民检察院微电影《暖情使命》正式开机。该剧由陕西东府影视文化传播有限责任公司负责拍摄制作，著名导演魏忠社执导，以基层人民检察院执法办案、为民服务为题材，着重刻画渲染检察干警为人民服务的检民暖情，也是合阳县院检察干警日常工作、生活的真实写照。

▲ 6月7日，合阳县人民检察院微电影《暖情使命》正式开机。

【西乡：检察干警自编自导自演微电影《非亲姐弟》杀青】

6月22日，西乡县人民检察院反映未成年人刑事案件检察工作题材的微电影《非亲姐弟》顺利杀青。

影片取材于公诉科未检组办理的真实案例，讲述一位女检察官王容在处理一起盗窃案过程中发生的感人事迹。16岁的小伟是个即将高考的高三学生，因盗窃同学钱包而沦落为犯罪嫌疑人，通过调查，王容提出对小伟附条件不起诉的意见，并与学校、家长共同帮教小伟，使他重拾生活和学习信心，最终考取了知名大学后，小伟提出了相认王容为姐姐的想法，王容爽快答应，并和小伟母亲一起将小伟送上了去学校的列车……

◀ 6月22日，西乡县人民检察院反映未成年人刑事案件检察工作题材的微电影《非亲姐弟》顺利杀青。

【岐山：举行庆“七一”文艺汇演】

6月26日，岐山县人民检察院“党的群众路线教育实践活动暨庆祝建党93周年文艺汇演”在该院六楼多功能厅举行。该县四大班子成员都莅临观看了演出。

伴随着激扬的群口快板《夸夸咱们的检察院》，演出拉开序幕。诗朗诵《我的中国梦》、小合唱《年轻的朋友来相会》、《我的祖国》、戏曲《血泪仇》、舞蹈《律动节拍》、民歌独唱《爱陕北》、《纸牌魔术》、手风琴独奏等精彩节目陆续上演，小品《说情无门》更是通过精彩的表演诠释了法律和正义的价值。整场演出共有16个节目，全部由检察官自编自导自演，形式多样，内容紧扣检察机关的日常工作和党的群众路线教育实践活动主题，艺术地展示了检察干警对党、对祖国的情怀，对共产主义的追求和团结进取、奋发向上的精神风貌。

【澄城：举行庆“七一”诗歌朗诵暨优秀党员表彰大会】

6月30日下午，澄城县人民检察院举行了“检徽映党旗·正义铸辉煌”庆七一诗歌朗诵暨优秀党员表彰大会，庆祝中国共产党建党93周年。

朗诵会上，干警们把对祖国、对党、对检察事业的热爱，饱含在一首首充满激情的诗歌中。表现了澄城检察人在群众路线教育实践活动中，深入基层，关注民生，为民执法、积极奋进的精神风貌。整个朗诵会气氛热烈和谐，给人以心灵的洗礼。

随后，闫永江检察长对获得院优秀党员的同志颁发了证书。

【渭南临渭：夏季运动会吸引干警人人参与】

7月8日，渭南市临渭区人民检察院举办了夏季运动会。

运动会项目设有篮球、拔河、跳绳、羽毛球、踢毽子以及5项趣味项目，融合了竞技性、趣味性和群众性。由反贪局、控申科、法警队组成的绿队，公诉科、办公室、案管中心、计财科、检务督察室组成的红队，渎职侵权局、侦查监督科、民行科组成的蓝队，未检科、监所科、预防科、后勤中心组成的黄队4支代表队共70多名干警参加了此次运动会，为干警营造了“爱运动、爱生活、爱工作”的良好氛围，让大家在运动中锻炼了身体，分享了快乐，收获了友谊。

【铜川崔家沟：崔家沟监狱举办“新航杯”篮球赛】

7月14日，铜川市崔家沟地区人民检察院联合省崔家沟监狱在崔家沟监狱服刑人员中举办“新航杯”篮球赛。

本次比赛旨在丰富服刑人员文化生活，为服刑人员创造有益于改造的环境，培养服刑人员的协作精神，促进他们形成热爱集体、维护集体荣誉的观念。

【渭南：预防职务犯罪专题微电影开机】

7月14日上午，由渭南市人民检察院主办，陕西大秦报道网络传媒有限公司和渭南联合传媒有限公司承办的预防职务犯罪专题微电影《爸爸我恨你》、《触电》在渭南市人民检察院举行开机仪式。检察长刘伟发出席了开机仪式，院办公室、预防处、宣教处等部门领导同志及编剧、摄影、演职人员参加了开机仪式。微电影《爸爸我恨你》、《触电》是在渭南市预防职务犯罪联席会议办公室的大力支持下，渭南地区首部预防职务犯罪题材微电影。

【蓝田：把检察文化长廊建成一道亮丽的风景线】

7月20日，蓝田县人民检察院在机关一条长50米，宽2米，由14个精美的大展框组成检察文化长廊正式建成，展框内容全由各科室干警自行设计制作。有文字、图片、绘画、书法等多种形式，内容蕴涵特色工作、文化趣事、讲话摘要，廉洁自律规定、廉政小故事集锦、格言警句和古诗等，集知识性、趣味性、教育性为一体。既给人以警示，又给人以文化的熏陶。

文化长廊的建成，为机关检察文化建设增添一道亮丽的风景线，让干警在工作、休息时都能感受到检察文化的熏陶，在潜移默化中接受教育。

【宝鸡：举办践行群众路线首届曲艺作品大赛】

7月18日，由宝鸡市人民检察院、宝鸡市检察官文联举办的全市检察机关践行群众路线首届曲艺作品表演大赛拉开帷幕。陕西省人民检察院、宝鸡市委宣传部、市政法委、市直机关工委等单位领导应邀观看了演出。

活动于今年4月份启动，截止6月底，市检察官文联共收到12个区、县院参赛节目30余个，其中包括相声、小品、群口快板、情景剧等。经过初评筛选，共有14个节目进入决赛。

▲ 7月20日，蓝田县人民检察院检察文化长廊正式建成。

群口快板《要做人民满意的检察官》、《宝鸡检察新风赞》、《当好人民检察官》、《检察为民谱新篇》等，热情讴歌了宝鸡检察干警在深入开展党的群众路线教育实践活动、推动检察工作发展中的新气象、新风貌；小品《还钱》、《生日礼物》等，真实再现了检察官抵抗诱惑、公正办案的工作作风；情景剧《生命之火》生动再现了全国模范检察官、陕西省模范共产党员、省检察院公诉二处助理检察员刘宝奇同志生前的先进事迹，也把整个比赛推向高潮，赢得现场观众的阵阵掌声。

通过评审，眉县人民检察院的节目荣获比赛一等奖，太白县人民检察院、宝鸡市人民检察院获二等奖，扶风县人民检察院、凤翔县人民检察院、岐山县人民检察院获三等奖。

【铜川：举办“践行党的群众路线　助力伟大中国梦”主题演讲赛】

7 月 23 日下午，铜川市人民检察院举办了“践行党的群众路线助力伟大中国梦”主题党日演讲比赛活动。市委党的群众路线活动第二督导组副组长、宜君县委常委、统战部部长王娜以及市委政法委、市直机关工委等部门领导，市检察院党组成员到会指导，市院副检察长杜建成致辞，市检察院和崔家沟地区检察院 80 余名干警参加了活动。

演讲赛来自市检察院和崔家沟地区检察院共 10 名选手参赛，他们结合自身工作实际，从不同角度、不同层面讲述了他们对党的群众路线的理解感悟，对实现伟大中国梦的价值追求，全面展现了新时期检察干警的职业道德和精神情操，真切的表达了他们对人民群众和检察事业的无限热爱。评委进行了现场打分，并作了精彩点评。经过激烈的角逐，市院干警范恒民荣获本次演讲比赛一等奖，崔检院干警钱真、市院干警王秀娟、白露艳荣获二等奖，市院干警张兴、温涛荣获三等奖。

【渭南：举办预防职务犯罪专题微电影首映仪式】

8 月 8 日，渭南市人民检察院举办了预防职务犯罪专题微电影《拯救》、《残月》首映仪式，该院党组成员以及全体干警进行了观看。

微电影《拯救》、《残月》是由渭南市人民检察院组织策划，陕西大秦报道网络传媒有限公司和渭南联合传媒有限公司全力配合，在院党组领导和全体演职人员、拍摄组工作人员的共同努力下，于 8 月 7 日全部拍摄制作完毕，为渭南预防职务犯罪宣传教育工作开辟了新天地、扩宽了预防职务犯罪宣传和警示教育工作渠道。

【留坝：走进“紫柏讲坛”聆听王立群教授讲座】

8 月 12 日下午，留坝县人民检察院组织全院干警聆听了“紫柏讲坛”讲座。

此次“紫柏讲坛”的主题是“张良评议与留坝”，主讲人邀请的是河南大学文学院、中国古典文献学博士生导师、中国古代文学学科带头人王立群教授。他以其扎实的史学知识，浅显易懂的讲述历史上杰出人物张良的成功过程，用现代视角来解读张良这个历史人物传递出的文化内涵，为干部职工再现历史，用历史来演绎文化，让干警们在体会历史文化所传承的精神的同时，得到更多的人生借鉴。

【镇巴：微电影《回访》开机】

8月中旬以来，由汉中市检察院、镇巴县检察院联合拍摄的微电影《回访》正在紧张的拍摄之中。

该片用倒叙的手法，讲述的是县检察院反渎职侵权局在查办一起村支书兼护林员玩忽职守案件时，面对文化程度低、法律意识淡薄、倔犟认死理的护林员老王，他们克服山大沟深，交通不便等困难，一次次到老王家中回访，用通俗易懂的群众语言，摆事实、讲道理，耐心细致地以案说法，以情感人，最终使老王解开了心中的疙瘩，从心底里认罪伏法，并教育引导村民，共同守护好青山绿水的真情故事。影片由汉中市峥嵘影视公司专业团队拍摄，约 30 分钟时长。

【宝鸡渭滨：首部微电影助推预防职务犯罪工作】

8月20日，宝鸡市渭滨区人民检察院摄制的预防职务犯罪警示教育微电影《原罪》杀青。

该片是渭滨区检察院自编的首部以预防职务犯罪为题材的微电影。影片讲述了某医院院长因专横贪腐落马后，给医院发展造成损失，女儿自杀家庭濒临困境，检察官惩防并举，想方设法帮扶医院发展，救助其家庭危机，赢得了社会一片赞誉。故事唯美凄零，发人深思，让人警醒，美好生活来之不易，因一时贪念走上职务犯罪道路，但带给亲人的却是永远的伤痛。

【泾阳："三句半"让检察宣传"活"起来】

"不要沉湎打麻将，关爱家庭记心上。工资存款进赌场，四方城里输精光。白板发财杠上花，赌博抽头是犯法。败家！"8月份以来，泾阳县人民检察院在三官一律活动中，以"三句半"的形式对基层群众进行普法宣传。检察官们从办理的案件中，将毒、赌、家庭纠纷、邻里矛盾、未成年人教育等与老百姓日常生活息息相关的部分提取整理后，以通俗易懂的语言加以编排，朗朗上口，深受群众欢迎。

【西安铁路运输检察院举办"2014年度主题演讲比赛"】

"有一个队伍，走过了93年，历经沧桑岁月，风霜洗礼，依然自强奋进、蓬勃不息，那就是我们的母亲--中国共产党……"句句演讲词抒发着对党的热爱,闪烁着对检察事业的忠诚。9月1日，西安铁路运输检察院举办了"我为检徽添光彩"主题演讲比赛。

选手们分别围绕各自检察实践、"两学一读"、"党的群众路线教育实践活动"等专项活动的感悟，从不同角度和层面，通过真实丰富的感受，用生动的语言展现了西安铁检院检察干警爱岗敬业、无私奉献、拼搏进取的精神风貌和自尊、自信、自强、自立的检察官精神。经过评委认真严格地评判，政治处的赵静荣获演讲比赛第一名，反贪局张旋荣获第二名，公诉科闫晶晶、办公室任冰并列第三名。

【西安莲湖：微电影《人生罚单》顺利杀青】

9月2日，西安市莲湖区人民检察院以预防职务犯罪和法制进校园为题材创作拍摄的首部微电影《人生罚单》，在历时两个多月的紧张拍摄后杀青。

区院从七月份就指定专人开始筹备剧本，多次组织文学骨干召开专门会议，商定故事梗概，铺陈故事线索，撰写电影脚本，听取多方意见，结合拍摄实际反复修改17次。

《人生罚单》围绕一个学生在学习和生活中发生的变化，引出其母亲涉嫌职务犯罪被抓后，在检察官的教育帮助下，通过与儿子视频会见，痛心悔过，交代了自己全部罪行并检举揭发了重大犯罪线索的故事。深刻揭露了职务犯罪对社会、对家庭的危害性，全面展示了检察官秉公执法的正义肝胆和人文关怀的铁血柔情。

《人生罚单》是一部以专业拍摄团队和专业演员为主、邀请郝家巷小学生参与、干警和职务犯罪预防协会配合的模式进行拍摄的微电影，保证了影片的专业性和可看性。

【临渭：首拍微电影尝试宣传新途径】

9月3日，渭南市临渭区人民检察院首次主创的预防职务犯罪题材微电影《代价》拍摄完毕。

微电影《代价》取材于该院公诉部门审查起诉的一起命案，是一位主诉检察官办案经历的屏幕再现。讲述了一名女银行职员由于人生观、价值观的扭曲，从大学毕业生，一步步沦为贪污、杀人罪犯，最终走上不归路，付出惨重代价的故事。剧本通过塑造女检察官天芳等角色，以点带面反映了基层检察官忠于职守、不辱使命、坚决打击犯罪的正面形象。

这部微电影是临渭区检察院首次主创的作品，检察长吕晓春、副检察长赵兴阳等亲自参与创作，数名检察干警参与演出，老中青三代检察官用自己的创作和表演诠释了“忠诚、为民、公正、廉洁”的政法干警核心价值观。

【铜川耀州：组织干警观看《小官大贪》警示教育片】

9月4日，铜川市耀州区人民检察院组织干警观看了陕西省纪委制作的《小官大贪——渭南市住房和城乡建设局建管科原科长侯福才贪腐警示录》。

侯福才案是建国以来陕西贪腐职位最低、涉案数额巨大的案件。该警示教育片以纪实的拍摄手法全面展示了曾任陕西省渭南市住建局建筑管理科科长的侯福才腐败堕落直至沦为阶下囚的全过程，是一部运用典型案例加强警示教育的生动教材，促使党员干部自觉做到拒腐防变，警钟长鸣。

【铜川市检察官文联举办全市检察机关践行党的群众路线主题书画摄影展】

9月15日，铜川市检察官文联举办“扬起公平正义的风帆”——全市检察机关践行党的群众路线主题书画摄影展。

本次书画摄影展共征集展出书法、绘画、摄影等艺术作品200余件。展出作品形式多样、主题鲜明、内容丰富，其中，反映走访帮扶困难群众的组照《问民所需》、《帮扶困难群众》、《誓言》、《田间地头》、《把法送到社区去》、《六一节》，反映铜川照金革命根据地的组照《照金新貌》、《革命自有后来人》、《照金牧场》等摄影作品及众多书法绘画作品，集中展现了广大检察干警“为民、务实、清廉”的群众路线实践活动风范，讴歌了检察机关崭新的精神风貌和多彩的文化生活。

【西安未央：预防职务犯罪微电影制作完成】

9月15日，西安市未央区人民检察院的首部预防职务犯罪微电影《击鼓说唱俑》拍摄制作完成。

影片根据该院办理的真实案件改编而成，讲述的是检察院预防科长发现妻子单位的局长想挪用2000万巨款后，不厌其烦三次劝阻，最后成功阻止了此次挪用公款案件的发生。后来，该局长因为受贿被判刑。预防科长和妻子去探监时与正在服刑的局长谈到此事，双方都深感预防工作的重要性。剧中设计了诸多矛盾冲突，从冲突中凸显预防和廉洁从业的重要性。

整部电影以东汉时期为皇帝和达官贵人说笑逗笑、劝人善良的说唱艺人陶俑——击鼓说唱俑贯穿全剧始终，借喻开展预防职务犯罪工作的检察干警。

微电影由未央区人民检察院干警创作完成，策划、编剧、导演、主要演员均为检察干警，在宣传检察机关预防职务犯罪工作的同时，也促进了检察文化建设，丰富了干警文化生活。

【咸阳：弘扬中华传统文化　提升干警道德素养】

10月26日，咸阳市人民检察院成功举办了第二期“检察文化大讲堂”。活动邀请了中国书法家协会会员、国家一级美术师、咸阳市文联副主席陈天民老师授课，全院干警参加了活动。

陈天民老师以“传统文化与幸福人生”为题进行了辅导，讲座博古通今，引经据典，既有深刻的理论阐述，也有生动的实践例证，既有对传统文化的传承，也有对现实生活的感悟。

通过文化大讲堂活动，广大干警对传统文化有了更深的了解，开拓了文化视野，培育了良好的审美情趣，对推进全市检察工作将起到积极的促进作用。

【南郑：举行“坚守职业良知、践行执法为民”主题演讲比赛】

11月7日上午，南郑县人民检察院举行“坚守职业良知、践行执法为民”主题演讲比赛。

来自不同岗位的12名年轻干警依次上台进行了演讲，《踏踏实实，做好本职工作》、《坚守职业良知，践行执法为民》、《让检徽在人民心中闪光》……干警们结合自身岗位特点、工作经历，从不同角度、不同侧面，讲述了一个个检察人员坚守职业良知、践行执法为民的故事，赢得了在场观众的阵阵掌声。

【汉中汉台：市区两级院举办联谊运动会】

11月6日，汉中市汉台区人民检察院同汉中市人民检察院联谊运动会在汉中市体育运动中心开幕。

此次运动会由两院共同举办，旨在加强两院的联系交流，丰富检察干警文化生活，展现检察干警精神风貌，促进新时期下的检察文化建设。两院主要领导出席了开幕式，汉台区人民检察院检察长王建宁主持开幕式。

此次联谊运动会为期两天，两院69名运动员参与了篮球、乒乓球、羽毛球、象棋等四大项目的角逐。

【岚皋：利用道德讲堂提升干警素质】

11月14日，岚皋县人民检察院举办道德讲堂，为全院干警上了一堂深刻的道德修养课。

院党组成员、政工科长首先为全体干警讲解了道德在中华文明发展史中所起的作用以及道德在法律规范中所具有的补充作用，并结合党的十八届四中全会强调的道德在法治中的底蕴特色，及在全面推进依法治国中的重要价值。其次，播放了检察官文明礼貌视频短片，用真实的人和故事让干警更多地了解道德模范、“陕西好人”在平凡的工作和生活中彰显出最纯真的美德与价值。

【太白：“三个一”读书活动吸引干警目光】

为提高检察干警的综合素质,11月以来，太白县人民检察院开展“三个一”读书活动，即：每人读一本好书，写一篇心得体会，开展一次交流活动。

活动开展以来，干警在工作之余精心挑选书籍，认真研读，撰写读书笔记。干警自觉把读书和学习当成一项政治任务，一种工作责任，一种精神追求，一种生活态度，真正做到了爱读书、读好书。

通过读书活动，倡导以德立检、文化育检，在检察干警中形成良好的读书学习氛围，提高了检察干警的综合素质和文化涵养，推进了文化育检活动。

【韩城：预防职务犯罪微电影开拍】

12月16日，由韩城市人民检察院预防职务犯罪科组织拍摄的反腐题材微电影《村长的抉择》在韩城市上甘谷村开拍，这是该院在预防宣传手段上的新尝试。

该片讲述了村民为了赚钱，私下与矿山企业签订协议，在自家耕地中排放矸石，严重破坏了耕地，污染了生态环境。村长因阻止胡乱排放矸石引发群众纠纷，进而又抵制金钱诱惑，带领大家走上开办村企，共同发家致富的道路。

这部微电影集普法性与故事性于一体，力图使观众在观赏的同时有所启发，远离职务犯罪，珍爱自己所拥有的岗位和幸福。

【陕西检察文联：传达落实省文联五届五次全委会精神】

3月6日，陕西省检察官文学艺术联合会召开主席办公会，崔明生主席传达省文联五届五次全委会精神，组织学习常务副主席吴丰宽所作的工作报告，并结合检察工作实际，研究制定2014年陕西省检察文联工作要点，部署安排年度工作任务。

大家一致认为，本次全委会精神为我们进一步搞好检察官文联工作增添了信心、指明了方向。吴丰宽副主席在工作报告中总结的五个方面，内容丰富充实，令人振奋，显示出2013年全省文联工作有声有色，成效显著，成为我们工作的动力；报告中四个方面重点工作的布置及要求，既具指导性，又有可操作性，为提高广大文艺工作者的责任意识和使命意识注入了“强心剂”，必将激发群众性创作热情和工作活力。

据此，陕西检察文联2014年工作要点中，强调要在积极参与、配合中国检察官文联、省文联的相关主题文化活动中，指导、帮助基层开展检察文化艺术创作活动，重点组织开展“文化惠民送基层”采风活动、举办全省检察微电影展赛等活动，上半年还要抓紧组建检察官文联直属的四个专业协会，同时筹备召开陕西省检察官文联一届二次全委会。

全体同志决心以更加充沛、更加饱满的工作热情和精神状态，投入到繁荣检察文化、推动“三个陕西”建设的大局中去。

【11 月 20 日陕西文联配合中检文联“重走长征路 · 共筑中国梦”检察文化基层行活动小分队在延安接受传统教育】

▲11 月 20 日陕西文联配合中检文联活动小分队在延安接受传统教育。

▲中国检察官文联“重走长征路共筑中国梦”检察文化基层行小分队抵达延安。

▲检察文化基层行小分队抵达延安。

▲检察文化基层行小分队抵达延安。

【户县：廉政文化墙扮靓检察院】

【陕西省检察机关代表在第三届中国检察官文化论坛获奖并发言】

【太白：以英模刘宝奇为原型 自编自演情景剧《生命之火》】

【铜川耀州：与包抓村开展检民联谊会】

【延安：检察文化建设活动丰富多彩】

甘肃省检察官文学艺术联合会

［综　述］

2014 年，甘肃省检察官文学艺术联合会在甘肃省检察院党组的正确领导下，在中国检察官文联的有力指导下，认真学习贯彻党的十八大和十八届三中、四中全会精神，紧紧围绕甘肃工作大局和检察中心工作，认真履行联络、协调、服务等职能作用，认真开展检察文艺创作及文化活动，积极推进各地检察官文联筹建工作，全省检察官文联影响力进一步提升，职能作用进一步发挥，被甘肃省文联表彰为全省基层文联先进集体，为服务检察队伍建设和推动检察工作科学发展作出了积极贡献。

［文化理论研究］

2014 年，由省检察官文联主席高继明负责，省检察官文联申报的中国检察官文联重点课题《检察职业道德研究》，经中国检察官文联专家组评审论证后给予好评，认为课题组的论证报告非常出色，对课题研究的理论意义及现实意义有着充分的认识，对国内外关于检察职业道德的要求进行了初步研究，对我国检察职业道德的历程进行了梳理，并提出了较为清晰的研究提纲。后获准立项，成为中国检察官文联组织编写的《检察文化理论研究文库》10 个重点研究课题之一，由甘肃省检察官文联与河北检察官文联共同完成。截止 12 月，课题前期准备工作顺利进行。

根据中国检察官文联年鉴编纂要求，收集整理、撰写报送甘肃省检察官文联和筹备组织 2013 年度开展检察文化艺术工作情况及相关图片资料。

为第三届中国检察官文化论坛征集观点鲜明、论证充分的论文 45 篇，筛选报送 9 篇，其中 3 篇论文获得优秀论文二、三等奖及优秀奖，甘肃省检察官文联获得优秀组织奖。

庆阳市检察机关完善检察理论年会制度，迄今已举办六届检察理论年会，形成调研文章 200 余篇。

[文化艺术活动]

一年来，甘肃省检察官文联立足检察职能，突出行业特点，注重载体创新，通过积极开展文学艺术创作和文学艺术活动，宣传检察工作，树立检察形象，积极推进检察文化繁荣发展。

【主题教育实践活动】

全省各级检察院深入开展“增强党性、严守纪律、廉洁从检”专题教育活动和“坚守职业良知、践行执法为民”大学习大讨论的活动，省检察院编写了《检察职业良知教育读本：兰州市检察机关举办“我是谁、为了谁、依靠谁”专题大讨论，举办庆祝建党93周年“社会主义核心价值观”专题辅导讲座；庆阳检察官文联组织举办了以“责任、能力与作风转变”为主题的党的群众路线教育实践活动演讲比赛；定西组织干警观看《周恩来的四个昼夜》、《两当兵变》等影视片，在定西市电视台举办“党的群众路线教育实践活动”知识竞赛，邀请全市检察文艺爱好者在定西画院开展检察机关“为民务实清廉”主题书画摄影展等活动。

【文体活动】

全省各级检察官文联坚持把文化育检作为提升干警综合素质、推动检察工作的重要抓手，积极发挥职能作用，不断丰富载体，开展异彩纷呈的文体活动，活跃干警文化生活，增强队伍凝聚力、向心力。

甘肃省检察官文联成功举办“中国梦·检察情”甘肃省检察机关庆祝建国65周年书画摄影展。展览将展馆设在省院办公楼大厅，节俭办展的同时方便干警在工作之余随时接受文化熏陶。展览共征集到各级院干警的书法、绘画、摄影等作品489幅，并从中精选出269幅作品，于9月23日至10月29日进行集中展出。参展作品主题鲜明、内容丰富，充分体现了检察干警积极进取、昂扬向上的精神风貌。得到前来参展的领导和嘉宾的一致好评。参展作品中，有46幅作品分获各个奖项，5幅书画作品被高检院选定参加了全国检察机关书画摄影展。7幅作品选定参加甘肃省直机关书画摄影展，分获摄影、书画类一、二、三等奖。

积极开展“送文化到基层、精神大餐助双联”活动。2014年4月，省检察院160余名干警利用一个星期的时间，进驻双联联系村，与联系户同吃同住同劳动，参与陇南市两当县核桃高接换优大会战。省检察官文联联络协调8个放映队，精心挑选购买了一批优秀影片安排在8个联系村每晚露天放映，为检察干警和各自联系户送上了一道文化大餐。同时还精心制作了双联宣传片、手工绘制6幅电影海报。

7月，省检察官文联组织4名干警创作诗歌《七月赞歌》，参加2014省直机关主题朗诵比赛，在省直机关60多个单位的200多名选手参加的比赛中，获得二等奖，并被选定参加了主题朗诵晚会。5月，组织文联会员和有文艺特长的干警排练参加了省直机关广播操比赛、锅庄舞比赛也获得佳绩。

此外，还与省检察官协会联合举办检察职业良知、“学习·工作·生活”感悟主题征文活动，共收到文章260多篇，评出获奖作品近50篇。与省院机关党委合作完成机关趣味运动会等活动，拔河、羽毛球、乒乓球、游泳等8个运动项目吸引200多名干警参与，活跃了干警业余生活、增强了队伍凝聚力。

陇南检察官文联举行“正气之歌”迎新春书画、摄影展暨书画笔会，展出社会各界和全市检察机关书画爱好者作品190余件；甘南州文联和甘南州检察官文联联合举办“展检察风采，创和谐甘南”为主题的书画摄影作品展。活动共收到作品218件，评出优秀汉文书法作品6件，优秀藏文书法作品6件；嘉峪关开展两级院第一届综合性体育运动会、广播体操比赛，联合酒泉市检察院开展篮球联谊赛，组织干警参加“万人走东湖”活动；天水开展了全市检察机关“检察之光”第三届书画展、“检察之歌”诵读赛、征文等检察文化活动；酒泉制作7部公益广告宣传片在城区中心商业区及本市电视台同步循环播放，制作动漫微电影《饕餮》在市内各大网络平台播放；定西市检察官文联在书画展后编印了《定西市检察官文联会员文学作品集》。

【文艺演出】

1月，甘肃省检察官文联成功举办全省检察机关2014迎新春文艺汇演。全省各级检察院及检察官文联（筹备组织）踊跃参与，昔日活跃在办案一线的检察干警走上舞台，自编、自导、自演了高质量的歌舞、小品、快板等文艺节目，讴歌和谐社会、讴歌检察事业。全省共报送36个节目，根据实演效果、节目内容和形式经两次筛选后确定16个节目参演。演出现场精彩纷呈、气氛热烈，得到了前来观看的领导和嘉宾的一致赞誉。演出当天，还通过系统内视频直播，5000多名检察干警同期观看了演出。歌舞服饰展示《激情回响》、舞蹈《检民双联情》、快板《检察赞歌》、小品剧《暖心窗口》等节目分获最佳创意奖、最受欢迎奖、最佳表演奖和最佳组织奖。

兰州市举办检察机关庆祝建国65周年“中国梦·检察情”检察官文艺汇演，七里河区院干警自编自导的反映检察干警积极向上的舞蹈作品《时间都去哪儿了》在省、市政法委演出均获得好评。

陇南市院在总结表彰大会后举办迎新春联谊，干警们自编自导自演了风格各异、精彩纷呈的快板、舞蹈、二胡、秦腔、独唱、合唱等节目。

【廉政文化教育和革命传统教育】

结合“七一”、“十一”等节日，全省各级检察院组织全体干警观看红色电影、开展检察官宣誓、党员奉献日等活动，或赴本地烈士纪念馆、邻近革命圣地缅怀革命先烈，开展革命历史传统教育。3月13日，庆阳市院机关和子午岭林区检察院全体干警赴宁县革命烈士陵园开展缅怀革命先烈、重温入党誓词活动；陇南在建党93周年之际，检察长高连城带领党员干部四十余人前往两当兵变纪念馆缅怀革命先烈丰功伟绩，并与两当县院及双联点群众举行了一场迎“七一”文艺汇演。

【社会公益活动】

兰州、金昌、张掖等院围绕爱国、爱党、爱人民、爱检察、爱生活等主题开展系列文化活动，养成过节不忘关爱民生、帮扶困难群众的良好风尚，积极开展“雷锋日”、“关爱农民工”、慰问辖区贫困居民和“一帮一”帮扶贫困村民等活动。

全省各基层院高度重视检察文化建设工作，多措并举，营造出了文化育检的良好氛围，以检察文化建设助推各项检察工作深入开展。

【金昌市金川区院检察文化】

金川区院把“快乐工作、快乐生活”作为文化育检、兴检、强检的核心理念，培育了以“快乐、向上、健康、积极”为文化品牌的特色金川检察文化，为检察工作健康发展营造了良好的环境和氛围。开展办公楼“美化”、“亮化”工程，布置绿草花卉；在楼内悬挂名人字画、名言警句、法律格言，建成独具风格的文化长廊，使干警在潜移默化中熏陶情感，提升素养；建成阅览室、荣誉室、院史室、健身室等文化活动室，开设检察文化兴趣班，采购多种乐器，购置了文房四宝、画架、颜料等物品，聘请专业老师授课，培养干警爱好和兴趣，陶冶情操；制定检察文化活动规章制度，使工作闲暇和节假日前夕开展文体活动及竞赛活动常态化，保障检察文化有声有色有序开展，不断充实干警精神生活。

【天水市麦积区院检察文化】

天水市麦积区院以“公正、人本、敬业、和谐”作为麦积检察精神，着力加强麦积区检察文化建设，将廉政文化和检察文化有机结合，以丰富文化载体营造人文育检氛围。打造以“麦检”精神塑心塑形；以文化育检推动业务创新；以文化育检打造“麦检”品牌的麦积检察文化特色。重点建成了以“讴歌检察事业、弘扬廉政文化”为主题的检察文化和廉政长廊，布置了150余幅警言警句字画和展板，使廉政警示语天天见面，温馨提示干警自警、自省、自律；书画创作室、法警训练室、图书室、接待室、小食堂已全部建成；多功能视频会议室和智能管控系统、安检系统全部完成规范化建设；省一级档案规范化管理已经达标；春、秋季干警运动会按期举行等等。该院检察文化氛围浓厚，机关环境得到了极大改善，干警精神面貌进一步提升。

▲9月23日，“中国梦·检察情”甘肃省检察机关庆祝建国65周年书画摄影展开幕式现场。（甘肃省检察官文联　张建文/摄）

▲1月20日，甘肃省检察机关2014迎新春文艺汇演现场，舞蹈：《检民双联情》。

▶检察干警现场主持。（兰州市院　郑元君/摄）

◄9月23日，“中国梦·检察情”甘肃省检察机关庆祝建国65周年书画、摄影展开幕式现场。

（甘肃省检察官文联　张建文/摄）

“中国梦·检察情”甘肃省检察机关庆祝建国65周年书画摄影展开幕式后到场嘉宾参观书画展。

（左一为甘肃省检察官文联主席高继明）►

◄6月23日至24日，省检察院干警创作并朗诵的《七月赞歌》在甘肃省直机关纪念建党93周年“先锋杯”主题诗歌朗诵比赛中获奖并汇报演出。

（甘肃省院宣传处　南茂林/摄）

◀5 月 17 日，甘肃省检察官文联代表队参加甘肃省直机关广播操比赛现场。
（甘肃省院宣传处　南茂林 / 摄）

9 月 30 日，兰州市检察官文联举办“庆国庆·检察情”文艺演出，图为干警自编自导自演的舞蹈《时间都去哪儿了》。
（兰州市安宁区院　牛学军 / 摄）▶

◀4 月 24 日，甘肃省院机关运动会拔河比赛现场。
（甘肃省检察官文联　张建文 / 摄）

◄2014 年，甘肃省检察官文联获得甘肃省基层文联先进集体等荣誉，并编辑制作部分活动作品光盘留存。图为部分奖牌和作品光盘照片。

（甘肃省检察官文联　张建文 / 摄）

◄3 月 13 日，庆阳市院机关和子午岭林区检察院全体干警在宁县烈士陵园开展缅怀革命先烈、重温入党誓词、接受革命传统教育。（领誓者为庆阳市检察官文联副主席王晨东）。

►12 月 29 日，甘南藏族自治州检察官文联成立大会。

（甘南州院　赵超 / 摄）

▲11 月 27 日，临夏回族自治州检察官文联成立后全体委员合影。
（前排左五为甘肃省检察官文联主席高继明，左四为甘肃省检察官文联副主席陈其功）
（临夏州院　王建华 / 摄）

▲12 月 4 日，甘肃省院举行宪法日宣誓活动。
（甘肃省院宣传处　张建文 / 摄）

青海省检察官文学艺术联合会

[综 述]

青海省检察官文联，在中国检察官文联、省文联和省院党组的领导下，按照“服务大局、面向基层、稳步发展”的工作要求，紧紧围绕全省工作大局和检察中心工作，坚持把检察文化建设作为队伍建设的有力抓手，充分发挥文化艺术独特的精神感召力、思想影响力和内心驱动力，在潜移默化、润物无声的过程中不断提高检察队伍的思想政治素质、职业道德素质和法律监督能力，彰显了检察文化的独特魅力，推动检察工作的科学发展。

【坚持育“魂”为先，不断强化理想信念教育】

十八大以来，我们组织全省干警认真学习十八大、十八届三中、四中全会精神，制定学习方案及计划，集中时间利用网络视频对全省检察干警进行轮训。坚持不懈开展中国特色社会主义理论体系、社会主义核心价值体系和社会主义法治理念教育，深化“建设学习型党组织、创建学习型检察院”活动，深入开展了 “党的群众路线教育实践活动”和“增强党性、严守纪律、廉洁从政”主题教育活动。坚持以党建带队建，通过检察长为机关干部讲党课，组织开展“党性、纪律、廉洁职业良知”主题征文及警示教育等活动，注重发挥检察文化的引领作用，使全体检察人员始终保持高度的政治清醒和政治自觉，牢牢把握检察工作的政治方向，切实在思想上和行动上与党中央保持高度一致，增强坚定不移地做中国特色社会主义事业的建设者和捍卫者的自觉性和坚定性。

【坚持育“德”为重，不断强化职业道德建设】

一是注重以检察文化塑造检察形象，发挥检察文化的凝聚力、感染力和影响力，坚持不懈的用检察职业道德培养优秀品质、陶冶高尚情操、养成优良作风，严格按照《关于深入开展严肃纪律专项整治的通知》和《青海省政法干警八条禁令》等文件规定，在节假日开展检务督查活动，重点加强对检察人员遵守中央八项规定、省委省政府21条措施及省院23条措施执行情况等的督查，促进了检察良好形象的养成；二是注重推进示范群体建设。通过召开全省检察机关先进集体、先进个人表彰会，挖掘和发现基层一线的先进典型。2012年西宁市院公诉处副处长沙　被西宁市委、市政府评为优秀人才后，省院组织新闻媒体认真挖掘沙　的先进事迹，并向高检院申报“全国模范检察官”，经高检院审查，2012年9月，授予沙　为“全国模范检察官”。2013年，玉树曲麻莱县院的内美文次和海东市院的白占恩被评为“全国模范检察官”。2013年底，经政治部积极推荐和网络投票，我省格尔木市院公诉科科长陈永洁被评为全国 “最美检察官”。2015 年 3 月，陈永洁同志又被评为首届“守望正义——群众最喜爱的检察官”。

【坚持育“制”为基，不断推动检察文化活动持久开展】

2014 年，青海省检察官文联和各市、州检察官文联按照《青海省检察官文学艺术联合会 2014 年工作要点》以及精简、规范、科学、高效的原则，进一步规范各项议事规则，完善管理制度，严格工作纪律。坚持把文化建设与检察工作同研究、同安排、同落实、同检查、同总结，制定具体的落实方案，引导和推动基层检察院不断创新工作思路、工作方法和工作机制。西宁市院依据《西宁市人民检察院关于“文化走廊”和“西宁检察荣誉室”建设组织实施方案》，完成了“走廊文化”建设任务，城西区院围绕“忠诚、公正、清廉、文明”主题，开启“检察文化月”活动；湟中县院制定了《湟中县人民检察院关于开展廉政文化进机关活动实施方案》，并将活动目标进行分解，保证各项目标的落实。通过廉政文化教育，使干警养成“常修从检之德，常思贪欲之害，常怀律己之心”的自律意识。2014 年 11 月，按照中国检察官文联的要求，指派我省王永震同志参加中国检察官文联组织开展的“重走长征路，共筑中国梦” 全国检察文化基层行活动，克服困难，辗转三省三市 6 个基层检察院，奔波 5000 余公里，演出 26 场次，受到中国检察官文联高度表扬。为了更好地学习、借鉴和推广中国检察官文联的做法，我们研究制定了《检察官文化基层行活动实施方案》，向各市州检察官文联下发了《关于开展检察文化基层行志愿服务活动的通知》，拟于今年下半年开始利用三年的时间，开展“深入基层、扎根检察”志愿服务活动和“送欢乐、下基层”文艺惠民活动，以喜闻乐见的文化艺术形式，推进文化育检，文化惠检。

[文化理论研究]

【青海检察机关干警若干论文获奖】

2014 年 3 月，青海省检察官文联文联组织参加了中国检察官文联举办的以“检察基层文化建设的理论与实践”为主题的第三届中国检察官文化论坛论文征集活动。经评审，我省检察干警马连龙、苗荃撰写的《廉政：检察文化的核心内容》一文荣获二等奖；方复东、马梦艺撰写的《基层检察院文化建设的实践探析与理论思考》、梁建福撰写的《浅议检察机关的文化建设》和潘路《关于对检察文化建设的思考》被评为优秀论文。

[文化艺术活动]

【青海省预防职务犯罪宣讲团成立】

为进一步加强和改进检察机关职务犯罪预防工作，增强预防工作的感染力和渗透力，青海省检察院成立全省检察机关预防职务犯罪宣讲团，以进一步发挥预防宣讲在推进廉洁政治与法治青海建设中的作用，促进预防职务犯罪工作规范化、制度化、专业化建设。考虑虑到预防对象的多样性，宣讲团设立了讲座组和演讲组，承担不同的工作任务。讲座组与各地预防部门共同承担日常的讲座任务，以讲授为主要方法；演讲组每年集中一定时间，深入到各地区、各部门开展集中巡讲，以脱稿演讲的方式进行。虽然两组各有分工、各有侧重，但内容和目标是一致的，而且可以相互补充，相辅相成。希望充分发挥各自的优势，在宣讲内容和方式上突出检察职业特色，增强针对性和实效性。成立预防职务犯罪宣讲团，是青海省检察院认真落实高检院关于从更高起点、更高层次、更高水平上推动预防职务犯罪工作深入发展目标的重要举措，是提升预防专业化水平，构筑预防职务犯罪人民防线的必然要求，是加强和改进检察预防工作，提高预防工作整体水平的有效途径，标志着青海检察机关预防职务犯罪工作站达到了一个新的发展起点。

【青海省检察机关举报宣传周拉开帷幕】

2014 年 6 月 23 日，以“依靠群众惩治职务犯罪、公开检务强化自身监督”为主题的青海省检察机关“举报宣传周”活动拉开帷幕。活动期间，青海省各级检察机关结合当前检察工作，着重宣传党和国家关于惩治和预防腐败的方针政策和法律法规，宣传检察机关查办和预防职务犯罪的工作重点，宣传检察机关推进检务公开的制度措施，宣传检察机关强化自身监督的制度措施及宣传举报工作制度与举报的方式。2014 年，青海省检察机关以开展专项治理活动为重点，不断加大办案力度，坚决惩治教育、就业创业、社会保障、医疗卫生、食品药品安全、征地拆迁等领域的职务犯罪，紧紧围绕全面深化改革的重点热点领域，依法惩治和预防城镇化建设用地、农村土地制度改革、农村转移人口市民化以及扶贫开发等环节的职务犯罪，保持了惩治腐败犯罪的高压态势。

【黄南州尖扎县检察院举办“庆七一”红歌会】

为庆祝建党 93 周年，进一步推动党员干警认真开展党的群众路线教育实践活动，尖扎县检察院组织全体党员、入党积极分子和群众代表举办了“庆七一”主题红歌会。该活动内容丰富、形式多样，歌声不仅诠释了干警对祖国的热爱、对党的忠诚，同时，也抒发了对尖扎这片土地的热爱，唱出了对未来生活的美好向往。

【竹衰不变节　花落有余香】

2014 年 5 月，青海省检察院组建成立了青海省检察机关预防职务犯罪宣讲团，宣讲团的主要任务是结合查办职务犯罪案件情况，深入到各地区、各单位、各部门开展预防职务犯罪宣讲活动。宣讲团由36名成员组成，省检察院主管副检察长担任宣讲团团长，下设办公室，负责日常工作。宣讲团成员来自全省各检察机关，是经各级院层层推荐、选拔出来的，具有较好的政治理论素质、扎实的专业知识和较强的语言表达能力。宣讲活动月期间，宣讲团将组织开展50场宣讲，分三个小组在省直机关和各市州同步开展。

【翰墨飘香添异彩——“走廊文化”扮靓西宁市检察院】

为加强检察文化建设，构建“文化育检”和“文化兴建”氛围，强化检察干警理想信念和为民服务的宗旨，恪守检察职业道德和良知，树牢社会主义法治理念和核心价值观，西宁市检察院结合实际制定了西宁市人民检察院“走廊文化”建设方案，经过一年多的设计实施，初步完成了走廊文化的建设任务，共制作内容丰富、形式多样的书法作品63幅、绘画作品36幅。通过建设“走廊文化”，有力地加强了西宁市检察院检察文化建设，“无声胜有声”，对教育引导广大检察干警修身、励志、做人和公正廉洁执法都起到了积极的助推作用。

【贵南县检察院开设检察图书室　推动检察文化建设】

贵南县检察院积极争取资金，开设了“检察图书室”，内藏书本3000余册，内容涉及法律知识、理事、哲学、文学等，极大地丰富了干警的业余生活、方便了干警查阅资料。

【青海省检察机关合唱比赛激情唱响】

2014年9月25日，在举国上下盛迎祖国65周年华诞之际，来自三江源头、青海湖畔、瀚海戈壁、祁连山下的青海检察人欢聚一堂，唱响全省检察机关庆祝新中国成立65周年“喜迎国庆、歌唱祖国”的主旋律，来自全省各检察院的检察官通过一首首红歌表达着自己对祖国深深的祝愿。通过这次歌咏比赛，不仅讴歌党的领导，深情赞颂祖国伟绩、激情演绎检察机关“法律守护人”的深厚内涵，而且充分展示青海检察人与时俱进、改革创新、敢于担当、乐于奉献的精神风貌。

【同仁县检察院举办主题演讲比赛】

为深入贯彻党的十八大、十八届四中全会精神，积极培育社会主义核心价值观，提高精神文明建设整体水平。同仁检察院携手县文明办举办了“社会主义核心价值观在我心中”主题演讲比赛。同仁县25个县直单位、11个乡镇共36名代表参加了比赛。此次演讲以学习、树立和践行社会主义核心价值观为主要内容，具有较强的感染力和号召力。比赛中，选手们结合自己的岗位工作实际，以平凡的事例、切实的感受和深入的思想诠释了对社会主义核心价值观的理解，表达了学习和践行社会主义核心价值观的决心和勇气。演讲赛中参赛成员们态度认真，准备充分，表现出色。时而慷慨激昂，时而抒发情感，用他们热情、真挚、感人的语言向大家娓娓道述着人生的梦想和践行社会主义核心价值观的自信与自觉。

【女检察官展风采】

11月17日，青海省女检察官协会在省检察院技侦楼9楼举办了女检察官才艺展，来自全省各级检察院的女检察官们参加了本次展示。这次展出的117件摄影、书法、绘画、钩编和十字绣等作品，是女检察官在日常工作、生活中精巧构思、精心制作的，展现了女检察官们对优雅、浪漫、有品质生活的追求，折射了她们温情、柔美的一面。

【传播检察好声音】

乌兰县人民检察院检务公开出新意，将“青海乌兰检察”微博二维码公布于办公楼内及检务大厅门口，检察干警及人民群众只需拿出手机对准二维码扫描，就可直接进入“青海乌兰检察”微博，轻松获取最新的检察信息及工作动态。自媒体时代随着智能手机的普及，二维码已被广泛应用于各个领域，通过向社会积极推广“青海乌兰检察”二维码，可方便广大群众，使大家足不出户用手机即可完成法律知识、控告申诉等业务咨询，确保信息的时效性，进一步密切检民关系，深化检务公开。

【黄南州检察院举办演讲比赛】

12月17日，黄南藏族自治州检察院检察官文联、党支部、政治部联合举办“增强党性、严守纪律、廉洁从政”主题演讲比赛。比赛中，选手们充分结合自己的工作实际，围绕演讲主题，通过讲述身边的好人马军勇等平凡检察官感人事迹以及此次专题活动给自己的体会和收获，从不同角度阐述了新时期检察干警对检察事业的热爱和对增强党性、严守纪律、廉洁从政的认知。选手们热情洋溢的演讲赢得了观众的阵阵掌声，充分展现了检察院干警良好的精神风貌。本次演讲活动的举办，不仅活跃了检察文化、使年轻的检察干警得到了锻炼的平台，同时还营造了检察机关团结、和谐、文明、奋进的良好氛围，受到了全体检察干警的热烈响应和一致好评。

【青海省部署检察官“五进活动月”】

青海省检察院召开视频会议，对2014年全省检察机关 “五进活动月”进行安排部署。《实施方案》确定了活动月宣传的重点内容、时间安排、活动形式及职责分工。确定今年活动月重点围绕党的十八届四中全会通过的《中共中央关于全面推进依法治国若干重大问题的决定》、省委《关于全面推进依法治省的实施意见》的主要内容，突出推进检察改革、强化检察职能的内容；围绕青海省四项检察改革的主要内容；2014年全省检察机关主要工作特别是查办职务犯罪工作的情况开展活动。同时，征求对检察机关工作的意见建议。

宁夏回族自治区检察官文学艺术联合会

[综 述]

2014年，宁夏检察文化建设和检察官文联工作在中国检察官文联的指导和自治区检察院党组的领导下，在各市级检察官文联（筹备组织）的大力支持下，积极发挥职能作用，紧紧围绕宁夏检察中心工作，以提高检察队伍素质、提升检察形象和执法公信力为目标，坚持检察文化理论研究、检察文化艺术创作、检察文化艺术活动协调发展，发现并培养了一批检察文化艺术人才，广泛宣传了检察工作，提升了检察人员综合素养，为推动检察文化繁荣发展和检察事业不断进步作出了积极贡献。

【把握正确方向，深化检察文化理论研究】

年初印发《宁夏检察官文学艺术联合会2014年工作要点》，对2014年宁夏检察文化工作进行全面部署。结合宁夏检察文化建设实际，采取交流学习、理论研讨和专家学者上专题党课等方式，深入学习贯彻党的十八大、十八届三中、四中全会和习近平总书记系列重要讲话精神。按照十八届三中全会强调的“紧紧围绕建设社会主义核心价值体系、社会主义文化强国深化文化体制改革，推动社会主义文化大发展大繁荣”要求，进一步提高全区检察机关的文化自觉和文化自信，动员检察人员积极投身检察文化建设。把社会主义核心价值体系和核心价值观的要求贯穿到各项检察文化工作中，坚持“二为”方向、“双百”方针和“三贴近”原则，积极发挥检察官文联职能作用，使核心价值观内化为检察人员精神追求，外化为自觉行动。

按照张耕主席在第三届中国检察官文化论坛上“坚持把检察文化理论研究放在检察官文联工作重要位置”的要求和《宁夏检察官文学艺术联合会2013年工作安排》，结合高检院政治部、机关党委和中国检察官文联组织的各类理论研讨和论坛征文活动，精心组织检察文化理论研究和论文撰写、报送等工作。组织了全国检察文化理论与实务研究征文、“党性·纪律·廉洁·职业良知”主题征文创作征集活动，共向中国检察官文联报送论文等90余篇。组织了第三届中国检察官文化论坛论文征集活动，筛选后向高检院报送论文30篇，其中1人获得三等奖，3人获得优秀奖。组织干警参加了中国法学会第九届“中国·西部法治论坛”论文征集活动，其中1人获得一等奖并在论坛大会交流，3人获得优秀奖。上述理论研究组织工作获得高检院政治部和中国检察官文联肯定。与此同时，组织了全国检察机关检察文化建设网“检察文化建设示范院风采”专题栏目组稿工作，整理文化建设素材5类12项近1万字。梳理2013年宁夏检察文化年鉴材料6类8千余字，阶段性总结了宁夏检察文化理论研究的方法及成果。

【搭载艺术平台，着力检察文化艺术创作】

开展了“中国梦——我的检察官故事”文学作品创作征集活动，全区三级检察院共创作文学作品106篇，筛选后向中国检察官文联报送76篇。组织了宁夏检察干警优秀文学艺术作品集征集活动，共征集诗歌、散文、曲艺、短篇小说、报告文学等纯文学作品和书法、绘画、篆刻、摄影、剪纸等美术作品近800篇（幅），现作品集样书正在筛选编辑之中，有望在2015年初正式刊印。组织了第四届“迎新春·送文化”春联创作征集活动，共征集筛选春联作品188幅；因组织工作出色，宁夏检察官文联连续3年获得前三届“迎新春·送文化”春联征集优秀组织奖。石嘴山检察官文联征集200余篇诗歌散文，甄选后编辑出版了《石检文苑》一书，对外赠阅3000册，获得检察干警和社会各界普遍好评。由吴忠检察官文联组织创作并选送、红寺堡区检察院干警杨迎春作词的歌曲《有一个梦叫中国梦》，获得中国大众音乐协会主办的2014“建国杯”第四届全国大型音乐展演活动作词类银奖，开创了宁夏检察干警在全国音乐比赛领域获奖的先河。由宁夏检察官文联会员、贺兰县人民检察院回族干警苏小桃创作的散文《蜂题三则》，荣获由中华伏羲文化研究会文创委、北京鲁迅博物馆、散文世界杂志社联合举办的第三届“散文世界杯”全国散文奖评选活动三等奖，并成为《散文世界》杂志签约作家。2014年，宁夏检察干警原创文学作品1700余篇，在自治区党委政法委主办的纯文学期刊《宁夏政法文苑》等刊物刊发50余篇；创作美术、书法、摄影作品650余幅，刊发90余幅；自治区检察院、兴庆区检察院和青铜峡市检察院分别在《宁夏政法文苑》专版刊发了书画摄影作品集锦，展示了检察干警优良的文化素养并培育了良好的文化艺术创作氛围。

【创新艺术形式，丰富检察文化艺术活动】

组织开展了2013年度全区“检察好新闻”作品评选活动。邀请专家和资深媒体人组成评审委员会对114件新闻作品进行评选，共评出16件获奖作品，进一步激发了全区检察干警奉献检察岗位、宣传检察工作的责任感和使命感。组织了情系中国梦——庆祝新中国成立65周年摄影图片展和中国梦·检察魂——全国检察机关优秀书画、摄影作品展作品征集活动，向中国检察官文联报送书画摄影作品40余幅，我区有2幅书画作品入选参展。组织区检院机关干警参加了宁夏区直机关工委主办的干部职工球类及趣味运动会，到宁夏黄河军事博览园接受了爱国主义教育并开展了趣味运动会，宁夏区检院党组书记、检察长李定达同志带头观展并亲自参加了拓展活动；组织区检院机关副处级以上干部到自治区廉政警示教育中心接受了警示教育；组织公诉、民行、控申部门业务骨干为驻地部队开展了普法教育和法律服务活动；组织女干警代表深入泾源县泾河源小学开展了“践行群众路线、关爱贫困儿童”主题实践活动，并为学生捐赠了书籍、文具等；组织干警参加了“新丝路、新宁夏”百题知识竞赛活动并获得第二名的好成绩；组织了全区检察机关刑事申诉业务和民事行政检察业务竞赛，共表彰了28名业务能手和4个优秀组织单位。石嘴山检察官文联将“唱响正气歌——石嘴山预防职务犯罪专题文艺演出”录像制作成光碟发放宣传，营造了良好的预防职务犯罪文化氛围。吴忠检察官文联举办了文学创作和摄影专题培训班，邀请区内知名作家和摄影家解惑授道，培训检察人员110人次，进一步提升了基层检察干警的文学创作和摄影水平。与此同时，吴忠检察官文联组织开展了第七届检察文化节，以书画、摄影展览和诗歌、散文比赛以及体育运动会等形式，丰富了检察人员生活，激发了检察队伍干事创业的激情。2014年，宁夏检察官文联共组织各类征文、展览、论坛作品征集和文学创作、运动会等活动12项，共征集论文120余篇，文学作品740余篇，书画、摄影类作品1100余篇。有13名会员在高检院政治部和中国检察官文联等组织的征文和展览活动中获奖，检察干警参与检察文化艺术创作和文化艺术活动达到近1600人次，参与率居近年之首，打破了以往参与检察文化艺术创作和艺术活动的人员相对固定、参与面相对狭窄的僵局。

【着力人才和阵地培育，加强检察官文联自身建设】

加强了对市级检察官文联筹建工作的督促指导，继吴忠检察官文联成立之后，石嘴山检察官文联于8月28日正式成立，宁夏检察官文联主席汪敬同志到会致贺并讲话。其余3个市级检察官文联成立工作现正在积极筹备之中。进一步加强了检察官文联的人才培养和阵地建设工作。推荐6名会员参选中国检察官文联理事和常务理事，其中4人分别被确定为中国检察官文联摄影协会、文学协会和书画协会理事。推荐报送了34名检察人员成为中国检察官文联会刊《检魂》的通讯员。改版设立了检察内网“宁夏检察官文联专栏”，分设文联概况、新闻快递、美术欣赏、书法大观、摄影之窗、理论研究等栏目，为检察文化理论研究、艺术创作、艺术活动搭建了展示和交流平台。

今后一个时期，宁夏检察官文联将全力围绕检察中心工作，充分发挥联络、协调、服务职能作用，不断开创检察文化建设新局面，为推动宁夏检察事业科学发展提供更加强大的精神动力和文化支撑。

[文化理论研究]

【组织了宁夏检察机关“党性·纪律·廉洁·职业良知”主题征文创作征集活动，共向中国检察官文联报送论文等47篇，其中，宁夏检察官文联杨春晖同志等2人获得二等奖，灵武市人民检察院马瑞同志1人获得三等奖】

为深入学习贯彻习近平总书记系列重要讲话精神和对检察工作重要指示精神，巩固扩大深化党的群众路线教育实践活动和“增强党性、严守纪律、廉洁从政”专题教育活动成果，宁夏检察机关组织了“党性·纪律·廉洁·职业良知”主题征文活动。

活动期间，宁夏检察官文联高度重视，把论文征集工作作为深化“增强党性、严守纪律、廉洁从政”专题教育活动、加强检察队伍建设、促进检察工作健康发展的重要措施，加强领导，精心组织。宁夏区检院机关职能处室和市、县（区）级检察机关政工部门领导带头撰写征文，宁夏检察官文联对征集文章逐一编审，严格甄选，共向高检院政治部报送征文作品47篇。经评审，宁夏检察官文联杨春晖同志撰写的《检察机关理想信念和法制教育的理论与实践》、石嘴山市人民检察院政治处张学文和田宏英两位同志合撰的《为了谁依靠谁我是谁》分别获得二等奖，灵武市人民检察院民事行政检察科马瑞同志撰写的《坚守检察职业良知与廉洁从检》获得三等奖。

【组织了第三届中国检察官文化论坛论文征集活动，向中国检察官文联报送论文30篇，其中，中卫市人民检察院郭孟强同志1人获得三等奖，宁夏检察官文联杨春晖同志等3人获得优秀奖】

在中国检察官文联牵头举办的以“检察基层文化建设的理论与实践”为主题的第三届中国检察官文化论坛论文征集活动中，宁夏检察官文联共征集论文30余篇，经甄选、编校后向中国检察官文联报送论文30篇。其中，中卫市人民检察院郭孟强同志撰写的《检察文化发展方向研究》获得三等奖，自治区人民检察院杨春晖同志撰写的《检察机关党员干警直接联系群众工作思考》、灵武市人民检察院马京宁同志撰写的《打造特色检察文化提升检察人员素养》、吴忠市人民检察院马国武同志撰写的《加强检察文化建设的几点思考》获得优秀奖。

【组织干警参加了中国法学会第九届“中国·西部法治论坛”论文征集活动，其中，宁夏区检院预防处孙涛1人获得一等奖并在论坛大会交流，中卫市沙坡头区人民检察院郭美玉同志等3人获得优秀奖】

2014年9月24—25日，中国法学会第九届“中国·西部法治论坛”在青海省西宁市召开。宁夏法学会以“新丝路与西部生态环境保护法治化研究”分论题为主组织推选10篇稿件参赛，宁夏检察机关有4名青年干警作品入选并获奖。其中，宁夏区人民检察院院预防处孙涛同志的《大数据与新丝路经济带生态补偿法治化初探》荣获一等奖、并作为本届论坛十篇重点作品发言人之一进行了论文交流。中卫市沙坡头区人民检察院郭美玉同志撰写的《以生态环境法治之力助推新丝路经济带建设》、中卫市沙坡头区人民检察院张楠同志撰写的《西部生态环境保护法治化建设研究》、石嘴山市红果子地区人民检察院张训刚同志撰写的《浅议新丝绸之路经济带的法治协调问题》荣获优秀奖。

【检察机关党员干警直接联系群众工作思考】

杨春晖　宁夏回族自治区人民检察院政治部

检察机关党员干警直接联系群众工作的重要意义

一是贯彻落实党的群众观点、群众路线的新要求。党的群众路线，“就是一切为了群众，一切依靠群众，从群众中来，到群众中去”。群众观点是我们党最基本的政治观点，群众路线则是最根本的工作路线。我们党的根本宗旨是为人民服务。以人为本、执法为民，是检察机关检验一切执法效果的最高标准。党员干警直接联系群众的要求赋予了检察机关坚持群众观点、群众路线新的内容，是检察机关在法律监督工作中贯彻落实党的群众观点、群众路线的新要求和具体体现。直接联系群众让检察机关的执法根基更扎实，服务对象更明晰，服务质量更优质。

二是化解执法风险、提升执法公信力的现实需要。胡锦涛同志在建党 90 周年报告中指出：“各级党政机关和干部要坚持工作重心下移，经常深入实际、深入基层、深入群众。”如果党员干警不了解基层情况、不了解群众愿望、不积累解决基层实际问题的经验、不解决基层群众反映强烈的突出问题，长期下去，检察机关势必失去群众的信任和支持。党员干警只有在深入基层直接联系群众中，才能知民之所想、解民之所忧，体民情、察民意，增进对群众的深厚感情，增强服务群众的本领，增强群众对检察机关党员干警执法工作的信任，有效化解检察机关的执法风险，使检察机关获得最广泛最可靠最牢固的群众基础和力量源泉。

三是改进党员干警群众作风、提升执法工作质量的有效途径。作风建设作为党的建设的重要内容，其根本目的就是要使党始终得到最广大人民的拥护和支持，其核心就是要保持党同人民群众的血肉联系。党的十八大报告指出：“党员干部要克服官僚主义、形式主义，以优良党风凝聚党心民心、带动政风民风”。现实中，不少党员干警尤其是年轻干警，没有经历过基层艰苦工作的磨练就从大学校门直接进入机关，缺少对基层群众生活的切身体验，不了解做群众工作的方式方法；一部分党员干警在机关里面呆久了，暴露出群众观念淡薄，宗旨意识不强，形式主义、官僚主义、享乐主义和奢靡之风也逐渐显露出来，脱离群众的危险不断加大，执法工作质量逐步滑坡。要从根本上克服党员干警的这些缺陷，只有使党员干警走出机关、走进基层，与人民群众面对面联系，手拉手交流，在与群众直接联系中不断历练并提升党员干警的工作作风、生活作风和群众工作能力。

检察机关党员干警直接联系群众工作存在的问题及其原因

第一，群众路线模糊，群众观念淡薄。部分党员干警群众观念树立得不牢靠，服务大局、执法为民的意识不强。少数干警不能做到思想上尊重群众，感情上贴近群众，工作上依靠群众，办案中关心群众。不注重考虑解决群众的司法诉求，不注重在检察环节及时保护群众的合法权益，就案办案，孤立办案，机械办案，办案偏重法律效果，忽视社会效果的问题时有发生。少数干警执法为民的司法理念淡化，人权意识、程序意识、证据意识、时效意识、监督意识不强，重打击轻保护、重配合轻监督、重实体轻程序、重办案数量轻办案质量、重有罪证据轻无罪证据和非法证据排除，导致瑕疵案件时有发生。究其原因，是由于这些党员干警并未牢固树立马克思主义的群众观，群众素养不高，没有站稳群众立场，没有全面理解党的密切联系群众的优良作风，没有认真贯彻党的群众路线，忘记了执法要依靠群众、执法是为了群众。

第二，民主监督欠缺，保障机制不健全。检察机关的民主政治机制虽然总体上趋于不断健全和完善，但在实际工作中，民主政治机制中的某些弊端和漏洞直接导致了党员干警直接联系群众工作质量不高。具体表现在：利益表达和群众参与机制不完善，如群众利益表达的渠道不畅通、载体单一、方法老套，实践中过于注重形式而忽略了效果，致使部分群众的利益表达受阻；民主监督机制不完善，只注重外部监督不注重自我监督，群众的直接监督更多地停留于制度层面，人民监督员和媒体的监督作用发挥欠佳；基层民主机制不完善，基层群众的知情权、参与权、监督权不能很好发挥，损害了群众对检察机关的信赖，破坏了检察干警和人民群众的感情。另外，在直接联系群众工作制度化方面，缺少有效的长效机制，如直接联系群众的量化评估制度、直接联系群众的激励机制、直接联系群众的分析汇报制度等。

第三，群众法治需求增加，工作难度逐年加大。随着改革开放的不断深入，由于各种利益主体的利益诉求、利益矛盾和利益冲突，影响群众工作切身利益和社会稳定的人民内部矛盾大量增加，使党员干警直接联系群众工作开始面临许多新情况和新问题：群众的民主意识、法治意识不断增强，民主需求、法治需求不断增多，诉求的渠道渐呈多元化、暴力化，社会不稳定因素逐步增多。在这种情况下，如果人民群众的检察参与渠道过窄、意愿表达受阻，加上党员干警作风漂浮、脱离群众，就会制约人民群众合法利益表达及检察参与的意愿和实际效果。种种情况的存在，均使得党员干警直接联系群众工作的难度逐步加大，检察机关群众工作的针对性和实效性不够突出。

检察机关党员干警直接联系群众工作的实现路径

首先，加强党员干警宗旨意识教育，增强直接联系群众的自觉性。思想是行动的先导，对党员干警进行群众路线与群众观点教育，增强直接联系群众的自觉性，是从思想上解决党员干警宗旨意识不强、群众观念淡薄的有效途径。一要加强群众观点教育，树立牢固的马克思主义群众观；二要加强群众路线教育，坚持把群众路线作为党的根本工作路线。广大党员干警要深入实际、深入基层、深入群众，直接联系群众。要深入实际，认真开展调查研究，在调查研究中抓落实、抓问题、办实事；要深入基层，做到重心下移，依靠基层党组织和基层干警，了解基层情况、解决基层突出问题、积累解决基层实际问题的经验；要深入群众，直接与群众接触、与群众面对面交流，增进与群众的感情，真正做到解民忧、暖民心，帮发展、促和谐。

其次，建立健全长效机制，确保直接联系群众工作常态化。党的十八大报告强调，要“完善党员干部直接联系群众制度。”在直接联系群众的生动实践中，检察机关要从用制度管干警、用制度促落实入手，使直接联系群众工作制度化、常态化。建立健全党员干警直接联系群众的工作机制，明确直接联系的群众对象、内容与任务目标、方式与方法，关注民生、重视民生、保障民生、服务民生、改善民生；建立健全党员干警直接联系群众工作汇报制度，通过定期汇报，针对民情民意进行综合分析，研究解决群众反映强烈的突出问题，提高决策的科学性；建立健全党员干警直接联系群众的量化评估机制，对党员干警下基层直接联系群众目标任务的完成情况、方法、实效、作风等方面制定出切实可行的考评办法；建立健全党员干警直接联系群众工作的监督机制，进一步坚持和完善在案件评查中建立引进第三方评查的机制，聘请法官、律师、专家学者、人民监督员以及退休检察官参加不定期的检查和评查；建立健全党员干警直接联系群众工作的激励机制，把党员干劲直接联系群众工作纳入考核、考评内容，最大限度地调动党员干警直接联系群众的积极性。

再次，求真务实创新方法，突出直接联系群众工作的实效性。要放下架子。主动拉近与群众之间的距离，按照"共产党员"和"检察干警"的双重身份严格要求自己，热情接待群众来访，耐心倾听群众声音，致力于解决群众最关心、最直接、最现实的利益问题。以"规范执法"为载体，查找自身执法问题，深化检务公开，促进执法规范化建设。加强舆论引导，运用好博客、微博、手机和网络、电视、广播等舆论载体，及时、准确、客观发布有关凸显法律监督职能、密切联系群众的消息动态。要沉下身子。下基层、接地气，了解基层情况，解决实际问题，减少不和谐因素。避免忙碌于学习文件传达文件、沉湎于文山会海、习惯于闭门造车，倡导深入基层调查研究，正视带着泥腿子工作，肯定在田间地头解决问题，使群众问题在一线掌握、在一线解决、在一线落实、和群众的鱼水感情在一线融合。要摸开面子。理性拆解"检察官"称谓，看重"检察"、摒弃"官"，把党员干警视为基层群众中的一员。主动做善事，乐于干小事，不求轰轰烈烈，只求实实在在。发挥驻公安派出所检察室、驻乡镇检察室、驻社区检察服务室、驻农村检察联络点的作用；搭建联系群众、服务群众的平台，进一步规范检察服务站、检察联络室、"巡回检察"工作，延伸检察职能，主动把握、回应、解决人民群众的新要求新期待，变被动解决问题为主动把握、预防为主，将问题解决在基层、将矛盾化解在萌芽。要迈开步子。带着群众反映强烈的突出问题，进机关、进乡村、进社区、进学校、进企业、进单位、进宗教场所，坚持"立检为公、执法为民"，坚持理性、平和、文明、规范执法，把群众工作渗透到全部执法活动中，创新搭建党员干警与群众对话、交流、交心的新平台，实现"零距离"、"零障碍"的直接联系，不断提升检察队伍群众工作能力，推动检察工作科学发展。

【检察机关理想信念和法制教育的理论与实践】

杨春晖　宁夏回族自治区人民检察院政治部

理想信念和法制教育的内涵及其辩证统一

理想是人们在实践中形成的、有可能实现的、对未来社会和自身发展的向往与追求，是人们的世界观、人生观和价值观在奋斗目标上的集中体现。信念是认知、情感和意志的有机统一体，是人们在一定的认知基础上确立的对某种思想或事物坚信不疑并身体力行的心理态度和精神状态。实践中，理想和信念是对立统一、相互依存的。理想是信念的依据和前提，信念则是实现理想的主要保障。通常情况下，理想既是信念，信念既是理想。当理想作为信念时，是指人们确信的一种观点和主张；当信念作为理想时，它是与奋斗目标相联系的一种向往和追求。法制教育，是以普及法律常识、增强法律意识、培养人们维护和遵守法律行为习惯为目的的宣传教育活动，是我们党确立的思想政治和理想信念教育的一项重要任务，也是预防犯罪的重要措施。在我国民主法制建设的进程中，理想信念和法制教育往往处在一种既相互区别又相互依赖、既相互补充又相辅相成的矛盾统一关系之中。法制教育的实施往往以理想信念为基础，并促进优良职业道德的形成；理想信念在需要之时，必然会转化为强制性的法律规范。而检察官职业道德建设的法制化、规范化，就是希望运用理想信念和法制教育的双重力量，加强检察队伍建设，推进检察工作科学发展。

检察机关理想信念和法制教育的政治性、示范性和强制性

检察机关是国家法律监督机关，检察工作者是行使国家检察权的检察人员，是中国特色社会主义事业的建设者、捍卫者和社会公平正义的守护者。检察工作是一种特殊职业，具有鲜明的政治性、公共性和责任性。这一职业特征决定了检察工作者的理想信念和法制教育与其他职业道德相比，具有很强的政治性、示范性和强制性。

（一）强烈的政治性

公共行政学理论认为，“一套合乎伦理的政府公务人员的道德规范的价值不在于仅仅抓几个贪污腐化的腐朽之徒，也不在于仅仅可以引导其行政行为，其最终价值在于把民主的价值发扬光大，在于不断地提升公众对政府的信心和信任。”由此，可以说，检察工作者的理想信念首先是与民主政治价值紧密相联系的，具有强烈的政治性。

（二）很高的示范性

检察工作者在整个社会理想信念和法制教育体系中处于主体地位，对整个社会理想信念、法制教育和其他职业道德等具有强烈的示范作用。与此同时，随着我国民主法治建设的深入推进，人民群众的民主意识、权利意识、法律意识和法制需求不断增强，这些无疑对检察工作者提出了新的更高要求，检察工作者的示范引领作用也就越来越突出。

（三）一定的强制性

由于理想信念与法制教育在某种程度上的相互交融，在特定情形下为维护理想信念的需要，法制教育对理想信念的强制渗透就显得尤为明显，而理想信念对法制教育的强制牵引也必然在情理之中。

基于检察工作者的理想信念和法制教育的这种政治性、示范性和强制性，国家、社会和人民群众对于检察工作者的理想信念和法制教育的要求，必然不同于对一般公众的要求。

检察机关理想信念和法制教育的客观实践

理想信念和法制教育，是检察工作者思想和行动的总开关、总闸门。总结一些政法干警工作慵懒乃至腐化堕落的沉痛教训，尽管其走向消极腐化的路径和诱因各不相同，但有一个共同点，都是理想信念和法治信仰出了问题。实践中，检察机关必须把理想信念和法制教育作为一项基础

性工作，破解瓶颈问题，完善制度规范，不断丰富内容和形式，加强教育引导和实践，出实招、做实活、求实效。

（一）加强教育引导

1. 突出教育引导内容

要深入开展以党的基本理论、基本路线、基本纲领、基本经验和理想信念、从政道德以及宪法精神、法治理念为主要内容的党性教育和法纪教育。认真学习各类《警示教育读本》和《中国共产党纪律处分条例》、《中国共产党党内监督条例》、《党员领导干部廉洁从政若干准则》、《检察人员纪律处分条例》、《检察机关党风廉政建设责任制实施办法》等纪律规定。认真学习高检院关于牢固树立“六观”，自觉践行“六个有机统一”，切实做到“四个必须”，努力提高法律监督能力、执法办案水平的相关要求等重点内容。要深入开展宪法教育，弘扬宪法精神，维护宪法尊严，保证宪法实施；认真落实宪法宣誓制度，组织好“12·4”国家宪法日活动和多层次多形式的法治创建活动；把有关社会主义法治理念教育辅导和中国特色社会主义检察制度学习材料等，作为枕边书、护身符，常备常学，常学常新。要抓住党员领导干部这个重点，加强世界观、人生观、价值观和权力观、利益观、政绩观和法治理念教育，使广大领导干部常修执检之德、常思贪欲之害、常怀律己之心，切实做到勤政为民、廉洁从检、公正司法。

2. 创新教育引导方法

要针对不同工作岗位、不同年龄阶段检察工作者的需求，创新形式，不断强化理想信念和法制教育。要注重研究教育引导规律，把思想政治教育与法纪约束教育、正面典型示范教育与反面典型警示教育、集中教育与日常教育、廉政教育与勤政教育等结合起来，通过开展理想信念和法制教育专题讲座、理想信念和法制教育征文、单位“一把手”讲“党课”“理想信念课”“法制教育课”以及召开专题民主生活会等活动，增强教育引导的针对性和实效性。

3. 形成教育引导合力

要把理想信念和法制教育纳入检察机关思想政治和宣传教育总体规划，进一步健全完善“理想信念和法制教育大宣教”工作格局。各级检察机关的政工、宣传、纪检和研究室、干部教育等部门，要建立和完善理想信念和法制教育联席会议制度，借助检察机关开展的各类大讨论、大接访、大练兵以及各类主题教育实践活动，协力开展理想信念和法制教育，避免单打独斗，多出组合拳，形成教育引导合力，凸显教育引导实效。

（二）加强监督惩治

要进一步加大对检察队伍和检察工作者的自我监督和自我惩戒力度，进一步加强检察职业道德教育，加强行业自律、行业管控，彰显宽是害、严是爱的思想政治教育工作理念，做到干工作不捅娄子，教育惩治问题人员不捂盖子，面对问题和瑕疵不打幌子。要严格查办检察机关违法违纪案件，彰显自我监督的威慑力。要树立查处、惩治也是教育的观念，将理想信念和法制教育具体化、可视化，实现对照，加强比鉴。对检察队伍的违法违纪案件要发现一起，查处一起，绝不姑息，绝不迁就，始终保持教育惩治的威慑力。要在检察机关深入开展警示教育，不断加强警示教育阵地建设，充实和丰富警示教育内容，创新警示教育形式，增强教育的吸引力、感召力、震慑力。要将查处的检察机关典型案件进行公开曝光，剖析个别检察工作者理想信念动摇和法治信仰蜕变的过程，认真挖掘违纪人员的思想根源，广泛开展警示教育，从中汲取教训，引以为戒。要提高理想信念和法制教育的约束力和渗透力，举一反三，堵塞漏洞，彻底铲除检察工作者容易发生问题的土壤和条件。

（三）完善制度规范

制度规范具有根本性、全局性、稳定性和长期性。要着眼制度的系统性、操作性、严肃性，全面加强理想信念和法制教育制度建设，用长期的、全面的、发展的制度创新和建设这一杠杆，调整引导检察队伍的观念和利益结构。要深入研究检察队伍理想信念和法制教育发展的规律，遏制理想信念动摇、法制教育附于皮毛等教育工作不长久、不扎实、不深入、不连贯持续等容易发生的问题，多方寻求治本之策，坚持用制度完善教育、指导教育、开展教育、凸显教育效果，着力解决“制度不管用”和“有制度不用”等问题，使检察机关理想信念和法制教育工作常态化、制度化、规范化。

1. 着力构建检察宣传长效机制

要围绕“强化法律监督、维护公平正义”这一工作主题，宣传检察机关法律监督的实效，激励检察工作者严格公正司法。要热情讴歌检察队伍理想信念坚定、依法办案和自觉遵纪守法的模范典型及其先进事迹，全方位展示检察工作的丰硕成果和检察队伍的良好形象。要不断创新检察宣传形式，建立宣传责任机制，向社会不间断地宣传检察机关的主要职责、办案程序、服务承诺和大案要案查处情况等，让社会和群众进一步了解检察机关的职能和工作业绩。

2. 着力构建问题整改机制

要定期不定期开展督促检查、明察暗访，组织进行走访、座谈，开门纳谏，广泛征求社会各方面意见和建议，找准检察机关理想信念和法制教育方面存在的不足和薄弱环节。要对征求到的问题和意见，梳理分类，剖析原因，有针对性地提出整改措施，明确整改重点，落实整改责任，规定整改期限，确保整改到位。要下大力气解决理想信念动摇，宗旨意识不强，执法观念和群众意识淡薄等问题，逐步纠正执法不规范等一些“顽疾”，使检察队伍的向心力、凝聚力和号召力不断增强，检察机关执法公信力得到全面提升。

3. 着力完善考核奖惩机制

要继续完善考核奖罚办法，把理想信念和法制教育纳入检察机关检风行风和效能建设中进行总体考核。要建立健全理想信念和法制教育在选人用人工作中的参考机制。把理想信念和法制教育作为评价班子、评价干部、使用干部、提拔干部的重要衡器或参考指标施行好、坚持好、把握好，做到所选任干部理想信念笃定，法治信仰坚定。

[文化艺术创作]

【组织开展“中国梦——我的检察官故事”文学作品创作征集活动，宁夏三级检察院共创作文学作品106篇，筛选后向中国检察官文联报送76篇。其中，灵武市人民检察院杨宁同志1人获得一等奖，银川市人民检察院退休干警纳莺萍1人获得二等奖，石嘴山市红果子地区人民检察院李建设同志1人获得三等奖，同心县人民检察院邓洁丽等3名同志获得优秀奖；因组织工作出色，宁夏检察官文联获得此次征文活动优秀组织奖】

在由中国检察官文联、中国散文学会共同组织的“中国梦——我的检察官故事”纪实散文作品征文活动中，宁夏三级检察机关高度重视，广泛发动；宁夏检察官文联精心组织，认真甄选；广大检察干警从不同侧面深入描写中国梦伟大进程中多姿多彩的检察官故事，倾诉忠诚、为民、公正、廉洁的情怀，描绘法治中国历程，讲述凡人小事，记录内心感动，讴歌检察工作，塑造检察形象。所征集到的76篇作品主题突出、积极向上、基调明亮，形象准确地体现了中国梦的内涵，彰显了民族精神和时代风貌，弘扬了检察精神，传递了正能量。其中，灵武市人民检察院杨宁同志撰写的《似水年华》获得一等奖，银川市人民检察院退休干警纳莺萍撰写的《梦想的花朵悄悄绽放》获得二等奖，石嘴山市红果子地区人民检察院李建设同志撰写的《因为有爱》获得三等奖，同心县人民检察院邓洁丽同志撰写的《灿然如梦玉兰花开》、彭阳县人民检察院王丽同志撰写的《足迹》和中卫市沙坡头地区人民检察院马学勤同志撰写的《感动》获得优秀奖；因组织工作出色，宁夏检察官文联获得此次征文活动优秀组织奖。

【组织了第四届“迎新春·送文化”春联创作征集活动，共征集筛选春联作品188幅。其中，泾源县人民检察院的胡秀清等15名同志分别获得二等奖、三等奖、优秀奖和提名奖等。因组织工作出色，宁夏检察官文联连续4届获得“迎新春·送文化”春联征集优秀组织奖】

在中国检察官文联举办的第四届“迎新春、送文化”春联征集评选活动中，宁夏检察官文联共征集春联近200幅，经梳理、甄选，向中国检察官文联报送春联188幅。其中，宁夏泾源县人民检察院的胡秀清同志获得二等奖；大武口区人民检察院的潘慧同志获得三等奖；利通区人民检察院的陈丽春同志获得优秀奖；银川市人民检察院的徐万会，西夏区人民检察院的杨艳、刘洋，贺兰县人民检察院的苏小桃，石嘴山市人民检察院的张学文，大武口区人民检察院的张亚梅、杨敏娜、高惠，平罗县人民检察院的司晓光，同心县人民检察院的杨红梅，固原市人民检察院的孙守毅，中卫市人民检察院的赵宏芳等12名同志获得提名奖（排名以中国检察官文联表彰通报排名为序）。因组织工作出色，宁夏检察官文联获得此次征集活动优秀组织奖。此前，宁夏检察官文联已连续三届获得优秀组织奖。

【由宁夏检察官文联、吴忠检察官文联组织创作并选送、红寺堡区检察院干警杨迎春作词的歌曲《有一个梦叫中国梦》，获得中国大众音乐协会主办的2014“建国杯”第四届全国大型音乐展演活动作词类银奖，开创了宁夏检察干警在全国音乐比赛领域获奖的先河】

【由宁夏检察官文联会员、贺兰县人民检察院回族干警苏小桃创作的散文《蜂题三则》，荣获由中华伏羲文化研究会文创委、北京鲁迅博物馆、散文世界杂志社联合举办的第三届“散文世界杯”全国散文奖评选活动三等奖，并成为《散文世界》杂志签约作家】

【蜂题三则】

文：苏小桃

第三届散文世界杯全国散文奖评选荣获三等奖

蜜蜂是人们的爱物，人们常常将它们与勤劳、甜蜜联系在一起。

蜜蜂在花香的世界里创造着甜美，蜜蜂在平淡而激越的别离中繁衍着生命，蜜蜂，却又是在蜜的世界里献身于人类。

我喜爱蜜蜂，抒写蜜蜂，是有着一种在花季里的恬静享受，有着一种心灵的极大震撼，有着一种自然情愫的深刻感触。

花香的季节

从春暖花开到秋叶落地，尤其整个儿夏天，在有花木的地方，你总能听到蜜蜂那嗡嗡嘤嘤的声音，似万物灵性的细语穿越风中，似大自然超然的乐章绝妙地汇集；即便在冬天，这种稀薄欲空却也入耳的声音，依然带给人们愉悦和美好。

打我记事起，母亲就养着蜜蜂。我家崖背的墙上挖了好多的方洞，一般洞有二尺深左右，用细泥漫过几遍，再糊上牛粪，等风干后铲除打扫干净，洞就变得很光滑。洞口是方形的，用一块泥坯堵着，泥坯中间留个小圆眼，仅供蜜蜂出进。母亲说这样的窝蜜蜂住进去舒适、透气。

那时我家屋前是个大果园，长满了杏树、梨树、苹果树，以及刺梅花、七叶花儿等。当春色浓浓、果树开花、浓香飘荡的时候，也正是蜜蜂开始采花的好时节。有这样好的花源，不用蜜蜂远飞寻找，就可以采到花粉了。

我喜欢看蜜蜂采花粉。它们穿越花丛，在这朵花上翩翩而舞，在那朵花上嘤嘤而语，选择了芳香之源后，就会轻轻地将自己的梦收藏于生命的机体。采花粉时，它们欣喜地用嘴点动着，用两只后腿很巧妙地染上花粉，然后轻盈地扇动着两只羽翼飞回窝去，留花粉于自己的蜂巢，又返回去继续采花粉。但它们同样也“取水”，它们不会去取污染之水的。它们找到洁净的水源，用嘴吮吸到水分，回到巢中将水分滴进巢里又会飞去采。

蜜蜂为花而乐着，蜜蜂为甜美而忙着。花是生命之源，甜美是生命的誓言。蜜蜂就是用这花之精华和水之洁净酿造蜜的，它们将一种生命的气息和生活的喜悦悄悄带给人类的家园。一家人在蜜蜂愉悦轻盈的细语底下，在蜜蜂勤劳忙碌的身影下面生活着，就会感觉生活是那样的惬意、甜美。

儿时的我常常喜欢坐在果园里，看一季的爱物飞翔，闻一季的花儿飘香，听一季的美妙乐章，那是何等恬静的享受啊！

惊慌的降生

蜜蜂是勤劳的物儿，一生一世为酿造蜂蜜而忙着。除了酿蜜，蜜蜂还担负着繁殖生养的重任。有繁衍生息，蜜蜂才能世代相传，蜂蜜才能蜜香久远，它们也才能带给人类及人类家园更加甜美和幸福的生活。所以，蜜蜂的生命历程中，就有蜜蜂繁殖、抚育幼儿的历程，也就有幼蜂与老蜂别离、分出、建立新家的过程。

每当幼蜂分出时，那种激越的场景令人惊心动魄，那种震撼心灵的过程，留给我儿时很深的记忆。

母亲说老蜂窝里幼蜂足够多了，又有了新王子，老蜂王就会派员给新蜂寻找新家，洞门口蜜蜂出出进进很是繁忙的时候，蜂儿就要“分”了，这时就要特别留神。这多是在夏季里发生。

大约蜜蜂终于在外面寻到了新的家园吧，忽一日，群峰就从窝里涌出，沸沸扬扬，满空飞舞，家里即刻就像面临大战一样的紧张空前。母亲赶忙端着一簸箕灶灰，朝着一个方向边跑边向空中扬，喊着：“蜂儿——回来，蜂儿回来……白雨来了——白雨来了……”她的声音急切而悠扬，空气中充满了急切、悠远而期待的呼唤。我们小孩子就跟着母亲跑前跑后，学母亲的样子抓着土向空中扬着，四处堵截，很慌乱而紧张地跑着，也喊着“蜂儿——回来，白雨来了——白雨来了……”

蜜蜂在我们头顶好似群蜂大战，密密麻麻地交织着无数条网，急速地飞着，声音如清风漫雨，任凭我们怎样奔忙，它们一时半会也不愿降落下来，有时还会越飞越远越高，甚至在天空中消失的。母亲告诉我们喊声要大，不然是堵不住的；而最终要堵住蜂群，就要堵住蜂王子。不管多少蜂，王子永远是群蜂的头领。母亲还会这样补充到：蜂最终是否留下来，还看这个家里有无这个福分，因为蜜蜂是灵性物。这多少带着点神秘色彩。但我们的努力无疑是很起作用的。

我家的蜂分出时，几乎没有飞往别处去的，全给堵下来了。母亲也在这个时候，麻利地戴上草帽，用纱巾从头顶包裹到脸和颈部，将脸和颈部又用毛巾裹一圈，透过纱巾露着两只眼睛，再戴上手套，用手巾扎紧袖口，提着她的蜂兜，等待着新生蜜蜂的降落。尽管这样保护自己，但母亲还是有被蜜蜂伤害的时候，脸上留下几个又红又肿的包来。我们孩子就嬉笑母亲的脸上长了“梁浆疱”，母亲也不会生气我们。

蜜蜂降落后，若是在低处，母亲就可以轻而易举地将它们收回来。如果落在高处，收蜂就有点困难；但母亲总会把它们收回来的。

它们多半会落在高点的大树棵杈间，密密麻麻一大疙瘩，紧紧地重叠着、颤颤地蠕动着、悬垂着，我真担心突然就会掉下一块四散开来。常常我的担心是多余的，从来很少会发生这样的事，它们是那么紧密地重叠一起，仿佛被什么粘住似的，附近还有不断飞来的“散兵”，一个接一个附上去。那个大疙瘩在静止中颤颤地动着。

母亲会支着个长架子，高高地站在上面，一手拿着黄蒿轻轻地在蜂堆底下扫动，一手提着蜂兜轻轻地摇晃着，还一个劲儿唤着“蜂儿——上兜——上兜——上兜！”母亲的装扮像个演戏的丑角，母亲的声音悠扬动听，全然没有堵蜂时的那种急切了。我们孩子看着很逗，远远地扬着脸学母亲的样子做，这时奶奶就吩咐我们赶快去采那种叫地柚子的植物。我们跑到坡底下，很快在骆驼蓬草中间寻找到地柚子，在母亲收回蜂之前铲回一大把来，奶奶用此物将蜂窝重新清扫一遍。奶奶说，用地柚子扫过的窝清香、防害虫，蜂就能安稳地住下来。

当母亲将那一兜新生物小心翼翼地提着去安新家时，我们相拥前后很神气地走着，好像收获了胜利的果实。

经过一番惊慌的“抢战”，新蜂儿终于住进了新家。第二天我们就会看到，新蜂窝的泥坯上，贴着一条红色的布条，很鲜艳。老蜂窝门口，清冷许多。

不几日，新、老窝里的蜜蜂们都飞出飞进的，开始了它们新的生活。

甜蜜的葬礼

蜜蜂的生命是很短暂的。

提到蜜蜂的死，我就想起中学课本中学过的杨朔的《荔枝蜜》来。作者去养蜂场看蜂时，养蜂员老梁告诉作者，“蜂王可以活三年，工蜂最多只能活六个月。”“蜜蜂是很懂事的，到时候，自己就悄悄地死在外边，再也不回来了。”蜜蜂这短暂的生命、自然的死亡，实在叫人心生许多怜惜。

小时候，我最害怕被蜜蜂蜇了，时常远远地仰着头，看着蜜蜂三五成群、出出进进地忙碌着，心里充满了好奇和想象。

有一回，我试着用树枝拨弄蜂窝边的几只蜂，没想那东西就直朝我飞来，我抱头鼠窜，可那物还是钻进我的领部，打都打不掉，吓得我大哭大叫。母亲赶来，忙用手巾将它捉住，大声说原来是黄蜂啊，快打死它，它还咬蜜蜂呢！后来大人们告诉我们，蜜蜂是很可爱的，不会轻易伤害人，如果你要惹怒了它，它也会伤人的，但自己也就活不了了。可黄蜂是很毒的，是蜜蜂的敌人，比蜜蜂身大体长多了，发现有黄蜂就要想办法弄死它，或者趁着夜晚将黄蜂洞口堵死。

打那以后，我害怕黄蜂，也怜惜蜜蜂，纵然不敢去动怒蜜蜂，也时常注意蜂窝边有无黄蜂出没，发现异常情况就向大人们“报告”。

然而铲蜜时，人们给蜜蜂家族带来的那种近乎于毁灭性的场景，以及大人们那种收获甜蜜的影子，就像举行的一场场壮美、神圣的葬礼来，掀起我的心潮一浪一浪地动着。

儿时最盼望着铲蜜时间的到来。白露时节就是铲蜜的好时节。母亲说，白露刚过的这三天，这种灵性的物，才会一动不动，懒懒地呆在窝里吃自己酿的蜜，好像等待着他们的归宿。人如果不铲蜜了，这三天过后，灵性的物儿们又会飞出飞进，重新开始它们的生活。

母亲看好要铲的蜂蜜，是有两三年生活光景、蜜巢里的蜜都快要流出的蜜蜂窝。要准备铲蜜了，母亲就早早收拾家什，将灶台、锅碗洗刷干净，再将瓷缸、瓦罐、盆子等只要能用来盛蜜的东西统统搬出来，洗干净了，放好备用。

趁着夜色月光，蜂儿安稳于窝时，母亲的铲蜜工作就开始了。母亲包裹一下自己，打开蜂窝的泥坯，用水喷洒一下蜂窝，让蜜蜂的翅膀沾了水珠，飞不动。然后她用一个干净的铲子，对准蜂巢铲下去，只听咔嚓、咔嚓的响声，那些可爱的蜂、酿造的蜜，连同蜜蜂创造的家园——蜂巢，就一起掉进盆里。蜂蜜特多的窝里，伴着清脆的、又厚重的声音，母亲知道今年的蜂蜜产量增多了，就会高兴地说今年的蜜又丰收了，可以给亲朋好友多送些了！

我家那时蜜蜂养得多，每年产的蜂蜜都会给亲朋庄邻人送些的。

听着咔嚓咔嚓的声音，看着所有的蜜蜂随着母亲的铁铲进入蜜盆里，我的心里就有种莫名的惊惶和难过。

小时候有一回，我问母亲："蜂蜜被铲了，那蜜蜂呢？"

母亲说："都掉进蜜里了。"

我问："那么它们还能活吗？"

母亲笑着说："全淹进蜜里了，能活么？蜜蜂把自己的一生献给了辛勤的劳动，给人们酿造了蜜，到最后也把自己溶进蜜里让人给吃了。"

"啊？！"我惊愕地张大了嘴巴。

我着实不敢这样相信，当然也不大明白母亲的话。母亲的话语多少带着点对我的哄骗。但母亲是有文化的人，曾给村里的孩子们教过书，她的话语给我的心灵很大的震撼，我的心里回旋着感动，我的眼里浸满了泪水，只怕泪水会淹没我的心灵。

但看着母亲和奶奶在油灯下，用箩筐过滤蜂蜜，不停地忙碌的影子，我的惊惶和难过很快被弥散在屋子里的香甜气味冲淡，于是就渴盼着能快点尝到蜂蜜。有一回，母亲将蜜还没有过滤净，我急着舀一勺倒进杯子里，尝了一口，不想一只蜜蜂进入口中，蜂箭就实实扎进我的舌尖了，我伸着舌头哇哩哇啦大哭。但蜂蜜着实好吃，是上好的营养品，丝丝润进喉咙，点点甜在心里，人们就会觉得日子跟蜜一样的甘甜、爽心。

多可爱的小生命啊，为人类酿造甜美，对人类却无所需求。

它们在忙碌的一生中与人为宜与世无争，人们不曾为它们举行过什么礼仪，却为了收获甜美，将它们埋葬于蜜海之中。整个一窝儿蜜蜂，献身于蜜海之中，也就全部结束了它们的生命。

蜜蜂是卑微的，却又是多么的高尚啊！

[文化艺术活动]

【石嘴山检察官文学艺术联合会成立暨第一次会员代表大会于2014年8月28日正式召开，宁夏检察官文联主席汪敬同志到会致贺并讲话】

2014年8月28日，宁夏石嘴山检察官文学艺术联合会成立暨第一次会员代表大会在石嘴山市人民检察院隆重举行。宁夏区人民检察院党组副书记、常务副检察长、宁夏检察官文联主席汪敬出席大会并讲话；石嘴山市委、政府、市政法机关相关领导到会致贺；石嘴山市书法家协会、美术家协会、音乐家协会、摄影家协会知名艺术家应邀出席大会并被聘为石嘴山检察官文学艺术联合会第一届委员会顾问；石嘴山市人民检察院相关领导、内设机构负责人、石嘴山检察官文学艺术联合会第一届委员会委员候选人、各基层检察院检察长以及有文学艺术特长的检察干警代表和新闻媒体朋友共80余人参加了大会。石嘴山市人民检察院党组成员、政治处主任张学文主持了会议。

会议审议通过了《石嘴山检察官文学艺术联合会章程（草案）》等；选举产生了石嘴山检察官文学艺术联合会第一届委员会领导集体。石嘴山市人民检察院党组书记、检察长韩军在会上讲话；石嘴山市人民检察院党组成员、副检察长张国军当选为石嘴山检察官文学艺术联合会第一届委员会主席并作工作报告。

汪敬主席代表自治区人民检察院、宁夏检察官文联向大会致贺并作重要讲话。汪敬指出：近年来，石嘴山市人民检察院党组高度重视检察文化建设，积极开展多种形式的文化活动，取得了可喜成效，也积累了一些经验，推动了检察工作科学发展。

关于检察官文联成立后的工作，汪敬强调：一要始终坚持正确方向、体现检察特色。要走好一条路，搞好四服务，突出一主体，坚持一原则。“走好一条路”，就是要坚定理想信念，坚持走中国特色社会主义文化发展道路。要坚持用中国特色社会主义理论和中国梦的重要论述武装头脑、指导实践、推动工作。要认真践行社会主义核心价值观，并注意把社会主义核心价值观日常化、具体化，使每个检察干警通过检察文化领悟它，内化为精神追求，外化为实际行动。“搞好四服务”，就是检察官文联工作要始终坚持服务于党和国家工作大局，服务于检察机关的中心工作，服务于检察队伍建设特别是基层队伍建设，服务于广大人民群众。“突出一主体”，就是要始终坚持突出检察官和全体检察人员的主体地位。这包括两个方面，一个是检察官文联的活动，都要以检察内容为主题、主线，努力反映检察工作、检察生活和检察官的精神风貌；另一个是要以检察人员为创作主体，充分发挥检察人员的积极性和创造性，尽可能做到检察人员创作，检察人员参加，突出检察官的形象。“坚持一原则”，就是检察官文联工作，要始终坚持自觉接受党组的领导和政工部门的指导，自觉贯彻执行市院党组的决策部署，严格执行重大事项和重大活动请示报告制度，争取党组对工作的关心和支持。要按照检察机关的整体部署来谋划自身的工作，要把检察官文联工作融入检察工作全局之中，不能把检察官文联工作与检察工作搞成两张皮；二要正确把握“三位一体”的工作思路。检察文化理论研究、检察文化艺术创作和检察文化艺术活动，这三个方面要紧密结合、融为一体、协调发展、整体推进。从我们宁夏检察官文联的工作实际出发，我认为重点是搞好检察文化艺术创作，在此基础上，检察文化理论研究和检察文化艺术活动才有良好的基础；三要紧紧依靠各专业委员会开展工作。检察官文联各专业委员会，是检察文化艺术创作和检察文化艺术活动的直接组织者和推动者，是检察官文联开展工作的重要平台。检察官文联的工作很大程度上要依托各专业委员会来开展，因此一定要把各专业委员会建设作为检察官文联一项重要的基础性工作来抓。要加强同本专业委员会相关联的地方其他艺术团体的联系和交流，争取支持和指导，扩大检察官文联工作的影响力；四要牢牢扎根基层检察院这一片土壤。各县、区院和市院各部门是检察官文联开展工作的基本依靠力量。因此，市检察官文联开展各项活动，除了坚持依靠各专业委员会，还要紧紧依靠各基层院及市院各部门。各级院政工部门是主体责任部门，检察官文联是助手，是推动检察文化繁荣发展的重要阵地，也是组织、团结、凝聚广大检察文化艺术工作者和爱好者开展文化活动的重要力量。检察官文联的重大活动都要主动向政工部门汇报和沟通，积极争取政工部门的支持，形成合力，共同推动检察文化的繁荣和发展；五要始终坚持抓好人才建设：一是要有适当的载体。要开展各种形式的比赛、展览、笔会、专题研讨、采风等活动，通过活动，不断发现、培养、提高检察文化艺术人才，为检察文化建设提供有力的人才资源；二是要有良好的激励机制。要动员检察文化艺术人才积极参加全市和全区性的文化艺术活动，特别要积极参加中国检察官文联组织的各项活动，让他们在实践中锻炼，与名家、高手多接触，提高自身的专业水平。对取得突出艺术成果或者作出突出贡献的检察文艺工作者，要积极宣扬，采取多种形式及时鼓励，最大限度地调动检察文化艺术人才队伍的积极性和创造性。要舍得投入，努力培养一支检察文化建设骨干队伍，营造检察文化艺术人才茁壮成长的良好环境。在开展各项文化艺术活动时，要严格遵守“八项”规定，坚持勤俭节约，防止奢侈浪费，不贪大求洋，不盲目攀比，始终保持艰苦奋斗的优良传统。

宁夏石嘴山检察官文联征集200余篇诗歌散文，甄选后编辑出版了《石检文苑》一书，对外赠阅3000册，获得检察干警和社会各界普遍好评。

组织开展了2013年度全区“检察好新闻”作品评选活动。邀请专家和资深媒体人组成评审委员会对114件新闻作品进行评选，共评出16件获奖作品，进一步激发了全区检察干警奉献检察岗位、宣传检察工作的责任感和使命感。

组织了情系中国梦——庆祝新中国成立65周年摄影图片展和中国梦·检察魂——全国检察机关优秀书画摄影作品展作品征集活动，向中国检察官文联报送书画摄影作品40余幅，宁夏有2幅书画作品入选参展。

组织宁夏区检院机关干警参加了宁夏区直机关工委主办的干部职工球类及趣味运动会。

组织宁夏区检院机关干警到宁夏黄河军事博览园接受了爱国主义教育并开展了趣味运动会，宁夏区检院党组书记、检察长李定达同志带头观展并亲自参加了拓展活动。

组织区检院机关副处级以上干部到自治区廉政警示教育中心接受了警示教育。

组织公诉、民行、控申部门业务骨干为驻地部队开展了普法教育和法律服务活动。

组织女干警代表深入泾源县泾河源小学开展了“践行群众路线、关爱贫困儿童”主题实践活动，并为学生捐赠了书籍、文具等。

组织干警参加了“新丝路、新宁夏”百题知识竞赛活动并获得第二名的好成绩。

组织了全区检察机关刑事申诉业务和民事行政检察业务竞赛，共表彰了28名业务能手和4个优秀组织单位。

推荐6名会员参选中国检察官文联理事和常务理事，其中4人分别被确定为中国检察官文联摄影协会、文学协会和书画协会理事。

改版设立了检察内网“宁夏检察官文联专栏”，分设文联概况、新闻快递、美术欣赏、书法大观、摄影之窗、理论研究等栏目，为检察文化理论研究、艺术创作、艺术活动搭建了展示和交流平台。

【固原市人民检察院举办“民生检察”广场文艺演出活动】

【吴忠市检察官文联举行第七届检察文化节】

▲拔河比赛。

▲健身操表演。

▲开幕式。

▲跳绳比赛。

◀排球比赛。

▶羽毛球比赛。

【石嘴山检察官文联举办“唱响正气歌——石嘴山预防职务犯罪专题文艺演出”】

【吴忠市检察官文联举办文学作品创作培训班】

【吴忠市检察官文联举办摄影技巧培训班】

【宁夏区检院领导参观吴忠市检察官文联第七届检察文化节，领导参观书画摄影展】

新疆生产建设兵团检察官文学艺术联合会

[综 述]

2014年，兵团检察官文联在中国检察官文联和兵团检察院党组的领导下，坚持以党的十八大、十八届三中、四中全会精神为指导，坚持检察文化理论研究、检察文化艺术创作、检察文化艺术活动“三位一体”协调发展的工作思路，立足兵团实际，为提升兵团检察文化软实力、加强兵团检察队伍建设、推动兵团检察工作科学发展作出了贡献。

【强化思想政治教育，提升检察队伍整体素质】

兵团检察官文联制定了《2014年度兵团检察院机关思想政治教育计划》，对加强社会主义核心价值观、推进检察职业道德教育、加强纪律作风建设、抓好党风廉政教育等进行了总体安排；制定了《兵团检察院贯彻落实高检院〈2014–2018年基层人民检察院建设规划〉的实施意见》，进一步明确基层检察院建设的主要任务；协助开展了“端正执法理念、规范执法行为、改进执法作风”专项教育整顿；在全系统开展了纠正群众身边不正之风“八个专项整治”活动；集中开展了为期六个月的“增强党性、严守纪律、廉洁从政”专题教育活动，结合正在开展的党的群众路线教育实践活动，广泛开展“坚守职业良知、践行执法为民”大学习大讨论活动，深入推进党风廉政建设和反腐败斗争；认真对各师检察官文联开展党的群众路线教育实践活动进行指导，对13个师检察分院领导班子、班子成员自身存在的问题提出了意见和建议；组织全系统开展了学习党的十八届四中全会精神活动；一年来，兵团检察官文联充分发挥了文化育检作用，进一步增强了各级干警的政治意识、大局意识、忧患意识、责任意识。

【加大宣传工作力度，营造良好舆论氛围】

兵团检察官文联在《检察日报》、《兵团日报》、《新疆法制报》等主流报刊媒体发表稿件128篇，兵团新闻网发表稿件474篇。其他各类报刊、杂志、网络发表稿件1800余篇，其中肖明生检察长撰写的《兵团检察事业60周年发展回顾与展望》分别于5月23日和4月25日在《检察日报》和《兵团日报》专版进行刊登，引起了良好的社会反响；制定了《兵团检察机关恢复重建30周年纪念活动工作方案》，举办了“我与兵团检察”主题征文活动，共收到征文200余篇，并在《兵团检察》开辟专栏进行连载，激发了干警的职业自豪感、责任感和使命感；对兵团检察院恢复重建30年来的档案资料进行归纳整理，编印了兵团检察院30年大事记、群英谱、纪念画册等；制作了专题片《屯垦成边铸检魂》在兵团电视台进行展播。四师分院检察官文联编纂出版了纪念四师检察机关恢复重建三十周年画册。七师分院检察官文联隆重举行纪念恢复组建三十周年专题报告会。十师分院检察官文联借助检校、检团、检企、检区共建活动，以反腐倡廉图片展、廉政漫画展等方式开展廉政警示教育。

【坚持文化育检，开展丰富多彩的文体活动】

兵团检察文联与自治区文联民间文艺家协会主办了《兵团记忆》大型主题收藏展，共展出兵团各个时期藏品 80 余大类，10000 余件，反映了兵团各个历史时期的发展和变化；组织退休老干部赴十二师检察分院、五一农场开展“回顾过去、展望未来”主题实践活动，参观了兵团建设取得的新成绩和兵团检察事业翻天覆地的变化。一师分院检察官文联借助道德讲堂制度，积极邀请当地德高望重的老红军开展传统道德修养讲座，使年轻干警深受鼓舞和启发。二师分院检察官文联投入经费 3 万余元，组织干警排演出大型歌舞《誓以忠诚铸检魂》、《相信》、《让我们舞起来》等节目，参加师市党委举办的文艺汇演，受到高度评价。四师分院检察官文联成功举办了第六届检察机关迎新春文艺汇演，组织两级院全体干警开展了为期两天的“迎国庆”运动会，凝聚了干警士气、提升了团队精神。五师分院检察官文联组织两级院干警参观五师领导干部廉政教育基地，开展警示教育。六师分院检察官文联组织干警为贫困母亲李秀荣、102 团敬老院孤寡老人捐款近万元。七师分院检察官文联为辖区单位开办廉政教育讲座 21 次，惠及干部职工 3000 余人。八师分院检察官文联结合学习“十个一经典军垦故事”和向“优秀检察官张飚同志”学习活动，深入民族连队扶贫帮困、结对共建，帮助少数民族职工解决生产生活遇到的实际困难和问题，把群众路线教育实践活动引向深入。十师分院检察官文联结合“访、惠、聚”活动，选派有经验的干警到基层挂职，并向基层单位捐助了价值 1 万余元的办公用品，获得了职工群众、连队干部和师、团领导的称赞。十三师分院组织干警到柳树泉、红星二场参观工业园区、设施农业和地窝子遗址，开展革命传统教育，取得了良好的效果。

【加强文化基础设施建设，提升服务检察工作的能力和水平】

兵团检察院官方政务微博“兵团检察”正式开通并上线运行，为兵团检察文联宣传交流和全面推行检务公开搭建了新的网络平台。三师分院投入 20 余万元建起文体活动室、阅览室、荣誉室，购进和配齐多媒体视听器材，设置了电子显示屏。四师分院投资 42 万元在办公楼一、二楼建起文化长廊，安装了 40 余块贴近检察工作的法言警句玻璃牌匾，装修了 150 平米图书阅览室。五师分院充分发挥“四室一廊”检察文化阵地作用，培养健康向上的工作生活情趣，让干警在工作、学习间隙有积极、健康的活动场所。六师检察分院创新检察文化载体，建成电子阅览室、图书室、干警之家，设置休闲区、健身场，为进一步开展文联工作提供了优越的硬件环境。

[文化理论研究]

积极参加中国检察官文联和兵团文联组织的理论研讨、文化征文、影视创作以及书画、摄影展览等活动，共征集上报论文60余篇，主题征文40余篇、影视作品3部、书画、摄影作品110幅，检察文化春联30余幅。

[文化艺术创作]

在《检察日报》、《兵团日报》、《新疆法制报》等主流报刊媒体发表稿件128篇，兵团新闻网发表稿件474篇。其他各类报刊、杂志、网络发表稿件1800余篇，其中肖明生检察长撰写的《兵团检察事业60周年发展回顾与展望》分别于5月23日和4月25日在《检察日报》和《兵团日报》专版进行刊登，引起了良好的社会反响。

九师分院制作完成的首部预防职务犯罪与廉政文化微电影《“酒”道弯》入选首届全国检察机关预防职务犯罪专题微电影评比活动。此片还被九师组织部采用，报送至“全国党员干部现代远程教育”工作办公室，参加全国优秀廉政文化作品评选，为兵团廉政文化建设拓宽了渠道。

[文化艺术活动]

举办了“我与兵团检察”主题征文活动，协助开展了为期六个月的“增强党性、严守纪律、廉洁从政”专题教育活动，结合正在开展的党的群众路线教育实践活动。

◀ 兵团人民检察院副检察长、兵团检察官文联副主席张智慧一行慰问退休老干部原检察长陆文德。（王玮／摄）

兵团人民检察院副检察长、兵团检察官文联副主席周平一行代表院党组慰问退休老干部副检察长高志亮。（陈刚／摄）▶

◀ 兵团人民检察院控申处与兵团检察官文联共同开展第十六个“举报宣传周”暨检察开放日活动。（耿卫江／摄）

◀第十四师分院检察官文联志愿者看望敬老院老干部。（刘华东／摄）

九师分院检察官文联干警向职工群众普法。（谢富强／摄）▶

◀十三师分院检察官文联组织女检察官自己动手制作纱花庆祝三八妇女节。（李林武／摄）

四师分院检察官文联组织女干警接受妇女们的法律咨询。（文华／摄）▶

山东省滕州市人民检察院

组织培训学习等活动掠影

检察院办公大楼

检察礼仪专题培训

组织开展学习“身边人身边事”活动

开展“模拟法庭”进校园活动

青年检察官自编自演反腐情景剧

山东省德州市庆云县人民检察院

加强文化建设　实现文化育检

近年来，庆云县人民检察院坚持把检察文化作为推动检察事业不断发展的重要力量源泉，坚持以铸造职业精神为核心，不断提升干警的思想境界、职业操守、法律素养和执法威信。

一是构建特色文化，提高干警政治修养和思想道德水平

我院在加强检察文化建设中把社会主义核心价值体系融入队伍教育和精神文明建设全过程，坚持党组中心组和机关学习制度，经常组织学习交流活动，及时解答遇到的理论问题和难点问题，引导检察人员正确把握社会主义核心价值体系的科学内涵。通过深入开展一系列活动，教育干警忠于党、忠于人民、忠于法律，创一流业绩，达到以检察文化建设规范干警职业操守的目的。

二是构建“先进”文化，激励干警创先争优精神

引导干警树立“人少院不小，平凡不平庸”的人才兴院理念，确立“崇法求是、尚德致远，以人为本、与法同行，用心工作、注重细节”的育才导向，围绕“引导、规范、奖励、惩戒”的八字方针，制定了干警行为规范、办案纪律和工作流程。一个典型就是一面旗帜。通过树立先进典型，发挥先进典型的模范作用，以全国五一劳动奖状获得者、全国模范检察官黄平亮为引领，打造了一支“黄平亮”式的检察团队。2014 年以来先后有 30 名检察人员受到县级以上表彰，形成了一个先模型检察官团队，有力地推动了检察工作的深入发展。

三是构建行为文化，树立检察干警良好形象

细节决定成败，我们时常教育干警凡事注重细节，引导干警时刻注意自身的行为和公众形象，打造庆云检察“形象工程”。近年来，我们坚持“引导、规范、奖励、惩戒”的八字方针，制定了干警行为规范、办案纪律和工作流程；在窗口单位开展了“五个一”活动，即“一张笑脸相迎，一杯热茶相送，一把椅子让座，一句好话暖心，一个答复满意”。制定了《检察制度汇编》，从言行举止、着装仪表、信访接待、办公办案、检察纪律到办公环境等多方面对制度规范进行整理，汇编成册，以此规范干警各种行为。从而提升了检察干警的公众形象，在全县群众满意度测评和政风评议中均名列政法系统榜首，逐步实现了由制度管人到文化育人的衍变。

陈勇书记接见黄平亮

庆“五一”表彰大会

迎七一演讲比赛

老大爷，这是我们的一点心意

河南省汝阳县人民检察院

树榜样文化　铸登山检魂

检察长王振中

汝阳县位于河南省西南部，北汝河上游。汝阳县人民检察院在汝阳县委和洛阳市人民检察院的正确领导下，在人大、政府、政协的监督支持下，认真践行“三严三实”要求，深入开展“规范司法行为”专项教育活动，忠实履行法律监督职责，为县域经济持续健康发展创造良好的社会环境和法治环境，不断开创检察工作新局面。汝阳县人民检察院注重文化育检工作，着力建设检察文化软环境，提高检察文化软实力，立足“汲取县域精粹、体现法治特征、突出检察特色、紧随时代要求”的发展定位，有力推动了各项检察工作和检察队伍建设晋位升级。1994 年以来连续被省委、省政府评为省级文明单位。2009 年被河南省公安厅、河南省人民检察院评为“双加强双保障”创建活动示范单位、被河南省人民检察院授予集体二等功、被洛阳市人民检察院评为检察文化规范化建设示范院。2010 年最高人民检察院授予该院检察官程建宇“全国模范检察官”荣誉称号。2011 年被最高人民检察院评为全国先进基层检察院、司法警察编队管理示范单位、被河南省人民检察院评为河南省先进基层检察院。2015 年被洛阳市人民检察院授予全市先进基层检察院和党风廉政建设两个责任落实先进基层检察院，被最高人民检察院评为全国检察宣传工作先进单位。

汝阳县地处豫西伏牛山区，历史文化悠久，孕育了和红旗渠精神齐名的登山精神。汝阳县人民检察院党组及广大干警立足本院实际，发扬“为民、争先、实干、持续、奉献”的登山精神，以“厚德、尚法、慎思、笃行”为院训，形成了“精诚合作、勤勉踏实、大公无私、奋勇争先、公平公正”的汝检精神。艰难困苦，玉汝于成。2012 年以“全国模范检察官”程建宇的先进事迹为原型，由最高人民检察院政治部宣传部、河南省人民检察院等联合摄制的电影《火红的杜鹃花》在北京人民大会堂举行首映后在全国公映。

汝检人正以登山精神为动力，始终保持奋发有为的精神状态，求真务实的工作作风，争做信念坚定、为民服务、勤政务实、敢于担当、清正廉洁的“五好干部”，建设过硬检察队伍，以执法办案为中心，深化检务公开，推行阳光司法，全方位立体式保障群众的知情权、参与权和监督权，提升工作水平，维护公平正义，为实现“十三五”良好开局做出应有的贡献！

坚持开展爱国主义教育

学习感受登山精神

团结务实奋进的党组

湖北省十堰市人民检察院

乘“势”而上谋跨越 勇立潮头谱“新”篇

“互联网＋”时代疾风正劲。地处秦巴片区腹地的十堰市，正在绘就一幅检察机关“互联网＋”文化建设助推检察工作转型跨越发展的崭新历史画卷——

“互联网＋”管理文化，让检察管理变身“技术范”

依托信息技术提高办公现代化水平。以检察专网、信息发布、电子政务网等平台为依托，通知公告、请示汇报、督办落实、检务督察等管理工作实现无纸化，信息化办公更高效、更快捷、更实用、更节约。

系统，“一站式”对财务票据、涉案款物从接收、审查、核销等全程信息化监管，财务管理由“人控”变为“技术控”。

“互联网＋”司法文化，让业务工作步入“快车道”

运用大数据提升职务犯罪侦查能力。运用侦查信息指挥平台，收集海量大数据，分析其中蕴藏的犯罪活动规律与痕迹，对涉案对象形成“信息包围”，展开“信息攻势”。

运用统一业务应用系统强化办案监管。建设案件管理大厅，深度运用业务应用系统，对网上预警发现的办案不规范等问题，及时予以纠正。

依托信息技术增强法律监督效果。在湖北率先建成“两法衔接”信息共享平台，督促行政执法机关规范录入行政处罚案件，实现立案监督、建议移送、案件跟踪实时监控。

“互联网＋”群众工作文化，让检群关系实现“零距离”

推进“互联网＋检务”工作模式。建成湖北检察系统首家新媒体工作室，形成以门户网站、微博、微信、手机客户端、检察手机报为主体的新媒体工作平台，畅通检察机关与群众沟通联系的渠道。

依托远程视频接访方便群众反映诉求。远程视频接访系统实现省市县三级联网，让数据多跑路，让群众少跑腿。

“互联网＋”文化建设：只有进行时，没有完成时

该院党组书记李学武认为，“互联网＋”是一场伟大的革命，将对工作、生活和思维产生深远的影响。检察机关推进“互联网＋”文化建设，只有进行时，没有完成时。他表示，该市检察机关将进一步深化“互联网＋”文化精神入脑入心，以信息化促进司法规范化、引领检察工作现代化，为加快推进“五个十堰”建设提供更加有力的司法保障。

党组书记李学武

十堰市检察机关侦查信息化暨侦查信息平台建设现场会

十堰市检察机关“互联网＋检务”信息化大比武竞赛

十堰市检察机关公诉案件庭审多媒体示证竞赛

湖北省十堰市茅箭区人民检察院

检察文化建设成果掠影

近年来，湖北省十堰市茅箭区人民检察院根据高检院、省、市检察院文化强检战略，找准地方文化和检察工作的结合点，通过着力打造理念文化、素质文化、管理文化、环境文化、廉政文化等“五种文化”，逐步形成了具有茅箭特色、检察特色和时代特色的检察文化理论体系。为茅箭检察工作科学发展提供有力的思想保证、精神动力和智力支持。

理念文化是检察文化的灵魂，该院通过理想、信念、情操的教育引导，着力打造理念文化，形成了独特的检察文化体系。该院检察文化的理论体系重点是：明确一个主题，即确定了“激情、智慧、公正、和谐”茅箭检察文化主题；彰显检察文化、地方文化两个特色；建设学习型、服务型、创新型检察院三个目标追求；倡导夸父逐日、水滴石穿、精卫填海、愚公移山“四种精神”；打造理念文化、素质文化、管理文化、环境文化、廉政文化等“五种文化”；坚持爱、度、廉、智、慎、和“六字理念”；塑造梅、兰、竹、菊、松、莲花、向日葵等“七种品格”；践行“忠诚、公正、清廉、文明”“八字院训”。牢记青蛙现象、木桶理论、链条原理、红杉精神、蚂蚁精神、钉子精神、白杨精神等“九种工作信条”。

茅箭区检察院将检察文化体系融入机关大楼环境建设中。精心创作茅箭检察院歌，设计茅箭检察院标，弘扬了“矢志不渝、攻坚克难、嫉恶如仇、执法为民”的茅箭检察“正义之箭”文化精神。编写了《检察文化宣传手册》，制作了检察文化建设专题片，使检察人员在受到哲学、美学、文学熏陶和享受的同时，不断加深对文化理念精髓的理解和把握。该院全方位构建茅箭检察文化平台，重点建设一个法治文化墙和一个理念文化墙，六个检察文化长廊，即：建设法治文化长廊、检察理念文化长廊、茅箭地方文化长廊、十堰地方文化长廊、东风汽车文化长廊、廉政文化长廊，通过检察文化墙和检察文化长廊建设，营造出意境高雅的检察文化氛围。该院大力加强文化阵地建设，注重构建文艺活动、体育活动、学术交流“六大平台”。即办好检察内、外网站，《茅箭检察》刊物、荣誉室建设、体育活动场所、电子阅览室、图书室等六大平台，为干警提供学习、交流、展示的现代化平台。

检察长赵晓军向市区有关领导介绍检察文化建设情况

团结和谐的领导班子

检察文化建设研讨

丰富多彩的文化娱乐活动

湖北省崇阳县人民检察院

努力凝聚“崇检魂”

近年来，湖北省崇阳县人民检察院紧紧围绕“实力检察、创新检察、法治检察、文明检察、人本检察”五个检察建设要求，在确保检察业务工作稳步推进的基础上，积极探索蕴含崇阳地方特色的检察文化建设思路。以检察文化建设为抓手，促进队伍建设，营造出全院上下一心、踏实奋进的浓厚氛围，逐渐凝聚成了崇阳检察人“勇于争先、追求卓越”的“崇检魂”。

2015年，崇阳县人民检察院确定了“崇法修身、秉鉴持衡”八字院训和以“法”为核心理念的检察文化建设总体思路，充分体现了崇阳检察立足法律监督职能“崇法尚法”的核心价值追求；同时，由法展开，延伸出“公、廉、和、勤、实”五个主题，分别代表了崇阳检察公正司法、廉洁自律、团结和谐、勤政爱民、务实奋进五大目标追求。

在以“法”为主线的检察文化建设思路的基础上，崇阳检察文化建设还辅以崇阳地域文化特色为支线，融合了以商代铜鼓为主要标志的“江南商周”原生态农耕创造文化，以提琴戏为代表的民间艺术文化，以《双合莲》、《钟九闹漕》为代表的诗词楹联古典文化，以原中共湘鄂赣省委书记陈寿昌烈士为代表的红色文化，以北宋崇阳县令张乖崖“一文斩吏”“绳锯木断、水滴石穿”为代表的廉政文化，打造独具崇阳检察特色的检察文化体系。

“公、廉、和、勤、实”五大目标追求，既是检察文化建设的五大主题，更是对全院干警修身律己、公正司法、务实奋进提出的五大要求。崇阳县检察院以检察文化建设为抓手，着重在提升干警职业使命感、荣辱观和个人素养上下功夫，通过开展“三严三实”、“两学一做”、“转变纪律作风、转变工作作风、转变学风、树崇阳检察良好形象”主题教育、“六个大讲堂”等一系列活动，打造出一支政治坚定、纪律严明、作风过硬、业务精良、群众满意的检察队伍。

通过不懈努力，崇阳县检察院“文化育检”之路结出了丰硕的成果，先后获得最高人民检察院“文明接待室”、湖北省“最佳文明单位”、湖北省“五好检察院”、湖北省人民检察院“检务保障先进单位”、咸宁市“学习型党组织建设先进单位”、“咸宁市先进检察院”等一系列荣誉。

崇阳县人民检察院组织开展“迎七一”文艺晚会

党组书记、检察长孙峥

湖北省检察院党组副书记、副检察长王铁民参观崇阳县院荣誉陈列室

朝气蓬勃、团结奋进的党组班子

湖北省嘉鱼县人民检察院

检察文化简介

检察文化是中国特色社会主义文化的重要组成部分，检察文化建设是检察机关建设的核心与灵魂。近年来，嘉鱼县人民检察院大力加强检察文化建设，积极营造文化发展氛围，以培育干警社会主义核心价值观、提升思想道德素质、创学习型检察院、当学习型检察官为宗旨，以“检察课堂大家讲”、“青年干警夜学”和“三个论坛”为载体，充分发挥文化的教育、引领和凝聚作用，提升文化驱动力，塑造队伍良好精神面貌，推动各项检察工作创新发展。

精心提炼五字检察文化。努力培育干警社会主义核心价值观，集全院干警智慧，总结提炼出“忠、正、廉、实、嘉”嘉鱼检察核心文化，打造文化长廊。“忠”：即忠诚，检察干警要忠于人民检察事业，忠实履行法律监督职责，自觉接受监督制约，维护检察机关的形象和司法公信力。“正”：公平正义是政法工作的生命线，检察干警要肩扛公正天平，手持正义之剑，以实际行动维护社会公平正义，让人民群众切实感受到公平正义就在身边。“廉”：廉洁奉公是衡量和检验党的纯洁性最直接、最现实的标准。严于律己，廉洁奉公，时刻把党和人民的利益放在首位，严格遵守党纪国法，坚持高尚的精神追求，永葆共产党人的浩然正气。“实”：三严三实。检察干警要对党、对组织、对人民、对同志忠诚老实，做老实人、说老实话、干老实事，襟怀坦白，公道正派，脚踏实地、真抓实干，敢于担当责任，勇于直面矛盾，善于解决问题，努力创造经得起实践、人民、历史检验的实绩。“嘉”：嘉言善行，嘉谋善政。代表着美好、幸福与吉祥，体现了嘉鱼检察院不懈努力追求美好，同时寓意嘉鱼检察一路创造美好、一路收获美好。

精心设计打造论坛文化。致力于服务嘉鱼经济社会文化建设，结合嘉鱼地理人文环境，创立了以县域内三个湖泊命名的论坛文化，即“三湖检务论坛”、“蜜泉公益论坛”和“大岩检风论坛”。“三湖检务论坛”：源自三湖连江，三湖连江地处嘉鱼县城东南，是湖北省内最大的平原水库之一。水库由白湖、梅懈湖和金虾湖三个天然湖泊连通组成，又通过涵闸引蓄长江水，因名三湖连江。三湖检务论坛取三湖法平如水、有容乃大之内涵，又欲通长江源远流长、博大精深之深意。三湖检务论坛倡导学习与交流并存，争鸣与融合并进，旨在通过开展检察课堂大家讲、青年干警夜学、实务经验交流会、经典案例大讨论等多项活动，为检察干警打造理论实践两相结合的窗口，不断凝聚检察文化建设新能量，极力促进检察事业蓬勃发展。坛训“修身明法、博学致远”。“蜜泉公益论坛”：源自蜜泉湖，蜜泉湖是嘉鱼县第二大湖泊，据史志记载，北宋绍圣三年，岁旱湖涸，但湖中有八眼甘泉涌流，可资引用，当时受益民众颂为“蜜泉”。蜜泉公益论坛取蜜泉湖水常流不息、味道甘甜之内涵，旨在发挥检察职能，让检察工作如蜜泉湖水一般滋润人们的心田。问“泉”哪得清如许，为有源头活水来，论坛将检察工作实际与创新参与公益活动相结合，经常性地开展“进村组、进学校、进社区、进企业”等法律服务活动，把各项检察工作融入人民群众中，努力提高干警自身修养、司法为民意识，为嘉鱼公益事业添砖加瓦。坛训“服务如蜜，泉润江南”。“大岩检风论坛”：源自大岩湖，大岩湖位于嘉鱼县城西南，平湖万顷、浩浩汤汤，因湖东南有“南嘉第一峰”大岩山而得名。仁者乐山，智者乐水，大岩检风论坛取大岩湖的厚重平和、仕智兼备之意，意喻嘉鱼检察院干警队伍作风优良，纪律严明，忠于法律，司法为民。清拔耸立之山，高洁肃静；拳拳赤子之心，诚挚爱民。大岩检风论坛提供一个全面真实的窗口，展示嘉鱼县检察院在纪律作风建设、队伍建设方面的“正能量”，展现嘉鱼县检察院全力服务人民的赤诚之心。坛训“风清气正，树茂山青”。

精心组织发挥文化效用。嘉鱼县检察院将检察文化作为提高队伍软实力、推动检察事业科学发展的重要力量源泉，持续建设“先进基层检察院”。跨部门抽调青年干警组成论坛管理小组参与论坛建设，努力发挥论坛作用。今年以来，“三湖检务论坛”成功举办第一期“推进与落实司法责任制”研讨会，组织青年干警开展业务和案例讨论等活动。“密泉公益论坛”组织开展普法宣传进农村、进社区、进校园活动，结合未检工作积极开展“牵手行动”，与留守儿童一对一结对帮扶。“大岩检风论坛”组织干警参观红色教育基地和廉政公园。通过检察文化孕育，进一步丰富了干警思想人文素养，干警的政治意识、大局意识、核心意识和看齐意识进一步增强，归属感和使命感进一步强化，队伍综合素质明显提升。

嘉鱼县人民检察院党组班子成员

植树

湖北省通山县人民检察院

检察文化书香四溢

“厚德、明法、博学、爱民、敬业、律己”，走进通山县人民检察院办公大楼，迎面而来的院训传递着通山检察人“立检为公，执法为民”的庄严承诺。无论是来我院办事的群众，还是在办公大楼上班的干警，置身于庄重和谐、健康向上的检察文化墙之中，都可以感受到浓厚的法治文化氛围所带来的精神力量。检察文化墙的楼层与布局构思巧妙，每一楼层弘扬的价值理念内涵丰富，健康向上。内容有谚语、诗歌、名言警句。

集体合影

近年来，通山检察院大力实施“文化育检”战略，坚持用先进文化提升检察队伍的思想境界、职业操守和法律素养。一是树立崇高的价值理念。经过这几年的努力，初步形成了以社会主义核心价值观为引领，以“公平正义”为核心追求，总结提炼出“厚德、明法、博学、爱民、敬业、律己”的“十二字”具有通山检察特色的价值理念。全面推动观念文化、行为文化、廉政文化、管理文化为一体的文化建设体系，二是不断完善硬件文化设施建设，使无形文化有形化。办公楼一楼大厅悬挂、“为人民服务”、“忠诚、公正、清廉、文明”的检察职业道德等幅标，每一层楼道分别按“厚德、明法、博学、爱民、敬业、律己”布置若干名言警句，时刻提示干警以德为先，严格执法，提能增效，一心为民，爱岗敬业，廉洁自律；建立图书室、荣誉室、文化娱乐室；建成篮球场、网球场、乒乓球室、健身房等。同时，对机关庭院进行绿化、美化和亮化，以香樟树、银杏、桂花树点缀院落，打造了一个错落有致、干净整洁、优美舒适的工作生活环境，使干警在休闲、生活、娱乐中感受到文化的魅力，在潜移默化中提升了道德情操和职业使命感、荣誉感。三是丰富干警业余文化生活。成立女子健身操队、男子篮球队，举办羽毛球、乒乓球、篮球、健步爬山等比赛，活跃干警文化生活。组织开展形式多样的文明创建主题教育活动，开展“道德讲堂”、演讲、读书交流等活动，新增添四千册历史、文学类等书籍，用健康向上的文化作品引导干警。将廉政文化融入检察文化。每年组织干警到闯王陵廉政警示教育基地、泰和园烈士陵园、大幕山李振周先进事迹教育基地等进行传统教育。四是建立人文关怀和从优待检制度。坚持走访慰问退休干警、慰问生病干警、干警生日祝贺、定期体检等制度，把尊重干警、爱护干警、理解干警、关心干警贯穿于检察工作始终，让干警及家属切实感受到检察院这个大“家”的温暖。五是大力培养、树立和推广先进典型。营造正确的工作和用人导向，引导干警锐意进取，奋发向上，争先创优。把先进典型与浓厚的检察文化结合起来，使干警在潜移默化中接受教育，在寓教于乐中陶冶情操，在培养个性中打牢职业道德基础，共同创造一个以人为本、凝聚力量、激励斗志、促进和谐的良好人文环境，推动检察工作跨越发展。

院训

图书室

广西省贺州市人民检察院

文化之花育检魂　室雅书香陶情操

——贺州市人民检察院加强检察文化建设综述

走进贺州市人民检察院办公大楼，“崇德尚法”庄严肃穆的院训便映入眼帘、熠熠生辉，浓郁的文化气息扑面而来。各层楼道，一块块古香古色、内容丰富的廉政牌匾，一幅幅章法有度、意蕴深远的书法作品，更是令人惊叹这“墨香检苑”之美。这是该院精心打造“检察文化”的一个缩影。

近年来，该院认真贯彻落实党的十八届四中全会对检察工作提出的新要求，坚持“繁荣先进检察文化，建设和谐检察文化”的指导方针，用检察文化锻造灵魂，引导检察干警树立正确的世界观、人生观、价值观，培养良好的职业操守和法律良知，以法的文化渗润检察干警的心田，养成对法的敬仰之心和敬畏之心，形成对公平正义的坚守。

创新研“察”引“活水”，以点带面出精品

该院始终坚持争创新、求突破的理念，积极探索新思路、开创新方法，不断开辟检察文化新阵地，打造独具特色的“1+X”检察文化园，以“读书时光”书吧为核心，辐射带动“一厅一室一基地一长廊”，以点带面促检察文化建设遍地开花。

“1”吧打造辟净土，精神家园不打烊。

该院在办公大楼三楼打造了一个“读书时光”书吧，成为检察干警心灵休憩的一方“净土”和思维交织的互动“磁场”。

“X”方建设激涟漪，亮点纷呈结硕果。

该院在打造“读书时光”书吧的基础上，进一步延伸检察文化触角，极力推进“一厅一室一基地一长廊”建设。切实拓宽了检民联系渠道，增强检察服务的便捷性，扩大检察宣传的覆盖面。为检察干警尤其是新进干警在不断追寻前辈足迹的过程中，让他们对法有了更深的理解，对法律有了更崇高的敬畏，对检察事业有了更执着的追求。

主题多样、内容丰富，作品多为检察干警自创书画艺术，让干警在艺术与美感中提升思想境界，接受文化熏陶，增强检察文化的感召力。

检察长杨远波给干警上核心素能课，全方位、多角度给检察干警注入精神操练的“强心剂”

为全市检察机关业务专家、业务骨干、业务标兵、后备人才授奖

环境清新、格调典雅，名为“读书时光”书吧

记录贺州风土人情的摄影作品展

诠释“正直、优秀、奉献”公诉精神的公诉文化室

广西壮族自治区柳州铁路运输检察院

打造特色检察文化　助推检察工作发展

党组书记、检察长韦九报

柳州铁路运输检察院始终把检察文化建设作为助推检察工作全面发展的载体和基础，坚持"以先进文化引导人、凝聚人、塑造人、规范人"，发扬"追求先进，永不止步"的柳州铁检院精神，积极探索检察文化的新内涵，新形式，倾心打造柳铁检每一位干警共同的精神家园，以追求人的先进促进各项检察工作的先进。

一、业务强检，在业务工作中彰显检察文化

一是坚持自侦办案重中之重，彰显廉洁性。该院坚持统筹兼顾，适度倾斜政策，加大办案力度，反贪立案位居全国铁检基层院前列；二是参与平安铁道、平安广西建设，彰显和谐性。加大对"两抢一盗"、破坏铁路运输设施设备、非法持有毒品、运输毒品、掩饰、隐瞒犯罪所得等犯罪案件的打击力度。同时在两级院率先推行庭前会议制度，在起诉阶段引入调解机制，疏导化解矛盾纠纷；三是强化法律监督工作，彰显公正性。驻所检察一直是该院的名片，曾连续获得第二、三届全国"一级范化检察室"，2015年继续保持了"全国青少年维权岗"称号。

二、服务立检，在服务大局中拓展检察文化

一是惩防并举，拓展服务廉政文化。检企共建成效显著。在贵广铁路开展以"工程优质、干部优秀"为主要内容的同步预防工作，多次在相关会议上介绍经验；二是创新管理，拓展服务化解社会矛盾。擦亮控申部门为民办实事的窗口，对群众来访始终做到"四心"，即热心接待，用心倾听，细心登记，耐心说理。在受理信访件中，做到"三及时"及时落实，及时处理，及时反馈；三是丰富载体，拓展服务优化环境。院容院貌院风焕然一新。

三、人才兴检，在队伍建设中培育检察文化

一是抓班子，带队伍。以韦九报同志为班长的新班子坚持标导向，高标准、严要求，做到了"四个必须"、"六带头"，形成了"三讲三一"（讲大局，谋事一盘棋；讲团结，共事一条心；讲实干，干事一股劲）氛围；二是强队伍，提素质。坚持学习制度。扎实开展各项专题教育活动，坚持党组中心组集体学习、专题研讨、干部自学等相结合；三是搭台子，给位子。组织开展论辩赛、各类竞赛、演讲赛等，为年轻人搭建舞台。加大进人力度。同时加大选贤力度，配齐配强了班子成员和部分中层领导。

四、文化育检，在创意文化中发展检察文化

一是在办公楼外建起了电子屏幕墙。及时发布时政消息和本院重大信息；二是因陋就简打造楼道走廊文化墙。张贴干警的作品和名言警句，美化环境的同时也陶冶了干警的精神情操；三是因地制宜打造楼顶休闲长廊和开心农场。借力农场小天地，做好检察文化大文章；四是开展丰富多彩的文体活动。适时组织干警开展书法、摄影及球类等比赛，陶冶情操、培育情趣，培养团队意识、争先意识。

（照片由副检察长姜凤胜拍摄）

自治区检察院检察长崔智友（左）视察我院开心农场

党组成员

自治区检察院机关党委副书记农丽捷视察我院文化长廊

广西壮族自治区富川瑶族自治县人民检察院

以检察文化引领队伍建设出成效

近年来，广西贺州市富川瑶族自治县人民检察院坚持党的领导，主动接受人大及其社会各界的监督，坚持从严治检，积极探索引领检察队伍建设、发挥检察文化影响力的新路子，成立了女检察官服务队树“品牌”，培养了一批检察业务专家、办案骨干及标兵能手，突出注重党性、政治素质培养方向，锤炼了一支忠于党、忠于人民、忠于法律的优秀检察官队伍。

检察长为全体干警上“三严三实”专题教育党课

一、女检察官服务队显巾帼神采

成立女检察官服务队，撑起检察事业“半边天”。充分发挥女检察官感情细腻、耐心有亲和力的特点，直击惩防职务犯罪、公诉批捕、控告申诉等检察最前沿工作。同时对留守儿童、铁路护路、送法下乡等方面倾注了心血，企业、学校、田间处处留下了她们靓丽的身影。体贴群众改夜访不影响群众生产，特别注重对妇女儿童，孤寡老人等弱势群体权益的保护。《广西日报》法治版曾头条专题刊登了富川女检察官服务队的事迹，在当地引起了巨大的反响，取得了较好的社会效果。

举办辩论赛提升年轻干警辩论水平提高团队协作能力

二、激活年轻团队沸腾新鲜血液

更加关心青年检察官的成长，通过举办辩论赛、观摩庭、案件讨论会等形式，创新青年干警参与“办案”的形式，提升其法律适用和钻研能力，促进其临场发挥能力的不断进步。组建“青年工作委员会”，为青年干警施展才华提供平台，应用新媒体加强交流探讨，激发团队协作能力、议事协调能力和决策能力，助其早日成才，为检察事业发展注入沸腾的新鲜血液。近几年来，不断有年轻干警成为业务骨干、业务标兵、业务专家，进入自治区级检察专门人才库，涌现出一大批优秀检察人才。

三、从严治检注重文化传承

注重优良传统沿革，通过“上传下”、“老带小”等传帮带的模式，把检察机关优良的传统和有效的办案经验及方式传承下来。更加注重优秀检察文化的传承，通过座谈、讲座、会议、参观学习等形式切实加强对检察干警思想素质的培养，“严”字当头抓好廉政教育，更加坚定政治立场，更加旗帜鲜明的为人民服务，突出检察机关法律监督的作用，树立好模范遵守宪法法律、规范用权的良好形象，促进当地廉政文化建设。

四、强化服务意识增强文化引领作用

切实加大检察文化软实力建设，提升检察官人格魅力，强化服务意识，找准服务当地经济社会发展的切入点，以办案保稳定促发展，主动走出去有作为。通过办案、调研、走访、法律宣传等途径进行检察软实力“文化输出”，以乡镇检察室、驻公安派出所检察官办公室为载体激活亲民便民功能，提升检察知名度，发挥检察法律文化引领作用，逐步引导群众遵纪守法，商家企业正当经营，不断促进法治社会建设。

杨远波检察长专程指导驻公安派出所检察官团队建设工作

以运动文化让干警动起来保健康促发展

广西壮族自治区钟山县人民检察院

文化育检锻造高素质检察队伍

钟山县人民检察院历来重视检察文化建设，把加强检察文化建设作为推进检察队伍建设的重要抓手。近年来，该院以争创全区先进基层检察院为契机，以建立钟山县检察院特色检察文化为立足点，创新文化载体，大力实施“文化育检”工程，从多方面丰富检察文化内涵，锻造高素质检察队伍。

建好廉政文化平台，警示教育更全面

该院以“点线面”宣传模式，全面提升警示教育覆盖面。以本院廉政文化长廊为集中教育点，以廉政警句、修身警句、廉政图说等美观雅致的书画营造浓厚的检察廉政文化氛围，同时充分发挥“职务预防犯罪宣讲团”、“法制副校长”等作用，做好与机关、乡镇、企业、学校的沟通和廉洁线，并通过节日发送廉政短信、在当地电视台播出廉政短片等方式实现干警警示教育“面”的全覆盖，教育引导干警深刻认识检察机关自身反腐倡廉建设的重要意义，增强自身反腐倡廉的自觉性。

建好精神文化平台，思想境界再升华

结合规范司法行为专项整治活动、“三严三实”专题教育活动，坚持不懈开展“忠诚、公正、清廉、严明”的检察职业道德教育。该院每年定期组织全院干警多次到当地英家起义地址粤东会馆开展实地红色教育，增强干警职业使命感、责任感和荣誉感。该院还多次举办“道德讲堂”活动，邀请相关学者专家讲授国学，增进干警的学识底蕴、道德素养和清风正气。

党组书记、检察长陈贤清

团结奋进的领导班子

到革命老区实地学习

重温入党誓词

开展道德讲堂

坚定信念主题党课

广西壮族自治区贵港市港北区人民检察院

打造四大检察文化工程　推动检察工作创新发展

近年来，广西贵港市港北区检察院通过四项举措深入开展检察文化建设活动，有力推动检察工作创新发展，取得明显成效。在党委和上级检察机关的领导、人大及社会各界的监督支持下，全体检察干警发扬“艰苦奋斗、爱岗敬业、无私奉献、勇创一流”的港北检察人精神，不断强化法律监督、强化自身监督、强化队伍建设，先后荣获了全国模范检察院、第一届、第三届、第四届、第五届“全国先进基层检察院”、最高人民检察院记“集体一等功”、全国基层检察院“四化”建设示范单位、全国司法警察编队管理示范院、全国优秀公诉团队、全国检察宣传先进集体、自治区文明单位、自治区和谐单位、全区先进检察院、全区平安建设先进集体等荣誉称号。主要做法是：

党组书记、检察长陆石秋

一、领导带头、率先垂范，着力打造“学习氛围工程”

院班子成员始终把“知识建院”作为宏观发展战略。通过树立典型、检查讲评等多种方式，坚持做到领导带头学、带头讲、带头写，发挥示范带动作用，努力在干警中根植学习立身、求知成才的理念；坚持把完成年度学习任务纳入目标管理体系，通过评先评优形式激发干警“干事业谋发展”的积极性和进取心。

二、文化育检、人文关怀，着力打造“团结和谐工程”

设立电子阅览室、荣誉室、廉政文化长廊、宣传教育板报以及开展文艺晚会、游园活动和演讲比赛等文体活动，丰富广大检察人员的文化生活，提高文化修养；为干警建立了健康档案，定期组织干警进行身体体检；积极开展困难干警家庭帮困活动，努力解决他们的后顾之忧，积极营造团结和谐的工作氛围和“院荣我荣，院损我损”的集体观念。

团结奋进的领导班子

三、搭建平台、以人为本，着力打造“素质提升工程”

院党组十分注重检察文化在提升检察干警素质上的导向和激励作用。院领导和检委会委员，每人都确定了一名干警作为培养指导的对象，定期进行面对面的、理论实践相结合的交流和帮带；设立了“青年干警活动小组”，经常组织青年检察干警通读书籍、开展理论研讨、组织社会实践活动、进行演讲比赛、举行文体活动，开展主题党日教育活动，邀请专家领导为干警讲党课、述党史，用检察文化的力量激励干警，在全院上下形成人心思上、共谋发展的良好氛围，使全院干警更好、更快的成长进步，干警年度考核测评优秀率每年均达到100%。

四、创新争优、精益求精，着力打造“文化育检工程”

院党组大力倡导“树精品意识、创一流业绩”的品牌意识，把“文化育检”的精神追求内化在实际工作中，建立起“三项机制”。一是激励机制。出台了奖学促学办法，鼓励支持干警从事检察理论研究、参加在岗进修或司法考试。二是监督机制。对干警学习笔记随机抽查，学习情况一月一统计，工作业绩半年一考核，使院领导随时能掌握干警的学习情况。三是述学机制。每半年组织干警述职述学，既要记述“所学”，也要详述“所得”。全院干警形成了浓郁的检察文化情结，有力的推动了各项检察事业的快步发展。

朝气蓬勃的港北检察队伍

举办丰富多彩的文艺活动丰富干警生活

广西壮族自治区桂平市人民检察院

积极开展检察文化建设工作

广西桂平市人民检察院通过开展检察文化建设工作，积极拓展文化育检空间，构建文化育检阵地，进一步提升全院干警检察文化水平，强化检察队伍素养，提高法律监督能力。

该院近年来先后组织干警参加“庆五·四朗诵比赛”、“全区政法系统首届文艺汇演”、“贵港市检察机关文艺汇演”以及组队参加市院及市里组织的各种文体活动。前不久，成立了检察诗社，由20多名干警组成社员，积极开展诗词创作活动，参与地方创建“中华诗词之乡”。该院在新建的办案用房及技术用房每一层的过道上，分别悬挂古人、中外名人、国家领导人的格言，营造检察文化氛围。在机关庭院内，铺设了新的灯光篮球场及气排球场，还设了室内乒乓球场等活动场所。通过开展各项文化活动，从中让干警陶冶情操，在忙碌工作之余放松身心，调整好最佳的状态，更好地投入到工作中去。

青年干警在庆“五·四”朗诵比赛中的表演

青年干警在庆“五·四”朗诵比赛中

全体干警参加全市检察机关文艺汇演

广西壮族自治区北海市银海区人民检察院

文化建设结出丰硕成果

杨伟才检察长讲“三严三实”专题教育党课

近年来，北海市银海区检察院加强检察文化建设力度，创新文化建设载体，检察队伍素质得到全面提升，各项检察事业有了长足发展。

一是从观念文化建设入手，增强干警凝聚力、向心力

通过组织干警学习习近平系列重要讲话精神，开展规范司法行为专项整治活动、“三严三实”专题教育活动等各种活动，培育良好的检察职业道德价值观，使干警在工作中始终保持饱满的热情和旺盛的斗志。通过组织干警重温入党誓词，进行检察官宣誓、座谈交流等形式，分层次、分主题进行理念教育、忠诚履职教育、执法为民教育、公正执法教育、廉洁从检教育，进一步端正干警执法思想，更新执法理念，恪守检察官职业道德。

二是从素质文化建设入手，推进人才兴检战略

创新干警的培养方式，不断激发干警的内在潜能，通过业务评比、业务知识竞赛等方式开展岗位练兵活动和执法规范化建设；通过参与优秀检察官、优秀检察建议、精品案例等评选活动，打造出一支勤于学习、善于思考、精于实践的优秀检察队伍。近年来该院先后获评基层建设示范院、民事行政检察科集体三等功、妇女儿童维权岗等荣誉，2 名干警被自治区检察院评为先进个人，1 名干警获得个人三等功，4 名干警入选自治区检察院专门型人才库。

三是从制度文化建设入手，推进检察工作规范化发展

通过建立完备的制度体系，加强对检察人员和检察工作的管理制度，促进各项检察工作得到有效落实。建立职责分明的制度体系，明确各科室的职能和各岗位职责，做到定岗定责；明确每一步工作流程，每一办案环节的流程和走向；建立检察业务各个重点环节的工作标准，使各个执法环节衔接更加规范化。

四是从环境文化建设入手，营造积极向上的环境氛围

结合文明创建活动，在办公楼大厅、走廊摆放法制宣传板报，悬挂名言警句，制作文化长廊，营造浓厚的文化氛围；利用新建的廉政文化建设教育基地，接待广大党员干部参观、检查，形象地展示了近年来该院预防和打击职务犯罪成果及廉政文化建设情况。同时，该院领导带队到相关单位进行职务犯罪预防讲座，营造不敢贪不敢腐的政务氛围；定期组织检察官到乡镇、到校园进行法制宣传，到挂钩村进行扶贫慰问，构建文明和谐的法治氛围；精心设计、集中管理、建成集政治思想教育、专业性、实用性为一体的内外网络平台，营造健康积极的内外检察网络环境；推行人性化管理，领导及政工部门尊重干警人格、关心干警生活、关注干警家庭，掌握干警的思想动态，营造和谐的人际关系。

杨伟才检察长一行人到挂钩村进行“七一”慰问活动

检察官在杨伟才检察长的带领下进行宪法宣誓

妇女儿童维权岗女检察官到学校进行法制教育课

青海省西宁市人民检察院

坚持文化育检　提升干警素养

近年来，西宁市人民检察院党组始终把检察文化列入党组的议事日程，积极探索“文化育检”的发展途径，以多元化的方式把检察文化建设充分体现到执法公信力建设、队伍建设、业务建设、管理制度建设以及日常生活中，先后成立了检察官文联，组建了读书、文艺、摄影、美术、技能等小组，积极开展经常性、群众性的文体活动。同时，狠抓“硬件”基础建设，以“惟实、明德、尚法、敬检”院训为主线，组织开展了廉政格言“上墙头”，打造了办公楼“文化墙”、文化浮雕，建立了检察文化活动室、检察文化展室、荣誉室、检察官俱乐部、健身中心、乒乓球场等场所，大力营造浓厚的检察文化活动氛围。积极开展趣味性、运动性，让全体干警做到我运动、我健康，我快乐，整个机关充满希望、充满活力，多次在全省检察机关动员会中取得团体总分前三名的优异成绩。检察文化建设的健康发展为各项检察工作的开展提供精神动力、舆论支持、文化保障，市院先后荣获“全国检察机关纪检监察先进集体”、“全省检察机关基层院建设组织奖”、西宁市文明单位和青海省文明单位等诸多荣誉。涌现出了“全国政法系统优秀党员干警”、“全国模范检察官”沙　等一批先进个人。市院连续六年在全省检察机关队伍建设和业务工作综合考评中名列第一。

检察长王智

预防职务犯罪宣讲团

2013 年 6 月 28 日成立检察官文联

青海省海东市人民检察院

海东检察院打造检察文化平台 多措并举狠抓队伍建设

我院通过打造具有海东特色的检察文化，人性化地寓队伍教育管理于检察文化建设当中，经常性地开展丰富而有益的检察文化活动，从而减少不良思想意识影响，有效实现了队伍素质的提高，塑造出良好的检察形象。

（一）营造文化环境

从干警的学习、工作、生活环境入手，打造浓郁的人文环境。为进一步展示我院的检察文化，我们组织2名年轻干警进行引导解说。到目前，为省、市领导、兄弟县院及社会各界引导解说10余次，收到良好的宣传效果。其次，打造公开透明的大厅文化。花费10余万元更新了大厅的电子显示屏，滚动播放我院去年制定的院训和各办案部门案件办理情况等，办案工作公开化、透明化、常态化，使外界群众一目了然。我院的院训是："爱国才能忠于法律，爱家才能充满爱心"。干警每天出入大厅看到这些耳熟能详，扎根脑海的院训时，付诸行动，时刻注重细节，不断创新思维，增强努力搞好本职工作的决心和信心。

（二）开展文化活动

注重把文化建设与检察业务紧密结合起来，通过开展各项文体活动，鼓舞士气、提升人气。（1）全省检察机关第二届运动会，海东检察机关夺得运动会28个比赛项目中的8项冠军、2项亚军、4项季军、获得比赛总分第一名的优异成绩；（2）今年4月，我院举办"与你分享我最喜欢的一篇文章"读书朗诵比赛。通过比赛，彰显出检察干警蓬勃向上、爱岗敬业，努力搞好本职工作的决心和信心。（3）今年5月，市院在全区举办了"海东检察好声音"卡拉OK比赛。6月份，又举办迎"七一"登山比赛。通过比赛，进一步增强了干警奋力拼搏、团结协作的精神。

（三）加强管理文化

由于案件多，人员少，工作重，加之干警的年龄普遍偏大，有时需要超负荷的工作，年长日久，导致干警的身体状况普遍较差。尤其是在办理各类刑事犯罪案件、贪污贿赂和侵权渎职犯罪案件过程中，干警时有可能发生生命和健康受到损害的危险。为了使干警全身心投入工作，解除他们及其家属的后顾之忧，市院党组主动从有限的办案经费中挤出一部分经费给全院70名干警购买了人身意外伤亡保险。这一举措得到有关部门和广大干警的普遍赞誉。

我院承办青海省检察系统第三届运动会获得团体总分第一的好成绩图为我院干警激烈角逐

结合检察五进活动开展法制宣传

我院干警开展庆三八文艺演出

（四）注重精神文化

一是通过开展政法干警核心价值观等系列主题教育实践活动，自觉提高自身素质和执法水平；二是通过到井冈山等地接受革命传统教育，重温入党誓词、检察官誓词、院领导上党课、引导干警践行以"忠诚、公正、清廉、文明"为核心的检察职业道德规范；三是积极开展了"树典型、学模范"活动、"内强素质、争当'十型'检察官活动，号召全区检察干警向全国模范检察官沙 、全省检察系统"好媳妇"王晓红等同志学习。通过开辟学习教育专栏、让干警交流学习心得体会、用榜样的力量来鞭策全院干警争当先进，以实际行动诠释"立检为公、执法为民"的宗旨。

海东市政法系统聆听全国最美检察官陈永浩先进事迹报告会，台下领导和干警认真聆听

青海省海南州人民检察院

加强检察文化建设　为检察工作发展凝聚精神力量

——青海省海南藏族自治州人民检察院检察文化建设掠影

近年来，海南州检察机关认真贯彻落实全国检察文化建设座谈会精神和《最高人民检察院关于加强检察文化建设的意见》，大力实施“文化育检、文化兴检、文化强检”战略，以培育先进检察文化、促进检察队伍综合素质提升为目的，注重“抓强项、树品牌、创名院”，全力打造高品位检察文化品牌，着力塑造检察干警的核心价值理念，成立了海南藏族自治州检察官文学艺术联合会，创办了《海南检察》（季刊），在当地党委党报《海南报》上开设“检察官说法”专栏，加强法制宣传，检察理论研究工作，为进一步增强检察文化软实力搭建了平台，提供了组织保障。在办公楼内设立了检察荣誉室、阅览室、健身房、院史陈列室等，组织人员编纂《检察志》和大事记，合理规划，精心设置“文化橱窗”、“文化长廊”、“廉政文化墙”等检察文化宣传阵地，积极营造崇法、健康、团结、和谐的良好工作氛围。通过积极举办丰富多彩的适合检察干警特点的文体活动，展现新时期检察干警奋发有为、昂扬向上的精神风貌，讴歌在党的领导下检察机关发生的巨大变化，努力使检察文化建设成为鼓舞全州检察干警士气、增强团队凝聚力的黏合剂，成为营造和谐机关的助推器。

青海省贵德县大史家村调研工作（右前排一位州委常委、县委书记杨海龙，州院党组书记、检察长昝春芳陪同）

举行“12.4”宪法宣誓活动

举行“12.4”宪法宣誓活动（前排领誓为州院党组书记、检察长昝春芳）

青海省西宁市城西区人民检察院

文化育检　文化兴检　文化强检

作为全国检察文化建设示范院，城西区检察院始终把检察文化建设摆在重要位置抓紧抓实，近年来，城西区检察院按照“理念文化提素质、廉政文化树形象、制度文化促规范、日常文化添活力、群众文化增公信”的检察文化建设总体思路，以检察官文联为依托，深入挖掘检察文化“软实力”，积极探索“文化育检”、“文化兴检”、“文化强检”的发展途径。

升级检察文化阵地设施

在现有设施的基础上，把检察大讲堂、检察文化浮雕墙、院史荣誉室、干警文体活动室、电子阅览室、图书室等硬件设施不断升级更新，并建成具有城西检察特色和富有法治文化内涵的检务接待室、案管中心、办公楼大厅以及办公室、会议室等场所的检察文化设施，充分发挥环境的熏陶作用。

打造检察文化宣传平台

充分利用局域网、“为民在线”门户网站、“城西检察”法律微博和《城西检察宣传剪影》、《城西检察院报》等内部刊物拓展文化建设新空间，并在全省检察机关中率先开通了“西宁城西检察”官方微信平台，通过在网站上开设检察文化建设专题栏目，在内部刊物、微博、微信上发布干警撰写的论文，创作的诗歌、随笔、书法、摄影等作品，着力打造检察文化宣传平台。

丰富检察文化活动形式

坚持以检察官文联为依托，把检察文化建设与节日文化活动有机结合起来，大力推进检察文化建设和精神文明建设，着力增强自身“软实力”。完善了检察乐队和文艺宣传队，定期开展检察文化活动月，积极开展集思想教育、业务学习、道德修养、国学赏析、养生保健等为一体的检察大讲堂，丰富了干警的文化生活，陶冶了干警的道德情操。

近年来，在全体干警的积极参与、共同努力下，城西区检察院检察文化建设持久扎实有序推进，不断取得新的进展，今后，城西区检察院将进一步发挥检察官文联的职能作用，加大检察官文联工作力度，借助图书室、院史荣誉室、文体活动室、检察文化浮雕以及干警书画、摄影文化长廊等文化设施，让干警充分感受检察文化的熏陶和教育，为推进检察工作科学发展提供坚实的精神源动力。

高检院原常务副检察长张耕来院视察检察文化建设

检察官文联成立党组领导班子诗朗诵表演

检察官文联成立大会

城西区“铭记历史　坚定信念　永远跟党走”歌咏比赛

宁夏回族自治区吴忠市红寺堡区人民检察院

规范管理 锻造“素质检察” 快乐育检 打造“活力检察”

吴忠市红寺堡区检察院始终以“规范检察活动，发展检察事业，服务第一要务”为思路，以“当前与长远、专业与全面、培育与监督”三个关系为抓手，全方位、宽领域、多途径地加强青年干警队伍建设和文化教育，有力的激发了各项检察职能的发挥。

制度建设是保障。我们以建立健全各类长效机制为重点，本着“科学性、操作性、实效性“的原则，修定完善了《优化司法环境十项措施》，《信访接待制度》、《执法违法错案责任追究制度》、《红寺堡区人民检察院便民维权十项措施》等近二十项制度，使管理机制进一步完善，使各项工作更加切实可行。

廉政教育是准则。深入开展党风廉政、职业道德标准和纪律作风教育，严格遵守中政委、高检院的各项禁令，全面开展廉政风险防范工作，通过查找风险点，制定防范措施，建立干警廉政执法档案，有效防止了执法随意性。制定汇编了检察工作纪律小手册，实行干警八小时以外行为调查，强化自我监督制约。被推荐为吴忠市党风廉政建设示范单位。

文化生活是灵魂。设置了图书资料室、党员活动室、干警健身房，建设廉政文化墙，营造出浓厚的文化氛围。发动干警成立读书会、书画会、棋牌会、文艺会等形式多样的兴趣小组。利用节假日和平时工作空隙时间，开展读书心得交流、诗歌朗诵、书画展评、棋牌比赛等活动，激发和挖掘检察干警潜能，在内部形成多个“小文化圈”。并尽可能组织干警参加社交礼仪、健康保健、烹饪技术等各方面的讲座。通过健康有益的文化活动，使干警在紧张的工作中体会兴趣、享受轻松、保持健康。同时，通过检察内外网，“两微一端”等平台，拓展检察文化的传播渠道和发展空间，为检察文化健康发展注入新的活力。

—硕果累累成效显。红寺堡检察院先后获得各级党委、政府和上级检察机关的表彰奖励60余项。其中多名干警荣获区市级“三等功”和先进个人；有4名干警入选“吴忠市检察机关555人才库”办案能手；1名干警入选全区青年检察人才；1名被评为红寺堡区“最美检察官”，还有许多干警在各项竞赛中获得佳绩。干警创作的《红寺堡检察颂》《红寺堡颂歌》《红寺堡是个好地方》等歌曲，在当地广为传唱，其中单曲《共产党好，黄河水甜》，荣获“首届西北音乐节”歌曲创作类三等奖，《我的家乡宁夏川》获得国家级作词金奖，填补了红寺堡区自开发建设以来没有国家级获奖艺术作品的空白。真实地反映出了红寺堡检察队伍团结奋进、不怕艰辛的良好精神风貌。

将廉政年画送到人民群众手中

传承革命精神、践行群众路线诗朗诵

干警荣获的国家级作词金奖证书

宁夏回族自治区灵武市人民检察院

以“文”化“人”润“物”无“声”

检察文化是社会主义法治文化的有机组成部分，是法治文化的具体体现。近年来，灵武市人民检察院坚持以文化人，润物无声，演绎着独特的“塞上江南检察文化”，为检察工作提供了重要的精神源泉。先后获得“全国文明单位”、“全国检察机关集体一等功”和“全国科技强检示范院”等称号。

2014 年 4 月 23 日，在最高人民检察院召开的全国检察机关队伍建设座谈会上，灵武市人民检察院荣获全国检察机关“集体一等功”

精神文化引领：将法治信仰“内化于心”

“笃学、修德、惟民、卓越”的灵武检察院训和“公平正义、执法为民、快乐工作、健康生活”的工作理念，为全院干警提供了思想和行动指南。通过开展升国旗暨检察官宣誓、深入治沙一线听全国治沙英雄讲党课、学雷锋志愿服务活动、“身边的榜样”等系列主题活动，教育引导干警牢固树立社会主义核心价值观和社会主义法治理念，将“灵检”文化内化于心。

行为文化约束：将职业要求“固化于制”

坚持用制度文化引导行为取向，连续 5 年开展“规范司法系列活动”，编印了《灵武市人民检察院规范执法系列手册》(共 9 册)，建立和完善了检察人员行为准则、执法司法、检务保障、服务大局等四个方面规范制度 100 余项。将各项业务工作机制细化、量化和流程化，使每位干警时刻绷紧遵章守制这根“弦”，有力促进了公正廉洁司法。

学习文化渗透：将学习风气“衍化于智”

连续 6 年为每个科室购置千元法律书籍，大力推进“三个一”读书学习活动，即每天读书一小时，每月读一本好书，每月写一篇好文章。成立“重大疑难案件讨论小组”，定期开展精品案件季度多媒体讲评比赛、“三基提升工程”技能竞赛（基本规范、基本技能、基本素养）、公诉人辩论赛等活动。连续 5 年创办《灵武检察》年报、小报，刊载干警的诗歌、随笔、摄影书法等。在最高人民检察院、中国散文家协会组织的征文活动中，干警作品分获一、三等奖。

文化氛围营造：将文化元素“物化于境”

充分利用新媒体平台、电子滚动屏、书画长廊、内部网络等窗口，展示检察文化建设成果。依托新建办案技术和办公用房，分楼层建造文化展示墙、院史陈列室、图书室、健身室、瑜伽室、乒乓球室。建立定期体检、“生日祝贺”、“住院慰问”等制度，为退休干部制作履历相册，从细节处激发干警的职业自豪感和荣誉感，为检察事业不断前行汇聚强大的精神力量。

在青年干警中开展“道德讲堂”活动，不断提升检察干警的道德素养，以良好的检察官职业道德推动检察工作健康发展

组织干警参加趣味运动会拔河比赛，让干警在娱乐身心过程中增强集体意识

宁夏回族自治区泾源县人民检察院

检察文化建设工作纪实

近年来，泾源县人民检察院党组重视检察文化建设，加大软硬件建设方面的投入力度，全面巩固和提升检察文化精神文明建设工作水平。该院中央文明委命名为全国文明单位。

原领导班子

一是搭建平台

该院先后建成了展示干警书画摄影作品的检察文化室和连接20兆互联网光纤电子阅览室、党员活动、体能训练室、文体室、篮球场等；在办公楼走廊等公共区域建成以展示当地名家廉政书画作品为主的书画长廊；编纂完成50余万字的《泾源县检察志》；在中国检察官教育基金会的资助下建成藏书6000余册的检察官图书室。建成检察院史室，将建院以来近40年的发展历程、荣誉等进行展列。结合检察工作职能，建成泾源县预防职务犯罪警示教育。

二是丰富载体

近年来，该院改选配强党支部班子，进一步完善工、青、妇组织，成立学雷锋法律自愿服务队，鼓励干警积极加入全区、全市检察官文联，积极申报固原市共青团青年文明号，这一系列举措有效加强了该院党建、文化建设、队伍建设的组织领导。

该院不断创新和丰富检察官文化生活，陶冶情操，培养团队精神，增强队伍凝聚力。自编自演节目参与全县广场文化演出、组织干警排练健身操参加全县健身操比赛并获奖，参加建党节、国庆节歌咏比赛，参加六盘山登山节。春节前夕举办包饺子、拔河等项目的趣味运动会，邀摄影专家、书法家为干警进行讲解摄影技巧和中国传统书法常识，现场创作。

坚持开展文明科室、文明家庭、好检嫂、“五大标兵”等评比创建活动，并通过组织学雷锋法律志愿者开展法律“八进两服务“活动、三八节女童助学、文明城市创建等公益活动，“五个一’道德讲堂活动、七一扫墓、观看革命影片等革命烈士缅怀纪念活动，精准扶贫，结对帮扶，慰问孤寡老人等活动，以及开展“巡回检察”深入村组、社区调解邻里纠纷，化解矛盾等一系列活动。

三促进工作

该院党组重视文化建设对检察工作和队伍建设的促进作用，始终坚持抓好检察文化建设。以寓教于乐的形式开展法律文书制作、公诉人辩论赛、网上办公办案、“守纪律、讲规矩”演讲比赛、书画、摄影展等岗位练兵活动，提高检察人员业务能力和综合素质。

组织开展平安宁夏行暨第六届检察开放日活动
山西法制报副主编彭哲辉为活动现场题字

院领导带领干警上街开展首个宪法宣传日活动

宁夏回族自治区石嘴山市惠农区人民检察院

砥砺奋进谋发展 戮力同心铸检魂

石嘴山市惠农区人民检察院在上级检察机关和惠农区委的正确领导下，坚持以科学发展观为指导，以争创先进基层检察院为目标，积极履行法律监督职能、加大执法办案力度，保障人民安居乐业，维护社会大局稳定，努力建设一支信念坚定、执法为民、敢于担当、清正廉洁的检察队伍，为区域经济平稳较快发展提供了强有力的司法保障。

该院紧扣发展是第一要务，稳定是第一责任，立足检察职能，主动服务经济发展新常态，制定了检察机关服务经济社会发展的具体措施，为辖区建设营造良好的法治环境。依法严厉打击刑事犯罪，扎实做好惩治犯罪和化解矛盾工作，积极参与平安惠农建设，维护社会和谐稳定。深入推进反腐倡廉工作，坚持惩治和预防同向发力，做到惩治腐败更加有力，预防腐败更加有效。强化诉讼活动的监督，扎实推进司法规范化建设，深化检务公开，推进阳光检察，维护司法公正。全面加强检察队伍建设和党风廉政建设，从严治检，秉公执法，不断增强检察干警的创造力、凝聚力、战斗力。

惠农区人民检察院被授予“第四届全国文明单位”称号；被评为自治区级“依法治理示范单位”、“全区法治宣传先进单位”；被确定为石嘴山市政法系统“服务型窗口建设先进单位”、石嘴山市检察系统“先进基层检察院”。“好风凭借力、扬帆正当时”，惠农区人民检察院的全体干警，正以昂扬的斗志，敢为人先的精神，众志成城、戮力同心，以创新、协调、绿色、开放、共享的发展理念，为建设“四个宁夏”提供有力的法治保障。

最高人民检察院专委张德利莅临惠农区人民检察院调研

自治区人民检察院检察长李定达调研检察工作

积极开展法制宣传活动

荣获第四届全国文明单位

宁夏回族自治区银川市西夏区人民检察院

创新载体信息化　文化育检特色化

宁夏自治区检察院李定达检察长在银川市检察院检察长李学军陪同下视察西夏区检察院窗口建设工作，并获得银川市首批“达标窗口”

检察文化建设，展示的是文化，凝聚的是精神，修炼的是素质，塑造的是风貌。宁夏回族自治区银川市西夏区人民检察院将检察文化作为队伍建设的重要抓手，以服务和推进检察事业为目标，以检察干警的主体性发挥为原则，以机制创新、理念更新为动力，充分发挥检察文化引领向上、凝聚亲和、激励协调、精神辐射等作用，形成了党组统一领导、全院干警积极参与的良好氛围，构建了富有西检特色的检察文化体系，实现了检察工作的提升与飞跃，打造了“智慧西夏·阳光检察”新形象。

统筹平台建设，突出文化氛围

西夏区检察院精心筹备建成了检察文化艺术中心，作为检察干警思想教育和检察职业精神教育的重要阵地。集院史、工作展示、多媒体影像、互动式体验、实物陈列为一体，5个篇章，40余块展板，运用了近200幅图片及电子翻书、弧幕放映、投影、多点触摸屏、电子留言台等多媒体实物，将廉政文化、法治文化、党建文化、制度文化等有机融合，图文并茂、生动翔实地记录了西夏区检察院建院以来走过的光辉历程、发展成果及干警的精神风貌和文化追求。干警摄影、绘画、书法作品形成文化走廊，使机关内部墨香处处可闻、文化气氛浓郁，有效增强了文化感染力。

丰富活动形式，激发队伍活力

发挥“道德讲堂”、“检察官论坛”、“检察文化沙龙”三大平台作用，开展学习交流、法学理论知识研讨、专题讲座等活动，进一步活跃思想、更新理念。成立兴趣小组，开展摄影、演讲、体育运动等比赛，积极畅通对外交流的渠道，与辖区部队等单位举办文艺联欢会，积极参加区、市组织的各类文化体育活动，充分展示干警多才多艺的风采和奋发向上的精神风貌。先后在全市检察机关运动会、全市检察官与律师辩论赛、检察机关技能竞赛等活动中获得优异成绩。这些成绩的取得助推西夏区检察院被评为市级文明单位、“书香机关”等，实现了“小院大发展”。

将检察文化艺术中心作为文化基地，举办检察开放日活动，邀请社会各界人士参观指导

原党组成员照片

举办联欢会，慰问辖区部队官兵

新疆维吾尔族自治区阜康市人民检察院

开展预防文化法治宣传　服务稳定发展大局

检察长袁向东向昌吉州检察院检察长葛军等领导介绍阜康市检察院发展规划

召开党风廉政教育月动员会，院领导班子高度重视队伍作风建设和检察文化建设，深入开展法治宣传“五进”活动和检务公开

阜康市人民检察院始终坚持政治建院、从严治检、文化兴院。院党组按照“政治坚强，作风过硬，廉洁务实，善于创新，团结高效”的标准强化班子建设，通过检察官讲坛，道德讲堂，制作送法下乡流动展板，巡回展览，广场巡展、预防职务犯罪教育基地等形式加强预防文化建设。

院检察长和党组书记一班人以社会主义核心价值观和社会主义法治理念为引领，结合执法办案，开展预防文化建设，传播法治文化，以文育人，以人铸魂。

阜康市人民检察院坚持以学习型党组织建设为载体，以党组中心组学习为引领，以支部学习为基础，以党建带队建，创新学习方法，丰富学习载体，在全院形成了学以致用、用以促学，采取多种方式营造学习氛围，培养学习兴趣，变“要我学”为“我要学”。

阜康市人民检察院紧紧围绕阜康经济社会发展大局，开展预防文化宣传，把检察微博作为法律宣传、了解民情、倾听民生、提升形象、增强司法公信力的重要窗口。利用电视加强对典型案例的宣传教育。以开展送法进乡村和举报宣传周活动为契机，重视加强与人民群众面对面宣传力度。认真落实“谁执法，谁普法”工作原则，要求各职能科室、各执法干警认真落实，在执法的同时，把宣传教育工作做到位，开展检务公开宣传，提高司法公信力。

阜康市人民检察院建立“预防犯罪检察联系室”，着力打造特色去极端化警示教育基地。深化“预防犯罪宣传进乡村”活动，在阜康有侧重的选择市有色苑社区、城关镇维民村分别挂牌成立“预防暴恐犯罪、去极端化”检察联系室。为加大反暴恐宣传力度，在维民村设立“去极端化警示教育基地”。在此基础上，阜康市院又勇于实践，大胆创新，利用维民村文化活动室大院两侧铁围栏，以喷绘的形式，制作了100米长的“预防职务犯罪文化墙”，廉政文化墙以法律法规、涉暴恐案例、涉农典型案例、民族团结模范人物事迹、形象漫画为主要内容，用图文并茂形式，由20余幅极富文化气息的精美展板组成，形成了一道独特亮丽的“廉政教育风景线”。

深入开展查办和预防惠农扶贫领域职务犯罪，并结合查办案件开展送法下乡进村，开展预防文化宣传教育活动

开展送法进企业，与企业共同开展预防职务犯罪

新疆维吾尔族自治区莎车县人民检察院

检察文化迈上新台阶

莎车县人民检察院大力推进检察文化建设，提高检察队伍整体素质，充分发挥检察文化的指引功能、激励功能和辐射功能。使检察文化内化为干警共同愿景，外化为全体检察人员追求和自觉行动，提升检察人员职业操守和文化品位，增强检察机关凝聚力，营造从严治检、公正司法的氛围。莎车县人民检察院在新办公楼大院建起了检务公开长廊，宣传检察职能和立案标准及各部门业务。在办公大厅建起了宣传“三严三实”的宣传专栏。在办公楼道建起了检察文化长廊，每一层楼一个主题，一楼办案区为警示教育内容，二、三楼办公区宣传法治理念、检察职业道德和规范司法行为，四楼为廉政格言、漫画、书法等，五楼宣传社会主义核心价值观，精神文明和中华传统文化，一百多块展板内容丰富多彩。

莎车县人民检察院党组书记彭新国说，检察文化凝聚了全院干警的精气神，提升了检察队伍履职尽责，廉洁执法的能力和水平。通过开展检察文化建设，打造一支政治坚定、业务过硬、一心为民、公正廉洁的检察队伍，为莎车县的社会稳定和长治久安提供有力的司法保障。

莎车县人民检察院开展道德讲堂

莎车县人民检察院办公楼

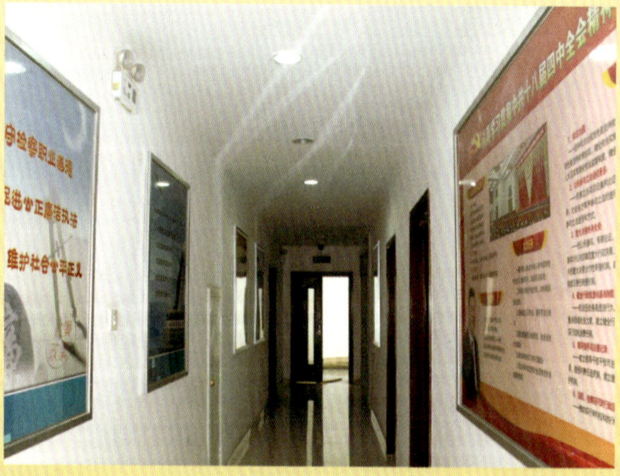

莎车县人民检察院检察文化一角

甘肃省酒泉市人民检察院

文化建设工作综述

酒泉市检察院党组书记、检察长蒋昱程

甘肃省检察院党组书记路志强检察长到酒泉调研工作

酒泉市检察机关有6个集体、13名干警受到省级以上表彰；2个集体、12名干警受到市级以上表彰。酒泉市检察院被中央文明委命名为第四批“全国文明单位”，是目前全省检察系统中唯一获此殊荣的检察院；被高检院命名为“全国科技强检示范院”，被省院表彰为全省“两联系、两促进”专项行动先进单位，所辖阿克塞县检察院被省文明委命名为“全省文明单位”。

近年来，酒泉市检察院认真贯彻落实高检院、省院关于加强检察文化建设的部署，紧紧围绕“强化法律监督、维护公平正义”的检察工作主题，以提高检察队伍政治素质、业务素质、职业道德素质和优化检察干警职业形象为目标，充分发挥检察文化在引领向上、促进和谐、凝聚力量、激励斗志、陶冶情操等方面的功能作用，通过积极开展形式多样、丰富多彩的检察文体活动，检察事业发展的软实力不断增强。在《酒泉检察》和检察内网开辟了“酒检动态”、检察文化专栏、“绘画摄影”等栏目，发表检察干警撰写的论文，创作的诗歌、随笔、书法、摄影等作品；开设“学习天地”、“酒检论坛”、“建言献策”等栏目，为干警提供学习、交流、展示的平台。成立酒泉市检察官文联，积极组织检察系统文艺人才开展丰富多彩的文化活动，举办了全市检察系统庆“元旦”、“七一”、“春节”等主题文艺汇演。积极开展“我们的节日”、“中华经典诵读”等主题活动，组建篮球队、乒乓球队、排球队、骑行、女子瑜伽、徒步等兴趣小组，丰富干警的文化生活。重视发挥院史荣誉室、检务公开栏、检察宣传橱窗、电子屏幕、廉政文化墙等载体作用，运用主题突出、健康向上、新颖别致的文化标语熏陶和感染人。建立书画陈列室，集中展示全市两级院检察干警创作的关于廉洁、勤政的书画、摄影作品，建成高规格、声光电一体化的全市警示教育基地，并被酒泉市纪委确定为廉政文化建设示范点。

酒泉市检察院举办全市检察机关规范司法行为演讲比赛

酒泉市检察院举行“全国文明单位”揭牌仪式

内蒙古自治区苏尼特左旗人民检察院

“三个坚持”着力推进检察队伍建设

近年来，苏尼特左旗检察院将精细化管理作为抓工作、带队伍的重要抓手，坚持以日常教育为根本、以制度建设为重点、以绩效考评为抓手，着力推进班子和队伍建设，干警整体素质明显提高，执法水平和执法效果不断加强，检察机关的形象不断提升。

党组书记、检察长伊拉图

一、坚持以教育为根本，着力提高检察队伍整体素质

建立干警活动室、图书阅览室等学习阵地，创办《党组成员学习专刊》、《业务学习导报》、《学习交流》等内部学刊，在全院开展“三勤”（勤学、勤思、勤干）学习教育活动，分小组进行经常性学习。院党组筹建了专门资料室，规范干警学习、实绩档案，对每位干警的工作、学习情况随时掌握、随时检查、随时督促，干警整体素质得到不断提升。目前，全院27名干警中，大专以上学历达到100%，有9名干警先后通过国家司法考试。

材料组集中讨论修改稿件

二、坚持以制度建设为重点，着力规范干警日常管理

汇编成《苏尼特左旗人民检察院规范化管理手册》，干警人手一册，确保每一项工作都“有章可循”。检察长与每位干警签订“我和检察长的约定”责任书，向干警提出“六个不让”和“八个必办”的规范化工作要求。院党组还利用走廊等空间悬挂鼓励学习、励志的格言警句图版，营造检察文化氛围，将易忽视的日常工作要求做成“温馨提示牌”，时刻提醒和督促干警们从身边小事入手，提升责任意识，努力营造 “人人都精细、处处有精细、事事见精细”的良好工作氛围。

三、坚持以绩效考评为抓手，着力激发干警谋事创新的积极性

编制了《规范化建设项目书》和《工作指南》，把重点工作细化分解到科室、落实到个人，将工作目标具体化、明确化。院党组还细化了业务考核机制，推行部门工作月考评公示制度，每月月底结合部门业务实际对各部门当月工作完成情况进行综合考评，按优、中、差三个等次将考评结果上墙公示，针对各部门工作中的不足提出督促整改意见，激励先进，鞭策后进。该院还推行了“点名接访”和班子成员轮流到“社区检察室”、“检察官书吧”坐班接访等便民机制，设立“党员服务岗”，安排党员干警轮流上岗，既方便了来访群众，也让干警们在实践中锻炼和提升了与群众沟通的能力，旗检察院的社会公信度和人民满意度也逐年得到提升。

干警参加全旗庆七一歌咏比赛

组织干警开展集体宣誓活动

向全国基层检察机关提供国内权威的
一流策划、编辑、设计、研发、制作
警示教育基地　展览展示
廉政文化长廊　院史室
青少年法制教育基地　廉政文化教育基地
精品画册印制　荣誉室
摄制宣传片　微电影
数字教育基地　多媒体研发
电视剧创作　拍摄制作
并代为基层检察机关联系在全国报、刊、台的宣传。
您需要时　敬请联系
华夏预防职务犯罪宣传教育中心
网址：www.hxyfxjw.com　电话：010-51576481　18911562868